2019 年

江苏省高等学校
社科统计资料汇编

本书课题组 编

东南大学出版社
SOUTHEAST UNIVERSITY PRESS
·南京·

图书在版编目(CIP)数据

2019 年江苏省高等学校社科统计资料汇编/《江苏省高等学校社科统计资料汇编》课题组编. — 南京：东南大学出版社,2020.11
ISBN 978-7-5641-9213-6

Ⅰ.①2… Ⅱ.①江… Ⅲ.①高等学校—社会科学—统计资料汇总—江苏—2019 Ⅳ.①G644－66

中国版本图书馆 CIP 数据核字(2020)第 223397 号

2019 年江苏省高等学校社科统计资料汇编
2019 Nian Jiangsu Sheng Gaodeng Xuexiao Sheke Tongji Ziliao Huibian

编　　者	本书课题组
出版发行	东南大学出版社
社　　址	南京市四牌楼 2 号
邮　　编	210096
出 版 人	江建中
责任编辑	叶　娟
印　　刷	江苏凤凰数码印务有限公司
开　　本	787 mm×1092 mm　1/16
印　　张	39.25
字　　数	950 千字
版　　次	2020 年 11 月第 1 版
印　　次	2020 年 11 月第 1 次印刷
书　　号	ISBN 978-7-5641-9213-6
定　　价	108.00 元

(本社图书若有印装质量问题,请直接与营销部联系。电话:025-83791830)

编委会名单

胡汉辉　王贤梅　张向阳　戚啸艳

谢呈阳　赵　澎　何玉梅　顾永红

杨　洋　孙雨亭　杨晓蕾

Contents 目录

| 一 | 编写说明 | 001 |

| 二 | 参与统计的高等学校名单 | 002 |

1. 参与统计的公办本科高校名单 002
2. 参与统计的公办专科高校名单 004
3. 参与统计的民办及中外合作办学高校名单 006

| 三 | 社科研究与发展概况 | 008 |

1. 江苏省十三市高等学校人文、社会科学活动人员情况表 008
2. 江苏省十三市高等学校人文、社会科学研究与发展经费情况表 009
3. 江苏省十三市高等学校人文、社会科学研究与课题来源情况表 010
4. 江苏省十三市高等学校人文、社会科学研究与发展课题成果表 011
5. 江苏省十三市高等学校人文、社会科学学术交流情况表 012

| 四 | 社科人力 | 013 |

1. 全省高等学校人文、社会科学活动人员情况表 013
2. 公办本科高等学校人文、社会科学活动人员情况表 014
  2.1 管理学人文、社会科学活动人员情况表 015
  2.2 马克思主义人文、社会科学活动人员情况表 017
  2.3 哲学人文、社会科学活动人员情况表 019
  2.4 逻辑学人文、社会科学活动人员情况表 021
  2.5 宗教学人文、社会科学活动人员情况表 023
  2.6 语言学人文、社会科学活动人员情况表 025
  2.7 中国文学人文、社会科学活动人员情况表 027
  2.8 外国文学人文、社会科学活动人员情况表 029
  2.9 艺术学人文、社会科学活动人员情况表 031
  2.10 历史学人文、社会科学活动人员情况表 033
  2.11 考古学人文、社会科学活动人员情况表 035

- 2.12 经济学人文、社会科学活动人员情况表 ·········· 037
- 2.13 政治学人文、社会科学活动人员情况表 ·········· 039
- 2.14 法学人文、社会科学活动人员情况表 ·········· 041
- 2.15 社会学人文、社会科学活动人员情况表 ·········· 043
- 2.16 民族学与文化学人文、社会科学活动人员情况表 ·········· 045
- 2.17 新闻学与传播学人文、社会科学活动人员情况表 ·········· 047
- 2.18 图书馆、情报与文献学人文、社会科学活动人员情况表 ·········· 049
- 2.19 教育学人文、社会科学活动人员情况表 ·········· 051
- 2.20 统计学人文、社会科学活动人员情况表 ·········· 053
- 2.21 心理学人文、社会科学活动人员情况表 ·········· 055
- 2.22 体育科学人文、社会科学活动人员情况表 ·········· 057

3. 公办专科高等学校人文、社会科学活动人员情况表 ·········· 059
   - 3.1 管理学人文、社会科学活动人员情况表 ·········· 060
   - 3.2 马克思主义人文、社会科学活动人员情况表 ·········· 063
   - 3.3 哲学人文、社会科学活动人员情况表 ·········· 066
   - 3.4 逻辑学人文、社会科学活动人员情况表 ·········· 069
   - 3.5 宗教学人文、社会科学活动人员情况表 ·········· 072
   - 3.6 语言学人文、社会科学活动人员情况表 ·········· 075
   - 3.7 中国文学人文、社会科学活动人员情况表 ·········· 078
   - 3.8 外国文学人文、社会科学活动人员情况表 ·········· 081
   - 3.9 艺术学人文、社会科学活动人员情况表 ·········· 084
   - 3.10 历史学人文、社会科学活动人员情况表 ·········· 087
   - 3.11 考古学人文、社会科学活动人员情况表 ·········· 090
   - 3.12 经济学人文、社会科学活动人员情况表 ·········· 093
   - 3.13 政治学人文、社会科学活动人员情况表 ·········· 096
   - 3.14 法学人文、社会科学活动人员情况表 ·········· 099
   - 3.15 社会学人文、社会科学活动人员情况表 ·········· 102
   - 3.16 民族学与文化学人文、社会科学活动人员情况表 ·········· 105
   - 3.17 新闻学与传播学人文、社会科学活动人员情况表 ·········· 108
   - 3.18 图书馆、情报与文献学人文、社会科学活动人员情况表 ·········· 111
   - 3.19 教育学人文、社会科学活动人员情况表 ·········· 114
   - 3.20 统计学人文、社会科学活动人员情况表 ·········· 117
   - 3.21 心理学人文、社会科学活动人员情况表 ·········· 120
   - 3.22 体育科学人文、社会科学活动人员情况表 ·········· 123

4. 民办与中外合作办学高等学校人文、社会科学活动人员情况表 ·········· 126
   - 4.1 管理学人文、社会科学活动人员情况表 ·········· 127

4.2	马克思主义人文、社会科学活动人员情况表	129
4.3	哲学人文、社会科学活动人员情况表	131
4.4	逻辑学人文、社会科学活动人员情况表	133
4.5	宗教学人文、社会科学活动人员情况表	135
4.6	语言学人文、社会科学活动人员情况表	137
4.7	中国文学人文、社会科学活动人员情况表	139
4.8	外国文学人文、社会科学活动人员情况表	141
4.9	艺术学人文、社会科学活动人员情况表	143
4.10	历史学人文、社会科学活动人员情况表	145
4.11	考古学人文、社会科学活动人员情况表	147
4.12	经济学人文、社会科学活动人员情况表	149
4.13	政治学人文、社会科学活动人员情况表	151
4.14	法学人文、社会科学活动人员情况表	153
4.15	社会学人文、社会科学活动人员情况表	155
4.16	民族学与文化学人文、社会科学活动人员情况表	157
4.17	新闻学与传播学人文、社会科学活动人员情况表	159
4.18	图书馆、情报与文献学人文、社会科学活动人员情况表	161
4.19	教育学人文、社会科学活动人员情况表	163
4.20	统计学人文、社会科学活动人员情况表	165
4.21	心理学人文、社会科学活动人员情况表	167
4.22	体育科学人文、社会科学活动人员情况表	169

五　社科研究与发展经费　171

1. 全省高等学校人文、社会科学研究与发展经费情况表　171
2. 公办本科高等学校人文、社会科学研究与发展经费情况表　172
3. 公办专科高等学校人文、社会科学研究与发展经费情况表　176
4. 民办及中外合作办学高等学校人文、社会科学研究与发展经费情况表　182

六　社科研究与发展机构　187

全省高等学校人文、社会科学研究机构一览表　187

七　社科研究、课题与成果　218

1. 全省高等学校人文、社会科学研究与课题成果情况表　218
2. 公办本科高等学校人文、社会科学研究与课题成果情况表　219
   - 2.1　管理学人文、社会科学研究与课题成果情况表　220
   - 2.2　马克思主义人文、社会科学研究与课题成果情况表　222

- 2.3 哲学人文、社会科学研究与课题成果情况表 ……………………………………… 224
- 2.4 逻辑学人文、社会科学研究与课题成果情况表 …………………………………… 226
- 2.5 宗教学人文、社会科学研究与课题成果情况表 …………………………………… 228
- 2.6 语言学人文、社会科学研究与课题成果情况表 …………………………………… 230
- 2.7 中国文学人文、社会科学研究与课题成果情况表 ………………………………… 232
- 2.8 外国文学人文、社会科学研究与课题成果情况表 ………………………………… 234
- 2.9 艺术学人文、社会科学研究与课题成果情况表 …………………………………… 236
- 2.10 历史学人文、社会科学研究与课题成果情况表 …………………………………… 238
- 2.11 考古学人文、社会科学研究与课题成果情况表 …………………………………… 240
- 2.12 经济学人文、社会科学研究与课题成果情况表 …………………………………… 242
- 2.13 政治学人文、社会科学研究与课题成果情况表 …………………………………… 244
- 2.14 法学人文、社会科学研究与课题成果情况表 ……………………………………… 246
- 2.15 社会学人文、社会科学研究与课题成果情况表 …………………………………… 248
- 2.16 民族学与文化学人文、社会科学研究与课题成果情况表 ………………………… 250
- 2.17 新闻学与传播学人文、社会科学研究与课题成果情况表 ………………………… 252
- 2.18 图书馆、情报与文献学人文、社会科学研究与课题成果情况表 ………………… 254
- 2.19 教育学人文、社会科学研究与课题成果情况表 …………………………………… 256
- 2.20 统计学人文、社会科学研究与课题成果情况表 …………………………………… 258
- 2.21 心理学人文、社会科学研究与课题成果情况表 …………………………………… 260
- 2.22 体育科学人文、社会科学研究与课题成果情况表 ………………………………… 262

3. 公办专科高等学校人文、社会科学研究与课题成果情况表 ………………………… 264
   - 3.1 管理学人文、社会科学研究与课题成果情况表 …………………………………… 265
   - 3.2 马克思主义人文、社会科学研究与课题成果情况表 ……………………………… 269
   - 3.3 哲学人文、社会科学研究与课题成果情况表 ……………………………………… 273
   - 3.4 逻辑学人文、社会科学研究与课题成果情况表 …………………………………… 277
   - 3.5 宗教学人文、社会科学研究与课题成果情况表 …………………………………… 281
   - 3.6 语言学人文、社会科学研究与课题成果情况表 …………………………………… 285
   - 3.7 中国文学人文、社会科学研究与课题成果情况表 ………………………………… 289
   - 3.8 外国文学人文、社会科学研究与课题成果情况表 ………………………………… 293
   - 3.9 艺术学人文、社会科学研究与课题成果情况表 …………………………………… 297
   - 3.10 历史学人文、社会科学研究与课题成果情况表 …………………………………… 301
   - 3.11 考古学人文、社会科学研究与课题成果情况表 …………………………………… 305
   - 3.12 经济学人文、社会科学研究与课题成果情况表 …………………………………… 309
   - 3.13 政治学人文、社会科学研究与课题成果情况表 …………………………………… 313
   - 3.14 法学人文、社会科学研究与课题成果情况表 ……………………………………… 317
   - 3.15 社会学人文、社会科学研究与课题成果情况表 …………………………………… 321

  3.16 民族学与文化学人文、社会科学研究与课题成果情况表 …………………… 325
  3.17 新闻学与传播学人文、社会科学研究与课题成果情况表 …………………… 329
  3.18 图书馆、情报与文献学人文、社会科学研究与课题成果情况表 ………… 333
  3.19 教育学人文、社会科学研究与课题成果情况表 ……………………………… 337
  3.20 统计学人文、社会科学研究与课题成果情况表 ……………………………… 341
  3.21 心理学人文、社会科学研究与课题成果情况表 ……………………………… 345
  3.22 体育科学人文、社会科学研究与课题成果情况表 …………………………… 349
 4. 民办高等学校人文、社会科学研究与课题成果情况表 …………………………… 353

八 社科研究、课题与成果（来源情况） …………………………………………… 354

 1. 全省人文、社会科学研究与课题成果来源情况表 ………………………………… 354
 2. 公办本科高等学校人文、社会科学研究与课题成果来源情况表 ……………… 356
  2.1 南京大学人文、社会科学研究与课题成果来源情况表 …………………… 358
  2.2 东南大学人文、社会科学研究与课题成果来源情况表 …………………… 360
  2.3 江南大学人文、社会科学研究与课题成果来源情况表 …………………… 362
  2.4 南京农业大学人文、社会科学研究与课题成果来源情况表 ……………… 364
  2.5 中国矿业大学人文、社会科学研究与课题成果来源情况表 ……………… 366
  2.6 河海大学人文、社会科学研究与课题成果来源情况表 …………………… 368
  2.7 南京理工大学人文、社会科学研究与课题成果来源情况表 ……………… 370
  2.8 南京航空航天大学人文、社会科学研究与课题成果来源情况表 ………… 372
  2.9 中国药科大学人文、社会科学研究与课题成果来源情况表 ……………… 374
  2.10 南京森林警察学院人文、社会科学研究与课题成果来源情况表 ………… 376
  2.11 苏州大学人文、社会科学研究与课题成果来源情况表 …………………… 378
  2.12 江苏科技大学人文、社会科学研究与课题成果来源情况表 ……………… 380
  2.13 南京工业大学人文、社会科学研究与课题成果来源情况表 ……………… 382
  2.14 常州大学人文、社会科学研究与课题成果来源情况表 …………………… 384
  2.15 南京邮电大学人文、社会科学研究与课题成果来源情况表 ……………… 386
  2.16 南京林业大学人文、社会科学研究与课题成果来源情况表 ……………… 388
  2.17 江苏大学人文、社会科学研究与课题成果来源情况表 …………………… 390
  2.18 南京信息工程大学人文、社会科学研究与课题成果来源情况表 ………… 392
  2.19 南通大学人文、社会科学研究与课题成果来源情况表 …………………… 394
  2.20 盐城工学院人文、社会科学研究与课题成果来源情况表 ………………… 396
  2.21 南京医科大学人文、社会科学研究与课题成果来源情况表 ……………… 398
  2.22 徐州医科大学人文、社会科学研究与课题成果来源情况表 ……………… 400
  2.23 南京中医药大学人文、社会科学研究与课题成果来源情况表 …………… 402
  2.24 南京师范大学人文、社会科学研究与课题成果来源情况表 ……………… 404

- 2.25 江苏师范大学人文、社会科学研究与课题成果来源情况表 …………………………… 406
- 2.26 淮阴师范学院人文、社会科学研究与课题成果来源情况表 …………………………… 408
- 2.27 盐城师范学院人文、社会科学研究与课题成果来源情况表 …………………………… 410
- 2.28 南京财经大学人文、社会科学研究与课题成果来源情况表 …………………………… 412
- 2.29 江苏警官学院人文、社会科学研究与课题成果来源情况表 …………………………… 414
- 2.30 南京体育学院人文、社会科学研究与课题成果来源情况表 …………………………… 416
- 2.31 南京艺术学院人文、社会科学研究与课题成果来源情况表 …………………………… 418
- 2.32 苏州科技大学人文、社会科学研究与课题成果来源情况表 …………………………… 420
- 2.33 常熟理工学院人文、社会科学研究与课题成果来源情况表 …………………………… 422
- 2.34 淮阴工学院人文、社会科学研究与课题成果来源情况表 ……………………………… 424
- 2.35 常州工学院人文、社会科学研究与课题成果来源情况表 ……………………………… 426
- 2.36 扬州大学人文、社会科学研究与课题成果来源情况表 ………………………………… 428
- 2.37 南京工程学院人文、社会科学研究与课题成果来源情况表 …………………………… 430
- 2.38 南京审计大学人文、社会科学研究与课题成果来源情况表 …………………………… 432
- 2.39 南京晓庄学院人文、社会科学研究与课题成果来源情况表 …………………………… 434
- 2.40 江苏理工学院人文、社会科学研究与课题成果来源情况表 …………………………… 436
- 2.41 江苏海洋大学人文、社会科学研究与课题成果来源情况表 …………………………… 438
- 2.42 徐州工程学院人文、社会科学研究与课题成果来源情况表 …………………………… 440
- 2.43 南京特殊教育师范学院人文、社会科学研究与课题成果来源情况表 ………………… 442
- 2.44 泰州学院人文、社会科学研究与课题成果来源情况表 ………………………………… 444
- 2.45 金陵科技学院人文、社会科学研究与课题成果来源情况表 …………………………… 446
- 2.46 江苏第二师范学院人文、社会科学研究与课题成果来源情况表 ……………………… 448
- 3. 公办专科高等学校人文、社会科学研究与课题成果来源情况表 …………………………… 450
  - 3.1 盐城幼儿师范高等专科学校人文、社会科学研究与课题成果来源情况表…………… 452
  - 3.2 苏州幼儿师范高等专科学校人文、社会科学研究与课题成果来源情况表…………… 454
  - 3.3 无锡职业技术学院人文、社会科学研究与课题成果来源情况表 ……………………… 456
  - 3.4 江苏建筑职业技术学院人文、社会科学研究与课题成果来源情况表 ………………… 458
  - 3.5 南京工业职业技术学院人文、社会科学研究与课题成果来源情况表 ………………… 460
  - 3.6 江苏工程职业技术学院人文、社会科学研究与课题成果来源情况表 ………………… 462
  - 3.7 苏州工艺美术职业技术学院人文、社会科学研究与课题成果来源情况表…………… 464
  - 3.8 连云港职业技术学院人文、社会科学研究与课题成果来源情况表 …………………… 466
  - 3.9 镇江市高等专科学校人文、社会科学研究与课题成果来源情况表 …………………… 468
  - 3.10 南通职业大学人文、社会科学研究与课题成果来源情况表 …………………………… 470
  - 3.11 苏州职业大学人文、社会科学研究与课题成果来源情况表 …………………………… 472
  - 3.12 沙洲职业工学院人文、社会科学研究与课题成果来源情况表 ………………………… 474
  - 3.13 扬州市职业大学人文、社会科学研究与课题成果来源情况表 ………………………… 476

3.14	连云港师范高等专科学校人文、社会科学研究与课题成果来源情况表	478
3.15	江苏经贸职业技术学院人文、社会科学研究与课题成果来源情况表	480
3.16	泰州职业技术学院人文、社会科学研究与课题成果来源情况表	482
3.17	常州信息职业技术学院人文、社会科学研究与课题成果来源情况表	484
3.18	江苏海事职业技术学院人文、社会科学研究与课题成果来源情况表	486
3.19	无锡科技职业学院人文、社会科学研究与课题成果来源情况表	488
3.20	江苏医药职业学院人文、社会科学研究与课题成果来源情况表	490
3.21	南通科技职业学院人文、社会科学研究与课题成果来源情况表	492
3.22	苏州经贸职业技术学院人文、社会科学研究与课题成果来源情况表	494
3.23	苏州工业职业技术学院人文、社会科学研究与课题成果来源情况表	496
3.24	苏州卫生职业技术学院人文、社会科学研究与课题成果来源情况表	498
3.25	无锡商业职业技术学院人文、社会科学研究与课题成果来源情况表	500
3.26	南通航运职业技术学院人文、社会科学研究与课题成果来源情况表	502
3.27	南京交通职业技术学院人文、社会科学研究与课题成果来源情况表	504
3.28	淮安信息职业技术学院人文、社会科学研究与课题成果来源情况表	506
3.29	江苏农牧科技职业学院人文、社会科学研究与课题成果来源情况表	508
3.30	常州纺织服装职业技术学院人文、社会科学研究与课题成果来源情况表	510
3.31	苏州农业职业技术学院人文、社会科学研究与课题成果来源情况表	512
3.32	南京科技职业学院人文、社会科学研究与课题成果来源情况表	514
3.33	常州工业职业技术学院人文、社会科学研究与课题成果来源情况表	516
3.34	常州工程职业技术学院人文、社会科学研究与课题成果来源情况表	518
3.35	江苏农林职业技术学院人文、社会科学研究与课题成果来源情况表	520
3.36	江苏食品药品职业技术学院人文、社会科学研究与课题成果来源情况表	522
3.37	南京铁道职业技术学院人文、社会科学研究与课题成果来源情况表	524
3.38	徐州工业职业技术学院人文、社会科学研究与课题成果来源情况表	526
3.39	江苏信息职业技术学院人文、社会科学研究与课题成果来源情况表	528
3.40	南京信息职业技术学院人文、社会科学研究与课题成果来源情况表	530
3.41	常州机电职业技术学院人文、社会科学研究与课题成果来源情况表	532
3.42	江阴职业技术学院人文、社会科学研究与课题成果来源情况表	534
3.43	无锡城市职业技术学院人文、社会科学研究与课题成果来源情况表	536
3.44	无锡工艺职业技术学院人文、社会科学研究与课题成果来源情况表	538
3.45	苏州健雄职业技术学院人文、社会科学研究与课题成果来源情况表	540
3.46	盐城工业职业技术学院人文、社会科学研究与课题成果来源情况表	542
3.47	江苏财经职业技术学院人文、社会科学研究与课题成果来源情况表	544
3.48	扬州工业职业技术学院人文、社会科学研究与课题成果来源情况表	546
3.49	江苏城市职业学院人文、社会科学研究与课题成果来源情况表	548

  3.50 南京城市职业学院人文、社会科学研究与课题成果来源情况表 …………………… 550

  3.51 南京机电职业技术学院人文、社会科学研究与课题成果来源情况表 ………… 552

  3.52 南京旅游职业学院人文、社会科学研究与课题成果来源情况表 ………………… 554

  3.53 江苏卫生健康职业学院人文、社会科学研究与课题成果来源情况表 ………… 556

  3.54 苏州信息职业技术学院人文、社会科学研究与课题成果来源情况表 ………… 558

  3.55 苏州工业园区服务外包职业学院人文、社会科学研究与课题成果来源情况表 …… 560

  3.56 徐州幼儿师范高等专科学校人文、社会科学研究与课题成果来源情况表 …… 562

  3.57 徐州生物工程职业技术学院人文、社会科学研究与课题成果来源情况表 …… 564

  3.58 江苏商贸职业学院人文、社会科学研究与课题成果来源情况表 ………………… 566

  3.59 南通师范高等专科学校人文、社会科学研究与课题成果来源情况表 ………… 568

  3.60 江苏护理职业学院人文、社会科学研究与课题成果来源情况表 ………………… 570

  3.61 江苏财会职业学院人文、社会科学研究与课题成果来源情况表 ………………… 572

  3.62 江苏城乡建设职业学院人文、社会科学研究与课题成果来源情况表 ………… 574

  3.63 江苏航空职业技术学院人文、社会科学研究与课题成果来源情况表 ………… 576

  3.64 江苏安全技术职业学院人文、社会科学研究与课题成果来源情况表 ………… 578

  3.65 江苏旅游职业学院人文、社会科学研究与课题成果来源情况表 ………………… 580

 4. 民办高等学校人文、社会科学研究与课题成果来源情况表 …………………………… 582

九　社科研究成果获奖 …………………………………………………………… 584

十　社科学术交流 ………………………………………………………………… 585

 1. 全省高等学校人文、社会科学学术交流情况表 ………………………………………… 585

 2. 公办本科高等学校人文、社会科学学术交流情况表 ………………………………… 585

 3. 公办专科高等学校人文、社会科学学术交流情况表 ………………………………… 594

 4. 民办及中外合作办学高等学校人文、社会科学学术交流情况表 ………………… 604

十一　社科专利 …………………………………………………………………… 611

 1. 全省高等学校人文、社会科学专利情况表 ……………………………………………… 611

 2. 公办本科高等学校人文、社会科学专利情况表 ……………………………………… 611

 3. 公办专科高等学校人文、社会科学专利情况表 ……………………………………… 612

 4. 民办及中外合作办学高等学校人文、社会科学专利情况表 ……………………… 613

一、编写说明

（一）高校名称说明

本报告中的高校名称以2019年底的名称为准,报告编写完成时部分高校做了更名,在此做出说明：

1. 淮海工学院(高校代码:11641)已于2019年年初更名为江苏海洋大学。
2. 常州轻工职业技术学院(高校代码:13101)已于2018年底更名为常州工业职业技术学院。

（二）指标说明

1. 社科人力：指高等学校职工中,在本年内从事大专以上人文社会科学教学、研究与咨询工作以及直接为教学、研究与咨询工作服务的教师和其他技术职务人员、辅助人员,按年末实有人数统计。（校机关行政人员、离退休人员和校外兼职人员不在统计范围内,本年度从事社科活动累计工作时间在一个月以上的外籍和高教系统以外的专家和访问学者只录入数据库,不在统计范围。）

2. 社科研究与发展经费：用于统计本年度各个高校人文、社科R&D经费收入、支出和结余情况。

3. 社科研究与发展机构：用于统计经学校上级主管部门或非上级主管部门批准以及学校自建的人文、社会科学研究机构。

4. 社科研究、课题与成果：用于统计本年度列入学校上级主管部门、非上级主管部门和学校年度计划,以及虽未列入计划但通过签订协议、合同或计划任务书经学校社科研究管理部门确认并在当年开展活动的人文、社会科学各类研究课题。成果部分用于统计本年度人文、社科研究成果情况,包括立项和非立项研究成果。所有研究成果均由第一署名者单位(以成果的版权页为准)填报。

5. 社科研究、课题与成果(来源)：用于统计本年度列入学校上级主管部门、非上级主管部门和学校年度计划,以及虽未列入计划但通过签订协议、合同或计划任务书经学校社科研究管理部门确认并在当年开展活动的人文、社会科学各类研究课题的来源情况。成果部分用于统计本年度列入学校社科计划课题的研究成果来源情况,均由第一署名者单位(以成果的版权页为准)填报。

6. 社科研究成果获奖：用于统计本年度各个高校人文、社科立项和非立项研究成果获奖情况,只包括国家级、部级和省级奖。

7. 社科学术交流：用于统计本年度高校人文、社会科学学术交流情况。

8. 社科专利：用于统计本年度高校人文、社会科学专利情况。

二、参与统计的高等学校名单

1. 参与统计的公办本科高校名单

高校代码	高校名称	办学类型	办学层次	举办者	所在地
10284	南京大学	公办	本科	教育部	南京
10285	苏州大学	公办	本科	省教育厅	苏州
10286	东南大学	公办	本科	教育部	南京
10287	南京航空航天大学	公办	本科	工业与信息化部	南京
10288	南京理工大学	公办	本科	工业与信息化部	南京
10289	江苏科技大学	公办	本科	省教育厅	镇江
10290	中国矿业大学	公办	本科	教育部	徐州
10291	南京工业大学	公办	本科	省教育厅	南京
10292	常州大学	公办	本科	省教育厅	常州
10293	南京邮电大学	公办	本科	省教育厅	南京
10294	河海大学	公办	本科	教育部	南京
10295	江南大学	公办	本科	教育部	无锡
10298	南京林业大学	公办	本科	省教育厅	南京
10299	江苏大学	公办	本科	省教育厅	镇江
10300	南京信息工程大学	公办	本科	省教育厅	南京
10304	南通大学	公办	本科	省教育厅	南通
10305	盐城工学院	公办	本科	省教育厅	盐城
10307	南京农业大学	公办	本科	教育部	南京
10312	南京医科大学	公办	本科	省教育厅	南京
10313	徐州医科大学	公办	本科	省教育厅	徐州
10315	南京中医药大学	公办	本科	省教育厅	南京
10316	中国药科大学	公办	本科	教育部	南京

续表

高校代码	高校名称	办学类型	办学层次	举办者	所在地
10319	南京师范大学	公办	本科	省教育厅	南京
10320	江苏师范大学	公办	本科	省教育厅	徐州
10323	淮阴师范学院	公办	本科	省教育厅	淮安
10324	盐城师范学院	公办	本科	省教育厅	盐城
10327	南京财经大学	公办	本科	省教育厅	南京
10329	江苏警官学院	公办	本科	省公安厅	南京
10330	南京体育学院	公办	本科	省体育局	南京
10331	南京艺术学院	公办	本科	省教育厅	南京
10332	苏州科技大学	公办	本科	省教育厅	苏州
10333	常熟理工学院	公办	本科	省教育厅	苏州
11049	淮阴工学院	公办	本科	省教育厅	淮安
11055	常州工学院	公办	本科	省教育厅	常州
11117	扬州大学	公办	本科	省教育厅	扬州
11276	南京工程学院	公办	本科	省教育厅	南京
11287	南京审计大学	公办	本科	省教育厅	南京
11460	南京晓庄学院	公办	本科	市政府	南京
11463	江苏理工学院	公办	本科	省教育厅	常州
11641	江苏海洋大学	公办	本科	省教育厅	连云港
11998	徐州工程学院	公办	本科	市政府	徐州
12048	南京特殊教育师范学院	公办	本科	省教育厅	南京
12213	南京森林警察学院	公办	本科	国家林业局	南京
12917	泰州学院	公办	本科	市政府	泰州
13573	金陵科技学院	公办	本科	市政府	南京
14436	江苏第二师范学院	公办	本科	省教育厅	南京

二、参与统计的高校名单

2. 参与统计的公办专科高校名单

高校代码	高校名称	办学类型	办学层次	举办者	所在地
00466	盐城幼儿师范高等专科学校	公办	专科	省教育厅	盐城
00583	苏州幼儿师范高等专科学校	公办	专科	省教育厅	苏州
10848	无锡职业技术学院	公办	专科	省教育厅	无锡
10849	江苏建筑职业技术学院	公办	专科	省教育厅	徐州
10850	南京工业职业技术学院	公办	专科	省教育厅	南京
10958	江苏工程职业技术学院	公办	专科	省教育厅	南通
10960	苏州工艺美术职业技术学院	公办	专科	省教育厅	苏州
11050	连云港职业技术学院	公办	专科	市政府	连云港
11051	镇江市高等专科学校	公办	专科	市政府	镇江
11052	南通职业大学	公办	专科	市政府	南通
11054	苏州职业大学	公办	专科	市政府	苏州
11288	沙洲职业工学院	公办	专科	市政府	苏州
11462	扬州市职业大学	公办	专科	市政府	扬州
11585	连云港师范高等专科学校	公办	专科	市政府	连云港
12047	江苏经贸职业技术学院	公办	专科	省教育厅	南京
12106	泰州职业技术学院	公办	专科	市政府	泰州
12317	常州信息职业技术学院	公办	专科	省经济和信息化委员会	常州
12679	江苏海事职业技术学院	公办	专科	省教育厅	南京
12681	无锡科技职业学院	公办	专科	市政府	无锡
12682	江苏医药职业学院	公办	专科	省卫生和计划生育委员会	盐城
12684	南通科技职业学院	公办	专科	市政府	南通
12685	苏州经贸职业技术学院	公办	专科	省教育厅	苏州
12686	苏州工业职业技术学院	公办	专科	市政府	苏州
12688	苏州卫生职业技术学院	公办	专科	省卫生和计划生育委员会	苏州
12702	无锡商业职业技术学院	公办	专科	省教育厅	无锡
12703	南通航运职业技术学院	公办	专科	省交通运输厅	南通
12804	南京交通职业技术学院	公办	专科	省交通运输厅	南京
12805	淮安信息职业技术学院	公办	专科	省经济和信息化委员会	淮安
12806	江苏农牧科技职业学院	公办	专科	省农业委员会	泰州
12807	常州纺织服装职业技术学院	公办	专科	省教育厅	常州
12808	苏州农业职业技术学院	公办	专科	省农业委员会	苏州

续表

高校代码	高校名称	办学类型	办学层次	举办者	所在地
12920	南京科技职业学院	公办	专科	省教育厅	南京
13101	常州工业职业技术学院	公办	专科	省教育厅	常州
13102	常州工程职业技术学院	公办	专科	省教育厅	常州
13103	江苏农林职业技术学院	公办	专科	省农业委员会	镇江
13104	江苏食品药品职业技术学院	公办	专科	省教育厅	淮安
13106	南京铁道职业技术学院	公办	专科	省教育厅	南京
13107	徐州工业职业技术学院	公办	专科	省教育厅	徐州
13108	江苏信息职业技术学院	公办	专科	省教育厅	无锡
13112	南京信息职业技术学院	公办	专科	省经济和信息化委员会	南京
13114	常州机电职业技术学院	公办	专科	省教育厅	常州
13137	江阴职业技术学院	公办	专科	市政府	无锡
13748	无锡城市职业技术学院	公办	专科	市政府	无锡
13749	无锡工艺职业技术学院	公办	专科	省教育厅	无锡
13751	苏州健雄职业技术学院	公办	专科	市政府	苏州
13752	盐城工业职业技术学院	公办	专科	省教育厅	盐城
13753	江苏财经职业技术学院	公办	专科	省教育厅	淮安
13754	扬州工业职业技术学院	公办	专科	省教育厅	扬州
14000	江苏城市职业学院	公办	专科	省教育厅	南京
14001	南京城市职业学院	公办	专科	市政府	南京
14056	南京机电职业技术学院	公办	专科	市政府	南京
14180	南京旅游职业学院	公办	专科	省旅游局	南京
14255	江苏卫生健康职业学院	公办	专科	省卫生和计划生育委员会	南京
14256	苏州信息职业技术学院	公办	专科	市政府	苏州
14295	苏州工业园区服务外包职业学院	公办	专科	市政府	苏州
14329	徐州幼儿师范高等专科学校	公办	专科	市政府	徐州
14401	徐州生物工程职业技术学院	公办	专科	市政府	徐州
14475	江苏商贸职业学院	公办	专科	省供销合作总社	南京
14493	南通师范高等专科学校	公办	专科	省教育厅	南通
14541	江苏护理职业学院	公办	专科	省卫生和计划生育委员会	淮安
14542	江苏财会职业学院	公办	专科	省财政厅	连云港
14543	江苏城乡建设职业学院	公办	专科	省住房和城乡建设厅	常州
14568	江苏航空职业技术学院	公办	专科	省教育厅	镇江
14589	江苏安全技术职业学院	公办	专科	省安全生产监督管理局	徐州
14604	江苏旅游职业学院	公办	专科	教科研处	扬州

3. 参与统计的民办及中外合作办学高校名单

高校代码	高校名称	办学类型	办学层次	举办者	所在地
10826	明达职业技术学院	民办	专科	民办	盐城
11122	三江学院	民办	本科	民办	南京
12054	九州职业技术学院	民办	专科	民办	徐州
12056	南通理工学院	民办	本科	民办	南通
12078	硅湖职业技术学院	民办	专科	民办	苏州
12680	应天职业技术学院	民办	专科	民办	南京
12687	苏州托普信息职业技术学院	民办	专科	民办	苏州
12689	东南大学成贤学院	民办	专科	民办	南京
12809	苏州工业园区职业技术学院	民办	专科	民办	苏州
12918	太湖创意职业技术学院	民办	专科	民办	无锡
12919	炎黄职业技术学院	民办	专科	民办	淮安
12921	正德职业技术学院	民办	专科	民办	南京
12922	钟山职业技术学院	民办	专科	民办	南京
12923	无锡南洋职业技术学院	民办	专科	民办	无锡
13017	江南影视艺术职业学院	民办	专科	民办	无锡
13100	金肯职业技术学院	民办	专科	民办	南京
13105	建东职业技术学院	民办	专科	民办	常州
13110	宿迁职业技术学院	民办	专科	民办	宿迁
13113	江海职业技术学院	民办	专科	民办	扬州
13571	无锡太湖学院	民办	本科	民办	无锡
13579	中国矿业大学徐海学院	民办	专科	民办	徐州
13646	南京大学金陵学院	民办	专科	民办	南京
13654	南京理工大学紫金学院	民办	专科	民办	南京
13655	南京航空航天大学金城学院	民办	专科	民办	南京
13687	中国传媒大学南广学院	民办	专科	民办	南京
13750	金山职业技术学院	民办	专科	民办	镇江

续表

高校代码	高校名称	办学类型	办学层次	举办者	所在地
13842	南京理工大学泰州科技学院	民办	专科	民办	泰州
13843	南京师范大学泰州学院	民办	专科	民办	泰州
13905	南京工业大学浦江学院	民办	专科	民办	南京
13906	南京师范大学中北学院	民办	专科	民办	南京
13962	苏州百年职业学院	中外合作办学	专科	民办	苏州
13963	昆山登云科技职业学院	民办	专科	民办	苏州
13964	南京视觉艺术职业学院	民办	专科	民办	南京
13980	南京医科大学康达学院	民办	本科	民办	连云港
13981	南京中医药大学翰林学院	民办	专科	民办	泰州
13982	南京信息工程大学滨江学院	民办	专科	民办	南京
13983	苏州大学文正学院	民办	专科	民办	苏州
13984	苏州大学应用技术学院	民办	专科	民办	苏州
13985	苏州科技大学天平学院	民办	专科	民办	苏州
13986	江苏大学京江学院	民办	专科	民办	镇江
13987	扬州大学广陵学院	民办	专科	民办	扬州
13988	江苏师范大学科文学院	民办	专科	民办	徐州
13989	南京邮电大学通达学院	民办	专科	民办	扬州
13990	南京财经大学红山学院	民办	专科	民办	南京
13991	江苏科技大学苏州理工学院	民办	专科	民办	苏州
13992	常州大学怀德学院	民办	专科	民办	泰州
13993	南通大学杏林学院	民办	专科	民办	南通
13994	南京审计大学金审学院	民办	专科	民办	南京
14160	宿迁学院	民办	本科	民办	宿迁
14163	苏州高博软件技术职业学院	民办	专科	民办	苏州
14528	扬州中瑞酒店职业学院	民办	专科	民办	扬州
16403	西交利物浦大学	中外合作办学	本科	民办	苏州
14606	昆山杜克大学	中外合作办学	本科	民办	苏州

三、社科研究与发展概况

1. 江苏省十三市高等学校人文、社会科学活动人员情况表

各市名称	编号	总计		按职称划分						按最后学历划分			按最后学位划分		其他人员
			女性	小计	教授	副教授	讲师	助教	初级	研究生	本科生	其他	博士	硕士	
		L01	L02	L03	L04	L05	L06	L07	L08	L09	L10	L11	L12	L13	L14
合　计	/	50 203	28 370	50 202	5 202	15 534	24 665	4 588	213	32 220	17 859	123	10 806	26 564	1
南京市	1	19 999	11 148	19 998	2 601	6 054	9 634	1 595	114	14 810	5 136	52	6 228	9 914	1
无锡市	2	3 275	2 096	3 275	178	946	1 671	463	17	1 765	1 505	5	323	1 862	0
徐州市	3	3 550	1 959	3 550	417	1 226	1 635	272	0	2 262	1 286	2	755	1 799	0
常州市	4	3 050	1 728	3 050	286	814	1 702	246	2	1 611	1 433	6	449	1 539	0
苏州市	5	5 932	3 405	5 932	551	1 714	2 881	719	67	3 746	2 173	13	1 161	3 208	0
南通市	6	2 688	1 549	2 688	229	915	1 407	137	0	1 506	1 174	8	294	1 674	0
连云港市	7	1 383	803	1 383	98	511	646	122	6	583	799	1	87	771	0
淮安市	8	2 352	1 224	2 352	209	768	1 198	177	0	1 269	1 063	20	325	1 335	0
盐城市	9	2 006	1 105	2 006	185	763	801	253	4	1 099	899	8	241	1 135	0
扬州市	10	2 301	1 252	2 301	216	734	1 083	266	2	1 436	863	2	452	1 216	0
镇江市	11	2 189	1 188	2 189	181	684	1 170	154	0	1 324	861	4	413	1 092	0
泰州市	12	1 147	700	1 147	44	310	662	130	1	617	529	1	65	746	0
宿迁市	13	331	213	331	7	95	175	54	0	192	138	1	13	273	0

2. 江苏省十三市高等学校人文、社会科学研究与发展经费情况表

各市名称	编号	总数 课题数（项） L01	总数 当年投入人数（人年）L02	总数 其中：研究生 L03	总数 当年拨入经费（千元）L04	总数 当年支出经费（千元）L05	基础研究 课题数（项）L06	基础研究 当年投入人数（人年）L07	基础研究 其中：研究生 L08	基础研究 当年拨入经费（千元）L09	基础研究 当年支出经费（千元）L10	应用研究 课题数（项）L11	应用研究 当年投入人数（人年）L12	应用研究 其中：研究生 L13	应用研究 当年拨入经费（千元）L14	应用研究 当年支出经费（千元）L15	实验与发展 课题数（项）L16	实验与发展 当年投入人数（人年）L17	实验与发展 其中：研究生 L18	实验与发展 当年拨入经费（千元）L19	实验与发展 当年支出经费（千元）L20
合计	/	40 069	8 940.7	943.5	993 769.67	907 133.64	17 546	4 047.7	135.3	340 633.33	323 392.69	22 493	1 882.5	506.5	652 643.34	583 135.35	30	10.5	1.7	493	605.6
南京市	1	18 213	3 989.2	587	448 432.71	413 058.09	8 529	1 915.2	258.1	161 032.61	151 599.09	9 676	2 071.4	327.2	286 986.1	260 935	8	2.6	1.7	414	524
无锡市	2	2 088	756.2	212.4	37 186.47	34 581.8	530	234.3	117	8 314.32	7 899	1 558	521.9	95.4	28 872.15	26 682.8	0	0	0	0	0
徐州市	3	3 120	947.5	26.2	123 409.2	109 803.55	1 583	465.4	17.9	63 426.7	54 447.99	1 517	475	8.3	59 904.5	55 279.56	20	7.1	0	78	76
常州市	4	2 957	650.6	0	66 872.92	52 421.96	625	167	0	6 056.25	7 678.52	2 332	483.6	0	60 816.67	44 743.44	0	0	0	0	0
苏州市	5	3 613	791.4	39.5	93 485.75	79 805.36	1 439	351.7	19.2	27 999.86	20 679.43	2 174	439.7	20.3	65 485.89	59 125.93	0	0	0	0	0
南通市	6	1 532	257.5	2	12 934.6	12 683.28	972	158.6	1.3	7 741.2	7 018.83	560	98.9	0.7	5 193.4	5 664.45	0	0	0	0	0
连云港市	7	1 136	157.3	0	14 863.7	14 901.31	275	35.7	0	2 268.6	2 349	861	121.6	0	12 595.1	12 552.31	0	0	0	0	0
淮安市	8	2 028	303.3	0	111 482.68	101 964.47	966	154.1	0	32 406.08	30 264.8	1 062	149.2	0	79 076.6	71 699.67	0	0	0	0	0
盐城市	9	1 688	311.4	0	38 171.85	40 216.35	748	166.2	0	11 089.63	19 544.55	939	144.8	0	27 082.22	20 667.2	1	0.4	0	0	4.6
扬州市	10	1 649	294.6	4.9	24 855.99	26 545.6	950	164.5	4.9	12 196.4	14 144.27	699	130.1	0	12 659.59	12 401.33	0	0	0	0	0
镇江市	11	1 293	317.3	71.5	18 336.3	18 218.07	687	171.6	16.9	6 890.68	6 688.45	605	145.3	54.6	11 444.62	11 528.62	1	0.4	0	1	1
泰州市	12	519	135.9	0	3 322.5	2 630.75	183	55.8	0	1 210	933.07	336	80.1	0	2 112.5	1 697.68	0	0	0	0	0
宿迁市	13	233	28.5	0	415	303.05	59	7.6	0	1	145.69	174	20.9	0	414	157.36	0	0	0	0	0

3. 江苏省十三市高等学校人文、社会科学研究与课题来源情况表

各市名称		合计	课题来源														
			国家社科基金项目	国家社科基金单列学科项目	教育部人文社科研究项目	高校古籍整理研究项目	国家自然科学基金项目	中央其他部门社科专门项目	省、市、自治区社科基金项目	省教育厅社科项目	地、市厅、局等政府部门项目	国际合作研究项目	与港、澳、台地区合作研究项目	企事业单位委托项目	学校社科项目	外资项目	其他
	编号	L01	L02	L03	L04	L05	L06	L07	L08	L09	L10	L11	L12	L13	L14	L15	L16
合计	/	40 069	2 438	211	1 755	32	664	900	3 015	9 998	6 786	39	1	7 290	6 794	16	130
南京市	1	18 213	1 492	114	975	15	526	681	1 636	4 106	2 023	35	1	2 814	3 739	13	43
无锡市	2	2 088	25	10	79	0	10	25	98	619	368	0	0	372	454	0	28
徐州市	3	3 120	218	12	149	6	50	40	195	719	880	0	0	414	426	0	11
常州市	4	2 957	96	10	104	1	1	19	141	754	657	3	0	751	416	1	3
苏州市	5	3 613	233	28	123	5	27	35	193	1 028	882	1	0	703	339	2	14
南通市	6	1 532	65	2	52	0	0	15	75	519	433	0	0	91	280	0	0
连云港市	7	1 136	9	0	7	0	0	0	159	234	197	0	0	333	197	0	0
淮安市	8	2 028	38	1	51	0	0	9	118	429	279	0	0	938	165	0	0
盐城市	9	1 688	41	7	37	0	0	26	108	404	304	0	0	421	323	0	17
扬州市	10	1 649	133	20	82	2	0	18	128	448	291	0	0	234	291	0	2
镇江市	11	1 293	86	4	88	1	50	31	147	310	274	0	0	199	103	0	0
泰州市	12	519	1	3	8	2	0	1	13	307	91	0	0	20	61	0	12
宿迁市	13	233	1	0	0	0	0	0	4	121	107	0	0	0	0	0	0

4．江苏省十三市高等学校人文、社会科学研究与发展课题成果表

各市名称	编号	出版著作(部) 合计	专著	专著 其中：被译成外文	编著教材	工具书参考书	皮书/发展报告	科普读物	古籍整理(部)	译著(部)	发表译文(篇)	电子出版物(件)	发表论文(篇) 合计	国内学术刊物	国外学术刊物	港、澳、台地区刊物	获奖成果(项) 合计	国家级奖	部级奖	省级奖	研究与咨询报告(篇) 合计	其中：被采纳数
		L01	L02	L03	L04	L05	L06	L07	L08	L09	L10	L11	L12	L13	L14	L15	L16	L17	L18	L19	L20	L21
合计	/	1 662	951	33	581	26	43	61	30	136	27	61	30 891	29 379	1 494	18	4	0	4	0	2 959	1 461
南京市	1	774	476	14	220	9	32	37	6	92	23	54	13 393	12 423	963	7	0	0	0	0	840	559
无锡市	2	101	24	0	77	0	0	0	0	3	0	0	2 290	2 236	54	0	0	0	0	0	115	47
徐州市	3	133	54	5	61	3	0	15	0	9	4	0	2 213	2 015	198	0	0	0	0	0	291	137
常州市	4	83	56	1	25	1	1	0	0	8	0	0	1 731	1 715	15	1	0	0	0	0	430	150
苏州市	5	278	124	6	127	11	9	7	4	12	0	5	3 595	3 472	114	9	4	0	4	0	481	242
南通市	6	68	49	4	16	1	0	2	16	0	0	0	1 492	1 480	11	1	0	0	0	0	60	52
连云港市	7	24	18	0	6	0	0	0	0	0	0	2	667	666	1	0	0	0	0	0	184	12
淮安市	8	42	33	0	9	0	0	0	0	0	0	0	1 170	1 138	32	0	0	0	0	0	56	21
盐城市	9	68	52	0	16	0	0	0	0	4	0	0	1 141	1 113	28	0	0	0	0	0	188	46
扬州市	10	51	40	0	9	1	1	0	4	5	0	0	1 697	1 672	25	0	0	0	0	0	274	172
镇江市	11	24	17	3	7	0	0	0	0	3	0	0	711	679	32	0	0	0	0	0	25	15
泰州市	12	16	8	0	8	0	0	0	0	0	0	0	554	533	21	0	0	0	0	0	15	8
宿迁市	13	0	0	0	0	0	0	0	0	0	0	0	237	237	0	0	0	0	0	0	0	0

5. 江苏省十三市高等学校人文、社会科学学术交流情况表

各市名称		校办学术会议		学术会议			受聘讲学		社科考察		进修学习		合作研究		
		本校独办数	与外单位合办数	参加人次		提交论文(篇)	派出人次	来校人次	派出人次	来校人次	派出人次	来校人次	派出人次	来校人次	课题数(项)
				合计	其中:赴境外人次										
	编号	L01	L02	L03	L04	L05	L06	L07	L08	L09	L10	L11	L12	L13	L14
合计	/	1 372	543	16 881	1 279	12 358	2 774	5 355	4 600	4 347	6 008	3 761	1 597	1 673	769
南京市	1	1 047	409	11 228	807	7 513	1 494	2 533	1 964	1 602	2 078	1 725	782	942	451
无锡市	2	46	19	417	18	179	166	295	425	567	370	296	51	105	26
徐州市	3	74	27	1 590	102	1 298	258	693	512	370	969	501	426	336	108
常州市	4	20	20	481	24	420	100	273	298	328	297	338	49	54	61
苏州市	5	73	15	999	161	1 033	286	553	230	513	506	199	112	109	25
南通市	6	35	2	343	45	245	111	271	375	254	450	356	45	18	11
连云港市	7	7	1	198	0	173	14	27	16	18	28	27	0	0	0
淮安市	8	24	2	823	71	747	135	270	223	284	661	126	26	12	19
盐城市	9	5	22	297	30	281	74	139	158	75	163	48	41	34	30
扬州市	10	31	17	357	9	338	62	115	102	96	288	77	17	23	30
镇江市	11	9	6	65	6	65	35	93	73	19	70	6	36	31	5
泰州市	12	1	3	68	6	51	39	86	214	221	106	62	12	9	3
宿迁市	13	0	0	15	0	15	0	7	10	0	22	0	0	0	0

四、社科人力

1. 全省高等学校人文、社会科学活动人员情况表

学科门类		总计		按职称划分						按最后学历划分			按最后学位划分		其他人员
			女性	小计	教授	副教授	讲师	助教	初级	研究生	本科生	其他	博士	硕士	
	编号	L01	L02	L03	L04	L05	L06	L07	L08	L09	L10	L11	L12	L13	L14
合　计	/	50 203	28 370	50 202	5 202	15 534	24 665	4 588	213	32 220	17 859	123	10 806	26 564	1
管理学	1	8 709	4 572	8 709	1 048	2 517	4 184	904	56	6 018	2 676	15	2 383	4 557	0
马克思主义	2	2 225	1 189	2 225	274	873	907	169	2	1 596	629	0	557	1 287	0
哲学	3	787	363	787	138	261	319	68	1	684	102	1	364	355	0
逻辑学	4	97	37	97	10	42	40	5	0	56	38	3	15	57	0
宗教学	5	35	10	35	13	12	10	0	0	32	3	0	31	2	0
语言学	6	7 005	5 319	7 005	329	1 958	4 251	453	14	4 015	2 986	4	780	4 004	0
中国文学	7	1 981	1 127	1 981	324	772	794	90	1	1 412	566	3	788	801	0
外国文学	8	1 318	958	1 318	119	370	755	73	1	940	378	0	287	751	0
艺术学	9	6 589	3 670	6 589	531	1 790	3 287	963	18	4 001	2 575	13	725	3 985	0
历史学	10	698	246	698	150	244	283	19	2	601	96	1	411	204	0
考古学	11	32	10	32	10	9	9	4	0	27	4	1	22	6	0
经济学	12	5 106	2 888	5 106	658	1 644	2 304	486	14	3 658	1 441	7	1 596	2 506	0
政治学	13	630	293	630	100	211	273	44	2	460	170	0	196	327	0
法学	14	1 901	858	1 901	288	687	813	112	1	1 348	550	3	638	925	0
社会学	15	924	515	924	106	306	436	61	15	744	177	3	364	444	0
民族学与文化学	16	71	41	71	8	24	29	10	0	48	23	0	23	29	0
新闻学与传播学	17	728	414	728	100	185	360	83	0	566	162	0	213	381	0
图书馆、情报与文献学	18	1 979	1 262	1 979	151	499	1 201	113	15	809	1 113	57	237	699	0
教育学	19	5 088	2 921	5 087	539	1 481	2 496	514	57	3 257	1 821	9	759	3 235	1
统计学	20	272	131	272	41	84	129	18	0	192	80	0	89	130	0
心理学	21	574	376	574	74	163	289	43	5	449	124	1	152	331	0
体育科学	22	3 454	1 170	3 454	191	1 402	1 496	356	9	1 307	2 145	2	176	1 548	0

2. 公办本科高等学校人文、社会科学活动人员情况表

学科门类		总计		按职称划分						按最后学历划分			按最后学位划分		其他
			女性	小计	教授	副教授	讲师	助教	初级	研究生	本科生	其他	博士	硕士	人员
	编号	L01	L02	L03	L04	L05	L06	L07	L08	L09	L10	L11	L12	L13	L14
合　计	/	28 946	14 781	28 945	4 214	9 992	13 529	1 145	65	21 290	7 608	47	9 924	13 125	1
管理学	1	4 717	2 171	4 717	780	1 490	2 241	195	11	3 844	872	1	2 190	1 878	0
马克思主义	2	1 283	591	1 283	231	531	482	39	0	1 003	280	0	510	596	0
哲学	3	556	213	556	125	194	225	12	0	499	57	0	331	187	0
逻辑学	4	41	14	41	8	21	9	3	0	36	5	0	11	27	0
宗教学	5	32	10	32	12	11	9	0	0	30	2	0	29	2	0
语言学	6	3 754	2 684	3 754	272	1 175	2 187	119	1	2 640	1 114	0	715	2 146	0
中国文学	7	1 278	635	1 278	272	482	502	22	0	1 060	215	3	725	382	0
外国文学	8	989	704	989	114	305	540	29	1	743	246	0	276	532	0
艺术学	9	3 332	1 718	3 332	446	1 102	1 523	257	4	2 318	1 012	2	672	1 893	0
历史学	10	574	190	574	146	200	221	7	0	516	57	1	388	132	0
考古学	11	26	8	26	9	9	7	1	0	22	4	0	20	2	0
经济学	12	2 904	1 362	2 904	506	1 054	1 288	54	2	2 302	600	2	1 429	1 015	0
政治学	13	428	177	428	89	156	174	9	0	338	90	0	179	190	0
法学	14	1 423	562	1 423	273	555	555	40	0	1 088	334	1	613	599	0
社会学	15	650	321	650	94	239	301	11	5	567	82	1	338	255	0
民族学与文化学	16	56	32	56	8	18	21	9	0	40	16	0	21	20	0
新闻学与传播学	17	463	236	463	89	133	215	26	0	394	69	0	193	208	0
图书馆、情报与文献学	18	1 320	815	1 320	129	384	766	39	2	663	622	35	230	493	0
教育学	19	2 450	1 324	2 449	355	800	1 141	117	36	1 839	609	1	653	1 409	1
统计学	20	186	85	186	36	68	77	5	0	151	35	0	82	84	0
心理学	21	356	204	356	64	122	162	7	1	314	42	0	146	174	0
体育科学	22	2 128	725	2 128	156	943	883	144	2	883	1 245	0	173	901	0

2.1　管理学人文、社会科学活动人员情况表

高校名称		总计		按职称划分						按最后学历划分			按最后学位划分		其他人员
			女性	小计	教授	副教授	讲师	助教	初级	研究生	本科生	其他	博士	硕士	
	编号	L01	L02	L03	L04	L05	L06	L07	L08	L09	L10	L11	L12	L13	L14
合　计	/	4 717	2 171	4 717	730	1 490	2 241	195	11	3 844	872	1	2 190	1 878	0
南京大学	1	151	43	151	65	69	17	0	0	150	1	0	143	6	0
东南大学	2	112	42	112	34	33	41	3	1	101	11	0	73	28	0
江南大学	3	97	64	97	13	41	39	4	0	82	15	0	42	30	0
南京农业大学	4	251	97	251	55	74	103	19	0	207	44	0	111	100	0
中国矿业大学	5	156	57	156	35	62	59	0	0	145	11	0	115	34	0
河海大学	6	153	65	153	33	55	65	0	0	145	8	0	114	34	0
南京理工大学	7	93	40	93	15	43	34	1	0	90	3	0	69	22	0
南京航空航天大学	8	135	53	135	36	41	55	3	0	129	6	0	95	31	0
中国药科大学	9	31	19	31	4	10	14	3	0	26	5	0	13	13	0
南京森林警察学院	10	23	14	23	1	8	13	1	0	7	16	0	2	8	0
苏州大学	11	111	55	111	17	33	57	4	0	77	34	0	43	42	0
江苏科技大学	12	207	100	207	24	54	123	6	0	147	60	0	62	97	0
南京工业大学	13	79	39	79	13	35	31	0	0	74	5	0	40	36	0
常州大学	14	102	37	102	20	22	56	4	0	80	21	1	48	37	0
南京邮电大学	15	101	53	101	23	41	37	0	0	91	10	0	57	34	0
南京林业大学	16	56	19	56	5	11	40	0	0	51	5	0	28	23	0
江苏大学	17	196	69	196	35	71	77	13	0	175	21	0	85	89	0
南京信息工程大学	18	173	73	173	39	54	80	0	0	155	18	0	133	27	0
南通大学	19	111	52	111	7	45	59	0	0	93	18	0	23	78	0
盐城工学院	20	97	49	97	11	41	42	3	0	56	41	0	12	78	0
南京医科大学	21	60	30	60	5	7	33	15	0	59	1	0	24	35	0
徐州医科大学	22	55	23	55	5	11	38	1	0	34	21	0	12	39	0
南京中医药大学	23	69	44	69	6	8	55	0	0	64	5	0	25	41	0

续表

高校名称		总计		按职称划分						按最后学历划分			按最后学位划分		其他人员
			女性	小计	教授	副教授	讲师	助教	初级	研究生	本科生	其他	博士	硕士	
	编号	L01	L02	L03	L04	L05	L06	L07	L08	L09	L10	L11	L12	L13	L14
南京师范大学	24	73	31	73	13	29	25	6	0	68	5	0	37	31	0
江苏师范大学	25	105	36	105	18	37	50	0	0	89	16	0	51	40	0
淮阴师范学院	26	95	47	95	6	33	48	8	0	76	19	0	25	57	0
盐城师范学院	27	70	33	70	7	28	29	6	0	65	5	0	17	49	0
南京财经大学	28	262	113	262	43	55	163	1	0	246	16	0	206	40	0
江苏警官学院	29	49	27	49	3	9	29	8	0	27	22	0	14	18	0
南京体育学院	30	22	9	22	1	3	17	1	0	9	13	0	1	8	0
南京艺术学院	31	20	11	20	3	2	14	1	0	14	6	0	0	17	0
苏州科技大学	32	79	43	79	6	21	49	3	0	70	9	0	38	33	0
常熟理工学院	33	70	40	70	5	30	33	0	2	45	25	0	27	35	0
淮阴工学院	34	101	44	101	15	47	36	3	0	69	32	0	30	64	0
常州工学院	35	69	33	69	11	11	47	0	0	49	20	0	21	33	0
扬州大学	36	101	40	101	14	32	55	0	0	77	24	0	55	25	0
南京工程学院	37	210	122	210	15	57	128	5	5	155	55	0	50	119	0
南京审计大学	38	240	129	240	32	66	108	34	0	212	28	0	127	99	0
南京晓庄学院	39	21	13	21	4	7	10	0	0	20	1	0	9	11	0
江苏理工学院	40	60	33	60	11	13	33	3	0	42	18	0	20	22	0
江苏海洋大学	41	85	38	85	14	23	48	0	0	45	40	0	18	35	0
徐州工程学院	42	165	68	165	26	64	65	10	0	98	67	0	25	81	0
南京特殊教育师范学院	43	14	9	14	2	2	7	0	3	7	7	0	2	7	0
泰州学院	44	32	19	32	4	7	13	8	0	22	10	0	6	24	0
金陵科技学院	45	140	85	140	25	43	58	14	0	87	53	0	39	57	0
江苏第二师范学院	46	15	11	15	1	2	8	4	0	14	1	0	3	11	0

2.2 马克思主义人文、社会科学活动人员情况表

高校名称		总计		按职称划分						按最后学历划分			按最后学位划分		其他人员
			女性	小计	教授	副教授	讲师	助教	初级	研究生	本科生	其他	博士	硕士	
	编号	L01	L02	L03	L04	L05	L06	L07	L08	L09	L10	L11	L12	L13	L14
合　计	/	1 283	591	1 283	231	531	482	39	0	1 003	280	0	510	596	0
南京大学	1	62	24	62	21	19	22	0	0	56	6	0	41	12	0
东南大学	2	33	13	33	5	9	19	0	0	30	3	0	26	4	0
江南大学	3	37	21	37	4	15	18	0	0	26	11	0	17	11	0
南京农业大学	4	16	6	16	1	5	9	1	0	15	1	0	7	8	0
中国矿业大学	5	57	25	57	9	25	20	3	0	52	5	0	42	12	0
河海大学	6	30	16	30	7	12	11	0	0	28	2	0	23	6	0
南京理工大学	7	22	12	22	3	8	10	1	0	21	1	0	16	5	0
南京航空航天大学	8	27	10	27	5	14	6	2	0	26	1	0	15	11	0
中国药科大学	9	23	9	23	2	7	14	0	0	21	2	0	9	12	0
南京森林警察学院	10	3	2	3	0	1	2	0	0	3	0	0	1	2	0
苏州大学	11	51	24	51	11	23	16	1	0	29	22	0	12	22	0
江苏科技大学	12	31	10	31	6	15	10	0	0	18	13	0	5	16	0
南京工业大学	13	21	11	21	2	8	9	2	0	19	2	0	7	14	0
常州大学	14	26	12	26	6	6	12	2	0	23	3	0	7	18	0
南京邮电大学	15	13	6	13	3	8	2	0	0	11	2	0	9	2	0
南京林业大学	16	34	14	34	3	11	19	1	0	32	2	0	15	17	0
江苏大学	17	16	9	16	1	7	7	1	0	13	3	0	4	9	0
南京信息工程大学	18	52	24	52	12	22	18	0	0	40	12	0	22	24	0
南通大学	19	59	34	59	16	24	19	0	0	48	11	0	14	40	0
盐城工学院	20	55	18	55	12	21	17	5	0	32	23	0	7	41	0
南京医科大学	21	38	23	38	4	15	19	0	0	32	6	0	10	25	0
徐州医科大学	22	9	2	9	0	5	4	0	0	8	1	0	1	7	0
南京中医药大学	23	17	12	17	0	4	13	0	0	15	2	0	5	11	0

续表

高校名称		总计		按职称划分						按最后学历划分			按最后学位划分		其他人员
			女性	小计	教授	副教授	讲师	助教	初级	研究生	本科生	其他	博士	硕士	
	编号	L01	L02	L03	L04	L05	L06	L07	L08	L09	L10	L11	L12	L13	L14
南京师范大学	24	46	18	46	17	13	13	3	0	43	3	0	23	20	0
江苏师范大学	25	17	9	17	4	6	7	0	0	11	6	0	6	7	0
淮阴师范学院	26	58	22	58	15	30	13	0	0	48	10	0	25	28	0
盐城师范学院	27	44	17	44	12	14	15	3	0	39	5	0	14	28	0
南京财经大学	28	24	12	24	5	9	10	0	0	19	5	0	9	13	0
江苏警官学院	29	28	7	28	3	8	14	3	0	14	14	0	8	11	0
南京体育学院	30	11	9	11	2	3	6	0	0	6	5	0	4	3	0
南京艺术学院	31	12	8	12	2	9	1	0	0	10	2	0	3	9	0
苏州科技大学	32	10	1	10	2	3	4	1	0	9	1	0	2	7	0
常熟理工学院	33	23	4	23	1	16	6	0	0	20	3	0	14	9	0
淮阴工学院	34	26	13	26	2	14	10	0	0	16	10	0	10	13	0
常州工学院	35	14	8	14	2	6	6	0	0	4	10	0	2	6	0
扬州大学	36	51	21	51	8	34	9	0	0	36	15	0	21	15	0
南京工程学院	37	20	12	20	3	7	9	1	0	15	5	0	4	12	0
南京审计大学	38	21	9	21	2	7	10	2	0	16	5	0	10	10	0
南京晓庄学院	39	18	10	18	1	9	8	0	0	16	2	0	8	9	0
江苏理工学院	40	18	10	18	4	6	8	0	0	12	6	0	6	6	0
江苏海洋大学	41	31	13	31	6	13	11	1	0	14	17	0	3	16	0
徐州工程学院	42	23	12	23	3	11	9	0	0	13	10	0	4	14	0
南京特殊教育师范学院	43	12	7	12	2	8	2	0	0	8	4	0	4	5	0
泰州学院	44	11	8	11	1	3	3	4	0	9	2	0	1	8	0
金陵科技学院	45	15	10	15	0	7	6	2	0	14	1	0	5	10	0
江苏第二师范学院	46	18	14	18	1	11	6	0	0	13	5	0	9	8	0

2.3 哲学人文、社会科学活动人员情况表

高校名称		总计		按职称划分						按最后学历划分			按最后学位划分		其他人员
			女性	小计	教授	副教授	讲师	助教	初级	研究生	本科生	其他	博士	硕士	
	编号	L01	L02	L03	L04	L05	L06	L07	L08	L09	L10	L11	L12	L13	L14
合　计	/	556	213	556	125	194	225	12	0	499	57	0	331	187	0
南京大学	1	33	8	33	16	14	3	0	0	31	2	0	27	3	0
东南大学	2	45	19	45	13	16	16	0	0	44	1	0	41	3	0
江南大学	3	12	3	12	3	3	6	0	0	11	1	0	10	1	0
南京农业大学	4	10	2	10	2	2	6	0	0	10	0	0	6	4	0
中国矿业大学	5	1	0	1	1	0	0	0	0	1	0	0	1	0	0
河海大学	6	16	7	16	4	7	5	0	0	16	0	0	13	3	0
南京理工大学	7	16	6	16	0	8	8	0	0	14	2	0	11	3	0
南京航空航天大学	8	7	2	7	0	3	4	0	0	7	0	0	5	2	0
中国药科大学	9	1	0	1	0	0	1	0	0	1	0	0	1	0	0
南京森林警察学院	10	5	2	5	1	0	4	0	0	4	1	0	2	3	0
苏州大学	11	25	5	25	14	7	4	0	0	25	0	0	21	3	0
江苏科技大学	12	16	6	16	4	3	8	1	0	13	3	0	3	10	0
南京工业大学	13	8	6	8	3	1	3	1	0	8	0	0	6	2	0
常州大学	14	7	3	7	2	2	3	0	0	6	1	0	6	0	0
南京邮电大学	15	15	5	15	0	11	4	0	0	14	1	0	10	4	0
南京林业大学	16	9	4	9	1	1	7	0	0	9	0	0	6	3	0
江苏大学	17	14	6	14	3	7	3	1	0	13	1	0	8	5	0
南京信息工程大学	18	18	8	18	3	5	10	0	0	18	0	0	13	5	0
南通大学	19	25	4	25	5	12	8	0	0	20	5	0	10	13	0
盐城工学院	20	14	6	14	4	7	3	0	0	8	6	0	0	14	0
南京医科大学	21	2	0	2	0	1	1	0	0	2	0	0	2	0	0
徐州医科大学	22	5	2	5	0	2	3	0	0	4	1	0	0	5	0
南京中医药大学	23	18	8	18	3	8	7	0	0	16	2	0	12	4	0

续表

高校名称		总计		按职称划分						按最后学历划分			按最后学位划分		其他
			女性	小计	教授	副教授	讲师	助教	初级	研究生	本科生	其他	博士	硕士	人员
	编号	L01	L02	L03	L04	L05	L06	L07	L08	L09	L10	L11	L12	L13	L14
南京师范大学	24	39	16	39	11	18	10	0	0	37	2	0	21	16	0
江苏师范大学	25	23	10	23	8	8	7	0	0	18	5	0	14	6	0
淮阴师范学院	26	8	7	8	1	1	6	0	0	8	0	0	1	7	0
盐城师范学院	27	6	2	6	0	1	4	1	0	6	0	0	3	3	0
南京财经大学	28	14	5	14	3	4	7	0	0	11	3	0	10	2	0
江苏警官学院	29	5	1	5	1	4	0	0	0	3	2	0	1	4	0
南京体育学院	30	3	0	3	1	0	2	0	0	3	0	0	2	1	0
南京艺术学院	31	0	0	0	0	0	0	0	0	0	0	0	0	0	0
苏州科技大学	32	22	6	22	4	4	13	1	0	22	0	0	15	7	0
常熟理工学院	33	1	0	1	0	1	0	0	0	1	0	0	1	0	0
淮阴工学院	34	13	4	13	3	4	6	0	0	11	2	0	3	9	0
常州工学院	35	2	0	2	0	0	2	0	0	1	1	0	1	1	0
扬州大学	36	14	3	14	3	1	10	0	0	13	1	0	12	1	0
南京工程学院	37	16	7	16	2	3	11	0	0	10	6	0	7	6	0
南京审计大学	38	17	12	17	0	4	10	3	0	15	2	0	7	8	0
南京晓庄学院	39	12	7	12	2	5	5	0	0	9	3	0	3	6	0
江苏理工学院	40	9	3	9	1	5	3	0	0	8	1	0	6	2	0
江苏海洋大学	41	6	4	6	1	0	5	0	0	5	1	0	3	2	0
徐州工程学院	42	12	8	12	1	5	5	1	0	12	0	0	1	11	0
南京特殊教育师范学院	43	1	0	1	0	1	0	0	0	1	0	0	0	1	0
泰州学院	44	4	2	4	0	1	1	2	0	4	0	0	2	2	0
金陵科技学院	45	4	2	4	0	3	0	1	0	3	1	0	2	1	0
江苏第二师范学院	46	3	2	3	1	1	1	0	0	3	0	0	2	1	0

2.4 逻辑学人文、社会科学活动人员情况表

高校名称	编号	总计	女性	小计	教授	副教授	讲师	助教	初级	研究生	本科生	其他	博士	硕士	其他人员
				按职称划分						按最后学历划分			按最后学位划分		
		L01	L02	L03	L04	L05	L06	L07	L08	L09	L10	L11	L12	L13	L14
合　计	/	41	14	41	8	21	9	3	0	36	5	0	11	27	0
南京大学	1	5	0	5	4	0	1	0	0	4	1	0	3	1	0
东南大学	2	0	0	0	0	0	0	0	0	0	0	0	0	0	0
江南大学	3	16	4	16	0	16	0	0	0	15	1	0	1	15	0
南京农业大学	4	0	0	0	0	0	0	0	0	0	0	0	0	0	0
中国矿业大学	5	0	0	0	0	0	0	0	0	0	0	0	0	0	0
河海大学	6	1	1	1	0	1	0	0	0	1	0	0	0	1	0
南京理工大学	7	0	0	0	0	0	0	0	0	0	0	0	0	0	0
南京航空航天大学	8	0	0	0	0	0	0	0	0	0	0	0	0	0	0
中国药科大学	9	0	0	0	0	0	0	0	0	0	0	0	0	0	0
南京森林警察学院	10	0	0	0	0	0	0	0	0	0	0	0	0	0	0
苏州大学	11	0	0	0	0	0	0	0	0	0	0	0	0	0	0
江苏科技大学	12	2	0	2	1	0	1	0	0	1	1	0	1	0	0
南京工业大学	13	6	3	6	2	2	2	0	0	6	0	0	5	1	0
常州大学	14	0	0	0	0	0	0	0	0	0	0	0	0	0	0
南京邮电大学	15	0	0	0	0	0	0	0	0	0	0	0	0	0	0
南京林业大学	16	0	0	0	0	0	0	0	0	0	0	0	0	0	0
江苏大学	17	1	0	1	0	0	1	0	0	1	0	0	0	1	0
南京信息工程大学	18	0	0	0	0	0	0	0	0	0	0	0	0	0	0
南通大学	19	0	0	0	0	0	0	0	0	0	0	0	0	0	0
盐城工学院	20	0	0	0	0	0	0	0	0	0	0	0	0	0	0
南京医科大学	21	0	0	0	0	0	0	0	0	0	0	0	0	0	0
徐州医科大学	22	0	0	0	0	0	0	0	0	0	0	0	0	0	0
南京中医药大学	23	1	1	1	0	0	1	0	0	1	0	0	0	1	0

续表

高校名称		总计		按职称划分						按最后学历划分			按最后学位划分		其他人员
			女性	小计	教授	副教授	讲师	助教	初级	研究生	本科生	其他	博士	硕士	
	编号	L01	L02	L03	L04	L05	L06	L07	L08	L09	L10	L11	L12	L13	L14
南京师范大学	24	0	0	0	0	0	0	0	0	0	0	0	0	0	0
江苏师范大学	25	2	0	2	1	1	0	0	0	1	1	0	1	0	0
淮阴师范学院	26	0	0	0	0	0	0	0	0	0	0	0	0	0	0
盐城师范学院	27	0	0	0	0	0	0	0	0	0	0	0	0	0	0
南京财经大学	28	0	0	0	0	0	0	0	0	0	0	0	0	0	0
江苏警官学院	29	2	1	2	0	1	1	0	0	2	0	0	0	2	0
南京体育学院	30	0	0	0	0	0	0	0	0	0	0	0	0	0	0
南京艺术学院	31	0	0	0	0	0	0	0	0	0	0	0	0	0	0
苏州科技大学	32	0	0	0	0	0	0	0	0	0	0	0	0	0	0
常熟理工学院	33	0	0	0	0	0	0	0	0	0	0	0	0	0	0
淮阴工学院	34	0	0	0	0	0	0	0	0	0	0	0	0	0	0
常州工学院	35	0	0	0	0	0	0	0	0	0	0	0	0	0	0
扬州大学	36	0	0	0	0	0	0	0	0	0	0	0	0	0	0
南京工程学院	37	1	1	1	0	0	1	0	0	0	1	0	0	1	0
南京审计大学	38	3	3	3	0	0	0	3	0	3	0	0	0	3	0
南京晓庄学院	39	0	0	0	0	0	0	0	0	0	0	0	0	0	0
江苏理工学院	40	0	0	0	0	0	0	0	0	0	0	0	0	0	0
江苏海洋大学	41	1	0	1	0	0	1	0	0	1	0	0	0	1	0
徐州工程学院	42	0	0	0	0	0	0	0	0	0	0	0	0	0	0
南京特殊教育师范学院	43	0	0	0	0	0	0	0	0	0	0	0	0	0	0
泰州学院	44	0	0	0	0	0	0	0	0	0	0	0	0	0	0
金陵科技学院	45	0	0	0	0	0	0	0	0	0	0	0	0	0	0
江苏第二师范学院	46	0	0	0	0	0	0	0	0	0	0	0	0	0	0

2.5 宗教学人文、社会科学活动人员情况表

高校名称		总计		按职称划分						按最后学历划分			按最后学位划分		其他人员
			女性	小计	教授	副教授	讲师	助教	初级	研究生	本科生	其他	博士	硕士	
	编号	L01	L02	L03	L04	L05	L06	L07	L08	L09	L10	L11	L12	L13	L14
合　计	/	32	10	32	12	11	9	0	0	30	2	0	29	2	0
南京大学	1	11	2	11	7	4	0	0	0	11	0	0	11	0	0
东南大学	2	3	2	3	0	2	1	0	0	3	0	0	3	0	0
江南大学	3	0	0	0	0	0	0	0	0	0	0	0	0	0	0
南京农业大学	4	1	1	1	0	0	1	0	0	1	0	0	1	0	0
中国矿业大学	5	0	0	0	0	0	0	0	0	0	0	0	0	0	0
河海大学	6	1	0	1	1	0	0	0	0	1	0	0	1	0	0
南京理工大学	7	0	0	0	0	0	0	0	0	0	0	0	0	0	0
南京航空航天大学	8	0	0	0	0	0	0	0	0	0	0	0	0	0	0
中国药科大学	9	0	0	0	0	0	0	0	0	0	0	0	0	0	0
南京森林警察学院	10	0	0	0	0	0	0	0	0	0	0	0	0	0	0
苏州大学	11	4	1	4	3	0	1	0	0	4	0	0	4	0	0
江苏科技大学	12	0	0	0	0	0	0	0	0	0	0	0	0	0	0
南京工业大学	13	3	1	3	0	2	1	0	0	1	2	0	0	2	0
常州大学	14	0	0	0	0	0	0	0	0	0	0	0	0	0	0
南京邮电大学	15	0	0	0	0	0	0	0	0	0	0	0	0	0	0
南京林业大学	16	0	0	0	0	0	0	0	0	0	0	0	0	0	0
江苏大学	17	0	0	0	0	0	0	0	0	0	0	0	0	0	0
南京信息工程大学	18	1	1	1	0	0	1	0	0	1	0	0	1	0	0
南通大学	19	1	0	1	0	1	0	0	0	1	0	0	1	0	0
盐城工学院	20	0	0	0	0	0	0	0	0	0	0	0	0	0	0
南京医科大学	21	0	0	0	0	0	0	0	0	0	0	0	0	0	0
徐州医科大学	22	0	0	0	0	0	0	0	0	0	0	0	0	0	0
南京中医药大学	23	0	0	0	0	0	0	0	0	0	0	0	0	0	0

续表

高校名称		总计		按职称划分						按最后学历划分			按最后学位划分		其他人员
			女性	小计	教授	副教授	讲师	助教	初级	研究生	本科生	其他	博士	硕士	
	编号	L01	L02	L03	L04	L05	L06	L07	L08	L09	L10	L11	L12	L13	L14
南京师范大学	24	0	0	0	0	0	0	0	0	0	0	0	0	0	0
江苏师范大学	25	1	0	1	1	0	0	0	0	1	0	0	1	0	0
淮阴师范学院	26	0	0	0	0	0	0	0	0	0	0	0	0	0	0
盐城师范学院	27	0	0	0	0	0	0	0	0	0	0	0	0	0	0
南京财经大学	28	0	0	0	0	0	0	0	0	0	0	0	0	0	0
江苏警官学院	29	2	0	2	0	1	1	0	0	2	0	0	2	0	0
南京体育学院	30	0	0	0	0	0	0	0	0	0	0	0	0	0	0
南京艺术学院	31	0	0	0	0	0	0	0	0	0	0	0	0	0	0
苏州科技大学	32	0	0	0	0	0	0	0	0	0	0	0	0	0	0
常熟理工学院	33	0	0	0	0	0	0	0	0	0	0	0	0	0	0
淮阴工学院	34	1	1	1	0	1	0	0	0	1	0	0	1	0	0
常州工学院	35	0	0	0	0	0	0	0	0	0	0	0	0	0	0
扬州大学	36	3	1	3	0	0	3	0	0	3	0	0	3	0	0
南京工程学院	37	0	0	0	0	0	0	0	0	0	0	0	0	0	0
南京审计大学	38	0	0	0	0	0	0	0	0	0	0	0	0	0	0
南京晓庄学院	39	0	0	0	0	0	0	0	0	0	0	0	0	0	0
江苏理工学院	40	0	0	0	0	0	0	0	0	0	0	0	0	0	0
江苏海洋大学	41	0	0	0	0	0	0	0	0	0	0	0	0	0	0
徐州工程学院	42	0	0	0	0	0	0	0	0	0	0	0	0	0	0
南京特殊教育师范学院	43	0	0	0	0	0	0	0	0	0	0	0	0	0	0
泰州学院	44	0	0	0	0	0	0	0	0	0	0	0	0	0	0
金陵科技学院	45	0	0	0	0	0	0	0	0	0	0	0	0	0	0
江苏第二师范学院	46	0	0	0	0	0	0	0	0	0	0	0	0	0	0

2.6 语言学人文、社会科学活动人员情况表

高校名称		总计		按职称划分						按最后学历划分			按最后学位划分		其他人员
			女性	小计	教授	副教授	讲师	助教	初级	研究生	本科生	其他	博士	硕士	
	编号	L01	L02	L03	L04	L05	L06	L07	L08	L09	L10	L11	L12	L13	L14
合 计	/	3 754	2 684	3 754	272	1 175	2 187	119	1	2 640	1 114	0	715	2 146	0
南京大学	1	131	94	131	23	56	52	0	0	123	8	0	75	48	0
东南大学	2	152	107	152	13	59	78	2	0	117	35	0	40	77	0
江南大学	3	106	89	106	7	27	69	3	0	83	23	0	20	76	0
南京农业大学	4	90	76	90	5	25	57	3	0	67	23	0	13	56	0
中国矿业大学	5	44	29	44	1	22	20	1	0	39	5	0	6	36	0
河海大学	6	27	17	27	3	12	12	0	0	23	4	0	11	12	0
南京理工大学	7	60	43	60	5	12	43	0	0	48	12	0	20	27	0
南京航空航天大学	8	81	53	81	8	29	43	1	0	63	18	0	18	45	0
中国药科大学	9	51	34	51	2	10	29	10	0	41	10	0	4	36	0
南京森林警察学院	10	24	19	24	1	12	11	0	0	8	16	0	0	13	0
苏州大学	11	197	141	197	11	61	103	22	0	131	66	0	45	94	0
江苏科技大学	12	117	95	117	4	24	89	0	0	100	17	0	16	82	0
南京工业大学	13	28	22	28	1	11	16	0	0	23	5	0	6	19	0
常州大学	14	82	65	82	5	21	53	3	0	57	25	0	12	54	0
南京邮电大学	15	69	45	69	11	19	38	1	0	52	17	0	15	38	0
南京林业大学	16	75	57	75	6	12	56	1	0	47	28	0	8	38	0
江苏大学	17	147	108	147	7	51	88	1	0	79	68	0	24	60	0
南京信息工程大学	18	114	82	114	5	24	82	3	0	83	31	0	10	77	0
南通大学	19	130	94	130	13	72	45	0	0	83	47	0	19	94	0
盐城工学院	20	62	38	62	4	23	31	4	0	31	31	0	2	50	0
南京医科大学	21	49	41	49	0	13	34	2	0	33	16	0	2	32	0
徐州医科大学	22	39	25	39	0	10	29	0	0	19	20	0	1	18	0
南京中医药大学	23	45	35	45	2	11	32	0	0	25	20	0	9	24	0

续表

高校名称		总计		按职称划分						按最后学历划分			按最后学位划分		其他
			女性	小计	教授	副教授	讲师	助教	初级	研究生	本科生	其他	博士	硕士	人员
	编号	L01	L02	L03	L04	L05	L06	L07	L08	L09	L10	L11	L12	L13	L14
南京师范大学	24	184	113	184	33	46	102	3	0	170	14	0	78	93	0
江苏师范大学	25	149	86	149	26	40	82	1	0	120	29	0	48	75	0
淮阴师范学院	26	107	74	107	4	32	70	1	0	66	41	0	15	73	0
盐城师范学院	27	92	53	92	8	45	35	4	0	77	15	0	18	59	0
南京财经大学	28	74	48	74	4	29	41	0	0	45	29	0	7	41	0
江苏警官学院	29	36	28	36	1	11	20	4	0	18	18	0	7	20	0
南京体育学院	30	15	11	15	0	5	10	0	0	11	4	0	1	8	0
南京艺术学院	31	18	13	18	0	8	8	2	0	11	7	0	0	12	0
苏州科技大学	32	83	55	83	5	23	55	0	0	69	14	0	16	59	0
常熟理工学院	33	86	60	86	8	31	41	6	0	71	15	0	25	56	0
淮阴工学院	34	69	51	69	3	29	34	3	0	40	29	0	6	51	0
常州工学院	35	68	52	68	3	12	52	1	0	47	21	0	11	38	0
扬州大学	36	162	107	162	12	45	104	1	0	111	51	0	34	79	0
南京工程学院	37	65	47	65	2	16	44	2	1	31	34	0	1	34	0
南京审计大学	38	77	56	77	6	26	37	8	0	64	13	0	14	58	0
南京晓庄学院	39	112	91	112	5	32	75	0	0	63	49	0	9	54	0
江苏理工学院	40	96	68	96	5	17	71	3	0	64	32	0	15	52	0
江苏海洋大学	41	50	38	50	2	15	33	0	0	27	23	0	7	24	0
徐州工程学院	42	99	76	99	3	34	53	9	0	47	52	0	7	43	0
南京特殊教育师范学院	43	10	9	10	0	5	5	0	0	7	3	0	2	6	0
泰州学院	44	70	51	70	2	17	49	2	0	15	55	0	2	27	0
金陵科技学院	45	72	58	72	2	28	36	6	0	53	19	0	7	48	0
江苏第二师范学院	46	40	30	40	1	13	20	6	0	38	2	0	9	30	0

2.7 中国文学人文、社会科学活动人员情况表

高校名称		总计		按职称划分						按最后学历划分			按最后学位划分		其他人员
			女性	小计	教授	副教授	讲师	助教	初级	研究生	本科生	其他	博士	硕士	
	编号	L01	L02	L03	L04	L05	L06	L07	L08	L09	L10	L11	L12	L13	L14
合　计	/	1 278	635	1 278	272	482	502	22	0	1 060	215	3	725	382	0
南京大学	1	71	16	71	34	17	20	0	0	66	4	1	62	2	0
东南大学	2	21	11	21	2	7	11	1	0	18	3	0	11	7	0
江南大学	3	31	15	31	6	13	12	0	0	27	4	0	17	9	0
南京农业大学	4	3	2	3	0	1	2	0	0	2	1	0	1	1	0
中国矿业大学	5	25	14	25	5	13	7	0	0	21	4	0	16	6	0
河海大学	6	4	1	4	2	1	1	0	0	4	0	0	1	3	0
南京理工大学	7	6	2	6	2	3	1	0	0	5	1	0	4	1	0
南京航空航天大学	8	0	0	0	0	0	0	0	0	0	0	0	0	0	0
中国药科大学	9	0	0	0	0	0	0	0	0	0	0	0	0	0	0
南京森林警察学院	10	0	0	0	0	0	0	0	0	0	0	0	0	0	0
苏州大学	11	81	30	81	27	31	21	2	0	78	3	0	65	15	0
江苏科技大学	12	14	9	14	1	3	10	0	0	8	6	0	3	8	0
南京工业大学	13	4	2	4	0	3	1	0	0	4	0	0	4	0	0
常州大学	14	10	5	10	1	2	6	1	0	10	0	0	5	5	0
南京邮电大学	15	9	7	9	0	6	3	0	0	5	4	0	3	3	0
南京林业大学	16	29	20	29	2	8	19	0	0	24	5	0	9	15	0
江苏大学	17	23	15	23	5	7	11	0	0	21	2	0	16	5	0
南京信息工程大学	18	48	34	48	6	23	19	0	0	43	5	0	36	7	0
南通大学	19	56	22	56	13	25	18	0	0	52	4	0	38	14	0
盐城工学院	20	21	16	21	1	7	13	0	0	13	8	0	3	14	0
南京医科大学	21	1	1	1	0	0	1	0	0	1	0	0	0	1	0
徐州医科大学	22	12	10	12	0	2	10	0	0	8	4	0	0	9	0
南京中医药大学	23	2	1	2	0	0	2	0	0	2	0	0	2	0	0

续表

高校名称	编号	总计			按职称划分					按最后学历划分			按最后学位划分		其他人员
		L01	女性 L02	小计 L03	教授 L04	副教授 L05	讲师 L06	助教 L07	初级 L08	研究生 L09	本科生 L10	其他 L11	博士 L12	硕士 L13	L14
南京师范大学	24	96	46	96	30	38	27	1	0	94	2	0	77	17	0
江苏师范大学	25	64	26	64	27	24	13	0	0	57	7	0	42	15	0
淮阴师范学院	26	74	35	74	14	26	32	2	0	55	17	2	30	29	0
盐城师范学院	27	68	35	68	9	27	29	3	0	60	8	0	35	25	0
南京财经大学	28	28	21	28	4	9	15	0	0	24	4	0	13	11	0
江苏警官学院	29	16	5	16	3	5	8	0	0	11	5	0	5	9	0
南京体育学院	30	3	2	3	0	0	2	1	0	3	0	0	0	3	0
南京艺术学院	31	5	4	5	1	3	1	0	0	3	2	0	3	1	0
苏州科技大学	32	29	15	29	8	10	11	0	0	25	4	0	17	9	0
常熟理工学院	33	19	10	19	4	4	5	6	0	19	0	0	13	6	0
淮阴工学院	34	15	8	15	1	4	10	0	0	9	6	0	5	7	0
常州工学院	35	35	17	35	7	10	18	0	0	20	15	0	15	10	0
扬州大学	36	73	22	73	18	27	28	0	0	69	4	0	63	7	0
南京工程学院	37	9	5	9	0	1	8	0	0	7	2	0	1	6	0
南京审计大学	38	19	10	19	1	8	8	2	0	14	5	0	9	5	0
南京晓庄学院	39	51	26	51	12	25	14	0	0	39	12	0	23	16	0
江苏理工学院	40	23	10	23	6	9	8	0	0	22	1	0	15	7	0
江苏海洋大学	41	32	16	32	6	10	15	1	0	22	10	0	10	16	0
徐州工程学院	42	48	37	48	4	15	28	1	0	34	14	0	10	28	0
南京特殊教育师范学院	43	8	6	8	0	6	2	0	0	7	1	0	2	5	0
泰州学院	44	40	17	40	1	24	15	0	0	8	32	0	7	11	0
金陵科技学院	45	20	11	20	3	13	4	0	0	14	6	0	9	7	0
江苏第二师范学院	46	32	18	32	6	12	13	1	0	32	0	0	25	7	0

2.8 外国文学人文、社会科学活动人员情况表

高校名称		总计		按职称划分						按最后学历划分			按最后学位划分		其他人员
			女性	小计	教授	副教授	讲师	助教	初级	研究生	本科生	其他	博士	硕士	
	编号	L01	L02	L03	L04	L05	L06	L07	L08	L09	L10	L11	L12	L13	L14
合　计	/	989	704	989	114	305	540	29	1	743	246	0	276	532	0
南京大学	1	69	34	69	24	20	25	0	0	67	2	0	55	11	0
东南大学	2	10	8	10	2	3	4	1	0	8	2	0	5	3	0
江南大学	3	14	10	14	1	3	10	0	0	10	4	0	3	10	0
南京农业大学	4	2	1	2	0	1	1	0	0	2	0	0	2	0	0
中国矿业大学	5	74	50	74	7	29	38	0	0	66	8	0	10	58	0
河海大学	6	7	3	7	2	2	3	0	0	6	1	0	3	3	0
南京理工大学	7	16	13	16	1	4	10	1	0	14	2	0	6	8	0
南京航空航天大学	8	16	12	16	0	7	9	0	0	16	0	0	12	4	0
中国药科大学	9	11	7	11	0	0	9	2	0	4	7	0	0	4	0
南京森林警察学院	10	3	3	3	0	0	3	0	0	3	0	0	0	3	0
苏州大学	11	48	32	48	11	11	22	4	0	42	6	0	21	19	0
江苏科技大学	12	21	13	21	1	7	13	0	0	18	3	0	1	17	0
南京工业大学	13	13	8	13	0	7	6	0	0	10	3	0	8	4	0
常州大学	14	6	4	6	0	2	2	2	0	6	0	0	4	2	0
南京邮电大学	15	24	16	24	2	11	11	0	0	20	4	0	12	8	0
南京林业大学	16	2	1	2	0	2	0	0	0	1	1	0	1	1	0
江苏大学	17	7	4	7	1	3	3	0	0	7	0	0	2	5	0
南京信息工程大学	18	23	13	23	5	7	11	0	0	18	5	0	5	15	0
南通大学	19	55	40	55	3	21	31	0	0	39	16	0	13	33	0
盐城工学院	20	21	17	21	0	10	10	1	0	7	14	0	0	16	0
南京医科大学	21	3	2	3	0	1	2	0	0	3	0	0	1	2	0
徐州医科大学	22	1	1	1	0	0	1	0	0	1	0	0	0	1	0
南京中医药大学	23	9	6	9	0	2	7	0	0	2	7	0	0	4	0

续表

高校名称		总计		按职称划分						按最后学历划分			按最后学位划分		其他人员
			女性	小计	教授	副教授	讲师	助教	初级	研究生	本科生	其他	博士	硕士	
	编号	L01	L02	L03	L04	L05	L06	L07	L08	L09	L10	L11	L12	L13	L14
南京师范大学	24	84	67	84	16	24	38	6	0	83	1	0	41	42	0
江苏师范大学	25	39	29	39	6	17	16	0	0	34	5	0	11	25	0
淮阴师范学院	26	30	24	30	4	9	17	0	0	19	11	0	5	21	0
盐城师范学院	27	23	17	23	3	10	6	4	0	23	0	0	5	18	0
南京财经大学	28	7	5	7	0	2	5	0	0	7	0	0	1	6	0
江苏警官学院	29	1	1	1	0	0	1	0	0	1	0	0	0	1	0
南京体育学院	30	9	6	9	0	0	9	0	0	2	7	0	0	2	0
南京艺术学院	31	0	0	0	0	0	0	0	0	0	0	0	0	0	0
苏州科技大学	32	22	17	22	3	6	13	0	0	21	1	0	10	11	0
常熟理工学院	33	15	11	15	0	4	11	0	0	13	2	0	2	12	0
淮阴工学院	34	15	13	15	2	4	9	0	0	7	8	0	1	12	0
常州工学院	35	38	29	38	1	6	31	0	0	16	22	0	4	15	0
扬州大学	36	36	22	36	6	7	23	0	0	24	12	0	9	14	0
南京工程学院	37	21	15	21	1	3	10	6	1	17	4	0	5	15	0
南京审计大学	38	20	16	20	2	6	11	1	0	15	5	0	4	14	0
南京晓庄学院	39	7	5	7	1	2	4	0	0	6	1	0	0	6	0
江苏理工学院	40	16	12	16	1	8	7	0	0	9	7	0	2	7	0
江苏海洋大学	41	73	55	73	2	25	46	0	0	32	41	0	5	36	0
徐州工程学院	42	41	32	41	3	12	26	0	0	21	20	0	3	17	0
南京特殊教育师范学院	43	20	18	20	1	3	15	1	0	11	9	0	0	17	0
泰州学院	44	6	4	6	1	1	4	0	0	1	5	0	1	2	0
金陵科技学院	45	6	4	6	1	1	4	0	0	6	0	0	0	6	0
江苏第二师范学院	46	5	4	5	0	2	3	0	0	5	0	0	3	2	0

2.9 艺术学人文、社会科学活动人员情况表

高校名称		总计		按职称划分						按最后学历划分			按最后学位划分		其他人员
			女性	小计	教授	副教授	讲师	助教	初级	研究生	本科生	其他	博士	硕士	
	编号	L01	L02	L03	L04	L05	L06	L07	L08	L09	L10	L11	L12	L13	L14
合　计	/	3 332	1 718	3 332	446	1 102	1 523	257	4	2 318	1 012	2	672	1 893	0
南京大学	1	38	19	38	10	15	13	0	0	36	2	0	32	3	0
东南大学	2	73	29	73	16	20	34	3	0	70	3	0	53	17	0
江南大学	3	191	96	191	27	83	76	5	0	151	40	0	50	94	0
南京农业大学	4	22	10	22	4	3	14	1	0	16	6	0	5	11	0
中国矿业大学	5	51	26	51	9	20	22	0	0	42	9	0	7	42	0
河海大学	6	5	3	5	1	1	3	0	0	3	2	0	0	3	0
南京理工大学	7	39	17	39	4	12	21	2	0	37	2	0	17	20	0
南京航空航天大学	8	52	24	52	10	13	26	3	0	33	19	0	15	18	0
中国药科大学	9	0	0	0	0	0	0	0	0	0	0	0	0	0	0
南京森林警察学院	10	5	2	5	0	2	3	0	0	4	1	0	0	4	0
苏州大学	11	132	63	132	29	37	55	11	0	74	58	0	25	50	0
江苏科技大学	12	13	7	13	0	2	10	1	0	10	3	0	1	10	0
南京工业大学	13	27	10	27	4	10	12	1	0	27	0	0	12	15	0
常州大学	14	76	40	76	9	14	32	21	0	65	11	0	11	56	0
南京邮电大学	15	27	17	27	2	10	13	2	0	25	2	0	7	18	0
南京林业大学	16	82	49	82	8	23	47	4	0	73	9	0	27	46	0
江苏大学	17	60	28	60	4	25	30	1	0	38	22	0	11	29	0
南京信息工程大学	18	56	23	56	10	12	34	0	0	49	7	0	13	39	0
南通大学	19	128	65	128	11	57	57	3	0	81	47	0	29	71	0
盐城工学院	20	56	23	56	3	17	31	5	0	29	27	0	7	40	0
南京医科大学	21	1	1	1	0	0	1	0	0	0	1	0	0	0	0
徐州医科大学	22	4	4	4	0	0	4	0	0	2	2	0	0	2	0
南京中医药大学	23	3	3	3	0	1	2	0	0	3	0	0	1	2	0

续表

高校名称		总计		按职称划分						按最后学历划分			按最后学位划分		其他人员
			女性	小计	教授	副教授	讲师	助教	初级	研究生	本科生	其他	博士	硕士	
	编号	L01	L02	L03	L04	L05	L06	L07	L08	L09	L10	L11	L12	L13	L14
南京师范大学	24	175	86	175	38	57	54	26	0	141	34	0	45	98	0
江苏师范大学	25	115	54	115	20	55	40	0	0	63	52	0	23	43	0
淮阴师范学院	26	137	63	137	10	40	76	11	0	86	50	1	18	83	0
盐城师范学院	27	98	55	98	7	39	28	24	0	66	32	0	5	59	0
南京财经大学	28	46	22	46	4	14	28	0	0	41	5	0	8	34	0
江苏警官学院	29	2	0	2	0	0	2	0	0	2	0	0	1	1	0
南京体育学院	30	5	4	5	0	0	2	3	0	5	0	0	1	4	0
南京艺术学院	31	493	226	493	124	176	175	18	0	337	155	1	118	290	0
苏州科技大学	32	112	56	112	12	45	47	8	0	84	28	0	22	63	0
常熟理工学院	33	90	49	90	11	35	37	5	2	53	37	0	16	63	0
淮阴工学院	34	57	28	57	2	21	29	5	0	33	24	0	6	44	0
常州工学院	35	80	44	80	5	20	54	1	0	54	26	0	18	42	0
扬州大学	36	99	58	99	12	24	62	1	0	72	27	0	19	53	0
南京工程学院	37	79	42	79	6	22	45	4	2	54	25	0	13	54	0
南京审计大学	38	17	9	17	0	4	10	3	0	9	8	0	1	13	0
南京晓庄学院	39	105	71	105	6	26	69	4	0	67	38	0	7	63	0
江苏理工学院	40	76	43	76	5	22	39	10	0	43	33	0	6	41	0
江苏海洋大学	41	38	20	38	0	6	29	3	0	27	11	0	0	27	0
徐州工程学院	42	93	58	93	5	29	41	18	0	45	48	0	2	51	0
南京特殊教育师范学院	43	48	32	48	1	17	25	5	0	23	25	0	4	21	0
泰州学院	44	81	47	81	7	24	27	23	0	39	42	0	5	50	0
金陵科技学院	45	65	42	65	5	23	28	9	0	38	27	0	5	46	0
江苏第二师范学院	46	80	50	80	5	26	36	13	0	68	12	0	6	60	0

2.10 历史学人文、社会科学活动人员情况表

高校名称		总计		按职称划分						按最后学历划分			按最后学位划分		其他人员
			女性	小计	教授	副教授	讲师	助教	初级	研究生	本科生	其他	博士	硕士	
	编号	L01	L02	L03	L04	L05	L06	L07	L08	L09	L10	L11	L12	L13	L14
合　计	/	574	190	574	146	200	221	7	0	516	57	1	388	132	0
南京大学	1	60	16	60	30	19	11	0	0	57	2	1	56	0	0
东南大学	2	8	2	8	1	0	7	0	0	7	1	0	6	1	0
江南大学	3	4	0	4	1	2	1	0	0	4	0	0	2	2	0
南京农业大学	4	20	4	20	6	6	8	0	0	19	1	0	14	5	0
中国矿业大学	5	0	0	0	0	0	0	0	0	0	0	0	0	0	0
河海大学	6	4	2	4	0	2	2	0	0	4	0	0	3	1	0
南京理工大学	7	7	1	7	1	3	3	0	0	6	1	0	5	1	0
南京航空航天大学	8	3	2	3	0	1	1	1	0	3	0	0	2	1	0
中国药科大学	9	2	1	2	0	0	2	0	0	2	0	0	2	0	0
南京森林警察学院	10	1	0	1	0	0	1	0	0	1	0	0	0	1	0
苏州大学	11	36	10	36	15	10	11	0	0	35	1	0	30	5	0
江苏科技大学	12	10	4	10	0	5	5	0	0	10	0	0	6	4	0
南京工业大学	13	2	0	2	0	1	1	0	0	2	0	0	2	0	0
常州大学	14	8	3	8	3	0	5	0	0	8	0	0	6	2	0
南京邮电大学	15	12	6	12	2	8	2	0	0	9	3	0	8	1	0
南京林业大学	16	3	1	3	1	1	0	1	0	3	0	0	1	2	0
江苏大学	17	14	6	14	1	7	6	0	0	12	2	0	9	4	0
南京信息工程大学	18	19	3	19	4	2	13	0	0	19	0	0	16	3	0
南通大学	19	18	6	18	2	8	8	0	0	17	1	0	12	5	0
盐城工学院	20	7	3	7	3	1	3	0	0	6	1	0	5	2	0
南京医科大学	21	1	0	1	0	1	0	0	0	1	0	0	1	0	0
徐州医科大学	22	2	1	2	0	0	2	0	0	2	0	0	1	1	0
南京中医药大学	23	11	6	11	3	4	4	0	0	10	1	0	8	2	0

续表

高校名称	编号	总计		按职称划分						按最后学历划分			按最后学位划分		其他人员
			女性	小计	教授	副教授	讲师	助教	初级	研究生	本科生	其他	博士	硕士	
		L01	L02	L03	L04	L05	L06	L07	L08	L09	L10	L11	L12	L13	L14
南京师范大学	24	44	14	44	15	9	19	1	0	42	2	0	37	5	0
江苏师范大学	25	38	14	38	11	16	11	0	0	35	3	0	32	3	0
淮阴师范学院	26	26	8	26	6	10	9	1	0	22	4	0	13	9	0
盐城师范学院	27	22	9	22	5	9	7	1	0	19	3	0	7	13	0
南京财经大学	28	12	6	12	1	2	9	0	0	11	1	0	8	3	0
江苏警官学院	29	2	0	2	1	0	1	0	0	2	0	0	2	0	0
南京体育学院	30	1	0	1	0	1	0	0	0	0	1	0	0	0	0
南京艺术学院	31	0	0	0	0	0	0	0	0	0	0	0	0	0	0
苏州科技大学	32	31	9	31	10	9	11	1	0	27	4	0	20	7	0
常熟理工学院	33	4	2	4	1	3	0	0	0	3	1	0	2	1	0
淮阴工学院	34	8	2	8	0	4	4	0	0	8	0	0	4	4	0
常州工学院	35	7	4	7	0	3	4	0	0	4	3	0	2	2	0
扬州大学	36	51	10	51	15	19	17	0	0	47	4	0	41	7	0
南京工程学院	37	4	1	4	0	1	2	1	0	3	1	0	1	2	0
南京审计大学	38	10	1	10	2	2	6	0	0	10	0	0	7	3	0
南京晓庄学院	39	10	3	10	3	5	2	0	0	8	2	0	6	2	0
江苏理工学院	40	6	2	6	1	2	3	0	0	4	2	0	2	2	0
江苏海洋大学	41	4	0	4	0	1	3	0	0	3	1	0	0	4	0
徐州工程学院	42	19	16	19	0	11	8	0	0	12	7	0	0	12	0
南京特殊教育师范学院	43	0	0	0	0	0	0	0	0	0	0	0	0	0	0
泰州学院	44	10	7	10	0	7	3	0	0	6	4	0	1	5	0
金陵科技学院	45	4	2	4	0	2	2	0	0	4	0	0	4	0	0
江苏第二师范学院	46	9	3	9	2	3	4	0	0	9	0	0	4	5	0

2.11 考古学人文、社会科学活动人员情况表

高校名称		总计		按职称划分						按最后学历划分			按最后学位划分		其他
			女性	小计	教授	副教授	讲师	助教	初级	研究生	本科生	其他	博士	硕士	人员
	编号	L01	L02	L03	L04	L05	L06	L07	L08	L09	L10	L11	L12	L13	L14
合　计	/	26	8	26	9	9	7	1	0	22	4	0	20	2	0
南京大学	1	12	2	12	7	4	1	0	0	10	2	0	10	0	0
东南大学	2	0	0	0	0	0	0	0	0	0	0	0	0	0	0
江南大学	3	0	0	0	0	0	0	0	0	0	0	0	0	0	0
南京农业大学	4	0	0	0	0	0	0	0	0	0	0	0	0	0	0
中国矿业大学	5	0	0	0	0	0	0	0	0	0	0	0	0	0	0
河海大学	6	0	0	0	0	0	0	0	0	0	0	0	0	0	0
南京理工大学	7	0	0	0	0	0	0	0	0	0	0	0	0	0	0
南京航空航天大学	8	1	0	1	1	0	0	0	0	1	0	0	1	0	0
中国药科大学	9	0	0	0	0	0	0	0	0	0	0	0	0	0	0
南京森林警察学院	10	0	0	0	0	0	0	0	0	0	0	0	0	0	0
苏州大学	11	0	0	0	0	0	0	0	0	0	0	0	0	0	0
江苏科技大学	12	0	0	0	0	0	0	0	0	0	0	0	0	0	0
南京工业大学	13	0	0	0	0	0	0	0	0	0	0	0	0	0	0
常州大学	14	0	0	0	0	0	0	0	0	0	0	0	0	0	0
南京邮电大学	15	0	0	0	0	0	0	0	0	0	0	0	0	0	0
南京林业大学	16	0	0	0	0	0	0	0	0	0	0	0	0	0	0
江苏大学	17	0	0	0	0	0	0	0	0	0	0	0	0	0	0
南京信息工程大学	18	0	0	0	0	0	0	0	0	0	0	0	0	0	0
南通大学	19	0	0	0	0	0	0	0	0	0	0	0	0	0	0
盐城工学院	20	0	0	0	0	0	0	0	0	0	0	0	0	0	0
南京医科大学	21	0	0	0	0	0	0	0	0	0	0	0	0	0	0
徐州医科大学	22	0	0	0	0	0	0	0	0	0	0	0	0	0	0
南京中医药大学	23	0	0	0	0	0	0	0	0	0	0	0	0	0	0

续表

高校名称		总计		按职称划分						按最后学历划分			按最后学位划分		其他人员
			女性	小计	教授	副教授	讲师	助教	初级	研究生	本科生	其他	博士	硕士	
	编号	L01	L02	L03	L04	L05	L06	L07	L08	L09	L10	L11	L12	L13	L14
南京师范大学	24	6	1	6	1	2	3	0	0	4	2	0	4	0	0
江苏师范大学	25	3	2	3	0	2	1	0	0	3	0	0	3	0	0
淮阴师范学院	26	1	1	1	0	0	1	0	0	1	0	0	0	1	0
盐城师范学院	27	0	0	0	0	0	0	0	0	0	0	0	0	0	0
南京财经大学	28	0	0	0	0	0	0	0	0	0	0	0	0	0	0
江苏警官学院	29	0	0	0	0	0	0	0	0	0	0	0	0	0	0
南京体育学院	30	0	0	0	0	0	0	0	0	0	0	0	0	0	0
南京艺术学院	31	0	0	0	0	0	0	0	0	0	0	0	0	0	0
苏州科技大学	32	0	0	0	0	0	0	0	0	0	0	0	0	0	0
常熟理工学院	33	0	0	0	0	0	0	0	0	0	0	0	0	0	0
淮阴工学院	34	0	0	0	0	0	0	0	0	0	0	0	0	0	0
常州工学院	35	0	0	0	0	0	0	0	0	0	0	0	0	0	0
扬州大学	36	0	0	0	0	0	0	0	0	0	0	0	0	0	0
南京工程学院	37	0	0	0	0	0	0	0	0	0	0	0	0	0	0
南京审计大学	38	0	0	0	0	0	0	0	0	0	0	0	0	0	0
南京晓庄学院	39	0	0	0	0	0	0	0	0	0	0	0	0	0	0
江苏理工学院	40	0	0	0	0	0	0	0	0	0	0	0	0	0	0
江苏海洋大学	41	0	0	0	0	0	0	0	0	0	0	0	0	0	0
徐州工程学院	42	0	0	0	0	0	0	0	0	0	0	0	0	0	0
南京特殊教育师范学院	43	1	1	1	0	0	1	0	0	1	0	0	1	0	0
泰州学院	44	0	0	0	0	0	0	0	0	0	0	0	0	0	0
金陵科技学院	45	0	0	0	0	0	0	0	0	0	0	0	0	0	0
江苏第二师范学院	46	2	1	2	0	1	0	1	0	2	0	0	1	1	0

2.12 经济学人文、社会科学活动人员情况表

高校名称	编号	总计 L01	女性 L02	小计 L03	教授 L04	副教授 L05	讲师 L06	助教 L07	初级 L08	研究生 L09	本科生 L10	其他 L11	博士 L12	硕士 L13	其他人员 L14
合 计	/	2 904	1 362	2 904	506	1 054	1 288	54	2	2 302	600	2	1 429	1 015	0
南京大学	1	112	37	112	31	30	51	0	0	110	2	0	102	7	0
东南大学	2	107	44	107	18	51	38	0	0	86	21	0	64	24	0
江南大学	3	45	22	45	5	28	12	0	0	42	3	0	26	14	0
南京农业大学	4	64	33	64	20	19	21	4	0	61	3	0	53	7	0
中国矿业大学	5	35	18	35	6	14	15	0	0	30	5	0	20	14	0
河海大学	6	64	19	64	18	20	26	0	0	61	3	0	42	20	0
南京理工大学	7	64	38	64	13	31	20	0	0	57	7	0	37	24	0
南京航空航天大学	8	29	14	29	10	12	7	0	0	28	1	0	16	12	0
中国药科大学	9	17	7	17	2	10	5	0	0	17	0	0	8	9	0
南京森林警察学院	10	0	0	0	0	0	0	0	0	0	0	0	0	0	0
苏州大学	11	97	50	97	21	47	29	0	0	69	28	0	41	38	0
江苏科技大学	12	98	53	98	7	35	55	1	0	55	43	0	28	35	0
南京工业大学	13	13	7	13	3	5	5	0	0	8	5	0	3	8	0
常州大学	14	42	18	42	11	10	21	0	0	34	8	0	22	14	0
南京邮电大学	15	37	21	37	5	16	16	0	0	33	4	0	16	17	0
南京林业大学	16	50	23	50	11	16	23	0	0	42	8	0	22	19	0
江苏大学	17	99	49	99	11	39	45	4	0	76	23	0	34	42	0
南京信息工程大学	18	74	39	74	12	28	34	0	0	62	12	0	46	18	0
南通大学	19	69	29	69	15	35	19	0	0	57	12	0	25	36	0
盐城工学院	20	56	25	56	4	26	23	3	0	23	33	0	7	36	0
南京医科大学	21	0	0	0	0	0	0	0	0	0	0	0	0	0	0
徐州医科大学	22	3	2	3	2	0	1	0	0	1	2	0	1	1	0
南京中医药大学	23	21	14	21	2	8	11	0	0	20	1	0	6	14	0

续表

高校名称		总计		按职称划分						按最后学历划分			按最后学位划分		其他
			女性	小计	教授	副教授	讲师	助教	初级	研究生	本科生	其他	博士	硕士	人员
	编号	L01	L02	L03	L04	L05	L06	L07	L08	L09	L10	L11	L12	L13	L14
南京师范大学	24	83	31	83	18	29	35	1	0	73	10	0	47	28	0
江苏师范大学	25	87	36	87	23	28	36	0	0	71	16	0	49	30	0
淮阴师范学院	26	61	29	61	12	19	28	2	0	52	8	1	30	24	0
盐城师范学院	27	66	33	66	7	25	24	10	0	56	10	0	17	39	0
南京财经大学	28	395	175	395	69	130	196	0	0	343	52	0	242	101	0
江苏警官学院	29	5	2	5	3	0	2	0	0	2	3	0	1	1	0
南京体育学院	30	11	6	11	5	2	3	1	0	3	8	0	2	2	0
南京艺术学院	31	0	0	0	0	0	0	0	0	0	0	0	0	0	0
苏州科技大学	32	42	21	42	7	19	16	0	0	40	2	0	26	14	0
常熟理工学院	33	16	6	16	3	7	6	0	0	12	4	0	8	8	0
淮阴工学院	34	44	22	44	8	13	22	1	0	21	22	1	9	29	0
常州工学院	35	41	17	41	7	13	21	0	0	23	18	0	12	14	0
扬州大学	36	146	60	146	26	53	67	0	0	101	45	0	51	53	0
南京工程学院	37	63	35	63	3	13	42	3	2	41	22	0	13	35	0
南京审计大学	38	338	155	338	55	110	165	8	0	302	36	0	234	82	0
南京晓庄学院	39	45	24	45	3	18	24	0	0	42	3	0	18	24	0
江苏理工学院	40	92	52	92	12	32	41	7	0	51	41	0	23	39	0
江苏海洋大学	41	35	15	35	2	13	19	1	0	22	13	0	6	19	0
徐州工程学院	42	80	44	80	8	33	33	6	0	40	40	0	4	43	0
南京特殊教育师范学院	43	1	1	1	0	0	1	0	0	1	0	0	1	0	0
泰州学院	44	12	7	12	2	1	9	0	0	7	5	0	3	4	0
金陵科技学院	45	37	24	37	5	14	17	1	0	20	17	0	11	13	0
江苏第二师范学院	46	8	5	8	1	2	4	1	0	7	1	0	3	4	0

2.13 政治学人文、社会科学活动人员情况表

高校名称		总计		按职称划分						按最后学历划分			按最后学位划分		其他人员
			女性	小计	教授	副教授	讲师	助教	初级	研究生	本科生	其他	博士	硕士	
	编号	L01	L02	L03	L04	L05	L06	L07	L08	L09	L10	L11	L12	L13	L14
合　计	/	428	177	428	89	156	174	9	0	338	90	0	179	190	0
南京大学	1	43	18	43	9	17	17	0	0	41	2	0	36	3	0
东南大学	2	19	8	19	2	7	9	1	0	17	2	0	10	7	0
江南大学	3	7	2	7	4	0	3	0	0	6	1	0	4	3	0
南京农业大学	4	6	2	6	1	2	3	0	0	5	1	0	2	4	0
中国矿业大学	5	2	1	2	2	0	0	0	0	2	0	0	2	0	0
河海大学	6	18	9	18	5	6	7	0	0	18	0	0	10	8	0
南京理工大学	7	4	0	4	1	2	1	0	0	4	0	0	4	0	0
南京航空航天大学	8	10	5	10	3	6	1	0	0	10	0	0	7	3	0
中国药科大学	9	0	0	0	0	0	0	0	0	0	0	0	0	0	0
南京森林警察学院	10	9	2	9	0	5	4	0	0	7	2	0	3	5	0
苏州大学	11	24	8	24	12	4	7	1	0	22	2	0	10	11	0
江苏科技大学	12	14	6	14	2	3	7	2	0	11	3	0	4	7	0
南京工业大学	13	9	4	9	1	5	2	1	0	8	1	0	4	5	0
常州大学	14	5	1	5	2	0	3	0	0	4	1	0	4	1	0
南京邮电大学	15	8	2	8	3	3	2	0	0	8	0	0	5	3	0
南京林业大学	16	1	0	1	1	0	0	0	0	1	0	0	0	1	0
江苏大学	17	9	4	9	3	3	3	0	0	7	2	0	5	2	0
南京信息工程大学	18	13	6	13	3	3	7	0	0	10	3	0	5	6	0
南通大学	19	10	4	10	2	6	1	1	0	7	3	0	5	4	0
盐城工学院	20	2	1	2	0	1	1	0	0	2	0	0	0	2	0
南京医科大学	21	0	0	0	0	0	0	0	0	0	0	0	0	0	0
徐州医科大学	22	3	2	3	0	2	1	0	0	2	1	0	2	1	0
南京中医药大学	23	4	2	4	0	0	4	0	0	3	1	0	1	2	0

续表

高校名称		总计		按职称划分						按最后学历划分			按最后学位划分		其他人员
			女性	小计	教授	副教授	讲师	助教	初级	研究生	本科生	其他	博士	硕士	
	编号	L01	L02	L03	L04	L05	L06	L07	L08	L09	L10	L11	L12	L13	L14
南京师范大学	24	28	11	28	6	10	12	0	0	28	0	0	14	14	0
江苏师范大学	25	13	5	13	2	7	4	0	0	12	1	0	6	6	0
淮阴师范学院	26	14	4	14	2	4	8	0	0	10	4	0	1	11	0
盐城师范学院	27	11	5	11	1	6	3	1	0	6	5	0	1	7	0
南京财经大学	28	8	4	8	0	3	5	0	0	8	0	0	5	3	0
江苏警官学院	29	6	3	6	0	3	3	0	0	5	1	0	3	3	0
南京体育学院	30	3	2	3	0	0	3	0	0	3	0	0	0	3	0
南京艺术学院	31	0	0	0	0	0	0	0	0	0	0	0	0	0	0
苏州科技大学	32	15	6	15	2	4	8	1	0	13	2	0	6	7	0
常熟理工学院	33	1	0	1	1	0	0	0	0	1	0	0	0	1	0
淮阴工学院	34	13	5	13	4	5	4	0	0	6	7	0	0	11	0
常州工学院	35	4	2	4	1	2	1	0	0	3	1	0	1	3	0
扬州大学	36	14	6	14	3	6	5	0	0	9	5	0	5	4	0
南京工程学院	37	19	10	19	1	6	11	1	0	11	8	0	2	11	0
南京审计大学	38	11	5	11	2	2	7	0	0	11	0	0	8	3	0
南京晓庄学院	39	4	2	4	2	0	2	0	0	3	1	0	0	3	0
江苏理工学院	40	4	0	4	1	2	1	0	0	2	2	0	1	2	0
江苏海洋大学	41	3	1	3	0	2	1	0	0	2	1	0	0	3	0
徐州工程学院	42	10	5	10	1	5	4	0	0	2	8	0	0	6	0
南京特殊教育师范学院	43	0	0	0	0	0	0	0	0	0	0	0	0	0	0
泰州学院	44	13	6	13	2	9	2	0	0	0	13	0	0	6	0
金陵科技学院	45	11	6	11	1	5	5	0	0	5	6	0	2	3	0
江苏第二师范学院	46	3	2	3	1	0	2	0	0	3	0	0	1	2	0

2.14 法学人文、社会科学活动人员情况表

高校名称		总计		按职称划分						按最后学历划分			按最后学位划分		其他人员
			女性	小计	教授	副教授	讲师	助教	初级	研究生	本科生	其他	博士	硕士	
	编号	L01	L02	L03	L04	L05	L06	L07	L08	L09	L10	L11	L12	L13	L14
合　计	/	1 423	562	1 423	273	555	555	40	0	1 088	334	1	613	599	0
南京大学	1	74	26	74	30	30	14	0	0	71	3	0	61	8	0
东南大学	2	65	21	65	17	29	19	0	0	63	2	0	55	7	0
江南大学	3	37	19	37	3	17	17	0	0	31	6	0	17	17	0
南京农业大学	4	19	6	19	4	4	11	0	0	17	2	0	5	14	0
中国矿业大学	5	14	6	14	1	3	10	0	0	8	6	0	5	5	0
河海大学	6	46	19	46	8	24	14	0	0	46	0	0	37	8	0
南京理工大学	7	24	7	24	5	9	10	0	0	21	3	0	15	5	0
南京航空航天大学	8	29	13	29	3	12	13	1	0	27	2	0	15	11	0
中国药科大学	9	10	3	10	4	1	5	0	0	7	3	0	3	4	0
南京森林警察学院	10	82	36	82	6	31	34	11	0	59	23	0	5	68	0
苏州大学	11	78	20	78	26	31	21	0	0	65	13	0	56	15	0
江苏科技大学	12	9	4	9	1	4	4	0	0	5	4	0	1	5	0
南京工业大学	13	26	10	26	8	11	5	2	0	24	2	0	10	13	0
常州大学	14	45	16	45	12	12	20	1	0	40	5	0	31	12	0
南京邮电大学	15	13	6	13	1	10	2	0	0	10	3	0	4	7	0
南京林业大学	16	13	12	13	1	3	9	0	0	11	2	0	3	8	0
江苏大学	17	54	20	54	7	29	18	0	0	48	6	0	15	33	0
南京信息工程大学	18	34	20	34	6	14	14	0	0	31	3	0	13	19	0
南通大学	19	25	13	25	4	13	8	0	0	17	8	0	3	20	0
盐城工学院	20	10	4	10	1	2	4	3	0	3	2	0	2	6	0
南京医科大学	21	2	1	2	0	1	1	0	0	2	0	0	1	1	0
徐州医科大学	22	14	7	14	0	3	11	0	0	5	9	0	0	9	0
南京中医药大学	23	12	5	12	3	2	7	0	0	11	1	0	5	6	0

续表

高校名称		总计		按职称划分						按最后学历划分			按最后学位划分		其他人员
			女性	小计	教授	副教授	讲师	助教	初级	研究生	本科生	其他	博士	硕士	
	编号	L01	L02	L03	L04	L05	L06	L07	L08	L09	L10	L11	L12	L13	L14
南京师范大学	24	89	24	89	27	34	27	1	0	84	5	0	65	19	0
江苏师范大学	25	37	10	37	10	18	9	0	0	18	19	0	14	16	0
淮阴师范学院	26	40	13	40	8	18	14	0	0	36	3	1	12	25	0
盐城师范学院	27	43	19	43	6	19	16	2	0	36	7	0	14	22	0
南京财经大学	28	63	24	63	13	22	28	0	0	58	5	0	32	27	0
江苏警官学院	29	122	48	122	12	49	54	7	0	35	87	0	15	64	0
南京体育学院	30	3	2	3	1	0	1	1	0	2	1	0	0	2	0
南京艺术学院	31	0	0	0	0	0	0	0	0	0	0	0	0	0	0
苏州科技大学	32	6	3	6	0	0	6	0	0	6	0	0	2	4	0
常熟理工学院	33	2	0	2	1	1	0	0	0	2	0	0	2	0	0
淮阴工学院	34	11	4	11	2	3	6	0	0	10	1	0	3	8	0
常州工学院	35	10	6	10	2	3	5	0	0	3	7	0	1	7	0
扬州大学	36	58	22	58	18	23	17	0	0	44	14	0	31	13	0
南京工程学院	37	13	5	13	1	1	11	0	0	7	6	0	1	7	0
南京审计大学	38	73	34	73	14	24	30	5	0	65	8	0	37	31	0
南京晓庄学院	39	8	4	8	1	1	5	1	0	7	1	0	5	2	0
江苏理工学院	40	5	2	5	1	1	3	0	0	4	1	0	2	2	0
江苏海洋大学	41	30	12	30	1	12	17	0	0	11	19	0	6	11	0
徐州工程学院	42	35	17	35	1	14	17	3	0	11	24	0	4	13	0
南京特殊教育师范学院	43	0	0	0	0	0	0	0	0	0	0	0	0	0	0
泰州学院	44	14	5	14	2	8	4	0	0	8	6	0	3	9	0
金陵科技学院	45	14	6	14	1	6	6	1	0	6	8	0	0	9	0
江苏第二师范学院	46	12	8	12	0	3	8	1	0	8	4	0	2	7	0

2.15 社会学人文、社会科学活动人员情况表

高校名称		总计		按职称划分					按最后学历划分			按最后学位划分		其他人员
			女性	小计	教授	副教授	讲师	助教	初级	研究生	本科生	其他	博士	硕士	
	编号	L01	L02	L03	L04	L05	L06	L07	L08	L09	L10	L11	L12	L13	L14
合　计	/	650	321	650	94	239	301	11	5	567	82	1	338	255	0
南京大学	1	46	13	46	18	16	12	0	0	46	0	0	44	1	0
东南大学	2	18	10	18	1	8	9	0	0	18	0	0	14	4	0
江南大学	3	21	10	21	4	11	6	0	0	20	1	0	10	11	0
南京农业大学	4	22	15	22	2	10	9	1	0	19	3	0	14	5	0
中国矿业大学	5	1	1	1	0	0	1	0	0	1	0	0	0	1	0
河海大学	6	63	24	63	19	21	23	0	0	62	1	0	51	11	0
南京理工大学	7	14	6	14	2	6	6	0	0	14	0	0	11	3	0
南京航空航天大学	8	7	3	7	0	3	4	0	0	7	0	0	6	1	0
中国药科大学	9	0	0	0	0	0	0	0	0	0	0	0	0	0	0
南京森林警察学院	10	4	2	4	0	2	2	0	0	3	1	0	0	4	0
苏州大学	11	27	11	27	9	11	7	0	0	26	1	0	12	14	0
江苏科技大学	12	22	11	22	2	5	14	1	0	17	5	0	6	11	0
南京工业大学	13	6	2	6	0	2	4	0	0	5	1	0	3	3	0
常州大学	14	24	8	24	4	9	11	0	0	23	1	0	15	8	0
南京邮电大学	15	41	24	41	6	17	18	0	0	38	3	0	25	13	0
南京林业大学	16	6	3	6	1	0	5	0	0	6	0	0	4	2	0
江苏大学	17	2	1	2	1	1	0	0	0	2	0	0	1	1	0
南京信息工程大学	18	20	14	20	1	6	13	0	0	19	1	0	12	7	0
南通大学	19	13	7	13	1	8	4	0	0	12	1	0	9	3	0
盐城工学院	20	7	6	7	0	2	2	3	0	6	1	0	1	6	0
南京医科大学	21	4	3	4	0	3	1	0	0	4	0	0	1	3	0
徐州医科大学	22	10	8	10	0	3	7	0	0	8	2	0	3	5	0
南京中医药大学	23	18	15	18	0	5	12	1	0	16	2	0	4	14	0

续表

高校名称		总计		按职称划分						按最后学历划分			按最后学位划分		其他人员
			女性	小计	教授	副教授	讲师	助教	初级	研究生	本科生	其他	博士	硕士	
	编号	L01	L02	L03	L04	L05	L06	L07	L08	L09	L10	L11	L12	L13	L14
南京师范大学	24	26	11	26	8	10	8	0	0	24	2	0	15	9	0
江苏师范大学	25	18	10	18	0	10	8	0	0	12	6	0	7	9	0
淮阴师范学院	26	7	1	7	1	3	3	0	0	5	2	0	2	4	0
盐城师范学院	27	15	5	15	1	7	6	1	0	14	1	0	8	6	0
南京财经大学	28	13	6	13	0	7	6	0	0	12	1	0	8	4	0
江苏警官学院	29	13	6	13	2	2	9	0	0	8	5	0	1	9	0
南京体育学院	30	3	2	3	1	2	0	0	0	2	1	0	1	2	0
南京艺术学院	31	0	0	0	0	0	0	0	0	0	0	0	0	0	0
苏州科技大学	32	18	7	18	1	6	10	1	0	18	0	0	5	13	0
常熟理工学院	33	2	1	2	1	1	0	0	0	2	0	0	2	0	0
淮阴工学院	34	16	7	16	2	5	9	0	0	10	5	1	5	9	0
常州工学院	35	4	2	4	1	0	3	0	0	3	1	0	0	4	0
扬州大学	36	26	11	26	1	13	12	0	0	24	2	0	15	11	0
南京工程学院	37	21	11	21	0	1	15	0	5	19	2	0	10	11	0
南京审计大学	38	6	3	6	0	1	3	2	0	5	1	0	2	4	0
南京晓庄学院	39	12	10	12	1	3	8	0	0	10	2	0	3	7	0
江苏理工学院	40	2	1	2	0	2	0	0	0	2	0	0	1	1	0
江苏海洋大学	41	2	2	2	0	0	2	0	0	2	0	0	1	1	0
徐州工程学院	42	38	22	38	2	13	22	1	0	11	27	0	1	13	0
南京特殊教育师范学院	43	5	3	5	1	2	2	0	0	5	0	0	2	3	0
泰州学院	44	3	0	3	0	1	2	0	0	3	0	0	1	2	0
金陵科技学院	45	1	1	1	0	0	1	0	0	1	0	0	0	1	0
江苏第二师范学院	46	3	2	3	0	1	2	0	0	3	0	0	2	1	0

2.16 民族学与文化学人文、社会科学活动人员情况表

高校名称	编号	总计 L01	女性 L02	按职称划分 小计 L03	教授 L04	副教授 L05	讲师 L06	助教 L07	初级 L08	按最后学历划分 研究生 L09	本科生 L10	其他 L11	按最后学位划分 博士 L12	硕士 L13	其他人员 L14
合　计	/	56	32	56	8	18	21	9	0	40	16	0	21	20	0
南京大学	1	3	0	3	2	1	0	0	0	3	0	0	3	0	0
东南大学	2	2	0	2	0	1	1	0	0	1	1	0	1	0	0
江南大学	3	1	0	1	0	1	0	0	0	0	1	0	0	1	0
南京农业大学	4	4	3	4	0	0	1	3	0	4	0	0	1	3	0
中国矿业大学	5	0	0	0	0	0	0	0	0	0	0	0	0	0	0
河海大学	6	10	7	10	3	2	5	0	0	7	3	0	4	2	0
南京理工大学	7	1	1	1	0	0	1	0	0	1	0	0	1	0	0
南京航空航天大学	8	0	0	0	0	0	0	0	0	0	0	0	0	0	0
中国药科大学	9	0	0	0	0	0	0	0	0	0	0	0	0	0	0
南京森林警察学院	10	0	0	0	0	0	0	0	0	0	0	0	0	0	0
苏州大学	11	0	0	0	0	0	0	0	0	0	0	0	0	0	0
江苏科技大学	12	1	0	1	0	0	1	0	0	1	0	0	0	1	0
南京工业大学	13	5	4	5	0	4	1	0	0	5	0	0	1	4	0
常州大学	14	0	0	0	0	0	0	0	0	0	0	0	0	0	0
南京邮电大学	15	0	0	0	0	0	0	0	0	0	0	0	0	0	0
南京林业大学	16	0	0	0	0	0	0	0	0	0	0	0	0	0	0
江苏大学	17	2	2	2	0	0	2	0	0	2	0	0	2	0	0
南京信息工程大学	18	0	0	0	0	0	0	0	0	0	0	0	0	0	0
南通大学	19	0	0	0	0	0	0	0	0	0	0	0	0	0	0
盐城工学院	20	0	0	0	0	0	0	0	0	0	0	0	0	0	0
南京医科大学	21	0	0	0	0	0	0	0	0	0	0	0	0	0	0
徐州医科大学	22	0	0	0	0	0	0	0	0	0	0	0	0	0	0
南京中医药大学	23	2	2	2	0	2	0	0	0	1	1	0	0	1	0

续表

高校名称		总计		按职称划分						按最后学历划分			按最后学位划分		其他人员
			女性	小计	教授	副教授	讲师	助教	初级	研究生	本科生	其他	博士	硕士	
	编号	L01	L02	L03	L04	L05	L06	L07	L08	L09	L10	L11	L12	L13	L14
南京师范大学	24	1	1	1	0	0	0	1	0	1	0	0	0	1	0
江苏师范大学	25	6	2	6	2	2	1	1	0	5	1	0	4	1	0
淮阴师范学院	26	0	0	0	0	0	0	0	0	0	0	0	0	0	0
盐城师范学院	27	0	0	0	0	0	0	0	0	0	0	0	0	0	0
南京财经大学	28	0	0	0	0	0	0	0	0	0	0	0	0	0	0
江苏警官学院	29	0	0	0	0	0	0	0	0	0	0	0	0	0	0
南京体育学院	30	1	0	1	0	1	0	0	0	0	1	0	0	0	0
南京艺术学院	31	0	0	0	0	0	0	0	0	0	0	0	0	0	0
苏州科技大学	32	0	0	0	0	0	0	0	0	0	0	0	0	0	0
常熟理工学院	33	0	0	0	0	0	0	0	0	0	0	0	0	0	0
淮阴工学院	34	0	0	0	0	0	0	0	0	0	0	0	0	0	0
常州工学院	35	2	2	2	0	0	2	0	0	2	0	0	2	0	0
扬州大学	36	1	0	1	0	1	0	0	0	1	0	0	1	0	0
南京工程学院	37	0	0	0	0	0	0	0	0	0	0	0	0	0	0
南京审计大学	38	1	1	1	0	0	0	1	0	1	0	0	0	1	0
南京晓庄学院	39	0	0	0	0	0	0	0	0	0	0	0	0	0	0
江苏理工学院	40	1	1	1	0	0	0	1	0	1	0	0	0	1	0
江苏海洋大学	41	0	0	0	0	0	0	0	0	0	0	0	0	0	0
徐州工程学院	42	12	6	12	1	3	6	2	0	4	8	0	1	4	0
南京特殊教育师范学院	43	0	0	0	0	0	0	0	0	0	0	0	0	0	0
泰州学院	44	0	0	0	0	0	0	0	0	0	0	0	0	0	0
金陵科技学院	45	0	0	0	0	0	0	0	0	0	0	0	0	0	0
江苏第二师范学院	46	0	0	0	0	0	0	0	0	0	0	0	0	0	0

2.17 新闻学与传播学人文、社会科学活动人员情况表

高校名称		总计		按职称划分						按最后学历划分			按最后学位划分		其他人员
			女性	小计	教授	副教授	讲师	助教	初级	研究生	本科生	其他	博士	硕士	
	编号	L01	L02	L03	L04	L05	L06	L07	L08	L09	L10	L11	L12	L13	L14
合　计	/	463	236	463	39	133	215	26	0	394	69	0	193	208	0
南京大学	1	56	18	56	26	15	15	0	0	52	4	0	43	9	0
东南大学	2	4	1	4	1	1	2	0	0	3	1	0	2	1	0
江南大学	3	6	3	6	1	2	3	0	0	5	1	0	1	3	0
南京农业大学	4	0	0	0	0	0	0	0	0	0	0	0	0	0	0
中国矿业大学	5	0	0	0	0	0	0	0	0	0	0	0	0	0	0
河海大学	6	16	9	16	4	4	8	0	0	16	0	0	10	6	0
南京理工大学	7	14	4	14	1	3	10	0	0	7	7	0	4	4	0
南京航空航天大学	8	10	6	10	0	5	5	0	0	7	3	0	3	4	0
中国药科大学	9	1	1	1	0	0	0	1	0	1	0	0	0	1	0
南京森林警察学院	10	4	1	4	1	1	2	0	0	2	2	0	0	2	0
苏州大学	11	53	30	53	10	17	19	7	0	53	0	0	33	19	0
江苏科技大学	12	1	1	1	0	0	1	0	0	1	0	0	1	0	0
南京工业大学	13	5	4	5	0	1	3	1	0	5	0	0	0	5	0
常州大学	14	3	3	3	0	3	0	0	0	1	2	0	0	3	0
南京邮电大学	15	14	7	14	2	6	6	0	0	13	1	0	6	7	0
南京林业大学	16	9	5	9	2	0	6	1	0	8	1	0	3	5	0
江苏大学	17	1	1	1	0	0	1	0	0	1	0	0	0	1	0
南京信息工程大学	18	7	5	7	0	3	4	0	0	5	2	0	0	5	0
南通大学	19	8	5	8	1	2	5	0	0	8	0	0	1	7	0
盐城工学院	20	7	4	7	1	3	2	1	0	4	3	0	0	5	0
南京医科大学	21	3	3	3	0	0	2	1	0	3	0	0	0	3	0
徐州医科大学	22	1	1	1	0	1	0	0	0	0	1	0	0	0	0
南京中医药大学	23	3	3	3	0	2	1	0	0	0	3	0	0	0	0

续表

高校名称		总计		按职称划分						按最后学历划分			按最后学位划分		其他人员
			女性	小计	教授	副教授	讲师	助教	初级	研究生	本科生	其他	博士	硕士	
	编号	L01	L02	L03	L04	L05	L06	L07	L08	L09	L10	L11	L12	L13	L14
南京师范大学	24	64	25	64	15	25	21	3	0	57	7	0	30	26	0
江苏师范大学	25	16	7	16	8	4	4	0	0	13	3	0	8	5	0
淮阴师范学院	26	8	0	8	1	5	2	0	0	6	2	0	1	5	0
盐城师范学院	27	6	4	6	0	0	5	1	0	6	0	0	0	5	0
南京财经大学	28	19	10	19	3	4	12	0	0	18	1	0	12	6	0
江苏警官学院	29	3	3	3	1	0	2	0	0	1	2	0	1	1	0
南京体育学院	30	4	2	4	1	0	0	3	0	4	0	0	0	4	0
南京艺术学院	31	0	0	0	0	0	0	0	0	0	0	0	0	0	0
苏州科技大学	32	5	3	5	0	1	4	0	0	4	1	0	2	3	0
常熟理工学院	33	1	1	1	0	0	1	0	0	1	0	0	1	0	0
淮阴工学院	34	1	1	1	0	0	0	1	0	1	0	0	0	1	0
常州工学院	35	11	9	11	1	1	9	0	0	5	6	0	0	8	0
扬州大学	36	38	16	38	6	10	22	0	0	30	8	0	11	19	0
南京工程学院	37	1	1	1	0	0	1	0	0	1	0	0	0	1	0
南京审计大学	38	1	1	1	0	0	0	1	0	1	0	0	0	1	0
南京晓庄学院	39	26	15	26	2	8	15	1	0	24	2	0	14	10	0
江苏理工学院	40	0	0	0	0	0	0	0	0	0	0	0	0	0	0
江苏海洋大学	41	7	4	7	0	0	7	0	0	6	1	0	0	7	0
徐州工程学院	42	4	2	4	0	0	4	0	0	3	1	0	0	3	0
南京特殊教育师范学院	43	1	1	1	0	0	1	0	0	1	0	0	0	1	0
泰州学院	44	7	6	7	1	1	2	3	0	7	0	0	1	6	0
金陵科技学院	45	7	5	7	0	2	4	1	0	4	3	0	2	2	0
江苏第二师范学院	46	7	5	7	0	3	4	0	0	6	1	0	3	4	0

2.18 图书馆、情报与文献学人文、社会科学活动人员情况表

高校名称		总计		按职称划分						按最后学历划分			按最后学位划分		其他人员
			女性	小计	教授	副教授	讲师	助教	初级	研究生	本科生	其他	博士	硕士	
	编号	L01	L02	L03	L04	L05	L06	L07	L08	L09	L10	L11	L12	L13	L14
合　计	/	1 320	815	1 320	129	384	766	39	2	663	622	35	230	493	0
南京大学	1	70	35	70	25	34	11	0	0	60	10	0	42	14	0
东南大学	2	92	67	92	4	17	69	2	0	48	38	6	5	43	0
江南大学	3	40	28	40	2	17	20	1	0	16	24	0	2	15	0
南京农业大学	4	61	27	61	8	23	30	0	0	51	10	0	34	18	0
中国矿业大学	5	3	2	3	2	1	0	0	0	2	1	0	1	2	0
河海大学	6	38	9	38	12	16	10	0	0	37	1	0	27	11	0
南京理工大学	7	29	12	29	5	10	14	0	0	28	1	0	26	3	0
南京航空航天大学	8	56	43	56	0	6	45	5	0	22	34	0	2	21	0
中国药科大学	9	55	36	55	4	4	44	3	0	24	23	8	3	24	0
南京森林警察学院	10	10	7	10	2	1	7	0	0	3	7	0	0	4	0
苏州大学	11	24	12	24	8	9	6	1	0	20	4	0	13	7	0
江苏科技大学	12	55	35	55	3	8	40	4	0	18	37	0	2	15	0
南京工业大学	13	18	17	18	1	9	7	1	0	15	3	0	4	11	0
常州大学	14	19	14	19	0	1	13	5	0	7	11	1	0	8	0
南京邮电大学	15	33	21	33	2	17	14	0	0	18	15	0	2	16	0
南京林业大学	16	22	18	22	0	7	14	1	0	2	15	5	0	3	0
江苏大学	17	40	22	40	6	15	16	3	0	28	12	0	7	21	0
南京信息工程大学	18	33	24	33	5	10	18	0	0	16	17	0	7	11	0
南通大学	19	42	25	42	7	16	19	0	0	22	20	0	4	28	0
盐城工学院	20	39	25	39	4	16	18	1	0	10	29	0	1	17	0
南京医科大学	21	29	21	29	0	5	24	0	0	16	13	0	0	19	0
徐州医科大学	22	29	18	29	2	6	21	0	0	7	22	0	1	6	0
南京中医药大学	23	48	34	48	6	10	32	0	0	33	15	0	9	22	0

续表

高校名称		总计		按职称划分						按最后学历划分			按最后学位划分		其他
			女性	小计	教授	副教授	讲师	助教	初级	研究生	本科生	其他	博士	硕士	人员
	编号	L01	L02	L03	L04	L05	L06	L07	L08	L09	L10	L11	L12	L13	L14
南京师范大学	24	41	27	41	1	15	24	1	0	18	23	0	6	16	0
江苏师范大学	25	2	1	2	0	0	2	0	0	1	1	0	1	0	0
淮阴师范学院	26	47	20	47	2	12	32	1	0	18	20	9	2	18	0
盐城师范学院	27	30	19	30	3	7	18	2	0	12	18	0	2	12	0
南京财经大学	28	5	1	5	1	4	0	0	0	5	0	0	3	2	0
江苏警官学院	29	17	11	17	1	4	10	2	0	6	11	0	2	4	0
南京体育学院	30	6	3	6	0	1	5	0	0	2	4	0	0	1	0
南京艺术学院	31	19	16	19	1	7	11	0	0	7	12	0	0	8	0
苏州科技大学	32	13	5	13	0	3	8	2	0	12	1	0	2	10	0
常熟理工学院	33	22	13	22	1	10	9	0	2	6	16	0	3	7	0
淮阴工学院	34	26	13	26	1	9	16	0	0	7	16	3	3	7	0
常州工学院	35	13	9	13	0	5	8	0	0	1	12	0	0	2	0
扬州大学	36	10	5	10	2	3	5	0	0	8	2	0	6	2	0
南京工程学院	37	29	23	29	2	3	22	2	0	12	17	0	2	12	0
南京审计大学	38	20	12	20	2	5	12	1	0	11	9	0	5	10	0
南京晓庄学院	39	24	14	24	0	9	15	0	0	10	12	2	0	10	0
江苏理工学院	40	6	3	6	1	3	2	0	0	2	4	0	0	2	0
江苏海洋大学	41	46	32	46	0	14	32	0	0	2	44	0	0	7	0
徐州工程学院	42	8	4	8	1	1	6	0	0	2	6	0	0	2	0
南京特殊教育师范学院	43	11	8	11	1	2	8	0	0	3	8	0	0	3	0
泰州学院	44	13	10	13	0	2	10	1	0	3	9	1	0	5	0
金陵科技学院	45	10	4	10	1	3	6	0	0	4	6	0	1	4	0
江苏第二师范学院	46	17	10	17	0	4	13	0	0	8	9	0	0	10	0

2.19　教育学人文、社会科学活动人员情况表

高校名称	编号	总计 L01	女性 L02	按职称划分 小计 L03	教授 L04	副教授 L05	讲师 L06	助教 L07	初级 L08	按最后学历划分 研究生 L09	本科生 L10	其他 L11	按最后学位划分 博士 L12	硕士 L13	其他人员 L14
合　计	/	2 450	1 324	2 449	355	800	1 141	117	36	1 839	609	1	653	1 409	1
南京大学	1	14	5	14	6	5	3	0	0	14	0	0	11	1	0
东南大学	2	19	11	19	2	8	9	0	0	14	5	0	10	5	0
江南大学	3	64	39	64	9	12	41	2	0	53	11	0	25	34	0
南京农业大学	4	14	4	14	2	4	8	0	0	10	4	0	3	9	0
中国矿业大学	5	6	4	6	1	2	3	0	0	6	0	0	1	5	0
河海大学	6	32	17	32	3	10	19	0	0	31	1	0	11	19	0
南京理工大学	7	23	14	23	1	8	13	1	0	19	4	0	7	13	0
南京航空航天大学	8	18	8	18	2	7	8	1	0	16	2	0	5	11	0
中国药科大学	9	9	5	9	0	0	8	0	1	7	1	1	0	7	0
南京森林警察学院	10	9	7	9	0	4	3	2	0	5	4	0	0	5	0
苏州大学	11	50	19	50	12	21	16	1	0	38	12	0	22	16	0
江苏科技大学	12	150	79	150	3	13	114	20	0	105	45	0	8	97	0
南京工业大学	13	26	15	26	1	8	15	2	0	21	5	0	5	20	0
常州大学	14	50	18	50	6	5	37	2	0	38	12	0	6	34	0
南京邮电大学	15	56	34	56	8	22	23	3	0	48	8	0	21	28	0
南京林业大学	16	9	3	9	0	5	3	1	0	6	3	0	0	6	0
江苏大学	17	32	14	32	4	14	14	0	0	23	9	0	18	5	0
南京信息工程大学	18	41	26	41	6	11	24	0	0	37	4	0	13	27	0
南通大学	19	190	104	190	36	73	75	6	0	147	43	0	31	147	0
盐城工学院	20	92	42	92	7	39	41	5	0	38	54	0	6	65	0
南京医科大学	21	14	10	14	1	3	5	5	0	7	7	0	2	7	0
徐州医科大学	22	58	40	58	0	13	44	1	0	40	18	0	3	46	0
南京中医药大学	23	39	25	39	2	13	24	0	0	37	2	0	13	23	0

续表

高校名称		总计		按职称划分						按最后学历划分			按最后学位划分		其他
			女性	小计	教授	副教授	讲师	助教	初级	研究生	本科生	其他	博士	硕士	人员
	编号	L01	L02	L03	L04	L05	L06	L07	L08	L09	L10	L11	L12	L13	L14
南京师范大学	24	185	90	185	67	71	43	4	0	181	4	0	124	56	0
江苏师范大学	25	97	42	97	20	45	32	0	0	88	9	0	54	35	0
淮阴师范学院	26	98	38	98	13	35	50	0	0	67	31	0	20	61	0
盐城师范学院	27	80	44	80	10	32	34	4	0	66	14	0	19	54	0
南京财经大学	28	16	8	16	1	2	13	0	0	14	2	0	6	8	0
江苏警官学院	29	8	3	8	2	0	6	0	0	1	7	0	0	2	0
南京体育学院	30	20	13	20	2	6	10	2	0	18	2	0	7	12	0
南京艺术学院	31	0	0	0	0	0	0	0	0	0	0	0	0	0	0
苏州科技大学	32	45	24	45	4	16	24	1	0	40	5	0	17	24	0
常熟理工学院	33	50	28	50	5	17	20	6	2	33	17	0	4	43	0
淮阴工学院	34	47	16	47	8	13	25	1	0	22	25	0	2	42	0
常州工学院	35	31	20	31	4	13	14	0	0	17	14	0	10	14	0
扬州大学	36	57	23	57	9	26	20	2	0	47	10	0	33	16	0
南京工程学院	37	63	32	63	2	11	45	2	3	51	12	0	6	50	0
南京审计大学	38	62	46	62	4	5	38	15	0	55	7	0	4	54	0
南京晓庄学院	39	96	55	96	16	29	48	2	1	75	21	0	30	51	0
江苏理工学院	40	55	30	55	14	23	15	3	0	41	14	0	14	29	0
江苏海洋大学	41	7	4	7	1	3	3	0	0	2	5	0	1	4	0
徐州工程学院	42	90	49	90	9	38	38	5	0	41	49	0	8	50	0
南京特殊教育师范学院	43	139	101	138	20	51	34	4	29	102	36	0	26	87	1
泰州学院	44	56	33	56	5	20	23	8	0	28	28	0	8	28	0
金陵科技学院	45	15	10	15	2	1	10	2	0	8	7	0	0	9	0
江苏第二师范学院	46	118	72	118	25	43	46	4	0	82	36	0	39	50	0

2.20 统计学人文、社会科学活动人员情况表

高校名称	编号	总计 L01	女性 L02	按职称划分 小计 L03	教授 L04	副教授 L05	讲师 L06	助教 L07	初级 L08	按最后学历划分 研究生 L09	本科生 L10	其他 L11	按最后学位划分 博士 L12	硕士 L13	其他人员 L14
合　计	/	186	85	186	36	68	77	5	0	151	35	0	82	84	0
南京大学	1	2	0	2	2	0	0	0	0	2	0	0	2	0	0
东南大学	2	2	1	2	0	0	2	0	0	2	0	0	0	2	0
江南大学	3	1	0	1	0	1	0	0	0	1	0	0	0	1	0
南京农业大学	4	4	1	4	0	3	1	0	0	3	1	0	1	2	0
中国矿业大学	5	1	1	1	0	0	1	0	0	1	0	0	0	1	0
河海大学	6	23	8	23	9	9	5	0	0	23	0	0	16	7	0
南京理工大学	7	1	0	1	0	1	0	0	0	1	0	0	1	0	0
南京航空航天大学	8	0	0	0	0	0	0	0	0	0	0	0	0	0	0
中国药科大学	9	1	0	1	0	1	0	0	0	1	0	0	1	0	0
南京森林警察学院	10	0	0	0	0	0	0	0	0	0	0	0	0	0	0
苏州大学	11	0	0	0	0	0	0	0	0	0	0	0	0	0	0
江苏科技大学	12	2	2	2	0	1	1	0	0	0	2	0	0	1	0
南京工业大学	13	0	0	0	0	0	0	0	0	0	0	0	0	0	0
常州大学	14	5	3	5	1	1	3	0	0	5	0	0	1	4	0
南京邮电大学	15	3	2	3	1	2	0	0	0	3	0	0	1	2	0
南京林业大学	16	1	0	1	1	0	0	0	0	1	0	0	1	0	0
江苏大学	17	16	6	16	3	6	6	1	0	15	1	0	7	8	0
南京信息工程大学	18	4	3	4	2	1	1	0	0	4	0	0	1	3	0
南通大学	19	5	2	5	0	2	3	0	0	4	1	0	1	3	0
盐城工学院	20	7	5	7	1	4	2	0	0	1	6	0	0	7	0
南京医科大学	21	2	1	2	0	2	0	0	0	2	0	0	0	2	0
徐州医科大学	22	9	3	9	0	5	4	0	0	6	3	0	1	7	0
南京中医药大学	23	2	1	2	1	1	0	0	0	2	0	0	1	1	0

续表

高校名称		总计		按职称划分						按最后学历划分			按最后学位划分		其他人员
			女性	小计	教授	副教授	讲师	助教	初级	研究生	本科生	其他	博士	硕士	
	编号	L01	L02	L03	L04	L05	L06	L07	L08	L09	L10	L11	L12	L13	L14
南京师范大学	24	1	0	1	1	0	0	0	0	1	0	0	1	0	0
江苏师范大学	25	8	4	8	0	0	8	0	0	8	0	0	7	1	0
淮阴师范学院	26	1	1	1	0	0	1	0	0	1	0	0	0	1	0
盐城师范学院	27	6	4	6	1	0	5	0	0	5	1	0	0	5	0
南京财经大学	28	25	11	25	7	8	10	0	0	20	5	0	15	6	0
江苏警官学院	29	2	2	2	0	1	1	0	0	1	1	0	0	1	0
南京体育学院	30	1	1	1	1	0	0	0	0	1	0	0	1	0	0
南京艺术学院	31	0	0	0	0	0	0	0	0	0	0	0	0	0	0
苏州科技大学	32	0	0	0	0	0	0	0	0	0	0	0	0	0	0
常熟理工学院	33	5	3	5	0	2	3	0	0	4	1	0	4	1	0
淮阴工学院	34	8	6	8	0	3	5	0	0	4	4	0	0	7	0
常州工学院	35	3	2	3	0	1	2	0	0	3	0	0	1	2	0
扬州大学	36	1	0	1	0	1	0	0	0	1	0	0	1	0	0
南京工程学院	37	1	1	1	0	1	0	0	0	1	0	0	0	1	0
南京审计大学	38	12	4	12	4	5	2	1	0	9	3	0	7	2	0
南京晓庄学院	39	0	0	0	0	0	0	0	0	0	0	0	0	0	0
江苏理工学院	40	5	3	5	0	3	1	1	0	5	0	0	2	3	0
江苏海洋大学	41	0	0	0	0	0	0	0	0	0	0	0	0	0	0
徐州工程学院	42	11	3	11	0	3	6	2	0	6	5	0	5	2	0
南京特殊教育师范学院	43	2	0	2	1	0	1	0	0	2	0	0	2	0	0
泰州学院	44	0	0	0	0	0	0	0	0	0	0	0	0	0	0
金陵科技学院	45	3	1	3	0	0	3	0	0	2	1	0	1	1	0
江苏第二师范学院	46	0	0	0	0	0	0	0	0	0	0	0	0	0	0

2.21 心理学人文、社会科学活动人员情况表

高校名称		总计		按职称划分						按最后学历划分			按最后学位划分		其他人员
			女性	小计	教授	副教授	讲师	助教	初级	研究生	本科生	其他	博士	硕士	
	编号	L01	L02	L03	L04	L05	L06	L07	L08	L09	L10	L11	L12	L13	L14
合　计	/	356	204	356	54	122	162	7	1	314	42	0	146	174	0
南京大学	1	12	6	12	6	6	0	0	0	11	1	0	8	2	0
东南大学	2	5	3	5	1	1	3	0	0	5	0	0	2	3	0
江南大学	3	1	1	1	0	1	0	0	0	1	0	0	0	1	0
南京农业大学	4	1	1	1	0	0	1	0	0	0	1	0	0	0	0
中国矿业大学	5	0	0	0	0	0	0	0	0	0	0	0	0	0	0
河海大学	6	9	6	9	3	2	4	0	0	9	0	0	7	2	0
南京理工大学	7	2	0	2	1	0	1	0	0	2	0	0	2	0	0
南京航空航天大学	8	2	2	2	0	0	1	1	0	2	0	0	1	1	0
中国药科大学	9	2	1	2	0	0	2	0	0	2	0	0	0	2	0
南京森林警察学院	10	4	3	4	0	2	2	0	0	4	0	0	1	3	0
苏州大学	11	35	16	35	13	15	7	0	0	35	0	0	22	9	0
江苏科技大学	12	6	3	6	0	3	3	0	0	4	2	0	1	3	0
南京工业大学	13	3	2	3	0	2	1	0	0	3	0	0	1	2	0
常州大学	14	4	2	4	0	0	4	0	0	4	0	0	0	4	0
南京邮电大学	15	1	0	1	1	0	0	0	0	1	0	0	1	0	0
南京林业大学	16	2	2	2	0	0	2	0	0	2	0	0	1	1	0
江苏大学	17	6	2	6	1	2	2	1	0	2	4	0	1	3	0
南京信息工程大学	18	7	2	7	0	3	4	0	0	7	0	0	1	6	0
南通大学	19	21	12	21	7	6	7	1	0	17	4	0	11	7	0
盐城工学院	20	0	0	0	0	0	0	0	0	0	0	0	0	0	0
南京医科大学	21	1	1	1	0	0	1	0	0	1	0	0	1	0	0
徐州医科大学	22	11	9	11	1	0	10	0	0	3	3	0	0	9	0
南京中医药大学	23	25	15	25	2	6	17	0	0	23	2	0	6	17	0

续表

高校名称		总计		按职称划分						按最后学历划分			按最后学位划分		其他人员
			女性	小计	教授	副教授	讲师	助教	初级	研究生	本科生	其他	博士	硕士	
	编号	L01	L02	L03	L04	L05	L06	L07	L08	L09	L10	L11	L12	L13	L14
南京师范大学	24	53	27	53	16	23	13	1	0	52	1	0	40	12	0
江苏师范大学	25	19	11	19	3	6	10	0	0	18	1	0	9	9	0
淮阴师范学院	26	16	8	16	0	6	10	0	0	13	3	0	7	7	0
盐城师范学院	27	11	8	11	2	4	4	1	0	10	1	0	5	4	0
南京财经大学	28	7	4	7	1	2	4	0	0	6	1	0	1	5	0
江苏警官学院	29	7	4	7	0	3	4	0	0	5	2	0	0	6	0
南京体育学院	30	0	0	0	0	0	0	0	0	0	0	0	0	0	0
南京艺术学院	31	2	2	2	0	1	1	0	0	2	0	0	0	2	0
苏州科技大学	32	0	0	0	0	0	0	0	0	0	0	0	0	0	0
常熟理工学院	33	0	0	0	0	0	0	0	0	0	0	0	0	0	0
淮阴工学院	34	8	6	8	0	4	4	0	0	4	4	0	0	8	0
常州工学院	35	5	3	5	0	2	3	0	0	4	1	0	1	3	0
扬州大学	36	2	1	2	0	1	1	0	0	2	0	0	0	2	0
南京工程学院	37	3	1	3	0	1	2	0	0	3	0	0	0	3	0
南京审计大学	38	6	3	6	0	1	4	1	0	5	1	0	1	4	0
南京晓庄学院	39	24	16	24	2	8	13	0	1	20	4	0	5	15	0
江苏理工学院	40	5	2	5	1	2	2	0	0	5	0	0	3	2	0
江苏海洋大学	41	2	1	2	0	0	2	0	0	2	0	0	0	2	0
徐州工程学院	42	2	1	2	0	1	1	0	0	1	1	0	0	1	0
南京特殊教育师范学院	43	5	4	5	0	1	4	0	0	5	0	0	0	5	0
泰州学院	44	2	0	2	1	1	0	0	0	2	0	0	0	1	0
金陵科技学院	45	5	5	5	0	2	3	0	0	2	3	0	1	3	0
江苏第二师范学院	46	12	8	12	2	4	5	1	0	10	2	0	6	5	0

2.22 体育科学人文、社会科学活动人员情况表

高校名称		总计		按职称划分						按最后学历划分			按最后学位划分		其他人员
			女性	小计	教授	副教授	讲师	助教	初级	研究生	本科生	其他	博士	硕士	
	编号	L01	L02	L03	L04	L05	L06	L07	L08	L09	L10	L11	L12	L13	L14
合　计	/	2 128	725	2 128	156	943	883	144	2	883	1 245	0	173	901	0
南京大学	1	44	16	44	4	22	18	0	0	22	22	0	2	20	0
东南大学	2	68	24	68	2	47	17	2	0	20	48	0	5	17	0
江南大学	3	58	22	58	0	22	32	4	0	22	36	0	1	24	0
南京农业大学	4	36	13	36	0	15	15	6	0	17	19	0	0	16	0
中国矿业大学	5	49	17	49	5	26	18	0	0	29	20	0	10	30	0
河海大学	6	17	3	17	3	11	3	0	0	10	7	0	3	8	0
南京理工大学	7	48	15	48	4	23	16	5	0	18	30	0	3	16	0
南京航空航天大学	8	40	7	40	3	17	19	1	0	13	27	0	1	11	0
中国药科大学	9	42	18	42	1	15	21	5	0	12	30	0	0	15	0
南京森林警察学院	10	39	7	39	2	11	26	0	0	9	30	0	2	18	0
苏州大学	11	119	39	119	18	57	37	7	0	55	64	0	15	43	0
江苏科技大学	12	58	20	58	1	25	29	3	0	17	41	0	4	34	0
南京工业大学	13	22	5	22	3	10	9	0	0	6	16	0	1	6	0
常州大学	14	47	15	47	3	16	26	2	0	29	18	0	3	27	0
南京邮电大学	15	41	16	41	2	26	10	3	0	16	25	0	2	15	0
南京林业大学	16	34	9	34	1	11	19	3	0	17	17	0	0	19	0
江苏大学	17	57	21	57	2	34	19	2	0	15	42	0	3	27	0
南京信息工程大学	18	59	27	59	3	21	34	1	0	21	38	0	3	20	0
南通大学	19	93	25	93	6	60	26	1	0	49	44	0	14	50	0
盐城工学院	20	36	11	36	2	20	10	4	0	15	21	0	2	20	0
南京医科大学	21	19	9	19	0	4	11	4	0	5	14	0	0	13	0
徐州医科大学	22	21	9	21	0	12	9	0	0	7	14	0	0	6	0
南京中医药大学	23	21	8	21	0	3	18	0	0	5	16	0	0	13	0

续表

高校名称		总计		按职称划分						按最后学历划分			按最后学位划分		其他人员
			女性	小计	教授	副教授	讲师	助教	初级	研究生	本科生	其他	博士	硕士	
	编号	L01	L02	L03	L04	L05	L06	L07	L08	L09	L10	L11	L12	L13	L14
南京师范大学	24	75	31	75	15	35	19	6	0	51	24	0	20	37	0
江苏师范大学	25	54	20	54	6	30	18	0	0	16	38	0	6	20	0
淮阴师范学院	26	48	11	48	6	28	11	3	0	16	32	0	3	14	0
盐城师范学院	27	45	12	45	5	24	14	2	0	25	20	0	7	20	0
南京财经大学	28	35	15	35	1	19	15	0	0	17	18	0	2	16	0
江苏警官学院	29	36	9	36	3	11	18	4	0	10	26	0	0	17	0
南京体育学院	30	254	103	254	20	82	131	21	0	86	168	0	26	68	0
南京艺术学院	31	12	6	12	2	6	4	0	0	3	9	0	0	7	0
苏州科技大学	32	36	8	36	0	10	24	2	0	21	15	0	2	19	0
常熟理工学院	33	35	11	35	3	16	10	4	2	15	20	0	1	20	0
淮阴工学院	34	40	10	40	2	12	26	0	0	17	23	0	4	15	0
常州工学院	35	30	8	30	2	15	13	0	0	8	22	0	2	8	0
扬州大学	36	50	17	50	12	17	18	3	0	39	11	0	17	22	0
南京工程学院	37	59	21	59	1	20	30	8	0	29	30	0	0	35	0
南京审计大学	38	32	12	32	2	11	10	9	0	19	13	0	2	17	0
南京晓庄学院	39	41	11	41	3	13	21	4	0	20	21	0	5	17	0
江苏理工学院	40	27	10	27	1	15	9	2	0	16	11	0	0	17	0
江苏海洋大学	41	40	14	40	3	21	16	0	0	3	37	0	1	8	0
徐州工程学院	42	36	11	36	2	18	14	2	0	10	26	0	0	14	0
南京特殊教育师范学院	43	12	5	12	2	5	4	1	0	8	4	0	1	7	0
泰州学院	44	17	5	17	0	4	6	7	0	6	11	0	0	8	0
金陵科技学院	45	26	11	26	0	15	7	4	0	10	16	0	0	13	0
江苏第二师范学院	46	20	8	20	0	8	3	9	0	9	11	0	0	14	0

3. 公办专科高等学校人文、社会科学活动人员情况表

学科门类	编号	总计 L01	女性 L02	小计 L03	按职称划分 教授 L04	副教授 L05	讲师 L06	助教 L07	初级 L08	按最后学历划分 研究生 L09	本科生 L10	其他 L11	按最后学位划分 博士 L12	硕士 L13	其他人员 L14
合 计	/	14 690	9 176	14 690	812	4 370	7 616	1 821	71	6 633	8 005	52	508	8 800	0
管理学	1	2 683	1 563	2 683	238	777	1 309	348	11	1 348	1 330	5	119	1 803	0
马克思主义	2	669	415	669	41	274	283	71	0	387	282	0	38	470	0
哲学	3	133	82	133	8	53	48	23	1	94	38	1	16	93	0
逻辑学	4	52	22	52	1	20	29	2	0	16	33	3	4	26	0
宗教学	5	1	0	1	0	1	0	0	0	0	1	0	0	0	0
语言学	6	2 239	1 791	2 239	46	614	1 386	189	4	719	1 517	3	23	1 113	0
中国文学	7	551	388	551	44	250	220	37	0	233	318	0	41	312	0
外国文学	8	160	120	160	3	49	93	15	0	73	87	0	4	92	0
艺术学	9	2 084	1 220	2 084	57	507	1 185	324	11	974	1 107	3	38	1 224	0
历史学	10	87	43	87	3	37	40	5	2	55	32	0	12	51	0
考古学	11	3	0	3	0	0	1	2	0	2	0	1	1	2	0
经济学	12	1 407	932	1 407	106	438	649	205	9	729	675	3	74	921	0
政治学	13	158	95	158	7	48	78	23	2	84	74	0	7	109	0
法学	14	344	210	344	11	99	191	42	1	175	167	2	14	229	0
社会学	15	206	151	206	8	56	103	33	6	121	84	1	10	148	0
民族学与文化学	16	11	7	11	0	5	6	0	0	5	6	0	2	6	0
新闻学与传播学	17	87	56	87	4	24	45	14	0	47	40	0	3	48	0
图书馆、情报与文献学	18	510	347	510	18	101	341	47	3	112	378	20	3	167	0
教育学	19	2 114	1 251	2 114	173	596	1 056	278	11	1 079	1 028	7	90	1 434	0
统计学	20	71	38	71	4	14	45	8	0	29	42	0	7	34	0
心理学	21	154	119	154	7	34	82	27	4	89	64	1	1	111	0
体育科学	22	966	326	966	33	373	426	128	6	262	702	2	1	407	0

3.1 管理学人文、社会科学活动人员情况表

高校名称		总计		按职称划分						按最后学历划分			按最后学位划分		其他
			女性	小计	教授	副教授	讲师	助教	初级	研究生	本科生	其他	博士	硕士	人员
	编号	L01	L02	L03	L04	L05	L06	L07	L08	L09	L10	L11	L12	L13	L14
合　计	/	2 683	1 563	2 683	238	777	1 309	348	11	1 348	1 330	5	119	1 803	0
盐城幼儿师范高等专科学校	1	7	4	7	0	4	1	2	0	1	6	0	0	3	0
苏州幼儿师范高等专科学校	2	1	0	1	1	0	0	0	0	1	0	0	0	1	0
无锡职业技术学院	3	56	25	56	6	20	27	3	0	39	17	0	11	33	0
江苏建筑职业技术学院	4	53	29	53	2	17	27	7	0	45	8	0	4	45	0
南京工业职业技术学院	5	167	114	167	17	39	78	33	0	108	59	0	16	116	0
江苏工程职业技术学院	6	48	22	48	2	17	29	0	0	29	19	0	1	36	0
苏州工艺美术职业技术学院	7	13	8	13	1	1	10	1	0	6	7	0	0	9	0
连云港职业技术学院	8	50	28	50	2	18	26	4	0	21	29	0	3	36	0
镇江市高等专科学校	9	67	35	67	12	30	20	5	0	22	45	0	2	49	0
南通职业大学	10	27	19	27	2	12	12	1	0	12	15	0	3	12	0
苏州职业大学	11	99	65	99	4	35	44	16	0	46	53	0	5	65	0
沙洲职业工学院	12	14	6	14	2	6	4	2	0	6	8	0	0	10	0
扬州市职业大学	13	48	28	48	5	16	19	8	0	25	23	0	1	33	0
连云港师范高等专科学校	14	20	8	20	1	5	13	1	0	12	8	0	0	18	0
江苏经贸职业技术学院	15	139	86	139	22	46	63	8	0	84	55	0	13	98	0
泰州职业技术学院	16	19	13	19	0	7	12	0	0	13	6	0	1	16	0
常州信息职业技术学院	17	64	40	64	6	18	33	7	0	26	38	0	5	41	0
江苏海事职业技术学院	18	20	9	20	2	8	9	1	0	10	10	0	2	15	0
无锡科技职业学院	19	41	20	41	4	14	19	4	0	19	22	0	0	26	0
江苏医药职业学院	20	17	10	17	2	1	11	3	0	8	9	0	1	9	0

续表

南通科技职业学院	21	15	9	15	1	4	7	3	0	9	6	0	0	10	0
苏州经贸职业技术学院	22	64	24	64	3	18	30	13	0	39	25	0	5	47	0
苏州工业职业技术学院	23	38	24	38	5	10	22	1	0	9	29	0	5	15	0
苏州卫生职业技术学院	24	27	19	27	1	2	16	7	1	15	12	0	0	16	0
无锡商业职业技术学院	25	131	92	131	9	34	79	9	0	42	89	0	2	100	0
南通航运职业技术学院	26	68	34	68	7	13	44	4	0	27	40	1	1	45	0
南京交通职业技术学院	27	37	25	37	3	9	17	5	3	24	13	0	0	28	0
淮安信息职业技术学院	28	46	19	46	0	14	30	2	0	26	20	0	1	32	0
江苏农牧科技职业学院	29	9	4	9	0	4	5	0	0	9	0	0	0	9	0
常州纺织服装职业技术学院	30	89	53	89	7	30	46	6	0	32	57	0	0	49	0
苏州农业职业技术学院	31	20	12	20	2	7	7	4	0	5	15	0	0	17	0
南京科技职业学院	32	67	37	67	6	25	36	0	0	34	33	0	3	41	0
常州工业职业技术学院	33	53	32	53	4	11	30	8	0	33	20	0	1	39	0
常州工程职业技术学院	34	11	6	11	0	0	11	0	0	4	7	0	0	4	0
江苏农林职业技术学院	35	17	10	17	0	2	11	4	0	10	7	0	1	12	0
江苏食品药品职业技术学院	36	16	4	16	3	4	9	0	0	3	13	0	0	6	0
南京铁道职业技术学院	37	78	40	78	5	18	46	9	0	36	42	0	5	56	0
徐州工业职业技术学院	38	33	23	33	2	13	13	5	0	24	9	0	1	29	0
江苏信息职业技术学院	39	64	36	64	3	17	39	5	0	22	42	0	1	36	0
南京信息职业技术学院	40	31	17	31	3	11	14	3	0	21	10	0	1	26	0
常州机电职业技术学院	41	63	25	63	16	23	22	2	0	25	38	0	1	44	0
江阴职业技术学院	42	24	15	24	1	12	8	3	0	6	18	0	0	16	0
无锡城市职业技术学院	43	23	17	23	2	6	12	3	0	15	8	0	1	15	0
无锡工艺职业技术学院	44	27	18	27	1	7	15	4	0	17	10	0	1	22	0

续表

高校名称		总计		按职称划分						按最后学历划分			按最后学位划分		其他
			女性	小计	教授	副教授	讲师	助教	初级	研究生	本科生	其他	博士	硕士	人员
	编号	L01	L02	L03	L04	L05	L06	L07	L08	L09	L10	L11	L12	L13	L14
苏州健雄职业技术学院	45	24	18	24	3	8	9	4	0	13	11	0	2	17	0
盐城工业职业技术学院	46	60	26	60	9	17	21	13	0	35	24	1	1	36	0
江苏财经职业技术学院	47	80	41	80	15	29	29	7	0	27	52	1	2	50	0
扬州工业职业技术学院	48	19	7	19	2	5	5	7	0	16	3	0	0	17	0
江苏城市职业学院	49	56	35	56	8	12	32	4	0	32	24	0	7	32	0
南京城市职业学院	50	56	34	56	7	15	25	3	6	34	22	0	1	47	0
南京机电职业技术学院	51	42	25	42	1	1	12	28	0	4	38	0	0	8	0
南京旅游职业学院	52	57	35	57	5	11	26	15	0	41	14	2	5	37	0
江苏卫生健康职业学院	53	24	19	24	2	3	13	6	0	17	7	0	0	20	0
苏州信息职业技术学院	54	28	18	28	1	14	11	1	1	5	23	0	0	14	0
苏州工业园区服务外包职业学院	55	37	25	37	3	6	22	6	0	31	6	0	1	34	0
徐州幼儿师范高等专科学校	56	0	0	0	0	0	0	0	0	0	0	0	0	0	0
徐州生物工程职业技术学院	57	8	4	8	0	5	2	1	0	0	8	0	0	0	0
江苏商贸职业学院	58	45	30	45	1	16	12	16	0	20	25	0	0	27	0
南通师范高等专科学校	59	1	0	1	0	0	1	0	0	0	1	0	0	1	0
江苏护理职业学院	60	4	3	4	0	0	3	1	0	2	2	0	0	2	0
江苏财会职业学院	61	23	13	23	1	3	8	11	0	8	15	0	0	16	0
江苏城乡建设职业学院	62	36	20	36	1	9	21	5	0	7	29	0	0	14	0
江苏航空职业技术学院	63	8	7	8	0	1	3	4	0	4	4	0	0	4	0
江苏安全技术职业学院	64	2	2	2	0	0	1	1	0	1	1	0	0	1	0
江苏旅游职业学院	65	52	37	52	2	14	27	9	0	31	21	0	2	41	0

3.2 马克思主义人文、社会科学活动人员情况表

高校名称		总计		按职称划分						按最后学历划分			按最后学位划分		其他人员
			女性	小计	教授	副教授	讲师	助教	初级	研究生	本科生	其他	博士	硕士	
	编号	L01	L02	L03	L04	L05	L06	L07	L08	L09	L10	L11	L12	L13	L14
合　计	/	669	415	669	41	274	283	71	0	387	282	0	38	470	0
盐城幼儿师范高等专科学校	1	1	0	1	0	1	0	0	0	0	1	0	0	1	0
苏州幼儿师范高等专科学校	2	1	0	1	0	1	0	0	0	1	0	0	0	1	0
无锡职业技术学院	3	5	4	5	0	2	2	1	0	5	0	0	1	4	0
江苏建筑职业技术学院	4	12	6	12	2	6	3	1	0	9	3	0	0	12	0
南京工业职业技术学院	5	6	4	6	0	2	3	1	0	3	3	0	2	1	0
江苏工程职业技术学院	6	18	10	18	1	2	15	0	0	15	3	0	0	17	0
苏州工艺美术职业技术学院	7	8	4	8	0	6	1	1	0	7	1	0	1	7	0
连云港职业技术学院	8	7	4	7	0	5	2	0	0	4	3	0	0	5	0
镇江市高等专科学校	9	19	11	19	1	8	10	0	0	3	16	0	0	11	0
南通职业大学	10	11	7	11	3	5	2	1	0	4	7	0	0	10	0
苏州职业大学	11	32	18	32	0	13	17	2	0	18	14	0	4	15	0
沙洲职业工学院	12	3	0	3	0	2	1	0	0	1	2	0	0	0	0
扬州市职业大学	13	14	6	14	1	7	3	3	0	5	9	0	0	11	0
连云港师范高等专科学校	14	18	12	18	2	12	4	0	0	11	7	0	0	14	0
江苏经贸职业技术学院	15	17	12	17	0	8	8	1	0	11	6	0	2	12	0
泰州职业技术学院	16	13	8	13	0	7	5	1	0	5	8	0	0	9	0
常州信息职业技术学院	17	12	7	12	1	4	7	0	0	11	1	0	3	9	0
江苏海事职业技术学院	18	34	21	34	1	15	18	0	0	20	14	0	3	19	0
无锡科技职业学院	19	4	4	4	1	0	3	0	0	2	2	0	0	3	0
江苏医药职业学院	20	7	5	7	1	2	2	2	0	2	5	0	0	4	0

续表

高校名称		总计		按职称划分						按最后学历划分			按最后学位划分		其他
			女性	小计	教授	副教授	讲师	助教	初级	研究生	本科生	其他	博士	硕士	人员
	编号	L01	L02	L03	L04	L05	L06	L07	L08	L09	L10	L11	L12	L13	L14
南通科技职业学院	21	3	1	3	0	2	1	0	0	1	2	0	0	2	0
苏州经贸职业技术学院	22	3	0	3	0	2	1	0	0	3	0	0	1	2	0
苏州工业职业技术学院	23	12	9	12	0	4	7	1	0	3	9	0	2	7	0
苏州卫生职业技术学院	24	7	6	7	0	1	5	1	0	5	2	0	0	6	0
无锡商业职业技术学院	25	18	12	18	2	8	8	0	0	11	7	0	1	14	0
南通航运职业技术学院	26	20	10	20	4	10	6	0	0	6	14	0	0	14	0
南京交通职业技术学院	27	7	3	7	0	5	2	0	0	2	5	0	1	5	0
淮安信息职业技术学院	28	7	3	7	1	3	3	0	0	3	4	0	0	6	0
江苏农牧科技职业学院	29	12	7	12	0	5	5	2	0	10	2	0	0	10	0
常州纺织服装职业技术学院	30	8	5	8	2	4	2	0	0	5	3	0	0	4	0
苏州农业职业技术学院	31	10	7	10	0	5	5	0	0	4	6	0	0	6	0
南京科技职业学院	32	21	11	21	1	5	14	1	0	12	9	0	0	17	0
常州工业职业技术学院	33	10	7	10	0	4	2	4	0	8	2	0	2	8	0
常州工程职业技术学院	34	5	5	5	0	2	1	2	0	1	4	0	0	2	0
江苏农林职业技术学院	35	4	3	4	0	3	1	0	0	3	1	0	0	4	0
江苏食品药品职业技术学院	36	14	9	14	0	9	5	0	0	6	8	0	1	10	0
南京铁道职业技术学院	37	13	8	13	1	4	8	0	0	11	2	0	4	9	0
徐州工业职业技术学院	38	10	5	10	1	2	5	2	0	4	6	0	0	6	0
江苏信息职业技术学院	39	11	7	11	0	8	3	0	0	2	9	0	0	6	0
南京信息职业技术学院	40	13	9	13	0	7	4	2	0	9	4	0	2	9	0
常州机电职业技术学院	41	11	4	11	1	4	6	0	0	6	5	0	0	9	0

续表

江阴职业技术学院	42	8	8	8	1	4	3	0	0	2	6	0	0	4	0
无锡城市职业技术学院	43	13	8	13	1	4	8	0	0	7	6	0	2	7	0
无锡工艺职业技术学院	44	6	3	6	2	2	2	0	0	2	4	0	0	4	0
苏州健雄职业技术学院	45	5	2	5	0	3	2	0	0	3	2	0	0	4	0
盐城工业职业技术学院	46	10	9	10	1	2	0	7	0	7	3	0	0	7	0
江苏财经职业技术学院	47	12	8	12	0	8	4	0	0	5	7	0	0	9	0
扬州工业职业技术学院	48	22	14	22	1	6	7	8	0	17	5	0	1	17	0
江苏城市职业学院	49	11	8	11	1	3	7	0	0	6	5	0	1	7	0
南京城市职业学院	50	3	1	3	0	1	1	1	0	2	1	0	0	3	0
南京机电职业技术学院	51	5	3	5	0	1	3	1	0	3	2	0	0	4	0
南京旅游职业学院	52	7	6	7	0	1	5	1	0	6	1	0	1	6	0
江苏卫生健康职业学院	53	7	5	7	0	2	2	3	0	6	1	0	0	6	0
苏州信息职业技术学院	54	6	3	6	0	6	0	0	0	0	6	0	0	0	0
苏州工业园区服务外包职业学院	55	9	7	9	0	1	8	0	0	9	0	0	1	8	0
徐州幼儿师范高等专科学校	56	7	5	7	3	3	0	1	0	2	5	0	1	0	0
徐州生物工程职业技术学院	57	3	2	3	1	1	0	1	0	2	1	0	1	1	0
江苏商贸职业学院	58	29	20	29	1	6	13	9	0	24	5	0	0	23	0
南通师范高等专科学校	59	5	5	5	0	2	3	0	0	1	4	0	0	3	0
江苏护理职业学院	60	4	3	4	0	0	0	4	0	4	0	0	0	4	0
江苏财会职业学院	61	3	2	3	0	2	1	0	0	0	3	0	0	1	0
江苏城乡建设职业学院	62	3	2	3	0	1	1	1	0	3	0	0	0	3	0
江苏航空职业技术学院	63	1	0	1	0	1	0	0	0	0	1	0	0	0	0
江苏安全技术职业学院	64	8	6	8	0	0	6	2	0	8	0	0	0	8	0
江苏旅游职业学院	65	21	11	21	2	9	7	3	0	16	5	0	0	20	0

3.3 哲学人文、社会科学活动人员情况表

高校名称		总计		按职称划分						按最后学历划分			按最后学位划分		其他
			女性	小计	教授	副教授	讲师	助教	初级	研究生	本科生	其他	博士	硕士	人员
	编号	L01	L02	L03	L04	L05	L06	L07	L08	L09	L10	L11	L12	L13	L14
合　计	/	133	82	133	8	53	48	23	1	94	38	1	16	93	0
盐城幼儿师范高等专科学校	1	0	0	0	0	0	0	0	0	0	0	0	0	0	0
苏州幼儿师范高等专科学校	2	1	1	1	0	0	1	0	0	1	0	0	0	1	0
无锡职业技术学院	3	5	4	5	0	3	2	0	0	4	1	0	2	2	0
江苏建筑职业技术学院	4	5	4	5	1	3	1	0	0	5	0	0	1	4	0
南京工业职业技术学院	5	12	8	12	0	6	5	1	0	9	3	0	1	10	0
江苏工程职业技术学院	6	1	1	1	0	1	0	0	0	1	0	0	0	1	0
苏州工艺美术职业技术学院	7	1	1	1	0	1	0	0	0	1	0	0	0	1	0
连云港职业技术学院	8	2	1	2	0	1	0	1	0	1	1	0	0	1	0
镇江市高等专科学校	9	0	0	0	0	0	0	0	0	0	0	0	0	0	0
南通职业大学	10	1	0	1	0	0	1	0	0	1	0	0	0	1	0
苏州职业大学	11	15	8	15	1	4	5	5	0	13	2	0	4	11	0
沙洲职业工学院	12	3	1	3	0	0	2	1	0	1	2	0	0	1	0
扬州市职业大学	13	10	6	10	1	6	2	1	0	1	9	0	0	6	0
连云港师范高等专科学校	14	2	1	2	1	1	0	0	0	1	1	0	0	1	0
江苏经贸职业技术学院	15	2	1	2	0	1	1	0	0	2	0	0	1	1	0
泰州职业技术学院	16	0	0	0	0	0	0	0	0	0	0	0	0	0	0
常州信息职业技术学院	17	7	4	7	1	3	1	2	0	3	4	0	1	5	0
江苏海事职业技术学院	18	3	2	3	0	0	2	1	0	3	0	0	0	3	0
无锡科技职业学院	19	2	2	2	0	1	1	0	0	2	0	0	0	2	0
江苏医药职业学院	20	4	2	4	1	0	0	3	0	3	0	1	1	3	0

续表

南通科技职业学院	21	0	0	0	0	0	0	0	0	0	0	0	0	0	0
苏州经贸职业技术学院	22	3	2	3	0	0	3	0	0	2	1	0	0	2	0
苏州工业职业技术学院	23	0	0	0	0	0	0	0	0	0	0	0	0	0	0
苏州卫生职业技术学院	24	1	1	1	0	0	1	0	0	1	0	0	0	1	0
无锡商业职业技术学院	25	0	0	0	0	0	0	0	0	0	0	0	0	0	0
南通航运职业技术学院	26	1	1	1	0	0	1	0	0	1	0	0	0	1	0
南京交通职业技术学院	27	0	0	0	0	0	0	0	0	0	0	0	0	0	0
淮安信息职业技术学院	28	1	1	1	0	0	1	0	0	1	0	0	0	1	0
江苏农牧科技职业学院	29	0	0	0	0	0	0	0	0	0	0	0	0	0	0
常州纺织服装职业技术学院	30	2	2	2	0	0	2	0	0	1	1	0	0	1	0
苏州农业职业技术学院	31	1	1	1	0	1	0	0	0	1	0	0	0	1	0
南京科技职业学院	32	3	1	3	0	1	2	0	0	3	0	0	0	3	0
常州工业职业技术学院	33	0	0	0	0	0	0	0	0	0	0	0	0	0	0
常州工程职业技术学院	34	0	0	0	0	0	0	0	0	0	0	0	0	0	0
江苏农林职业技术学院	35	0	0	0	0	0	0	0	0	0	0	0	0	0	0
江苏食品药品职业技术学院	36	0	0	0	0	0	0	0	0	0	0	0	0	0	0
南京铁道职业技术学院	37	2	1	2	0	0	1	1	0	2	0	0	1	1	0
徐州工业职业技术学院	38	3	1	3	0	1	2	0	0	3	0	0	0	3	0
江苏信息职业技术学院	39	1	1	1	0	0	0	1	0	1	0	0	0	1	0
南京信息职业技术学院	40	1	0	1	0	1	0	0	0	0	1	0	0	0	0
常州机电职业技术学院	41	3	1	3	0	1	2	0	0	3	0	0	1	2	0
江阴职业技术学院	42	0	0	0	0	0	0	0	0	0	0	0	0	0	0
无锡城市职业技术学院	43	1	0	1	0	1	0	0	0	0	1	0	0	0	0
无锡工艺职业技术学院	44	0	0	0	0	0	0	0	0	0	0	0	0	0	0

续表

高校名称		总计		按职称划分						按最后学历划分			按最后学位划分		其他
			女性	小计	教授	副教授	讲师	助教	初级	研究生	本科生	其他	博士	硕士	人员
	编号	L01	L02	L03	L04	L05	L06	L07	L08	L09	L10	L11	L12	L13	L14
苏州健雄职业技术学院	45	2	2	2	0	2	0	0	0	1	1	0	0	2	0
盐城工业职业技术学院	46	1	1	1	0	0	0	1	0	1	0	0	0	1	0
江苏财经职业技术学院	47	5	1	5	1	2	2	0	0	4	1	0	1	3	0
扬州工业职业技术学院	48	2	1	2	0	0	1	1	0	2	0	0	0	2	0
江苏城市职业学院	49	1	1	1	0	1	0	0	0	1	0	0	0	1	0
南京城市职业学院	50	2	1	2	1	0	0	0	1	2	0	0	0	1	0
南京机电职业技术学院	51	2	2	2	0	0	1	1	0	0	2	0	0	0	0
南京旅游职业学院	52	2	2	2	0	1	0	1	0	1	1	0	0	1	0
江苏卫生健康职业学院	53	2	1	2	0	2	0	0	0	1	1	0	1	0	0
苏州信息职业技术学院	54	0	0	0	0	0	0	0	0	0	0	0	0	0	0
苏州工业园区服务外包职业学院	55	1	1	1	0	1	0	0	0	1	0	0	0	1	0
徐州幼儿师范高等专科学校	56	5	5	5	0	3	2	0	0	4	1	0	1	4	0
徐州生物工程职业技术学院	57	3	1	3	0	2	1	0	0	1	2	0	0	2	0
江苏商贸职业学院	58	2	1	2	0	0	2	0	0	2	0	0	0	2	0
南通师范高等专科学校	59	0	0	0	0	0	0	0	0	0	0	0	0	0	0
江苏护理职业学院	60	2	0	2	0	1	0	1	0	1	1	0	0	1	0
江苏财会职业学院	61	0	0	0	0	0	0	0	0	0	0	0	0	0	0
江苏城乡建设职业学院	62	1	1	1	0	1	0	0	0	0	1	0	0	0	0
江苏航空职业技术学院	63	1	1	1	0	0	0	1	0	1	0	0	0	1	0
江苏安全技术职业学院	64	0	0	0	0	0	0	0	0	0	0	0	0	0	0
江苏旅游职业学院	65	0	0	0	0	0	0	0	0	0	0	0	0	0	0

3.4 逻辑学人文、社会科学活动人员情况表

高校名称	编号	总计 L01	女性 L02	按职称划分 小计 L03	教授 L04	副教授 L05	讲师 L06	助教 L07	初级 L08	按最后学历划分 研究生 L09	本科生 L10	其他 L11	按最后学位划分 博士 L12	硕士 L13	其他人员 L14
合　计	/	52	22	52	1	20	29	2	0	16	33	3	4	26	0
盐城幼儿师范高等专科学校	1	0	0	0	0	0	0	0	0	0	0	0	0	0	0
苏州幼儿师范高等专科学校	2	11	5	11	0	7	4	0	0	6	5	0	0	7	0
无锡职业技术学院	3	0	0	0	0	0	0	0	0	0	0	0	0	0	0
江苏建筑职业技术学院	4	0	0	0	0	0	0	0	0	0	0	0	0	0	0
南京工业职业技术学院	5	5	1	5	0	1	3	1	0	2	0	3	3	2	0
江苏工程职业技术学院	6	0	0	0	0	0	0	0	0	0	0	0	0	0	0
苏州工艺美术职业技术学院	7	0	0	0	0	0	0	0	0	0	0	0	0	0	0
连云港职业技术学院	8	0	0	0	0	0	0	0	0	0	0	0	0	0	0
镇江市高等专科学校	9	0	0	0	0	0	0	0	0	0	0	0	0	0	0
南通职业大学	10	0	0	0	0	0	0	0	0	0	0	0	0	0	0
苏州职业大学	11	1	1	1	0	0	1	0	0	1	0	0	0	1	0
沙洲职业工学院	12	0	0	0	0	0	0	0	0	0	0	0	0	0	0
扬州市职业大学	13	1	0	1	0	0	1	0	0	0	1	0	0	1	0
连云港师范高等专科学校	14	1	1	1	0	0	1	0	0	1	0	0	0	1	0
江苏经贸职业技术学院	15	0	0	0	0	0	0	0	0	0	0	0	0	0	0
泰州职业技术学院	16	0	0	0	0	0	0	0	0	0	0	0	0	0	0
常州信息职业技术学院	17	0	0	0	0	0	0	0	0	0	0	0	0	0	0
江苏海事职业技术学院	18	0	0	0	0	0	0	0	0	0	0	0	0	0	0
无锡科技职业学院	19	0	0	0	0	0	0	0	0	0	0	0	0	0	0
江苏医药职业学院	20	0	0	0	0	0	0	0	0	0	0	0	0	0	0

续表

高校名称		总计		按职称划分						按最后学历划分			按最后学位划分		其他人员
			女性	小计	教授	副教授	讲师	助教	初级	研究生	本科生	其他	博士	硕士	
	编号	L01	L02	L03	L04	L05	L06	L07	L08	L09	L10	L11	L12	L13	L14
南通科技职业学院	21	1	1	1	0	1	0	0	0	0	1	0	0	1	0
苏州经贸职业技术学院	22	0	0	0	0	0	0	0	0	0	0	0	0	0	0
苏州工业职业技术学院	23	0	0	0	0	0	0	0	0	0	0	0	0	0	0
苏州卫生职业技术学院	24	4	2	4	0	0	3	1	0	0	4	0	0	0	0
无锡商业职业技术学院	25	0	0	0	0	0	0	0	0	0	0	0	0	0	0
南通航运职业技术学院	26	1	0	1	0	0	1	0	0	1	0	0	1	0	0
南京交通职业技术学院	27	0	0	0	0	0	0	0	0	0	0	0	0	0	0
淮安信息职业技术学院	28	0	0	0	0	0	0	0	0	0	0	0	0	0	0
江苏农牧科技职业学院	29	0	0	0	0	0	0	0	0	0	0	0	0	0	0
常州纺织服装职业技术学院	30	10	3	10	0	3	7	0	0	3	7	0	0	5	0
苏州农业职业技术学院	31	0	0	0	0	0	0	0	0	0	0	0	0	0	0
南京科技职业学院	32	0	0	0	0	0	0	0	0	0	0	0	0	0	0
常州工业职业技术学院	33	0	0	0	0	0	0	0	0	0	0	0	0	0	0
常州工程职业技术学院	34	0	0	0	0	0	0	0	0	0	0	0	0	0	0
江苏农林职业技术学院	35	0	0	0	0	0	0	0	0	0	0	0	0	0	0
江苏食品药品职业技术学院	36	11	8	11	1	4	6	0	0	0	11	0	0	5	0
南京铁道职业技术学院	37	0	0	0	0	0	0	0	0	0	0	0	0	0	0
徐州工业职业技术学院	38	1	0	1	0	0	1	0	0	1	0	0	0	1	0
江苏信息职业技术学院	39	0	0	0	0	0	0	0	0	0	0	0	0	0	0
南京信息职业技术学院	40	0	0	0	0	0	0	0	0	0	0	0	0	0	0
常州机电职业技术学院	41	0	0	0	0	0	0	0	0	0	0	0	0	0	0

续表

江阴职业技术学院	42	0	0	0	0	0	0	0	0	0	0	0	0	0	0
无锡城市职业技术学院	43	0	0	0	0	0	0	0	0	0	0	0	0	0	0
无锡工艺职业技术学院	44	1	0	1	0	0	1	0	0	0	1	0	0	0	0
苏州健雄职业技术学院	45	1	0	1	0	1	0	0	0	0	1	0	0	0	0
盐城工业职业技术学院	46	0	0	0	0	0	0	0	0	0	0	0	0	0	0
江苏财经职业技术学院	47	0	0	0	0	0	0	0	0	0	0	0	0	0	0
扬州工业职业技术学院	48	0	0	0	0	0	0	0	0	0	0	0	0	0	0
江苏城市职业学院	49	0	0	0	0	0	0	0	0	0	0	0	0	0	0
南京城市职业学院	50	1	0	1	0	1	0	0	0	0	1	0	0	0	0
南京机电职业技术学院	51	0	0	0	0	0	0	0	0	0	0	0	0	0	0
南京旅游职业学院	52	0	0	0	0	0	0	0	0	0	0	0	0	0	0
江苏卫生健康职业学院	53	0	0	0	0	0	0	0	0	0	0	0	0	0	0
苏州信息职业技术学院	54	0	0	0	0	0	0	0	0	0	0	0	0	0	0
苏州工业园区服务外包职业学院	55	0	0	0	0	0	0	0	0	0	0	0	0	0	0
徐州幼儿师范高等专科学校	56	0	0	0	0	0	0	0	0	0	0	0	0	0	0
徐州生物工程职业技术学院	57	0	0	0	0	0	0	0	0	0	0	0	0	0	0
江苏商贸职业学院	58	0	0	0	0	0	0	0	0	0	0	0	0	0	0
南通师范高等专科学校	59	0	0	0	0	0	0	0	0	0	0	0	0	0	0
江苏护理职业学院	60	0	0	0	0	0	0	0	0	0	0	0	0	0	0
江苏财会职业学院	61	0	0	0	0	0	0	0	0	0	0	0	0	0	0
江苏城乡建设职业学院	62	0	0	0	0	0	0	0	0	0	0	0	0	0	0
江苏航空职业技术学院	63	0	0	0	0	0	0	0	0	0	0	0	0	0	0
江苏安全技术职业学院	64	0	0	0	0	0	0	0	0	0	0	0	0	0	0
江苏旅游职业学院	65	2	0	2	0	2	0	0	0	1	1	0	0	2	0

3.5 宗教学人文、社会科学活动人员情况表

高校名称		总计		按职称划分						按最后学历划分			按最后学位划分		其他
			女性	小计	教授	副教授	讲师	助教	初级	研究生	本科生	其他	博士	硕士	人员
	编号	L01	L02	L03	L04	L05	L06	L07	L08	L09	L10	L11	L12	L13	L14
合　计	/	1	0	1	0	1	0	0	0	0	1	0	0	0	0
盐城幼儿师范高等专科学校	1	0	0	0	0	0	0	0	0	0	0	0	0	0	0
苏州幼儿师范高等专科学校	2	0	0	0	0	0	0	0	0	0	0	0	0	0	0
无锡职业技术学院	3	0	0	0	0	0	0	0	0	0	0	0	0	0	0
江苏建筑职业技术学院	4	0	0	0	0	0	0	0	0	0	0	0	0	0	0
南京工业职业技术学院	5	0	0	0	0	0	0	0	0	0	0	0	0	0	0
江苏工程职业技术学院	6	0	0	0	0	0	0	0	0	0	0	0	0	0	0
苏州工艺美术职业技术学院	7	0	0	0	0	0	0	0	0	0	0	0	0	0	0
连云港职业技术学院	8	1	0	1	0	1	0	0	0	0	1	0	0	0	0
镇江市高等专科学校	9	0	0	0	0	0	0	0	0	0	0	0	0	0	0
南通职业大学	10	0	0	0	0	0	0	0	0	0	0	0	0	0	0
苏州职业大学	11	0	0	0	0	0	0	0	0	0	0	0	0	0	0
沙洲职业工学院	12	0	0	0	0	0	0	0	0	0	0	0	0	0	0
扬州市职业大学	13	0	0	0	0	0	0	0	0	0	0	0	0	0	0
连云港师范高等专科学校	14	0	0	0	0	0	0	0	0	0	0	0	0	0	0
江苏经贸职业技术学院	15	0	0	0	0	0	0	0	0	0	0	0	0	0	0
泰州职业技术学院	16	0	0	0	0	0	0	0	0	0	0	0	0	0	0
常州信息职业技术学院	17	0	0	0	0	0	0	0	0	0	0	0	0	0	0
江苏海事职业技术学院	18	0	0	0	0	0	0	0	0	0	0	0	0	0	0
无锡科技职业学院	19	0	0	0	0	0	0	0	0	0	0	0	0	0	0
江苏医药职业学院	20	0	0	0	0	0	0	0	0	0	0	0	0	0	0

续表

南通科技职业学院	21	0	0	0	0	0	0	0	0	0	0	0	0	0	0
苏州经贸职业技术学院	22	0	0	0	0	0	0	0	0	0	0	0	0	0	0
苏州工业职业技术学院	23	0	0	0	0	0	0	0	0	0	0	0	0	0	0
苏州卫生职业技术学院	24	0	0	0	0	0	0	0	0	0	0	0	0	0	0
无锡商业职业技术学院	25	0	0	0	0	0	0	0	0	0	0	0	0	0	0
南通航运职业技术学院	26	0	0	0	0	0	0	0	0	0	0	0	0	0	0
南京交通职业技术学院	27	0	0	0	0	0	0	0	0	0	0	0	0	0	0
淮安信息职业技术学院	28	0	0	0	0	0	0	0	0	0	0	0	0	0	0
江苏农牧科技职业学院	29	0	0	0	0	0	0	0	0	0	0	0	0	0	0
常州纺织服装职业技术学院	30	0	0	0	0	0	0	0	0	0	0	0	0	0	0
苏州农业职业技术学院	31	0	0	0	0	0	0	0	0	0	0	0	0	0	0
南京科技职业学院	32	0	0	0	0	0	0	0	0	0	0	0	0	0	0
常州工业职业技术学院	33	0	0	0	0	0	0	0	0	0	0	0	0	0	0
常州工程职业技术学院	34	0	0	0	0	0	0	0	0	0	0	0	0	0	0
江苏农林职业技术学院	35	0	0	0	0	0	0	0	0	0	0	0	0	0	0
江苏食品药品职业技术学院	36	0	0	0	0	0	0	0	0	0	0	0	0	0	0
南京铁道职业技术学院	37	0	0	0	0	0	0	0	0	0	0	0	0	0	0
徐州工业职业技术学院	38	0	0	0	0	0	0	0	0	0	0	0	0	0	0
江苏信息职业技术学院	39	0	0	0	0	0	0	0	0	0	0	0	0	0	0
南京信息职业技术学院	40	0	0	0	0	0	0	0	0	0	0	0	0	0	0
常州机电职业技术学院	41	0	0	0	0	0	0	0	0	0	0	0	0	0	0
江阴职业技术学院	42	0	0	0	0	0	0	0	0	0	0	0	0	0	0
无锡城市职业技术学院	43	0	0	0	0	0	0	0	0	0	0	0	0	0	0
无锡工艺职业技术学院	44	0	0	0	0	0	0	0	0	0	0	0	0	0	0

续表

高校名称		总计		按职称划分						按最后学历划分			按最后学位划分		其他
			女性	小计	教授	副教授	讲师	助教	初级	研究生	本科生	其他	博士	硕士	人员
	编号	L01	L02	L03	L04	L05	L06	L07	L08	L09	L10	L11	L12	L13	L14
苏州健雄职业技术学院	45	0	0	0	0	0	0	0	0	0	0	0	0	0	0
盐城工业职业技术学院	46	0	0	0	0	0	0	0	0	0	0	0	0	0	0
江苏财经职业技术学院	47	0	0	0	0	0	0	0	0	0	0	0	0	0	0
扬州工业职业技术学院	48	0	0	0	0	0	0	0	0	0	0	0	0	0	0
江苏城市职业学院	49	0	0	0	0	0	0	0	0	0	0	0	0	0	0
南京城市职业学院	50	0	0	0	0	0	0	0	0	0	0	0	0	0	0
南京机电职业技术学院	51	0	0	0	0	0	0	0	0	0	0	0	0	0	0
南京旅游职业学院	52	0	0	0	0	0	0	0	0	0	0	0	0	0	0
江苏卫生健康职业学院	53	0	0	0	0	0	0	0	0	0	0	0	0	0	0
苏州信息职业技术学院	54	0	0	0	0	0	0	0	0	0	0	0	0	0	0
苏州工业园区服务外包职业学院	55	0	0	0	0	0	0	0	0	0	0	0	0	0	0
徐州幼儿师范高等专科学校	56	0	0	0	0	0	0	0	0	0	0	0	0	0	0
徐州生物工程职业技术学院	57	0	0	0	0	0	0	0	0	0	0	0	0	0	0
江苏商贸职业学院	58	0	0	0	0	0	0	0	0	0	0	0	0	0	0
南通师范高等专科学校	59	0	0	0	0	0	0	0	0	0	0	0	0	0	0
江苏护理职业学院	60	0	0	0	0	0	0	0	0	0	0	0	0	0	0
江苏财会职业学院	61	0	0	0	0	0	0	0	0	0	0	0	0	0	0
江苏城乡建设职业学院	62	0	0	0	0	0	0	0	0	0	0	0	0	0	0
江苏航空职业技术学院	63	0	0	0	0	0	0	0	0	0	0	0	0	0	0
江苏安全技术职业学院	64	0	0	0	0	0	0	0	0	0	0	0	0	0	0
江苏旅游职业学院	65	0	0	0	0	0	0	0	0	0	0	0	0	0	0

3.6 语言学人文、社会科学活动人员情况表

高校名称		总计		按职称划分						按最后学历划分			按最后学位划分		其他人员
			女性	小计	教授	副教授	讲师	助教	初级	研究生	本科生	其他	博士	硕士	
	编号	L01	L02	L03	L04	L05	L06	L07	L08	L09	L10	L11	L12	L13	L14
合　计	/	2 239	1 791	2 239	46	614	1 386	189	4	719	1 517	3	23	1 113	0
盐城幼儿师范高等专科学校	1	88	73	88	1	33	48	6	0	8	80	0	1	32	0
苏州幼儿师范高等专科学校	2	16	14	16	4	5	6	1	0	9	7	0	0	15	0
无锡职业技术学院	3	49	37	49	1	7	32	9	0	32	17	0	3	29	0
江苏建筑职业技术学院	4	42	36	42	1	15	24	2	0	26	16	0	0	30	0
南京工业职业技术学院	5	34	26	34	1	14	17	2	0	22	11	1	5	25	0
江苏工程职业技术学院	6	26	21	26	0	10	16	0	0	11	15	0	0	13	0
苏州工艺美术职业技术学院	7	14	12	14	0	8	6	0	0	7	7	0	0	12	0
连云港职业技术学院	8	42	32	42	0	12	27	3	0	4	38	0	0	16	0
镇江市高等专科学校	9	60	43	60	1	16	43	0	0	17	43	0	0	20	0
南通职业大学	10	36	29	36	0	7	26	3	0	9	26	1	0	19	0
苏州职业大学	11	77	62	77	0	19	52	6	0	41	36	0	2	49	0
沙洲职业工学院	12	23	20	23	0	10	12	1	0	0	23	0	0	3	0
扬州市职业大学	13	108	83	108	2	34	48	24	0	53	55	0	1	57	0
连云港师范高等专科学校	14	35	25	35	0	23	9	3	0	13	22	0	0	25	0
江苏经贸职业技术学院	15	57	44	57	4	16	31	6	0	20	37	0	0	37	0
泰州职业技术学院	16	20	16	20	0	9	11	0	0	2	18	0	0	5	0
常州信息职业技术学院	17	59	46	59	1	14	39	5	0	21	38	0	2	29	0
江苏海事职业技术学院	18	65	50	65	2	9	54	0	0	22	43	0	1	22	0
无锡科技职业学院	19	56	39	56	0	13	31	12	0	9	47	0	0	22	0
江苏医药职业学院	20	22	17	22	0	6	14	2	0	4	17	1	0	12	0

续表

高校名称		总计		按职称划分						按最后学历划分			按最后学位划分		其他
			女性	小计	教授	副教授	讲师	助教	初级	研究生	本科生	其他	博士	硕士	人员
	编号	L01	L02	L03	L04	L05	L06	L07	L08	L09	L10	L11	L12	L13	L14
南通科技职业学院	21	22	17	22	0	4	18	0	0	11	11	0	0	10	0
苏州经贸职业技术学院	22	30	23	30	0	5	22	3	0	16	14	0	1	17	0
苏州工业职业技术学院	23	48	43	48	2	7	39	0	0	12	36	0	0	18	0
苏州卫生职业技术学院	24	28	26	28	1	7	16	3	1	12	16	0	0	13	0
无锡商业职业技术学院	25	50	36	50	0	12	38	0	0	9	41	0	0	29	0
南通航运职业技术学院	26	38	25	38	0	18	20	0	0	10	28	0	0	22	0
南京交通职业技术学院	27	26	20	26	2	4	19	0	1	9	17	0	0	17	0
淮安信息职业技术学院	28	33	22	33	0	10	18	5	0	5	28	0	0	9	0
江苏农牧科技职业学院	29	6	4	6	1	1	3	1	0	0	6	0	0	1	0
常州纺织服装职业技术学院	30	44	31	44	1	18	21	4	0	9	35	0	1	16	0
苏州农业职业技术学院	31	37	29	37	1	6	29	1	0	3	34	0	0	13	0
南京科技职业学院	32	18	16	18	0	4	14	0	0	9	9	0	0	12	0
常州工业职业技术学院	33	33	28	33	0	9	23	1	0	3	30	0	0	15	0
常州工程职业技术学院	34	2	2	2	0	1	1	0	0	0	2	0	0	0	0
江苏农林职业技术学院	35	9	7	9	0	2	6	1	0	3	6	0	0	5	0
江苏食品药品职业技术学院	36	39	29	39	2	7	29	1	0	7	32	0	0	13	0
南京铁道职业技术学院	37	19	16	19	0	5	9	5	0	8	11	0	0	13	0
徐州工业职业技术学院	38	18	13	18	0	8	9	1	0	5	13	0	0	8	0
江苏信息职业技术学院	39	34	30	34	1	7	26	0	0	9	25	0	0	21	0
南京信息职业技术学院	40	38	30	38	0	15	17	6	0	18	20	0	1	25	0
常州机电职业技术学院	41	32	27	32	0	10	21	1	0	7	25	0	0	15	0

续表

江阴职业技术学院	42	45	34	45	1	13	26	5	0	2	43	0	1	15	0
无锡城市职业技术学院	43	39	27	39	2	15	22	0	0	7	32	0	0	9	0
无锡工艺职业技术学院	44	28	23	28	0	6	21	1	0	9	19	0	0	13	0
苏州健雄职业技术学院	45	35	30	35	1	5	26	3	0	10	25	0	0	18	0
盐城工业职业技术学院	46	17	15	17	0	7	7	3	0	5	12	0	0	5	0
江苏财经职业技术学院	47	21	17	21	0	6	13	2	0	3	18	0	0	5	0
扬州工业职业技术学院	48	35	28	35	0	9	18	8	0	19	16	0	0	21	0
江苏城市职业学院	49	35	28	35	0	11	22	2	0	22	13	0	0	26	0
南京城市职业学院	50	12	10	12	0	5	4	1	2	5	7	0	0	10	0
南京机电职业技术学院	51	19	19	19	0	0	11	8	0	6	13	0	0	7	0
南京旅游职业学院	52	28	22	28	0	3	22	3	0	21	7	0	0	23	0
江苏卫生健康职业学院	53	5	5	5	0	1	2	2	0	3	2	0	0	3	0
苏州信息职业技术学院	54	28	25	28	0	6	22	0	0	5	23	0	0	13	0
苏州工业园区服务外包职业学院	55	29	26	29	3	5	17	4	0	23	6	0	2	25	0
徐州幼儿师范高等专科学校	56	29	25	29	5	16	6	2	0	8	21	0	2	9	0
徐州生物工程职业技术学院	57	9	7	9	0	4	4	1	0	1	8	0	0	4	0
江苏商贸职业学院	58	42	36	42	0	7	30	5	0	12	30	0	0	23	0
南通师范高等专科学校	59	134	115	134	4	30	96	4	0	22	112	0	0	51	0
江苏护理职业学院	60	16	13	16	0	5	9	2	0	5	11	0	0	7	0
江苏财会职业学院	61	25	22	25	0	6	16	3	0	7	18	0	0	16	0
江苏城乡建设职业学院	62	14	12	14	0	4	9	1	0	2	12	0	0	6	0
江苏航空职业技术学院	63	14	9	14	0	1	11	2	0	2	12	0	0	2	0
江苏安全技术职业学院	64	12	12	12	0	0	7	5	0	6	6	0	0	9	0
江苏旅游职业学院	65	35	32	35	1	9	21	4	0	19	16	0	0	29	0

3.7 中国文学人文、社会科学活动人员情况表

高校名称		总计		按职称划分						按最后学历划分			按最后学位划分		其他
			女性	小计	教授	副教授	讲师	助教	初级	研究生	本科生	其他	博士	硕士	人员
	编号	L01	L02	L03	L04	L05	L06	L07	L08	L09	L10	L11	L12	L13	L14
合　计	/	551	388	551	44	250	220	37	0	233	318	0	41	312	0
盐城幼儿师范高等专科学校	1	54	37	54	6	30	16	2	0	11	43	0	1	20	0
苏州幼儿师范高等专科学校	2	11	8	11	1	5	5	0	0	8	3	0	0	9	0
无锡职业技术学院	3	6	5	6	1	1	3	1	0	6	0	0	2	4	0
江苏建筑职业技术学院	4	8	8	8	1	2	5	0	0	5	3	0	0	6	0
南京工业职业技术学院	5	1	1	1	0	0	1	0	0	1	0	0	0	1	0
江苏工程职业技术学院	6	10	7	10	1	6	3	0	0	3	7	0	0	5	0
苏州工艺美术职业技术学院	7	7	3	7	2	2	2	1	0	5	2	0	2	3	0
连云港职业技术学院	8	14	8	14	0	9	5	0	0	3	11	0	1	6	0
镇江市高等专科学校	9	15	10	15	1	10	4	0	0	3	12	0	1	7	0
南通职业大学	10	5	3	5	0	3	2	0	0	2	3	0	0	4	0
苏州职业大学	11	32	19	32	7	17	7	1	0	19	13	0	8	17	0
沙洲职业工学院	12	3	2	3	0	3	0	0	0	1	2	0	0	1	0
扬州市职业大学	13	25	18	25	3	16	5	1	0	8	17	0	2	15	0
连云港师范高等专科学校	14	25	12	25	5	13	7	0	0	21	4	0	4	19	0
江苏经贸职业技术学院	15	3	3	3	0	0	3	0	0	3	0	0	0	3	0
泰州职业技术学院	16	4	1	4	0	1	3	0	0	2	2	0	1	1	0
常州信息职业技术学院	17	3	2	3	0	2	1	0	0	1	2	0	1	1	0
江苏海事职业技术学院	18	0	0	0	0	0	0	0	0	0	0	0	0	0	0
无锡科技职业学院	19	4	4	4	0	0	4	0	0	1	3	0	1	0	0
江苏医药职业学院	20	9	7	9	3	1	4	1	0	2	7	0	1	3	0

续表

南通科技职业学院	21	7	5	7	0	2	5	0	0	1	6	0	0	4	0
苏州经贸职业技术学院	22	4	3	4	0	4	0	0	0	2	2	0	0	2	0
苏州工业职业技术学院	23	4	2	4	0	0	3	1	0	1	3	0	1	2	0
苏州卫生职业技术学院	24	10	8	10	0	5	4	1	0	3	7	0	0	5	0
无锡商业职业技术学院	25	10	9	10	0	5	5	0	0	2	8	0	0	6	0
南通航运职业技术学院	26	0	0	0	0	0	0	0	0	0	0	0	0	0	0
南京交通职业技术学院	27	5	1	5	0	3	2	0	0	4	1	0	1	3	0
淮安信息职业技术学院	28	8	5	8	0	1	5	2	0	3	5	0	0	4	0
江苏农牧科技职业学院	29	0	0	0	0	0	0	0	0	0	0	0	0	0	0
常州纺织服装职业技术学院	30	4	3	4	0	0	4	0	0	2	2	0	0	2	0
苏州农业职业技术学院	31	5	5	5	0	3	2	0	0	3	2	0	0	5	0
南京科技职业学院	32	3	1	3	0	2	1	0	0	2	1	0	0	2	0
常州工业职业技术学院	33	5	4	5	1	2	1	1	0	1	4	0	1	0	0
常州工程职业技术学院	34	8	7	8	0	2	6	0	0	4	4	0	1	6	0
江苏农林职业技术学院	35	2	2	2	1	0	1	0	0	0	2	0	0	1	0
江苏食品药品职业技术学院	36	5	3	5	0	4	1	0	0	1	4	0	0	2	0
南京铁道职业技术学院	37	7	7	7	0	3	3	1	0	4	3	0	0	5	0
徐州工业职业技术学院	38	0	0	0	0	0	0	0	0	0	0	0	0	0	0
江苏信息职业技术学院	39	3	2	3	0	2	1	0	0	2	1	0	0	2	0
南京信息职业技术学院	40	4	4	4	0	2	2	0	0	2	2	0	0	4	0
常州机电职业技术学院	41	4	3	4	0	3	1	0	0	2	2	0	0	3	0
江阴职业技术学院	42	12	10	12	2	6	2	2	0	3	9	0	0	6	0
无锡城市职业技术学院	43	4	3	4	0	2	2	0	0	1	3	0	0	4	0
无锡工艺职业技术学院	44	6	6	6	0	2	4	0	0	1	5	0	0	3	0

续表

高校名称		总计		按职称划分						按最后学历划分			按最后学位划分		其他人员
			女性	小计	教授	副教授	讲师	助教	初级	研究生	本科生	其他	博士	硕士	
	编号	L01	L02	L03	L04	L05	L06	L07	L08	L09	L10	L11	L12	L13	L14
苏州健雄职业技术学院	45	2	0	2	0	1	1	0	0	1	1	0	0	1	0
盐城工业职业技术学院	46	1	0	1	0	1	0	0	0	1	0	0	0	1	0
江苏财经职业技术学院	47	16	14	16	1	6	8	1	0	3	13	0	0	8	0
扬州工业职业技术学院	48	4	2	4	0	1	3	0	0	4	0	0	1	3	0
江苏城市职业学院	49	12	9	12	3	5	4	0	0	7	5	0	4	5	0
南京城市职业学院	50	7	7	7	0	3	3	1	0	4	3	0	0	6	0
南京机电职业技术学院	51	3	3	3	1	0	0	2	0	0	3	0	0	0	0
南京旅游职业学院	52	1	1	1	0	0	1	0	0	1	0	0	0	1	0
江苏卫生健康职业学院	53	4	4	4	0	1	1	2	0	3	1	0	0	4	0
苏州信息职业技术学院	54	0	0	0	0	0	0	0	0	0	0	0	0	0	0
苏州工业园区服务外包职业学院	55	6	5	6	0	1	4	1	0	6	0	0	1	5	0
徐州幼儿师范高等专科学校	56	23	17	23	0	17	6	0	0	4	19	0	2	9	0
徐州生物工程职业技术学院	57	13	5	13	0	6	6	1	0	2	11	0	0	7	0
江苏商贸职业学院	58	14	9	14	1	8	5	0	0	7	7	0	0	11	0
南通师范高等专科学校	59	14	9	14	1	4	9	0	0	12	2	0	2	11	0
江苏护理职业学院	60	15	8	15	1	5	5	4	0	6	9	0	2	4	0
江苏财会职业学院	61	19	15	19	0	8	10	1	0	5	14	0	0	12	0
江苏城乡建设职业学院	62	11	10	11	1	3	5	2	0	2	9	0	0	5	0
江苏航空职业技术学院	63	3	2	3	0	0	1	2	0	2	1	0	0	3	0
江苏安全技术职业学院	64	7	6	7	0	0	4	3	0	5	2	0	0	5	0
江苏旅游职业学院	65	17	11	17	0	6	9	2	0	9	8	0	0	15	0

3.8 外国文学人文、社会科学活动人员情况表

高校名称		总计		按职称划分						按最后学历划分			按最后学位划分		其他人员
			女性	小计	教授	副教授	讲师	助教	初级	研究生	本科生	其他	博士	硕士	
	编号	L01	L02	L03	L04	L05	L06	L07	L08	L09	L10	L11	L12	L13	L14
合　计	/	160	120	160	3	49	93	15	0	73	87	0	4	92	0
盐城幼儿师范高等专科学校	1	5	4	5	0	4	1	0	0	2	3	0	0	2	0
苏州幼儿师范高等专科学校	2	1	1	1	0	1	0	0	0	1	0	0	0	1	0
无锡职业技术学院	3	1	1	1	0	0	1	0	0	1	0	0	1	0	0
江苏建筑职业技术学院	4	3	2	3	0	1	2	0	0	1	2	0	0	1	0
南京工业职业技术学院	5	0	0	0	0	0	0	0	0	0	0	0	0	0	0
江苏工程职业技术学院	6	3	2	3	0	1	2	0	0	2	1	0	0	3	0
苏州工艺美术职业技术学院	7	4	2	4	0	4	0	0	0	3	1	0	0	4	0
连云港职业技术学院	8	2	2	2	0	0	2	0	0	2	0	0	0	2	0
镇江市高等专科学校	9	8	8	8	0	5	3	0	0	1	7	0	0	1	0
南通职业大学	10	9	5	9	0	2	6	1	0	1	8	0	0	1	0
苏州职业大学	11	22	13	22	0	3	17	2	0	10	12	0	2	14	0
沙洲职业工学院	12	1	1	1	0	1	0	0	0	0	1	0	0	0	0
扬州市职业大学	13	6	4	6	0	3	2	1	0	3	3	0	0	4	0
连云港师范高等专科学校	14	8	7	8	2	5	1	0	0	6	2	0	0	8	0
江苏经贸职业技术学院	15	0	0	0	0	0	0	0	0	0	0	0	0	0	0
泰州职业技术学院	16	0	0	0	0	0	0	0	0	0	0	0	0	0	0
常州信息职业技术学院	17	1	1	1	0	0	1	0	0	1	0	0	0	1	0
江苏海事职业技术学院	18	0	0	0	0	0	0	0	0	0	0	0	0	0	0
无锡科技职业学院	19	4	4	4	0	0	4	0	0	1	3	0	0	2	0
江苏医药职业学院	20	0	0	0	0	0	0	0	0	0	0	0	0	0	0

续表

高校名称	编号	总计 L01	女性 L02	按职称划分 小计 L03	教授 L04	副教授 L05	讲师 L06	助教 L07	初级 L08	按最后学历划分 研究生 L09	本科生 L10	其他 L11	按最后学位划分 博士 L12	硕士 L13	其他人员 L14
南通科技职业学院	21	5	5	5	0	1	4	0	0	2	3	0	0	2	0
苏州经贸职业技术学院	22	1	0	1	0	0	0	1	0	1	0	0	0	0	0
苏州工业职业技术学院	23	0	0	0	0	0	0	0	0	0	0	0	0	0	0
苏州卫生职业技术学院	24	0	0	0	0	0	0	0	0	0	0	0	0	0	0
无锡商业职业技术学院	25	7	2	7	0	5	2	0	0	1	6	0	0	2	0
南通航运职业技术学院	26	1	0	1	1	0	0	0	0	0	1	0	0	1	0
南京交通职业技术学院	27	0	0	0	0	0	0	0	0	0	0	0	0	0	0
淮安信息职业技术学院	28	0	0	0	0	0	0	0	0	0	0	0	0	0	0
江苏农牧科技职业学院	29	1	0	1	0	0	1	0	0	0	1	0	0	0	0
常州纺织服装职业技术学院	30	6	5	6	0	1	4	1	0	1	5	0	0	1	0
苏州农业职业技术学院	31	1	1	1	0	0	1	0	0	1	0	0	0	1	0
南京科技职业学院	32	0	0	0	0	0	0	0	0	0	0	0	0	0	0
常州工业职业技术学院	33	2	2	2	0	1	1	0	0	1	1	0	0	2	0
常州工程职业技术学院	34	0	0	0	0	0	0	0	0	0	0	0	0	0	0
江苏农林职业技术学院	35	0	0	0	0	0	0	0	0	0	0	0	0	0	0
江苏食品药品职业技术学院	36	1	1	1	0	0	1	0	0	0	1	0	0	0	0
南京铁道职业技术学院	37	7	6	7	0	0	6	1	0	3	4	0	0	6	0
徐州工业职业技术学院	38	0	0	0	0	0	0	0	0	0	0	0	0	0	0
江苏信息职业技术学院	39	1	0	1	0	0	1	0	0	0	1	0	0	1	0
南京信息职业技术学院	40	2	1	2	0	0	1	1	0	2	0	0	0	2	0
常州机电职业技术学院	41	7	7	7	0	1	6	0	0	0	7	0	0	1	0

续表

江阴职业技术学院	42	0	0	0	0	0	0	0	0	0	0	0	0	0	0
无锡城市职业技术学院	43	0	0	0	0	0	0	0	0	0	0	0	0	0	0
无锡工艺职业技术学院	44	0	0	0	0	0	0	0	0	0	0	0	0	0	0
苏州健雄职业技术学院	45	1	1	1	0	0	1	0	0	0	1	0	0	1	0
盐城工业职业技术学院	46	0	0	0	0	0	0	0	0	0	0	0	0	0	0
江苏财经职业技术学院	47	0	0	0	0	0	0	0	0	0	0	0	0	0	0
扬州工业职业技术学院	48	0	0	0	0	0	0	0	0	0	0	0	0	0	0
江苏城市职业学院	49	5	5	5	0	1	2	2	0	4	1	0	0	5	0
南京城市职业学院	50	3	2	3	0	2	1	0	0	0	3	0	0	0	0
南京机电职业技术学院	51	1	1	1	0	0	0	1	0	1	0	0	0	1	0
南京旅游职业学院	52	5	4	5	0	0	2	3	0	5	0	0	0	5	0
江苏卫生健康职业学院	53	8	6	8	0	4	4	0	0	3	5	0	0	4	0
苏州信息职业技术学院	54	0	0	0	0	0	0	0	0	0	0	0	0	0	0
苏州工业园区服务外包职业学院	55	11	9	11	0	2	9	0	0	9	2	0	1	9	0
徐州幼儿师范高等专科学校	56	0	0	0	0	0	0	0	0	0	0	0	0	0	0
徐州生物工程职业技术学院	57	0	0	0	0	0	0	0	0	0	0	0	0	0	0
江苏商贸职业学院	58	3	3	3	0	1	2	0	0	3	0	0	0	3	0
南通师范高等专科学校	59	2	1	2	0	0	2	0	0	1	1	0	0	1	0
江苏护理职业学院	60	1	1	1	0	0	1	1	0	0	1	0	0	0	0
江苏财会职业学院	61	0	0	0	0	0	0	0	0	0	0	0	0	0	0
江苏城乡建设职业学院	62	0	0	0	0	0	0	0	0	0	0	0	0	0	0
江苏航空职业技术学院	63	0	0	0	0	0	0	0	0	0	0	0	0	0	0
江苏安全技术职业学院	64	0	0	0	0	0	0	0	0	0	0	0	0	0	0
江苏旅游职业学院	65	0	0	0	0	0	0	0	0	0	0	0	0	0	0

3.9 艺术学人文、社会科学活动人员情况表

高校名称		总计		按职称划分						按最后学历划分			按最后学位划分		其他人员
			女性	小计	教授	副教授	讲师	助教	初级	研究生	本科生	其他	博士	硕士	
	编号	L01	L02	L03	L04	L05	L06	L07	L08	L09	L10	L11	L12	L13	L14
合　计	/	2 084	1 220	2 084	57	507	1 185	324	11	974	1 107	3	38	1 224	0
盐城幼儿师范高等专科学校	1	91	56	91	2	31	30	28	0	5	86	0	0	7	0
苏州幼儿师范高等专科学校	2	44	33	44	0	11	19	14	0	29	15	0	1	28	0
无锡职业技术学院	3	26	18	26	2	6	17	1	0	18	8	0	1	19	0
江苏建筑职业技术学院	4	55	34	55	3	13	34	5	0	44	11	0	0	45	0
南京工业职业技术学院	5	65	40	65	2	10	44	9	0	40	24	1	1	56	0
江苏工程职业技术学院	6	54	22	54	4	16	34	0	0	32	22	0	1	33	0
苏州工艺美术职业技术学院	7	217	102	217	7	78	104	28	0	112	104	1	6	144	0
连云港职业技术学院	8	31	16	31	0	6	15	10	0	7	24	0	0	11	0
镇江市高等专科学校	9	41	21	41	0	12	25	4	0	13	28	0	0	18	0
南通职业大学	10	33	20	33	1	6	23	3	0	10	23	0	0	15	0
苏州职业大学	11	83	47	83	3	19	54	7	0	32	51	0	3	36	0
沙洲职业工学院	12	8	3	8	0	2	5	1	0	4	4	0	0	6	0
扬州市职业大学	13	92	51	92	2	22	42	26	0	43	48	1	1	57	0
连云港师范高等专科学校	14	56	26	56	2	39	10	5	0	24	32	0	1	29	0
江苏经贸职业技术学院	15	43	32	43	2	6	33	2	0	29	14	0	1	33	0
泰州职业技术学院	16	21	12	21	0	3	17	0	1	6	15	0	0	7	0
常州信息职业技术学院	17	36	26	36	1	6	25	4	0	20	16	0	2	26	0
江苏海事职业技术学院	18	8	6	8	0	0	6	2	0	8	0	0	0	8	0
无锡科技职业学院	19	15	8	15	0	4	6	5	0	3	12	0	0	4	0
江苏医药职业学院	20	3	2	3	0	0	3	0	0	0	3	0	0	0	0

续表

南通科技职业学院	21	3	3	3	0	0	1	2	0	3	0	0	0	3	0
苏州经贸职业技术学院	22	38	21	38	1	9	27	1	0	15	23	0	0	24	0
苏州工业职业技术学院	23	12	7	12	0	1	8	3	0	6	6	0	4	4	0
苏州卫生职业技术学院	24	0	0	0	0	0	0	0	0	0	0	0	0	0	0
无锡商业职业技术学院	25	30	21	30	1	14	13	2	0	11	19	0	0	19	0
南通航运职业技术学院	26	23	12	23	0	6	16	1	0	5	18	0	0	10	0
南京交通职业技术学院	27	16	9	16	1	3	12	0	0	10	6	0	1	12	0
淮安信息职业技术学院	28	24	14	24	0	5	16	3	0	11	13	0	0	16	0
江苏农牧科技职业学院	29	2	2	2	0	0	2	0	0	2	0	0	0	2	0
常州纺织服装职业技术学院	30	90	50	90	3	14	60	13	0	30	60	0	0	45	0
苏州农业职业技术学院	31	0	0	0	0	0	0	0	0	0	0	0	0	0	0
南京科技职业学院	32	10	5	10	0	0	10	0	0	5	5	0	0	5	0
常州工业职业技术学院	33	40	21	40	1	7	28	4	0	14	26	0	0	24	0
常州工程职业技术学院	34	2	0	2	0	0	2	0	0	2	0	0	0	2	0
江苏农林职业技术学院	35	9	3	9	0	0	6	3	0	3	6	0	0	4	0
江苏食品药品职业技术学院	36	4	2	4	0	0	4	0	0	0	4	0	0	1	0
南京铁道职业技术学院	37	27	16	27	2	4	15	6	0	13	14	0	1	21	0
徐州工业职业技术学院	38	4	3	4	1	1	1	1	0	2	2	0	0	4	0
江苏信息职业技术学院	39	33	20	33	2	9	21	1	0	21	12	0	2	22	0
南京信息职业技术学院	40	15	10	15	0	2	8	5	0	5	10	0	0	14	0
常州机电职业技术学院	41	18	6	18	1	3	14	0	0	9	9	0	0	12	0
江阴职业技术学院	42	18	10	18	1	3	11	3	0	5	13	0	0	10	0
无锡城市职业技术学院	43	38	25	38	0	6	27	5	0	26	12	0	0	27	0
无锡工艺职业技术学院	44	150	89	150	1	30	99	20	0	95	55	0	0	114	0

4

续表

高校名称		总计		按职称划分						按最后学历划分			按最后学位划分		其他人员
			女性	小计	教授	副教授	讲师	助教	初级	研究生	本科生	其他	博士	硕士	
	编号	L01	L02	L03	L04	L05	L06	L07	L08	L09	L10	L11	L12	L13	L14
苏州健雄职业技术学院	45	20	9	20	0	5	10	5	0	11	9	0	0	15	0
盐城工业职业技术学院	46	50	35	50	1	18	23	8	0	21	29	0	0	21	0
江苏财经职业技术学院	47	10	9	10	0	2	6	2	0	4	6	0	0	4	0
扬州工业职业技术学院	48	24	17	24	1	5	13	5	0	15	9	0	1	15	0
江苏城市职业学院	49	47	28	47	1	13	28	5	0	32	15	0	6	32	0
南京城市职业学院	50	30	24	30	0	4	13	3	10	18	12	0	0	20	0
南京机电职业技术学院	51	18	16	18	0	0	7	11	0	7	11	0	0	8	0
南京旅游职业学院	52	14	6	14	1	1	8	4	0	10	4	0	0	10	0
江苏卫生健康职业学院	53	3	3	3	0	0	2	1	0	2	1	0	0	2	0
苏州信息职业技术学院	54	0	0	0	0	0	0	0	0	0	0	0	0	0	0
苏州工业园区服务外包职业学院	55	17	8	17	0	3	12	2	0	14	3	0	0	16	0
徐州幼儿师范高等专科学校	56	62	40	62	5	17	27	13	0	19	43	0	2	18	0
徐州生物工程职业技术学院	57	2	2	2	0	0	1	1	0	1	1	0	0	1	0
江苏商贸职业学院	58	24	17	24	0	3	14	7	0	10	14	0	0	15	0
南通师范高等专科学校	59	67	40	67	1	23	32	11	0	16	51	0	3	26	0
江苏护理职业学院	60	1	1	1	0	0	0	1	0	0	1	0	0	0	0
江苏财会职业学院	61	3	3	3	0	1	1	1	0	0	3	0	0	0	0
江苏城乡建设职业学院	62	20	9	20	0	2	13	5	0	5	15	0	0	11	0
江苏航空职业技术学院	63	5	4	5	0	0	0	5	0	4	1	0	0	4	0
江苏安全技术职业学院	64	4	3	4	0	0	2	2	0	3	1	0	0	3	0
江苏旅游职业学院	65	35	22	35	1	3	26	5	0	10	25	0	0	26	0

3.10 历史学人文、社会科学活动人员情况表

高校名称		总计		按职称划分						按最后学历划分			按最后学位划分		其他人员
			女性	小计	教授	副教授	讲师	助教	初级	研究生	本科生	其他	博士	硕士	
	编号	L01	L02	L03	L04	L05	L06	L07	L08	L09	L10	L11	L12	L13	L14
合　计	/	87	43	87	3	37	40	5	2	55	32	0	12	51	0
盐城幼儿师范高等专科学校	1	4	2	4	0	4	0	0	0	2	2	0	0	3	0
苏州幼儿师范高等专科学校	2	2	1	2	0	0	2	0	0	1	1	0	0	2	0
无锡职业技术学院	3	6	2	6	0	3	3	0	0	4	2	0	2	2	0
江苏建筑职业技术学院	4	3	2	3	0	2	1	0	0	3	0	0	0	3	0
南京工业职业技术学院	5	5	4	5	0	0	4	1	0	5	0	0	2	3	0
江苏工程职业技术学院	6	2	1	2	0	1	1	0	0	2	0	0	0	2	0
苏州工艺美术职业技术学院	7	5	2	5	0	3	2	0	0	4	1	0	0	5	0
连云港职业技术学院	8	0	0	0	0	0	0	0	0	0	0	0	0	0	0
镇江市高等专科学校	9	4	2	4	1	1	2	0	0	1	3	0	0	1	0
南通职业大学	10	1	1	1	0	0	1	0	0	1	0	0	0	1	0
苏州职业大学	11	3	0	3	0	3	0	0	0	3	0	0	2	1	0
沙洲职业工学院	12	0	0	0	0	0	0	0	0	0	0	0	0	0	0
扬州市职业大学	13	8	3	8	0	3	3	2	0	4	4	0	0	4	0
连云港师范高等专科学校	14	1	1	1	0	1	0	0	0	1	0	0	0	1	0
江苏经贸职业技术学院	15	1	0	1	1	0	0	0	0	1	0	0	1	0	0
泰州职业技术学院	16	0	0	0	0	0	0	0	0	0	0	0	0	0	0
常州信息职业技术学院	17	1	0	1	0	0	1	0	0	1	0	0	0	1	0
江苏海事职业技术学院	18	1	1	1	0	0	1	0	0	1	0	0	1	0	0
无锡科技职业学院	19	0	0	0	0	0	0	0	0	0	0	0	0	0	0
江苏医药职业学院	20	1	1	1	0	0	1	0	0	1	0	0	0	1	0

续表

高校名称	编号	总计		按职称划分						按最后学历划分			按最后学位划分		其他人员
			女性	小计	教授	副教授	讲师	助教	初级	研究生	本科生	其他	博士	硕士	
		L01	L02	L03	L04	L05	L06	L07	L08	L09	L10	L11	L12	L13	L14
南通科技职业学院	21	0	0	0	0	0	0	0	0	0	0	0	0	0	0
苏州经贸职业技术学院	22	1	1	1	0	0	1	0	0	1	0	0	0	1	0
苏州工业职业技术学院	23	1	0	1	0	0	1	0	0	0	1	0	0	1	0
苏州卫生职业技术学院	24	0	0	0	0	0	0	0	0	0	0	0	0	0	0
无锡商业职业技术学院	25	0	0	0	0	0	0	0	0	0	0	0	0	0	0
南通航运职业技术学院	26	0	0	0	0	0	0	0	0	0	0	0	0	0	0
南京交通职业技术学院	27	0	0	0	0	0	0	0	0	0	0	0	0	0	0
淮安信息职业技术学院	28	2	0	2	0	1	1	0	0	2	0	0	1	1	0
江苏农牧科技职业学院	29	0	0	0	0	0	0	0	0	0	0	0	0	0	0
常州纺织服装职业技术学院	30	1	1	1	0	0	1	0	0	0	1	0	0	0	0
苏州农业职业技术学院	31	0	0	0	0	0	0	0	0	0	0	0	0	0	0
南京科技职业学院	32	1	1	1	0	1	0	0	0	0	1	0	0	0	0
常州工业职业技术学院	33	0	0	0	0	0	0	0	0	0	0	0	0	0	0
常州工程职业技术学院	34	1	0	1	0	0	0	0	1	1	0	0	0	1	0
江苏农林职业技术学院	35	0	0	0	0	0	0	0	0	0	0	0	0	0	0
江苏食品药品职业技术学院	36	0	0	0	0	0	0	0	0	0	0	0	0	0	0
南京铁道职业技术学院	37	0	0	0	0	0	0	0	0	0	0	0	0	0	0
徐州工业职业技术学院	38	0	0	0	0	0	0	0	0	0	0	0	0	0	0
江苏信息职业技术学院	39	1	1	1	0	0	1	0	0	1	0	0	0	1	0
南京信息职业技术学院	40	0	0	0	0	0	0	0	0	0	0	0	0	0	0
常州机电职业技术学院	41	5	2	5	0	2	2	1	0	4	1	0	1	3	0

续表

江阴职业技术学院	42	2	1	2	0	2	0	0	0	0	2	0	0	0	0
无锡城市职业技术学院	43	4	3	4	0	2	2	0	0	2	2	0	0	4	0
无锡工艺职业技术学院	44	0	0	0	0	0	0	0	0	0	0	0	0	0	0
苏州健雄职业技术学院	45	0	0	0	0	0	0	0	0	0	0	0	0	0	0
盐城工业职业技术学院	46	1	0	1	0	0	1	0	0	1	0	0	0	1	0
江苏财经职业技术学院	47	1	1	1	0	0	1	0	0	0	1	0	0	0	0
扬州工业职业技术学院	48	1	0	1	1	0	0	0	0	0	1	0	0	1	0
江苏城市职业学院	49	1	0	1	0	1	0	0	0	1	0	0	1	0	0
南京城市职业学院	50	1	1	1	0	0	0	0	1	1	0	0	0	1	0
南京机电职业技术学院	51	0	0	0	0	0	0	0	0	0	0	0	0	0	0
南京旅游职业学院	52	0	0	0	0	0	0	0	0	0	0	0	0	0	0
江苏卫生健康职业学院	53	0	0	0	0	0	0	0	0	0	0	0	0	0	0
苏州信息职业技术学院	54	0	0	0	0	0	0	0	0	0	0	0	0	0	0
苏州工业园区服务外包职业学院	55	1	1	1	0	0	1	0	0	1	0	0	0	1	0
徐州幼儿师范高等专科学校	56	2	2	2	0	2	0	0	0	0	2	0	0	0	0
徐州生物工程职业技术学院	57	1	0	1	0	0	1	0	0	0	1	0	0	0	0
江苏商贸职业学院	58	1	0	1	0	0	1	0	0	1	0	0	0	1	0
南通师范高等专科学校	59	6	3	6	0	4	2	0	0	0	6	0	0	1	0
江苏护理职业学院	60	2	1	2	0	0	2	0	0	2	0	0	1	1	0
江苏财会职业学院	61	0	0	0	0	0	0	0	0	0	0	0	0	0	0
江苏城乡建设职业学院	62	2	1	2	0	1	0	1	0	2	0	0	0	2	0
江苏航空职业技术学院	63	0	0	0	0	0	0	0	0	0	0	0	0	0	0
江苏安全技术职业学院	64	0	0	0	0	0	0	0	0	0	0	0	0	0	0
江苏旅游职业学院	65	0	0	0	0	0	0	0	0	0	0	0	0	0	0

3.11 考古学人文、社会科学活动人员情况表

高校名称		总计		按职称划分						按最后学历划分			按最后学位划分		其他人员
			女性	小计	教授	副教授	讲师	助教	初级	研究生	本科生	其他	博士	硕士	
	编号	L01	L02	L03	L04	L05	L06	L07	L08	L09	L10	L11	L12	L13	L14
合　计	/	3	0	3	0	0	1	2	0	2	0	1	1	2	0
盐城幼儿师范高等专科学校	1	0	0	0	0	0	0	0	0	0	0	0	0	0	0
苏州幼儿师范高等专科学校	2	0	0	0	0	0	0	0	0	0	0	0	0	0	0
无锡职业技术学院	3	0	0	0	0	0	0	0	0	0	0	0	0	0	0
江苏建筑职业技术学院	4	0	0	0	0	0	0	0	0	0	0	0	0	0	0
南京工业职业技术学院	5	1	0	1	0	0	1	0	0	0	0	1	1	0	0
江苏工程职业技术学院	6	0	0	0	0	0	0	0	0	0	0	0	0	0	0
苏州工艺美术职业技术学院	7	1	0	1	0	0	0	1	0	1	0	0	0	1	0
连云港职业技术学院	8	0	0	0	0	0	0	0	0	0	0	0	0	0	0
镇江市高等专科学校	9	0	0	0	0	0	0	0	0	0	0	0	0	0	0
南通职业大学	10	1	0	1	0	0	0	1	0	1	0	0	0	1	0
苏州职业大学	11	0	0	0	0	0	0	0	0	0	0	0	0	0	0
沙洲职业工学院	12	0	0	0	0	0	0	0	0	0	0	0	0	0	0
扬州市职业大学	13	0	0	0	0	0	0	0	0	0	0	0	0	0	0
连云港师范高等专科学校	14	0	0	0	0	0	0	0	0	0	0	0	0	0	0
江苏经贸职业技术学院	15	0	0	0	0	0	0	0	0	0	0	0	0	0	0
泰州职业技术学院	16	0	0	0	0	0	0	0	0	0	0	0	0	0	0
常州信息职业技术学院	17	0	0	0	0	0	0	0	0	0	0	0	0	0	0
江苏海事职业技术学院	18	0	0	0	0	0	0	0	0	0	0	0	0	0	0
无锡科技职业学院	19	0	0	0	0	0	0	0	0	0	0	0	0	0	0
江苏医药职业学院	20	0	0	0	0	0	0	0	0	0	0	0	0	0	0

续表

南通科技职业学院	21	0	0	0	0	0	0	0	0	0	0	0	0	0	0
苏州经贸职业技术学院	22	0	0	0	0	0	0	0	0	0	0	0	0	0	0
苏州工业职业技术学院	23	0	0	0	0	0	0	0	0	0	0	0	0	0	0
苏州卫生职业技术学院	24	0	0	0	0	0	0	0	0	0	0	0	0	0	0
无锡商业职业技术学院	25	0	0	0	0	0	0	0	0	0	0	0	0	0	0
南通航运职业技术学院	26	0	0	0	0	0	0	0	0	0	0	0	0	0	0
南京交通职业技术学院	27	0	0	0	0	0	0	0	0	0	0	0	0	0	0
淮安信息职业技术学院	28	0	0	0	0	0	0	0	0	0	0	0	0	0	0
江苏农牧科技职业学院	29	0	0	0	0	0	0	0	0	0	0	0	0	0	0
常州纺织服装职业技术学院	30	0	0	0	0	0	0	0	0	0	0	0	0	0	0
苏州农业职业技术学院	31	0	0	0	0	0	0	0	0	0	0	0	0	0	0
南京科技职业学院	32	0	0	0	0	0	0	0	0	0	0	0	0	0	0
常州工业职业技术学院	33	0	0	0	0	0	0	0	0	0	0	0	0	0	0
常州工程职业技术学院	34	0	0	0	0	0	0	0	0	0	0	0	0	0	0
江苏农林职业技术学院	35	0	0	0	0	0	0	0	0	0	0	0	0	0	0
江苏食品药品职业技术学院	36	0	0	0	0	0	0	0	0	0	0	0	0	0	0
南京铁道职业技术学院	37	0	0	0	0	0	0	0	0	0	0	0	0	0	0
徐州工业职业技术学院	38	0	0	0	0	0	0	0	0	0	0	0	0	0	0
江苏信息职业技术学院	39	0	0	0	0	0	0	0	0	0	0	0	0	0	0
南京信息职业技术学院	40	0	0	0	0	0	0	0	0	0	0	0	0	0	0
常州机电职业技术学院	41	0	0	0	0	0	0	0	0	0	0	0	0	0	0
江阴职业技术学院	42	0	0	0	0	0	0	0	0	0	0	0	0	0	0
无锡城市职业技术学院	43	0	0	0	0	0	0	0	0	0	0	0	0	0	0
无锡工艺职业技术学院	44	0	0	0	0	0	0	0	0	0	0	0	0	0	0

续表

高校名称		总计		按职称划分						按最后学历划分			按最后学位划分		其他
			女性	小计	教授	副教授	讲师	助教	初级	研究生	本科生	其他	博士	硕士	人员
	编号	L01	L02	L03	L04	L05	L06	L07	L08	L09	L10	L11	L12	L13	L14
苏州健雄职业技术学院	45	0	0	0	0	0	0	0	0	0	0	0	0	0	0
盐城工业职业技术学院	46	0	0	0	0	0	0	0	0	0	0	0	0	0	0
江苏财经职业技术学院	47	0	0	0	0	0	0	0	0	0	0	0	0	0	0
扬州工业职业技术学院	48	0	0	0	0	0	0	0	0	0	0	0	0	0	0
江苏城市职业学院	49	0	0	0	0	0	0	0	0	0	0	0	0	0	0
南京城市职业学院	50	0	0	0	0	0	0	0	0	0	0	0	0	0	0
南京机电职业技术学院	51	0	0	0	0	0	0	0	0	0	0	0	0	0	0
南京旅游职业学院	52	0	0	0	0	0	0	0	0	0	0	0	0	0	0
江苏卫生健康职业学院	53	0	0	0	0	0	0	0	0	0	0	0	0	0	0
苏州信息职业技术学院	54	0	0	0	0	0	0	0	0	0	0	0	0	0	0
苏州工业园区服务外包职业学院	55	0	0	0	0	0	0	0	0	0	0	0	0	0	0
徐州幼儿师范高等专科学校	56	0	0	0	0	0	0	0	0	0	0	0	0	0	0
徐州生物工程职业技术学院	57	0	0	0	0	0	0	0	0	0	0	0	0	0	0
江苏商贸职业学院	58	0	0	0	0	0	0	0	0	0	0	0	0	0	0
南通师范高等专科学校	59	0	0	0	0	0	0	0	0	0	0	0	0	0	0
江苏护理职业学院	60	0	0	0	0	0	0	0	0	0	0	0	0	0	0
江苏财会职业学院	61	0	0	0	0	0	0	0	0	0	0	0	0	0	0
江苏城乡建设职业学院	62	0	0	0	0	0	0	0	0	0	0	0	0	0	0
江苏航空职业技术学院	63	0	0	0	0	0	0	0	0	0	0	0	0	0	0
江苏安全技术职业学院	64	0	0	0	0	0	0	0	0	0	0	0	0	0	0
江苏旅游职业学院	65	0	0	0	0	0	0	0	0	0	0	0	0	0	0

3.12 经济学人文、社会科学活动人员情况表

高校名称		总计		按职称划分						按最后学历划分			按最后学位划分		其他人员
			女性	小计	教授	副教授	讲师	助教	初级	研究生	本科生	其他	博士	硕士	
	编号	L01	L02	L03	L04	L05	L06	L07	L08	L09	L10	L11	L12	L13	L14
合　计	/	1 407	932	1 407	106	438	649	205	9	729	675	3	74	921	0
盐城幼儿师范高等专科学校	1	6	5	6	0	1	4	1	0	1	5	0	0	3	0
苏州幼儿师范高等专科学校	2	0	0	0	0	0	0	0	0	0	0	0	0	0	0
无锡职业技术学院	3	24	15	24	3	6	13	2	0	15	9	0	5	13	0
江苏建筑职业技术学院	4	11	5	11	3	5	2	1	0	7	4	0	2	7	0
南京工业职业技术学院	5	50	34	50	4	13	32	1	0	35	14	1	7	35	0
江苏工程职业技术学院	6	18	8	18	1	10	7	0	0	12	6	0	0	14	0
苏州工艺美术职业技术学院	7	5	3	5	0	0	5	0	0	1	4	0	0	1	0
连云港职业技术学院	8	23	17	23	0	8	13	2	0	5	18	0	1	12	0
镇江市高等专科学校	9	8	5	8	1	4	2	1	0	4	4	0	1	4	0
南通职业大学	10	43	23	43	2	14	20	7	0	19	23	1	3	32	0
苏州职业大学	11	58	37	58	3	17	35	3	0	37	21	0	5	50	0
沙洲职业工学院	12	14	11	14	0	7	5	2	0	3	11	0	0	5	0
扬州市职业大学	13	76	45	76	7	25	31	13	0	42	34	0	2	53	0
连云港师范高等专科学校	14	16	9	16	2	12	2	0	0	8	8	0	1	10	0
江苏经贸职业技术学院	15	30	19	30	6	8	11	5	0	22	8	0	5	20	0
泰州职业技术学院	16	13	6	13	1	6	6	0	0	3	10	0	0	11	0
常州信息职业技术学院	17	22	17	22	3	1	15	3	0	18	4	0	2	17	0
江苏海事职业技术学院	18	16	5	16	4	4	8	0	0	10	6	0	3	8	0
无锡科技职业学院	19	20	16	20	2	4	9	5	0	9	11	0	1	14	0
江苏医药职业学院	20	5	4	5	1	0	2	2	0	1	4	0	0	1	0

续表

高校名称		总计		按职称划分						按最后学历划分			按最后学位划分		其他人员
			女性	小计	教授	副教授	讲师	助教	初级	研究生	本科生	其他	博士	硕士	
	编号	L01	L02	L03	L04	L05	L06	L07	L08	L09	L10	L11	L12	L13	L14
南通科技职业学院	21	14	10	14	0	6	8	0	0	2	12	0	0	8	0
苏州经贸职业技术学院	22	58	28	58	9	18	25	6	0	34	24	0	5	38	0
苏州工业职业技术学院	23	3	3	3	0	2	1	0	0	3	0	0	3	0	0
苏州卫生职业技术学院	24	11	7	11	0	2	5	4	0	7	4	0	0	7	0
无锡商业职业技术学院	25	34	22	34	4	12	15	3	0	19	15	0	4	23	0
南通航运职业技术学院	26	24	14	24	1	8	15	0	0	9	15	0	0	16	0
南京交通职业技术学院	27	7	6	7	1	3	1	2	0	5	2	0	0	5	0
淮安信息职业技术学院	28	11	7	11	0	3	7	1	0	5	6	0	0	6	0
江苏农牧科技职业学院	29	10	5	10	2	3	4	1	0	4	6	0	0	9	0
常州纺织服装职业技术学院	30	21	13	21	1	8	9	3	0	11	10	0	0	13	0
苏州农业职业技术学院	31	24	14	24	2	13	8	1	0	14	10	0	4	18	0
南京科技职业学院	32	17	11	17	0	7	10	0	0	7	10	0	0	8	0
常州工业职业技术学院	33	19	17	19	0	1	8	10	0	16	3	0	0	17	0
常州工程职业技术学院	34	8	6	8	0	3	4	1	0	4	4	0	0	5	0
江苏农林职业技术学院	35	4	2	4	1	1	1	1	0	1	3	0	0	2	0
江苏食品药品职业技术学院	36	40	23	40	6	12	22	0	0	17	23	0	1	18	0
南京铁道职业技术学院	37	31	22	31	4	2	19	6	0	13	18	0	0	17	0
徐州工业职业技术学院	38	7	3	7	0	2	2	3	0	7	0	0	0	7	0
江苏信息职业技术学院	39	23	16	23	2	7	12	2	0	15	8	0	0	16	0
南京信息职业技术学院	40	18	13	18	3	5	5	5	0	7	11	0	0	11	0
常州机电职业技术学院	41	14	11	14	2	1	11	0	0	6	8	0	0	8	0

续表

江阴职业技术学院	42	25	15	25	0	12	12	1	0	2	23	0	0	9	0
无锡城市职业技术学院	43	46	34	46	4	19	23	0	0	26	20	0	6	27	0
无锡工艺职业技术学院	44	16	9	16	1	6	8	1	0	4	12	0	0	6	0
苏州健雄职业技术学院	45	14	8	14	2	4	8	0	0	6	8	0	0	10	0
盐城工业职业技术学院	46	23	15	23	3	6	7	7	0	14	8	1	0	15	0
江苏财经职业技术学院	47	56	38	56	0	12	28	16	0	34	22	0	1	41	0
扬州工业职业技术学院	48	30	18	30	1	12	7	10	0	20	10	0	1	22	0
江苏城市职业学院	49	40	30	40	2	14	21	3	0	28	12	0	5	30	0
南京城市职业学院	50	36	30	36	3	9	16	2	6	14	22	0	1	22	0
南京机电职业技术学院	51	16	10	16	0	0	3	13	0	1	15	0	0	1	0
南京旅游职业学院	52	29	17	29	1	12	14	2	0	27	2	0	4	23	0
江苏卫生健康职业学院	53	1	0	1	1	0	0	0	0	1	0	0	0	1	0
苏州信息职业技术学院	54	16	13	16	0	5	8	1	2	3	13	0	0	13	0
苏州工业园区服务外包职业学院	55	18	16	18	1	4	11	2	0	16	2	0	1	14	0
徐州幼儿师范高等专科学校	56	1	1	1	0	0	1	0	0	1	0	0	0	1	0
徐州生物工程职业技术学院	57	7	6	7	0	4	3	0	0	2	5	0	0	5	0
江苏商贸职业学院	58	51	38	51	3	16	14	18	0	21	30	0	0	30	0
南通师范高等专科学校	59	3	3	3	0	0	2	1	0	3	0	0	0	3	0
江苏护理职业学院	60	0	0	0	0	0	0	0	0	0	0	0	0	0	0
江苏财会职业学院	61	75	54	75	3	24	27	21	0	24	51	0	0	53	0
江苏城乡建设职业学院	62	7	6	7	0	1	4	2	0	1	6	0	0	2	0
江苏航空职业技术学院	63	1	1	1	0	0	1	0	0	0	1	0	0	0	0
江苏安全技术职业学院	64	0	0	0	0	0	0	0	0	0	0	0	0	0	0
江苏旅游职业学院	65	40	33	40	0	14	17	8	1	23	17	0	0	31	0

3.13 政治学人文、社会科学活动人员情况表

高校名称		总计		按职称划分						按最后学历划分			按最后学位划分		其他人员
			女性	小计	教授	副教授	讲师	助教	初级	研究生	本科生	其他	博士	硕士	
	编号	L01	L02	L03	L04	L05	L06	L07	L08	L09	L10	L11	L12	L13	L14
合 计	/	158	95	158	7	48	78	23	2	84	74	0	7	109	0
盐城幼儿师范高等专科学校	1	19	8	19	1	8	6	4	0	8	11	0	1	8	0
苏州幼儿师范高等专科学校	2	4	4	4	1	2	1	0	0	1	3	0	0	4	0
无锡职业技术学院	3	2	1	2	0	0	2	0	0	2	0	0	0	2	0
江苏建筑职业技术学院	4	3	0	3	0	1	2	0	0	1	2	0	0	1	0
南京工业职业技术学院	5	3	2	3	0	1	1	1	0	3	0	0	0	3	0
江苏工程职业技术学院	6	1	1	1	0	1	0	0	0	1	0	0	0	1	0
苏州工艺美术职业技术学院	7	1	0	1	0	0	1	0	0	0	1	0	0	1	0
连云港职业技术学院	8	1	0	1	1	0	0	0	0	1	0	0	1	0	0
镇江市高等专科学校	9	3	1	3	0	1	2	0	0	1	2	0	0	3	0
南通职业大学	10	1	0	1	0	0	1	0	0	0	1	0	0	0	0
苏州职业大学	11	3	2	3	0	1	1	1	0	3	0	0	1	2	0
沙洲职业工学院	12	2	0	2	0	0	2	0	0	0	2	0	0	0	0
扬州市职业大学	13	1	0	1	0	0	1	0	0	1	0	0	0	1	0
连云港师范高等专科学校	14	6	3	6	2	3	1	0	0	1	5	0	1	3	0
江苏经贸职业技术学院	15	0	0	0	0	0	0	0	0	0	0	0	0	0	0
泰州职业技术学院	16	0	0	0	0	0	0	0	0	0	0	0	0	0	0
常州信息职业技术学院	17	3	1	3	0	1	1	1	0	2	1	0	0	2	0
江苏海事职业技术学院	18	0	0	0	0	0	0	0	0	0	0	0	0	0	0
无锡科技职业学院	19	0	0	0	0	0	0	0	0	0	0	0	0	0	0
江苏医药职业学院	20	1	1	1	0	0	1	0	0	1	0	0	0	1	0

续表

南通科技职业学院	21	1	0	1	0	0	1	0	0	1	0	0	0	1	0
苏州经贸职业技术学院	22	1	1	1	0	0	1	0	0	1	0	0	0	1	0
苏州工业职业技术学院	23	0	0	0	0	0	0	0	0	0	0	0	0	0	0
苏州卫生职业技术学院	24	1	0	1	0	0	1	0	0	1	0	0	1	0	0
无锡商业职业技术学院	25	1	1	1	0	1	0	0	0	0	1	0	0	1	0
南通航运职业技术学院	26	1	1	1	0	0	1	0	0	1	0	0	0	1	0
南京交通职业技术学院	27	3	2	3	0	1	2	0	0	2	1	0	0	3	0
淮安信息职业技术学院	28	3	2	3	0	0	2	1	0	3	0	0	0	3	0
江苏农牧科技职业学院	29	1	0	1	0	0	1	0	0	0	1	0	0	0	0
常州纺织服装职业技术学院	30	1	1	1	0	0	1	0	0	0	1	0	0	1	0
苏州农业职业技术学院	31	0	0	0	0	0	0	0	0	0	0	0	0	0	0
南京科技职业学院	32	4	2	4	0	1	3	0	0	3	1	0	0	4	0
常州工业职业技术学院	33	4	3	4	0	0	2	2	0	4	0	0	0	4	0
常州工程职业技术学院	34	1	0	1	0	1	0	0	0	1	0	0	0	1	0
江苏农林职业技术学院	35	21	16	21	0	4	15	2	0	9	12	0	0	21	0
江苏食品药品职业技术学院	36	4	2	4	0	3	1	0	0	2	2	0	0	3	0
南京铁道职业技术学院	37	1	0	1	0	0	1	0	0	1	0	0	0	1	0
徐州工业职业技术学院	38	3	2	3	0	2	0	1	0	1	2	0	0	3	0
江苏信息职业技术学院	39	3	0	3	0	0	2	1	0	2	1	0	0	3	0
南京信息职业技术学院	40	0	0	0	0	0	0	0	0	0	0	0	0	0	0
常州机电职业技术学院	41	0	0	0	0	0	0	0	0	0	0	0	0	0	0
江阴职业技术学院	42	3	3	3	0	2	1	0	0	0	3	0	0	0	0
无锡城市职业技术学院	43	0	0	0	0	0	0	0	0	0	0	0	0	0	0
无锡工艺职业技术学院	44	1	1	1	0	0	1	0	0	1	0	0	1	0	0

续表

高校名称		总计		按职称划分						按最后学历划分			按最后学位划分		其他
			女性	小计	教授	副教授	讲师	助教	初级	研究生	本科生	其他	博士	硕士	人员
	编号	L01	L02	L03	L04	L05	L06	L07	L08	L09	L10	L11	L12	L13	L14
苏州健雄职业技术学院	45	1	1	1	0	0	1	0	0	1	0	0	0	1	0
盐城工业职业技术学院	46	0	0	0	0	0	0	0	0	0	0	0	0	0	0
江苏财经职业技术学院	47	1	0	1	0	1	0	0	0	1	0	0	1	0	0
扬州工业职业技术学院	48	3	1	3	0	1	2	0	0	2	1	0	0	1	0
江苏城市职业学院	49	0	0	0	0	0	0	0	0	0	0	0	0	0	0
南京城市职业学院	50	5	3	5	1	1	1	0	2	5	0	0	0	3	0
南京机电职业技术学院	51	0	0	0	0	0	0	0	0	0	0	0	0	0	0
南京旅游职业学院	52	2	2	2	0	0	1	1	0	1	1	0	0	2	0
江苏卫生健康职业学院	53	0	0	0	0	0	0	0	0	0	0	0	0	0	0
苏州信息职业技术学院	54	0	0	0	0	0	0	0	0	0	0	0	0	0	0
苏州工业园区服务外包职业学院	55	3	1	3	0	2	1	0	0	3	0	0	0	3	0
徐州幼儿师范高等专科学校	56	0	0	0	0	0	0	0	0	0	0	0	0	0	0
徐州生物工程职业技术学院	57	2	1	2	0	0	1	1	0	1	1	0	0	1	0
江苏商贸职业学院	58	4	4	4	0	1	1	2	0	2	2	0	0	2	0
南通师范高等专科学校	59	10	8	10	1	4	5	0	0	2	8	0	0	6	0
江苏护理职业学院	60	3	2	3	0	0	0	3	0	3	0	0	0	3	0
江苏财会职业学院	61	3	3	3	0	0	2	1	0	2	1	0	0	2	0
江苏城乡建设职业学院	62	5	5	5	0	3	2	0	0	0	5	0	0	0	0
江苏航空职业技术学院	63	0	0	0	0	0	0	0	0	0	0	0	0	0	0
江苏安全技术职业学院	64	4	3	4	0	1	2	1	0	2	2	0	0	2	0
江苏旅游职业学院	65	0	0	0	0	0	0	0	0	0	0	0	0	0	0

3.14 法学人文、社会科学活动人员情况表

高校名称		总计		按职称划分						按最后学历划分			按最后学位划分		其他人员
			女性	小计	教授	副教授	讲师	助教	初级	研究生	本科生	其他	博士	硕士	
	编号	L01	L02	L03	L04	L05	L06	L07	L08	L09	L10	L11	L12	L13	L14
合　计	/	344	210	344	11	99	191	42	1	175	167	2	14	229	0
盐城幼儿师范高等专科学校	1	2	1	2	0	2	0	0	0	1	1	0	0	1	0
苏州幼儿师范高等专科学校	2	0	0	0	0	0	0	0	0	0	0	0	0	0	0
无锡职业技术学院	3	17	9	17	0	5	11	1	0	15	2	0	2	13	0
江苏建筑职业技术学院	4	7	3	7	0	3	4	0	0	5	2	0	0	6	0
南京工业职业技术学院	5	4	3	4	0	1	3	0	0	1	1	2	3	0	0
江苏工程职业技术学院	6	8	4	8	1	2	5	0	0	7	1	0	0	8	0
苏州工艺美术职业技术学院	7	0	0	0	0	0	0	0	0	0	0	0	0	0	0
连云港职业技术学院	8	10	6	10	1	5	4	0	0	3	7	0	0	6	0
镇江市高等专科学校	9	12	6	12	0	2	10	0	0	6	6	0	0	10	0
南通职业大学	10	7	3	7	0	1	4	2	0	1	6	0	0	2	0
苏州职业大学	11	16	11	16	0	5	10	1	0	8	8	0	0	12	0
沙洲职业工学院	12	4	4	4	0	2	2	0	0	0	4	0	0	0	0
扬州市职业大学	13	17	11	17	2	7	5	3	0	8	9	0	2	13	0
连云港师范高等专科学校	14	3	0	3	1	2	0	0	0	1	2	0	0	2	0
江苏经贸职业技术学院	15	13	5	13	1	5	7	0	0	7	6	0	2	8	0
泰州职业技术学院	16	0	0	0	0	0	0	0	0	0	0	0	0	0	0
常州信息职业技术学院	17	13	11	13	0	0	12	1	0	8	5	0	0	11	0
江苏海事职业技术学院	18	3	2	3	1	2	0	0	0	3	0	0	0	3	0
无锡科技职业学院	19	2	2	2	0	0	2	0	0	1	1	0	0	2	0
江苏医药职业学院	20	1	1	1	0	0	1	0	0	0	1	0	0	1	0

续表

高校名称		总计		按职称划分						按最后学历划分			按最后学位划分		其他人员
			女性	小计	教授	副教授	讲师	助教	初级	研究生	本科生	其他	博士	硕士	
	编号	L01	L02	L03	L04	L05	L06	L07	L08	L09	L10	L11	L12	L13	L14
南通科技职业学院	21	10	6	10	0	4	4	2	0	3	7	0	0	4	0
苏州经贸职业技术学院	22	10	4	10	0	3	6	1	0	4	6	0	0	6	0
苏州工业职业技术学院	23	1	1	1	0	0	1	0	0	0	1	0	0	1	0
苏州卫生职业技术学院	24	7	5	7	0	2	3	2	0	6	1	0	1	5	0
无锡商业职业技术学院	25	7	3	7	2	0	5	0	0	2	5	0	0	6	0
南通航运职业技术学院	26	7	5	7	0	2	4	1	0	4	3	0	0	4	0
南京交通职业技术学院	27	5	2	5	0	3	2	0	0	4	1	0	0	5	0
淮安信息职业技术学院	28	2	2	2	0	0	1	1	0	1	1	0	0	2	0
江苏农牧科技职业学院	29	0	0	0	0	0	0	0	0	0	0	0	0	0	0
常州纺织服装职业技术学院	30	6	5	6	0	0	3	3	0	5	1	0	0	5	0
苏州农业职业技术学院	31	7	2	7	0	5	2	0	0	2	5	0	0	6	0
南京科技职业学院	32	5	3	5	0	2	3	0	0	4	1	0	0	4	0
常州工业职业技术学院	33	3	1	3	0	0	2	1	0	1	2	0	0	3	0
常州工程职业技术学院	34	3	2	3	0	0	2	1	0	1	2	0	0	1	0
江苏农林职业技术学院	35	3	2	3	0	0	3	0	0	1	2	0	0	3	0
江苏食品药品职业技术学院	36	3	1	3	0	1	2	0	0	3	0	0	0	3	0
南京铁道职业技术学院	37	2	0	2	0	0	2	0	0	1	1	0	1	0	0
徐州工业职业技术学院	38	3	3	3	0	0	2	1	0	3	0	0	0	3	0
江苏信息职业技术学院	39	6	3	6	0	1	2	3	0	4	2	0	0	5	0
南京信息职业技术学院	40	3	3	3	0	1	1	1	0	2	1	0	0	3	0
常州机电职业技术学院	41	0	0	0	0	0	0	0	0	0	0	0	0	0	0

续表

江阴职业技术学院	42	4	2	4	0	1	2	1	0	0	4	0	0	1	0
无锡城市职业技术学院	43	3	2	3	0	2	1	0	0	1	2	0	1	1	0
无锡工艺职业技术学院	44	4	3	4	0	0	4	0	0	2	2	0	0	2	0
苏州健雄职业技术学院	45	4	3	4	0	1	3	0	0	4	0	0	0	4	0
盐城工业职业技术学院	46	1	0	1	0	0	1	0	0	0	1	0	0	0	0
江苏财经职业技术学院	47	15	9	15	0	4	10	1	0	8	7	0	1	9	0
扬州工业职业技术学院	48	4	2	4	0	1	2	1	0	2	2	0	0	2	0
江苏城市职业学院	49	10	6	10	2	4	4	0	0	6	4	0	1	7	0
南京城市职业学院	50	10	9	10	0	4	4	1	1	1	9	0	0	5	0
南京机电职业技术学院	51	5	5	5	0	1	3	1	0	2	3	0	0	2	0
南京旅游职业学院	52	1	1	1	0	0	0	1	0	1	0	0	0	1	0
江苏卫生健康职业学院	53	6	3	6	0	1	2	3	0	3	3	0	0	4	0
苏州信息职业技术学院	54	1	1	1	0	0	1	0	0	0	1	0	0	1	0
苏州工业园区服务外包职业学院	55	4	3	4	0	0	3	1	0	4	0	0	0	4	0
徐州幼儿师范高等专科学校	56	2	1	2	0	1	0	1	0	0	2	0	0	0	0
徐州生物工程职业技术学院	57	4	3	4	0	0	4	0	0	0	4	0	0	1	0
江苏商贸职业学院	58	10	9	10	0	4	4	2	0	4	6	0	0	7	0
南通师范高等专科学校	59	1	1	1	0	0	1	0	0	0	1	0	0	0	0
江苏护理职业学院	60	9	4	9	0	2	4	3	0	5	4	0	0	4	0
江苏财会职业学院	61	5	3	5	0	1	4	0	0	2	3	0	0	2	0
江苏城乡建设职业学院	62	3	1	3	0	2	1	0	0	1	2	0	0	1	0
江苏航空职业技术学院	63	3	3	3	0	0	2	1	0	2	1	0	0	2	0
江苏安全技术职业学院	64	0	0	0	0	0	0	0	0	0	0	0	0	0	0
江苏旅游职业学院	65	3	1	3	0	2	1	0	0	1	2	0	0	2	0

3.15 社会学人文、社会科学活动人员情况表

高校名称		总计		按职称划分						按最后学历划分			按最后学位划分		其他人员
			女性	小计	教授	副教授	讲师	助教	初级	研究生	本科生	其他	博士	硕士	
	编号	L01	L02	L03	L04	L05	L06	L07	L08	L09	L10	L11	L12	L13	L14
合　计	/	206	151	206	8	56	103	33	6	121	84	1	10	148	0
盐城幼儿师范高等专科学校	1	2	1	2	0	1	1	0	0	1	1	0	0	0	0
苏州幼儿师范高等专科学校	2	0	0	0	0	0	0	0	0	0	0	0	0	0	0
无锡职业技术学院	3	2	2	2	0	0	0	2	0	2	0	0	0	2	0
江苏建筑职业技术学院	4	3	3	3	0	2	0	1	0	3	0	0	0	3	0
南京工业职业技术学院	5	6	4	6	0	2	4	0	0	6	0	0	0	5	0
江苏工程职业技术学院	6	4	2	4	0	4	0	0	0	2	2	0	1	3	0
苏州工艺美术职业技术学院	7	2	0	2	0	2	0	0	0	1	1	0	0	2	0
连云港职业技术学院	8	2	0	2	0	0	2	0	0	0	2	0	0	1	0
镇江市高等专科学校	9	0	0	0	0	0	0	0	0	0	0	0	0	0	0
南通职业大学	10	2	2	2	0	0	2	0	0	1	0	1	0	1	0
苏州职业大学	11	3	3	3	0	2	1	0	0	2	1	0	1	2	0
沙洲职业工学院	12	2	2	2	0	0	1	1	0	1	1	0	0	2	0
扬州市职业大学	13	0	0	0	0	0	0	0	0	0	0	0	0	0	0
连云港师范高等专科学校	14	2	1	2	0	2	0	0	0	2	0	0	0	2	0
江苏经贸职业技术学院	15	10	6	10	0	1	8	1	0	10	0	0	2	8	0
泰州职业技术学院	16	1	1	1	0	0	1	0	0	1	0	0	0	1	0
常州信息职业技术学院	17	1	0	1	0	0	1	0	0	1	0	0	0	1	0
江苏海事职业技术学院	18	4	2	4	2	1	1	0	0	2	2	0	1	2	0
无锡科技职业学院	19	0	0	0	0	0	0	0	0	0	0	0	0	0	0
江苏医药职业学院	20	5	5	5	0	1	1	3	0	3	2	0	1	3	0

续表

南通科技职业学院	21	2	2	2	0	0	2	0	0	1	1	0	0	1	0
苏州经贸职业技术学院	22	4	2	4	1	0	1	2	0	4	0	0	0	4	0
苏州工业职业技术学院	23	0	0	0	0	0	0	0	0	0	0	0	0	0	0
苏州卫生职业技术学院	24	0	0	0	0	0	0	0	0	0	0	0	0	0	0
无锡商业职业技术学院	25	0	0	0	0	0	0	0	0	0	0	0	0	0	0
南通航运职业技术学院	26	6	6	6	0	1	5	0	0	1	5	0	0	5	0
南京交通职业技术学院	27	2	1	2	1	0	0	0	1	2	0	0	1	1	0
淮安信息职业技术学院	28	3	2	3	1	2	0	0	0	2	1	0	1	2	0
江苏农牧科技职业学院	29	0	0	0	0	0	0	0	0	0	0	0	0	0	0
常州纺织服装职业技术学院	30	0	0	0	0	0	0	0	0	0	0	0	0	0	0
苏州农业职业技术学院	31	1	1	1	0	0	0	1	0	1	0	0	0	1	0
南京科技职业学院	32	3	2	3	0	1	2	0	0	3	0	0	0	3	0
常州工业职业技术学院	33	1	1	1	0	0	1	0	0	1	0	0	0	1	0
常州工程职业技术学院	34	0	0	0	0	0	0	0	0	0	0	0	0	0	0
江苏农林职业技术学院	35	2	2	2	0	0	2	0	0	0	2	0	0	1	0
江苏食品药品职业技术学院	36	7	4	7	0	1	6	0	0	2	5	0	0	6	0
南京铁道职业技术学院	37	0	0	0	0	0	0	0	0	0	0	0	0	0	0
徐州工业职业技术学院	38	1	1	1	0	0	0	1	0	1	0	0	0	1	0
江苏信息职业技术学院	39	1	1	1	0	0	1	0	0	1	0	0	0	1	0
南京信息职业技术学院	40	2	1	2	0	1	1	0	0	0	2	0	0	2	0
常州机电职业技术学院	41	4	4	4	0	1	3	0	0	3	1	0	0	3	0
江阴职业技术学院	42	2	1	2	0	2	0	0	0	1	1	0	0	1	0
无锡城市职业技术学院	43	0	0	0	0	0	0	0	0	0	0	0	0	0	0
无锡工艺职业技术学院	44	3	3	3	0	0	1	2	0	3	0	0	1	2	0

续表

高校名称		总计		按职称划分						按最后学历划分			按最后学位划分		其他
			女性	小计	教授	副教授	讲师	助教	初级	研究生	本科生	其他	博士	硕士	人员
	编号	L01	L02	L03	L04	L05	L06	L07	L08	L09	L10	L11	L12	L13	L14
苏州健雄职业技术学院	45	2	2	2	0	0	1	1	0	1	1	0	0	2	0
盐城工业职业技术学院	46	1	1	1	0	0	1	0	0	1	0	0	0	1	0
江苏财经职业技术学院	47	5	3	5	0	2	3	0	0	1	4	0	0	3	0
扬州工业职业技术学院	48	0	0	0	0	0	0	0	0	0	0	0	0	0	0
江苏城市职业学院	49	1	0	1	0	1	0	0	0	1	0	0	0	1	0
南京城市职业学院	50	8	8	8	0	1	2	0	5	7	1	0	0	8	0
南京机电职业技术学院	51	0	0	0	0	0	0	0	0	0	0	0	0	0	0
南京旅游职业学院	52	1	1	1	0	1	0	0	0	1	0	0	1	0	0
江苏卫生健康职业学院	53	1	0	1	0	1	0	0	0	1	0	0	0	1	0
苏州信息职业技术学院	54	0	0	0	0	0	0	0	0	0	0	0	0	0	0
苏州工业园区服务外包职业学院	55	2	1	2	0	0	2	0	0	2	0	0	0	2	0
徐州幼儿师范高等专科学校	56	0	0	0	0	0	0	0	0	0	0	0	0	0	0
徐州生物工程职业技术学院	57	0	0	0	0	0	0	0	0	0	0	0	0	0	0
江苏商贸职业学院	58	2	2	2	0	1	1	0	0	2	0	0	0	2	0
南通师范高等专科学校	59	0	0	0	0	0	0	0	0	0	0	0	0	0	0
江苏护理职业学院	60	79	58	79	3	19	40	17	0	36	43	0	0	48	0
江苏财会职业学院	61	8	6	8	0	2	5	1	0	4	4	0	0	7	0
江苏城乡建设职业学院	62	0	0	0	0	0	0	0	0	0	0	0	0	0	0
江苏航空职业技术学院	63	0	0	0	0	0	0	0	0	0	0	0	0	0	0
江苏安全技术职业学院	64	0	0	0	0	0	0	0	0	0	0	0	0	0	0
江苏旅游职业学院	65	1	1	1	0	1	0	0	0	0	1	0	0	0	0

3.16 民族学与文化学人文、社会科学活动人员情况表

高校名称		总计		按职称划分						按最后学历划分			按最后学位划分		其他
			女性	小计	教授	副教授	讲师	助教	初级	研究生	本科生	其他	博士	硕士	人员
	编号	L01	L02	L03	L04	L05	L06	L07	L08	L09	L10	L11	L12	L13	L14
合　计	/	11	7	11	0	5	6	0	0	5	6	0	2	6	0
盐城幼儿师范高等专科学校	1	0	0	0	0	0	0	0	0	0	0	0	0	0	0
苏州幼儿师范高等专科学校	2	0	0	0	0	0	0	0	0	0	0	0	0	0	0
无锡职业技术学院	3	0	0	0	0	0	0	0	0	0	0	0	0	0	0
江苏建筑职业技术学院	4	0	0	0	0	0	0	0	0	0	0	0	0	0	0
南京工业职业技术学院	5	0	0	0	0	0	0	0	0	0	0	0	0	0	0
江苏工程职业技术学院	6	0	0	0	0	0	0	0	0	0	0	0	0	0	0
苏州工艺美术职业技术学院	7	0	0	0	0	0	0	0	0	0	0	0	0	0	0
连云港职业技术学院	8	0	0	0	0	0	0	0	0	0	0	0	0	0	0
镇江市高等专科学校	9	0	0	0	0	0	0	0	0	0	0	0	0	0	0
南通职业大学	10	0	0	0	0	0	0	0	0	0	0	0	0	0	0
苏州职业大学	11	0	0	0	0	0	0	0	0	0	0	0	0	0	0
沙洲职业工学院	12	0	0	0	0	0	0	0	0	0	0	0	0	0	0
扬州市职业大学	13	1	0	1	0	1	0	0	0	0	1	0	0	1	0
连云港师范高等专科学校	14	1	1	1	0	0	1	0	0	0	1	0	0	1	0
江苏经贸职业技术学院	15	0	0	0	0	0	0	0	0	0	0	0	0	0	0
泰州职业技术学院	16	0	0	0	0	0	0	0	0	0	0	0	0	0	0
常州信息职业技术学院	17	0	0	0	0	0	0	0	0	0	0	0	0	0	0
江苏海事职业技术学院	18	0	0	0	0	0	0	0	0	0	0	0	0	0	0
无锡科技职业学院	19	0	0	0	0	0	0	0	0	0	0	0	0	0	0
江苏医药职业学院	20	0	0	0	0	0	0	0	0	0	0	0	0	0	0

续表

高校名称		总计		按职称划分						按最后学历划分			按最后学位划分		其他人员
			女性	小计	教授	副教授	讲师	助教	初级	研究生	本科生	其他	博士	硕士	
	编号	L01	L02	L03	L04	L05	L06	L07	L08	L09	L10	L11	L12	L13	L14
南通科技职业学院	21	0	0	0	0	0	0	0	0	0	0	0	0	0	0
苏州经贸职业技术学院	22	0	0	0	0	0	0	0	0	0	0	0	0	0	0
苏州工业职业技术学院	23	0	0	0	0	0	0	0	0	0	0	0	0	0	0
苏州卫生职业技术学院	24	0	0	0	0	0	0	0	0	0	0	0	0	0	0
无锡商业职业技术学院	25	0	0	0	0	0	0	0	0	0	0	0	0	0	0
南通航运职业技术学院	26	0	0	0	0	0	0	0	0	0	0	0	0	0	0
南京交通职业技术学院	27	0	0	0	0	0	0	0	0	0	0	0	0	0	0
淮安信息职业技术学院	28	2	1	2	0	1	1	0	0	0	2	0	0	1	0
江苏农牧科技职业学院	29	0	0	0	0	0	0	0	0	0	0	0	0	0	0
常州纺织服装职业技术学院	30	0	0	0	0	0	0	0	0	0	0	0	0	0	0
苏州农业职业技术学院	31	0	0	0	0	0	0	0	0	0	0	0	0	0	0
南京科技职业学院	32	0	0	0	0	0	0	0	0	0	0	0	0	0	0
常州工业职业技术学院	33	1	0	1	0	0	1	0	0	0	1	0	0	0	0
常州工程职业技术学院	34	0	0	0	0	0	0	0	0	0	0	0	0	0	0
江苏农林职业技术学院	35	0	0	0	0	0	0	0	0	0	0	0	0	0	0
江苏食品药品职业技术学院	36	0	0	0	0	0	0	0	0	0	0	0	0	0	0
南京铁道职业技术学院	37	0	0	0	0	0	0	0	0	0	0	0	0	0	0
徐州工业职业技术学院	38	0	0	0	0	0	0	0	0	0	0	0	0	0	0
江苏信息职业技术学院	39	0	0	0	0	0	0	0	0	0	0	0	0	0	0
南京信息职业技术学院	40	0	0	0	0	0	0	0	0	0	0	0	0	0	0
常州机电职业技术学院	41	0	0	0	0	0	0	0	0	0	0	0	0	0	0

续表

江阴职业技术学院	42	0	0	0	0	0	0	0	0	0	0	0	0	0	0
无锡城市职业技术学院	43	0	0	0	0	0	0	0	0	0	0	0	0	0	0
无锡工艺职业技术学院	44	1	1	1	0	0	1	0	0	1	0	0	0	1	0
苏州健雄职业技术学院	45	0	0	0	0	0	0	0	0	0	0	0	0	0	0
盐城工业职业技术学院	46	0	0	0	0	0	0	0	0	0	0	0	0	0	0
江苏财经职业技术学院	47	0	0	0	0	0	0	0	0	0	0	0	0	0	0
扬州工业职业技术学院	48	2	1	2	0	1	1	0	0	1	1	0	1	0	0
江苏城市职业学院	49	0	0	0	0	0	0	0	0	0	0	0	0	0	0
南京城市职业学院	50	0	0	0	0	0	0	0	0	0	0	0	0	0	0
南京机电职业技术学院	51	0	0	0	0	0	0	0	0	0	0	0	0	0	0
南京旅游职业学院	52	1	1	1	0	1	0	0	0	1	0	0	0	1	0
江苏卫生健康职业学院	53	1	1	1	0	0	1	0	0	1	0	0	0	1	0
苏州信息职业技术学院	54	0	0	0	0	0	0	0	0	0	0	0	0	0	0
苏州工业园区服务外包职业学院	55	0	0	0	0	0	0	0	0	0	0	0	0	0	0
徐州幼儿师范高等专科学校	56	0	0	0	0	0	0	0	0	0	0	0	0	0	0
徐州生物工程职业技术学院	57	0	0	0	0	0	0	0	0	0	0	0	0	0	0
江苏商贸职业学院	58	0	0	0	0	0	0	0	0	0	0	0	0	0	0
南通师范高等专科学校	59	0	0	0	0	0	0	0	0	0	0	0	0	0	0
江苏护理职业学院	60	1	1	1	0	1	0	0	0	1	0	0	1	0	0
江苏财会职业学院	61	0	0	0	0	0	0	0	0	0	0	0	0	0	0
江苏城乡建设职业学院	62	0	0	0	0	0	0	0	0	0	0	0	0	0	0
江苏航空职业技术学院	63	0	0	0	0	0	0	0	0	0	0	0	0	0	0
江苏安全技术职业学院	64	0	0	0	0	0	0	0	0	0	0	0	0	0	0
江苏旅游职业学院	65	0	0	0	0	0	0	0	0	0	0	0	0	0	0

3.17 新闻学与传播学人文、社会科学活动人员情况表

高校名称		总计		按职称划分						按最后学历划分			按最后学位划分		其他
			女性	小计	教授	副教授	讲师	助教	初级	研究生	本科生	其他	博士	硕士	人员
	编号	L01	L02	L03	L04	L05	L06	L07	L08	L09	L10	L11	L12	L13	L14
合　计	/	87	56	87	4	24	45	14	0	47	40	0	3	48	0
盐城幼儿师范高等专科学校	1	0	0	0	0	0	0	0	0	0	0	0	0	0	0
苏州幼儿师范高等专科学校	2	0	0	0	0	0	0	0	0	0	0	0	0	0	0
无锡职业技术学院	3	0	0	0	0	0	0	0	0	0	0	0	0	0	0
江苏建筑职业技术学院	4	0	0	0	0	0	0	0	0	0	0	0	0	0	0
南京工业职业技术学院	5	0	0	0	0	0	0	0	0	0	0	0	0	0	0
江苏工程职业技术学院	6	4	3	4	0	1	3	0	0	3	1	0	0	3	0
苏州工艺美术职业技术学院	7	4	0	4	0	4	0	0	0	3	1	0	1	2	0
连云港职业技术学院	8	3	2	3	0	0	2	1	0	3	0	0	0	3	0
镇江市高等专科学校	9	4	3	4	1	1	2	0	0	1	3	0	0	2	0
南通职业大学	10	0	0	0	0	0	0	0	0	0	0	0	0	0	0
苏州职业大学	11	4	3	4	1	1	2	0	0	3	1	0	1	2	0
沙洲职业工学院	12	0	0	0	0	0	0	0	0	0	0	0	0	0	0
扬州市职业大学	13	6	6	6	0	0	5	1	0	3	3	0	0	3	0
连云港师范高等专科学校	14	10	5	10	1	6	2	1	0	5	5	0	0	5	0
江苏经贸职业技术学院	15	1	1	1	0	1	0	0	0	0	1	0	0	0	0
泰州职业技术学院	16	0	0	0	0	0	0	0	0	0	0	0	0	0	0
常州信息职业技术学院	17	1	0	1	0	0	0	1	0	1	0	0	0	1	0
江苏海事职业技术学院	18	0	0	0	0	0	0	0	0	0	0	0	0	0	0
无锡科技职业学院	19	0	0	0	0	0	0	0	0	0	0	0	0	0	0
江苏医药职业学院	20	0	0	0	0	0	0	0	0	0	0	0	0	0	0

续表

南通科技职业学院	21	0	0	0	0	0	0	0	0	0	0	0	0	0	0
苏州经贸职业技术学院	22	2	1	2	0	2	0	0	0	2	0	0	0	2	0
苏州工业职业技术学院	23	0	0	0	0	0	0	0	0	0	0	0	0	0	0
苏州卫生职业技术学院	24	0	0	0	0	0	0	0	0	0	0	0	0	0	0
无锡商业职业技术学院	25	0	0	0	0	0	0	0	0	0	0	0	0	0	0
南通航运职业技术学院	26	3	1	3	0	0	3	0	0	0	3	0	0	0	0
南京交通职业技术学院	27	1	1	1	0	0	0	1	0	1	0	0	0	1	0
淮安信息职业技术学院	28	0	0	0	0	0	0	0	0	0	0	0	0	0	0
江苏农牧科技职业学院	29	0	0	0	0	0	0	0	0	0	0	0	0	0	0
常州纺织服装职业技术学院	30	1	1	1	0	0	1	0	0	0	1	0	0	0	0
苏州农业职业技术学院	31	1	1	1	0	0	1	0	0	0	1	0	0	1	0
南京科技职业学院	32	2	2	2	0	1	1	0	0	0	2	0	0	0	0
常州工业职业技术学院	33	2	2	2	0	0	1	1	0	2	0	0	0	2	0
常州工程职业技术学院	34	0	0	0	0	0	0	0	0	0	0	0	0	0	0
江苏农林职业技术学院	35	0	0	0	0	0	0	0	0	0	0	0	0	0	0
江苏食品药品职业技术学院	36	2	2	2	0	0	2	0	0	1	1	0	0	1	0
南京铁道职业技术学院	37	0	0	0	0	0	0	0	0	0	0	0	0	0	0
徐州工业职业技术学院	38	1	1	1	0	1	0	0	0	1	0	0	0	1	0
江苏信息职业技术学院	39	1	1	1	0	0	1	0	0	0	1	0	0	0	0
南京信息职业技术学院	40	0	0	0	0	0	0	0	0	0	0	0	0	0	0
常州机电职业技术学院	41	1	0	1	0	1	0	0	0	1	0	0	1	0	0
江阴职业技术学院	42	1	1	1	0	0	1	0	0	1	0	0	0	1	0
无锡城市职业技术学院	43	0	0	0	0	0	0	0	0	0	0	0	0	0	0
无锡工艺职业技术学院	44	0	0	0	0	0	0	0	0	0	0	0	0	0	0

续表

高校名称		总计		按职称划分						按最后学历划分			按最后学位划分		其他人员
			女性	小计	教授	副教授	讲师	助教	初级	研究生	本科生	其他	博士	硕士	
	编号	L01	L02	L03	L04	L05	L06	L07	L08	L09	L10	L11	L12	L13	L14
苏州健雄职业技术学院	45	1	0	1	0	1	0	0	0	0	1	0	0	0	0
盐城工业职业技术学院	46	0	0	0	0	0	0	0	0	0	0	0	0	0	0
江苏财经职业技术学院	47	2	1	2	0	0	2	0	0	0	2	0	0	0	0
扬州工业职业技术学院	48	0	0	0	0	0	0	0	0	0	0	0	0	0	0
江苏城市职业学院	49	8	7	8	0	3	4	1	0	5	3	0	0	6	0
南京城市职业学院	50	8	5	8	0	1	7	0	0	5	3	0	0	6	0
南京机电职业技术学院	51	5	2	5	0	0	2	3	0	1	4	0	0	1	0
南京旅游职业学院	52	0	0	0	0	0	0	0	0	0	0	0	0	0	0
江苏卫生健康职业学院	53	1	0	1	0	0	1	0	0	0	1	0	0	0	0
苏州信息职业技术学院	54	0	0	0	0	0	0	0	0	0	0	0	0	0	0
苏州工业园区服务外包职业学院	55	0	0	0	0	0	0	0	0	0	0	0	0	0	0
徐州幼儿师范高等专科学校	56	1	1	1	0	0	1	0	0	0	1	0	0	0	0
徐州生物工程职业技术学院	57	1	1	1	0	0	0	1	0	1	0	0	0	1	0
江苏商贸职业学院	58	1	1	1	0	0	0	1	0	1	0	0	0	1	0
南通师范高等专科学校	59	1	0	1	1	0	0	0	0	1	0	0	0	1	0
江苏护理职业学院	60	1	0	1	0	0	0	1	0	1	0	0	0	1	0
江苏财会职业学院	61	0	0	0	0	0	0	0	0	0	0	0	0	0	0
江苏城乡建设职业学院	62	0	0	0	0	0	0	0	0	0	0	0	0	0	0
江苏航空职业技术学院	63	1	1	1	0	0	1	0	0	0	1	0	0	0	0
江苏安全技术职业学院	64	0	0	0	0	0	0	0	0	0	0	0	0	0	0
江苏旅游职业学院	65	1	0	1	0	0	0	1	0	1	0	0	0	1	0

3.18 图书馆、情报与文献学人文、社会科学活动人员情况表

高校名称		总计		按职称划分						按最后学历划分			按最后学位划分		其他
			女性	小计	教授	副教授	讲师	助教	初级	研究生	本科生	其他	博士	硕士	人员
	编号	L01	L02	L03	L04	L05	L06	L07	L08	L09	L10	L11	L12	L13	L14
合 计	/	510	347	510	18	101	341	47	3	112	378	20	3	167	0
盐城幼儿师范高等专科学校	1	1	1	1	0	0	1	0	0	0	1	0	0	0	0
苏州幼儿师范高等专科学校	2	2	2	2	0	0	1	0	1	2	0	0	0	2	0
无锡职业技术学院	3	13	8	13	2	3	8	0	0	5	8	0	1	6	0
江苏建筑职业技术学院	4	4	2	4	0	1	3	0	0	3	1	0	0	4	0
南京工业职业技术学院	5	4	3	4	0	2	1	1	0	1	3	0	0	4	0
江苏工程职业技术学院	6	19	11	19	2	5	12	0	0	5	14	0	0	7	0
苏州工艺美术职业技术学院	7	11	9	11	0	3	8	0	0	4	7	0	0	4	0
连云港职业技术学院	8	17	13	17	0	4	11	2	0	0	17	0	0	5	0
镇江市高等专科学校	9	22	19	22	1	6	15	0	0	1	19	2	0	3	0
南通职业大学	10	6	5	6	0	3	2	1	0	0	6	0	0	3	0
苏州职业大学	11	28	15	28	1	3	24	0	0	14	14	0	0	18	0
沙洲职业工学院	12	6	3	6	0	2	4	0	0	0	6	0	0	0	0
扬州市职业大学	13	12	6	12	0	4	8	0	0	2	9	1	0	2	0
连云港师范高等专科学校	14	11	7	11	1	4	6	0	0	6	4	1	0	8	0
江苏经贸职业技术学院	15	8	2	8	1	3	4	0	0	2	6	0	1	4	0
泰州职业技术学院	16	5	3	5	0	2	3	0	0	0	5	0	0	2	0
常州信息职业技术学院	17	13	6	13	0	1	5	7	0	2	11	0	0	5	0
江苏海事职业技术学院	18	15	12	15	0	2	13	0	0	1	14	0	0	3	0
无锡科技职业学院	19	9	6	9	1	1	7	0	0	1	8	0	0	3	0
江苏医药职业学院	20	8	5	8	0	0	6	2	0	2	3	3	0	2	0

续表

高校名称		总计		按职称划分						按最后学历划分			按最后学位划分		其他
			女性	小计	教授	副教授	讲师	助教	初级	研究生	本科生	其他	博士	硕士	人员
	编号	L01	L02	L03	L04	L05	L06	L07	L08	L09	L10	L11	L12	L13	L14
南通科技职业学院	21	11	10	11	0	5	4	2	0	0	11	0	0	0	0
苏州经贸职业技术学院	22	7	4	7	0	1	4	2	0	2	5	0	0	2	0
苏州工业职业技术学院	23	2	2	2	0	0	2	0	0	0	0	2	0	0	0
苏州卫生职业技术学院	24	7	3	7	0	2	3	2	0	4	3	0	0	4	0
无锡商业职业技术学院	25	9	8	9	0	3	6	0	0	2	7	0	0	5	0
南通航运职业技术学院	26	3	0	3	0	2	1	0	0	0	3	0	0	0	0
南京交通职业技术学院	27	15	9	15	0	0	13	0	2	7	8	0	0	6	0
淮安信息职业技术学院	28	11	4	11	0	1	8	2	0	1	10	0	0	2	0
江苏农牧科技职业学院	29	2	1	2	0	1	1	0	0	1	1	0	0	2	0
常州纺织服装职业技术学院	30	11	7	11	0	1	10	0	0	0	11	0	0	3	0
苏州农业职业技术学院	31	14	11	14	0	2	11	1	0	0	14	0	0	0	0
南京科技职业学院	32	4	3	4	0	0	4	0	0	0	4	0	0	2	0
常州工业职业技术学院	33	5	3	5	0	3	2	0	0	0	5	0	0	1	0
常州工程职业技术学院	34	12	9	12	0	1	11	0	0	1	11	0	0	1	0
江苏农林职业技术学院	35	15	13	15	0	0	12	3	0	3	12	0	0	4	0
江苏食品药品职业技术学院	36	10	7	10	1	4	5	0	0	1	9	0	0	1	0
南京铁道职业技术学院	37	7	6	7	0	0	6	1	0	4	3	0	0	5	0
徐州工业职业技术学院	38	1	0	1	0	0	1	0	0	1	0	0	0	1	0
江苏信息职业技术学院	39	7	5	7	1	2	4	0	0	2	5	0	0	3	0
南京信息职业技术学院	40	8	5	8	1	1	3	3	0	3	5	0	0	4	0
常州机电职业技术学院	41	5	3	5	0	1	4	0	0	2	3	0	0	2	0

续表

江阴职业技术学院	42	3	3	3	0	1	2	0	0	0	3	0	0	0	0
无锡城市职业技术学院	43	9	6	9	0	1	7	1	0	2	7	0	0	3	0
无锡工艺职业技术学院	44	12	9	12	0	0	12	0	0	1	11	0	0	2	0
苏州健雄职业技术学院	45	5	3	5	1	0	4	0	0	2	3	0	0	2	0
盐城工业职业技术学院	46	5	3	5	0	2	2	1	0	2	2	1	0	2	0
江苏财经职业技术学院	47	7	3	7	0	1	5	1	0	2	5	0	0	2	0
扬州工业职业技术学院	48	11	8	11	1	1	8	1	0	0	11	0	0	0	0
江苏城市职业学院	49	8	5	8	1	3	4	0	0	3	5	0	0	4	0
南京城市职业学院	50	7	6	7	1	2	3	1	0	2	4	1	1	1	0
南京机电职业技术学院	51	4	2	4	0	0	2	2	0	0	4	0	0	1	0
南京旅游职业学院	52	7	5	7	0	0	7	0	0	3	3	1	0	2	0
江苏卫生健康职业学院	53	4	3	4	1	1	2	0	0	1	3	0	0	3	0
苏州信息职业技术学院	54	1	1	1	0	0	1	0	0	0	0	1	0	0	0
苏州工业园区服务外包职业学院	55	2	2	2	0	0	2	0	0	1	1	0	0	0	0
徐州幼儿师范高等专科学校	56	7	7	7	0	2	4	1	0	2	3	2	0	2	0
徐州生物工程职业技术学院	57	2	1	2	0	1	1	0	0	0	2	0	0	0	0
江苏商贸职业学院	58	6	4	6	0	2	3	1	0	1	4	1	0	1	0
南通师范高等专科学校	59	14	12	14	1	2	10	1	0	0	10	4	0	1	0
江苏护理职业学院	60	5	5	5	0	0	1	4	0	4	1	0	0	4	0
江苏财会职业学院	61	2	2	2	0	0	0	2	0	0	2	0	0	0	0
江苏城乡建设职业学院	62	3	3	3	0	1	1	1	0	0	3	0	0	0	0
江苏航空职业技术学院	63	1	1	1	0	0	1	0	0	1	0	0	0	1	0
江苏安全技术职业学院	64	1	1	1	0	0	0	1	0	0	1	0	0	0	0
江苏旅游职业学院	65	4	1	4	0	2	2	0	0	0	4	0	0	3	0

3.19 教育学人文、社会科学活动人员情况表

高校名称		总计		按职称划分						按最后学历划分			按最后学位划分		其他人员
			女性	小计	教授	副教授	讲师	助教	初级	研究生	本科生	其他	博士	硕士	
	编号	L01	L02	L03	L04	L05	L06	L07	L08	L09	L10	L11	L12	L13	L14
合　计	/	2 114	1 251	2 114	173	596	1 056	278	11	1 079	1 028	7	90	1 434	0
盐城幼儿师范高等专科学校	1	32	25	32	0	10	9	13	0	16	16	0	0	22	0
苏州幼儿师范高等专科学校	2	48	37	48	6	12	23	7	0	31	17	0	4	35	0
无锡职业技术学院	3	67	44	67	3	14	41	9	0	42	25	0	4	50	0
江苏建筑职业技术学院	4	8	5	8	1	2	4	1	0	8	0	0	0	8	0
南京工业职业技术学院	5	14	14	14	0	0	4	10	0	14	0	0	1	13	0
江苏工程职业技术学院	6	53	29	53	10	15	28	0	0	34	19	0	3	37	0
苏州工艺美术职业技术学院	7	42	26	42	2	14	23	3	0	25	17	0	1	29	0
连云港职业技术学院	8	47	21	47	7	23	17	0	0	22	25	0	7	29	0
镇江市高等专科学校	9	36	18	36	2	15	15	4	0	8	28	0	0	13	0
南通职业大学	10	39	21	39	1	11	21	6	0	17	22	0	3	28	0
苏州职业大学	11	49	33	49	4	11	26	8	0	37	12	0	2	42	0
沙洲职业工学院	12	14	11	14	2	3	7	2	0	5	9	0	1	8	0
扬州市职业大学	13	30	24	30	1	5	16	8	0	18	12	0	0	26	0
连云港师范高等专科学校	14	95	56	95	15	44	32	4	0	41	54	0	4	69	0
江苏经贸职业技术学院	15	5	3	5	0	4	1	0	0	2	3	0	0	5	0
泰州职业技术学院	16	4	2	4	1	1	1	1	0	2	2	0	0	3	0
常州信息职业技术学院	17	27	19	27	4	6	15	2	0	15	12	0	0	24	0
江苏海事职业技术学院	18	28	16	28	2	11	15	0	0	15	13	0	1	23	0
无锡科技职业学院	19	17	10	17	1	6	9	1	0	7	10	0	1	10	0
江苏医药职业学院	20	23	15	23	0	3	10	7	3	15	8	0	1	16	0

续表

南通科技职业学院	21	14	9	14	2	2	9	1	0	7	7	0	0	11	0
苏州经贸职业技术学院	22	30	17	30	2	7	11	10	0	21	9	0	1	25	0
苏州工业职业技术学院	23	15	12	15	0	5	10	0	0	1	14	0	0	10	0
苏州卫生职业技术学院	24	20	17	20	0	7	10	3	0	14	6	0	0	18	0
无锡商业职业技术学院	25	8	4	8	0	3	5	0	0	2	6	0	0	5	0
南通航运职业技术学院	26	128	55	128	7	28	86	7	0	68	60	0	2	101	0
南京交通职业技术学院	27	12	8	12	1	2	9	0	0	7	5	0	0	8	0
淮安信息职业技术学院	28	70	34	70	2	23	34	11	0	27	43	0	0	48	0
江苏农牧科技职业学院	29	45	19	45	0	13	31	1	0	36	9	0	5	33	0
常州纺织服装职业技术学院	30	51	30	51	3	17	22	9	0	24	27	0	1	30	0
苏州农业职业技术学院	31	46	21	46	10	15	19	2	0	16	29	1	3	28	0
南京科技职业学院	32	59	36	59	6	29	24	0	0	38	21	0	4	44	0
常州工业职业技术学院	33	8	6	8	1	1	2	4	0	7	1	0	0	8	0
常州工程职业技术学院	34	65	33	65	0	24	41	0	0	15	50	0	0	24	0
江苏农林职业技术学院	35	18	10	18	0	6	11	1	0	8	9	1	2	15	0
江苏食品药品职业技术学院	36	48	25	48	5	13	29	1	0	27	21	0	6	35	0
南京铁道职业技术学院	37	44	30	44	1	6	29	8	0	27	17	0	3	33	0
徐州工业职业技术学院	38	5	3	5	0	0	2	3	0	5	0	0	0	5	0
江苏信息职业技术学院	39	27	18	27	0	8	16	3	0	12	15	0	0	17	0
南京信息职业技术学院	40	8	5	8	0	1	6	1	0	3	5	0	1	7	0
常州机电职业技术学院	41	122	56	122	22	38	62	0	0	53	69	0	19	62	0
江阴职业技术学院	42	16	9	16	0	10	4	2	0	3	13	0	0	7	0
无锡城市职业技术学院	43	26	21	26	1	7	15	3	0	14	12	0	0	18	0
无锡工艺职业技术学院	44	14	7	14	0	2	12	0	0	6	8	0	0	7	0

续表

高校名称	编号	总计		按职称划分						按最后学历划分			按最后学位划分		其他人员
			女性	小计	教授	副教授	讲师	助教	初级	研究生	本科生	其他	博士	硕士	
		L01	L02	L03	L04	L05	L06	L07	L08	L09	L10	L11	L12	L13	L14
苏州健雄职业技术学院	45	20	12	20	2	5	11	2	0	13	7	0	2	15	0
盐城工业职业技术学院	46	20	12	20	7	2	5	6	0	10	10	0	0	11	0
江苏财经职业技术学院	47	7	5	7	1	2	3	1	0	2	5	0	0	3	0
扬州工业职业技术学院	48	24	13	24	3	3	5	13	0	20	4	0	1	21	0
江苏城市职业学院	49	59	41	59	4	10	42	3	0	48	11	0	1	53	0
南京城市职业学院	50	20	16	20	0	5	4	3	8	16	4	0	0	18	0
南京机电职业技术学院	51	31	19	31	2	4	14	11	0	7	24	0	0	13	0
南京旅游职业学院	52	18	9	18	3	2	10	3	0	12	5	1	1	11	0
江苏卫生健康职业学院	53	13	10	13	0	1	4	8	0	8	5	0	0	8	0
苏州信息职业技术学院	54	6	6	6	0	1	5	0	0	1	5	0	0	3	0
苏州工业园区服务外包职业学院	55	9	5	9	0	2	7	0	0	6	3	0	0	6	0
徐州幼儿师范高等专科学校	56	70	46	70	14	15	28	13	0	37	33	0	2	38	0
徐州生物工程职业技术学院	57	6	2	6	0	3	3	0	0	2	4	0	0	2	0
江苏商贸职业学院	58	32	19	32	3	9	11	9	0	12	20	0	0	14	0
南通师范高等专科学校	59	21	18	21	2	4	14	1	0	9	12	0	0	17	0
江苏护理职业学院	60	17	14	17	1	1	6	9	0	10	7	0	1	10	0
江苏财会职业学院	61	11	10	11	2	1	2	6	0	4	7	0	1	8	0
江苏城乡建设职业学院	62	58	28	58	2	13	28	15	0	15	39	4	0	24	0
江苏航空职业技术学院	63	13	10	13	0	0	1	12	0	11	2	0	0	11	0
江苏安全技术职业学院	64	6	5	6	0	4	2	0	0	1	5	0	0	4	0
江苏旅游职业学院	65	76	37	76	2	32	35	7	0	20	56	0	1	55	0

3.20 统计学人文、社会科学活动人员情况表

高校名称	编号	总计 L01	女性 L02	按职称划分 小计 L03	教授 L04	副教授 L05	讲师 L06	助教 L07	初级 L08	按最后学历划分 研究生 L09	本科生 L10	其他 L11	按最后学位划分 博士 L12	硕士 L13	其他人员 L14
合　计	/	71	38	71	4	14	45	8	0	29	42	0	7	34	0
盐城幼儿师范高等专科学校	1	0	0	0	0	0	0	0	0	0	0	0	0	0	0
苏州幼儿师范高等专科学校	2	0	0	0	0	0	0	0	0	0	0	0	0	0	0
无锡职业技术学院	3	0	0	0	0	0	0	0	0	0	0	0	0	0	0
江苏建筑职业技术学院	4	0	0	0	0	0	0	0	0	0	0	0	0	0	0
南京工业职业技术学院	5	0	0	0	0	0	0	0	0	0	0	0	0	0	0
江苏工程职业技术学院	6	1	0	1	0	1	0	0	0	1	0	0	0	1	0
苏州工艺美术职业技术学院	7	1	1	1	0	0	1	0	0	0	1	0	0	1	0
连云港职业技术学院	8	2	0	2	1	0	1	0	0	1	1	0	1	0	0
镇江市高等专科学校	9	0	0	0	0	0	0	0	0	0	0	0	0	0	0
南通职业大学	10	1	0	1	0	0	1	0	0	0	1	0	0	0	0
苏州职业大学	11	0	0	0	0	0	0	0	0	0	0	0	0	0	0
沙洲职业工学院	12	3	2	3	0	1	2	0	0	0	3	0	0	0	0
扬州市职业大学	13	2	2	2	0	1	0	1	0	1	1	0	0	1	0
连云港师范高等专科学校	14	0	0	0	0	0	0	0	0	0	0	0	0	0	0
江苏经贸职业技术学院	15	0	0	0	0	0	0	0	0	0	0	0	0	0	0
泰州职业技术学院	16	0	0	0	0	0	0	0	0	0	0	0	0	0	0
常州信息职业技术学院	17	0	0	0	0	0	0	0	0	0	0	0	0	0	0
江苏海事职业技术学院	18	0	0	0	0	0	0	0	0	0	0	0	0	0	0
无锡科技职业学院	19	1	0	1	0	1	0	0	0	1	0	0	1	0	0
江苏医药职业学院	20	0	0	0	0	0	0	0	0	0	0	0	0	0	0

续表

高校名称		总计		按职称划分						按最后学历划分			按最后学位划分		其他
			女性	小计	教授	副教授	讲师	助教	初级	研究生	本科生	其他	博士	硕士	人员
	编号	L01	L02	L03	L04	L05	L06	L07	L08	L09	L10	L11	L12	L13	L14
南通科技职业学院	21	2	2	2	0	0	2	0	0	1	1	0	0	1	0
苏州经贸职业技术学院	22	3	1	3	0	2	1	0	0	2	1	0	0	1	0
苏州工业职业技术学院	23	0	0	0	0	0	0	0	0	0	0	0	0	0	0
苏州卫生职业技术学院	24	0	0	0	0	0	0	0	0	0	0	0	0	0	0
无锡商业职业技术学院	25	0	0	0	0	0	0	0	0	0	0	0	0	0	0
南通航运职业技术学院	26	3	1	3	0	0	3	0	0	0	3	0	0	1	0
南京交通职业技术学院	27	5	4	5	0	2	3	0	0	3	2	0	0	3	0
淮安信息职业技术学院	28	5	3	5	0	0	3	2	0	3	2	0	0	4	0
江苏农牧科技职业学院	29	1	1	1	0	0	1	0	0	1	0	0	0	1	0
常州纺织服装职业技术学院	30	2	1	2	2	0	0	0	0	0	2	0	0	0	0
苏州农业职业技术学院	31	0	0	0	0	0	0	0	0	0	0	0	0	0	0
南京科技职业学院	32	1	0	1	0	0	1	0	0	1	0	0	0	1	0
常州工业职业技术学院	33	1	0	1	0	1	0	0	0	0	1	0	0	0	0
常州工程职业技术学院	34	1	0	1	0	0	1	0	0	0	1	0	0	0	0
江苏农林职业技术学院	35	0	0	0	0	0	0	0	0	0	0	0	0	0	0
江苏食品药品职业技术学院	36	3	2	3	0	0	3	0	0	1	2	0	1	0	0
南京铁道职业技术学院	37	8	7	8	0	1	6	1	0	3	5	0	2	3	0
徐州工业职业技术学院	38	0	0	0	0	0	0	0	0	0	0	0	0	0	0
江苏信息职业技术学院	39	1	0	1	0	0	1	0	0	0	1	0	0	0	0
南京信息职业技术学院	40	12	6	12	1	4	6	1	0	5	7	0	2	7	0
常州机电职业技术学院	41	3	3	3	0	0	3	0	0	0	3	0	0	3	0

续表

江阴职业技术学院	42	0	0	0	0	0	0	0	0	0	0	0	0	0	0
无锡城市职业技术学院	43	0	0	0	0	0	0	0	0	0	0	0	0	0	0
无锡工艺职业技术学院	44	0	0	0	0	0	0	0	0	0	0	0	0	0	0
苏州健雄职业技术学院	45	0	0	0	0	0	0	0	0	0	0	0	0	0	0
盐城工业职业技术学院	46	0	0	0	0	0	0	0	0	0	0	0	0	0	0
江苏财经职业技术学院	47	0	0	0	0	0	0	0	0	0	0	0	0	0	0
扬州工业职业技术学院	48	1	0	1	0	0	1	0	0	1	0	0	0	1	0
江苏城市职业学院	49	2	0	2	0	0	1	1	0	2	0	0	0	2	0
南京城市职业学院	50	0	0	0	0	0	0	0	0	0	0	0	0	0	0
南京机电职业技术学院	51	1	0	1	0	0	1	0	0	0	1	0	0	0	0
南京旅游职业学院	52	1	0	1	0	0	0	1	0	0	1	0	0	0	0
江苏卫生健康职业学院	53	1	0	1	0	0	1	0	0	1	0	0	0	1	0
苏州信息职业技术学院	54	1	1	1	0	0	1	0	0	0	1	0	0	1	0
苏州工业园区服务外包职业学院	55	0	0	0	0	0	0	0	0	0	0	0	0	0	0
徐州幼儿师范高等专科学校	56	0	0	0	0	0	0	0	0	0	0	0	0	0	0
徐州生物工程职业技术学院	57	0	0	0	0	0	0	0	0	0	0	0	0	0	0
江苏商贸职业学院	58	0	0	0	0	0	0	0	0	0	0	0	0	0	0
南通师范高等专科学校	59	0	0	0	0	0	0	0	0	0	0	0	0	0	0
江苏护理职业学院	60	0	0	0	0	0	0	0	0	0	0	0	0	0	0
江苏财会职业学院	61	1	0	1	0	0	0	1	0	1	0	0	0	1	0
江苏城乡建设职业学院	62	0	0	0	0	0	0	0	0	0	0	0	0	0	0
江苏航空职业技术学院	63	0	0	0	0	0	0	0	0	0	0	0	0	0	0
江苏安全技术职业学院	64	1	1	1	0	0	1	0	0	0	1	0	0	0	0
江苏旅游职业学院	65	0	0	0	0	0	0	0	0	0	0	0	0	0	0

3.21 心理学人文、社会科学活动人员情况表

高校名称		总计		按职称划分						按最后学历划分			按最后学位划分		其他
			女性	小计	教授	副教授	讲师	助教	初级	研究生	本科生	其他	博士	硕士	人员
	编号	L01	L02	L03	L04	L05	L06	L07	L08	L09	L10	L11	L12	L13	L14
合　计	/	154	119	154	7	34	82	27	4	89	64	1	1	111	0
盐城幼儿师范高等专科学校	1	9	7	9	0	3	4	2	0	3	6	0	0	4	0
苏州幼儿师范高等专科学校	2	0	0	0	0	0	0	0	0	0	0	0	0	0	0
无锡职业技术学院	3	0	0	0	0	0	0	0	0	0	0	0	0	0	0
江苏建筑职业技术学院	4	2	1	2	0	0	2	0	0	2	0	0	0	2	0
南京工业职业技术学院	5	3	1	3	0	0	1	2	0	3	0	0	0	3	0
江苏工程职业技术学院	6	0	0	0	0	0	0	0	0	0	0	0	0	0	0
苏州工艺美术职业技术学院	7	5	3	5	1	0	2	2	0	4	0	1	0	4	0
连云港职业技术学院	8	1	1	1	1	0	0	0	0	1	0	0	0	1	0
镇江市高等专科学校	9	6	4	6	1	3	2	0	0	3	3	0	0	4	0
南通职业大学	10	1	1	1	0	1	0	0	0	0	1	0	0	0	0
苏州职业大学	11	11	6	11	0	5	5	1	0	3	8	0	0	9	0
沙洲职业工学院	12	1	1	1	0	0	1	0	0	1	0	0	0	1	0
扬州市职业大学	13	3	1	3	0	2	1	0	0	0	3	0	0	2	0
连云港师范高等专科学校	14	8	6	8	2	2	2	2	0	5	3	0	0	6	0
江苏经贸职业技术学院	15	3	3	3	0	0	3	0	0	2	1	0	0	2	0
泰州职业技术学院	16	1	0	1	0	0	1	0	0	1	0	0	0	1	0
常州信息职业技术学院	17	1	1	1	0	0	1	0	0	1	0	0	0	1	0
江苏海事职业技术学院	18	0	0	0	0	0	0	0	0	0	0	0	0	0	0
无锡科技职业学院	19	2	2	2	0	1	1	0	0	0	2	0	0	0	0
江苏医药职业学院	20	7	5	7	0	0	5	2	0	4	3	0	0	4	0

续表

南通科技职业学院	21	3	3	3	1	0	2	0	0	1	2	0	0	2	0
苏州经贸职业技术学院	22	4	2	4	0	1	3	0	0	3	1	0	0	4	0
苏州工业职业技术学院	23	0	0	0	0	0	0	0	0	0	0	0	0	0	0
苏州卫生职业技术学院	24	3	3	3	0	0	0	2	1	2	1	0	0	2	0
无锡商业职业技术学院	25	0	0	0	0	0	0	0	0	0	0	0	0	0	0
南通航运职业技术学院	26	5	5	5	0	0	5	0	0	3	2	0	0	5	0
南京交通职业技术学院	27	3	3	3	0	0	2	0	1	3	0	0	0	3	0
淮安信息职业技术学院	28	6	5	6	1	4	1	0	0	4	2	0	0	4	0
江苏农牧科技职业学院	29	3	2	3	0	0	3	0	0	2	1	0	0	2	0
常州纺织服装职业技术学院	30	4	3	4	0	1	3	0	0	0	4	0	0	0	0
苏州农业职业技术学院	31	1	1	1	0	1	0	0	0	1	0	0	0	1	0
南京科技职业学院	32	2	1	2	0	1	1	0	0	1	1	0	0	2	0
常州工业职业技术学院	33	3	1	3	0	0	1	2	0	2	1	0	0	2	0
常州工程职业技术学院	34	0	0	0	0	0	0	0	0	0	0	0	0	0	0
江苏农林职业技术学院	35	0	0	0	0	0	0	0	0	0	0	0	0	0	0
江苏食品药品职业技术学院	36	3	3	3	0	0	3	0	0	3	0	0	0	3	0
南京铁道职业技术学院	37	4	4	4	0	0	3	1	0	4	0	0	0	4	0
徐州工业职业技术学院	38	5	4	5	0	1	4	0	0	4	1	0	0	4	0
江苏信息职业技术学院	39	1	1	1	0	1	0	0	0	1	0	0	0	1	0
南京信息职业技术学院	40	5	4	5	0	2	3	0	0	1	4	0	0	4	0
常州机电职业技术学院	41	1	1	1	0	0	1	0	0	0	1	0	0	0	0
江阴职业技术学院	42	1	1	1	0	0	1	0	0	0	1	0	0	0	0
无锡城市职业技术学院	43	1	1	1	0	0	1	0	0	1	0	0	1	0	0
无锡工艺职业技术学院	44	0	0	0	0	0	0	0	0	0	0	0	0	0	0

续表

高校名称		总计		按职称划分						按最后学历划分			按最后学位划分		其他
			女性	小计	教授	副教授	讲师	助教	初级	研究生	本科生	其他	博士	硕士	人员
	编号	L01	L02	L03	L04	L05	L06	L07	L08	L09	L10	L11	L12	L13	L14
苏州健雄职业技术学院	45	2	1	2	0	0	2	0	0	0	2	0	0	0	0
盐城工业职业技术学院	46	1	0	1	0	1	0	0	0	1	0	0	0	1	0
江苏财经职业技术学院	47	1	1	1	0	1	0	0	0	1	0	0	0	1	0
扬州工业职业技术学院	48	1	1	1	0	0	1	0	0	1	0	0	0	1	0
江苏城市职业学院	49	2	2	2	0	1	1	0	0	0	2	0	0	2	0
南京城市职业学院	50	3	2	3	0	0	1	0	2	2	1	0	0	2	0
南京机电职业技术学院	51	1	1	1	0	0	0	1	0	0	1	0	0	0	0
南京旅游职业学院	52	1	1	1	0	0	1	0	0	0	1	0	0	1	0
江苏卫生健康职业学院	53	5	4	5	0	0	3	2	0	3	2	0	0	3	0
苏州信息职业技术学院	54	1	1	1	0	1	0	0	0	0	1	0	0	0	0
苏州工业园区服务外包职业学院	55	2	2	2	0	0	2	0	0	2	0	0	0	2	0
徐州幼儿师范高等专科学校	56	2	2	2	0	1	1	0	0	2	0	0	0	2	0
徐州生物工程职业技术学院	57	1	1	1	0	0	0	1	0	0	1	0	0	0	0
江苏商贸职业学院	58	6	6	6	0	0	1	5	0	6	0	0	0	6	0
南通师范高等专科学校	59	1	1	1	0	0	1	0	0	1	0	0	0	1	0
江苏护理职业学院	60	1	1	1	0	0	0	1	0	0	1	0	0	1	0
江苏财会职业学院	61	0	0	0	0	0	0	0	0	0	0	0	0	0	0
江苏城乡建设职业学院	62	1	1	1	0	0	0	1	0	1	0	0	0	1	0
江苏航空职业技术学院	63	0	0	0	0	0	0	0	0	0	0	0	0	0	0
江苏安全技术职业学院	64	0	0	0	0	0	0	0	0	0	0	0	0	0	0
江苏旅游职业学院	65	0	0	0	0	0	0	0	0	0	0	0	0	0	0

3.22　体育科学人文、社会科学活动人员情况表

高校名称		总计		按职称划分						按最后学历划分			按最后学位划分		其他人员
			女性	小计	教授	副教授	讲师	助教	初级	研究生	本科生	其他	博士	硕士	
	编号	L01	L02	L03	L04	L05	L06	L07	L08	L09	L10	L11	L12	L13	L14
合　计	/	966	326	966	33	373	426	128	6	262	702	2	1	407	0
盐城幼儿师范高等专科学校	1	28	8	28	0	16	7	5	0	5	23	0	0	9	0
苏州幼儿师范高等专科学校	2	7	3	7	1	2	4	0	0	5	2	0	0	6	0
无锡职业技术学院	3	18	3	18	2	4	9	3	0	8	10	0	0	10	0
江苏建筑职业技术学院	4	18	5	18	2	10	6	0	0	5	13	0	0	8	0
南京工业职业技术学院	5	19	9	19	1	5	10	3	0	6	13	0	0	11	0
江苏工程职业技术学院	6	11	4	11	0	5	6	0	0	4	7	0	0	5	0
苏州工艺美术职业技术学院	7	14	5	14	1	6	5	2	0	6	8	0	0	9	0
连云港职业技术学院	8	20	4	20	1	13	4	2	0	3	17	0	0	8	0
镇江市高等专科学校	9	21	7	21	1	11	9	0	0	0	21	0	0	6	0
南通职业大学	10	10	5	10	0	8	2	0	0	0	10	0	0	5	0
苏州职业大学	11	25	12	25	3	12	9	1	0	7	18	0	0	13	0
沙洲职业工学院	12	8	2	8	0	6	2	0	0	0	8	0	0	0	0
扬州市职业大学	13	47	18	47	4	18	20	5	0	7	40	0	1	11	0
连云港师范高等专科学校	14	32	11	32	3	19	7	3	0	6	26	0	0	10	0
江苏经贸职业技术学院	15	29	10	29	1	9	19	0	0	16	13	0	0	20	0
泰州职业技术学院	16	10	4	10	0	8	2	0	0	2	8	0	0	4	0
常州信息职业技术学院	17	17	5	17	0	9	7	1	0	6	11	0	0	9	0
江苏海事职业技术学院	18	20	9	20	0	8	12	0	0	1	19	0	0	2	0
无锡科技职业学院	19	11	5	11	0	2	3	6	0	0	11	0	0	3	0
江苏医药职业学院	20	11	3	11	0	2	4	4	1	6	5	0	0	7	0

续表

高校名称		总计		按职称划分						按最后学历划分			按最后学位划分		其他人员
			女性	小计	教授	副教授	讲师	助教	初级	研究生	本科生	其他	博士	硕士	
	编号	L01	L02	L03	L04	L05	L06	L07	L08	L09	L10	L11	L12	L13	L14
南通科技职业学院	21	9	2	9	0	2	6	1	0	1	8	0	0	1	0
苏州经贸职业技术学院	22	12	5	12	0	4	7	1	0	5	7	0	0	4	0
苏州工业职业技术学院	23	18	5	18	1	5	9	3	0	1	17	0	0	7	0
苏州卫生职业技术学院	24	14	7	14	0	7	7	0	0	3	11	0	0	5	0
无锡商业职业技术学院	25	13	3	13	0	5	7	1	0	2	11	0	0	5	0
南通航运职业技术学院	26	13	2	13	1	2	10	0	0	6	7	0	0	8	0
南京交通职业技术学院	27	17	5	17	0	8	8	1	0	2	15	0	0	7	0
淮安信息职业技术学院	28	14	4	14	0	3	7	4	0	3	11	0	0	4	0
江苏农牧科技职业学院	29	4	2	4	0	2	2	0	0	1	3	0	0	1	0
常州纺织服装职业技术学院	30	12	3	12	0	4	8	0	0	1	11	0	0	3	0
苏州农业职业技术学院	31	9	6	9	0	5	3	1	0	0	9	0	0	5	0
南京科技职业学院	32	17	5	17	0	7	10	0	0	5	12	0	0	7	0
常州工业职业技术学院	33	16	5	16	0	4	9	3	0	2	14	0	0	4	0
常州工程职业技术学院	34	12	3	12	0	3	7	2	0	2	10	0	0	2	0
江苏农林职业技术学院	35	5	1	5	0	0	2	3	0	1	4	0	0	2	0
江苏食品药品职业技术学院	36	12	3	12	0	4	8	0	0	1	11	0	0	2	0
南京铁道职业技术学院	37	11	8	11	0	1	8	2	0	9	2	0	0	9	0
徐州工业职业技术学院	38	15	6	15	2	8	5	0	0	2	13	0	0	8	0
江苏信息职业技术学院	39	11	2	11	0	4	6	1	0	1	10	0	0	2	0
南京信息职业技术学院	40	19	7	19	1	8	5	5	0	7	11	1	0	12	0
常州机电职业技术学院	41	6	2	6	0	1	5	0	0	5	1	0	0	4	0

续表

江阴职业技术学院	42	23	7	23	1	14	7	1	0	0	23	0	0	9	0
无锡城市职业技术学院	43	13	4	13	0	6	5	2	0	5	8	0	0	6	0
无锡工艺职业技术学院	44	12	3	12	0	3	8	1	0	6	6	0	0	8	0
苏州健雄职业技术学院	45	9	4	9	0	5	3	1	0	1	8	0	0	1	0
盐城工业职业技术学院	46	12	3	12	1	6	1	4	0	4	8	0	0	4	0
江苏财经职业技术学院	47	19	5	19	2	7	8	2	0	3	16	0	0	8	0
扬州工业职业技术学院	48	22	4	22	0	9	8	5	0	9	13	0	0	9	0
江苏城市职业学院	49	11	4	11	0	6	2	3	0	5	6	0	0	9	0
南京城市职业学院	50	8	4	8	0	1	3	0	4	7	1	0	0	7	0
南京机电职业技术学院	51	16	8	16	0	1	9	6	0	3	13	0	0	6	0
南京旅游职业学院	52	14	5	14	0	3	7	4	0	5	9	0	0	7	0
江苏卫生健康职业学院	53	8	2	8	0	3	3	2	0	4	4	0	0	5	0
苏州信息职业技术学院	54	8	3	8	0	3	4	0	1	1	7	0	0	1	0
苏州工业园区服务外包职业学院	55	10	3	10	0	2	8	0	0	10	0	0	0	10	0
徐州幼儿师范高等专科学校	56	10	1	10	1	4	4	1	0	1	9	0	0	2	0
徐州生物工程职业技术学院	57	11	4	11	1	2	4	4	0	1	10	0	0	3	0
江苏商贸职业学院	58	15	9	15	0	5	7	3	0	2	13	0	0	5	0
南通师范高等专科学校	59	26	10	26	2	12	11	1	0	6	20	0	0	9	0
江苏护理职业学院	60	13	5	13	0	2	3	8	0	7	6	0	0	7	0
江苏财会职业学院	61	16	5	16	0	4	8	4	0	0	16	0	0	4	0
江苏城乡建设职业学院	62	19	5	19	0	7	6	6	0	8	11	0	0	9	0
江苏航空职业技术学院	63	6	0	6	0	0	4	2	0	1	4	1	0	1	0
江苏安全技术职业学院	64	11	3	11	0	2	5	4	0	5	6	0	0	5	0
江苏旅游职业学院	65	19	7	19	0	6	12	1	0	15	4	0	0	14	0

4. 民办与中外合作办学高等学校人文、社会科学活动人员情况表

学科门类		总计		按职称划分						按最后学历划分			按最后学位划分		其他人员
			女性	小计	教授	副教授	讲师	助教	初级	研究生	本科生	其他	博士	硕士	
	编号	L01	L02	L03	L04	L05	L06	L07	L08	L09	L10	L11	L12	L13	L14
合 计	/	6 567	4 413	6 567	176	1 172	3 520	1 622	77	4 297	2 246	24	374	4 639	0
管理学	1	1 309	838	1 309	30	250	634	361	34	826	474	9	74	876	0
马克思主义	2	273	183	273	2	68	142	59	2	206	67	0	9	221	0
哲学	3	98	68	98	5	14	46	33	0	91	7	0	17	75	0
逻辑学	4	4	1	4	1	1	2	0	0	4	0	0	0	4	0
宗教学	5	2	0	2	1	0	1	0	0	2	0	0	2	0	0
语言学	6	1 012	844	1 012	11	169	678	145	9	656	355	1	42	745	0
中国文学	7	152	104	152	8	40	72	31	1	119	33	0	22	107	0
外国文学	8	169	134	169	2	16	122	29	0	124	45	0	7	127	0
艺术学	9	1 173	732	1 173	28	181	579	382	3	709	456	8	15	868	0
历史学	10	37	13	37	1	7	22	7	0	30	7	0	11	21	0
考古学	11	3	2	3	1	0	1	1	0	3	0	0	1	2	0
经济学	12	795	594	795	46	152	367	227	3	627	166	2	93	570	0
政治学	13	44	21	44	4	7	21	12	0	38	6	0	10	28	0
法学	14	134	86	134	4	33	67	30	0	85	49	0	11	97	0
社会学	15	68	43	68	4	11	32	17	4	56	11	1	16	41	0
民族学与文化学	16	4	2	4	0	1	2	1	0	3	1	0	0	3	0
新闻学与传播学	17	178	122	178	7	28	100	43	0	125	53	0	17	125	0
图书馆、情报与文献学	18	149	100	149	4	14	94	27	10	34	113	2	4	39	0
教育学	19	524	346	524	11	85	299	119	10	339	184	1	16	392	0
统计学	20	15	8	15	1	2	7	5	0	12	3	0	0	12	0
心理学	21	64	53	64	3	7	45	9	0	46	18	0	5	46	0
体育科学	22	360	119	360	2	86	187	84	1	162	198	0	2	240	0

4.1 管理学人文、社会科学活动人员情况表

高校名称		总计		按职称划分						按最后学历划分			按最后学位划分		其他人员
			女性	小计	教授	副教授	讲师	助教	初级	研究生	本科生	其他	博士	硕士	
	编号	L01	L02	L03	L04	L05	L06	L07	L08	L09	L10	L11	L12	L13	L14
合　计	/	1 309	838	1 309	30	250	634	361	34	826	474	9	74	876	0
明达职业技术学院	1	2	1	2	0	0	2	0	0	0	2	0	0	0	0
三江学院	2	58	42	58	4	28	22	4	0	39	19	0	5	46	0
九州职业技术学院	3	44	25	44	1	3	18	22	0	18	26	0	0	20	0
南通理工学院	4	69	41	69	4	9	30	26	0	43	26	0	3	56	0
硅湖职业技术学院	5	43	28	43	3	14	8	18	0	28	15	0	2	30	0
应天职业技术学院	6	12	9	12	0	5	7	0	0	7	5	0	0	9	0
苏州托普信息职业技术学院	7	31	22	31	0	1	15	15	0	9	22	0	0	9	0
东南大学成贤学院	8	2	1	2	1	1	0	0	0	2	0	0	1	1	0
苏州工业园区职业技术学院	9	36	24	36	1	12	23	0	0	15	21	0	0	22	0
太湖创意职业技术学院	10	2	0	2	0	0	1	1	0	1	1	0	0	1	0
炎黄职业技术学院	11	11	8	11	0	2	9	0	0	2	9	0	0	6	0
正德职业技术学院	12	21	14	21	1	1	17	2	0	11	10	0	0	14	0
钟山职业技术学院	13	7	4	7	0	3	4	0	0	1	6	0	0	6	0
无锡南洋职业技术学院	14	56	35	56	0	15	32	1	8	10	44	2	0	15	0
江南影视艺术职业学院	15	16	13	16	1	2	2	11	0	10	6	0	1	10	0
金肯职业技术学院	16	7	6	7	0	0	6	1	0	4	3	0	0	6	0
建东职业技术学院	17	6	2	6	0	2	4	0	0	1	5	0	0	2	0
宿迁职业技术学院	18	6	4	6	0	0	1	5	0	2	3	1	0	2	0
江海职业技术学院	19	34	22	34	0	9	23	2	0	10	24	0	0	15	0
无锡太湖学院	20	103	73	103	1	18	46	38	0	78	25	0	1	84	0
中国矿业大学徐海学院	21	16	9	16	0	4	9	3	0	15	1	0	2	13	0
南京大学金陵学院	22	4	2	4	0	1	1	2	0	3	1	0	0	3	0
南京理工大学紫金学院	23	45	32	45	1	11	30	3	0	29	16	0	1	31	0
南京航空航天大学金城学院	24	31	21	31	0	0	20	11	0	17	14	0	0	22	0
中国传媒大学南广学院	25	32	23	32	0	7	19	6	0	22	10	0	0	26	0
金山职业技术学院	26	5	3	5	0	1	1	3	0	0	5	0	0	0	0

续表

高校名称		总计		按职称划分						按最后学历划分			按最后学位划分		其他
			女性	小计	教授	副教授	讲师	助教	初级	研究生	本科生	其他	博士	硕士	人员
	编号	L01	L02	L03	L04	L05	L06	L07	L08	L09	L10	L11	L12	L13	L14
南京理工大学泰州科技学院	27	21	11	21	0	6	13	2	0	11	10	0	0	14	0
南京师范大学泰州学院	28	8	5	8	0	3	3	2	0	8	0	0	1	7	0
南京工业大学浦江学院	29	42	23	42	1	7	18	16	0	28	10	4	6	24	0
南京师范大学中北学院	30	15	15	15	0	1	6	8	0	15	0	0	0	15	0
苏州百年职业学院	31	10	8	10	0	0	5	3	2	9	1	0	0	9	0
昆山登云科技职业学院	32	51	27	51	2	4	15	23	7	18	32	1	0	21	0
南京视觉艺术职业学院	33	2	1	2	0	1	0	1	0	1	1	0	0	1	0
南京医科大学康达学院	34	9	4	9	0	0	5	4	0	8	1	0	0	8	0
南京中医药大学翰林学院	35	26	14	26	0	1	25	0	0	16	10	0	0	16	0
南京信息工程大学滨江学院	36	20	10	20	1	2	12	5	0	16	4	0	4	13	0
苏州大学文正学院	37	57	28	57	1	8	30	16	2	35	21	1	2	39	0
苏州大学应用技术学院	38	26	17	26	1	7	11	7	0	19	7	0	1	20	0
苏州科技大学天平学院	39	18	13	18	0	0	5	11	2	15	3	0	0	15	0
江苏大学京江学院	40	7	7	7	0	0	2	5	0	7	0	0	0	7	0
扬州大学广陵学院	41	18	11	18	0	4	7	7	0	15	3	0	0	17	0
江苏师范大学科文学院	42	17	11	17	0	2	6	9	0	14	3	0	0	16	0
南京邮电大学通达学院	43	9	9	9	0	2	3	4	0	8	1	0	0	8	0
南京财经大学红山学院	44	27	23	27	0	3	4	20	0	26	1	0	0	25	0
江苏科技大学苏州理工学院	45	19	10	19	0	4	13	2	0	16	3	0	4	12	0
常州大学怀德学院	46	21	16	21	0	2	7	12	0	21	0	0	1	20	0
南通大学杏林学院	47	35	21	35	0	8	24	3	0	25	10	0	0	28	0
南京审计大学金审学院	48	20	17	20	1	7	7	5	0	16	4	0	1	16	0
宿迁学院	49	41	23	41	1	10	27	3	0	33	8	0	1	39	0
苏州高博软件技术职业学院	50	18	14	18	0	5	13	0	0	7	11	0	0	10	0
扬州中瑞酒店职业学院	51	1	0	1	0	0	1	0	0	0	1	0	0	0	0
西交利物浦大学	52	68	32	68	4	14	22	15	13	59	9	0	37	24	0
昆山杜克大学	53	4	4	4	0	0	0	4	0	3	1	0	0	3	0

4.2 马克思主义人文、社会科学活动人员情况表

高校名称		总计		按职称划分						按最后学历划分			按最后学位划分		其他人员
			女性	小计	教授	副教授	讲师	助教	初级	研究生	本科生	其他	博士	硕士	
	编号	L01	L02	L03	L04	L05	L06	L07	L08	L09	L10	L11	L12	L13	L14
合　计	/	273	183	273	2	68	142	59	2	206	67	0	9	221	0
明达职业技术学院	1	0	0	0	0	0	0	0	0	0	0	0	0	0	0
三江学院	2	37	26	37	0	8	24	5	0	19	18	0	1	26	0
九州职业技术学院	3	2	2	2	0	1	1	0	0	1	1	0	0	1	0
南通理工学院	4	4	3	4	0	4	0	0	0	3	1	0	0	3	0
硅湖职业技术学院	5	8	6	8	0	2	2	4	0	4	4	0	1	4	0
应天职业技术学院	6	4	3	4	0	0	4	0	0	3	1	0	0	4	0
苏州托普信息职业技术学院	7	1	0	1	0	1	0	0	0	0	1	0	0	0	0
东南大学成贤学院	8	6	5	6	0	0	4	2	0	2	4	0	0	2	0
苏州工业园区职业技术学院	9	1	0	1	0	0	1	0	0	0	1	0	0	0	0
太湖创意职业技术学院	10	2	0	2	0	0	0	1	1	1	1	0	0	1	0
炎黄职业技术学院	11	1	1	1	0	0	1	0	0	0	1	0	0	1	0
正德职业技术学院	12	5	2	5	0	1	2	1	1	2	3	0	0	4	0
钟山职业技术学院	13	5	4	5	0	4	1	0	0	3	2	0	1	4	0
无锡南洋职业技术学院	14	1	1	1	0	0	1	0	0	0	1	0	0	0	0
江南影视艺术职业学院	15	3	3	3	0	0	1	2	0	2	1	0	0	2	0
金肯职业技术学院	16	7	6	7	0	0	6	1	0	4	3	0	0	6	0
建东职业技术学院	17	3	3	3	0	3	0	0	0	1	2	0	0	2	0
宿迁职业技术学院	18	2	2	2	0	0	0	2	0	2	0	0	0	2	0
江海职业技术学院	19	6	5	6	0	4	2	0	0	4	2	0	0	5	0
无锡太湖学院	20	17	17	17	0	3	7	7	0	17	0	0	0	17	0
中国矿业大学徐海学院	21	3	1	3	0	1	2	0	0	2	1	0	0	3	0
南京大学金陵学院	22	6	1	6	0	1	5	0	0	6	0	0	0	6	0
南京理工大学紫金学院	23	4	3	4	0	2	1	1	0	3	1	0	0	3	0
南京航空航天大学金城学院	24	9	8	9	0	2	4	3	0	9	0	0	0	9	0
中国传媒大学南广学院	25	8	4	8	0	2	2	4	0	8	0	0	0	8	0
金山职业技术学院	26	1	0	1	1	0	0	0	0	0	1	0	0	0	0

续表

高校名称		总计		按职称划分						按最后学历划分			按最后学位划分		其他人员
			女性	小计	教授	副教授	讲师	助教	初级	研究生	本科生	其他	博士	硕士	
	编号	L01	L02	L03	L04	L05	L06	L07	L08	L09	L10	L11	L12	L13	L14
南京理工大学泰州科技学院	27	6	5	6	0	1	5	0	0	3	3	0	0	4	0
南京师范大学泰州学院	28	5	3	5	0	3	2	0	0	5	0	0	0	5	0
南京工业大学浦江学院	29	1	1	1	0	0	1	0	0	1	0	0	0	1	0
南京师范大学中北学院	30	6	5	6	0	1	3	2	0	6	0	0	0	6	0
苏州百年职业学院	31	2	1	2	0	0	2	0	0	2	0	0	0	2	0
昆山登云科技职业学院	32	4	4	4	0	0	2	2	0	3	1	0	0	3	0
南京视觉艺术职业学院	33	3	1	3	0	1	0	2	0	2	1	0	0	2	0
南京医科大学康达学院	34	10	6	10	0	1	3	6	0	10	0	0	0	10	0
南京中医药大学翰林学院	35	5	2	5	0	1	4	0	0	5	0	0	1	4	0
南京信息工程大学滨江学院	36	3	2	3	0	2	1	0	0	3	0	0	1	2	0
苏州大学文正学院	37	18	7	18	1	4	8	5	0	13	5	0	2	11	0
苏州大学应用技术学院	38	1	1	1	0	0	1	0	0	0	1	0	0	1	0
苏州科技大学天平学院	39	1	1	1	0	0	1	0	0	1	0	0	0	1	0
江苏大学京江学院	40	0	0	0	0	0	0	0	0	0	0	0	0	0	0
扬州大学广陵学院	41	9	5	9	0	3	4	2	0	8	1	0	0	8	0
江苏师范大学科文学院	42	4	1	4	0	1	3	0	0	2	2	0	0	2	0
南京邮电大学通达学院	43	4	1	4	0	2	2	0	0	3	1	0	0	4	0
南京财经大学红山学院	44	14	10	14	0	0	10	4	0	14	0	0	0	14	0
江苏科技大学苏州理工学院	45	1	1	1	0	0	1	0	0	1	0	0	1	0	0
常州大学怀德学院	46	4	1	4	0	1	2	1	0	4	0	0	0	4	0
南通大学杏林学院	47	8	8	8	0	0	8	0	0	8	0	0	0	7	0
南京审计大学金审学院	48	2	2	2	0	1	0	1	0	2	0	0	0	2	0
宿迁学院	49	12	8	12	0	5	7	0	0	10	2	0	0	12	0
苏州高博软件技术职业学院	50	2	0	2	0	2	0	0	0	2	0	0	0	2	0
扬州中瑞酒店职业学院	51	0	0	0	0	0	0	0	0	0	0	0	0	0	0
西交利物浦大学	52	2	1	2	0	0	1	1	0	2	0	0	1	1	0
昆山杜克大学	53	0	0	0	0	0	0	0	0	0	0	0	0	0	0

4.3 哲学人文、社会科学活动人员情况表

高校名称		总计		按职称划分						按最后学历划分			按最后学位划分		其他
			女性	小计	教授	副教授	讲师	助教	初级	研究生	本科生	其他	博士	硕士	人员
	编号	L01	L02	L03	L04	L05	L06	L07	L08	L09	L10	L11	L12	L13	L14
合　计	/	98	68	98	5	14	46	33	0	91	7	0	17	75	0
明达职业技术学院	1	0	0	0	0	0	0	0	0	0	0	0	0	0	0
三江学院	2	9	7	9	0	0	5	4	0	7	2	0	0	8	0
九州职业技术学院	3	1	1	1	0	0	0	1	0	1	0	0	0	1	0
南通理工学院	4	0	0	0	0	0	0	0	0	0	0	0	0	0	0
硅湖职业技术学院	5	0	0	0	0	0	0	0	0	0	0	0	0	0	0
应天职业技术学院	6	0	0	0	0	0	0	0	0	0	0	0	0	0	0
苏州托普信息职业技术学院	7	1	1	1	0	0	1	0	0	1	0	0	0	1	0
东南大学成贤学院	8	0	0	0	0	0	0	0	0	0	0	0	0	0	0
苏州工业园区职业技术学院	9	0	0	0	0	0	0	0	0	0	0	0	0	0	0
太湖创意职业技术学院	10	0	0	0	0	0	0	0	0	0	0	0	0	0	0
炎黄职业技术学院	11	0	0	0	0	0	0	0	0	0	0	0	0	0	0
正德职业技术学院	12	1	1	1	0	0	0	1	0	1	0	0	0	1	0
钟山职业技术学院	13	0	0	0	0	0	0	0	0	0	0	0	0	0	0
无锡南洋职业技术学院	14	0	0	0	0	0	0	0	0	0	0	0	0	0	0
江南影视艺术职业学院	15	4	2	4	0	0	2	2	0	4	0	0	0	4	0
金肯职业技术学院	16	0	0	0	0	0	0	0	0	0	0	0	0	0	0
建东职业技术学院	17	0	0	0	0	0	0	0	0	0	0	0	0	0	0
宿迁职业技术学院	18	4	3	4	0	0	1	3	0	4	0	0	1	3	0
江海职业技术学院	19	0	0	0	0	0	0	0	0	0	0	0	0	0	0
无锡太湖学院	20	3	2	3	0	1	1	1	0	3	0	0	1	2	0
中国矿业大学徐海学院	21	0	0	0	0	0	0	0	0	0	0	0	0	0	0
南京大学金陵学院	22	1	0	1	0	0	0	1	0	1	0	0	0	1	0
南京理工大学紫金学院	23	0	0	0	0	0	0	0	0	0	0	0	0	0	0
南京航空航天大学金城学院	24	1	1	1	0	0	1	0	0	1	0	0	0	1	0
中国传媒大学南广学院	25	5	5	5	0	0	4	1	0	4	1	0	0	5	0
金山职业技术学院	26	0	0	0	0	0	0	0	0	0	0	0	0	0	0

续表

高校名称		总计		按职称划分						按最后学历划分			按最后学位划分		其他人员
			女性	小计	教授	副教授	讲师	助教	初级	研究生	本科生	其他	博士	硕士	
	编号	L01	L02	L03	L04	L05	L06	L07	L08	L09	L10	L11	L12	L13	L14
南京理工大学泰州科技学院	27	4	3	4	0	0	2	2	0	4	0	0	0	4	0
南京师范大学泰州学院	28	4	2	4	0	1	3	0	0	4	0	0	1	3	0
南京工业大学浦江学院	29	3	2	3	0	1	2	0	0	3	0	0	1	1	0
南京师范大学中北学院	30	2	1	2	0	1	1	0	0	2	0	0	0	2	0
苏州百年职业学院	31	0	0	0	0	0	0	0	0	0	0	0	0	0	0
昆山登云科技职业学院	32	3	3	3	0	1	1	1	0	3	0	0	0	3	0
南京视觉艺术职业学院	33	1	1	1	0	0	1	0	0	0	1	0	0	0	0
南京医科大学康达学院	34	0	0	0	0	0	0	0	0	0	0	0	0	0	0
南京中医药大学翰林学院	35	0	0	0	0	0	0	0	0	0	0	0	0	0	0
南京信息工程大学滨江学院	36	0	0	0	0	0	0	0	0	0	0	0	0	0	0
苏州大学文正学院	37	0	0	0	0	0	0	0	0	0	0	0	0	0	0
苏州大学应用技术学院	38	3	2	3	0	2	1	0	0	2	1	0	1	2	0
苏州科技大学天平学院	39	0	0	0	0	0	0	0	0	0	0	0	0	0	0
江苏大学京江学院	40	1	1	1	0	0	1	0	0	1	0	0	0	1	0
扬州大学广陵学院	41	3	2	3	1	0	2	0	0	2	1	0	0	1	0
江苏师范大学科文学院	42	4	2	4	0	0	4	0	0	3	1	0	0	3	0
南京邮电大学通达学院	43	0	0	0	0	0	0	0	0	0	0	0	0	0	0
南京财经大学红山学院	44	16	14	16	0	0	3	13	0	16	0	0	0	16	0
江苏科技大学苏州理工学院	45	3	1	3	0	1	2	0	0	3	0	0	0	3	0
常州大学怀德学院	46	4	3	4	2	0	1	1	0	4	0	0	2	2	0
南通大学杏林学院	47	2	1	2	0	0	2	0	0	2	0	0	0	2	0
南京审计大学金审学院	48	2	2	2	0	0	0	2	0	2	0	0	0	2	0
宿迁学院	49	4	3	4	1	3	0	0	0	4	0	0	1	3	0
苏州高博软件技术职业学院	50	0	0	0	0	0	0	0	0	0	0	0	0	0	0
扬州中瑞酒店职业学院	51	0	0	0	0	0	0	0	0	0	0	0	0	0	0
西交利物浦大学	52	4	1	4	0	2	2	0	0	4	0	0	4	0	0
昆山杜克大学	53	5	1	5	1	1	3	0	0	5	0	0	5	0	0

4.4 逻辑学人文、社会科学活动人员情况表

高校名称		总计		按职称划分						按最后学历划分			按最后学位划分		其他人员
			女性	小计	教授	副教授	讲师	助教	初级	研究生	本科生	其他	博士	硕士	
	编号	L01	L02	L03	L04	L05	L06	L07	L08	L09	L10	L11	L12	L13	L14
合　计	/	4	1	4	1	1	2	0	0	4	0	0	0	4	0
明达职业技术学院	1	0	0	0	0	0	0	0	0	0	0	0	0	0	0
三江学院	2	0	0	0	0	0	0	0	0	0	0	0	0	0	0
九州职业技术学院	3	0	0	0	0	0	0	0	0	0	0	0	0	0	0
南通理工学院	4	0	0	0	0	0	0	0	0	0	0	0	0	0	0
硅湖职业技术学院	5	1	0	1	1	0	0	0	0	1	0	0	0	1	0
应天职业技术学院	6	0	0	0	0	0	0	0	0	0	0	0	0	0	0
苏州托普信息职业技术学院	7	0	0	0	0	0	0	0	0	0	0	0	0	0	0
东南大学成贤学院	8	0	0	0	0	0	0	0	0	0	0	0	0	0	0
苏州工业园区职业技术学院	9	0	0	0	0	0	0	0	0	0	0	0	0	0	0
太湖创意职业技术学院	10	0	0	0	0	0	0	0	0	0	0	0	0	0	0
炎黄职业技术学院	11	0	0	0	0	0	0	0	0	0	0	0	0	0	0
正德职业技术学院	12	0	0	0	0	0	0	0	0	0	0	0	0	0	0
钟山职业技术学院	13	0	0	0	0	0	0	0	0	0	0	0	0	0	0
无锡南洋职业技术学院	14	0	0	0	0	0	0	0	0	0	0	0	0	0	0
江南影视艺术职业学院	15	1	0	1	0	1	0	0	0	1	0	0	0	1	0
金肯职业技术学院	16	0	0	0	0	0	0	0	0	0	0	0	0	0	0
建东职业技术学院	17	0	0	0	0	0	0	0	0	0	0	0	0	0	0
宿迁职业技术学院	18	0	0	0	0	0	0	0	0	0	0	0	0	0	0
江海职业技术学院	19	0	0	0	0	0	0	0	0	0	0	0	0	0	0
无锡太湖学院	20	0	0	0	0	0	0	0	0	0	0	0	0	0	0
中国矿业大学徐海学院	21	0	0	0	0	0	0	0	0	0	0	0	0	0	0
南京大学金陵学院	22	0	0	0	0	0	0	0	0	0	0	0	0	0	0
南京理工大学紫金学院	23	0	0	0	0	0	0	0	0	0	0	0	0	0	0
南京航空航天大学金城学院	24	1	0	1	0	0	1	0	0	1	0	0	0	1	0
中国传媒大学南广学院	25	0	0	0	0	0	0	0	0	0	0	0	0	0	0
金山职业技术学院	26	0	0	0	0	0	0	0	0	0	0	0	0	0	0

续表

高校名称	编号	总计 L01	女性 L02	按职称划分 小计 L03	教授 L04	副教授 L05	讲师 L06	助教 L07	初级 L08	按最后学历划分 研究生 L09	本科生 L10	其他 L11	按最后学位划分 博士 L12	硕士 L13	其他人员 L14
南京理工大学泰州科技学院	27	0	0	0	0	0	0	0	0	0	0	0	0	0	0
南京师范大学泰州学院	28	0	0	0	0	0	0	0	0	0	0	0	0	0	0
南京工业大学浦江学院	29	0	0	0	0	0	0	0	0	0	0	0	0	0	0
南京师范大学中北学院	30	0	0	0	0	0	0	0	0	0	0	0	0	0	0
苏州百年职业学院	31	0	0	0	0	0	0	0	0	0	0	0	0	0	0
昆山登云科技职业学院	32	0	0	0	0	0	0	0	0	0	0	0	0	0	0
南京视觉艺术职业学院	33	0	0	0	0	0	0	0	0	0	0	0	0	0	0
南京医科大学康达学院	34	0	0	0	0	0	0	0	0	0	0	0	0	0	0
南京中医药大学翰林学院	35	0	0	0	0	0	0	0	0	0	0	0	0	0	0
南京信息工程大学滨江学院	36	0	0	0	0	0	0	0	0	0	0	0	0	0	0
苏州大学文正学院	37	0	0	0	0	0	0	0	0	0	0	0	0	0	0
苏州大学应用技术学院	38	0	0	0	0	0	0	0	0	0	0	0	0	0	0
苏州科技大学天平学院	39	0	0	0	0	0	0	0	0	0	0	0	0	0	0
江苏大学京江学院	40	0	0	0	0	0	0	0	0	0	0	0	0	0	0
扬州大学广陵学院	41	0	0	0	0	0	0	0	0	0	0	0	0	0	0
江苏师范大学科文学院	42	0	0	0	0	0	0	0	0	0	0	0	0	0	0
南京邮电大学通达学院	43	0	0	0	0	0	0	0	0	0	0	0	0	0	0
南京财经大学红山学院	44	1	1	1	0	0	1	0	0	1	0	0	0	1	0
江苏科技大学苏州理工学院	45	0	0	0	0	0	0	0	0	0	0	0	0	0	0
常州大学怀德学院	46	0	0	0	0	0	0	0	0	0	0	0	0	0	0
南通大学杏林学院	47	0	0	0	0	0	0	0	0	0	0	0	0	0	0
南京审计大学金审学院	48	0	0	0	0	0	0	0	0	0	0	0	0	0	0
宿迁学院	49	0	0	0	0	0	0	0	0	0	0	0	0	0	0
苏州高博软件技术职业学院	50	0	0	0	0	0	0	0	0	0	0	0	0	0	0
扬州中瑞酒店职业学院	51	0	0	0	0	0	0	0	0	0	0	0	0	0	0
西交利物浦大学	52	0	0	0	0	0	0	0	0	0	0	0	0	0	0
昆山杜克大学	53	0	0	0	0	0	0	0	0	0	0	0	0	0	0

4.5 宗教学人文、社会科学活动人员情况表

高校名称		总计		按职称划分						按最后学历划分			按最后学位划分		其他
			女性	小计	教授	副教授	讲师	助教	初级	研究生	本科生	其他	博士	硕士	人员
	编号	L01	L02	L03	L04	L05	L06	L07	L08	L09	L10	L11	L12	L13	L14
合　计	/	2	0	2	1	0	1	0	0	2	0	0	2	0	0
明达职业技术学院	1	0	0	0	0	0	0	0	0	0	0	0	0	0	0
三江学院	2	0	0	0	0	0	0	0	0	0	0	0	0	0	0
九州职业技术学院	3	0	0	0	0	0	0	0	0	0	0	0	0	0	0
南通理工学院	4	0	0	0	0	0	0	0	0	0	0	0	0	0	0
硅湖职业技术学院	5	0	0	0	0	0	0	0	0	0	0	0	0	0	0
应天职业技术学院	6	0	0	0	0	0	0	0	0	0	0	0	0	0	0
苏州托普信息职业技术学院	7	0	0	0	0	0	0	0	0	0	0	0	0	0	0
东南大学成贤学院	8	0	0	0	0	0	0	0	0	0	0	0	0	0	0
苏州工业园区职业技术学院	9	0	0	0	0	0	0	0	0	0	0	0	0	0	0
太湖创意职业技术学院	10	0	0	0	0	0	0	0	0	0	0	0	0	0	0
炎黄职业技术学院	11	0	0	0	0	0	0	0	0	0	0	0	0	0	0
正德职业技术学院	12	0	0	0	0	0	0	0	0	0	0	0	0	0	0
钟山职业技术学院	13	0	0	0	0	0	0	0	0	0	0	0	0	0	0
无锡南洋职业技术学院	14	0	0	0	0	0	0	0	0	0	0	0	0	0	0
江南影视艺术职业学院	15	0	0	0	0	0	0	0	0	0	0	0	0	0	0
金肯职业技术学院	16	0	0	0	0	0	0	0	0	0	0	0	0	0	0
建东职业技术学院	17	0	0	0	0	0	0	0	0	0	0	0	0	0	0
宿迁职业技术学院	18	0	0	0	0	0	0	0	0	0	0	0	0	0	0
江海职业技术学院	19	0	0	0	0	0	0	0	0	0	0	0	0	0	0
无锡太湖学院	20	0	0	0	0	0	0	0	0	0	0	0	0	0	0
中国矿业大学徐海学院	21	0	0	0	0	0	0	0	0	0	0	0	0	0	0
南京大学金陵学院	22	0	0	0	0	0	0	0	0	0	0	0	0	0	0
南京理工大学紫金学院	23	0	0	0	0	0	0	0	0	0	0	0	0	0	0
南京航空航天大学金城学院	24	0	0	0	0	0	0	0	0	0	0	0	0	0	0
中国传媒大学南广学院	25	0	0	0	0	0	0	0	0	0	0	0	0	0	0
金山职业技术学院	26	0	0	0	0	0	0	0	0	0	0	0	0	0	0

续表

高校名称		总计		按职称划分						按最后学历划分			按最后学位划分		其他人员
			女性	小计	教授	副教授	讲师	助教	初级	研究生	本科生	其他	博士	硕士	
	编号	L01	L02	L03	L04	L05	L06	L07	L08	L09	L10	L11	L12	L13	L14
南京理工大学泰州科技学院	27	0	0	0	0	0	0	0	0	0	0	0	0	0	0
南京师范大学泰州学院	28	0	0	0	0	0	0	0	0	0	0	0	0	0	0
南京工业大学浦江学院	29	0	0	0	0	0	0	0	0	0	0	0	0	0	0
南京师范大学中北学院	30	0	0	0	0	0	0	0	0	0	0	0	0	0	0
苏州百年职业学院	31	0	0	0	0	0	0	0	0	0	0	0	0	0	0
昆山登云科技职业学院	32	0	0	0	0	0	0	0	0	0	0	0	0	0	0
南京视觉艺术职业学院	33	0	0	0	0	0	0	0	0	0	0	0	0	0	0
南京医科大学康达学院	34	0	0	0	0	0	0	0	0	0	0	0	0	0	0
南京中医药大学翰林学院	35	0	0	0	0	0	0	0	0	0	0	0	0	0	0
南京信息工程大学滨江学院	36	0	0	0	0	0	0	0	0	0	0	0	0	0	0
苏州大学文正学院	37	0	0	0	0	0	0	0	0	0	0	0	0	0	0
苏州大学应用技术学院	38	0	0	0	0	0	0	0	0	0	0	0	0	0	0
苏州科技大学天平学院	39	0	0	0	0	0	0	0	0	0	0	0	0	0	0
江苏大学京江学院	40	0	0	0	0	0	0	0	0	0	0	0	0	0	0
扬州大学广陵学院	41	0	0	0	0	0	0	0	0	0	0	0	0	0	0
江苏师范大学科文学院	42	0	0	0	0	0	0	0	0	0	0	0	0	0	0
南京邮电大学通达学院	43	0	0	0	0	0	0	0	0	0	0	0	0	0	0
南京财经大学红山学院	44	0	0	0	0	0	0	0	0	0	0	0	0	0	0
江苏科技大学苏州理工学院	45	0	0	0	0	0	0	0	0	0	0	0	0	0	0
常州大学怀德学院	46	0	0	0	0	0	0	0	0	0	0	0	0	0	0
南通大学杏林学院	47	0	0	0	0	0	0	0	0	0	0	0	0	0	0
南京审计大学金审学院	48	0	0	0	0	0	0	0	0	0	0	0	0	0	0
宿迁学院	49	0	0	0	0	0	0	0	0	0	0	0	0	0	0
苏州高博软件技术职业学院	50	0	0	0	0	0	0	0	0	0	0	0	0	0	0
扬州中瑞酒店职业学院	51	0	0	0	0	0	0	0	0	0	0	0	0	0	0
西交利物浦大学	52	0	0	0	0	0	0	0	0	0	0	0	0	0	0
昆山杜克大学	53	2	0	2	1	0	1	0	0	2	0	0	2	0	0

4.6 语言学人文、社会科学活动人员情况表

高校名称	编号	总计 L01	女性 L02	按职称划分 小计 L03	教授 L04	副教授 L05	讲师 L06	助教 L07	初级 L08	按最后学历划分 研究生 L09	本科生 L10	其他 L11	按最后学位划分 博士 L12	硕士 L13	其他人员 L14
合　计	/	1 012	844	1 012	11	169	678	145	9	656	355	1	42	745	0
明达职业技术学院	1	0	0	0	0	0	0	0	0	0	0	0	0	0	0
三江学院	2	59	53	59	0	10	48	1	0	42	17	0	4	47	0
九州职业技术学院	3	6	5	6	0	3	3	0	0	1	5	0	0	4	0
南通理工学院	4	30	27	30	1	4	15	10	0	15	15	0	0	16	0
硅湖职业技术学院	5	14	13	14	0	2	8	4	0	5	9	0	0	6	0
应天职业技术学院	6	11	11	11	0	2	9	0	0	3	8	0	0	6	0
苏州托普信息职业技术学院	7	16	13	16	0	2	8	6	0	7	9	0	0	7	0
东南大学成贤学院	8	18	15	18	1	1	16	0	0	11	7	0	0	14	0
苏州工业园区职业技术学院	9	22	19	22	0	5	17	0	0	9	13	0	0	12	0
太湖创意职业技术学院	10	6	6	6	0	0	3	0	3	2	4	0	0	2	0
炎黄职业技术学院	11	15	11	15	0	2	10	3	0	2	13	0	0	3	0
正德职业技术学院	12	11	9	11	0	3	7	1	0	2	9	0	0	6	0
钟山职业技术学院	13	6	3	6	0	4	2	0	0	0	6	0	0	6	0
无锡南洋职业技术学院	14	11	9	11	0	5	6	0	0	1	10	0	0	4	0
江南影视艺术职业学院	15	12	10	12	0	0	5	6	1	2	10	0	0	2	0
金肯职业技术学院	16	5	5	5	0	1	4	0	0	3	2	0	0	4	0
建东职业技术学院	17	11	8	11	0	4	6	1	0	2	9	0	0	3	0
宿迁职业技术学院	18	5	5	5	0	0	0	5	0	4	1	0	0	4	0
江海职业技术学院	19	27	20	27	0	8	18	1	0	5	22	0	0	9	0
无锡太湖学院	20	66	57	66	0	14	40	12	0	46	20	0	1	49	0
中国矿业大学徐海学院	21	28	22	28	0	3	23	2	0	24	4	0	0	26	0
南京大学金陵学院	22	5	4	5	0	1	4	0	0	5	0	0	1	4	0
南京理工大学紫金学院	23	22	22	22	0	5	17	0	0	20	2	0	0	21	0
南京航空航天大学金城学院	24	38	36	38	0	1	36	1	0	36	2	0	0	38	0
中国传媒大学南广学院	25	71	61	71	3	15	37	16	0	57	13	1	1	64	0
金山职业技术学院	26	5	5	5	0	1	1	3	0	1	4	0	0	1	0

续表

高校名称		总计		按职称划分						按最后学历划分			按最后学位划分		其他人员
			女性	小计	教授	副教授	讲师	助教	初级	研究生	本科生	其他	博士	硕士	
	编号	L01	L02	L03	L04	L05	L06	L07	L08	L09	L10	L11	L12	L13	L14
南京理工大学泰州科技学院	27	21	18	21	0	2	17	2	0	15	6	0	0	18	0
南京师范大学泰州学院	28	46	40	46	0	5	39	2	0	25	21	0	0	41	0
南京工业大学浦江学院	29	25	21	25	0	3	8	14	0	20	5	0	0	21	0
南京师范大学中北学院	30	15	12	15	0	0	14	1	0	14	1	0	0	14	0
苏州百年职业学院	31	13	12	13	0	0	7	6	0	11	2	0	0	11	0
昆山登云科技职业学院	32	12	8	12	0	1	9	2	0	1	11	0	0	1	0
南京视觉艺术职业学院	33	3	2	3	0	0	2	1	0	3	0	0	0	3	0
南京医科大学康达学院	34	16	13	16	0	1	14	0	1	15	1	0	0	15	0
南京中医药大学翰林学院	35	8	7	8	0	0	8	0	0	6	2	0	1	5	0
南京信息工程大学滨江学院	36	11	8	11	0	1	9	1	0	9	2	0	2	8	0
苏州大学文正学院	37	27	17	27	0	3	13	11	0	24	3	0	3	21	0
苏州大学应用技术学院	38	6	5	6	0	0	4	2	0	6	0	0	0	6	0
苏州科技大学天平学院	39	28	25	28	0	0	26	2	0	25	3	0	0	25	0
江苏大学京江学院	40	11	11	11	0	0	8	3	0	11	0	0	0	11	0
扬州大学广陵学院	41	17	13	17	0	3	10	4	0	17	0	0	2	15	0
江苏师范大学科文学院	42	10	10	10	0	1	2	7	0	10	0	0	0	10	0
南京邮电大学通达学院	43	12	11	12	0	3	8	1	0	11	1	0	0	11	0
南京财经大学红山学院	44	4	4	4	0	0	3	1	0	4	0	0	0	4	0
江苏科技大学苏州理工学院	45	7	5	7	0	2	5	0	0	4	3	0	0	4	0
常州大学怀德学院	46	26	19	26	1	6	12	7	0	14	12	0	3	20	0
南通大学杏林学院	47	28	22	28	0	2	24	2	0	23	5	0	0	23	0
南京审计大学金审学院	48	12	11	12	0	5	7	0	0	5	7	0	0	10	0
宿迁学院	49	68	56	68	2	24	42	0	0	22	46	0	0	58	0
苏州高博软件技术职业学院	50	19	17	19	0	6	12	1	0	15	4	0	0	14	0
扬州中瑞酒店职业学院	51	2	2	2	0	0	2	0	0	0	2	0	0	1	0
西交利物浦大学	52	21	11	21	1	4	9	3	4	17	4	0	14	3	0
昆山杜克大学	53	24	15	24	2	1	21	0	0	24	0	0	10	14	0

4.7 中国文学人文、社会科学活动人员情况表

高校名称		总计		按职称划分						按最后学历划分			按最后学位划分		其他
			女性	小计	教授	副教授	讲师	助教	初级	研究生	本科生	其他	博士	硕士	人员
	编号	L01	L02	L03	L04	L05	L06	L07	L08	L09	L10	L11	L12	L13	L14
合　计	/	152	104	152	8	40	72	31	1	119	33	0	22	107	0
明达职业技术学院	1	0	0	0	0	0	0	0	0	0	0	0	0	0	0
三江学院	2	11	6	11	1	5	4	1	0	9	2	0	3	7	0
九州职业技术学院	3	3	1	3	0	1	2	0	0	0	3	0	0	1	0
南通理工学院	4	1	0	1	0	0	1	0	0	1	0	0	1	0	0
硅湖职业技术学院	5	2	1	2	1	1	0	0	0	1	1	0	0	1	0
应天职业技术学院	6	2	1	2	0	1	1	0	0	1	1	0	0	1	0
苏州托普信息职业技术学院	7	0	0	0	0	0	0	0	0	0	0	0	0	0	0
东南大学成贤学院	8	1	0	1	0	1	0	0	0	0	1	0	0	1	0
苏州工业园区职业技术学院	9	1	0	1	0	1	0	0	0	0	1	0	0	1	0
太湖创意职业技术学院	10	0	0	0	0	0	0	0	0	0	0	0	0	0	0
炎黄职业技术学院	11	1	1	1	0	1	0	0	0	0	1	0	0	1	0
正德职业技术学院	12	2	2	2	0	0	0	2	0	1	1	0	0	1	0
钟山职业技术学院	13	0	0	0	0	0	0	0	0	0	0	0	0	0	0
无锡南洋职业技术学院	14	1	1	1	0	0	1	0	0	0	1	0	0	0	0
江南影视艺术职业学院	15	13	11	13	0	0	4	9	0	9	4	0	1	8	0
金肯职业技术学院	16	0	0	0	0	0	0	0	0	0	0	0	0	0	0
建东职业技术学院	17	0	0	0	0	0	0	0	0	0	0	0	0	0	0
宿迁职业技术学院	18	1	0	1	0	1	0	0	0	0	1	0	0	0	0
江海职业技术学院	19	4	4	4	0	2	2	0	0	2	2	0	0	4	0
无锡太湖学院	20	1	1	1	0	1	0	0	0	1	0	0	0	1	0
中国矿业大学徐海学院	21	5	5	5	1	0	3	1	0	5	0	0	0	5	0
南京大学金陵学院	22	4	3	4	0	0	4	0	0	2	2	0	0	2	0
南京理工大学紫金学院	23	0	0	0	0	0	0	0	0	0	0	0	0	0	0
南京航空航天大学金城学院	24	2	1	2	0	1	1	0	0	2	0	0	0	2	0
中国传媒大学南广学院	25	11	7	11	1	3	6	1	0	11	0	0	1	10	0
金山职业技术学院	26	3	2	3	0	2	1	0	0	0	3	0	0	0	0

续表

高校名称		总计		按职称划分						按最后学历划分			按最后学位划分		其他人员
			女性	小计	教授	副教授	讲师	助教	初级	研究生	本科生	其他	博士	硕士	
	编号	L01	L02	L03	L04	L05	L06	L07	L08	L09	L10	L11	L12	L13	L14
南京理工大学泰州科技学院	27	0	0	0	0	0	0	0	0	0	0	0	0	0	0
南京师范大学泰州学院	28	14	10	14	1	3	8	2	0	13	1	0	2	11	0
南京工业大学浦江学院	29	4	1	4	1	0	1	2	0	4	0	0	1	3	0
南京师范大学中北学院	30	7	6	7	0	1	6	0	0	7	0	0	0	7	0
苏州百年职业学院	31	0	0	0	0	0	0	0	0	0	0	0	0	0	0
昆山登云科技职业学院	32	1	0	1	0	0	0	1	0	0	1	0	0	0	0
南京视觉艺术职业学院	33	3	2	3	1	0	1	1	0	3	0	0	1	2	0
南京医科大学康达学院	34	0	0	0	0	0	0	0	0	0	0	0	0	0	0
南京中医药大学翰林学院	35	1	0	1	0	0	1	0	0	1	0	0	0	1	0
南京信息工程大学滨江学院	36	1	0	1	0	0	1	0	0	1	0	0	0	1	0
苏州大学文正学院	37	5	2	5	1	2	1	1	0	5	0	0	4	1	0
苏州大学应用技术学院	38	0	0	0	0	0	0	0	0	0	0	0	0	0	0
苏州科技大学天平学院	39	1	1	1	0	0	1	0	0	1	0	0	0	1	0
江苏大学京江学院	40	0	0	0	0	0	0	0	0	0	0	0	0	0	0
扬州大学广陵学院	41	5	4	5	0	1	3	1	0	5	0	0	1	4	0
江苏师范大学科文学院	42	6	5	6	0	0	3	3	0	6	0	0	0	6	0
南京邮电大学通达学院	43	1	0	1	0	0	1	0	0	0	1	0	0	0	0
南京财经大学红山学院	44	4	4	4	0	0	0	4	0	4	0	0	0	4	0
江苏科技大学苏州理工学院	45	0	0	0	0	0	0	0	0	0	0	0	0	0	0
常州大学怀德学院	46	0	0	0	0	0	0	0	0	0	0	0	0	0	0
南通大学杏林学院	47	6	5	6	0	1	5	0	0	6	0	0	0	6	0
南京审计大学金审学院	48	0	0	0	0	0	0	0	0	0	0	0	0	0	0
宿迁学院	49	15	9	15	0	9	6	0	0	10	5	0	3	9	0
苏州高博软件技术职业学院	50	1	1	1	0	1	0	0	0	1	0	0	1	0	0
扬州中瑞酒店职业学院	51	0	0	0	0	0	0	0	0	0	0	0	0	0	0
西交利物浦大学	52	8	7	8	0	1	4	2	1	7	1	0	3	5	0
昆山杜克大学	53	0	0	0	0	0	0	0	0	0	0	0	0	0	0

4.8 外国文学人文、社会科学活动人员情况表

高校名称		总计		按职称划分						按最后学历划分			按最后学位划分		其他人员
			女性	小计	教授	副教授	讲师	助教	初级	研究生	本科生	其他	博士	硕士	
	编号	L01	L02	L03	L04	L05	L06	L07	L08	L09	L10	L11	L12	L13	L14
合　计	/	169	134	169	2	16	122	29	0	124	45	0	7	127	0
明达职业技术学院	1	0	0	0	0	0	0	0	0	0	0	0	0	0	0
三江学院	2	8	6	8	1	3	3	1	0	7	1	0	1	6	0
九州职业技术学院	3	0	0	0	0	0	0	0	0	0	0	0	0	0	0
南通理工学院	4	0	0	0	0	0	0	0	0	0	0	0	0	0	0
硅湖职业技术学院	5	0	0	0	0	0	0	0	0	0	0	0	0	0	0
应天职业技术学院	6	3	3	3	0	0	3	0	0	3	0	0	0	3	0
苏州托普信息职业技术学院	7	1	1	1	0	0	1	0	0	1	0	0	0	1	0
东南大学成贤学院	8	0	0	0	0	0	0	0	0	0	0	0	0	0	0
苏州工业园区职业技术学院	9	1	1	1	0	1	0	0	0	1	0	0	0	1	0
太湖创意职业技术学院	10	0	0	0	0	0	0	0	0	0	0	0	0	0	0
炎黄职业技术学院	11	0	0	0	0	0	0	0	0	0	0	0	0	0	0
正德职业技术学院	12	3	1	3	0	0	2	1	0	0	3	0	0	2	0
钟山职业技术学院	13	1	1	1	0	0	1	0	0	0	1	0	0	1	0
无锡南洋职业技术学院	14	2	2	2	0	0	2	0	0	0	2	0	0	0	0
江南影视艺术职业学院	15	1	1	1	0	0	0	1	0	1	0	0	0	1	0
金肯职业技术学院	16	0	0	0	0	0	0	0	0	0	0	0	0	0	0
建东职业技术学院	17	0	0	0	0	0	0	0	0	0	0	0	0	0	0
宿迁职业技术学院	18	5	4	5	0	1	0	4	0	2	3	0	0	2	0
江海职业技术学院	19	0	0	0	0	0	0	0	0	0	0	0	0	0	0
无锡太湖学院	20	1	1	1	0	0	0	1	0	1	0	0	0	1	0
中国矿业大学徐海学院	21	1	0	1	0	0	0	1	0	1	0	0	0	1	0
南京大学金陵学院	22	59	45	59	0	1	53	5	0	47	12	0	0	47	0
南京理工大学紫金学院	23	0	0	0	0	0	0	0	0	0	0	0	0	0	0
南京航空航天大学金城学院	24	9	9	9	0	1	7	1	0	9	0	0	0	9	0
中国传媒大学南广学院	25	3	3	3	0	0	3	0	0	3	0	0	0	2	0
金山职业技术学院	26	0	0	0	0	0	0	0	0	0	0	0	0	0	0

续表

高校名称	编号	总计		按职称划分						按最后学历划分			按最后学位划分		其他人员
			女性	小计	教授	副教授	讲师	助教	初级	研究生	本科生	其他	博士	硕士	
	编号	L01	L02	L03	L04	L05	L06	L07	L08	L09	L10	L11	L12	L13	L14
南京理工大学泰州科技学院	27	0	0	0	0	0	0	0	0	0	0	0	0	0	0
南京师范大学泰州学院	28	2	2	2	0	0	1	1	0	1	1	0	0	2	0
南京工业大学浦江学院	29	6	6	6	1	0	1	4	0	6	0	0	1	5	0
南京师范大学中北学院	30	6	5	6	0	2	1	3	0	6	0	0	0	6	0
苏州百年职业学院	31	4	3	4	0	0	4	0	0	3	1	0	0	3	0
昆山登云科技职业学院	32	1	0	1	0	0	1	0	0	1	0	0	0	1	0
南京视觉艺术职业学院	33	2	1	2	0	0	2	0	0	2	0	0	0	1	0
南京医科大学康达学院	34	0	0	0	0	0	0	0	0	0	0	0	0	0	0
南京中医药大学翰林学院	35	0	0	0	0	0	0	0	0	0	0	0	0	0	0
南京信息工程大学滨江学院	36	1	1	1	0	0	0	1	0	1	0	0	0	1	0
苏州大学文正学院	37	3	2	3	0	1	1	1	0	3	0	0	1	2	0
苏州大学应用技术学院	38	1	1	1	0	0	0	1	0	1	0	0	0	1	0
苏州科技大学天平学院	39	3	3	3	0	0	3	0	0	3	0	0	0	3	0
江苏大学京江学院	40	1	0	1	0	0	1	0	0	1	0	0	0	1	0
扬州大学广陵学院	41	0	0	0	0	0	0	0	0	0	0	0	0	0	0
江苏师范大学科文学院	42	20	15	20	0	2	16	2	0	9	11	0	0	9	0
南京邮电大学通达学院	43	0	0	0	0	0	0	0	0	0	0	0	0	0	0
南京财经大学红山学院	44	0	0	0	0	0	0	0	0	0	0	0	0	0	0
江苏科技大学苏州理工学院	45	0	0	0	0	0	0	0	0	0	0	0	0	0	0
常州大学怀德学院	46	0	0	0	0	0	0	0	0	0	0	0	0	0	0
南通大学杏林学院	47	4	4	4	0	0	4	0	0	4	0	0	0	4	0
南京审计大学金审学院	48	4	4	4	0	3	1	0	0	1	3	0	0	3	0
宿迁学院	49	8	7	8	0	0	8	0	0	1	7	0	0	7	0
苏州高博软件技术职业学院	50	0	0	0	0	0	0	0	0	0	0	0	0	0	0
扬州中瑞酒店职业学院	51	0	0	0	0	0	0	0	0	0	0	0	0	0	0
西交利物浦大学	52	5	2	5	0	1	3	1	0	5	0	0	4	1	0
昆山杜克大学	53	0	0	0	0	0	0	0	0	0	0	0	0	0	0

4.9 艺术学人文、社会科学活动人员情况表

高校名称		总计		按职称划分						按最后学历划分			按最后学位划分		其他人员
			女性	小计	教授	副教授	讲师	助教	初级	研究生	本科生	其他	博士	硕士	
	编号	L01	L02	L03	L04	L05	L06	L07	L08	L09	L10	L11	L12	L13	L14
合　计	/	1 173	732	1 173	28	181	579	382	3	709	456	8	15	868	0
明达职业技术学院	1	0	0	0	0	0	0	0	0	0	0	0	0	0	0
三江学院	2	41	24	41	1	16	21	3	0	21	20	0	0	37	0
九州职业技术学院	3	6	5	6	0	1	5	0	0	0	6	0	0	1	0
南通理工学院	4	6	4	6	0	3	3	0	0	2	4	0	1	5	0
硅湖职业技术学院	5	24	16	24	2	3	11	8	0	11	13	0	0	13	0
应天职业技术学院	6	14	11	14	0	2	12	0	0	7	7	0	0	11	0
苏州托普信息职业技术学院	7	24	10	24	0	1	11	12	0	0	24	0	0	1	0
东南大学成贤学院	8	0	0	0	0	0	0	0	0	0	0	0	0	0	0
苏州工业园区职业技术学院	9	20	14	20	0	3	17	0	0	9	10	1	0	9	0
太湖创意职业技术学院	10	6	2	6	0	2	1	3	0	3	3	0	0	3	0
炎黄职业技术学院	11	3	2	3	0	0	3	0	0	1	2	0	0	1	0
正德职业技术学院	12	20	13	20	1	1	14	4	0	6	14	0	0	13	0
钟山职业技术学院	13	9	6	9	0	6	3	0	0	4	5	0	0	9	0
无锡南洋职业技术学院	14	16	11	16	0	2	12	2	0	5	11	0	0	6	0
江南影视艺术职业学院	15	118	89	118	0	8	24	86	0	55	61	2	2	57	0
金肯职业技术学院	16	2	2	2	0	0	2	0	0	2	0	0	0	2	0
建东职业技术学院	17	8	6	8	0	1	4	3	0	0	8	0	0	0	0
宿迁职业技术学院	18	6	5	6	0	0	2	4	0	4	2	0	0	4	0
江海职业技术学院	19	14	6	14	0	5	8	1	0	5	9	0	0	8	0
无锡太湖学院	20	68	40	68	1	20	40	7	0	39	29	0	0	53	0
中国矿业大学徐海学院	21	5	3	5	0	1	1	3	0	4	1	0	0	4	0
南京大学金陵学院	22	35	23	35	1	3	30	1	0	28	7	0	2	26	0
南京理工大学紫金学院	23	1	1	1	0	0	1	0	0	0	1	0	0	0	0
南京航空航天大学金城学院	24	38	23	38	0	4	12	22	0	29	9	0	0	34	0
中国传媒大学南广学院	25	242	135	242	14	40	93	95	0	169	68	5	3	208	0
金山职业技术学院	26	2	1	2	0	0	2	0	0	1	1	0	0	1	0

续表

高校名称		总计		按职称划分						按最后学历划分			按最后学位划分		其他
			女性	小计	教授	副教授	讲师	助教	初级	研究生	本科生	其他	博士	硕士	人员
	编号	L01	L02	L03	L04	L05	L06	L07	L08	L09	L10	L11	L12	L13	L14
南京理工大学泰州科技学院	27	8	5	8	0	2	6	0	0	6	2	0	0	6	0
南京师范大学泰州学院	28	69	47	69	0	17	48	4	0	32	37	0	0	60	0
南京工业大学浦江学院	29	31	14	31	0	4	11	16	0	23	8	0	0	30	0
南京师范大学中北学院	30	23	15	23	0	2	18	3	0	22	1	0	0	20	0
苏州百年职业学院	31	6	4	6	1	0	3	0	2	5	1	0	0	5	0
昆山登云科技职业学院	32	20	16	20	0	1	10	9	0	8	12	0	0	11	0
南京视觉艺术职业学院	33	53	31	53	1	10	24	18	0	32	21	0	1	31	0
南京医科大学康达学院	34	0	0	0	0	0	0	0	0	0	0	0	0	0	0
南京中医药大学翰林学院	35	1	1	1	0	0	1	0	0	1	0	0	0	1	0
南京信息工程大学滨江学院	36	8	5	8	1	1	2	4	0	6	2	0	1	7	0
苏州大学文正学院	37	16	12	16	1	0	11	4	0	15	1	0	0	15	0
苏州大学应用技术学院	38	16	11	16	0	0	9	7	0	14	2	0	0	15	0
苏州科技大学天平学院	39	19	13	19	0	0	9	10	0	18	1	0	0	19	0
江苏大学京江学院	40	2	2	2	0	0	0	2	0	2	0	0	0	2	0
扬州大学广陵学院	41	28	15	28	0	0	15	13	0	26	2	0	0	26	0
江苏师范大学科文学院	42	17	12	17	0	0	4	13	0	14	3	0	0	15	0
南京邮电大学通达学院	43	1	1	1	0	0	0	1	0	1	0	0	0	1	0
南京财经大学红山学院	44	1	0	1	0	0	0	1	0	1	0	0	0	1	0
江苏科技大学苏州理工学院	45	0	0	0	0	0	0	0	0	0	0	0	0	0	0
常州大学怀德学院	46	14	9	14	0	0	8	6	0	14	0	0	0	14	0
南通大学杏林学院	47	10	7	10	0	2	8	0	0	7	3	0	0	9	0
南京审计大学金审学院	48	35	23	35	3	7	12	13	0	21	14	0	2	27	0
宿迁学院	49	30	16	30	0	6	22	2	0	13	17	0	0	24	0
苏州高博软件技术职业学院	50	27	17	27	0	6	20	1	0	14	13	0	0	16	0
扬州中瑞酒店职业学院	51	2	2	2	0	1	1	0	0	1	1	0	0	2	0
西交利物浦大学	52	1	1	1	0	0	0	0	1	1	0	0	0	1	0
昆山杜克大学	53	7	1	7	1	0	5	1	0	7	0	0	3	4	0

4.10 历史学人文、社会科学活动人员情况表

高校名称		总计		按职称划分						按最后学历划分			按最后学位划分		其他人员
			女性	小计	教授	副教授	讲师	助教	初级	研究生	本科生	其他	博士	硕士	
	编号	L01	L02	L03	L04	L05	L06	L07	L08	L09	L10	L11	L12	L13	L14
合　计	/	37	13	37	1	7	22	7	0	30	7	0	11	21	0
明达职业技术学院	1	0	0	0	0	0	0	0	0	0	0	0	0	0	0
三江学院	2	1	0	1	0	0	1	0	0	1	0	0	0	1	0
九州职业技术学院	3	0	0	0	0	0	0	0	0	0	0	0	0	0	0
南通理工学院	4	0	0	0	0	0	0	0	0	0	0	0	0	0	0
硅湖职业技术学院	5	0	0	0	0	0	0	0	0	0	0	0	0	0	0
应天职业技术学院	6	0	0	0	0	0	0	0	0	0	0	0	0	0	0
苏州托普信息职业技术学院	7	1	1	1	0	0	0	1	0	1	0	0	0	1	0
东南大学成贤学院	8	0	0	0	0	0	0	0	0	0	0	0	0	0	0
苏州工业园区职业技术学院	9	1	0	1	1	0	0	0	0	1	0	0	0	1	0
太湖创意职业技术学院	10	0	0	0	0	0	0	0	0	0	0	0	0	0	0
炎黄职业技术学院	11	1	0	1	0	0	0	1	0	0	1	0	0	0	0
正德职业技术学院	12	0	0	0	0	0	0	0	0	0	0	0	0	0	0
钟山职业技术学院	13	0	0	0	0	0	0	0	0	0	0	0	0	0	0
无锡南洋职业技术学院	14	1	0	1	0	1	0	0	0	0	1	0	0	0	0
江南影视艺术职业学院	15	1	1	1	0	0	0	1	0	1	0	0	0	1	0
金肯职业技术学院	16	0	0	0	0	0	0	0	0	0	0	0	0	0	0
建东职业技术学院	17	0	0	0	0	0	0	0	0	0	0	0	0	0	0
宿迁职业技术学院	18	1	0	1	0	0	0	1	0	1	0	0	0	1	0
江海职业技术学院	19	0	0	0	0	0	0	0	0	0	0	0	0	0	0
无锡太湖学院	20	2	1	2	0	0	2	0	0	2	0	0	0	2	0
中国矿业大学徐海学院	21	0	0	0	0	0	0	0	0	0	0	0	0	0	0
南京大学金陵学院	22	0	0	0	0	0	0	0	0	0	0	0	0	0	0
南京理工大学紫金学院	23	0	0	0	0	0	0	0	0	0	0	0	0	0	0
南京航空航天大学金城学院	24	0	0	0	0	0	0	0	0	0	0	0	0	0	0
中国传媒大学南广学院	25	2	1	2	0	1	1	0	0	2	0	0	1	1	0
金山职业技术学院	26	0	0	0	0	0	0	0	0	0	0	0	0	0	0

续表

高校名称		总计		按职称划分						按最后学历划分			按最后学位划分		其他
			女性	小计	教授	副教授	讲师	助教	初级	研究生	本科生	其他	博士	硕士	人员
	编号	L01	L02	L03	L04	L05	L06	L07	L08	L09	L10	L11	L12	L13	L14
南京理工大学泰州科技学院	27	0	0	0	0	0	0	0	0	0	0	0	0	0	0
南京师范大学泰州学院	28	6	2	6	0	2	3	1	0	4	2	0	0	5	0
南京工业大学浦江学院	29	0	0	0	0	0	0	0	0	0	0	0	0	0	0
南京师范大学中北学院	30	0	0	0	0	0	0	0	0	0	0	0	0	0	0
苏州百年职业学院	31	0	0	0	0	0	0	0	0	0	0	0	0	0	0
昆山登云科技职业学院	32	0	0	0	0	0	0	0	0	0	0	0	0	0	0
南京视觉艺术职业学院	33	0	0	0	0	0	0	0	0	0	0	0	0	0	0
南京医科大学康达学院	34	0	0	0	0	0	0	0	0	0	0	0	0	0	0
南京中医药大学翰林学院	35	0	0	0	0	0	0	0	0	0	0	0	0	0	0
南京信息工程大学滨江学院	36	1	0	1	0	0	1	0	0	1	0	0	0	1	0
苏州大学文正学院	37	0	0	0	0	0	0	0	0	0	0	0	0	0	0
苏州大学应用技术学院	38	0	0	0	0	0	0	0	0	0	0	0	0	0	0
苏州科技大学天平学院	39	1	0	1	0	0	1	0	0	1	0	0	0	1	0
江苏大学京江学院	40	0	0	0	0	0	0	0	0	0	0	0	0	0	0
扬州大学广陵学院	41	1	0	1	0	0	1	0	0	1	0	0	0	1	0
江苏师范大学科文学院	42	2	0	2	0	1	1	0	0	0	2	0	0	0	0
南京邮电大学通达学院	43	0	0	0	0	0	0	0	0	0	0	0	0	0	0
南京财经大学红山学院	44	1	0	1	0	0	0	1	0	1	0	0	0	1	0
江苏科技大学苏州理工学院	45	2	1	2	0	1	1	0	0	2	0	0	2	0	0
常州大学怀德学院	46	0	0	0	0	0	0	0	0	0	0	0	0	0	0
南通大学杏林学院	47	0	0	0	0	0	0	0	0	0	0	0	0	0	0
南京审计大学金审学院	48	0	0	0	0	0	0	0	0	0	0	0	0	0	0
宿迁学院	49	2	0	2	0	0	2	0	0	2	0	0	0	2	0
苏州高博软件技术职业学院	50	2	1	2	0	1	1	0	0	2	0	0	1	1	0
扬州中瑞酒店职业学院	51	0	0	0	0	0	0	0	0	0	0	0	0	0	0
西交利物浦大学	52	2	2	2	0	0	1	1	0	1	1	0	1	1	0
昆山杜克大学	53	6	3	6	0	0	6	0	0	6	0	0	6	0	0

4.11 考古学人文、社会科学活动人员情况表

高校名称		总计		按职称划分						按最后学历划分			按最后学位划分		其他
			女性	小计	教授	副教授	讲师	助教	初级	研究生	本科生	其他	博士	硕士	人员
	编号	L01	L02	L03	L04	L05	L06	L07	L08	L09	L10	L11	L12	L13	L14
合　计	/	3	2	3	1	0	1	1	0	3	0	0	1	2	0
明达职业技术学院	1	0	0	0	0	0	0	0	0	0	0	0	0	0	0
三江学院	2	1	0	1	1	0	0	0	0	1	0	0	1	0	0
九州职业技术学院	3	0	0	0	0	0	0	0	0	0	0	0	0	0	0
南通理工学院	4	0	0	0	0	0	0	0	0	0	0	0	0	0	0
硅湖职业技术学院	5	0	0	0	0	0	0	0	0	0	0	0	0	0	0
应天职业技术学院	6	0	0	0	0	0	0	0	0	0	0	0	0	0	0
苏州托普信息职业技术学院	7	0	0	0	0	0	0	0	0	0	0	0	0	0	0
东南大学成贤学院	8	0	0	0	0	0	0	0	0	0	0	0	0	0	0
苏州工业园区职业技术学院	9	1	1	1	0	0	1	0	0	1	0	0	0	1	0
太湖创意职业技术学院	10	0	0	0	0	0	0	0	0	0	0	0	0	0	0
炎黄职业技术学院	11	0	0	0	0	0	0	0	0	0	0	0	0	0	0
正德职业技术学院	12	0	0	0	0	0	0	0	0	0	0	0	0	0	0
钟山职业技术学院	13	0	0	0	0	0	0	0	0	0	0	0	0	0	0
无锡南洋职业技术学院	14	0	0	0	0	0	0	0	0	0	0	0	0	0	0
江南影视艺术职业学院	15	0	0	0	0	0	0	0	0	0	0	0	0	0	0
金肯职业技术学院	16	0	0	0	0	0	0	0	0	0	0	0	0	0	0
建东职业技术学院	17	0	0	0	0	0	0	0	0	0	0	0	0	0	0
宿迁职业技术学院	18	0	0	0	0	0	0	0	0	0	0	0	0	0	0
江海职业技术学院	19	0	0	0	0	0	0	0	0	0	0	0	0	0	0
无锡太湖学院	20	0	0	0	0	0	0	0	0	0	0	0	0	0	0
中国矿业大学徐海学院	21	0	0	0	0	0	0	0	0	0	0	0	0	0	0
南京大学金陵学院	22	0	0	0	0	0	0	0	0	0	0	0	0	0	0
南京理工大学紫金学院	23	0	0	0	0	0	0	0	0	0	0	0	0	0	0
南京航空航天大学金城学院	24	0	0	0	0	0	0	0	0	0	0	0	0	0	0
中国传媒大学南广学院	25	0	0	0	0	0	0	0	0	0	0	0	0	0	0
金山职业技术学院	26	0	0	0	0	0	0	0	0	0	0	0	0	0	0

续表

高校名称		总计		按职称划分						按最后学历划分			按最后学位划分		其他人员
			女性	小计	教授	副教授	讲师	助教	初级	研究生	本科生	其他	博士	硕士	
	编号	L01	L02	L03	L04	L05	L06	L07	L08	L09	L10	L11	L12	L13	L14
南京理工大学泰州科技学院	27	0	0	0	0	0	0	0	0	0	0	0	0	0	0
南京师范大学泰州学院	28	0	0	0	0	0	0	0	0	0	0	0	0	0	0
南京工业大学浦江学院	29	1	1	1	0	0	0	1	0	1	0	0	0	1	0
南京师范大学中北学院	30	0	0	0	0	0	0	0	0	0	0	0	0	0	0
苏州百年职业学院	31	0	0	0	0	0	0	0	0	0	0	0	0	0	0
昆山登云科技职业学院	32	0	0	0	0	0	0	0	0	0	0	0	0	0	0
南京视觉艺术职业学院	33	0	0	0	0	0	0	0	0	0	0	0	0	0	0
南京医科大学康达学院	34	0	0	0	0	0	0	0	0	0	0	0	0	0	0
南京中医药大学翰林学院	35	0	0	0	0	0	0	0	0	0	0	0	0	0	0
南京信息工程大学滨江学院	36	0	0	0	0	0	0	0	0	0	0	0	0	0	0
苏州大学文正学院	37	0	0	0	0	0	0	0	0	0	0	0	0	0	0
苏州大学应用技术学院	38	0	0	0	0	0	0	0	0	0	0	0	0	0	0
苏州科技大学天平学院	39	0	0	0	0	0	0	0	0	0	0	0	0	0	0
江苏大学京江学院	40	0	0	0	0	0	0	0	0	0	0	0	0	0	0
扬州大学广陵学院	41	0	0	0	0	0	0	0	0	0	0	0	0	0	0
江苏师范大学科文学院	42	0	0	0	0	0	0	0	0	0	0	0	0	0	0
南京邮电大学通达学院	43	0	0	0	0	0	0	0	0	0	0	0	0	0	0
南京财经大学红山学院	44	0	0	0	0	0	0	0	0	0	0	0	0	0	0
江苏科技大学苏州理工学院	45	0	0	0	0	0	0	0	0	0	0	0	0	0	0
常州大学怀德学院	46	0	0	0	0	0	0	0	0	0	0	0	0	0	0
南通大学杏林学院	47	0	0	0	0	0	0	0	0	0	0	0	0	0	0
南京审计大学金审学院	48	0	0	0	0	0	0	0	0	0	0	0	0	0	0
宿迁学院	49	0	0	0	0	0	0	0	0	0	0	0	0	0	0
苏州高博软件技术职业学院	50	0	0	0	0	0	0	0	0	0	0	0	0	0	0
扬州中瑞酒店职业学院	51	0	0	0	0	0	0	0	0	0	0	0	0	0	0
西交利物浦大学	52	0	0	0	0	0	0	0	0	0	0	0	0	0	0
昆山杜克大学	53	0	0	0	0	0	0	0	0	0	0	0	0	0	0

4.12 经济学人文、社会科学活动人员情况表

高校名称		总计		按职称划分						按最后学历划分			按最后学位划分		其他
			女性	小计	教授	副教授	讲师	助教	初级	研究生	本科生	其他	博士	硕士	人员
	编号	L01	L02	L03	L04	L05	L06	L07	L08	L09	L10	L11	L12	L13	L14
合　计	/	795	594	795	46	152	367	227	3	627	166	2	93	570	0
明达职业技术学院	1	2	2	2	0	0	1	1	0	0	2	0	0	0	0
三江学院	2	25	18	25	3	13	7	2	0	22	3	0	3	20	0
九州职业技术学院	3	17	12	17	1	1	5	10	0	7	10	0	0	7	0
南通理工学院	4	19	15	19	3	5	7	4	0	12	7	0	1	17	0
硅湖职业技术学院	5	5	4	5	0	3	2	0	0	1	4	0	0	3	0
应天职业技术学院	6	8	8	8	0	1	7	0	0	5	3	0	0	7	0
苏州托普信息职业技术学院	7	17	16	17	0	0	6	11	0	5	12	0	0	5	0
东南大学成贤学院	8	21	20	21	1	3	13	4	0	21	0	0	1	20	0
苏州工业园区职业技术学院	9	9	8	9	1	2	6	0	0	4	5	0	0	5	0
太湖创意职业技术学院	10	1	0	1	1	0	0	0	0	0	1	0	0	0	0
炎黄职业技术学院	11	6	4	6	0	0	6	0	0	0	6	0	0	2	0
正德职业技术学院	12	10	7	10	0	1	9	0	0	6	4	0	0	6	0
钟山职业技术学院	13	6	4	6	0	4	2	0	0	2	4	0	0	5	0
无锡南洋职业技术学院	14	11	5	11	1	2	7	0	1	3	8	0	0	5	0
江南影视艺术职业学院	15	6	4	6	1	1	0	4	0	4	2	0	0	4	0
金肯职业技术学院	16	14	13	14	0	2	12	0	0	12	2	0	0	12	0
建东职业技术学院	17	9	8	9	0	2	5	2	0	1	8	0	0	2	0
宿迁职业技术学院	18	7	4	7	1	1	3	2	0	3	4	0	2	1	0
江海职业技术学院	19	10	5	10	0	7	3	0	0	3	7	0	0	3	0
无锡太湖学院	20	89	75	89	3	12	35	39	0	74	15	0	2	73	0
中国矿业大学徐海学院	21	11	10	11	0	0	6	5	0	9	2	0	0	10	0
南京大学金陵学院	22	49	37	49	3	6	39	1	0	43	6	0	7	36	0
南京理工大学紫金学院	23	16	14	16	2	7	7	0	0	15	1	0	0	16	0
南京航空航天大学金城学院	24	18	17	18	0	3	13	2	0	17	1	0	0	18	0
中国传媒大学南广学院	25	3	2	3	0	0	2	1	0	3	0	0	0	3	0
金山职业技术学院	26	1	1	1	0	0	0	1	0	0	1	0	0	0	0

续表

高校名称		总计		按职称划分						按最后学历划分			按最后学位划分		其他人员
			女性	小计	教授	副教授	讲师	助教	初级	研究生	本科生	其他	博士	硕士	
	编号	L01	L02	L03	L04	L05	L06	L07	L08	L09	L10	L11	L12	L13	L14
南京理工大学泰州科技学院	27	32	24	32	3	10	12	7	0	30	2	0	1	29	0
南京师范大学泰州学院	28	12	7	12	0	7	5	0	0	9	3	0	2	8	0
南京工业大学浦江学院	29	16	10	16	1	2	7	6	0	15	1	0	1	14	0
南京师范大学中北学院	30	7	5	7	0	0	6	1	0	7	0	0	0	7	0
苏州百年职业学院	31	16	12	16	0	2	11	3	0	15	1	0	0	15	0
昆山登云科技职业学院	32	7	3	7	1	0	6	0	0	3	3	1	0	3	0
南京视觉艺术职业学院	33	2	2	2	0	0	2	0	0	2	0	0	0	2	0
南京医科大学康达学院	34	0	0	0	0	0	0	0	0	0	0	0	0	0	0
南京中医药大学翰林学院	35	6	5	6	0	0	5	1	0	5	1	0	0	5	0
南京信息工程大学滨江学院	36	12	3	12	2	5	3	2	0	11	1	0	4	7	0
苏州大学文正学院	37	17	14	17	1	5	5	6	0	17	0	0	4	13	0
苏州大学应用技术学院	38	11	8	11	1	3	2	5	0	11	0	0	2	9	0
苏州科技大学天平学院	39	5	4	5	0	1	3	1	0	4	1	0	1	3	0
江苏大学京江学院	40	2	2	2	0	0	1	1	0	2	0	0	0	2	0
扬州大学广陵学院	41	8	5	8	1	0	4	3	0	6	2	0	0	6	0
江苏师范大学科文学院	42	16	15	16	2	0	1	13	0	13	3	0	0	13	0
南京邮电大学通达学院	43	2	1	2	0	0	0	2	0	2	0	0	0	2	0
南京财经大学红山学院	44	46	42	46	0	1	17	28	0	46	0	0	0	46	0
江苏科技大学苏州理工学院	45	10	7	10	0	1	8	1	0	7	3	0	1	6	0
常州大学怀德学院	46	15	7	15	2	5	7	1	0	8	7	0	1	9	0
南通大学杏林学院	47	10	7	10	0	1	8	1	0	8	2	0	0	9	0
南京审计大学金审学院	48	53	44	53	3	5	7	38	0	47	6	0	3	47	0
宿迁学院	49	23	17	23	0	7	11	5	0	20	3	0	1	22	0
苏州高博软件技术职业学院	50	11	10	11	3	2	3	3	0	5	5	1	0	6	0
扬州中瑞酒店职业学院	51	0	0	0	0	0	0	0	0	0	0	0	0	0	0
西交利物浦大学	52	63	26	63	4	18	29	10	2	59	4	0	53	7	0
昆山杜克大学	53	3	1	3	1	1	1	0	0	3	0	0	3	0	0

4.13 政治学人文、社会科学活动人员情况表

高校名称		总计		按职称划分						按最后学历划分			按最后学位划分		其他
			女性	小计	教授	副教授	讲师	助教	初级	研究生	本科生	其他	博士	硕士	人员
	编号	L01	L02	L03	L04	L05	L06	L07	L08	L09	L10	L11	L12	L13	L14
合　计	/	44	21	44	4	7	21	12	0	38	6	0	10	28	0
明达职业技术学院	1	0	0	0	0	0	0	0	0	0	0	0	0	0	0
三江学院	2	6	5	6	0	2	3	1	0	4	2	0	0	5	0
九州职业技术学院	3	0	0	0	0	0	0	0	0	0	0	0	0	0	0
南通理工学院	4	6	4	6	2	0	1	3	0	5	1	0	1	4	0
硅湖职业技术学院	5	0	0	0	0	0	0	0	0	0	0	0	0	0	0
应天职业技术学院	6	0	0	0	0	0	0	0	0	0	0	0	0	0	0
苏州托普信息职业技术学院	7	0	0	0	0	0	0	0	0	0	0	0	0	0	0
东南大学成贤学院	8	0	0	0	0	0	0	0	0	0	0	0	0	0	0
苏州工业园区职业技术学院	9	0	0	0	0	0	0	0	0	0	0	0	0	0	0
太湖创意职业技术学院	10	0	0	0	0	0	0	0	0	0	0	0	0	0	0
炎黄职业技术学院	11	1	0	1	0	0	1	0	0	1	0	0	0	1	0
正德职业技术学院	12	0	0	0	0	0	0	0	0	0	0	0	0	0	0
钟山职业技术学院	13	0	0	0	0	0	0	0	0	0	0	0	0	0	0
无锡南洋职业技术学院	14	0	0	0	0	0	0	0	0	0	0	0	0	0	0
江南影视艺术职业学院	15	0	0	0	0	0	0	0	0	0	0	0	0	0	0
金肯职业技术学院	16	0	0	0	0	0	0	0	0	0	0	0	0	0	0
建东职业技术学院	17	0	0	0	0	0	0	0	0	0	0	0	0	0	0
宿迁职业技术学院	18	0	0	0	0	0	0	0	0	0	0	0	0	0	0
江海职业技术学院	19	0	0	0	0	0	0	0	0	0	0	0	0	0	0
无锡太湖学院	20	0	0	0	0	0	0	0	0	0	0	0	0	0	0
中国矿业大学徐海学院	21	0	0	0	0	0	0	0	0	0	0	0	0	0	0
南京大学金陵学院	22	1	0	1	0	0	1	0	0	1	0	0	0	1	0
南京理工大学紫金学院	23	2	1	2	0	1	1	0	0	2	0	0	0	2	0
南京航空航天大学金城学院	24	3	2	3	0	0	3	0	0	2	1	0	0	2	0
中国传媒大学南广学院	25	5	3	5	1	2	0	2	0	5	0	0	1	3	0
金山职业技术学院	26	0	0	0	0	0	0	0	0	0	0	0	0	0	0

续表

高校名称		总计		按职称划分						按最后学历划分			按最后学位划分		其他人员
			女性	小计	教授	副教授	讲师	助教	初级	研究生	本科生	其他	博士	硕士	
	编号	L01	L02	L03	L04	L05	L06	L07	L08	L09	L10	L11	L12	L13	L14
南京理工大学泰州科技学院	27	0	0	0	0	0	0	0	0	0	0	0	0	0	0
南京师范大学泰州学院	28	2	2	2	0	1	1	0	0	2	0	0	0	2	0
南京工业大学浦江学院	29	1	0	1	0	0	0	1	0	0	1	0	0	0	0
南京师范大学中北学院	30	0	0	0	0	0	0	0	0	0	0	0	0	0	0
苏州百年职业学院	31	0	0	0	0	0	0	0	0	0	0	0	0	0	0
昆山登云科技职业学院	32	1	0	1	0	0	1	0	0	1	0	0	1	0	0
南京视觉艺术职业学院	33	0	0	0	0	0	0	0	0	0	0	0	0	0	0
南京医科大学康达学院	34	0	0	0	0	0	0	0	0	0	0	0	0	0	0
南京中医药大学翰林学院	35	0	0	0	0	0	0	0	0	0	0	0	0	0	0
南京信息工程大学滨江学院	36	0	0	0	0	0	0	0	0	0	0	0	0	0	0
苏州大学文正学院	37	0	0	0	0	0	0	0	0	0	0	0	0	0	0
苏州大学应用技术学院	38	0	0	0	0	0	0	0	0	0	0	0	0	0	0
苏州科技大学天平学院	39	0	0	0	0	0	0	0	0	0	0	0	0	0	0
江苏大学京江学院	40	0	0	0	0	0	0	0	0	0	0	0	0	0	0
扬州大学广陵学院	41	0	0	0	0	0	0	0	0	0	0	0	0	0	0
江苏师范大学科文学院	42	2	2	2	0	0	2	0	0	1	1	0	0	1	0
南京邮电大学通达学院	43	0	0	0	0	0	0	0	0	0	0	0	0	0	0
南京财经大学红山学院	44	4	1	4	0	0	1	3	0	4	0	0	0	4	0
江苏科技大学苏州理工学院	45	1	0	1	0	0	1	0	0	1	0	0	0	1	0
常州大学怀德学院	46	0	0	0	0	0	0	0	0	0	0	0	0	0	0
南通大学杏林学院	47	0	0	0	0	0	0	0	0	0	0	0	0	0	0
南京审计大学金审学院	48	1	1	1	0	0	0	1	0	1	0	0	0	1	0
宿迁学院	49	0	0	0	0	0	0	0	0	0	0	0	0	0	0
苏州高博软件技术职业学院	50	0	0	0	0	0	0	0	0	0	0	0	0	0	0
扬州中瑞酒店职业学院	51	0	0	0	0	0	0	0	0	0	0	0	0	0	0
西交利物浦大学	52	1	0	1	0	0	0	1	0	1	0	0	0	1	0
昆山杜克大学	53	7	0	7	1	1	5	0	0	7	0	0	7	0	0

4.14 法学人文、社会科学活动人员情况表

高校名称		总计		按职称划分						按最后学历划分			按最后学位划分		其他人员
			女性	小计	教授	副教授	讲师	助教	初级	研究生	本科生	其他	博士	硕士	
	编号	L01	L02	L03	L04	L05	L06	L07	L08	L09	L10	L11	L12	L13	L14
合　计	/	134	86	134	4	33	67	30	0	85	49	0	11	97	0
明达职业技术学院	1	0	0	0	0	0	0	0	0	0	0	0	0	0	0
三江学院	2	11	9	11	0	6	4	1	0	6	5	0	1	9	0
九州职业技术学院	3	5	4	5	0	1	4	0	0	0	5	0	0	1	0
南通理工学院	4	1	1	1	0	0	1	0	0	0	1	0	0	0	0
硅湖职业技术学院	5	6	4	6	0	0	3	3	0	1	5	0	0	3	0
应天职业技术学院	6	1	0	1	0	0	1	0	0	0	1	0	0	0	0
苏州托普信息职业技术学院	7	1	0	1	0	0	1	0	0	0	1	0	0	0	0
东南大学成贤学院	8	1	0	1	0	0	1	0	0	1	0	0	0	1	0
苏州工业园区职业技术学院	9	1	1	1	0	1	0	0	0	0	1	0	0	1	0
太湖创意职业技术学院	10	0	0	0	0	0	0	0	0	0	0	0	0	0	0
炎黄职业技术学院	11	1	1	1	0	0	1	0	0	0	1	0	0	0	0
正德职业技术学院	12	3	2	3	0	0	3	0	0	2	1	0	0	2	0
钟山职业技术学院	13	1	1	1	0	1	0	0	0	0	1	0	0	0	0
无锡南洋职业技术学院	14	3	2	3	0	1	2	0	0	0	3	0	0	1	0
江南影视艺术职业学院	15	4	3	4	0	1	0	3	0	1	3	0	0	1	0
金肯职业技术学院	16	0	0	0	0	0	0	0	0	0	0	0	0	0	0
建东职业技术学院	17	1	1	1	0	0	1	0	0	0	1	0	0	1	0
宿迁职业技术学院	18	3	1	3	0	0	1	2	0	3	0	0	0	3	0
江海职业技术学院	19	0	0	0	0	0	0	0	0	0	0	0	0	0	0
无锡太湖学院	20	4	4	4	0	1	0	3	0	4	0	0	0	4	0
中国矿业大学徐海学院	21	1	1	1	0	0	1	0	0	1	0	0	0	1	0
南京大学金陵学院	22	0	0	0	0	0	0	0	0	0	0	0	0	0	0
南京理工大学紫金学院	23	6	5	6	0	0	6	0	0	5	1	0	0	5	0
南京航空航天大学金城学院	24	2	1	2	0	0	2	0	0	2	0	0	0	2	0
中国传媒大学南广学院	25	4	2	4	0	2	2	0	0	2	2	0	0	4	0
金山职业技术学院	26	1	0	1	0	1	0	0	0	0	1	0	0	1	0

续表

高校名称		总计		按职称划分						按最后学历划分			按最后学位划分		其他人员
			女性	小计	教授	副教授	讲师	助教	初级	研究生	本科生	其他	博士	硕士	
	编号	L01	L02	L03	L04	L05	L06	L07	L08	L09	L10	L11	L12	L13	L14
南京理工大学泰州科技学院	27	1	1	1	0	0	1	0	0	1	0	0	0	1	0
南京师范大学泰州学院	28	8	3	8	0	4	4	0	0	8	0	0	0	8	0
南京工业大学浦江学院	29	1	0	1	0	0	1	0	0	0	1	0	0	1	0
南京师范大学中北学院	30	0	0	0	0	0	0	0	0	0	0	0	0	0	0
苏州百年职业学院	31	0	0	0	0	0	0	0	0	0	0	0	0	0	0
昆山登云科技职业学院	32	4	3	4	0	0	2	2	0	2	2	0	0	2	0
南京视觉艺术职业学院	33	3	3	3	0	0	2	1	0	3	0	0	0	3	0
南京医科大学康达学院	34	0	0	0	0	0	0	0	0	0	0	0	0	0	0
南京中医药大学翰林学院	35	1	1	1	0	0	1	0	0	1	0	0	0	1	0
南京信息工程大学滨江学院	36	6	3	6	0	4	2	0	0	5	1	0	0	6	0
苏州大学文正学院	37	15	9	15	2	3	4	6	0	14	1	0	5	9	0
苏州大学应用技术学院	38	0	0	0	0	0	0	0	0	0	0	0	0	0	0
苏州科技大学天平学院	39	1	0	1	0	1	0	0	0	1	0	0	1	0	0
江苏大学京江学院	40	0	0	0	0	0	0	0	0	0	0	0	0	0	0
扬州大学广陵学院	41	4	2	4	1	0	1	2	0	3	1	0	0	4	0
江苏师范大学科文学院	42	0	0	0	0	0	0	0	0	0	0	0	0	0	0
南京邮电大学通达学院	43	1	0	1	0	1	0	0	0	0	1	0	0	0	0
南京财经大学红山学院	44	6	6	6	0	0	2	4	0	6	0	0	0	6	0
江苏科技大学苏州理工学院	45	2	1	2	0	0	2	0	0	1	1	0	0	1	0
常州大学怀德学院	46	1	1	1	0	0	0	1	0	0	1	0	0	1	0
南通大学杏林学院	47	2	1	2	0	0	2	0	0	1	1	0	0	2	0
南京审计大学金审学院	48	1	1	1	0	0	1	0	0	0	1	0	0	0	0
宿迁学院	49	8	5	8	0	4	4	0	0	4	4	0	0	8	0
苏州高博软件技术职业学院	50	1	1	1	1	0	0	0	0	0	1	0	0	1	0
扬州中瑞酒店职业学院	51	1	0	1	0	0	0	1	0	1	0	0	0	1	0
西交利物浦大学	52	4	0	4	0	1	3	0	0	4	0	0	3	1	0
昆山杜克大学	53	2	2	2	0	0	1	1	0	2	0	0	1	1	0

4.15 社会学人文、社会科学活动人员情况表

高校名称		总计		按职称划分						按最后学历划分			按最后学位划分		其他
			女性	小计	教授	副教授	讲师	助教	初级	研究生	本科生	其他	博士	硕士	人员
	编号	L01	L02	L03	L04	L05	L06	L07	L08	L09	L10	L11	L12	L13	L14
合　计	/	68	43	68	4	11	32	17	4	56	11	1	16	41	0
明达职业技术学院	1	0	0	0	0	0	0	0	0	0	0	0	0	0	0
三江学院	2	0	0	0	0	0	0	0	0	0	0	0	0	0	0
九州职业技术学院	3	1	1	1	0	0	1	0	0	0	1	0	0	0	0
南通理工学院	4	0	0	0	0	0	0	0	0	0	0	0	0	0	0
硅湖职业技术学院	5	0	0	0	0	0	0	0	0	0	0	0	0	0	0
应天职业技术学院	6	2	2	2	0	1	1	0	0	2	0	0	0	2	0
苏州托普信息职业技术学院	7	1	1	1	0	0	0	1	0	1	0	0	0	1	0
东南大学成贤学院	8	0	0	0	0	0	0	0	0	0	0	0	0	0	0
苏州工业园区职业技术学院	9	0	0	0	0	0	0	0	0	0	0	0	0	0	0
太湖创意职业技术学院	10	0	0	0	0	0	0	0	0	0	0	0	0	0	0
炎黄职业技术学院	11	3	2	3	0	0	3	0	0	1	2	0	0	1	0
正德职业技术学院	12	0	0	0	0	0	0	0	0	0	0	0	0	0	0
钟山职业技术学院	13	2	2	2	0	0	2	0	0	2	0	0	0	2	0
无锡南洋职业技术学院	14	2	1	2	0	0	1	0	1	1	1	0	0	1	0
江南影视艺术职业学院	15	0	0	0	0	0	0	0	0	0	0	0	0	0	0
金肯职业技术学院	16	0	0	0	0	0	0	0	0	0	0	0	0	0	0
建东职业技术学院	17	1	1	1	0	0	1	0	0	0	1	0	0	0	0
宿迁职业技术学院	18	0	0	0	0	0	0	0	0	0	0	0	0	0	0
江海职业技术学院	19	0	0	0	0	0	0	0	0	0	0	0	0	0	0
无锡太湖学院	20	0	0	0	0	0	0	0	0	0	0	0	0	0	0
中国矿业大学徐海学院	21	0	0	0	0	0	0	0	0	0	0	0	0	0	0
南京大学金陵学院	22	0	0	0	0	0	0	0	0	0	0	0	0	0	0
南京理工大学紫金学院	23	1	1	1	0	0	1	0	0	1	0	0	0	1	0
南京航空航天大学金城学院	24	1	1	1	0	0	1	0	0	1	0	0	0	1	0
中国传媒大学南广学院	25	2	2	2	0	2	0	0	0	2	0	0	0	2	0
金山职业技术学院	26	0	0	0	0	0	0	0	0	0	0	0	0	0	0

续表

高校名称		总计		按职称划分						按最后学历划分			按最后学位划分		其他
			女性	小计	教授	副教授	讲师	助教	初级	研究生	本科生	其他	博士	硕士	人员
	编号	L01	L02	L03	L04	L05	L06	L07	L08	L09	L10	L11	L12	L13	L14
南京理工大学泰州科技学院	27	0	0	0	0	0	0	0	0	0	0	0	0	0	0
南京师范大学泰州学院	28	0	0	0	0	0	0	0	0	0	0	0	0	0	0
南京工业大学浦江学院	29	2	1	2	0	0	0	2	0	2	0	0	0	2	0
南京师范大学中北学院	30	0	0	0	0	0	0	0	0	0	0	0	0	0	0
苏州百年职业学院	31	3	1	3	1	0	0	0	2	1	1	1	1	0	0
昆山登云科技职业学院	32	1	1	1	0	0	0	1	0	1	0	0	0	1	0
南京视觉艺术职业学院	33	1	0	1	0	0	1	0	0	1	0	0	0	1	0
南京医科大学康达学院	34	0	0	0	0	0	0	0	0	0	0	0	0	0	0
南京中医药大学翰林学院	35	4	3	4	0	0	3	1	0	3	1	0	0	3	0
南京信息工程大学滨江学院	36	2	1	2	0	1	0	1	0	2	0	0	1	1	0
苏州大学文正学院	37	7	3	7	2	1	1	3	0	6	1	0	3	3	0
苏州大学应用技术学院	38	0	0	0	0	0	0	0	0	0	0	0	0	0	0
苏州科技大学天平学院	39	1	0	1	0	0	1	0	0	0	1	0	0	0	0
江苏大学京江学院	40	0	0	0	0	0	0	0	0	0	0	0	0	0	0
扬州大学广陵学院	41	2	2	2	1	0	0	1	0	2	0	0	1	1	0
江苏师范大学科文学院	42	2	1	2	0	0	1	1	0	1	1	0	0	1	0
南京邮电大学通达学院	43	0	0	0	0	0	0	0	0	0	0	0	0	0	0
南京财经大学红山学院	44	4	3	4	0	0	0	4	0	4	0	0	0	4	0
江苏科技大学苏州理工学院	45	1	0	1	0	0	1	0	0	1	0	0	0	1	0
常州大学怀德学院	46	0	0	0	0	0	0	0	0	0	0	0	0	0	0
南通大学杏林学院	47	1	1	1	0	0	1	0	0	1	0	0	0	1	0
南京审计大学金审学院	48	1	1	1	0	1	0	0	0	1	0	0	0	1	0
宿迁学院	49	7	2	7	0	1	6	0	0	6	1	0	0	7	0
苏州高博软件技术职业学院	50	0	0	0	0	0	0	0	0	0	0	0	0	0	0
扬州中瑞酒店职业学院	51	0	0	0	0	0	0	0	0	0	0	0	0	0	0
西交利物浦大学	52	8	5	8	0	4	3	0	1	8	0	0	7	1	0
昆山杜克大学	53	5	4	5	0	0	3	2	0	5	0	0	3	2	0

4.16 民族学与文化学人文、社会科学活动人员情况表

高校名称		总计		按职称划分						按最后学历划分			按最后学位划分		其他人员
			女性	小计	教授	副教授	讲师	助教	初级	研究生	本科生	其他	博士	硕士	
	编号	L01	L02	L03	L04	L05	L06	L07	L08	L09	L10	L11	L12	L13	L14
合　计	/	4	2	4	0	1	2	1	0	3	1	0	0	3	0
明达职业技术学院	1	0	0	0	0	0	0	0	0	0	0	0	0	0	0
三江学院	2	0	0	0	0	0	0	0	0	0	0	0	0	0	0
九州职业技术学院	3	0	0	0	0	0	0	0	0	0	0	0	0	0	0
南通理工学院	4	0	0	0	0	0	0	0	0	0	0	0	0	0	0
硅湖职业技术学院	5	0	0	0	0	0	0	0	0	0	0	0	0	0	0
应天职业技术学院	6	0	0	0	0	0	0	0	0	0	0	0	0	0	0
苏州托普信息职业技术学院	7	0	0	0	0	0	0	0	0	0	0	0	0	0	0
东南大学成贤学院	8	0	0	0	0	0	0	0	0	0	0	0	0	0	0
苏州工业园区职业技术学院	9	1	1	1	0	0	1	0	0	1	0	0	0	1	0
太湖创意职业技术学院	10	0	0	0	0	0	0	0	0	0	0	0	0	0	0
炎黄职业技术学院	11	1	0	1	0	0	0	1	0	0	1	0	0	0	0
正德职业技术学院	12	0	0	0	0	0	0	0	0	0	0	0	0	0	0
钟山职业技术学院	13	0	0	0	0	0	0	0	0	0	0	0	0	0	0
无锡南洋职业技术学院	14	0	0	0	0	0	0	0	0	0	0	0	0	0	0
江南影视艺术职业学院	15	0	0	0	0	0	0	0	0	0	0	0	0	0	0
金肯职业技术学院	16	0	0	0	0	0	0	0	0	0	0	0	0	0	0
建东职业技术学院	17	0	0	0	0	0	0	0	0	0	0	0	0	0	0
宿迁职业技术学院	18	0	0	0	0	0	0	0	0	0	0	0	0	0	0
江海职业技术学院	19	0	0	0	0	0	0	0	0	0	0	0	0	0	0
无锡太湖学院	20	0	0	0	0	0	0	0	0	0	0	0	0	0	0
中国矿业大学徐海学院	21	0	0	0	0	0	0	0	0	0	0	0	0	0	0
南京大学金陵学院	22	1	1	1	0	0	1	0	0	1	0	0	0	1	0
南京理工大学紫金学院	23	0	0	0	0	0	0	0	0	0	0	0	0	0	0
南京航空航天大学金城学院	24	0	0	0	0	0	0	0	0	0	0	0	0	0	0
中国传媒大学南广学院	25	0	0	0	0	0	0	0	0	0	0	0	0	0	0
金山职业技术学院	26	0	0	0	0	0	0	0	0	0	0	0	0	0	0

续表

高校名称		总计		按职称划分						按最后学历划分			按最后学位划分		其他
			女性	小计	教授	副教授	讲师	助教	初级	研究生	本科生	其他	博士	硕士	人员
	编号	L01	L02	L03	L04	L05	L06	L07	L08	L09	L10	L11	L12	L13	L14
南京理工大学泰州科技学院	27	0	0	0	0	0	0	0	0	0	0	0	0	0	0
南京师范大学泰州学院	28	0	0	0	0	0	0	0	0	0	0	0	0	0	0
南京工业大学浦江学院	29	0	0	0	0	0	0	0	0	0	0	0	0	0	0
南京师范大学中北学院	30	0	0	0	0	0	0	0	0	0	0	0	0	0	0
苏州百年职业学院	31	0	0	0	0	0	0	0	0	0	0	0	0	0	0
昆山登云科技职业学院	32	0	0	0	0	0	0	0	0	0	0	0	0	0	0
南京视觉艺术职业学院	33	0	0	0	0	0	0	0	0	0	0	0	0	0	0
南京医科大学康达学院	34	0	0	0	0	0	0	0	0	0	0	0	0	0	0
南京中医药大学翰林学院	35	0	0	0	0	0	0	0	0	0	0	0	0	0	0
南京信息工程大学滨江学院	36	0	0	0	0	0	0	0	0	0	0	0	0	0	0
苏州大学文正学院	37	0	0	0	0	0	0	0	0	0	0	0	0	0	0
苏州大学应用技术学院	38	1	0	1	0	1	0	0	0	1	0	0	0	1	0
苏州科技大学天平学院	39	0	0	0	0	0	0	0	0	0	0	0	0	0	0
江苏大学京江学院	40	0	0	0	0	0	0	0	0	0	0	0	0	0	0
扬州大学广陵学院	41	0	0	0	0	0	0	0	0	0	0	0	0	0	0
江苏师范大学科文学院	42	0	0	0	0	0	0	0	0	0	0	0	0	0	0
南京邮电大学通达学院	43	0	0	0	0	0	0	0	0	0	0	0	0	0	0
南京财经大学红山学院	44	0	0	0	0	0	0	0	0	0	0	0	0	0	0
江苏科技大学苏州理工学院	45	0	0	0	0	0	0	0	0	0	0	0	0	0	0
常州大学怀德学院	46	0	0	0	0	0	0	0	0	0	0	0	0	0	0
南通大学杏林学院	47	0	0	0	0	0	0	0	0	0	0	0	0	0	0
南京审计大学金审学院	48	0	0	0	0	0	0	0	0	0	0	0	0	0	0
宿迁学院	49	0	0	0	0	0	0	0	0	0	0	0	0	0	0
苏州高博软件技术职业学院	50	0	0	0	0	0	0	0	0	0	0	0	0	0	0
扬州中瑞酒店职业学院	51	0	0	0	0	0	0	0	0	0	0	0	0	0	0
西交利物浦大学	52	0	0	0	0	0	0	0	0	0	0	0	0	0	0
昆山杜克大学	53	0	0	0	0	0	0	0	0	0	0	0	0	0	0

4.17 新闻学与传播学人文、社会科学活动人员情况表

高校名称		总计		按职称划分						按最后学历划分			按最后学位划分		其他
			女性	小计	教授	副教授	讲师	助教	初级	研究生	本科生	其他	博士	硕士	人员
	编号	L01	L02	L03	L04	L05	L06	L07	L08	L09	L10	L11	L12	L13	L14
合 计	/	178	122	178	7	28	100	43	0	125	53	0	17	125	0
明达职业技术学院	1	0	0	0	0	0	0	0	0	0	0	0	0	0	0
三江学院	2	16	8	16	1	7	3	5	0	10	6	0	2	11	0
九州职业技术学院	3	0	0	0	0	0	0	0	0	0	0	0	0	0	0
南通理工学院	4	0	0	0	0	0	0	0	0	0	0	0	0	0	0
硅湖职业技术学院	5	0	0	0	0	0	0	0	0	0	0	0	0	0	0
应天职业技术学院	6	0	0	0	0	0	0	0	0	0	0	0	0	0	0
苏州托普信息职业技术学院	7	0	0	0	0	0	0	0	0	0	0	0	0	0	0
东南大学成贤学院	8	0	0	0	0	0	0	0	0	0	0	0	0	0	0
苏州工业园区职业技术学院	9	3	2	3	0	0	3	0	0	0	3	0	0	0	0
太湖创意职业技术学院	10	0	0	0	0	0	0	0	0	0	0	0	0	0	0
炎黄职业技术学院	11	0	0	0	0	0	0	0	0	0	0	0	0	0	0
正德职业技术学院	12	3	2	3	0	0	2	1	0	1	2	0	0	2	0
钟山职业技术学院	13	0	0	0	0	0	0	0	0	0	0	0	0	0	0
无锡南洋职业技术学院	14	1	1	1	0	0	1	0	0	1	0	0	0	1	0
江南影视艺术职业学院	15	18	12	18	0	1	6	11	0	6	12	0	0	8	0
金肯职业技术学院	16	0	0	0	0	0	0	0	0	0	0	0	0	0	0
建东职业技术学院	17	0	0	0	0	0	0	0	0	0	0	0	0	0	0
宿迁职业技术学院	18	0	0	0	0	0	0	0	0	0	0	0	0	0	0
江海职业技术学院	19	1	1	1	0	0	0	1	0	0	1	0	0	0	0
无锡太湖学院	20	1	1	1	0	0	1	0	0	1	0	0	1	0	0
中国矿业大学徐海学院	21	0	0	0	0	0	0	0	0	0	0	0	0	0	0
南京大学金陵学院	22	27	19	27	2	2	22	1	0	20	7	0	1	20	0
南京理工大学紫金学院	23	0	0	0	0	0	0	0	0	0	0	0	0	0	0
南京航空航天大学金城学院	24	0	0	0	0	0	0	0	0	0	0	0	0	0	0
中国传媒大学南广学院	25	50	41	50	2	11	23	14	0	42	8	0	2	45	0
金山职业技术学院	26	0	0	0	0	0	0	0	0	0	0	0	0	0	0

续表

高校名称		总计		按职称划分						按最后学历划分			按最后学位划分		其他人员
			女性	小计	教授	副教授	讲师	助教	初级	研究生	本科生	其他	博士	硕士	
	编号	L01	L02	L03	L04	L05	L06	L07	L08	L09	L10	L11	L12	L13	L14
南京理工大学泰州科技学院	27	0	0	0	0	0	0	0	0	0	0	0	0	0	0
南京师范大学泰州学院	28	5	2	5	0	1	4	0	0	3	2	0	0	3	0
南京工业大学浦江学院	29	1	1	1	0	0	1	0	0	1	0	0	0	1	0
南京师范大学中北学院	30	4	2	4	0	0	2	2	0	4	0	0	0	4	0
苏州百年职业学院	31	1	1	1	0	0	1	0	0	1	0	0	0	1	0
昆山登云科技职业学院	32	0	0	0	0	0	0	0	0	0	0	0	0	0	0
南京视觉艺术职业学院	33	3	3	3	0	1	0	2	0	2	1	0	0	2	0
南京医科大学康达学院	34	2	2	2	0	0	1	1	0	2	0	0	0	2	0
南京中医药大学翰林学院	35	1	1	1	0	0	0	1	0	0	1	0	0	0	0
南京信息工程大学滨江学院	36	0	0	0	0	0	0	0	0	0	0	0	0	0	0
苏州大学文正学院	37	8	4	8	1	1	5	1	0	6	2	0	0	7	0
苏州大学应用技术学院	38	0	0	0	0	0	0	0	0	0	0	0	0	0	0
苏州科技大学天平学院	39	1	1	1	0	0	0	1	0	1	0	0	0	1	0
江苏大学京江学院	40	0	0	0	0	0	0	0	0	0	0	0	0	0	0
扬州大学广陵学院	41	2	2	2	0	0	1	1	0	2	0	0	0	2	0
江苏师范大学科文学院	42	1	1	1	0	0	1	0	0	0	1	0	0	0	0
南京邮电大学通达学院	43	0	0	0	0	0	0	0	0	0	0	0	0	0	0
南京财经大学红山学院	44	3	3	3	0	0	2	1	0	1	2	0	0	2	0
江苏科技大学苏州理工学院	45	0	0	0	0	0	0	0	0	0	0	0	0	0	0
常州大学怀德学院	46	0	0	0	0	0	0	0	0	0	0	0	0	0	0
南通大学杏林学院	47	3	2	3	0	0	3	0	0	3	0	0	0	3	0
南京审计大学金审学院	48	0	0	0	0	0	0	0	0	0	0	0	0	0	0
宿迁学院	49	5	4	5	0	2	3	0	0	2	3	0	0	3	0
苏州高博软件技术职业学院	50	1	1	1	0	0	1	0	0	1	0	0	0	1	0
扬州中瑞酒店职业学院	51	0	0	0	0	0	0	0	0	0	0	0	0	0	0
西交利物浦大学	52	17	5	17	1	2	14	0	0	15	2	0	11	6	0
昆山杜克大学	53	0	0	0	0	0	0	0	0	0	0	0	0	0	0

4.18 图书馆、情报与文献学人文、社会科学活动人员情况表

高校名称		总计		按职称划分						按最后学历划分			按最后学位划分		其他
			女性	小计	教授	副教授	讲师	助教	初级	研究生	本科生	其他	博士	硕士	人员
	编号	L01	L02	L03	L04	L05	L06	L07	L08	L09	L10	L11	L12	L13	L14
合　计	/	149	100	149	4	14	94	27	10	34	113	2	4	39	0
明达职业技术学院	1	0	0	0	0	0	0	0	0	0	0	0	0	0	0
三江学院	2	9	8	9	0	3	6	0	0	1	8	0	0	2	0
九州职业技术学院	3	3	1	3	0	0	3	0	0	1	2	0	0	0	0
南通理工学院	4	7	6	7	0	0	7	0	0	0	7	0	0	1	0
硅湖职业技术学院	5	3	0	3	0	0	3	0	0	0	3	0	0	0	0
应天职业技术学院	6	1	1	1	0	0	1	0	0	0	1	0	0	0	0
苏州托普信息职业技术学院	7	1	1	1	0	0	1	0	0	0	1	0	0	0	0
东南大学成贤学院	8	0	0	0	0	0	0	0	0	0	0	0	0	0	0
苏州工业园区职业技术学院	9	4	3	4	0	2	2	0	0	0	4	0	0	1	0
太湖创意职业技术学院	10	1	1	1	0	0	0	1	0	0	1	0	0	0	0
炎黄职业技术学院	11	1	1	1	0	0	1	0	0	1	0	0	0	1	0
正德职业技术学院	12	2	1	2	0	0	0	0	2	0	2	0	0	0	0
钟山职业技术学院	13	1	0	1	0	0	1	0	0	0	1	0	0	1	0
无锡南洋职业技术学院	14	1	0	1	0	0	1	0	0	0	1	0	0	0	0
江南影视艺术职业学院	15	1	0	1	0	0	1	0	0	0	1	0	0	0	0
金肯职业技术学院	16	1	0	1	0	0	1	0	0	0	1	0	0	0	0
建东职业技术学院	17	3	3	3	0	0	2	0	1	0	3	0	0	0	0
宿迁职业技术学院	18	1	0	1	0	0	0	1	0	0	1	0	0	0	0
江海职业技术学院	19	3	3	3	0	1	2	0	0	0	3	0	0	0	0
无锡太湖学院	20	0	0	0	0	0	0	0	0	0	0	0	0	0	0
中国矿业大学徐海学院	21	1	1	1	0	0	0	1	0	0	1	0	0	0	0
南京大学金陵学院	22	2	2	2	0	0	1	1	0	1	1	0	0	1	0
南京理工大学紫金学院	23	0	0	0	0	0	0	0	0	0	0	0	0	0	0
南京航空航天大学金城学院	24	4	4	4	0	0	0	4	0	0	4	0	0	0	0
中国传媒大学南广学院	25	10	6	10	0	0	9	1	0	2	8	0	0	3	0
金山职业技术学院	26	1	1	1	0	0	0	1	0	0	1	0	0	0	0

续表

高校名称		总计		按职称划分						按最后学历划分			按最后学位划分		其他
			女性	小计	教授	副教授	讲师	助教	初级	研究生	本科生	其他	博士	硕士	人员
	编号	L01	L02	L03	L04	L05	L06	L07	L08	L09	L10	L11	L12	L13	L14
南京理工大学泰州科技学院	27	17	12	17	0	0	17	0	0	1	16	0	0	1	0
南京师范大学泰州学院	28	6	5	6	0	2	4	0	0	0	6	0	0	3	0
南京工业大学浦江学院	29	3	1	3	1	0	0	2	0	1	2	0	0	2	0
南京师范大学中北学院	30	0	0	0	0	0	0	0	0	0	0	0	0	0	0
苏州百年职业学院	31	1	1	1	0	0	0	0	1	0	0	1	0	0	0
昆山登云科技职业学院	32	1	0	1	0	0	1	0	0	0	1	0	0	0	0
南京视觉艺术职业学院	33	1	1	1	0	0	0	1	0	0	1	0	0	0	0
南京医科大学康达学院	34	12	8	12	0	0	3	4	5	1	11	0	0	1	0
南京中医药大学翰林学院	35	10	8	10	0	1	9	0	0	2	8	0	0	2	0
南京信息工程大学滨江学院	36	2	2	2	0	1	1	0	0	2	0	0	0	1	0
苏州大学文正学院	37	11	3	11	2	1	6	2	0	6	5	0	1	5	0
苏州大学应用技术学院	38	2	0	2	0	0	1	1	0	0	2	0	0	0	0
苏州科技大学天平学院	39	1	1	1	0	0	0	0	1	0	1	0	0	0	0
江苏大学京江学院	40	0	0	0	0	0	0	0	0	0	0	0	0	0	0
扬州大学广陵学院	41	2	2	2	0	1	1	0	0	2	0	0	1	1	0
江苏师范大学科文学院	42	1	1	1	0	0	1	0	0	1	0	0	0	1	0
南京邮电大学通达学院	43	3	3	3	0	0	1	2	0	2	1	0	0	2	0
南京财经大学红山学院	44	1	1	1	0	0	1	0	0	0	0	1	0	0	0
江苏科技大学苏州理工学院	45	1	1	1	0	0	0	1	0	1	0	0	0	1	0
常州大学怀德学院	46	1	0	1	0	1	0	0	0	0	1	0	0	0	0
南通大学杏林学院	47	0	0	0	0	0	0	0	0	0	0	0	0	0	0
南京审计大学金审学院	48	1	1	1	0	0	0	1	0	1	0	0	0	1	0
宿迁学院	49	3	0	3	0	1	2	0	0	1	2	0	0	3	0
苏州高博软件技术职业学院	50	1	0	1	0	0	1	0	0	0	1	0	0	0	0
扬州中瑞酒店职业学院	51	0	0	0	0	0	0	0	0	0	0	0	0	0	0
西交利物浦大学	52	0	0	0	0	0	0	0	0	0	0	0	0	0	0
昆山杜克大学	53	7	6	7	1	0	3	3	0	7	0	0	2	5	0

4.19　教育学人文、社会科学活动人员情况表

高校名称		总计		按职称划分						按最后学历划分			按最后学位划分		其他人员
			女性	小计	教授	副教授	讲师	助教	初级	研究生	本科生	其他	博士	硕士	
	编号	L01	L02	L03	L04	L05	L06	L07	L08	L09	L10	L11	L12	L13	L14
合　计	/	524	346	524	11	85	299	119	10	339	184	1	16	392	0
明达职业技术学院	1	0	0	0	0	0	0	0	0	0	0	0	0	0	0
三江学院	2	20	14	20	0	5	13	2	0	9	11	0	0	13	0
九州职业技术学院	3	11	8	11	0	2	9	0	0	2	9	0	0	6	0
南通理工学院	4	18	12	18	1	1	11	5	0	7	11	0	0	14	0
硅湖职业技术学院	5	26	16	26	1	5	2	18	0	13	13	0	0	13	0
应天职业技术学院	6	8	5	8	1	1	6	0	0	7	1	0	0	8	0
苏州托普信息职业技术学院	7	5	5	5	0	1	1	3	0	3	2	0	0	3	0
东南大学成贤学院	8	0	0	0	0	0	0	0	0	0	0	0	0	0	0
苏州工业园区职业技术学院	9	8	6	8	0	4	4	0	0	5	3	0	0	7	0
太湖创意职业技术学院	10	2	1	2	0	1	0	0	1	1	1	0	0	1	0
炎黄职业技术学院	11	4	1	4	1	1	2	0	0	0	4	0	0	2	0
正德职业技术学院	12	5	4	5	0	0	2	3	0	3	2	0	0	3	0
钟山职业技术学院	13	8	7	8	0	2	6	0	0	3	5	0	0	7	0
无锡南洋职业技术学院	14	13	10	13	0	1	10	2	0	4	9	0	0	5	0
江南影视艺术职业学院	15	27	20	27	0	12	3	11	1	12	14	1	0	18	0
金肯职业技术学院	16	9	6	9	0	0	9	0	0	4	5	0	0	3	0
建东职业技术学院	17	3	3	3	0	0	3	0	0	0	3	0	0	0	0
宿迁职业技术学院	18	8	6	8	0	0	2	6	0	6	2	0	1	5	0
江海职业技术学院	19	8	3	8	1	3	2	2	0	0	8	0	0	3	0
无锡太湖学院	20	3	2	3	0	0	2	1	0	2	1	0	0	2	0
中国矿业大学徐海学院	21	5	3	5	0	0	5	0	0	4	1	0	0	5	0
南京大学金陵学院	22	5	5	5	0	0	5	0	0	4	1	0	0	4	0
南京理工大学紫金学院	23	0	0	0	0	0	0	0	0	0	0	0	0	0	0
南京航空航天大学金城学院	24	7	7	7	0	0	7	0	0	5	2	0	0	6	0
中国传媒大学南广学院	25	4	3	4	0	0	3	1	0	2	2	0	0	4	0
金山职业技术学院	26	0	0	0	0	0	0	0	0	0	0	0	0	0	0

续表

高校名称		总计		按职称划分						按最后学历划分			按最后学位划分		其他人员
			女性	小计	教授	副教授	讲师	助教	初级	研究生	本科生	其他	博士	硕士	
	编号	L01	L02	L03	L04	L05	L06	L07	L08	L09	L10	L11	L12	L13	L14
南京理工大学泰州科技学院	27	16	9	16	0	5	11	0	0	5	11	0	0	8	0
南京师范大学泰州学院	28	16	11	16	0	4	8	4	0	14	2	0	0	16	0
南京工业大学浦江学院	29	30	15	30	1	10	10	9	0	24	6	0	3	26	0
南京师范大学中北学院	30	1	1	1	0	0	0	1	0	1	0	0	0	1	0
苏州百年职业学院	31	6	4	6	0	3	0	2	1	5	1	0	0	5	0
昆山登云科技职业学院	32	7	5	7	0	1	1	4	1	3	4	0	0	4	0
南京视觉艺术职业学院	33	8	3	8	0	1	5	2	0	3	5	0	0	4	0
南京医科大学康达学院	34	13	9	13	0	1	11	1	0	10	3	0	0	10	0
南京中医药大学翰林学院	35	24	11	24	0	0	24	0	0	16	8	0	0	17	0
南京信息工程大学滨江学院	36	3	2	3	0	0	3	0	0	3	0	0	0	3	0
苏州大学文正学院	37	9	4	9	2	2	3	2	0	8	1	0	1	8	0
苏州大学应用技术学院	38	9	7	9	1	0	4	4	0	8	1	0	1	7	0
苏州科技大学天平学院	39	3	2	3	0	0	1	2	0	1	2	0	0	2	0
江苏大学京江学院	40	1	1	1	0	0	1	0	0	1	0	0	0	1	0
扬州大学广陵学院	41	16	12	16	0	0	13	3	0	14	2	0	0	15	0
江苏师范大学科文学院	42	8	4	8	0	1	7	0	0	3	5	0	0	6	0
南京邮电大学通达学院	43	2	2	2	0	0	2	0	0	2	0	0	0	2	0
南京财经大学红山学院	44	5	5	5	0	0	2	3	0	5	0	0	0	5	0
江苏科技大学苏州理工学院	45	15	3	15	0	2	9	4	0	14	1	0	1	13	0
常州大学怀德学院	46	1	1	1	0	0	1	0	0	1	0	0	0	1	0
南通大学杏林学院	47	47	31	47	0	1	45	1	0	43	4	0	0	46	0
南京审计大学金审学院	48	17	14	17	0	3	9	5	0	15	2	0	0	16	0
宿迁学院	49	32	22	32	1	10	13	8	0	23	9	0	3	28	0
苏州高博软件技术职业学院	50	11	9	11	1	1	5	4	0	6	5	0	0	7	0
扬州中瑞酒店职业学院	51	1	1	1	0	0	0	1	0	1	0	0	0	1	0
西交利物浦大学	52	15	10	15	0	1	4	4	6	13	2	0	6	7	0
昆山杜克大学	53	1	1	1	0	0	0	1	0	1	0	0	0	1	0

4.20 统计学人文、社会科学活动人员情况表

高校名称		总计		按职称划分						按最后学历划分			按最后学位划分		其他
			女性	小计	教授	副教授	讲师	助教	初级	研究生	本科生	其他	博士	硕士	人员
	编号	L01	L02	L03	L04	L05	L06	L07	L08	L09	L10	L11	L12	L13	L14
合　计	/	15	8	15	1	2	7	5	0	12	3	0	0	12	0
明达职业技术学院	1	0	0	0	0	0	0	0	0	0	0	0	0	0	0
三江学院	2	0	0	0	0	0	0	0	0	0	0	0	0	0	0
九州职业技术学院	3	0	0	0	0	0	0	0	0	0	0	0	0	0	0
南通理工学院	4	0	0	0	0	0	0	0	0	0	0	0	0	0	0
硅湖职业技术学院	5	0	0	0	0	0	0	0	0	0	0	0	0	0	0
应天职业技术学院	6	0	0	0	0	0	0	0	0	0	0	0	0	0	0
苏州托普信息职业技术学院	7	0	0	0	0	0	0	0	0	0	0	0	0	0	0
东南大学成贤学院	8	0	0	0	0	0	0	0	0	0	0	0	0	0	0
苏州工业园区职业技术学院	9	0	0	0	0	0	0	0	0	0	0	0	0	0	0
太湖创意职业技术学院	10	1	0	1	0	0	0	1	0	0	1	0	0	0	0
炎黄职业技术学院	11	0	0	0	0	0	0	0	0	0	0	0	0	0	0
正德职业技术学院	12	0	0	0	0	0	0	0	0	0	0	0	0	0	0
钟山职业技术学院	13	0	0	0	0	0	0	0	0	0	0	0	0	0	0
无锡南洋职业技术学院	14	0	0	0	0	0	0	0	0	0	0	0	0	0	0
江南影视艺术职业学院	15	1	0	1	0	0	0	1	0	1	0	0	0	1	0
金肯职业技术学院	16	0	0	0	0	0	0	0	0	0	0	0	0	0	0
建东职业技术学院	17	0	0	0	0	0	0	0	0	0	0	0	0	0	0
宿迁职业技术学院	18	0	0	0	0	0	0	0	0	0	0	0	0	0	0
江海职业技术学院	19	0	0	0	0	0	0	0	0	0	0	0	0	0	0
无锡太湖学院	20	0	0	0	0	0	0	0	0	0	0	0	0	0	0
中国矿业大学徐海学院	21	1	0	1	0	0	1	0	0	1	0	0	0	1	0
南京大学金陵学院	22	0	0	0	0	0	0	0	0	0	0	0	0	0	0
南京理工大学紫金学院	23	0	0	0	0	0	0	0	0	0	0	0	0	0	0
南京航空航天大学金城学院	24	0	0	0	0	0	0	0	0	0	0	0	0	0	0
中国传媒大学南广学院	25	0	0	0	0	0	0	0	0	0	0	0	0	0	0
金山职业技术学院	26	0	0	0	0	0	0	0	0	0	0	0	0	0	0

4

续表

高校名称	编号	总计		按职称划分						按最后学历划分			按最后学位划分		其他人员
			女性	小计	教授	副教授	讲师	助教	初级	研究生	本科生	其他	博士	硕士	
	编号	L01	L02	L03	L04	L05	L06	L07	L08	L09	L10	L11	L12	L13	L14
南京理工大学泰州科技学院	27	0	0	0	0	0	0	0	0	0	0	0	0	0	0
南京师范大学泰州学院	28	0	0	0	0	0	0	0	0	0	0	0	0	0	0
南京工业大学浦江学院	29	0	0	0	0	0	0	0	0	0	0	0	0	0	0
南京师范大学中北学院	30	0	0	0	0	0	0	0	0	0	0	0	0	0	0
苏州百年职业学院	31	0	0	0	0	0	0	0	0	0	0	0	0	0	0
昆山登云科技职业学院	32	0	0	0	0	0	0	0	0	0	0	0	0	0	0
南京视觉艺术职业学院	33	0	0	0	0	0	0	0	0	0	0	0	0	0	0
南京医科大学康达学院	34	1	1	1	0	0	1	0	0	1	0	0	0	1	0
南京中医药大学翰林学院	35	1	1	1	0	0	1	0	0	1	0	0	0	1	0
南京信息工程大学滨江学院	36	0	0	0	0	0	0	0	0	0	0	0	0	0	0
苏州大学文正学院	37	0	0	0	0	0	0	0	0	0	0	0	0	0	0
苏州大学应用技术学院	38	0	0	0	0	0	0	0	0	0	0	0	0	0	0
苏州科技大学天平学院	39	0	0	0	0	0	0	0	0	0	0	0	0	0	0
江苏大学京江学院	40	0	0	0	0	0	0	0	0	0	0	0	0	0	0
扬州大学广陵学院	41	0	0	0	0	0	0	0	0	0	0	0	0	0	0
江苏师范大学科文学院	42	1	1	1	0	0	0	1	0	1	0	0	0	1	0
南京邮电大学通达学院	43	0	0	0	0	0	0	0	0	0	0	0	0	0	0
南京财经大学红山学院	44	3	2	3	0	1	1	1	0	3	0	0	0	3	0
江苏科技大学苏州理工学院	45	1	1	1	0	0	1	0	0	1	0	0	0	1	0
常州大学怀德学院	46	0	0	0	0	0	0	0	0	0	0	0	0	0	0
南通大学杏林学院	47	1	1	1	0	0	1	0	0	1	0	0	0	1	0
南京审计大学金审学院	48	1	0	1	0	1	0	0	0	1	0	0	0	1	0
宿迁学院	49	1	0	1	0	0	1	0	0	1	0	0	0	1	0
苏州高博软件技术职业学院	50	1	0	1	1	0	0	0	0	0	1	0	0	0	0
扬州中瑞酒店职业学院	51	0	0	0	0	0	0	0	0	0	0	0	0	0	0
西交利物浦大学	52	1	1	1	0	0	0	1	0	0	1	0	0	0	0
昆山杜克大学	53	0	0	0	0	0	0	0	0	0	0	0	0	0	0

4.21 心理学人文、社会科学活动人员情况表

高校名称	编号	总计 L01	女性 L02	按职称划分 小计 L03	教授 L04	副教授 L05	讲师 L06	助教 L07	初级 L08	按最后学历划分 研究生 L09	本科生 L10	其他 L11	按最后学位划分 博士 L12	硕士 L13	其他人员 L14
合　计	/	64	53	64	3	7	45	9	0	46	18	0	5	46	0
明达职业技术学院	1	0	0	0	0	0	0	0	0	0	0	0	0	0	0
三江学院	2	0	0	0	0	0	0	0	0	0	0	0	0	0	0
九州职业技术学院	3	1	1	1	0	0	1	0	0	0	1	0	0	0	0
南通理工学院	4	1	1	1	0	0	0	1	0	1	0	0	0	1	0
硅湖职业技术学院	5	4	3	4	0	0	2	2	0	3	1	0	0	3	0
应天职业技术学院	6	1	1	1	0	0	1	0	0	1	0	0	0	1	0
苏州托普信息职业技术学院	7	1	1	1	0	0	1	0	0	1	0	0	0	1	0
东南大学成贤学院	8	0	0	0	0	0	0	0	0	0	0	0	0	0	0
苏州工业园区职业技术学院	9	3	3	3	0	1	2	0	0	2	1	0	0	3	0
太湖创意职业技术学院	10	0	0	0	0	0	0	0	0	0	0	0	0	0	0
炎黄职业技术学院	11	0	0	0	0	0	0	0	0	0	0	0	0	0	0
正德职业技术学院	12	1	1	1	0	0	1	0	0	1	0	0	0	1	0
钟山职业技术学院	13	1	1	1	0	0	1	0	0	0	1	0	0	1	0
无锡南洋职业技术学院	14	0	0	0	0	0	0	0	0	0	0	0	0	0	0
江南影视艺术职业学院	15	2	2	2	0	1	0	1	0	1	1	0	0	1	0
金肯职业技术学院	16	4	4	4	0	0	3	1	0	3	1	0	0	4	0
建东职业技术学院	17	4	4	4	0	1	3	0	0	0	4	0	0	0	0
宿迁职业技术学院	18	0	0	0	0	0	0	0	0	0	0	0	0	0	0
江海职业技术学院	19	2	2	2	0	0	2	0	0	0	2	0	0	1	0
无锡太湖学院	20	3	2	3	1	0	2	0	0	3	0	0	1	2	0
中国矿业大学徐海学院	21	1	0	1	0	0	1	0	0	1	0	0	0	1	0
南京大学金陵学院	22	0	0	0	0	0	0	0	0	0	0	0	0	0	0
南京理工大学紫金学院	23	2	2	2	0	1	1	0	0	2	0	0	0	2	0
南京航空航天大学金城学院	24	2	2	2	0	0	2	0	0	1	1	0	0	2	0
中国传媒大学南广学院	25	3	2	3	0	1	2	0	0	2	1	0	0	2	0
金山职业技术学院	26	0	0	0	0	0	0	0	0	0	0	0	0	0	0

续表

高校名称		总计		按职称划分						按最后学历划分			按最后学位划分		其他人员
			女性	小计	教授	副教授	讲师	助教	初级	研究生	本科生	其他	博士	硕士	
	编号	L01	L02	L03	L04	L05	L06	L07	L08	L09	L10	L11	L12	L13	L14
南京理工大学泰州科技学院	27	3	1	3	0	1	2	0	0	1	2	0	0	1	0
南京师范大学泰州学院	28	2	0	2	1	1	0	0	0	2	0	0	1	1	0
南京工业大学浦江学院	29	1	1	1	0	0	0	1	0	1	0	0	0	1	0
南京师范大学中北学院	30	0	0	0	0	0	0	0	0	0	0	0	0	0	0
苏州百年职业学院	31	3	3	3	0	0	3	0	0	3	0	0	0	3	0
昆山登云科技职业学院	32	1	0	1	0	0	0	1	0	0	1	0	0	0	0
南京视觉艺术职业学院	33	0	0	0	0	0	0	0	0	0	0	0	0	0	0
南京医科大学康达学院	34	1	1	1	0	0	1	0	0	1	0	0	0	1	0
南京中医药大学翰林学院	35	2	2	2	0	0	2	0	0	1	1	0	0	1	0
南京信息工程大学滨江学院	36	1	1	1	0	0	1	0	0	1	0	0	0	1	0
苏州大学文正学院	37	3	2	3	0	0	3	0	0	3	0	0	0	3	0
苏州大学应用技术学院	38	0	0	0	0	0	0	0	0	0	0	0	0	0	0
苏州科技大学天平学院	39	0	0	0	0	0	0	0	0	0	0	0	0	0	0
江苏大学京江学院	40	0	0	0	0	0	0	0	0	0	0	0	0	0	0
扬州大学广陵学院	41	0	0	0	0	0	0	0	0	0	0	0	0	0	0
江苏师范大学科文学院	42	1	1	1	0	0	1	0	0	1	0	0	0	1	0
南京邮电大学通达学院	43	0	0	0	0	0	0	0	0	0	0	0	0	0	0
南京财经大学红山学院	44	2	2	2	0	0	1	1	0	2	0	0	0	2	0
江苏科技大学苏州理工学院	45	1	1	1	0	0	1	0	0	1	0	0	0	1	0
常州大学怀德学院	46	0	0	0	0	0	0	0	0	0	0	0	0	0	0
南通大学杏林学院	47	1	1	1	0	0	1	0	0	1	0	0	0	1	0
南京审计大学金审学院	48	1	1	1	0	0	0	1	0	1	0	0	0	1	0
宿迁学院	49	1	1	1	0	0	1	0	0	1	0	0	0	1	0
苏州高博软件技术职业学院	50	1	1	1	0	0	1	0	0	1	0	0	0	1	0
扬州中瑞酒店职业学院	51	0	0	0	0	0	0	0	0	0	0	0	0	0	0
西交利物浦大学	52	1	1	1	0	0	1	0	0	1	0	0	1	0	0
昆山杜克大学	53	2	1	2	1	0	1	0	0	2	0	0	2	0	0

4.22 体育科学人文、社会科学活动人员情况表

高校名称		总计		按职称划分						按最后学历划分			按最后学位划分		其他人员
			女性	小计	教授	副教授	讲师	助教	初级	研究生	本科生	其他	博士	硕士	
	编号	L01	L02	L03	L04	L05	L06	L07	L08	L09	L10	L11	L12	L13	L14
合　计	/	360	119	360	2	86	187	84	1	162	198	0	2	240	0
明达职业技术学院	1	1	0	1	0	0	1	0	0	0	1	0	0	0	0
三江学院	2	21	8	21	1	12	7	1	0	6	15	0	0	20	0
九州职业技术学院	3	5	1	5	0	0	2	3	0	1	4	0	0	2	0
南通理工学院	4	11	3	11	0	6	5	0	0	3	8	0	0	5	0
硅湖职业技术学院	5	8	2	8	0	0	6	2	0	1	7	0	0	1	0
应天职业技术学院	6	2	0	2	0	0	2	0	0	0	2	0	0	2	0
苏州托普信息职业技术学院	7	9	3	9	0	1	3	5	0	1	8	0	0	1	0
东南大学成贤学院	8	0	0	0	0	0	0	0	0	0	0	0	0	0	0
苏州工业园区职业技术学院	9	8	4	8	0	2	6	0	0	5	3	0	0	6	0
太湖创意职业技术学院	10	3	0	3	0	0	3	0	0	0	3	0	0	0	0
炎黄职业技术学院	11	6	0	6	0	0	6	0	0	0	6	0	0	0	0
正德职业技术学院	12	7	2	7	0	3	4	0	0	1	6	0	0	5	0
钟山职业技术学院	13	1	0	1	0	1	0	0	0	0	1	0	0	0	0
无锡南洋职业技术学院	14	5	2	5	0	1	3	1	0	1	4	0	0	3	0
江南影视艺术职业学院	15	5	1	5	0	2	1	2	0	0	5	0	0	2	0
金肯职业技术学院	16	2	1	2	0	0	1	1	0	1	1	0	0	1	0
建东职业技术学院	17	4	2	4	0	2	1	1	0	0	4	0	0	1	0
宿迁职业技术学院	18	1	1	1	0	0	0	1	0	0	1	0	0	0	0
江海职业技术学院	19	5	1	5	0	1	4	0	0	0	5	0	0	1	0
无锡太湖学院	20	24	7	24	0	1	10	13	0	11	13	0	0	13	0
中国矿业大学徐海学院	21	8	2	8	0	0	8	0	0	5	3	0	0	5	0
南京大学金陵学院	22	7	3	7	0	0	7	0	0	7	0	0	0	7	0
南京理工大学紫金学院	23	8	2	8	0	7	1	0	0	4	4	0	0	8	0
南京航空航天大学金城学院	24	9	4	9	0	0	9	0	0	6	3	0	0	6	0
中国传媒大学南广学院	25	18	7	18	0	2	10	6	0	9	9	0	0	16	0
金山职业技术学院	26	6	2	6	0	2	1	3	0	2	4	0	1	2	0

续表

高校名称	编号	总计		按职称划分						按最后学历划分			按最后学位划分		其他人员
			女性	小计	教授	副教授	讲师	助教	初级	研究生	本科生	其他	博士	硕士	
	编号	L01	L02	L03	L04	L05	L06	L07	L08	L09	L10	L11	L12	L13	L14
南京理工大学泰州科技学院	27	10	3	10	0	0	10	0	0	3	7	0	0	7	0
南京师范大学泰州学院	28	14	6	14	0	5	8	1	0	8	6	0	0	14	0
南京工业大学浦江学院	29	7	3	7	0	4	2	1	0	4	3	0	0	6	0
南京师范大学中北学院	30	1	0	1	0	0	0	1	0	1	0	0	0	1	0
苏州百年职业学院	31	2	1	2	0	0	2	0	0	2	0	0	0	2	0
昆山登云科技职业学院	32	6	3	6	0	1	3	2	0	3	3	0	0	5	0
南京视觉艺术职业学院	33	7	1	7	0	0	3	4	0	4	3	0	0	4	0
南京医科大学康达学院	34	8	5	8	0	0	4	4	0	4	4	0	0	4	0
南京中医药大学翰林学院	35	3	2	3	0	0	3	0	0	2	1	0	0	2	0
南京信息工程大学滨江学院	36	8	3	8	0	5	1	2	0	4	4	0	0	6	0
苏州大学文正学院	37	12	3	12	0	2	6	4	0	8	4	0	0	9	0
苏州大学应用技术学院	38	4	1	4	0	0	1	3	0	3	1	0	0	3	0
苏州科技大学天平学院	39	6	3	6	0	2	4	0	0	5	1	0	0	6	0
江苏大学京江学院	40	4	1	4	0	0	0	4	0	4	0	0	0	4	0
扬州大学广陵学院	41	11	4	11	0	0	4	7	0	10	1	0	0	10	0
江苏师范大学科文学院	42	6	2	6	0	0	2	4	0	4	2	0	0	4	0
南京邮电大学通达学院	43	7	1	7	0	6	1	0	0	5	2	0	0	5	0
南京财经大学红山学院	44	3	1	3	0	0	2	1	0	3	0	0	0	3	0
江苏科技大学苏州理工学院	45	3	1	3	0	0	3	0	0	3	0	0	0	3	0
常州大学怀德学院	46	11	6	11	0	2	6	3	0	2	9	0	0	6	0
南通大学杏林学院	47	10	2	10	0	3	7	0	0	4	6	0	0	6	0
南京审计大学金审学院	48	3	1	3	0	1	1	1	0	2	1	0	0	2	0
宿迁学院	49	21	5	21	1	10	10	0	0	8	13	0	0	19	0
苏州高博软件技术职业学院	50	7	3	7	0	2	2	3	0	1	6	0	0	2	0
扬州中瑞酒店职业学院	51	1	0	1	0	0	0	0	1	0	1	0	0	0	0
西交利物浦大学	52	1	0	1	0	0	1	0	0	1	0	0	1	0	0
昆山杜克大学	53	0	0	0	0	0	0	0	0	0	0	0	0	0	0

五、社科研究与发展经费

1. 全省高等学校人文、社会科学研究与发展经费情况表

经费名称	编号	单位(千元)	经费名称	编号	单位(千元)
上年结转经费	1	505 795.81	当年 R&D 经费支出合计	23	1 425 848.07
当年经费收入合计	2	1 509 784.32	转拨给外单位经费	24	16 615.8
政府资金投入	3	739 483.43	对国内研究机构支出	25	1 217.09
科研活动经费	4	493 586.35	对国内高等学校支出	26	2 001.38
教育部科研项目经费	5	32 019.4	对国内企业支出	27	846.86
教育部其他科研经费	6	41 959.76	对境外机构支出	28	22.92
中央高校基本科研业务费	7	31 327.93	R&D 经费内部支出合计	29	1 409 232.27
中央其他部门科研项目经费	8	217 792.94	基础研究支出	30	509 231.22
省、市、自治区社科基金项目	9	39 218.88	应用研究支出	31	898 142.02
省教育厅科研项目经费	10	34 014.36	试验发展支出	32	1 859.03
省教育厅其他科研经费	11	28 749.05	政府资金	33	782 231.03
其他各类地方政府经费	12	99 831.96	企业资金	34	540 355.6
科技活动人员工资	13	245 879.78	境外资金	35	8 338.76
科研基建费	14	17.3	其他	36	78 306.88
非政府资金投入	15	770 300.89	科研人员费	37	331 120.02
企事业单位委托项目经费	16	527 448 53	业务费	38	631 032.72
金融机构贷款	17	0	科研基建费	39	20
自筹经费	18	213 229.33	仪器设备费	40	92 984.03
境外资金	19	8 135.22	单价在 1 万元以上的设备费	41	11 526.73
港、澳、台地区合作项目经费	20	0	图书资料费	42	171 340.99
其他收入	21	4 327.74	间接费	43	105 643.1
科技活动人员工资	22	17 160.07	管理费	44	28 572.42
			其他支出	45	77 091.41
			当年结余经费	46	589 732.06
			银行存款	47	589 354.31
			暂付款	48	377.75

2. 公办本科高等学校人文、社会科学研究与发展经费情况表

高校名称	编号	上年结转经费（千元）	当年经费收入合计（千元）	拨入（千元）：政府资金投入	其中：科研活动经费	其中：教育部科研项目经费	其中：教育部其他科研经费	其中：中央高校基本科研业务费	其中：中央其他部门科研项目经费	其中：省、市、自治区社科基金项目	其中：省教育厅科研项目经费	其中：省教育厅其他科研经费	其中：其他各类地方政府经费	科技活动人员工资	科研基建费	非政府资金投入	其中：企事业单位委托项目经费	其中：金融机构贷款	其中：自筹经费	境外资金	其中：港、澳、台地区合作项目经费	其他收入	其中：科技活动人员工资
		L01	L02	L03	L04	L05	L06	L07	L08	L09	L10	L11	L12	L13	L14	L15	L16	L17	L18	L19	L20	L21	L22
合计	/	446 281. 46	1 320 718. 1	654 816. 78	459 672. 52	30 518. 4	41 475. 36	31 277. 96	215 144. 02	37 314. 38	20 686. 6	26 945. 05	87 588. 71	195 144. 26	0	665 901. 32	485 090. 58	0	172 593. 1	7 566. 64	0	651	0
南京大学	1	24 974. 15	85 458. 99	44 658. 35	38 658. 35	1 624. 5	10 914	8 000	24 182. 85	1 216	41	400	280	6 000	0	40 800. 64	29 266. 35	0	11 400	134. 29	0	0	0
东南大学	2	19 962. 13	38 552	35 009. 3	28 808. 3	1 219	7 000	7 000	9 113. 5	6 754. 8	1 236	0	3 485	6 201	0	3 542. 7	3 430. 7	0	112	0	0	0	0
江南大学	3	7 703. 48	31 545. 38	10 767. 5	5 887. 5	480	0	0	3 913. 5	783	10	0	701	4 880	0	20 777. 88	20 492. 88	0	285	0	0	0	0
南京农业大学	4	8 391. 62	49 092. 7	42 302. 23	36 254. 23	1 477	2 811. 96	2 811. 96	19 298. 77	672	936	4 000	7 058. 5	6 048	0	6 790. 47	6 761. 1	0	0	29. 37	0	0	0
中国矿业大学	5	15 536. 27	33 073. 51	23 889. 28	15 989. 28	1 584	4 042	1 042	8 176	774	779	0	634. 28	7 900	0	9 184. 23	9 184. 23	0	0	0	0	0	0
河海大学	6	7 213. 23	70 478. 36	36 958. 68	32 541. 68	2 022	8 037. 4	8 004	12 007. 28	1 524	264	400	8 287	4 417	0	33 519. 68	26 750. 7	0	0	6 678. 98	0	90	0
南京理工大学	7	9 732. 48	20 225. 9	12 097. 96	9 902. 76	805	1 550	1 550	5 467. 76	820	110	0	1 150	2 195. 2	0	8 127. 94	8 127. 94	0	0	0	0	0	0
南京航空航天大学	8	1 967. 6	16 106. 8	12 373. 8	10 052. 8	646	2 620	2 620	5 152. 8	598	442	280	314	2 321	0	3 733	3 733	0	0	0	0	0	0
中国药科大学	9	4 792	15 386. 91	6 694. 91	5 024. 91	150	250	250	3 592. 71	472	40	0	520. 2	1 670	0	8 692	8 562	0	130	0	0	0	0
南京森林警察学院	10	1 558. 66	2 271. 93	1 174	206	108	0	0	0	10	88	0	0	968	0	1 097. 93	714. 46	0	383. 47	0	0	0	0
苏州大学	11	29 807. 1	46 101	22 777	17 757	1 285	0	0	11 592	1 216	624	0	3 040	5 020	0	23 324	21 231	0	2 093	0	0	0	0
江苏科技大学	12	2 909. 38	10 935. 94	8 100. 18	3 887. 18	466. 5	0	0	1 910. 6	564. 08	706	0	240	4 213	0	2 835. 76	1 044. 41	0	1 791. 35	0	0	0	0
南京工业大学	13	457. 5	13 055. 26	8 535. 26	6 096. 26	533	0	0	3 593. 26	630	160	200	980	2 439	0	4 520	315	0	4 205	0	0	0	0
常州大学	14	8 865. 5	18 112. 8	16 508. 3	11 044. 3	490	0	0	4 190	653	285	0	5 426. 3	5 464	0	1 604. 5	1 511. 5	0	0	0	0	93	0
南京邮电大学	15	5 491. 05	22 599. 64	14 245. 14	8 472. 1	1 071. 5	0	0	3 874. 6	968	870	0	1 688	5 773. 04	0	8 354. 5	6 868. 5	0	1 486	0	0	0	0
南京林业大学	16	3 179. 71	7 153	6 043	4 238	1 032	0	0	1 694	396	938	0	178	1 805	0	1 110	770	0	340	0	0	0	0
江苏大学	17	50	16 723. 46	11 739	7 389	808	0	0	4 940	418	405	0	818	4 350	0	4 984. 46	4 814. 46	0	170	0	0	0	0
南京信息工程大学	18	13 936. 32	37 402. 5	21 554. 5	11 651. 5	1 283	0	0	6 899. 1	2 140	765	0	564. 4	9 903	0	15 848	4 958	0	10 890	0	0	0	0

续表

南通大学	19	3 792.54	12 671.8	9 270	6 819.2	850	0	0	5 038	166	401.2	0	364	2 450.8	0	3 401.8	3 071.8	0	330	0	0	0	0
盐城工学院	20	238	7 599.5	3 741.5	2 289	120	0	0	1 116	280	400	0	373	1 452.5	0	3 858	2 777	0	1 081	0	0	0	0
南京医科大学	21	1 494.05	4 176.2	2 622	1 670.9	40	0	0	570	204.9	240	300	316	951.1	0	1 554.2	47.2	0	1 207	0	0	300	0
徐州医科大学	22	597.2	1 475	1 252	646	70	0	0	420	90	40	0	26	606	0	223	3	0	220	0	0	0	0
南京中医药大学	23	3 875.14	9 389.6	6 496	2 286	415	0	0	902	330	480	0	159	4 210	0	2 893.6	2 233.6	0	660	0	0	0	0
南京师范大学	24	55 341.39	64 908.3	28 479.66	21 294.66	1 694.5	0	0	10 605.2	2 906.4	1 200.4	0	4 888.16	7 185	0	36 428.64	32 107.64	0	3 597	724	0	0	0
江苏师范大学	25	50 913.03	118 500.69	50 601	29 706	1 149	0	0	16 982	2 370	620	0	8 585	20 895	0	67 899.69	38 679.69	0	29 220	0	0	0	0
淮阴师范学院	26	4 465.42	75 936.55	9 998	5 702	1 080	0	0	2 730	970	530	0	332	4 296	0	65 938.55	63 105.55	0	2 833	0	0	0	0
盐城师范学院	27	18 825.01	37 432.95	12 475	5 063	646	0	0	2 372	610	1 105	0	330	7 412	0	24 957.95	24 465.95	0	492	0	0	0	0
南京财经大学	28	21 429.91	50 461.55	34 555.13	30 944.13	1 607.4	0	0	17 593.53	1 680	805	700	8 558.2	3 611	0	15 906.42	15 836.42	0	70	0	0	0	0
江苏警官学院	29	1 636.51	9 188.07	8 795.82	6 830.82	130	0	0	520	80	200	4 011.05	1 889.77	1 965	0	392.25	382.35	0	9.9	0	0	0	0
南京体育学院	30	1 768.88	6 688	2 277.2	1 959.2	100	0	0	1 424.2	160	56	0	219	318	0	4 410.8	620.8	0	3 790	0	0	0	0
南京艺术学院	31	9 416.61	25 804.2	21 054	18 265	48	4 250	0	1 665	206	400	9 490	2 206	2 789	0	4 750.2	2 040.2	0	2 710	0	0	0	0
苏州科技大学	32	1 448	27 889.2	11 397.8	8 317.8	408	0	0	2 802	520	168	0	4 419.8	3 080	0	16 491.4	11 191.4	0	5 300	0	0	0	0
常熟理工学院	33	8 839.81	45 642.36	10 936.96	8 608.96	525	0	0	442.96	264	596	220	6 561	2 328	0	34 705.4	17 418.2	0	17 287.2	0	0	0	0
淮阴工学院	34	3 726.45	50 295.08	7 869.6	3 361	135	0	0	930	370	700	100	1 126	4 508.6	0	42 425.48	33 016.13	0	9 409.35	0	0	0	0
常州工学院	35	7 018.58	28 694.4	6 774	1 890	341	0	0	340	308	201	0	700	4 884	0	21 920.4	20 321.9	0	1 598.5	0	0	0	0
扬州大学	36	19 627.39	40 720.36	15 787.42	10 167	1 020	0	0	7 415	984	550	0	198	5 620.42	0	24 932.94	10 395.44	0	14 537.5	0	0	0	0
南京工程学院	37	3 102.89	3 1647.48	9 051.1	4 817.5	200	0	0	372	605	748	0	2892.5	4 233.6	0	22 596.38	10 071.98	0	12 524.4	0	0	0	0
南京审计大学	38	29 925.88	39 828.3	19 571.4	14 009.4	1 064	0	0	5 908.4	228	733	5 894	182	5 562	0	20 256.9	4 334	0	15 922.9	0	0	0	0
南京晓庄学院	39	3 189.54	8 953	6 186	4 906	160	0	0	610	468	380	250	3 038	1 280	0	2 767	300	0	2 467	0	0	0	0
江苏理工学院	40	6 163.13	31 875.08	10 003.2	3 447.2	977	0	0	1 537	345.2	152	0	436	6 556	0	21 871.88	17 827.88	0	4 044	0	0	0	0
淮海工学院	41	5 835.9	16 132	4 255.5	2 287.5	40	0	0	420	458	358	0	1 011.5	1 968	0	11 876.5	11 064.6	0	811.9	0	0	0	0
徐州工程学院	42	1 095.6	11 480	9 461.5	2 003.5	16	0	0	470	200	280	0	1 037.5	7 458	0	2 018.5	0	0	2 018.5	0	0	0	0
南京特殊教育师范学院	43	1 148.9	4 368.6	2 868.6	1 368.6	98	0	0	508	120	0	350	292.6	1 500	0	1 500	0	0	1 500	0	0	0	0
泰州学院	44	1 104.2	3 875	2 642	962	165	0	0	352	100	225	0	120	1 680	0	1 233	0	0	1 193	0	0	40	0
金陵科技学院	45	3 242.62	8 117.5	3 218	2 158	220	0	0	0	382	278	0	1 278	1060	0	4 899.5	4 554.5	0	345	0	0	0	0
江苏第二师范学院	46	10 490.7	12 691.25	7 748	4 031	115	0	0	1 500	1 300	141	350	625	3 717	0	4 943.25	687.12	0	4 128.13	0	0	128	0

高校名称	经费名称	当年R&D经费支出合计(千元)	支出(千元) 转拨给外单位经费	其中 对国内研究机构支出	其中 对国内高等学校支出	其中 对国内企业支出	其中 对境外机构支出	R&D经费内部支出合计	其中 基础研究支出	其中 应用研究支出	其中 试验发展支出	其中 政府资金	其中 企业资金	其中 境外资金	其中 其他	其中 科研人员费	其中 业务费	其中 科研基建费	其中 仪器设备费	其中 单价在1万元以上的设备费	其中 图书资料费	其中 间接费	其中 管理费	其中 其他支出	当年结余经费(千元)	银行存款
	编号	L23	L24	L25	L26	L27	L28	L29	L30	L31	L32	L33	L34	L35	L36	L37	L38	L39	L40	L41	L42	L43	L44	L45	L46	L47
合计	/	1 241 937.68	16 211.5	1 210.09	1 892.78	725.86	22.92	1 225 726.18	460 018.49	764 917.91	789.78	681 819.8	493 860.18	7 481.61	42 564.59	250 058.94	566 931.66	0	83 473.52	8 437.67	158 786.94	99 182.45	26 484.36	67 292.67	525 061.88	524 940.73
南京大学	1	84 458.64	2 300	300	0	0	0	82 158.64	24 098.03	58 060.61	0	40 836.79	41 154.29	101.96	65.6	12 500	30 333.5	0	8 865.9	250	17 436.04	9 105	1 517.5	3 918.2	25 974.5	25 974.46
东南大学	2	47 581.21	35	0	35	0	0	47 546.21	31 472.89	16 073.32	0	39 275.62	4837.11	0	3 433.48	6 299	26 006.07	0	2 010.48	586.62	2 906.54	4 603.74	772	5 720.38	10 932.92	10 932.92
江南大学	3	35 778.86	657	347	278	32	0	35 121.86	9 383.27	25 738.59	0	14 524.38	20 282.26	0	315.22	5 700	16 854.56	0	5 143.9	0	3 625.5	3 792.9	1 064.8	5	3 470	3 468
南京农业大学	4	48 020.53	2 811.49	42.86	57.58	28.96	22.92	45 209.04	2 825.09	42 383.95	0	38 319.49	6 859.31	30.24	0	6 050	11 268.59	0	7 637.76	259.4	9 760.45	4 854.09	2 016.33	5 638.15	9 463.79	9 393.08
中国矿业大学	5	23 060.97	0	0	0	0	0	23 060.97	8 148.95	14 912.02	0	15 460.72	7 599.42	0	0.83	8 000	8 795.6	0	287.9	0	1 899.4	3 018.07	611.22	1 060	25 548.81	25 548.81
河海大学	6	62 755.41	530.9	20	120	383.2	0	62 224.51	6 478.87	55 090.11	655.53	27 684.92	27 560.31	6 898.86	80.42	5081.4	37 721.09	0	2 844.77	276.25	6 440.72	6 662.24	3 855.38	3 474.29	14 936.18	14 936.18
南京理工大学	7	21 173.62	0	0	0	0	0	21 173.62	11 764.55	9 409.07	0	14 501.79	6 671.83	0	0	2 572.15	4 364.39	0	264	0	6 832.54	2 056.06	907.06	5 084.48	8 784.76	8 784.76
南京航空航天大学	8	17 108.8	0	0	0	0	0	17 108.8	8 100.54	9 008.26	0	12 214.66	4 880.62	0	13.52	2 621	6 015.4	0	1 675.2	0	2 676.2	2 139.45	777.81	1 981.55	965.6	965.6
中国药科大学	9	17 031.91	0	0	0	0	0	17 031.91	3 249.29	13 782.62	0	6 594.91	10 307	0	130	1 920	9 594.91	0	150	0	4 507	450	450	410	3 147	3 147
南京森林警察学院	10	1 652.55	0	0	0	0	0	1 652.55	800.11	852.44	0	1 124.36	152.19	0	376	989	647.64	0	0	0	15.55	0.36	0	0	2 178.04	2 178.04
苏州大学	11	32 403.4	0	0	0	0	0	32 403.4	15 398.83	17 004.57	0	18 104.08	13 127.28	0	1 172.04	5 150	9 920.7	0	2 756	2 473	4 755	7 569	1 129	2 252.7	43 504.7	43 504.7
江苏科技大学	12	11 434.23	0	0	0	0	0	11 434.23	8 085.94	3 348.29	0	9 945.54	1 209.37	0	279.32	4 850	5 202.38	0	34.8	0	252.94	1 065.65	153.8	28.46	2 411.09	2 411.09
南京工业大学	13	13 181.21	2 139.41	500.23	800.2	281.7	0	11 041.8	4 854.04	6 187.76	0	9 797.57	354.39	0	889.84	2 688	2 706.5	0	2 284.21	1 007.82	2 056.13	1 306.96	0	0	331.55	331.55
常州大学	14	15 808.1	0	0	0	0	0	15 808.1	8 989.91	6 818.19	0	14 888.6	851.5	0	68	5 933.3	2 737.7	0	135	0	1 684.31	1 746.5	0	3 571.29	11 170.2	11 170.2
南京邮电大学	15	19 974.59	0	0	0	0	0	19 974.59	1 745.32	18 229.27	0	13 061.09	6 242.5	0	671	5 873.04	10 927.57	0	725.11	0	697.27	1 750.7	1 057.68	0.9	8 116.1	8 116.1
南京林业大学	16	6 546.57	0	0	0	0	0	6 546.57	2 156.64	4 389.93	0	6 074.19	414.57	0	57.81	1 940	1 376.39	0	1 018.12	0	712.5	822.2	185.48	677.36	3 786.14	3 786.14
江苏大学	17	16 633.46	0	0	0	0	0	16 633.46	3 503.23	13 130.23	0	11 749	4 814.46	0	70	4 450	4 043.9	0	5	0	4 040.9	2 727.19	598.26	1 366.47	140	140
南京信息工程大学	18	31 120.51	180.62	0	180.62	0	0	30 939.89	5 415.96	25 523.93	0	27 582.71	3 179.31	0	177.87	17 953	10 152.08	0	749.6	0	382.24	1 702.97	464.13	0	20 218.31	20 218.31

续表

南通大学	19	13 434.34	0	0	0	0	0	13 434.34	8 250.32	5 184.02	0	10 327.67	3 079.52	0	27.15	3 127.7	3 281.04	0	2 291	0	2 432.3	1 441.5	291.75	860.8	3 030	3 030
盐城工学院	20	7 641.5	0	0	0	0	0	7 641.5	993.55	6 647.95	0	4 333.29	2 940.75	0	367.46	1 833.5	4 127.1	0	0	0	982.4	343.5	0	355	196	196
南京医科大学	21	4 115.76	0	0	0	0	0	4 115.76	1 564.06	2 551.7	0	3 323.27	612.99	0	179.5	1 800	93.15	0	287.68	0	1 004.58	381	8	49.35	1 554.49	1 554.49
徐州医科大学	22	1 420.6	0	0	0	0	0	1 420.6	665.24	755.36	0	1 415.11	5.49	0	0	636	549.25	0	0	0	49.85	185.5	0	0	651.6	651.6
南京中医药大学	23	10 477.14	21	0	21	0	0	10 456.14	7 527.72	2 928.42	0	7 687.22	2 711.82	0	57.1	4 720	3 978.12	0	27.65	0	103.29	848.26	290.1	778.82	2 787.6	2 787.6
南京师范大学	24	59 709.2	6 966.2	0	0	0	0	52 743	27 307.43	25 435.57	0	31 473.34	20 817.56	427.8	24.3	10 777	31 049.27	0	972.6	0	2 527.63	5 508.58	2 555.3	1 907.92	60 540.49	60 540.49
江苏师范大学	25	115 773.79	0	0	0	0	0	115 773.79	59 176.87	56 596.92	0	59 823.9	40 800.59	0	15 149.3	21 117	32 229.35	0	18 142.04	0	18 886.4	5 399	785.5	0	53 639.93	53 639.93
淮阴师范学院	26	67 599.97	0	0	0	0	0	67 599.97	27 913.88	39 686.09	0	11 219.05	55 959.42	0	421.5	5 370	50 362	0	38	0	8 063.29	604	0	3 162.68	12 802	12 777
盐城师范学院	27	40 644.01	0	0	0	0	0	40 644.01	23 064.11	17 579.9	0	12 091.85	28 253.96	0	298.2	7 548	16 172.19	0	2 704.1	58	11 650.6	779.22	262.4	1 789.9	15 613.95	15 613.95
南京财经大学	28	40 919.13	0	0	0	0	0	40 919.13	17 024.68	23 894.45	0	26 210.18	14 687.95	0	21	7 021.13	19 783.34	0	224.51	0	1 715.51	12 168.56	1 950.68	6.08	30 972.33	30 972.33
江苏警官学院	29	9 552.94	0	0	0	0	0	9 552.94	152.31	9 400.63	0	8 712.85	816.6	0	23.49	2962.3	5 564.98	0	260	0	313.91	126	46	325.75	1 271.64	1 271.64
南京体育学院	30	4 716.72	0	0	0	0	0	4 716.72	1 813.81	2 902.91	0	4 546.14	170.58	0	0	1 568	1 842.25	0	1 050.8	840	125.27	126.8	0	3.6	3 740.16	3 716.76
南京艺术学院	31	25 438.94	0	0	0	0	0	25 438.94	17 123.54	8 315.4	0	19 408.51	5 639.15	0	391.28	2 790	15 429.03	0	3 762.03	1 920	3 054.74	393.23	99.73	9.91	9 781.87	9 781.87
苏州科技大学	32	27 376.2	0	0	0	0	0	27 376.2	5 190.18	22 186.02	0	16 583.3	10 792.9	0	0	8 040	8 567.79	0	56	0	6 680.59	2 341.72	1 157.82	1 690.1	1 961	1 961
常熟理工学院	33	46 028.01	0	0	0	0	0	46 028.01	2 990.29	43 037.72	0	12 111.21	33 916.8	0	0	8 884.3	34 560.7	0	874.26	0	612.79	1 095.46	798.75	0	8 454.16	8 454.16
淮阴工学院	34	49 843.04	0	0	0	0	0	49 843.04	6 182.93	43 660.11	0	15 030.22	34 646.57	0	166.25	10 269.35	27 271.16	0	2 961.94	0	8 412.99	917.6	100.55	10	4 178.49	4 178.49
常州工学院	35	24 515.61	30	0	0	0	0	24 485.61	273.57	24 212.04	0	7 758.81	16 198.03	21.61	507.16	6 151.2	15 984.85	0	965.17	0	262.99	1 121.3	643.55	0.1	11 197.37	11 197.37
扬州大学	36	38 635.01	400	0	400	0	0	38 235.01	22 375.14	15 859.87	0	22 805.74	14 292.07	0	1 137.2	6 872.15	13 854.67	0	2 169	0	2 902.9	2 958.21	636.2	9 478.08	21 712.74	21 712.74
南京工程学院	37	31 336.8	0	0	0	0	0	31 336.8	29 011.78	2 325.02	0	9 946.71	11 778.72	0	9 611.37	4 235.6	15 912.04	0	354.72	0	6 720.01	205.17	49.6	3 909.26	3 413.57	3 413.57
南京审计大学	38	30 967.19	0	0	0	0	0	30 967.19	12 705.79	18 261.4	0	22 921.03	7 356.25	0	689.91	6 610	12 625.26	0	4 834.82	545.58	4 113.23	2 342.37	141.72	441.51	38 786.99	38 786.99
南京晓庄学院	39	9 445.74	50	0	0	0	0	9 395.74	8 838.64	557.1	0	6 834.3	110.81	0	2 450.63	1 480	4 942.9	0	1 504.5	0	974.14	415.2	30.91	79	2 696.8	2 696.8
江苏理工学院	40	25 060.73	0	0	0	0	0	25 060.73	1 568.96	23 491.77	0	11 152.46	12 424.2	1.14	1 482.93	6 600	11 077.9	0	1 177.24	0	2 291.88	1 875.19	7.45	2 038.52	12 977.48	12 977.48
淮海工学院	41	16 335.81	0	0	0	0	0	16 335.81	2 481.51	13 854.3	0	5 303.91	10 214.6	0	817.3	1 998	9 492.75	0	0	0	1 024.77	707.42	695.92	3 112.87	5 632.09	5 632.09
徐州工程学院	42	11 356.72	54.5	0	0	0	0	11 302.22	6 946.87	4 221.1	134.25	10 887.8	135.91	0	278.51	8 735.32	1 198.8	0	103.2	0	624.7	329.8	135.5	310.4	1 218.88	1 218.88
南京特殊教育师范学院	43	4 560.5	35	0	0	0	0	4 525.5	464.59	4 060.91	0	4 507.19	18.31	0	0	1 600	1 430.7	0	509	221	550.8	404	40.5	31	957	957
泰州学院	44	3 433.1	0	0	0	0	0	3 433.1	2 339.06	1 094.04	0	2 758.53	77.57	0	597	1 960	990.6	0	317.5	0	67	98	24	0	1 546.1	1 546.1
金陵科技学院	45	7 175.29	0	0	0	0	0	7 175.29	1 474.16	5 701.13	0	3 238.35	3 915.23	0	21.71	1 065	2 061	0	496	0	1 799.5	1	0	1 752.79	4 184.83	4 184.83
江苏第二师范学院	46	8 699.32	0.38	0	0.38	0	0	8 698.94	8 126.04	572.9	0	7 667.44	988.11	0	43.39	3 717	3 830.5	0	302.01	0	157.65	691.78	161.98	0	14 482.63	14 482.63

3. 公办专科高等学校人文、社会科学研究与发展经费情况表

高校名称	编号	上年结转经费（千元）	当年经费收入合计（千元）	拨入（千元） 政府资金投入	其中 科研活动经费	其中 教育部科研项目经费	教育部其他科研经费	中央高校基本科研业务费	中央其他部门科研项目经费	省、市、自治区社科基金项目	省教育厅科研项目经费	省教育厅其他科研经费	其他各类地方政府经费	科技活动人员工资	科研基建费	非政府资金投入	其中 企事业单位委托项目经费	金融机构贷款	自筹经费	境外资金	其中 港、澳、台地区合作项目经费	其他收入	科技活动人员工资
		L01	L02	L03	L04	L05	L06	L07	L08	L09	L10	L11	L12	L13	L14	L15	L16	L17	L18	L19	L20	L21	L22
合计	/	42 096.49	149 504.86	74 927.57	24 174.75	1 053	484.4	50	842	1 399.4	8 832.5	1 484	10 079.45	50 735.52	17.3	74 577.29	37 094.85	0	34 285.77	0	0	3 196.67	0
盐城幼儿师范高等专科学校	1	727	2 139.3	1 215	382	35	85	50	0	50	47	60	105	833	0	924.3	0.4	0	898.4	0	0	25.5	0
苏州幼儿师范高等专科学校	2	1 183.94	1 155.9	901	409	0	0	0	0	0	40	240	129	492	0	254.9	67.2	0	100	0	0	87.7	0
无锡职业技术学院	3	1 395.58	3 354	2 582.5	575	120	0	0	7	45	362	0	41	2 007.5	0	771.5	180	0	586.5	0	0	5	0
江苏建筑职业技术学院	4	99.1	2 586	1 688	202	0	0	0	0	0	180	0	22	1 486	0	898	186	0	712	0	0	0	0
南京工业职业技术学院	5	1 298.34	9 387.45	4 689	663	40	0	0	0	82	362	0	179	4 026	0	4 698.45	3 481.7	0	1 216.75	0	0	0	0
江苏工程职业技术学院	6	259.5	737.8	729.7	153	0	0	0	0	11	49	0	93	576.7	0	8.1	0	0	8	0	0	0.1	0
苏州工艺美术职业技术学院	7	225.8	2 337.9	1 429	677	0	0	0	53	0	89	132	403	752	0	908.9	263	0	209.9	0	0	436	0
连云港职业技术学院	8	7.45	689.05	534	134	0	0	0	0	51	58	0	25	400	0	155.05	78	0	77.05	0	0	0	0
镇江市高等专科学校	9	158.1	1 820.15	1 640	457	70	0	0	100	21	173	0	93	1183	0	180.15	20	0	160.15	0	0	0	0
南通职业大学	10	145	1 468	1 337	437	0	0	0	0	10	315	0	112	900	0	131	80	0	51	0	0	0	0
苏州职业大学	11	726	4 685.96	2 729	870	20	0	0	190	60	250	0	350	1 859	0	1 956.96	1 128.96	0	828	0	0	0	0
沙洲职业工学院	12	241.05	871	497	257	0	0	0	0	0	170	0	87	240	0	374	90	0	284	0	0	0	0
扬州市职业大学	13	160.48	4 355.15	2 313.4	359	0	0	0	0	58	0	0	301	1 954.4	0	2 041.75	1 131.75	0	910	0	0	0	0
连云港师范高等专科学校	14	140.6	1 356	1 222	412	30	0	0	0	100	52	53	177	810	0	134	0	0	134	0	0	0	0
江苏经贸职业技术学院	15	5 570.81	6 521.5	1 245	185	30	0	0	0	0	100	0	55	1 060	0	5 276.5	4 578	0	698.5	0	0	0	0
泰州职业技术学院	16	1 494.24	911.07	546.53	122	0	0	0	0	0	90	0	32	424.53	0	364.54	220	0	144.54	0	0	0	0
常州信息职业技术学院	17	355.4	3 865.2	1 852.9	418.5	70	0	0	0	0	190	0	158.5	1 434.4	0	2 012.3	1 752.3	0	260	0	0	0	0

续表

江苏海事职业技术学院	18	1 387.13	5 175.6	2 314.4	1 314.4	0	0	0	0	100.4	262	0	952	1 000	0	2 861.2	2 561.2	0	300	0	0	0	0
无锡科技职业学院	19	302	1 153	1 015	340	0	0	0	0	0	120	50	170	675	0	138	98	0	40	0	0	0	0
江苏医药职业学院	20	1 312.5	16 435.3	1 765.4	565.4	0	289.4	0	0	3	0	210	63	1 200	0	14 669.9	64	0	14 070	0	0	535.9	0
南通科技职业学院	21	175.1	2 202	994	337	0	0	0	0	0	180	0	15[illegible]	657	0	1 208	650	0	558	0	0	0	0
苏州经贸职业技术学院	22	1 081.97	4 130.8	2 604.4	1 836	0	0	0	0	0	180	180	1 476	768.4	0	1 526.4	314.32	0	1 212.08	0	0	0	0
苏州工业职业技术学院	23	988.79	2 427	1 854	1 522	20	30	0	0	0	0	0	1 472	332	0	573	573	0	0	0	0	0	0
苏州卫生职业技术学院	24	859.75	1 158.5	948	652	0	0	0	0	79	362	0	2[illegible]1	296	0	210.5	0	0	210.5	0	0	0	0
无锡商业职业技术学院	25	838.47	4 728.16	1 224.26	298	10	0	0	0	8	212	0	68	926.26	0	3 503.9	1 047.63	0	760	0	0	1 696.27	0
南通航运职业技术学院	26	696.4	929	751	237	0	0	0	0	0	3	0	234	514	0	178	0	0	178	0	0	0	0
南京交通职业技术学院	27	1 873.14	1 694.5	894.5	261	30	0	0	0	130	72	0	29	633.5	0	800	15	0	785	0	0	0	0
淮安信息职业技术学院	28	487.7	1 321	1 249	253	0	0	0	0	0	170	0	83	996	0	72	10	0	62	0	0	0	0
江苏农牧科技职业学院	29	147.35	441	368	215	0	0	0	0	0	180	0	35	153	0	73	0	0	63	0	0	10	0
常州纺织服装职业技术学院	30	1 459.57	1 460.5	1 212	270	0	0	0	0	0	220	0	50	942	0	248.5	8	0	240.5	0	0	0	0
苏州农业职业技术学院	31	80.1	355.9	283.5	41	0	0	0	0	0	15	0	26	242.5	0	72.4	0	0	72.4	0	0	0	0
南京科技职业学院	32	232	1 163.5	1 011	496	40	40	0	0	0	190	190	36	515	0	152.5	0	0	152.5	0	0	0	0
常州工业职业技术学院	33	1 798	5 246	1 334	134	73	0	0	0	0	10	0	51	1 200	0	3 912	3 574.5	0	337.5	0	0	0	0
常州工程职业技术学院	34	1 299.9	2 338.84	834	186	0	0	0	0	31	80	0	75	648	0	1 504.84	933.84	0	571	0	0	0	0
江苏农林职业技术学院	35	19	401	401	200	0	0	0	0	0	180	0	20	201	0	0	0	0	0	0	0	0	0
江苏食品药品职业技术学院	36	1 443.1	2 459	523	113	0	0	0	0	0	51	0	62	410	0	1 936	1 872	0	64	0	0	0	0
南京铁道职业技术学院	37	726.5	2 286.8	854	190	0	0	0	0	0	190	0	0	664	0	1 432.8	0	0	1 432.8	0	0	0	0
徐州工业职业技术学院	38	297.8	800	626	310	0	0	0	0	20	220	0	70	316	0	174	15	0	159	0	0	0	0
江苏信息职业技术学院	39	385.49	1 672.56	1 16[illegible].6	336.6	0	0	0	0	0	281.6	0	55	826	0	509.96	372.96	0	137	0	0	0	0
南京信息职业技术学院	40	254	2 071	1 214	504	30	0	0	0	125	264	0	85	740	0	827	4	0	823	0	0	0	0
常州机电职业技术学院	41	752.35	1 365.6	1 148.6	431	65	0	0	30	0	180	0	156	717.6	0	217	43	0	174	0	0	0	0
江阴职业技术学院	42	110	486	320	110	0	0	0	0	0	90	0	20	210	0	166	60	0	46	0	0	60	0
无锡城市职业技术学院	43	120.2	689.4	663.4	139.4	0	0	0	0	0	90	0	49.4	524	0	26	0	0	26	0	0	0	0
无锡工艺职业技术学院	44	332.25	3 587	1 154	434	40	40	0	0	0	236	64	54	720	0	2 433	2 306	0	123	0	0	4	0
苏州健雄职业技术学院	45	212	1 080	[illegible]17	234	0	0	0	0	0	160	0	74	583	0	263	227	0	36	0	0	0	0

续表

高校名称	编号	上年结转经费(千元)	当年经费收入合计(千元)	拨入(千元) 政府资金投入	其中 科研活动经费	其中 教育部科研项目经费	教育部其他科研经费	中央高校基本科研业务费	中央其他部门科研项目经费	省、市、自治区社科基金项目	省教育厅科研项目经费	省教育厅其他科研经费	其他各类地方政府经费	科技活动人员工资	科研基建费	非政府资金投入	其中 企事业单位委托项目经费	金融机构贷款	自筹经费	境外资金	其中 港、澳、台地区合作项目经费	其他收入	科技活动人员工资
		L01	L02	L03	L04	L05	L06	L07	L08	L09	L10	L11	L12	L13	L14	L15	L16	L17	L18	L19	L20	L21	L22
盐城工业职业技术学院	46	1 138.7	3 811.5	1 323.5	290	0	0	0	0	0	190	0	100	1 033.5	0	2 488	1 832	0	656	0	0	0	0
江苏财经职业技术学院	47	973.4	4 838.8	1 168.8	316.8	50	0	0	0	0	108	0	158.8	852	0	3 670	3 410	0	260	0	0	0	0
扬州工业职业技术学院	48	180.8	1 233.8	1 013	493	0	0	0	0	0	200	200	93	520	0	220.8	80.8	0	140	0	0	0	0
江苏城市职业学院	49	2 499.92	5 459.1	3 812.5	1 035	130	0	0	205	135	487	0	78	2 777.5	0	1 646.6	321.6	0	1 325	0	0	0	0
南京城市职业学院	50	192	981.55	594.7	64.7	0	0	0	0	4	60.7	0	0	530	0	386.85	0	0	386.85	0	0	0	0
南京机电职业技术学院	51	346.7	710.9	306	121	0	0	0	0	0	111	0	10	185	0	404.9	168.7	0	60	0	0	176.2	0
南京旅游职业学院	52	660.96	1 256.35	1 054.5	417	80	0	0	10	114	30	0	183	637.5	0	201.85	100	0	99.85	0	0	2	0
江苏卫生健康职业学院	53	249.85	899.5	776.5	146.5	0	0	0	0	10	130	0	6.5	630	0	123	53	0	0	0	0	70	0
苏州信息职业技术学院	54	107.6	170	165	42	0	0	0	0	0	36	0	6	123	0	5	5	0	0	0	0	0	0
苏州工业园区服务外包职业学院	55	272.7	3 941.49	1 092.6	231.6	0	0	0	0	0	110	0	121.6	861	0	2 848.89	2 690.89	0	90	0	0	68	0
徐州幼儿师范高等专科学校	56	242.3	1 219	1 156	585	10	0	0	30	100	3	100	342	571	0	63	0	0	63	0	0	0	0
徐州生物工程职业技术学院	57	84	270.8	170.8	7	0	0	0	0	0	5	0	2	163.8	0	100	0	0	100	0	0	0	0
江苏商贸职业学院	58	351.27	1 701.3	1 120	85	0	0	0	0	0	80	0	5	1 035	0	581.3	139.1	0	442.2	0	0	0	0
南通师范高等专科学校	59	93.81	344.21	336.21	53	48	0	0	0	0	0	0	5	283.21	0	8	0	0	8	0	0	0	0
江苏护理职业学院	60	10.3	419.7	370.9	145.2	0	0	0	0	0	110.2	0	35	210.7	15	48.8	0	0	48.8	0	0	0	0
江苏财会职业学院	61	2.2	930.17	835.17	117.65	0	0	0	0	12	43	0	62.65	717.52	0	95	37	0	58	0	0	0	0
江苏城乡建设职业学院	62	810.03	2 347	1 553	358	12	0	0	27	0	204	0	115	1195	0	794	250	0	544	0	0	0	0
江苏航空职业技术学院	63	0	407	352	109	0	0	0	0	0	27	5	77	243	0	55	0	0	55	0	0	0	0
江苏安全技术职业学院	64	0	200	143	65	0	0	0	0	0	12	0	53	78	0	57	0	0	37	0	0	20	0
江苏旅游职业学院	65	19	862.3	862.3	820	0	0	0	190	40	160	0	430	40	2.3	0	0	0	0	0	0	0	0

高校名称	经费名称	当年R&D经费支出合计(千元)	支出(千元) 转拨给外单位经费	其中 对国内研究机构支出	其中 对国内高等学校支出	其中 对国内企业支出	其中 对境外机构支出	R&D经费内部支出合计	其中 基础研究支出	其中 应用研究支出	其中 试验发展支出	其中 政府资金	其中 企业资金	其中 境外资金	其中 其他	其中 科研人员费	其中 业务费	其中 科研基建费	其中 仪器设备费	其中 单价在1万元以上的设备费	其中 图书资料费	其中 间接费	其中 管理费	其中 其他支出	当年结余经费(千元)	银行存款
	编号	L23	L24	L25	L26	L27	L28	L29	L30	L31	L32	L33	L34	L35	L36	L37	L38	L39	L40	L41	L42	L43	L44	L45	L46	L47
合计	/	147 005.42	229	7	0	120	0	146 776.42	38 369.19	107 337.98	1 069.25	89 703.93	42 529.94	2.73	14 539.82	61 115.34	53 445.75	15	8 888.22	3 022	9 593.77	5 370.31	1 665.69	8 348.03	44 595.93	44 341.53
盐城幼儿师范高等专科学校	1	2 097.8	0	0	0	0	0	2 097.8	228.99	1 868.81	0	1 997.05	1.56	0	99.19	1 456.4	340.4	0	30	0	123	0	0	148	768.5	768.5
苏州幼儿师范高等专科学校	2	917.3	0	0	0	0	0	917.3	439.18	478.12	0	849.63	66.67	0	1	612.6	125.2	0	45.1	0	18.3	0	0	116.1	1 422.54	1 422.54
无锡职业技术学院	3	3 477.59	0	0	0	0	0	3 477.59	175.69	3 301.9	0	3 028	231.4	0	218.19	2 354	732.56	0	134.4	0	65.82	155.06	28.11	35.75	1 271.99	1 271.99
江苏建筑职业技术学院	4	2 572.6	0	0	0	0	0	2 572.6	4.54	2 568.06	0	2 089.4	236.39	0	246.81	1 853	678.7	0	0	0	21	0	0	19.9	112.5	112.5
南京工业职业技术学院	5	9 121.78	0	0	0	0	0	9 121.78	4 844.53	4 277.25	0	5 179.21	3 409.8	0	532.77	4 400	4 412.66	0	159.44	0	89.14	48.84	20.2	11.7	1 564.01	1 564.01
江苏工程职业技术学院	6	749.6	0	0	0	0	0	749.6	323.61	425.99	0	744.3	0	0	5.3	576.3	152.8	0	0	0	20	0	0	0	247.7	247.7
苏州工艺美术职业技术学院	7	2 506.8	0	0	0	0	0	2 506.8	534.22	1 972.58	0	1 981.36	524.61	0	0.83	852	940.8	0	247	12	169	298	17	0	56.9	56.9
连云港职业技术学院	8	648.5	2	0	0	0	0	646.5	196.95	449.55	0	511	88	0	47.5	420	159.85	0	6.5	0	35.6	10.85	8.75	13.7	48	0
镇江市高等专科学校	9	1 697.4	0	0	0	0	0	1 697.4	533.09	1 159.85	4.46	1 639.6	14.4	0	43.4	1 316.9	186.1	0	28	0	66.4	93.6	7.7	6.4	280.85	280.85
南通职业大学	10	1 400	0	0	0	0	0	1 400	182.87	1 217.13	0	1 260	125	0	15	923	367	0	0	0	75	4	0	21	213	213
苏州职业大学	11	4 429.58	0	0	0	0	0	4 429.58	3 241.58	1 188	0	3 152.15	1 150.51	0	126.92	2 385	522.4	0	379.1	90	68.6	926.58	139.55	147.9	982.38	982.38
沙洲职业工学院	12	736.9	0	0	0	0	0	736.9	19.21	717.69	0	656.4	79.5	0	1	430	30	0	9.5	0	117.4	65.7	1.3	84.3	375.15	375.15
扬州市职业大学	13	4 237.49	0	0	0	0	0	4 237.49	0	4 237.49	0	2 878.51	1 062.35	0	296.63	2 632.8	622.56	0	1	0	84.36	896.77	22.65	0	278.14	278.14
连云港师范高等专科学校	14	1216	0	0	0	0	0	1 216	178.82	1 037.18	0	1 159.09	0	0	56.91	829	133	0	55	0	174	25	5	0	280.6	280.6
江苏经贸职业技术学院	15	5 018	0	0	0	0	0	5 018	37.67	4 980.33	0	1 555	3 123	0	340	1 421	303	0	753.95	0	589.3	734.8	238.9	1 215.95	7 074.31	7 074.31
泰州职业技术学院	16	700.41	0	0	0	0	0	700.41	35.86	664.55	0	569.87	72.41	0	58.13	429.67	152.39	0	0	0	73.08	34.78	29.64	10.49	1 704.9	1 704.9
常州信息职业技术学院	17	4 002.2	1	1	0	0	0	4 001.2	32.98	3 968.22	0	1 988.9	1 752.3	0	260	1 574.4	1 544	0	559.9	0	252.4	52.5	10	18	218.4	218.4
江苏海事职业技术学院	18	5 212.85	0	0	0	0	0	5 212.85	199.31	5 013.54	0	2 637.23	2 575.62	0	0	1 371.8	2 512.65	0	0	0	112.33	187.47	187.04	1 028.6	1 349.88	1 349.88
无锡科技职业学院	19	1 330	0	0	0	0	0	1 330	612.22	717.78	0	1 134.57	195.43	0	0	790	0	0	232	0	308	0	0	0	125	125
江苏医药职业学院	20	16 123.74	100	0	0	0	0	16 023.74	4 082.06	11 055.11	886.57	4 347.95	4 426.31	0	7 249.48	1 344.7	10 149.64	0	3 500.9	2 900	126.5	39	39	863	1 624.06	1 624.06

五、社科研究与发展经费 5 179

续表

高校名称	经费名称	当年R&D经费支出合计(千元)	转拨给外单位经费	其中：对国内研究机构支出	其中：对国内高等学校支出	其中：对国内企业支出	其中：对境外机构支出	R&D经费内部支出合计	其中：基础研究支出	其中：应用研究支出	其中：试验发展支出	其中：政府资金	其中：企业资金	其中：境外资金	其中：其他	其中：科研人员费	其中：业务费	其中：科研基建费	其中：仪器设备费	其中：单价在1万元以上的设备费	其中：图书资料费	其中：间接费	其中：管理费	其中：其他支出	当年结余经费(千元)	银行存款
	编号	L23	L24	L25	L26	L27	L28	L29	L30	L31	L32	L33	L34	L35	L36	L37	L38	L39	L40	L41	L42	L43	L44	L45	L46	L47
南通科技职业学院	21	2 073.1	0	0	0	0	0	2 073.1	200.07	1 873.03	0	1 412.1	586.5	0	74.5	1 148.8	663.4	0	12	0	30.8	218.1	0	0	304	304
苏州经贸职业技术学院	22	3 386.34	0	0	0	0	0	3 386.34	695.57	2 690.77	0	2 535.12	242.66	0	608.56	775.4	1 207	0	696.7	0	548.84	158.4	158.4	0	1 826.43	1 826.43
苏州工业职业技术学院	23	2 854.61	0	0	0	0	0	2 854.61	0	2 854.61	0	2 029.98	817.64	0	6.99	576	723.59	0	263.6	0	910.62	170.7	139.7	210.1	561.18	561.18
苏州卫生职业技术学院	24	1 060.2	0	0	0	0	0	1 060.2	0.93	1 059.27	0	981.12	0	0	79.08	303	285.5	0	46	0	207.4	46	0	172.3	958.05	958.05
无锡商业职业技术学院	25	4 272.59	120	0	0	120	0	4 152.59	121.12	4 031.47	0	1 563.01	2 000.11	0	589.47	956.32	1 147.77	0	379	0	492.5	48.5	26	1 128.5	1 294.04	1 292.04
南通航运职业技术学院	26	1 160.9	0	0	0	0	0	1 160.9	514.55	646.35	0	1 008.4	0	0	152.5	640.8	232	0	143.1	0	89.1	8.6	2.1	47.3	464.5	464.5
南京交通职业技术学院	27	1 415.69	0	0	0	0	0	1 415.69	15.38	1 400.31	0	853.43	407.9	0	154.36	633.5	692.53	0	0	0	6.26	0	0	83.4	2 151.95	2 151.95
淮安信息职业技术学院	28	1 522.3	0	0	0	0	0	1 522.3	296.61	1 225.69	0	1 461.9	15	0	45.4	1 130.7	158	0	88.3	0	145.3	0	0	0	286.4	286.4
江苏农牧科技职业学院	29	333.55	0	0	0	0	0	333.55	0	333.55	0	322.05	0	0	11.5	181	63.4	0	0	0	64.3	20.9	13.1	3.95	254.8	254.8
常州纺织服装职业技术学院	30	1491.02	0	0	0	0	0	1 491.02	584.88	906.14	0	1 275.61	32.71	2.73	179.97	1 100	288.37	0	23.3	0	41.56	25	5.3	12.79	1 429.05	1 429.05
苏州农业职业技术学院	31	412.6	0	0	0	0	0	412.6	385.09	27.51	0	369.3	0	0	43.3	271.6	31.3	0	10.3	0	32.3	11	0	56.1	23.4	23.4
南京科技职业学院	32	1 227.5	0	0	0	0	0	1 227.5	757.67	469.83	0	1 088.19	24.05	0	115.26	565	295.7	0	0	0	358.1	8.7	0.9	0	168	168
常州工业职业技术学院	33	4 698.5	0	0	0	0	0	4 698.5	5.04	4 693.46	0	1 920.51	2 716.88	0	61.11	1 804.5	2 274.5	0	0	0	288	117.5	3	214	2 345.5	2 345.5
常州工程职业技术学院	34	2 467.34	0	0	0	0	0	2 467.34	697.84	1 769.5	0	1 110.13	1 292.33	0	64.88	889	1 493.19	0	0	0	23.85	61.3	61.3	0	1 171.4	1 171.4
江苏农林职业技术学院	35	400	0	0	0	0	0	400	331.66	68.34	0	400	0	0	0	201	28	0	0	0	84.5	2	0	84.5	20	20
江苏食品药品职业技术学院	36	3 770.8	0	0	0	0	0	3 770.8	1 434.85	2 335.95	0	1 166.68	2 560.19	0	43.93	813.6	2 750	0	0	0	57.4	128.8	57.6	21	131.3	131.3
南京铁道职业技术学院	37	2 581.5	0	0	0	0	0	2 581.5	932.48	1 649.02	0	1 366.87	819.27	0	395.36	704.6	788.6	0	483.8	20	474.5	43	30	87	431.8	431.8
徐州工业职业技术学院	38	813.45	0	0	0	0	0	813.45	480.33	333.12	0	677.19	26.45	0	109.81	347.6	215.4	0	83.7	0	61.2	3.5	0.75	102.05	284.35	284.35
江苏信息职业技术学院	39	1 683.89	0	0	0	0	0	1 683.89	1 016.93	666.96	0	1 234.61	353.46	0	95.82	849	551.17	0	14.29	0	127.03	38.04	28.57	104.36	374.16	374.16

续表

南京信息职业技术学院	40	1 939.9	0	0	0	0	0	1 939.9	667.5	1 272.4	0	1 716.5	7.9	0	215.5	748	1 046.5	0	28	0	18.2	48	0	51.2	385.1	385.1
常州机电职业技术学院	41	1 457.15	0	0	0	0	0	1 457.15	0	1 457.15	0	1 209.26	139.98	0	107.91	761.6	417.44	0	78.61	0	150.32	49.18	43.18	0	660.8	660.8
江阴职业技术学院	42	486.5	0	0	0	0	0	486.5	53.52	432.98	0	320.93	54.72	0	100.85	212	10	0	32	0	225.5	0	0	7	109.5	109.5
无锡城市职业技术学院	43	620.45	0	0	0	0	0	620.45	292	328.45	0	613.75	0	0	6.7	526	53.4	0	4.2	0	16	20.85	8.1	0	189.15	189.15
无锡工艺职业技术学院	44	3 645.75	0	0	0	0	0	3 645.75	0	3 645.75	0	1 286.65	2 306	0	53.1	900	2 047.85	0	0	0	274.38	149.14	137.34	274.38	273.5	273.5
苏州健雄职业技术学院	45	1073	0	0	0	0	0	1 073	639.38	433.62	0	834	228	0	11	588	470	0	0	0	15	0	0	0	219	219
盐城工业职业技术学院	46	3 089.3	0	0	0	0	0	3 089.3	22.84	3 066.46	0	1 743.73	1 316.89	0	28.68	1 525	1 485	0	0	0	24.5	0	0	54.8	1 860.9	1 860.9
江苏财经职业技术学院	47	4 238.67	0	0	0	0	0	4 238.67	370.71	3 867.96	0	1 492.77	2 695.26	0	50.64	1 142	1 611.9	0	0	0	369.93	66.16	66.16	1 048.68	1 573.53	1 573.53
扬州工业职业技术学院	48	1 277.1	0	0	0	0	0	1 277.1	310.92	966.18	0	1 007.66	102.47	0	166.97	535	709.91	0	0	0	23.7	8.49	8.04	0	137.5	137.5
江苏城市职业学院	49	6 947.06	0	0	0	0	0	6 947.06	3 863.09	3 083.97	0	5 585.42	866.6	0	495.04	3 787.63	2 791.91	0	28.87	0	152.55	80.79	62.75	105.51	1 011.96	1 011.96
南京城市职业学院	50	1 121.75	0	0	0	0	0	1 121.75	0	1 121.75	0	898.91	0	0	222.84	580	539.55	0	0	0	0.2	0	0	2	51.8	51.8
南京机电职业技术学院	51	714.3	0	0	0	0	0	714.3	411.58	302.72	0	428.36	234.25	0	51.69	267.5	282.3	0	0	0	85.3	35	8	44.2	343.3	343.3
南京旅游职业学院	52	1 289.07	6	6	0	0	0	1 283.07	904.35	378.72	0	1 076.52	92	0	114.55	693.58	261.7	0	31.4	0	153.52	2.5	0.2	140.37	628.24	628.24
江苏卫生健康职业学院	53	775.51	0	0	0	0	0	775.51	360.4	415.11	0	711.27	24.99	0	39.25	635	117.06	0	0	0	17.9	5.55	5.55	0	373.84	373.84
苏州信息职业技术学院	54	194.2	0	0	0	0	0	194.2	21.31	172.89	0	194.2	0	0	0	137	7.8	0	12.5	0	12.5	0	0	24.4	83.4	83.4
苏州工业园区服务外包职业学院	55	4 003.14	0	0	0	0	0	4 003.14	177.87	3 825.27	0	1 330.5	2 595.64	0	77	876	2 475.61	0	0	0	646.53	5	3	0	211.05	211.05
徐州幼儿师范高等专科学校	56	1162	0	0	0	0	0	1 162	973.09	10.69	178.22	1 111.06	0	0	50.94	816	0	0	213	0	23	13	0	97	299.3	299.3
徐州生物工程职业技术学院	57	276.9	0	0	0	0	0	276.9	230.05	46.85	0	205.26	0	0	71.64	185.7	45.3	0	4.8	0	22	17.7	2.9	1.4	77.9	77.9
江苏商贸职业学院	58	1 738.6	0	0	0	0	0	1 738.6	1 589.64	148.96	0	1 388.59	271.61	0	78.4	1 341	351.34	0	5.5	0	32.8	7.96	7.21	0	313.97	313.97
南通师范高等专科学校	59	332.71	0	0	0	0	0	332.71	332.71	0	0	332.71	0	0	0	295.97	6	0	7.16	0	15.68	7	4.7	0.9	105.31	105.31
江苏护理职业学院	60	430	0	0	0	0	0	430	417.53	12.47	0	393.97	0	0	36.03	214.3	21.5	15	0	0	108.5	16	16	54.7	0	0
江苏财会职业学院	61	927.77	0	0	0	0	0	927.77	117.44	810.33	0	861.62	47.07	0	19.08	726.77	107.1	0	0	0	38.6	0	0	55.3	4.6	4.6
江苏城乡建设职业学院	62	2 158.27	0	0	0	0	0	2 158.27	1 726.73	431.54	0	1 590.57	506.15	0	61.55	1 374	228.45	0	51	0	437.87	0	0	66.95	998.76	998.76
江苏航空职业技术学院	63	302.6	0	0	0	0	0	302.6	302.6	0	0	253	0	0	49.6	253	5	0	0	0	0	0	0	44.6	104.4	0
江苏安全技术职业学院	64	200	0	0	0	0	0	200	200	0	0	200	0	0	0	80	37	0	0	0	21.5	0	0	61.5	0	0
江苏旅游职业学院	65	781.3	0	0	0	0	0	781.3	9.55	771.75	0	781.3	0	0	0	40	361	0	5.3	0	75	155	11	145	100	100

五、社科研究与发展经费

4. 民办及中外合作办学高等学校人文、社会科学研究与发展经费情况表

高校名称	编号	上年结转经费(千元)	当年经费收入合计(千元)	拨入(千元) 政府资金投入	其中 科研活动经费	其中 教育部科研项目经费	其中 教育部其他科研经费	其中 中央高校基本科研业务费	其中 中央其他部门科研项目经费	其中 省、市、自治区社科基金项目	其中 省教育厅科研项目经费	其中 省教育厅其他科研经费	其中 其他各类地方政府经费	科技活动人员工资	科研基建费	非政府资金投入	其中 企事业单位委托项目经费	其中 金融机构贷款	其中 自筹经费	境外资金	其中 港、澳、台地区合作项目经费	其中 其他收入	其中 科技活动人员工资
		L01	L02	L03	L04	L05	L06	L07	L08	L09	L10	L11	L12	L13	L14	L15	L16	L17	L18	L19	L20	L21	L22
合计	/	17 417.86	3 9561.36	9 739.08	9 739.08	448	0	0	1 806.92	505.1	4 495.26	320	2 163.8	0	0	29 822.28	5 263.1	0	6 350.46	568.58	0	480.07	17 160.07
明达职业技术学院	1	0	0	0	0	0	0	0	0	0	0	0	0	0	0	0	0	0	0	0	0	0	0
三江学院	2	4 547.58	3 590.98	658.2	658.2	33	0	0	200	50	223	0	152.2	0	0	2 932.78	559.88	0	394.9	0	0	0	1 978
九州职业技术学院	3	167.9	678	186	186	0	0	0	0	0	180	0	6	0	0	492	0	0	0	0	0	0	492
南通理工学院	4	717.65	1 516	453.5	453.5	0	0	0	0	81.5	346	0	26	0	0	1 062.5	179.5	0	283	0	0	0	600
硅湖职业技术学院	5	365.1	640	38	38	0	0	0	0	0	0	0	38	0	0	602	2	0	162	0	0	0	438
应天职业技术学院	6	74.1	409.7	90	90	0	0	0	0	0	90	0	0	0	0	319.7	0	0	74.9	0	0	0	244.8
苏州托普信息职业技术学院	7	20.5	63	18	18	0	0	0	0	0	18	0	0	0	0	45	0	0	10	0	0	0	35
东南大学成贤学院	8	773.67	512.9	167	167	30	0	0	0	5	132	0	0	0	0	345.9	50	0	138.4	0	0	0	157.5
苏州工业园区职业技术学院	9	32	464.4	61	61	0	0	0	0	1	31	10	19	0	0	403.4	171	0	110	0	0	2	120.4
太湖创意职业技术学院	10	0	42	10	10	0	0	0	0	10	0	0	0	0	0	32	0	0	17	0	0	0	15
炎黄职业技术学院	11	0	120.4	44	44	0	0	0	0	0	44	0	0	0	0	76.4	0	0	40.4	0	0	0	36
正德职业技术学院	12	35	300	9	9	0	0	0	0	0	9	0	0	0	0	291	0	0	9	0	0	0	282
钟山职业技术学院	13	0	0	0	0	0	0	0	0	0	0	0	0	0	0	0	0	0	0	0	0	0	0
无锡南洋职业技术学院	14	471.95	716.92	156	156	0	0	0	0	140	8	8	0	0	0	560.92	0	0	150	0	0	25	385.92
江南影视艺术职业学院	15	85.9	1 049.1	73.1	73.1	0	0	0	0	0	0	0	73.1	0	0	976	0	0	371.1	0	0	0	604.9
金肯职业技术学院	16	267	545	90	90	0	0	0	0	0	90	0	0	0	0	455	0	0	200	0	0	0	255
建东职业技术学院	17	0	134	21	21	0	0	0	0	0	21	0	0	0	0	113	0	0	47	0	0	0	66
宿迁职业技术学院	18	0	30	5	5	0	0	0	0	0	5	0	0	0	0	25	0	0	4	0	0	0	21
江海职业技术学院	19	65	703	273	273	0	0	0	0	0	140	0	133	0	0	430	25	0	10	0	0	0	395
无锡太湖学院	20	734.35	6 211	1 996	1 996	190	0	0	1 030	0	400	100	276	0	0	4 215	1 362	0	720	0	0	0	2 133
中国矿业大学徐海学院	21	177.45	242	4	4	0	0	0	0	0	4	0	0	0	0	238	0	0	40	0	0	0	198

5

续表

南京大学金陵学院	22	471.49	2 349	23	23	0	0	0	0	0	0	0	23	0	0	2 326	1 483	0	123	0	0	0	720
南京理工大学紫金学院	23	486.4	1 595	221	221	0	0	0	0	51	170	0	0	0	0	1 374	596	0	278	0	0	0	500
南京航空航天大学金城学院	24	196.63	372.8	10	10	0	0	0	0	0	0	0	10	0	0	362.8	1.1	0	130	0	0	1.1	230.6
中国传媒大学南广学院	25	405.2	803.7	234.4	234.4	30	0	0	0	2.4	100	0	102	0	0	569.3	0	0	201.3	0	0	0	368
金山职业技术学院	26	25.8	221	88	88	0	0	0	0	88	0	0	0	0	0	133	0	0	88	0	0	0	45
南京理工大学泰州科技学院	27	328.8	1 640.8	250	250	0	0	0	0	50	70	0	130	0	0	1 390.8	56.8	0	354	0	0	0	980
南京师范大学泰州学院	28	667.86	1 204.7	532	532	75	0	0	0	0	132	0	325	0	0	672.7	292.7	0	100	0	0	30	250
南京工业大学浦江学院	29	305.45	772	132	132	0	0	0	0	0	100	0	32	0	0	640	45	0	295	0	0	0	300
南京师范大学中北学院	30	377	825	180	180	20	0	0	0	0	160	0	0	0	0	645	0	0	203	0	0	62	380
苏州百年职业学院	31	62	380	116	116	0	0	0	0	16	80	0	20	0	0	264	0	0	44	0	0	0	220
昆山登云科技职业学院	32	62.75	719.6	42	42	0	0	0	0	0	0	0	42	0	0	677.6	0	0	440	0	0	0	237.6
南京视觉艺术职业学院	33	56	402	140	140	0	0	0	0	0	90	50	0	0	0	262	0	0	2	0	0	0	260
南京医科大学康达学院	34	64.5	249	131	131	0	0	0	0	0	122.5	0	8.5	0	0	118	0	0	0	0	0	0	118
南京中医药大学翰林学院	35	550.3	662	195	195	0	0	0	0	5	140	0	50	0	0	467	0	0	0	0	0	281	186
南京信息工程大学滨江学院	36	201.71	968.7	435.2	435.2	40	0	0	0	5.2	106	0	384	0	0	533.5	62	0	42.5	0	0	49	380
苏州大学文正学院	37	158	221	119	119	0	0	0	0	0	65	0	54	0	0	102	0	0	0	0	0	0	102
苏州大学应用技术学院	38	151.69	571.7	144	144	0	0	0	30	0	0	0	114	0	0	427.7	73	0	249.7	0	0	0	105
苏州科技大学天平学院	39	274.5	450	175	175	0	0	0	0	0	115	0	60	0	0	275	0	0	35	0	0	0	240
江苏大学京江学院	40	0	0	0	0	0	0	0	0	0	0	0	0	0	0	0	0	0	0	0	0	0	0
扬州大学广陵学院	41	179.73	656	143	143	0	0	0	0	0	141	0	2	0	0	513	0	0	21	0	0	0	492
江苏师范大学科文学院	42	357.01	203	150	150	0	0	0	0	0	140	0	10	0	0	53	0	0	0	0	0	0	53
南京邮电大学通达学院	43	14	3	0	0	0	0	0	0	0	0	0	0	0	0	3	0	0	0	0	0	0	3
南京财经大学红山学院	44	85.95	546.09	151.16	151.16	0	0	0	0	0	151.16	0	0	0	0	394.93	0	0	64.96	0	0	29.97	300
江苏科技大学苏州理工学院	45	89	366	206	206	0	0	0	0	0	80	0	126	0	0	160	0	0	80	0	0	0	80
常州大学怀德学院	46	110.29	502	172	172	0	0	0	0	0	172	0	0	0	0	330	0	0	42	0	0	0	288
南通大学杏林学院	47	123.9	549.1	91.6	91.6	0	0	0	0	0	81.6	0	10	0	0	457.5	5	0	107.5	0	0	0	345
南京审计大学金审学院	48	115.4	670	220	220	0	0	0	0	0	110	110	0	0	0	450	0	0	0	0	0	0	450
宿迁学院	49	899.4	1391.22	410	410	0	0	0	0	0	380	0	30	0	0	981.22	0	0	430	0	0	0	551.22
苏州高博软件技术职业学院	50	72.9	506	92	92	0	0	0	0	0	42	42	8	0	0	414	25	0	80	0	0	0	309
扬州中瑞酒店职业学院	51	0	23.2	6	6	0	0	0	0	0	6	0	0	0	0	17.2	0	0	0	0	0	0	17.2
西交利物浦大学	52	1 835.05	920.29	576.92	576.92	30	0	0	546.92	0	0	0	0	0	0	343.37	0	0	157.8	28.64	0	0	156.93
昆山杜克大学	53	154	849.06	0	0	0	0	0	0	0	0	0	0	0	0	849.06	274.12	0	0	539.94	0	0	35

高校名称	经费名称	当年R&D经费支出合计(千元)	支出(千元)：转拨给外单位经费	其中：对国内研究机构支出	其中：对国内高等学校支出	其中：对国内企业支出	其中：对境外机构支出	R&D经费内部支出合计	其中：基础研究支出	其中：应用研究支出	其中：试验发展支出	其中：政府资金	其中：企业资金	其中：境外资金	其中：其他	其中：科研人员费	其中：业务费	其中：科研基建费	其中：仪器设备费	其中：单价在1万元以上的设备费	其中：图书资料费	其中：间接费	其中：管理费	其中：其他支出	当年结余经费(千元)	银行存款
	编号	L23	L24	L25	L26	L27	L28	L29	L30	L31	L32	L33	L34	L35	L36	L37	L38	L39	L40	L41	L42	L43	L44	L45	L46	L47
合计	/	36 904.97	175.3	0	108.6	1	0	36 729.67	10 843.54	25 886.13	0	10 707.3	3 965.48	854.42	21 202.47	19 945.74	10 655.31	5	622.29	67.06	2 960.28	1 090.34	422.37	1 450.71	20 074.25	20 072.05
明达职业技术学院	1	0	0	0	0	0	0	0	0	0	0	0	0	0	0	0	0	0	0	0	0	0	0	0	0	0
三江学院	2	4 296.76	0	0	0	0	0	4 296.76	217.89	4 078.87	0	1 069	557.06	184	2 486.7	2 397.7	1 305.16	0	115.6	0	128.9	277.7	6.7	71.7	3 841.8	3 841.8
九州职业技术学院	3	656.8	0	0	0	0	0	656.8	52.19	604.61	0	161.1	0	0	495.7	495.7	130.5	0	12.6	0	15.9	1.8	1.8	0.3	189.1	189.1
南通理工学院	4	1 216.34	0	0	0	0	0	1 216.34	712.01	504.33	0	435.01	43.39	0	737.94	665	374.9	0	0	0	32.95	29.39	29.39	114.1	1 017.31	1 017.31
硅湖职业技术学院	5	830.1	0	0	0	0	0	830.1	395.74	434.36	0	183.48	80.97	0	565.65	540	265.1	0	0	0	25	0	0	0	175	175
应天职业技术学院	6	335	0	0	0	0	0	335	85.96	249.04	0	83.4	0	0	251.6	251.6	16.7	0	5	0	44.6	7.3	1.5	9.8	148.8	148.8
苏州托普信息职业技术学院	7	58.5	0	0	0	0	0	58.5	23.83	34.67	0	13.5	0	0	45	45	10.5	0	0	0	2.5	0.5	0	0	25	25
东南大学成贤学院	8	806.91	0	0	0	0	0	806.91	66.88	740.03	0	506.58	16.89	0	283.44	194.29	485.7	0	0	0	75.68	18.1	0	33.14	479.66	479.66
苏州工业园区职业技术学院	9	447	0	0	0	0	0	447	26.29	420.71	0	40	170	0	237	226	118.5	0	0	0	57.7	18.7	18.6	26.1	49.4	49.4
太湖创意职业技术学院	10	42	0	0	0	0	0	42	0	42	0	26	0	0	16	16	20	0	0	0	0	0	0	6	0	0
炎黄职业技术学院	11	120.4	0	0	0	0	0	120.4	0	120.4	0	84.4	0	0	36	36	44	0	4	0	8	14	8.8	14.4	0	0
正德职业技术学院	12	308.5	0	0	0	0	0	308.5	17.63	290.87	0	17.5	0	0	291	291	5	0	0	0	12.5	0	0	0	26.5	26.5
钟山职业技术学院	13	0	0	0	0	0	0	0	0	0	0	0	0	0	0	0	0	0	0	0	0	0	0	0	0	0
无锡南洋职业技术学院	14	591.8	0	0	0	0	0	591.8	0	591.8	0	93.3	0	0	498.5	498.5	4.3	0	0	0	21.4	13.6	6	54	597.07	597.07
江南影视艺术职业学院	15	1 023.9	0	0	0	0	0	1 023.9	923.25	100.65	0	74.15	0	0	949.75	646.7	106.8	0	44.6	0	179.3	0.5	0	46	111.1	108.9
金肯职业技术学院	16	602	59	0	0	1	0	543	378.04	164.96	0	210	0	0	333	306	45	0	89	45	99	2	0	2	210	210

续表

建东职业技术学院	17	129	0	0	0	0	0	129	0	129	0	45.75	0	0	83.25	68	9.8	0	6.8	0	37.6	6.8	4	0	5	5
宿迁职业技术学院	18	30	0	0	0	0	0	30	6	24	0	9	0	0	21	21	4.5	0	0	0	4.5	0	0	0	0	0
江海职业技术学院	19	698	0	0	0	0	0	698	416.89	281.11	0	268	25	0	405	405	185	0	0	0	108	0	0	0	70	70
无锡太湖学院	20	5 237.27	0	0	0	0	0	5 237.27	347.9	4 889.37	0	1 413.7	961.99	0	2 861.58	2 818	1 921.32	0	21	0	308.8	168.15	72.81	0	1 708.08	1 708.08
中国矿业大学徐海学院	21	287.75	0	0	0	0	0	287.75	0	287.75	0	49.75	0	0	238	238	47.38	0	0	0	2.37	0	0	0	131.7	131.7
南京大学金陵学院	22	1 482.96	0	0	0	0	0	1 482.96	381.25	1 101.71	0	22.17	740.79	0	720	720	592.29	0	1.4	0	0	119.73	119.73	49.54	1 337.53	1 337.53
南京理工大学紫金学院	23	1 548.06	0	0	0	0	0	1 548.06	276.98	1 271.08	0	186.59	737.04	0	624.43	600	612.46	0	50	0	233.6	9	9	43	533.34	533.34
南京航空航天大学金城学院	24	432	0	0	0	0	0	432	240	192	0	124.25	0	0	307.75	290	0	0	0	0	17.1	124.6	0.2	0.3	137.43	137.43
中国传媒大学南广学院	25	569.88	0	0	0	0	0	569.88	407.69	162.19	0	197.04	0	0	372.84	370	109.34	0	28.2	0	2.6	8	7	51.74	639.02	639.02
金山职业技术学院	26	158.6	0	0	0	0	0	158.6	34.54	124.06	0	110.2	0	0	48.4	48.4	12	0	13	0	15.2	6	6	64	88.2	88.2
南京理工大学泰州科技学院	27	1 389.6	0	0	0	0	0	1 389.6	84.25	1 305.35	0	243.6	50	0	1 096	1 096	90.4	0	0	0	176.3	24.3	13	2.6	580	580
南京师范大学泰州学院	28	1 243.96	0	0	0	0	0	1 243.96	0	1 243.96	0	376.96	330.8	0	536.2	510	621.69	0	0	0	83.3	28.97	28.97	0	628.6	628.6
南京工业大学浦江学院	29	492.45	0	0	0	0	0	492.45	223.08	269.37	0	98.29	50.98	0	343.18	305	147.32	5	9.85	0	19.43	3.85	3.85	2	585	585
南京师范大学中北学院	30	547.5	0	0	0	0	0	547.5	515.95	31.55	0	116	0	0	431.5	400	145.5	0	0	0	2	0	0	0	654.5	654.5
苏州百年职业学院	31	351.5	0	0	0	0	0	351.5	0	351.5	0	73.5	0	0	278	258	68	0	0	0	25.5	0	0	0	90.5	90.5
昆山登云科技职业学院	32	563.79	0	0	0	0	0	563.79	145.85	417.94	0	151.79	0	0	412	238	215.64	0	0	0	101.9	7.1	0	1.15	218.56	218.56
南京视觉艺术职业学院	33	366	0	0	0	0	0	366	286.43	79.57	0	96	0	0	270	270	38	0	0	0	53	0	0	5	92	92
南京医科大学康达学院	34	227	0	0	0	0	0	227	149.94	77.06	0	109	0	0	118	118	62	0	0	0	26.3	20.7	4.38	0	86.5	86.5
南京中医药大学翰林学院	35	640.71	0	0	0	0	0	640.71	349.59	291.12	0	378.01	35.65	0	227.05	191	0	0	0	0	325.21	0	0	124.5	571.59	571.59
南京信息工程大学滨江学院	36	815.89	0	0	0	0	0	815.89	300.89	515	0	259.2	10.55	0	546.14	450	238.62	0	30.7	0	20.13	6.04	3.86	70.4	354.52	354.52
苏州大学文正学院	37	135.53	0	0	0	0	0	135.53	24.69	110.84	0	29.53	0	0	106	106	24.22	0	2.48	0	2.41	0	0	0.42	243.47	243.47

续表

高校名称	编号	当年R&D经费支出合计(千元)	转拨给外单位经费	其中:对国内研究机构支出	其中:对国内高等学校支出	其中:对国内企业支出	其中:对境外机构支出	支出(千元):R&D经费内部支出合计	其中:基础研究支出	其中:应用研究支出	其中:试验发展支出	其中:政府资金	其中:企业资金	其中:境外资金	其中:其他	其中:科研人员费	其中:业务费	其中:科研基建费	其中:仪器设备费	其中:单价在1万元以上的设备费	其中:图书资料费	其中:间接费	其中:管理费	其中:其他支出	当年结余经费(千元)	银行存款
	编号	L23	L24	L25	L26	L27	L28	L29	L30	L31	L32	L33	L34	L35	L36	L37	L38	L39	L40	L41	L42	L43	L44	L45	L46	L47
苏州大学应用技术学院	38	608.34	0	0	0	0	0	608.34	76.4	531.94	0	355.78	72.86	0	179.7	179.7	254.42	0	61.58	0	73.8	6	6	32.84	115.05	115.05
苏州科技大学天平学院	39	352.5	0	0	0	0	0	352.5	308.19	44.31	0	79.24	0	0	273.26	245	46	0	0	0	14	0	0	47.5	372	372
江苏大学京江学院	40	0	0	0	0	0	0	0	0	0	0	0	0	0	0	0	0	0	0	0	0	0	0	0	0	0
扬州大学广陵学院	41	658	0	0	0	0	0	658	281.43	376.57	0	142	0	0	516	492	40.2	0	22.3	0	36.7	7.6	0.5	59.2	177.73	177.73
江苏师范大学科文学院	42	111.06	0	0	0	0	0	111.06	107.52	3.54	0	47.06	0	0	64	64	9.87	0	0	0	34.69	2.5	0	0	448.95	448.95
南京邮电大学通达学院	43	6	0	0	0	0	0	6	0	6	0	0	0	0	6	3	3	0	0	0	0	0	0	0	11	11
南京财经大学红山学院	44	500.96	0	0	0	0	0	500.96	466.38	34.58	0	180.92	0	0	320.04	310	0	0	0	0	0	0	0	190.96	131.08	131.08
江苏科技大学苏州理工学院	45	426	0	0	0	0	0	426	100.96	325.04	0	273	0	0	153	153	0	0	30	0	144	60	0	39	29	29
常州大学怀德学院	46	452.99	0	0	0	0	0	452.99	389.41	63.58	0	136.09	0	0	316.9	316.9	79.28	0	0	0	48.64	0	0	8.17	159.3	159.3
南通大学杏林学院	47	604.1	0	0	0	0	0	604.1	574.2	29.9	0	148.9	1.5	0	453.7	436.4	0	0	0	0	48.2	0.5	0	119	68.9	68.9
南京审计大学金审学院	48	628.4	0	0	0	0	0	628.4	80.77	547.63	0	173.4	0	0	455	455	13.2	0	10.7	0	142.5	7	0	0	157	157
宿迁学院	49	1 970.94	0	0	0	0	0	1 970.94	956.8	1 014.14	0	1 411.29	0	0	559.65	559.65	1 305.02	0	2	0	81.24	2.53	0	20.5	319.68	319.68
苏州高博软件技术职业学院	50	474.9	7.7	0	0	0	0	467.2	30.88	436.32	0	40.85	31.43	0	394.92	364.5	73.48	0	0	0	9.76	15.75	5.15	3.71	104	104
扬州中瑞酒店职业学院	51	17.2	0	0	0	0	0	17.2	8.6	8.6	0	0	0	0	17.2	17.2	0	0	0	0	0	0	0	0	6	6
西交利物浦大学	52	685.84	108.6	0	108.6	0	0	577.24	319.25	257.99	0	363.02	0	30.72	183.5	183.5	176.13	0	61.48	22.06	58.07	6.5	0	91.56	2 069.5	2 069.5
昆山杜克大学	53	724.28	0	0	0	0	0	724.28	51.12	673.16	0	0	48.58	639.7	36	36	577.07	0	0	0	0	65.13	65.13	46.08	278.78	278.78

六、社科研究与发展机构

全省高等学校人文、社会科学研究机构一览表

机构名称	编号	成立时间	批准部门	组成方式	机构类型	学科分类	服务的国民经济行业	组成类型	R&D活动人员(人) 合计	其中 博士毕业	其中 硕士毕业	其中 高级职称	其中 中级职称	其中 初级职称	培养研究生(人)	R&D经费支出(千元)	仪器设备原价(千元)	其中 进口(千元)
		L01	L02	L03	L04	L05	L06	L07	L08	L09	L10	L11	L12	L13	L14	L15	L16	L17
南京大学	001	/	/	/	/	/	/	/	578	396	97	307	168	15	592	2 1987	1 752	500
长江三角洲经济社会发展研究中心	1	2000/8/10	学校上级主管部门	独立设置研究所	教育部重点研究基地	经济学	商务服务业	政府部门办	15	12	2	10	4	1	30	1200	200	0
当代外国文学与文化研究中心	2	2009/12/1	非学校上级主管部门	独立设置研究所	省级重点研究基地	外国文学	教育	政府部门办	16	10	6	8	6	2	33	48	22	0
公共事务与地方治理研究中心	3	2009/12/1	非学校上级主管部门	独立设置研究所	省级重点研究基地	政治学	社会保障	政府部门办	6	3	3	2	2	0	5	24	6	0
国家文化产业研究中心	4	2007/1/1	非学校上级主管部门	与校外合办所	中央其他部委重点实验室	经济学	文化艺术业	政府部门办	16	12	4	8	6	0	0	120	30	0
江苏省城市现代化研究中心	5	2008/1/1	非学校上级主管部门	跨系所	省级重点研究基地	社会学	公共设施管理业	政府部门办	13	4	8	5	7	0	0	35	29	0
江苏省社会风险管理研究中心	6	2008/1/1	非学校上级主管部门	跨系所	省级重点研究基地	管理学	社会保障	政府部门办	15	12	2	8	4	2	32	110	10	0
江苏省数据工程与知识服务重点实验室	7	2014/7/1	非学校上级主管部门	独立设置研究所	省级重点实验室	图书馆、情报与文献学	软件和信息技术服务业	政府部门办	8	4	3	4	2	0	22	600	400	300
马克思主义社会理论研究中心	8	2003/9/8	学校上级主管部门	独立设置研究所	教育部重点研究基地	马克思主义	中国共产党机关	政府部门办	15	10	5	12	3	0	0	800	10	0
区域经济转型与管理变革协同创新中心	9	2007/6/1	非学校上级主管部门	独立设置研究所	省级2011协同创新中心	经济学	商务服务业	政府部门办	168	160	8	88	68	0	80	200	20	0
全国中国特色社会主义政治经济学研究中心	10	2017/3/30	非学校上级主管部门	独立设置研究所	中央其他部委重点研究基地	经济学	商务服务业	与国内独立研究结构合办	22	18	4	14	8	0	0	200	20	0
儒佛道与中国传统文化研究中心	11	2010/3/1	非学校上级主管部门	独立设置研究所	省级重点研究基地	宗教学	群众团体、社会团体和其他成员组织	政府部门办	10	5	4	6	1	1	0	400	60	0
社会舆情分析与决策支持研究中心	12	2004/1/1	非学校上级主管部门	跨系所	省级重点研究基地	新闻学与传播学	新闻和出版业	政府部门办	36	18	12	16	4	0	40	120	10	0

续表

机构名称	编号	成立时间	批准部门	组成方式	机构类型	学科分类	服务的国民经济行业	组成类型	R&D活动人员(人) 合计	其中 博士毕业	硕士毕业	高级职称	中级职称	初级职称	培养研究生(人)	R&D经费支出(千元)	仪器设备原价(千元)	其中 进口(千元)
		L01	L02	L03	L04	L05	L06	L07	L08	L09	L10	L11	L12	L13	L14	L15	L16	L17
社会与行为科学实验中心	13	2014/7/1	非学校上级主管部门	独立设置研究所	省级重点研究基地	社会学	社会工作	政府部门办	13	12	1	11	2	0	0	330	200	200
苏南率先基本实现现代化研究中心	14	2004/1/1	非学校上级主管部门	跨系所	省级重点研究基地	经济学	商务服务业	政府部门办	10	5	3	3	2	1	0	50	10	0
中国抗日战争研究协同创新中心	15	2016/2/1	非学校上级主管部门	独立设置研究所	其他2011协同创新中心	历史学	教育	政府部门办	48	36	10	18	12	5	0	1000	200	0
中国南海研究协同创新中心	16	2013/6/1	学校上级主管部门	与校外合办所	国家级2011协同创新中心	国际问题研究	国际组织	政府部门办	20	16	3	12	5	2	0	13000	40	0
中国特色社会主义理论体系研究基地	17	2004/1/1	非学校上级主管部门	跨系所	省级重点研究基地	马克思主义	中国共产党机关	政府部门办	28	17	4	12	8	0	28	200	50	0
中国文学与东亚文明研究协同创新中心	18	2007/1/1	非学校上级主管部门	独立设置研究所	省级2011协同创新中心	中国文学	文化艺术业	政府部门办	64	2	6	40	12	0	25	2600	200	0
中国新文学研究中心	19	1999/12/31	学校上级主管部门	独立设置研究所	教育部重点研究基地	中国文学	文化艺术业	政府部门办	28	18	5	14	8	0	160	600	15	0
中国语言战略研究中心	20	2007/1/1	非学校上级主管部门	与校外合办所	中央其他部委重点研究基地	语言学	教育	政府部门办	10	8	2	4	1	0	9	150	20	0
中华民国史研究中心	21	1993/6/18	学校上级主管部门	独立设置研究所	教育部重点研究基地	历史学	教育	政府部门办	17	14	2	12	3	1	128	200	200	0
东南大学	002	/	/	/	/	/	/	/	247	212	27	161	70	16	245	4760.8	961	0
城市停车信息云平台实验室	1	2016/6/6	学校自建	独立设置研究所	校级重点研究基地	法学	教育	单位自办	4	4	0	4	0	0	5	60	60	0
道德发展智库	2	2015/12/1	非学校上级主管部门	独立设置研究所	省级智库	哲学	卫生	政府部门办	9	7	0	7	0	2	12	140	70	0
反腐败法治研究中心	3	2015/1/30	非学校上级主管部门	独立设置研究所	省级重点研究基地	法学	中国共产党机关	政府部门办	27	26	1	12	14	1	27	150	10	0
江苏经济全球化研究中心	4	2011/11/17	非学校上级主管部门	与校外合办所	省级重点研究基地	经济学	卫生	单位自办	7	7	0	6	1	0	16	200	10	0
江苏民生幸福研究基地	5	2011/9/10	非学校上级主管部门	独立设置研究所	省级重点研究基地	经济学	卫生	单位自办	6	6	0	5	1	0	7	360	10	0
江苏省青少年工作研究基地(青少年违法犯罪)	6	2017/12/1	非学校上级主管部门	与校外合办所	其他	法学	教育	政府部门办	17	15	2	14	1	2	14	80	10	0
江苏省区域经济与发展研究基地	7	2008/8/20	非学校上级主管部门	独立设置研究所	省级重点研究基地	管理学	科技推广和应用服务	单位自办	6	6	0	5	1	0	24	650	10	0

续表

江苏省社区矫正损害修复项目研究基地	8	2017/9/1	非学校上级主管部门	与校外合办所	其他	法学	教育	政府部门办	14	14	0	11	3	0	0	100	10	0
交通法治与发展研究中心	9	2012/6/6	非学校上级主管部门	独立设置研究所	省级重点研究基地	法学	教育	单位自办	8	8	0	7	1	0	12	240	100	0
教育立法研究基地	10	2017/12/7	非学校上级主管部门	与校外合办所	其他重点研究基地	法学	中国共产党机关	政府部门办	12	12	0	12	0	0	15	19.8	10	0
情报科学技术研究所	11	1994/1/1	学校自建	独立设置研究所	其他	图书馆、情报与文献学	教育	单位自办	18	6	6	18	0	0	73	200	10	0
人民法院司法大数据研究基地	12	2016/7/1	非学校上级主管部门	与校外合办所	其他重点研究基地	法学	中国共产党机关	其他	10	9	1	8	1	1	15	1900	551	0
网络安全法治研究中心	13	2019/8/28	非学校上级主管部门	独立设置研究所	其他重点研究基地,省级基地	法学	教育	政府部门办	21	11	10	7	4	10	12	100	10	0
中国特色社会主义发展研究院	14	2015/12/1	非学校上级主管部门	独立设置研究所	省级智库	政治学	娱乐业	政府部门办	12	12	0	3	9	0	13	500	70	0
中国特色社会主义理论体系研究基地	15	2015/4/2	非学校上级主管部门	独立设置研究所	省级重点研究基地	政治学	教育	政府部门办	46	39	7	22	24	0	0	51	10	0
最高人民检察院检察研究基地东南大学民事检察研究中心	16	2019/8/20	非学校上级主管部门	独立设置研究所	省级重点研究基地	法学	教育	政府部门办	30	30	0	20	10	0	0	10	10	0
江南大学	003	/	/	/	/	/	/	/	235	151	77	187	43	3	334	13693.71	5350	437
汉族服饰类非物质文化遗产研究基地	1	2014/7/21	非学校上级主管部门	独立设置研究所	其他重点研究基地	艺术学	纺织服装、服饰业	政府部门办	16	7	9	6	8	2	86	450	80	50
江南民族音乐研究中心	2	2017/7/1	学校自建	独立设置研究所	校级重点研究基地	艺术学	广播、电视、电影和影视录音制作业	单位自办	10	3	7	9	1	0	5	100	60	0
江苏党风廉政建设创新研究基地	3	2011/11/1	非学校上级主管部门	与校外合办所	其他重点研究基地	马克思主义	娱乐业	单位自办	18	12	4	17	1	0	5	300	800	17
江苏省产品创意与文化重点研究基地	4	2010/1/1	非学校上级主管部门	跨系所	其他重点研究基地	艺术学	广播、电视、电影和影视录音制作业	单位自办	12	9	2	10	1	1	15	600	1200	0
江苏省中国特色社会主义理论体系研究基地	5	2015/9/7	非学校上级主管部门	跨系所	其他重点研究基地	马克思主义	娱乐业	政府部门办	18	15	3	15	3	0	13	1780	200	0
教育信息化研究中心	6	2013/2/1	学校自建	独立设置研究所	其他重点研究基地	教育学	其他服务业	单位自办	16	12	4	12	4	0	40	650.71	495	0
金融创新与风险管理研究基地	7	2017/7/1	学校上级主管部门	独立设置研究所	校级重点研究基地	经济学	货币金融服务	单位自办	10	10	0	5	5	0	19	85	55	0
品牌战略与管理创新研究基地	8	2017/1/20	非学校上级主管部门	跨系所	省级智库,其他重点研究基地,省规划办	管理学	文教、工美、体育和娱乐用品制造业	与国内高校合办	22	10	12	21	0	0	26	3238	650	185
钱钟书及其海外传播研究中心	9	2017/7/1	学校上级主管部门	独立设置研究所	校级重点研究基地	语言学	其他服务业	单位自办	10	7	3	9	1	0	20	150	50	0

续表

机构名称	编号	成立时间	批准部门	组成方式	机构类型	学科分类	服务的国民经济行业	组成类型	R&D活动人员(人) 合计	其中 博士毕业	其中 硕士毕业	其中 高级职称	其中 中级职称	其中 初级职称	培养研究生(人)	R&D经费支出(千元)	仪器设备原价(千元)	其中 进口(千元)
		L01	L02	L03	L04	L05	L06	L07	L08	L09	L10	L11	L12	L13	L14	L15	L16	L17
食品安全风险治理研究院	10	2016/7/8	非学校上级主管部门	跨系所	省级智库,其他重点研究基地	管理学	人民政协、民主党派	与国内高校合办	22	10	12	21	0	0	26	3280	650	185
无锡党的建设研究基地	11	2013/3/6	学校自建	与校外合办所	校级重点研究基地	政治学	娱乐业	政府部门办	10	6	2	3	7	0	8	200	20	0
无锡古运河文化创意中心	12	2015/10/12	学校自建	与校外合办所	校级重点研究基地	艺术学	广播、电视、电影和影视录音制作业	政府部门办	9	5	4	6	3	0	0	780	500	0
无锡江南文化与影视研究中心	13	2007/12/27	学校自建	与校外合办所	校级重点研究基地	中国文学	广播、电视、电影和影视录音制作业	政府部门办	14	8	6	9	5	0	12	100	120	0
无锡老龄科学研究中心	14	2010/11/1	学校自建	独立设置研究所	校级重点研究基地	社会学	卫生	其他	14	10	4	13	1	0	30	230	70	0
无锡旅游与区域发展研究基地	15	2013/3/6	学校自建	与校外合办所	校级重点研究基地	经济学	研究和试验发展	政府部门办	10	5	3	10	0	0	26	850	250	0
无锡人力资源开发研究基地	16	2013/3/8	学校自建	与校外合办所	校级重点研究基地	管理学	商务服务业	与国内高校合办	16	14	2	14	2	0	3	500	40	0
中国物联网发展战略研究基地	17	2012/3/15	非学校上级主管部门	独立设置研究所	省级重点研究基地	管理学	其他服务业	与国内独立研究结构合办	8	8	0	7	1	0	0	400	110	0
南京农业大学	004	/	/	/	/	/	/	/	682	550	101	495	150	13	786	30578.82	2889	0
不动产研究中心	1	2015/1/1	学校自建	独立设置研究所	校级重点研究基地	管理学	房地产业	单位自办	10	10	0	8	2	0	7	300	20	0
城乡规划设计研究院	2	2004/10/1	学校自建	独立设置研究所	校级重点研究基地	管理学	农业	单位自办	16	16	0	15	1	0	6	156.6	0	0
地方治理与政策研究院	3	2017/7/1	非学校上级主管部门	跨系所	其他重点研究基地,教育厅校外基地	管理学	社会保障	政府部门办	21	5	16	12	4	1	36	760	38	0
典籍翻译与海外汉学研究中心	4	2015/11/23	学校自建	独立设置研究所	校级重点研究基地	语言学	教育	单位自办	6	0	6	2	4	0	15	20	0	0
电子商务研究中心	5	2001/6/1	学校自建	独立设置研究所	校级重点研究基地	管理学	商务服务业	单位自办	6	5	1	4	2	0	8	315	0	0
管理工程研究室	6	2004/1/1	学校自建	独立设置研究所	校级重点实验室	管理学	教育	单位自办	13	12	1	10	3	0	66	391	0	0
国际食品与农业经济研究中心	7	2004/6/10	学校自建	独立设置研究所	校级重点研究基地	管理学	农业	单位自办	14	12	2	13	0	1	20	985	0	0
江苏粮食安全研究中心	8	2015/6/1	非学校上级主管部门	独立设置研究所	省级重点研究基地	管理学	农业	单位自办	16	14	2	13	2	1	30	7505	375	0

续表

江苏农村金融发展研究中心	9	2010/11/2	学校上级主管部门	独立设置研究所	省级重点研究基地	经济学	农业	政府部门办	23	6	12	8	10	5	39	50	20	0
江苏农业现代化决策咨询研究基地	10	2011/11/20	非学校上级主管部门	独立设置研究所	省级重点研究基地	管理学	农业	政府部门办	25	25	0	20	5	0	18	1200	60	0
江苏省国土资源利用与管理工程中心	11	2007/1/1	非学校上级主管部门	跨系所	其他重点研究基地	管理学	农业	单位自办	28	28	0	24	4	0	12	10.3	2	0
江苏省农村发展与土地政策研究基地	12	2008/10/1	非学校上级主管部门	跨系所	省级重点研究基地	管理学	农业	政府部门办	16	14	2	9	7	0	40	1800	90	0
江苏省统计科学研究基地	13	2013/12/13	非学校上级主管部门	独立设置研究所	省级重点研究基地	管理学	教育	单位自办	10	8	2	10	0	0	8	500	2.5	0
江苏省新农村科技创新思想库	14	2012/10/1	非学校上级主管部门	独立设置研究所	省级重点研究基地	管理学	农业	政府部门办	10	10	0	7	3	0	8	600	30	0
劳动就业与公共政策研究中心	15	2017/1/1	学校自建	独立设置研究所	校级重点研究基地	管理学	社会保障	单位自办	6	6	0	5	1	0	5	100	0	0
领域知识关联研究中心	16	2004/6/1	学校自建	跨系所	校级重点实验室	图书馆、情报与文献学	软件和信息技术服务业	单位自办	17	10	3	13	3	0	21	1200	2000	0
马克思主义理论研究中心	17	2008/9/25	学校自建	独立设置研究所	校级重点研究基地	马克思主义	教育	单位自办	22	20	2	16	6	0	32	50	0	0
民俗学研究所	18	2016/12/26	学校自建	独立设置研究所	校级重点研究基地	民族学与文化学	文化艺术业	单位自办	10	9	1	5	5	0	5	850	0	0
农村土地资源利用与整治国家地方联合工程研究中心	19	2012/10/2	非学校上级主管部门	跨系所	中央其他部委重点研究基地	管理学	农业	单位自办	56	66	0	60	6	0	38	27.9	32.5	0
农业经济研究所	20	1986/10/1	非学校上级主管部门	独立设置研究所	省级重点研究基地	管理学	农业	政府部门办	14	12	2	12	2	0	40	1830	92	0
农业伦理研究所	21	2019/11/7	学校自建	独立设置研究所	校级重点研究基地	马克思主义	农业	单位自办	13	13	0	11	2	0	0	5	15	0
农业园区研究中心	22	1995/1/2	学校自建	独立设置研究所	校级重点研究基地	管理学	农业	单位自办	8	4	2	5	3	0	8	1200	0	0
农业转基因生物安全管理政策研究中心	23	2009/11/2	学校自建	独立设置研究所	校级重点研究基地	管理学	农业	单位自办	16	15	1	13	3	0	10	1020	0	0
区域农业研究院	24	2016/12/26	学校自建	独立设置研究所	校级重点研究基地	管理学	农业	单位自办	12	10	2	9	3	0	24	3026	0	0
日本语言文化研究所	25	2004/10/1	学校自建	独立设置研究所	校级重点研究基地	语言学	教育	单位自办	16	4	11	5	9	2	8	70	0	0
数字人文研究中心	26	2018/4/4	学校自建	独立设置研究所	校级重点实验室	图书馆、情报与文献学	教育	单位自办	5	5	0	5	0	0	1	374	0	0
数字乡村发展与工程研究院	27	2019/9/1	学校自建	独立设置研究所	校级重点实验室	民族学与文化学	农业	单位自办	9	7	2	4	4	1	7	200	0	0

六、社科研究与发展机构

续表

机构名称	编号	成立时间	批准部门	组成方式	机构类型	学科分类	服务的国民经济行业	组成类型	R&D活动人员(人) 合计	其中 博士毕业	其中 硕士毕业	其中 高级职称	其中 中级职称	其中 初级职称	培养研究生(人)	R&D经费支出(千元)	仪器设备原价(千元)	其中 进口(千元)
		L01	L02	L03	L04	L05	L06	L07	L08	L09	L10	L11	L12	L13	L14	L15	L16	L17
统筹城乡发展与土地管理创新研究基地	28	2012/1/12	非学校上级主管部门	独立设置研究所	其他重点研究基地,江苏省教育厅校外基地	管理学	农业	单位自办	15	15	0	15	0	0	6	10.5	2	0
英语语言文化研究所	29	2004/10/1	学校自建	独立设置研究所	校级重点研究基地	语言学	教育	单位自办	15	8	6	8	6	0	35	100	0	0
中国地标文化研究中心	30	2017/8/14	学校自建	独立设置研究所	校级重点研究基地	历史学	农业	单位自办	26	8	0	5	3	0	7	300	0	0
中国国土资源与生态文明建设研究院	31	2013/1/1	学校自建	跨系所	校级重点研究基地	管理学	生态保护和环境治理业	单位自办	8	6	2	4	2	2	2	50	0	0
中国粮食安全保障研究中心	32	2009/1/1	学校自建	独立设置研究所	校级重点研究基地	管理学	农业	单位自办	16	14	2	9	7	0	30	1715	0	0
中国农业产业链管理研究与发展中心	33	2006/7/14	学校自建	独立设置研究所	校级重点研究基地	管理学	农业	单位自办	16	15	1	13	3	0	10	605	0	0
中国农业历史研究中心	34	2009/11/20	学校上级主管部门	独立设置研究所	省级重点研究基地	历史学	农业	政府部门办	28	26	2	21	7	0	47	1000	50	0
中国农业遗产研究室	35	1955/8/5	非学校上级主管部门	独立设置研究所	中央其他部委重点研究基地	历史学	农业	政府部门办	28	26	2	21	7	0	47	1000	50	0
中国土地问题研究中心	36	2004/10/21	学校自建	独立设置研究所	校级重点研究基地	管理学	土地管理业	单位自办	31	31	0	27	4	0	23	206.39	0	0
中华农业文明研究院	37	2014/10/1	非学校上级主管部门	独立设置研究所	省级重点研究基地	历史学	农业	政府部门办	28	26	2	21	7	0	47	1000	10	0
中外语言比较中心	38	2012/10/1	学校自建	独立设置研究所	校级重点研究基地	语言学	教育	单位自办	15	1	14	9	6	0	5	18	0	0
自然资源与国家发展研究院	39	2019/1/1	学校自建	独立设置研究所	校级重点研究基地	管理学	生态保护和环境治理业	单位自办	28	28	0	24	4	0	15	28.13	0	0
中国矿业大学	005	/	/	/	/	/	/	/	146	121	24	114	32	0	181	4780	176	0
安全管理研究中心	1	2018/7/19	非学校上级主管部门	独立设置研究所	省级重点研究基地	管理学	国家机构	政府部门办	15	14	1	12	3	0	41	180	100	0
澳大利亚研究中心	2	2017/6/13	非学校上级主管部门	独立设置研究所	其他重点研究基地	国际问题研究	国家机构	政府部门办	20	12	7	15	5	0	4	140	10	0
国际能源政策研究中心	3	2013/7/1	非学校上级主管部门	独立设置研究所	省级重点研究基地	管理学	国家机构	政府部门办	23	23	0	22	1	0	68	1560	10	0
江苏省公共安全创新研究中心	4	2017/11/2	非学校上级主管部门	独立设置研究所	省级重点研究基地	管理学	国家机构	政府部门办	18	15	3	14	4	0	8	700	36	0

续表

江苏省能源经济管理研究基地	5	2008/10/1	非学校上级主管部门	独立设置研究所	省级重点研究基地	管理学	国家机构	政府部门办	15	15	0	14	1	0	30	2100	10	0
江苏自然资源智库研究基地	6	2018/11/4	非学校上级主管部门	与校外合办所	省级智库	管理学	国家机构	政府部门办	55	42	13	37	18	0	30	100	10	0
河海大学	006	/	/	/	/	/	/	/	458	347	111	321	137	0	583	12140	1017.5	0
“世界水谷”与水生态文明协同创新中心	1	2014/12/4	非学校上级主管部门	独立设置研究所	省级 2011 协同创新中心	管理学	生态保护和环境治理业	政府部门办	26	21	5	18	8	0	44	1110	100	0
长三角环境与社会研究中心	2	2015/2/4	非学校上级主管部门	独立设置研究所	省级重点研究基地	社会学	人民政协、民主党派	政府部门办	15	11	4	10	5	0	19	200	25	0
东部资源环境与持续发展研究中心	3	1994/12/1	非学校上级主管部门	与校外合办所	中央其他部委重点研究基地	经济学	中国共产党机关	政府部门办	25	18	7	15	10	0	27	640	63	0
公民道德发展与人的现代化研究基地	4	2012/12/12	非学校上级主管部门	独立设置研究所	省级重点研究基地	哲学	中国共产党机关	政府部门办	20	16	4	15	5	0	32	400	25	0
国际河流研究中心	5	2013/7/6	非学校上级主管部门	独立设置研究所	省级重点研究基地	国际问题研究	水利管理业	政府部门办	21	14	7	13	8	0	21	180	30	0
国家级人才理论研究基地	6	2014/5/9	非学校上级主管部门	独立设置研究所	中央其他部委重点研究基地	管理学	中国共产党机关	政府部门办	14	9	5	11	3	0	24	200	14.5	0
环境与社会研究中心	7	2015/2/4	非学校上级主管部门	独立设置研究所	省级重点研究基地	社会学	人民政协、民主党派	政府部门办	18	15	3	15	3	0	26	240	30	0
江苏长江保护与高质量发展研究基地	8	2019/8/13	非学校上级主管部门	与校外合办所	省级重点研究基地	管理学	生态保护和环境治理业	单位自办	20	15	5	15	5	0	16	600	30	0
江苏企业国际化发展研究基地	9	2011/11/20	非学校上级主管部门	独立设置研究所	省级重点研究基地	逻辑学	商务服务业	政府部门办	18	13	5	12	6	0	16	300	45	0
江苏省科技体制改革科技思想库	10	2012/9/21	非学校上级主管部门	独立设置研究所	省级重点研究基地	管理学	中国共产党机关	政府部门办	12	10	2	9	3	0	17	200	20	0
江苏省老年学研究与培训基地	11	2015/12/6	非学校上级主管部门	与校外合办所	中央其他部委重点研究基地	社会学	人民政协、民主党派	政府部门办	19	14	5	12	7	0	21	150	18	0
江苏省水资源与可持续发展研究中心	12	2010/11/11	非学校上级主管部门	独立设置研究所	省级重点研究基地	经济学	中国共产党机关	政府部门办	20	17	3	16	4	0	32	560	20	0
江苏省循环经济工程研究中心	13	2005/12/1	非学校上级主管部门	独立设置研究所	省级重点研究基地	管理学	中国共产党机关	政府部门办	23	18	5	15	8	0	24	200	18	0
江苏省中国特色社会主义理论体系研究基地	14	2015/4/9	非学校上级主管部门	独立设置研究所	省级重点研究基地	马克思主义	中国共产党机关	政府部门办	22	16	6	16	6	0	32	500	32	0
江苏沿海资源经济研究中心	15	2011/12/31	非学校上级主管部门	与校外合办所	省级重点研究基地	经济学	水利管理业	政府部门办	18	14	4	13	5	0	24	320	30	0
企业人才研究中心	16	2015/5/12	非学校上级主管部门	独立设置研究所	省级重点研究基地	管理学	商务服务业	政府部门办	16	11	5	11	5	0	19	100	10	0
全国性别/妇女研究与培训基地	17	2013/9/16	非学校上级主管部门	与校外合办所	中央其他部委重点研究基地	社会学	社会保障	政府部门办	18	13	5	12	6	0	25	100	26	0

续表

机构名称	编号	成立时间	批准部门	组成方式	机构类型	学科分类	服务的国民经济行业	组成类型	R&D活动人员(人) 合计	其中 博士毕业	硕士毕业	高级职称	中级职称	初级职称	培养研究生(人)	R&D经费支出(千元)	仪器设备原价(千元)	其中 进口(千元)
		L01	L02	L03	L04	L05	L06	L07	L08	L09	L10	L11	L12	L13	L14	L15	L16	L17
人口老龄化科研基地	18	2014/10/16	非学校上级主管部门	独立设置研究所	省级重点研究基地	社会学	人民政协、民主党派	政府部门办	13	10	3	10	3	0	22	350	60	0
水库移民经济研究中心	19	1992/9/15	非学校上级主管部门	独立设置研究所	中央其他部委重点研究基地	社会学	水利管理业	政府部门办	22	17	5	16	6	0	26	2000	90	0
水利部人力资源研究院	20	2011/4/29	非学校上级主管部门	与校外合办所	中央其他部委重点研究基地	马克思主义	中国共产党机关	政府部门办	21	16	5	14	7	0	25	980	85	0
水利法治研究中心	21	2017/7/20	学校上级主管部门	与校外合办所	省级重点研究基地	法学	中国共产党机关	政府部门办	13	9	4	7	6	0	0	650	60	0
水利经济研究所	22	1985/12/28	非学校上级主管部门	独立设置研究所	中央其他部委重点研究基地	经济学	中国共产党机关	政府部门办	17	13	4	12	5	0	23	640	78	0
水利政策法制研究与培训中心	23	2011/10/18	非学校上级主管部门	独立设置研究所	中央其他部委重点研究基地	法学	生态保护和环境治理业	政府部门办	15	11	4	9	6	0	22	150	20	0
中国(南京)人才发展研究中心	24	2012/3/28	非学校上级主管部门	独立设置研究所	省级重点研究基地	管理学	教育	政府部门办	16	14	2	13	3	0	22	250	32	0
中央人才理论研究基地	25	2014/5/9	非学校上级主管部门	独立设置研究所	中央其他部委重点研究基地	管理学	中国共产党机关	政府部门办	16	12	4	12	4	0	24	1120	56	0
南京理工大学	007	/	/	/	/	/	/	/	135	82	53	69	66	0	6	555	260	0
国际经贸问题研究中心	1	2012/12/7	非学校上级主管部门	独立设置研究所	省级基地培育点	经济学	国家机构	其他	15	8	7	8	7	0	0	50	10	0
江苏产业集群研究基地	2	2011/11/5	非学校上级主管部门	独立设置研究所	省级重点研究基地	经济学	国家机构	单位自办	13	6	7	6	7	0	2	50	20	0
江苏服务型政府建设研究基地	3	2011/11/5	非学校上级主管部门	独立设置研究所	省级重点研究基地	社会学	国家机构	其他	13	6	7	3	10	0	2	50	20	0
江苏人才发展战略研究院	4	2016/7/7	非学校上级主管部门	独立设置研究所	省级智库	管理学	中国共产党机关	政府部门办	10	5	5	4	6	0	0	10	50	0
江苏省版权研究中心	5	2017/4/6	非学校上级主管部门	独立设置研究所	省级重点研究基地	法学	国家机构	政府部门办	8	6	2	5	3	0	0	50	6	0
江苏省军民融合发展研究院	6	2017/8/31	非学校上级主管部门	独立设置研究所	省级重点研究基地	管理学	国家机构	政府部门办	7	5	2	5	2	0	0	15	50	0
江苏省军民融合科技与产业创新研究中心	7	2016/4/14	非学校上级主管部门	独立设置研究所	省级重点研究基地	管理学	国家机构	政府部门办	6	4	2	3	3	0	0	50	6	0
江苏省科技人才思想库	8	2012/10/19	非学校上级主管部门	独立设置研究所	省级重点研究基地	统计学	教育	单位自办	12	5	7	5	7	0	0	50	30	0
江苏省知识产权发展研究中心	9	2012/1/1	非学校上级主管部门	独立设置研究所	省级重点研究基地	法学	教育	单位自办	12	6	6	7	5	0	2	50	20	0

续表

江苏省知识产权思想库	10	2016/2/3	非学校上级主管部门	独立设置研究所	省级重点研究基地	法学	教育	政府部门办	12	10	2	6	6	0	0	15	20	0
马克思主义与当代中国研究中心	11	2004/9/23	非学校上级主管部门	独立设置研究所	省级基地培育点	马克思主义	教育	其他	7	5	2	5	2	0	0	50	10	0
沙特研究中心	12	2017/9/29	非学校上级主管部门	独立设置研究所	其他重点研究基地	国际问题研究	国家机构	单位自办	6	5	1	3	3	0	0	50	6	0
社会计算与舆情分析研究中心	13	2012/4/13	非学校上级主管部门	独立设置研究所	省级基地培育点	图书馆、情报与文献学	国家机构	单位自办	8	5	3	5	3	0	0	50	6	0
政治建设与地方治理研究中心	14	2018/9/14	非学校上级主管部门	独立设置研究所	省级重点研究（建设）基地	政治学	国家机构	单位自办	6	6	0	4	2	0	0	15	6	0
南京航空航天大学	008	/	/	/	/	/	/	/	203	90	83	113	52	0	259	2915	1066	0
巴尔干地区研究中心	1	2017/6/13	非学校上级主管部门	独立设置研究所	其他重点研究基地，教育部国际合作与交流司	国际问题研究	国家机构	单位自办	12	10	2	9	3	0	6	120	35	0
国际战略与安全研究中心	2	2013/6/28	非学校上级主管部门	独立设置研究所	省级重点研究基地	国际问题研究	国家机构	单位自办	14	12	2	9	1	0	14	25	21	0
国家文化产业研究中心	3	2006/12/7	非学校上级主管部门	独立设置研究所	中央其他部委重点研究基地	艺术学	社会工作	单位自办	24	6	18	14	10	0	8	220	120	0
江苏省非物质文化遗产研究基地	4	2014/6/25	非学校上级主管部门	独立设置研究所	省级重点研究基地	艺术学	文化艺术业	单位自办	21	7	14	11	10	0	6	80	36	0
江苏省高校思想政治教育研究中心	5	2018/7/19	非学校上级主管部门	独立设置研究所	省级重点研究基地	马克思主义	科技推广和应用服务	单位自办	13	9	4	10	3	0	5	80	31	0
江苏省后评价研究中心	6	2005/9/6	非学校上级主管部门	独立设置研究所	省级重点研究基地	管理学	社会工作	其他	13	7	6	6	1	0	30	560	210	0
江苏省军民融合产业发展研究中心	7	2016/4/25	非学校上级主管部门	独立设置研究所	省级重点研究基地	经济学	科技推广和应用服务	单位自办	23	8	1	14	7	0	40	300	50	0
江苏省人力资源发展研究基地	8	2017/7/7	非学校上级主管部门	独立设置研究所	省级重点研究基地	管理学	科技推广和应用服务	单位自办	29	3	12	8	6	0	20	90	35	0
江苏省中国特色社会主义理论体系研究基地	9	2015/4/2	非学校上级主管部门	独立设置研究所	省级重点研究基地	马克思主义	国家机构	单位自办	16	10	6	10	6	0	10	120	30	0
科学发展研究中心	10	2010/8/5	非学校上级主管部门	独立设置研究所	省级重点研究基地	管理学	科技推广和应用服务	单位自办	22	13	9	12	1	0	30	1140	418	0
能源软科学研究中心	11	2010/8/5	非学校上级主管部门	独立设置研究所	省级重点研究基地	管理学	科技推广和应用服务	单位自办	16	5	9	10	4	0	90	180	80	0
苏州大学	010	/	/	/	/	/	/	/	222	125	67	210	10	0	131	4592.7	1228.7	0
东吴智库	1	2015/6/18	学校上级主管部门	跨系所	省级智库，省级重点研究基地	经济学	其他服务业	单位自办	20	16	4	20	0	0	16	560	130	0
公法研究中心	2	2009/10/27	学校上级主管部门	独立设置研究所	省级重点研究基地	法学	其他服务业	单位自办	32	19	13	26	6	0	12	450	50	0

续表

机构名称	编号	成立时间	批准部门	组成方式	机构类型	学科分类	服务的国民经济行业	组成类型	R&D活动人员(人) 合计	其中 博士毕业	硕士毕业	高级职称	中级职称	初级职称	培养研究生(人)	R&D经费支出(千元)	仪器设备原价(千元)	其中 进口(千元)
		L01	L02	L03	L04	L05	L06	L07	L08	L09	L10	L11	L12	L13	L14	L15	L16	L17
国家体育总局机能评定与体能训练重点实验室	3	2008/8/25	非学校上级主管部门	独立设置研究所	中央其他部委重点实验室	体育科学	文化艺术业	单位自办	15	5	10	13	2	0	6	300	250	0
国家体育总局体育社会科学重点研究基地	4	2001/5/18	非学校上级主管部门	独立设置研究所	中央其他部委重点研究基地	体育科学	文化艺术业	单位自办	17	6	11	15	2	0	3	300	150	0
江苏省吴文化研究基地	5	1996/12/5	非学校上级主管部门	独立设置研究所	省级重点研究基地	历史学	广播、电视、电影和影视录音制作业	单位自办	16	10	5	16	0	0	18	70	100	0
江苏省新型城镇化与社会治理协同创新中心	6	2014/3/20	学校上级主管部门	与校外合办所	省级2011协同创新中心	政治学	其他服务业	与国内高校合办	38	25	13	38	0	0	22	586.1	95	0
老挝——大湄公河次区域国家研究中心	7	2013/6/28	学校上级主管部门	独立设置研究所	校级重点研究基地	国际问题研究	其他服务业	单位自办	21	2	4	21	0	0	13	354.6	45.7	0
苏南发展研究院	8	1997/4/7	学校自建	跨系所	其他重点研究基地	社会学	其他服务业	单位自办	20	15	4	20	0	0	10	500	178	0
苏州基层党建研究所	9	2007/6/26	学校上级主管部门	与校外合办所	省级重点研究基地	马克思主义	卫生	政府部门办	15	12	1	15	0	0	8	490	50	0
中国特色城镇化研究中心	10	2003/4/28	非学校上级主管部门	跨系所	教育部重点研究基地	管理学	其他服务业	单位自办	28	15	2	26	0	0	23	982	180	0
江苏科技大学	011	/	/	/	/	/	/	/	15	9	6	10	5	0	25	100	10	0
服务制造模式与信息化研究中心	1	2015/5/1	学校上级主管部门	独立设置研究所	省级重点研究基地	管理学	铁路、船舶、航空航天和其他运输设备制造业	与国内独立研究结构合办	15	9	6	10	5	0	25	100	10	0
南京工业大学	012	/	/	/	/	/	/	/	99	47	52	48	43	8	18	550	88	0
高校国家知识产权信息服务中心	1	2019/12/1	学校上级主管部门	独立设置研究所	中央其他部委重点研究基地	图书馆、情报与文献学	教育	单位自办	15	13	2	10	5	0	5	50	10	0
互联网金融科技研究中心	2	2019/5/1	学校上级主管部门	独立设置研究所	其他重点研究基地,江苏省教育厅	经济学	资本市场服务	与国内独立研究结构合办	7	3	4	2	5	0	2	50	10	0
江苏产业科技创新研究中心	3	2017/3/5	学校上级主管部门	与校外合办所	省级重点研究基地	管理学	科技推广和应用服务	与国内独立研究结构合办	5	4	1	3	2	0	3	200	16	0
江苏社会管理法制建设研究基地	4	2018/1/5	非学校上级主管部门	独立设置研究所	其他重点研究基地,江苏省社科联	法学	社会保障	政府部门办	9	1	8	2	3	4	2	50	12	0
江苏省军民融合发展智库“协同创新与产业发展研究中心”	5	2019/10/1	非学校上级主管部门	独立设置研究所	其他智库,江苏省委军民融合办	管理学	卫生	单位自办	16	6	10	9	7	0	0	50	10	0

续表

江苏省科技政策思想库	6	2014/5/1	学校上级主管部门	独立设置研究所	省级智库	管理学	科技推广和应用服务	单位自办	18	5	13	5	13	0	3	50	10	0
江苏省科普教育基地	7	2018/10/12	学校上级主管部门	跨系所	其他重点研究基地,省科技协会、科技厅、教育厅	教育学	教育	单位自办	20	10	10	15	3	2	0	50	10	0
江苏省科协科技创新智库基地	8	2019/5/1	非学校上级主管部门	独立设置研究所	其他重点研究基地,江苏省科协	管理学	教育	单位自办	9	5	4	2	5	2	3	50	10	0
常州大学	013	/	/	/	/	/	/	/	100	56	44	58	42	0	0	1140	610	0
常州社科院历史文化研究所	1	2013/4/10	学校自建	与校外合办所	校级重点研究基地	历史学	其他服务业	与国内独立研究结构合办	6	4	2	2	4	0	0	100	20	0
常州现代服务业研究院	2	2014/9/23	非学校上级主管部门	与校外合办所	校级重点研究基地	管理学	商务服务业	单位自办	6	4	2	5	1	0	0	200	30	0
城乡文明研究所	3	2014/6/5	学校自建	独立设置研究所	校级重点研究基地	马克思主义	中国共产党机关	单位自办	4	1	3	3	1	0	0	20	20	0
国家与江苏石油石化发展战略研究基地	4	2013/3/19	学校上级主管部门	与校外合办所	省级重点研究基地	管理学	石油、煤炭及其他燃料加工业	政府部门办	10	6	4	6	4	0	0	100	50	0
江苏省非物质文化遗产研究基地	5	2014/10/20	学校上级主管部门	跨系所	省级重点研究基地	艺术学	中国共产党机关	政府部门办	10	5	5	6	4	0	0	100	50	0
江苏中国特色社会主义理论研究基地	6	2015/5/6	学校上级主管部门	跨系所	省级重点研究基地	马克思主义	国家机构	政府部门办	10	6	4	7	3	0	0	100	50	0
旅游产业战略研究所	7	2014/1/7	学校自建	跨系所	校级重点研究基地	管理学	商务服务业	单位自办	4	2	2	2	2	0	0	20	20	0
马克思主义研究院	8	2014/4/24	学校自建	独立设置研究所	校级重点研究基地	马克思主义	教育	单位自办	10	4	6	6	4	0	0	200	200	0
人力资源管理研究中心	9	2014/2/1	学校自建	与校外合办所	校级重点研究基地	管理学	其他服务业	单位自办	6	4	2	3	3	0	0	20	20	0
书画艺术研究院	10	2014/8/6	学校自建	独立设置研究所	校级重点研究基地	艺术学	广播、电视、电影和影视录音制作业	单位自办	4	2	2	2	2	0	0	20	20	0
苏台经贸合作和科技创新研究中心	11	2015/5/18	学校上级主管部门	与校外合办所	省级重点研究基地	管理学	商务服务业	单位自办	10	6	4	5	5	0	0	100	50	0
体育健康教育研究所	12	2011/10/17	学校自建	独立设置研究所	校级重点研究基地	体育科学	文化艺术业	单位自办	4	2	2	2	2	0	0	20	20	0
应用语言学研究所	13	2014/1/7	学校自建	独立设置研究所	校级重点研究基地	语言学	其他服务业	单位自办	5	3	2	3	2	0	0	20	20	0
语言应用研究基地	14	2015/10/19	非学校上级主管部门	与校外合办所	省级重点研究基地	语言学	其他服务业	与国内独立研究结构合办	7	5	2	4	3	0	0	100	20	0

续表

机构名称		成立时间	批准部门	组成方式	机构类型	学科分类	服务的国民经济行业	组成类型	R&D活动人员(人)						培养研究生(人)	R&D经费支出(千元)	仪器设备原价(千元)	其中
									合计	其中								进口(千元)
										博士毕业	硕士毕业	高级职称	中级职称	初级职称				
	编号	L01	L02	L03	L04	L05	L06	L07	L08	L09	L10	L11	L12	L13	L14	L15	L16	L17
中国财经文学研究中心	15	2013/6/5	学校自建	独立设置研究所	校级重点研究基地	中国文学	广播、电视、电影和影视录音制作业	单位自办	4	2	2	2	2	0	0	20	20	0
南京邮电大学	014	/	/	/	/	/	/	/	94	56	38	54	40	0	0	800	205	0
江苏高质量发展综合评估研究基地	1	2019/7/15	非学校上级主管部门	独立设置研究所	其他重点研究基地,江苏省社科联批准决策咨询研究基地	管理学	国家机构	单位自办	16	10	6	12	4	0	0	100	30	0
江苏农业信息化研究基地	2	2011/11/15	非学校上级主管部门	跨系所	其他重点研究基地,江苏省社科联批准决策咨询研究基地	经济学	科技推广和应用服务	单位自办	14	6	8	5	9	0	0	100	21	0
江苏省统计科学研究基地	3	2010/6/7	非学校上级主管部门	跨系所	其他重点研究基地,江苏省统计局批准	统计学	软件和信息技术服务业	单位自办	8	5	3	6	2	0	0	100	13	0
江苏省物联网产业发展研究基地	4	2010/8/5	学校上级主管部门	跨系所	其他重点研究基地,江苏省教育厅批准江苏高校哲学社会科学重点研究基地	管理学	互联网和相关服务	单位自办	15	11	4	8	7	0	0	100	40	0
江苏现代信息服务业研究基地	5	2011/12/22	非学校上级主管部门	跨系所	其他重点研究基地,江苏省社科联批准决策咨询研究基地	管理学	软件和信息技术服务业	单位自办	13	7	6	6	7	0	0	100	11	0
江苏智慧养老研究院校外研究基地	6	2017/7/7	学校上级主管部门	与校外合办所	其他重点研究基地,江苏省教育厅批准江苏高校人文社会科学校外研究基地	社会学	社会工作	单位自办	10	6	4	6	4	0	0	100	30	0

续表

科普动漫研究所	7	2019/9/16	非学校上级主管部门	独立设置研究所	其他重点研究基地，江苏省社科联批准社会科学普及研发基地	艺术学	广播、电视、电影和影视录音制作业	单位自办	10	6	4	5	5	0	0	100	30	0
信息产业融合创新与应急管理研究中心	8	2018/7/19	学校上级主管部门	跨系所	其他重点研究基地，江苏省教育厅批准江苏高校哲学社会科学重点研究基地	管理学	互联网和相关服务	单位自办	8	5	3	6	2	0	0	100	30	0
南京林业大学	015	/	/	/	/	/	/	/	31	9	17	21	10	0	0	586.8	1200.2	281.8
江苏环境与发展研究中心	1	2009/12/15	学校上级主管部门	独立设置研究所	省级重点研究基地	哲学	生态保护和环境治理业	政府部门办	10	4	5	7	3	0	0	334.7	854.2	246
生态经济研究中心	2	2010/10/28	学校上级主管部门	独立设置研究所	省级重点研究基地	经济学	生态保护和环境治理业	政府部门办	21	5	12	14	7	0	0	252.1	346	35.8
江苏大学	016	/	/	/	/	/	/	/	25	16	9	16	0	0	16	845	290	0
高等教育研究所	1	1983/8/1	学校自建	独立设置研究所	研究所	教育学	其他服务业	单位自办	2	1	1	1	0	0	1	40	10	0
江苏省统计应用研究基地	2	2012/1/11	非学校上级主管部门	与校外合办所	省级重点研究基地	统计学	其他服务业	与国内独立研究机构合办	3	3	0	3	0	0	3	100	10	0
江苏省知识产权研究中心	3	2008/9/27	非学校上级主管部门	独立设置研究所	省级重点研究基地	管理学	专业技术服务业	单位自办	4	2	2	2	0	0	2	80	20	0
江苏省中小企业发展研究基地	4	2008/10/3	非学校上级主管部门	跨系所	省级重点研究基地	管理学	专业技术服务业	政府部门办	4	2	2	2	0	0	2	90	10	0
能源发展与环境保护战略研究中心	5	2009/11/11	学校上级主管部门	独立设置研究所	省级重点研究基地	经济学	专业技术服务业	政府部门办	4	4	0	4	0	0	4	280	100	0
现代农业经济研究所	6	2004/5/20	非学校上级主管部门	跨系所	研究所	经济学	农业	单位自办	4	2	2	2	0	0	2	80	10	0
中小企业研究中心	7	2002/9/1	学校自建	跨系所	研究所	管理学	专业技术服务业	单位自办	4	2	2	2	0	0	2	175	130	0
南京信息工程大学	017	/	/	/	/	/	/	/	269	215	22	186	67	0	118	3974.2	1677	0
国家体育总局体育文化研究基地	1	2013/11/3	非学校上级主管部门	独立设置研究所	省级重点研究基地	体育科学	文化艺术业	单位自办	22	5	0	15	7	0	4	151.7	70.2	0
江北新区发展研究院	2	2017/8/29	学校上级主管部门	与校外合办所	省级重点研究基地	管理学	中国共产党机关	其他	34	33	0	22	12	0	6	1051.7	381	0

续表

机构名称	编号	成立时间	批准部门	组成方式	机构类型	学科分类	服务的国民经济行业	组成类型	R&D活动人员(人) 合计	其中 博士毕业	硕士毕业	高级职称	中级职称	初级职称	培养研究生(人)	R&D经费支出(千元)	仪器设备原价(千元)	其中 进口(千元)
		L01	L02	L03	L04	L05	L06	L07	L08	L09	L10	L11	L12	L13	L14	L15	L16	L17
江苏人才强省建设研究基地	3	2011/10/22	非学校上级主管部门	与校外合办所	省级重点研究基地	管理学	中国共产党机关	其他	17	11	0	8	9	0	7	179.2	82.5	0
江苏省中国特色社会主义理论体系研究基地	4	2015/4/2	非学校上级主管部门	跨系所	省级重点研究基地	马克思主义	国家机构	单位自办	18	16	0	11	4	0	27	588.4	77.4	0
欧美再工业化战略研究中心	5	2013/7/2	学校上级主管部门	独立设置研究所	省级重点研究基地	管理学	其他制造业	单位自办	19	17	2	10	9	0	2	223.1	63.7	0
气候变化与公共政策研究院	6	2007/3/6	学校上级主管部门	跨系所	省级重点研究基地	政治学	中国共产党机关	单位自办	19	15	2	16	3	0	19	231.9	57.8	0
气候与环境治理研究院	7	2016/7/8	非学校上级主管部门	跨系所	省级智库	管理学	中国共产党机关	单位自办	47	45	2	40	3	0	8	425.4	140.3	0
清华大学技术创新研究中心分中心	8	2008/5/15	非学校上级主管部门	与校外合办所	其他重点研究基地	管理学	专业技术服务业	与国内高校合办	14	13	0	11	3	0	8	127.2	105.6	0
文化遗产科学认知与保护研究基地	9	2017/7/7	学校上级主管部门	与校外合办所	省级重点研究基地	历史学	广播、电视、电影和影视录音制作业	与国内独立研究结构合办	24	17	5	13	8	0	6	228.4	168.5	0
中国科协科技人力资源研究基地	10	2007/6/3	非学校上级主管部门	与校外合办所	中央其他部委重点研究基地	管理学	科技推广和应用服务	与国内独立研究结构合办	21	17	3	15	4	0	9	234.6	125.5	0
中国制造业发展研究院	11	2006/5/18	学校上级主管部门	独立设置研究所	省级重点研究基地	经济学	其他制造业	单位自办	34	26	8	25	5	0	22	532.6	404.5	0
南通大学	018	/	/	/	/	/	/	/	77	47	24	55	14	8	49	4020.5	1939.5	50
楚辞研究中心	1	2007/4/12	学校上级主管部门	独立设置研究所	省高校哲学社会科学重点研究基地	中国文学	文化艺术业	单位自办	11	7	2	8	2	1	7	587.8	357.4	0
江苏长江经济带研究院	2	2016/4/20	非学校上级主管部门	与校外合办所	省级智库	管理学	中国共产党机关	与国内独立研究结构合办	9	7	2	4	4	1	8	459.8	387.6	0
江苏省中国特色社会主义理论体系研究基地南通大学研究中心	3	2015/4/10	非学校上级主管部门	跨系所	省级研究基地	马克思主义	中国共产党机关	其他	20	13	7	18	1	1	6	130	36.8	0
江苏先进典型研究中心	4	2011/4/18	学校上级主管部门	与校外合办所	省高校人文社会科学校外研究基地	马克思主义	教育	单位自办	8	5	2	6	1	1	6	512	98.6	0
江苏沿海沿江发展研究中心	5	2009/10/12	学校上级主管部门	与校外合办所	其他重点研究基地,省教育厅校外研究基地	经济学	中国共产党机关	与国内独立研究结构合办	6	4	2	4	1	1	6	453	125.4	0
蓝印花布艺术研究所	6	2016/1/20	学校自建	独立设置研究所	研究所	艺术学	纺织服装、服饰业	单位自办	6	4	2	2	2	2	5	850	563	50

续表

南通廉政文化研究所	7	2007/4/11	学校自建	与校外合办所	省高校哲学社会科学重点研究基地	政治学	国家机构	其他	11	3	5	8	2	1	5	668.4	178.9	0
张謇研究所	8	2004/10/20	学校自建	独立设置研究所	研究所	历史学	国家机构	单位自办	6	4	2	5	1	0	6	359.5	191.8	0
南京医科大学	019	/	/	/	/	/	/	/	64	43	21	57	7	0	5	925.08	20	0
健康江苏建设与发展研究院	1	2016/6/30	非学校上级主管部门	与校外合办所	省级智库	管理学	教育	与国内高校合办	64	43	21	57	7	0	5	925.08	20	0
南京中医药大学	020	/	/	/	/	/	/	/	20	20	0	17	3	0	15	340	65	0
中医文化研究中心	1	1994/6/1	学校上级主管部门	独立设置研究所	省级重点研究基地	民族学与文化学	其他服务业	单位自办	20	20	0	17	3	0	15	340	65	0
南京师范大学	021	/	/	/	/	/	/	/	689	543	40	569	112	0	156	9 362.84	15 243.45	12 846.76
道德教育研究所	1	2000/1/1	非学校上级主管部门	独立设置研究所	教育部重点研究基地	教育学	教育	政府部门办	9	9	0	8	1	0	30	449.24	792.05	661.36
东亚国际问题研究中心	2	2013/6/1	学校上级主管部门	独立设置研究所	省级重点研究基地	政治学	教育	政府部门办	21	20	0	15	6	0	0	32	10	10
符号的认知研究	3	2013/7/1	学校上级主管部门	独立设置研究所	省级重点研究基地	外国文学	教育	政府部门办	10	10	0	10	0	0	9	400	5000	5000
国家体育总局体育社科研究中心	4	2003/9/1	非学校上级主管部门	独立设置研究所	省级重点研究基地	体育科学	教育	政府部门办	26	12	4	26	0	0	8	2	20	0
国家体育总局体育文化研究中心	5	2007/9/1	非学校上级主管部门	独立设置研究所	省级重点研究基地	体育科学	教育	政府部门办	26	11	2	23	3	0	0	100	10	0
江苏城乡一体研究基地	6	2011/11/1	非学校上级主管部门	独立设置研究所	省级重点研究基地	社会学	教育	单位自办	16	15	0	12	0	0	10	100	10	0
江苏当代作家研究基地	7	2013/10/31	学校上级主管部门	独立设置研究所	省级重点研究基地	中国文学	教育	政府部门办	10	10	0	9	1	0	0	10	10	0
江苏法治发展研究院	8	2008/1/1	学校上级主管部门	独立设置研究所	省级重点研究基地	法学	教育	政府部门办	66	59	0	52	14	0	0	586	591	0
江苏国际法治动态研究中心	9	2015/3/26	非学校上级主管部门	独立设置研究所	省级重点研究基地	语言学	教育	政府部门办	10	8	0	8	2	0	0	10	10	0
江苏省创新经济研究基地	10	2008/6/30	学校上级主管部门	独立设置研究所	省级重点研究基地	经济学	教育	政府部门办	40	35	0	37	3	0	13	10	10	0
江苏省非物质文化遗产研究基地	11	2014/6/24	非学校上级主管部门	跨系所	省级重点研究基地	社会学	教育	政府部门办	19	14	0	18	1	0	0	122	180	0
江苏省老年学研究基地	12	2006/9/1	非学校上级主管部门	跨系所	省级重点研究基地	社会学	社会保障	政府部门办	32	28	0	24	8	0	0	250	10	0
江苏省民营经济研究基地	13	2011/6/30	非学校上级主管部门	独立设置研究所	省级重点研究基地	经济学	教育	其他	27	24	0	19	8	0	0	10	10	0

续表

机构名称	编号	成立时间	批准部门	组成方式	机构类型	学科分类	服务的国民经济行业	组成类型	R&D活动人员(人) 合计	其中 博士毕业	其中 硕士毕业	其中 高级职称	其中 中级职称	其中 初级职称	培养研究生(人)	R&D经费支出(千元)	仪器设备原价(千元)	其中 进口(千元)
		L01	L02	L03	L04	L05	L06	L07	L08	L09	L10	L11	L12	L13	L14	L15	L16	L17
江苏省社会主义文化理论研究中心	14	2018/3/9	非学校上级主管部门	独立设置研究所	省级重点研究基地	政治学	教育	政府部门办	22	18	0	20	2	0	0	10	10	0
江苏省学生体质健康促进研究中心	15	2011/1/1	学校上级主管部门	独立设置研究所	省级重点研究基地	体育科学	教育	政府部门办	20	12	0	16	4	0	0	1800	1500	1200
江苏文学翻译与研究中心	16	2013/11/1	非学校上级主管部门	独立设置研究所	省级重点研究基地	外国文学	教育	政府部门办	9	9	0	9	0	0	16	880	90	50
江苏艺术强省建设研究基地	17	2013/1/1	非学校上级主管部门	独立设置研究所	省级重点研究基地	艺术学	文化艺术业	其他	25	12	0	25	0	0	0	100	70	7
教育社会学研究中心	18	2009/6/30	学校上级主管部门	独立设置研究所	省级重点研究基地	教育学	教育	政府部门办	21	20	0	20	1	0	0	3	10	0
联合国教科文组织国际农村教育研究与培训中心南京基地	19	1999/1/1	非学校上级主管部门	独立设置研究所	省级重点研究基地	教育学	教育	与境外机构合办	6	6	0	6	0	0	15	70	20	0
马克思主义研究院	20	2009/6/30	学校上级主管部门	独立设置研究所	省级重点研究基地	马克思主义	教育	政府部门办	27	12	0	25	2	0	13	10	10	0
全国大学生职业发展教育研发基地	21	2015/7/30	非学校上级主管部门	独立设置研究所	省级重点研究基地	教育学	教育	政府部门办	2	2	0	2	0	0	0	44.6	18.4	18.4
全国妇女/性别研究与培训基地	22	2006/6/1	非学校上级主管部门	独立设置研究所	省级重点研究基地	社会学	群众团体、社会团体和其他成员组织	政府部门办	30	24	0	26	4	0	0	650	20	0
全国民政政策理论研究基地	23	2016/11/29	学校上级主管部门	独立设置研究所	省级重点研究基地	政治学	教育	政府部门办	24	13	11	13	11	0	0	50	50	0
社会主义意识形态研究中心	24	2015/4/1	非学校上级主管部门	独立设置研究所	省级重点研究基地	马克思主义	教育	政府部门办	22	20	2	20	2	0	0	160	10	0
司法现代化研究中心	25	2012/3/31	学校上级主管部门	与校外合办所	省级重点研究基地	法学	教育	其他	20	14	5	12	8	0	20	10	41	0
乡村文化振兴研究中心	26	2018/7/18	学校上级主管部门	独立设置研究所	省级重点研究基地	政治学	教育	政府部门办	46	43	3	37	6	0	0	200	70	0
语言信息科技研究中心	27	2010/8/1	学校上级主管部门	跨系所	省级重点研究基地	语言学	教育	单位自办	39	39	0	30	9	0	13	2 200	5 900	5 900
智慧教育研究院	28	2017/7/7	学校上级主管部门	与校外合办所	省级重点研究基地	教育学	教育	政府部门办	16	9	5	11	5	0	0	68	10	0
中国法治现代化研究院	29	2015/11/10	非学校上级主管部门	独立设置研究所	省级智库	法学	教育	与国内高校合办	20	13	5	10	10	0	0	586	591	0
中华优秀传统文化传承基地	30	2019/9/1	学校上级主管部门	跨系所	省级重点研究基地	艺术学	教育	政府部门办	8	4	0	7	1	0	9	40	10	0
中小学课程与教学研究基地	31	2015/1/30	学校上级主管部门	独立设置研究所	省级重点研究基地	教育学	教育	政府部门办	20	17	3	19	0	0	0	400	150	0

续表

江苏师范大学	022	/	/	/	/	/	/	/	594	549	41	463	126	0	391	14005	20650	3100
"一带一路"妇女发展研究基地	1	2019/9/2	非学校上级主管部门	与校外合办所	其他智库	历史学	国家机构	政府部门办	12	12	0	9	3	0	5	100	20	0
"一带一路"研究院	2	2016/7/4	非学校上级主管部门	与校外合办所	省级智库	经济学	国家机构	政府部门办	30	29	1	25	5	0	20	1200	600	0
澳大利亚研究中心	3	2013/6/18	学校上级主管部门	独立设置研究所	其他重点研究基地,教育部国别和区域研究中心	国际问题研究	中国共产党机关	政府部门办	15	15	0	12	3	0	6	200	170	0
巴基斯坦研究中心	4	2017/6/13	学校上级主管部门	独立设置研究所	其他重点研究基地,教育部国别和区域研究中心	国际问题研究	中国共产党机关	单位自办	10	8	2	8	2	0	4	200	120	0
城乡融合发展研究院	5	2019/9/2	学校上级主管部门	跨系所	校级重点研究基地	经济学	国家机构	单位自办	12	12	0	9	3	0	5	100	20	0
大运河文化带建设研究院徐州分院	6	2018/8/23	非学校上级主管部门	独立设置研究所	其他智库,江苏省高端智库分院	历史学	生态保护和环境治理业	单位自办	20	18	2	17	3	0	16	200	300	0
独联体国家研究中心	7	2017/6/13	学校上级主管部门	独立设置研究所	其他重点研究基地,教育部国别和区域研究中心	国际问题研究	中国共产党机关	单位自办	14	14	0	12	2	0	6	200	120	0
法治研究院	8	2019/9/2	学校自建	跨系所	校级重点研究基地	法学	国家机构	单位自办	12	11	1	9	3	0	5	50	20	0
古籍整理研究所	9	1998/2/1	学校自建	跨系所	校级重点研究基地	中国文学	其他服务业	单位自办	8	7	1	7	1	0	4	100	50	0
国家体育总局体育文化发展中心体育文化研究基地	10	2011/11/1	非学校上级主管部门	与校外合办所	其他重点研究基地	体育科学	其他服务业	政府部门办	15	9	6	10	5	0	10	50	220	0
国务院侨务办公室侨务理论研究江苏基地	11	2013/1/18	非学校上级主管部门	与校外合办所	中央其他部委重点研究基地	历史学	其他服务业	政府部门办	15	15	0	12	3	0	7	100	110	0
汉文化研究院	12	2008/12/12	学校上级主管部门	独立设置研究所	省级重点研究基地	艺术学	其他服务业	政府部门办	18	18	0	16	2	0	8	100	250	0
淮海发展研究院	13	1998/7/1	非学校上级主管部门	独立设置研究所	省级重点研究基地	经济学	软件和信息技术服务业	政府部门办	10	9	1	8	2	0	8	200	120	0
基础教育研究中心	14	2008/12/12	学校自建	跨系所	校级重点研究基地	教育学	其他服务业	单位自办	7	6	1	5	0	0	2	100	50	0
江苏省决策咨询研究基地江苏区域协调发展研究基地	15	2011/11/1	非学校上级主管部门	独立设置研究所	省级重点研究基地	经济学	国家机构	政府部门办	12	11	1	10	2	0	5	100	380	0
江苏省中国特色社会主义理论体系研究基地	16	2015/4/2	非学校上级主管部门	独立设置研究所	省级重点研究基地	马克思主义	国家机构	政府部门办	15	14	1	12	3	0	5	200	150	0

续表

机构名称	编号	成立时间	批准部门	组成方式	机构类型	学科分类	服务的国民经济行业	组成类型	R&D活动人员(人) 合计	其中 博士毕业	其中 硕士毕业	其中 高级职称	其中 中级职称	其中 初级职称	培养研究生(人)	R&D经费支出(千元)	仪器设备原价(千元)	其中 进口(千元)
		L01	L02	L03	L04	L05	L06	L07	L08	L09	L10	L11	L12	L13	L14	L15	L16	L17
留学生与中国现代化研究基地	17	2018/7/19	学校上级主管部门	独立设置研究所	省级重点研究基地	历史学	教育	政府部门办	15	14	1	12	3	0	10	350	700	0
伦理学与德育研究中心	18	2008/12/12	学校自建	独立设置研究所	校级重点研究基地	哲学	其他服务业	单位自办	6	5	1	4	1	0	3	10	20	0
欧美同学会留学报国研究基地	19	2016/11/22	非学校上级主管部门	与校外合办所	中央其他部委重点研究基地	历史学	教育	与国内独立研究结构合办	10	10	0	7	3	0	8	100	200	0
苏北农村治理创新研究基地	20	2009/3/18	学校上级主管部门	与校外合办所	省级重点研究基地	社会学	社会工作	政府部门办	15	15	0	12	3	0	8	100	500	0
苏北三农研究中心	21	2008/12/12	学校自建	独立设置研究所	校级重点研究基地	经济学	科技推广和应用服务	单位自办	5	5	0	4	1	0	5	10	20	0
苏台合作与发展研究中心	22	2017/10/18	非学校上级主管部门	与校外合办所	其他智库,江苏省人民政府台湾事务办公室立项建设	管理学	教育	政府部门办	15	15	0	13	2	0	7	235	350	0
特色镇村建设与土地管理研究基地	23	2017/7/7	学校上级主管部门	与校外合办所	省级重点研究基地	经济学	土地管理业	政府部门办	15	14	1	10	5	0	9	300	360	0
新时代党的历史与党的建设研究中心	24	2019/9/2	学校上级主管部门	独立设置研究所	校级重点研究基地	马克思主义	国家机构	单位自办	10	8	2	7	3	0	5	100	100	0
语言能力高等研究院	25	2017/6/27	非学校上级主管部门	与校外合办所	省级智库	中国文学	其他服务业	与国内独立研究结构合办	40	40	0	36	4	0	16	500	3000	0
语言能力协同创新中心	26	2014/3/14	学校上级主管部门	与校外合办所	省级2011协同创新中心	语言学	其他服务业	与国内高校合办	88	84	4	73	15	0	100	7200	8410	2200
语言研究所	27	1997/3/30	学校上级主管部门	独立设置研究所	省级重点研究基地	语言学	教育	政府部门办	36	31	5	19	17	0	35	300	3000	900
哲学范式研究院	28	2019/9/2	学校自建	跨系所	校级重点研究基地	马克思主义	教育	单位自办	10	10	0	7	3	0	5	100	50	0
职业技术教育研究院	29	2019/9/2	学校自建	跨系所	校级重点研究基地	教育学	教育	单位自办	10	10	0	7	3	0	5	50	20	0
智慧教育研究中心	30	2015/1/30	学校上级主管部门	独立设置研究所	省级重点研究基地	教育学	其他服务业	政府部门办	21	12	5	17	4	0	24	250	350	0
中共中央编译局发展理论研究中心	31	2011/7/1	非学校上级主管部门	与校外合办所	中央其他部委重点研究基地	马克思主义	其他服务业	政府部门办	12	12	0	9	3	0	5	100	200	0
中国—巴基斯坦教育文化研究中心	32	2013/6/18	学校上级主管部门	独立设置研究所	省级重点研究基地	国际问题研究	中国共产党机关	政府部门办	10	9	1	8	2	0	5	100	120	0

续表

中华词学与文化传承研究中心	33	2019/9/2	学校自建	跨系所	校级重点研究基地	中国文学	教育	单位自办	12	12	0	7	3	0	10	500	100	0
中华家文化研究基地	34	2017/6/27	非学校上级主管部门	独立设置研究所	省级重点研究基地	马克思主义	社会工作	政府部门办	15	11	4	12	3	0	5	300	200	0
中拉人文交流研究基地	35	2019/9/2	非学校上级主管部门	与校外合办所	其他智库	外国文学	国家机构	与国内独立研究结构合办	12	12	0	9	3	0	5	100	150	0
自贸区研究院	36	2019/9/2	非学校上级主管部门	与校外合办所	其他智库	经济学	国家机构	政府部门办	12	12	0	9	3	0	5	100	100	0
淮阴师范学院	023	/	/	/	/	/	/	/	137	89	30	102	32	0	23	2990	1065	40
大运河文化带建设研究院淮安分院	1	2018/7/25	非学校上级主管部门	与校外合办所	省级智库	法学	生态保护和环境治理业	政府部门办	21	17	3	19	2	0	0	280	30	0
淮安市创意设计产业科技公共服务平台	2	2015/3/20	学校上级主管部门	跨系所	其他智库，淮安市政府立项建设	经济学	广播、电视、电影和影视录音制作业	单位自办	15	8	4	8	7	0	0	600	350	40
教师教育协同创新研究中心	3	2018/7/19	学校上级主管部门	独立设置研究所	省级重点研究基地	教育学	教育	政府部门办	20	17	2	18	2	0	0	210	45	0
欧美国家边界争端与化解研究中心	4	2013/10/9	学校上级主管部门	独立设置研究所	其他重点研究基地，省教育厅培育点	历史学	其他服务业	政府部门办	8	6	2	5	0	0	0	380	160	0
社会风险评估与治理法治化研究基地	5	2017/7/7	学校上级主管部门	独立设置研究所	省级重点研究基地	法学	教育	政府部门办	17	11	3	14	3	0	0	250	80	0
文化创意产业研究中心	6	2015/1/15	学校上级主管部门	跨系所	省级重点研究基地	中国文学	广播、电视、电影和影视录音制作业	政府部门办	32	16	11	24	8	0	23	650	100	0
周恩来精神与青少年教育研究中心	7	2010/10/22	学校上级主管部门	独立设置研究所	省级重点研究基地	教育学	其他服务业	政府部门办	24	14	5	14	10	0	0	620	300	0
盐城师范学院	024	/	/	/	/	/	/	/	75	51	22	62	13	0	0	1920	3915	1693
江苏农村教育发展研究中心	1	2007/5/1	学校上级主管部门	独立设置研究所	省级重点研究基地	教育学	教育	政府部门办	17	12	3	12	5	0	0	300	1500	0
江苏省沿海开发研究基地	2	2009/3/1	非学校上级主管部门	独立设置研究所	省级重点研究基地	经济学	其他服务业	政府部门办	12	7	5	10	2	0	0	745	823	512
江苏沿海发展研究基地	3	2011/12/9	非学校上级主管部门	独立设置研究所	省级重点研究基地	经济学	其他服务业	政府部门办	14	11	3	12	2	0	0	412	626	489
新四军研究院	4	2018/6/1	学校上级主管部门	独立设置研究所	省级重点研究基地	历史学	社会工作	政府部门办	17	9	8	14	3	0	0	120	60	0
沿海发展智库	5	2016/12/10	非学校上级主管部门	独立设置研究所	省级智库	经济学	其他服务业	单位自办	15	12	3	14	1	0	0	343	906	692
南京财经大学	025	/	/	/	/	/	/	/	40	20	20	15	25	0	44	1886	240	10

续表

机构名称	编号	成立时间	批准部门	组成方式	机构类型	学科分类	服务的国民经济行业	组成类型	R&D活动人员(人) 合计	其中 博士毕业	其中 硕士毕业	其中 高级职称	其中 中级职称	其中 初级职称	培养研究生(人)	R&D经费支出(千元)	仪器设备原价(千元)	其中 进口(千元)
		L01	L02	L03	L04	L05	L06	L07	L08	L09	L10	L11	L12	L13	L14	L15	L16	L17
江苏产业发展研究院	1	2001/1/15	学校上级主管部门	与校外合办所	省级重点研究基地	经济学	商务服务业	政府部门办	7	3	4	3	4	0	7	110	50	0
江苏现代财税治理协同创新中心	2	2017/7/12	非学校上级主管部门	与校外合办所	省级 2011 协同创新中心	经济学	其他服务业	政府部门办	3	1	2	1	2	0	3	1055	100	0
江苏现代服务业研究院	3	2012/1/1	非学校上级主管部门	与校外合办所	省级重点研究基地	经济学	机动车、电子产品和日用产品修理业	其他	10	5	5	4	6	0	12	141	25	0
江苏现代物流重点实验室	4	2014/6/15	学校上级主管部门	独立设置研究所	省级重点实验室	管理学	商务服务业	单位自办	17	10	7	5	12	0	20	80	15	0
现代服务业智库	5	2016/4/1	非学校上级主管部门	跨系所	省级智库	经济学	其他服务业	政府部门办	3	1	2	2	1	0	2	500	50	10
江苏警官学院	026	/	/	/	/	/	/	/	19	6	9	9	10	0	0	390	680	0
江苏现代警务研究中心	1	2010/7/20	学校上级主管部门	独立设置研究所	省级智库,其他智库,省级重点研究基地	法学	社会保障	其他	19	6	9	9	10	0	0	390	680	0
南京体育学院	027	/	/	/	/	/	/	/	77	27	48	31	25	21	52	2586	400	116
奥林匹克教育研究中心	1	2016/12/1	学校自建	独立设置研究所	校级重点研究基地	体育科学	体育	单位自办	7	2	5	2	3	2	3	50	16	0
江苏省体育赛事研究中心	2	2018/7/20	学校上级主管部门	独立设置研究所	其他重点研究基地	体育科学	体育	单位自办	19	10	8	11	6	2	8	80	0	0
江苏省体育足球研究中心	3	2017/6/8	学校上级主管部门	独立设置研究所	校级重点研究基地	体育科学	体育	单位自办	9	3	5	3	3	3	8	98	48	0
江苏省学生体质健康监测与干预行动研究中心	4	2015/7/1	学校上级主管部门	独立设置研究所	其他重点研究基地	体育科学	教育	单位自办	9	1	8	2	3	4	3	1650	30	0
科学训练研究中心	5	2019/3/30	学校自建	独立设置研究所	校级重点研究基地	体育科学	体育	单位自办	8	1	7	2	2	4	3	200	116	116
体育发展与规划研究院	6	2018/3/28	学校自建	独立设置研究所	校级重点研究基地	体育科学	体育	单位自办	5	3	2	5	0	0	4	200	78	0
中国近代武术研究中心	7	2018/9/26	学校自建	独立设置研究所	校级重点研究基地	体育科学	体育	单位自办	7	2	5	3	2	2	8	108	32	0
中国体育非物质文化遗产研究中心	8	2019/9/12	学校自建	独立设置研究所	校级重点研究基地	体育科学	体育	单位自办	13	5	8	3	6	4	15	200	80	0
南京艺术学院	028	/	/	/	/	/	/	/	70	40	22	45	24	1	37	1061.41	321.95	42

续表

江苏省文化创意与综合设计重点实验室	1	2014/9/1	学校上级主管部门	独立设置研究所	省级重点实验室	艺术学	广播、电视、电影和影视录音制作业	单位自办	15	1	6	4	11	0	8	214.67	118.72	42
江苏文艺产业决策咨询研究基地	2	2015/4/15	非学校上级主管部门	独立设置研究所	省级重点研究基地	艺术学	广播、电视、电影和影视录音制作业	单位自办	5	4	1	3	2	0	4	54.7	11.23	0
文化创意协同创新中心	3	2011/9/15	学校上级主管部门	与校外合办所	省级2011协同创新中心	艺术学	广播、电视、电影和影视录音制作业	与国内高校合办	21	12	9	16	4	1	9	32.4	42	0
艺术学研究所	4	2004/10/19	学校自建	独立设置研究所	研究所	艺术学	广播、电视、电影和影视录音制作业	单位自办	12	10	2	10	2	0	12	120.13	24	0
音乐学研究所	5	2002/7/1	学校自建	独立设置研究所	研究中心	艺术学	广播、电视、电影和影视录音制作业	单位自办	2	2	0	2	0	0	1	2	30	0
紫金文创研究院	6	2015/11/10	学校上级主管部门	跨系所	省级智库	艺术学	广播、电视、电影和影视录音制作业	单位自办	15	11	4	10	5	0	3	637.51	96	0
苏州科技大学	029	/	/	/	/	/	/	/	196	127	55	144	52	0	76	1180	562.7	0
长三角一体化发展研究基地	1	2019/8/15	学校上级主管部门	与校外合办所	省级重点研究基地	经济学	生态保护和环境治理业	政府部门办	20	18	2	15	5	0	0	150	50	0
城市发展智库	2	2018/7/26	学校上级主管部门	与校外合办所	省级重点研究基地	管理学	国家机构	政府部门办	37	31	6	37	0	0	0	200	50	0
苏州城乡一体化改革发展研究院	3	2012/1/17	学校上级主管部门	与校外合办所	省级重点研究基地	管理学	生态保护和环境治理业	政府部门办	60	35	25	41	19	0	20	300	200	0
苏州国家历史文化名城保护研究院	4	2014/3/26	学校上级主管部门	与校外合办所	省级重点研究基地	管理学	生态保护和环境治理业	政府部门办	49	21	14	28	21	0	25	280	212.7	0
苏州与国内外先进地区创新竞争力比较研究中心	5	2016/5/19	非学校上级主管部门	与校外合办所	校级重点研究基地	政治学	商务服务业	政府部门办	19	16	3	14	5	0	0	50	20	0
亚太国家现代化与国际问题研究中心	6	2013/6/3	学校上级主管部门	独立设置研究所	省级重点研究基地	政治学	国际组织	政府部门办	11	6	5	9	2	0	31	200	30	0
常熟理工学院	030	/	/	/	/	/	/	/	106	51	42	89	17	0	0	120	8	0
“琴川清风”预防职务犯罪研究中心	1	2014/12/1	学校自建	与校外合办所	校级重点研究基地	社会学	中国共产党机关	单位自办	6	3	2	5	1	0	0	10	0	0
苏南经济与社会发展研究基地	2	2012/9/2	学校自建	与校外合办所	校级重点研究基地	社会学	中国共产党机关	单位自办	18	11	6	18	0	0	0	10	0	0
苏南区域文化建设研究中心	3	2009/7/1	学校自建	与校外合办所	校级重点研究基地	中国文学	广播、电视、电影和影视录音制作业	单位自办	16	5	5	15	1	0	0	10	5	0
苏州农业现代化研究中心	4	2017/7/7	学校上级主管部门	与校外合办所	省级重点研究基地	管理学	农业	政府部门办	15	8	7	12	3	0	0	30	0	0
苏州琴川智库	5	2019/6/12	学校上级主管部门	与校外合办所	其他智库,苏州市新型智库	管理学	国家机构	单位自办	12	8	3	9	3	0	0	15	0	0
现代民政研究中心	6	2015/4/30	学校自建	与校外合办所	校级重点研究基地	社会学	人民政协、民主党派	单位自办	7	4	3	6	1	0	0	15	0	0
县域科技体制综合改革与发展研究中心	7	2015/11/30	学校自建	与校外合办所	校级重点研究基地	管理学	中国共产党机关	单位自办	10	6	4	8	2	0	0	10	0	0

续表

机构名称		成立时间	批准部门	组成方式	机构类型	学科分类	服务的国民经济行业	组成类型	R&D活动人员(人)						培养研究生(人)	R&D经费支出(千元)	仪器设备原价(千元)	其中
									合计	其中								进口(千元)
										博士毕业	硕士毕业	高级职称	中级职称	初级职称				
	编号	L01	L02	L03	L04	L05	L06	L07	L08	L09	L10	L11	L12	L13	L14	L15	L16	L17
学前教育研究中心	8	2018/11/9	学校自建	跨系所	校级重点研究基地	教育学	教育	与境内注册其他企业合办	15	4	7	11	4	0	0	10	0	0
中国县域金融研究中心	9	2014/12/1	学校自建	与校外合办所	校级重点研究基地	经济学	其他金融业	单位自办	7	2	5	5	2	0	0	10	3	0
淮阴工学院	031	/	/	/	/	/	/	/	98	45	47	57	12	2	0	2125	206.87	0
创新创业研究中心	1	2018/10/18	学校上级主管部门	跨系所	省级重点研究基地	教育学	教育	单位自办	16	10	6	10	0	0	0	100	24.27	0
工业设计中心	2	2013/6/5	非学校上级主管部门	与校外合办所	其他重点实验室，江苏经济和信息化委员会批准	艺术学	文化艺术业	其他	25	4	21	13	10	2	0	100	76	0
苏北发展研究院	3	2015/2/3	非学校上级主管部门	与校外合办所	省级智库	经济学	其他服务业	与国内独立研究结构合办	45	20	19	23	1	0	0	1825	86.6	0
台商研究中心	4	2017/7/20	学校上级主管部门	与校外合办所	省级重点研究基地	经济学	商务服务业	政府部门办	12	11	1	11	1	0	0	100	20	0
常州工学院	032	/	/	/	/	/	/	/	27	14	13	22	5	0	0	1930	250.5	0
常州市创新创业与改革发展研究中心	1	2016/3/29	非学校上级主管部门	与校外合办所	市级科技平台	经济学	专业技术服务业	政府部门办	10	4	6	10	0	0	0	150	7.5	0
大运河文化带建设研究院常州分院	2	2019/8/20	非学校上级主管部门	与校外合办所	省级智库	管理学	教育	与国内独立研究结构合办	7	6	1	4	3	0	0	980	150	0
江苏高校文化创意协同创新中心	3	2014/3/13	非学校上级主管部门	与校外合办所	省级2011协同创新中心	艺术学	广播、电视、电影和影视录音制作业	政府部门办	4	2	2	2	2	0	0	750	89	0
数据科学与经济发展研究中心	4	2016/10/26	非学校上级主管部门	独立设置研究所	市级科研平台	经济学	专业技术服务业	其他	6	2	4	6	0	0	0	50	4	0
扬州大学	033	/	/	/	/	/	/	/	238	159	60	212	22	1	247	2333	244.8	0
“美声之林”声乐艺术中心	1	2016/9/15	学校自建	独立设置研究所	校研究机构	艺术学	广播、电视、电影和影视录音制作业	单位自办	7	0	7	3	1	1	12	100	0	0
当代中国民主政治研究中心	2	2014/3/28	学校自建	独立设置研究所	校级重点研究基地	马克思主义	其他服务业	单位自办	12	10	2	12	0	0	32	100	0	0
淮扬文化研究中心	3	2010/8/5	学校上级主管部门	独立设置研究所	省级重点研究基地	历史学	其他服务业	单位自办	15	2	4	15	0	0	26	50	80	0

续表

江苏城乡融合发展研究中心	4	2018/8/16	学校上级主管部门	跨系所	其他重点研究基地,省教育厅	经济学	科技推广和应用服务	单位自办	12	10	1	12	0	0	30	100	0	0
江苏省学生心理健康运动干预研究中心	5	2016/4/6	学校上级主管部门	独立设置研究所	其他重点研究基地	体育科学	其他服务业	单位自办	6	0	2	4	2	0	4	100	30	0
江苏苏中发展研究基地	6	2013/8/6	非学校上级主管部门	独立设置研究所	其他重点研究基地	管理学	中国共产党机关	单位自办	3	3	0	3	0	0	0	12	6.8	0
江苏现代物流研究基地	7	2019/11/20	学校上级主管部门	独立设置研究所	其他重点研究基地,省社科联	管理学	装卸搬运和仓储业	单位自办	24	19	4	16	7	0	0	5	0	0
马克思主义大众化研究与传播中心	8	2012/11/30	学校上级主管部门	跨系所	其他重点研究基地	马克思主义	其他服务业	单位自办	16	12	4	16	0	0	32	100	28	0
儒家经典诠释与东亚传播研究中心	9	2014/3/28	学校自建	独立设置研究所	校级重点研究基地	口国文学	教育	单位自办	16	14	2	16	0	0	34	500	0	0
苏中发展研究院	10	1997/1/1	学校上级主管部门	独立设置研究所	其他重点研究基地	经济学	科技推广和应用服务	政府部门办	5	5	0	5	0	0	0	90	30	0
体育运动与脑科学研究所	11	2017/2/24	学校自建	独立设置研究所	校研究机构	体育科学	体育	单位自办	14	5	9	8	6	0	0	350	0	0
政府治理与公共政策研究中心	12	2016/9/15	学校自建	与校外合办所	校研究机构	管理学	其他服务业	与国内高校合办	6	6	0	6	0	0	12	300	0	0
中国大运河研究院	13	2017/5/12	学校上级主管部门	独立设置研究所	其他重点研究基地	管理学	生态保护和环境治理业	单位自办	18	8	6	18	0	0	0	100	30	0
中国法律文化与法治发展研究中心	14	2014/3/28	学校自建	独立设置研究所	校级重点研究基地	法学	其他服务业	单位自办	15	13	2	14	1	0	8	200	0	0
中国近代史研究中心	15	1999/1/10	学校自建	独立设置研究所	校级重点研究基地	历史学	其他服务业	单位自办	5	4	1	5	0	0	18	56	40	0
中国特色社会主义研究中心	16	2012/12/22	学校上级主管部门	跨系所	其他重点研究基地	马克思主义	其他服务业	单位自办	50	40	10	45	5	0	15	20	0	0
中外语言文化比较研究中心	17	2014/3/28	学校自建	独立设置研究所	校级重点研究基地	语言学	其他服务业	单位自办	14	8	6	14	0	0	24	150	0	0
南京审计大学	034	/	/	/	/	/	/	/	168	138	12	86	79	0	119	3795.87	3732.68	0
城市发展研究院	1	2016/12/1	学校自建	独立设置研究所	校级研究院	管理学	其他服务业	单位自办	16	16	0	4	12	0	7	803.87	418	0
江苏科技金融体系创新研究基地	2	2012/1/16	学校上级主管部门	独立设置研究所	省级重点研究基地	经济学	其他服务业	政府部门办	10	10	0	3	7	0	8	200	120	0
江苏劳动法治研究基地	3	2017/7/7	学交上级主管部门	与校外合办所	省级重点研究基地	法学	其他服务业	政府部门办	15	2	1	6	6	0	6	10.7	10	0
金融风险管理研究中心	4	2010/11/1	学交上级主管部门	独立设置研究所	省级重点研究基地	经济学	其他服务业	政府部门办	10	10	0	4	6	0	6	30	100	0
社会与经济研究院	5	2016/9/30	学校自建	独立设置研究所	校级研究中心	经济学	其他服务业	单位自办	12	12	0	4	8	0	8	118.84	132.93	0
现代审计发展研究中心	6	2008/11/11	学校上级主管部门	独立设置研究所	省级重点研究基地	经济学	其他服务业	政府部门办	1	1	0	1	0	0	3	0.32	42	0

续表

机构名称	编号	成立时间	批准部门	组成方式	机构类型	学科分类	服务的国民经济行业	组成类型	R&D活动人员(人) 合计	其中 博士毕业	其中 硕士毕业	其中 高级职称	其中 中级职称	其中 初级职称	培养研究生(人)	R&D经费支出(千元)	仪器设备原价(千元)	其中 进口(千元)
		L01	L02	L03	L04	L05	L06	L07	L08	L09	L10	L11	L12	L13	L14	L15	L16	L17
新经济研究院	7	2017/11/1	学校上级主管部门	独立设置研究所	校级研究院	经济学	其他服务业	单位自办	8	7	1	7	1	0	12	136.12	141.44	0
泽尔腾经济学实验室	8	2018/1/20	学校自建	独立设置研究所	校级重点实验室	经济学	其他服务业	单位自办	6	6	0	2	4	0	2	110.57	600	0
政府审计与区域治理法治化研究院	9	2018/7/19	学校上级主管部门	跨系所	省级重点研究基地	法学	其他服务业	政府部门办	60	46	8	44	16	0	34	240	30	0
政治与经济研究院	10	2016/4/1	学校自建	独立设置研究所	校级研究院	管理学	其他服务业	单位自办	12	12	0	5	7	0	13	165.07	138.31	0
中国审计情报中心	11	2014/9/1	学校自建	独立设置研究所	校级研究院	管理学	其他服务业	单位自办	18	16	2	6	12	0	20	1980.38	2000	0
南京晓庄学院	035	/	/	/	/	/	/	/	6	3	3	4	2	0	0	6	30	0
陶行知研究所	1	2000/10/6	学校自建	独立设置研究所	校级重点研究基地	教育学	教育	单位自办	6	3	3	4	2	0	0	6	30	0
江苏理工学院	036	/	/	/	/	/	/	/	257	111	117	163	90	0	0	428	199.4	0
财税法学研究中心	1	2014/9/17	学校上级主管部门	独立设置研究所	校级重点研究基地	经济学	商务服务业	单位自办	17	7	10	9	8	0	0	12	6	0
财务与会计研究中心	2	2014/7/16	学校上级主管部门	独立设置研究所	校级重点研究基地	经济学	商务服务业	单位自办	15	5	10	7	8	0	0	11	4	0
常州画派研究所	3	2009/3/27	学校自建	独立设置研究所	校级重点研究基地	艺术学	文化艺术业	单位自办	5	0	2	4	1	0	0	3	2	0
常州历史文化研究所	4	2015/7/14	学校上级主管部门	独立设置研究所	校级重点研究基地	民族学与文化学	文化艺术业	单位自办	12	6	6	5	7	0	0	3	2	0
常州旅游文化研究所	5	2015/9/16	学校上级主管部门	独立设置研究所	校级重点研究基地	民族学与文化学	文化艺术业	单位自办	14	6	8	7	7	0	0	11	4	0
常州民营经济研究所	6	2006/6/2	学校自建	独立设置研究所	校级重点研究基地	经济学	商务服务业	单位自办	8	2	5	7	1	0	0	20	5.2	0
常州市名人研究院	7	2015/10/16	学校上级主管部门	独立设置研究所	校级重点研究基地	民族学与文化学	文化艺术业	单位自办	7	7	0	6	1	0	0	20	5	0
常州市青少年心理研究与指导中心	8	2015/3/2	学校自建	独立设置研究所	校级重点研究基地	教育学	教育	单位自办	8	5	0	5	3	0	0	20	4.6	0
传统壁画研究所	9	2014/10/14	学校上级主管部门	独立设置研究所	校级重点研究基地	艺术学	文化艺术业	单位自办	11	3	8	5	6	0	0	3	2	0
传统文化艺术研究所	10	2006/4/6	学校自建	独立设置研究所	校级重点研究基地	艺术学	文化艺术业	单位自办	7	1	4	7	0	0	0	10	3.7	0

续表

创新设计研究院	11	2018/7/12	学校上级主管部门	独立设置研究所	其他重点研究基地	艺术学	文化艺术业	政府部门办	30	20	10	19	11	0	0	3	2	0
江苏省职业技术教育科学研究中心	12	1989/5/1	学校上级主管部门	独立设置研究所	其他	教育学	教育	政府部门办	16	4	7	12	0	0	0	182	110	0
江苏职业教育与终身教育研究基地	13	2011/11/1	学校上级主管部门	独立设置研究所	其他	教育学	教育	政府部门办	12	4	4	12	0	0	0	25	5.6	0
跨语际文化与翻译研究所	14	2014/9/10	学校上级主管部门	独立设置研究所	校级重点研究基地	外国文学	文化艺术业	单位自办	14	4	10	7	7	0	0	11	4	0
马克思主义中国化研究所	15	2015/7/15	学校上级主管部门	独立设置研究所	校级重点研究基地	马克思主义	文化艺术业	单位自办	12	4	8	5	7	0	0	11	4	0
农村职业教育研究所	16	2006/2/10	学校自建	独立设置研究所	校级重点研究基地	教育学	其他服务业	单位自办	6	1	3	5	1	0	0	3	2	0
人力资源开发研究中心	17	2006/10/9	学校自建	独立设置研究所	校级重点研究基地	管理学	商务服务业	单位自办	6	4	1	5	1	0	0	5	3.6	0
双语教育研究所	18	2015/9/24	学校上级主管部门	独立设置研究所	校级重点研究基地	教育学	教育	单位自办	8	5	3	4	4	0	0	10	4	0
心理教育研究所	19	2004/4/8	学校自建	独立设置研究所	校级重点研究基地	心理学	教育	单位自办	8	5	0	5	3	0	0	10	5.6	0
艺术设计研究所	20	2014/8/20	学校上级主管部门	独立设置研究所	校级重点研究基地	艺术学	文化艺术业	单位自办	9	4	5	3	6	0	0	3	2	0
应用经济研究所	21	2015/2/19	学校上级主管部门	独立设置研究所	校级重点研究基地	经济学	商务服务业	单位自办	11	5	6	4	7	0	0	12	3	0
职业教育研究院	22	1989/5/11	学校自建	独立设置研究所	校级重点研究基地	教育学	教育	单位自办	11	5	4	11	0	0	0	20	4.6	0
职业教育与社会发展研究所	23	2006/10/20	学校自建	独立设置研究所	校级重点研究基地	教育学	教育	单位自办	5	4	1	5	0	0	0	10	4.2	0
职业心理研究所	24	2009/3/26	学校自建	独立设置研究所	校级重点研究基地	心理学	教育	单位自办	5	0	2	4	1	0	0	10	6.3	0
江苏海洋大学	037	/	/	/	/	/	/	/	121	55	64	74	47	0	0	685	166	0
中国社科院知识社会（连云港）研究基地	1	2016/12/8	非学校上级主管部门	独立设置研究所	中央其他部委重点研究基地	经济学	专业技术服务业	与国内独立研究结构合办	13	7	6	8	5	0	0	15	6	0
国家东中西合作示范区研究基地	2	2013/11/1	非学校上级主管部门	与校外合办所	其他重点研究基地	经济学	专业技术服务业	与国内独立研究结构合办	8	3	5	5	3	0	0	60	6	0
江苏海洋发展研究院	3	2016/11/4	非学校上级主管部门	与校外合办所	其他重点研究基地	经济学	专业技术服务业	与国内独立研究结构合办	13	6	7	10	3	0	0	22	4	0
江苏省"一带一路"法律服务研究中心	4	2015/11/20	非学校上级主管部门	与校外合办所	其他智库	法学	专业技术服务业	与国内独立研究结构合办	12	5	7	5	7	0	0	60	7	0

六、社科研究与发展机构

续表

机构名称	编号	成立时间	批准部门	组成方式	机构类型	学科分类	服务的国民经济行业	组成类型	R&D活动人员(人) 合计	其中 博士毕业	其中 硕士毕业	其中 高级职称	其中 中级职称	其中 初级职称	培养研究生(人)	R&D经费支出(千元)	仪器设备原价(千元)	其中 进口(千元)
		L01	L02	L03	L04	L05	L06	L07	L08	L09	L10	L11	L12	L13	L14	L15	L16	L17
江苏省大学生村官研究所	5	2009/4/9	非学校上级主管部门	与校外合办所	其他智库,与江苏省选聘高校毕业生到村任职工作领导小组办公室共建研究基地	管理学	其他服务业	其他	26	10	16	18	8	0	0	300	100	0
江苏省海洋经济研究中心	6	2009/11/15	学校上级主管部门	独立设置研究所	省级培育重点研究基地	经济学	专业技术服务业	单位自办	14	8	6	6	8	0	0	32	17	0
江苏省海洋文化产业研究院	7	2012/9/12	非学校上级主管部门	与校外合办所	该院经校批准,由江苏省文联与本校共建	艺术学	广播、电视、电影和影视录音制作业	其他	7	1	4	4	3	0	0	110	15	0
连云港市地方立法咨询研究基地	8	2016/7/10	非学校上级主管部门	独立设置研究所	地方立法咨询	法学	专业技术服务业	单位自办	9	4	5	4	5	0	0	62	8	0
中国社科院"一带一路"(连云港)研究基地	9	2016/12/8	非学校上级主管部门	独立设置研究所	中央其他部委重点研究基地	经济学	专业技术服务业	与国内独立研究结构合办	19	11	8	14	5	0	0	24	3	0
南京特殊教育师范学院	038	/	/	/	/	/	/	/	31	0	0	25	5	0	0	155.5	720	140
残障与发展研究基地	1	2017/7/15	学校上级主管部门	跨系所	省级重点研究基地	管理学	社会工作	政府部门办	10	0	0	8	2	0	0	87	230	0
江苏共享发展研究基地	2	2019/10/9	非学校上级主管部门	独立设置研究所	省级重点研究基地	管理学	社会保障	与国内高校合办	9	0	0	6	2	0	0	56	190	0
中国手语盲文研究院	3	2018/8/16	学校上级主管部门	跨系所	省级重点研究基地	语言学	教育	单位自办	12	0	0	11	1	0	0	12.5	300	140
金陵科技学院	039	/	/	/	/	/	/	/	80	48	29	21	53	4	0	585	63	0
互联网经济与产业研究中心	1	2015/10/22	学校自建	独立设置研究所	校级重点研究基地	经济学	货币金融服务	单位自办	10	3	7	3	7	0	0	20	5	0
江苏省企业知识产权战略研究中心	2	2011/5/1	学校自建	独立设置研究所	校级重点研究基地	经济学	其他金融业	与国内独立研究结构合办	15	4	10	3	10	0	0	250	10	0
南京产业协同创新研究院	3	2015/10/8	学校自建	与校外合办所	校级重点研究基地	经济学	科技推广和应用服务	单位自办	35	28	7	5	30	0	0	10	4	0
南京知识产权人才培训基地	4	2009/11/1	学校自建	独立设置研究所	校级重点研究基地	经济学	软件和信息技术服务业	单位自办	5	4	1	2	3	0	0	200	19	0
数字艺术创意与应用实验室	5	2014/9/10	学校上级主管部门	跨系所	省级重点实验室	艺术学	广播、电视、电影和影视录音制作业	政府部门办	5	0	3	2	3	0	0	55	15	0

续表

智能物流运输与配送技术研究中心	6	2016/12/10	学校自建	独立设置研究所	校级重点实验室	管理学	道路运输业	单位自办	10	9	1	6	0	4	0	50	10	0
江苏第二师范学院	040	/	/	/	/	/	/	/	23	22	1	18	5	0	0	1201.69	20	0
教育现代化研究院	1	2016/7/4	学校上级主管部门	独立设置研究所	省级智库	教育学	教育	单位自办	7	6	1	6	1	0	0	1062.66	10	0
新时代师德教育研究中心	2	2018/7/19	学校上级主管部门	独立设置研究所	省级重点研究基地	教育学	教育	单位自办	16	16	0	12	4	0	0	139.03	10	0
无锡职业技术学院	041	/	/	/	/	/	/	/	52	17	34	27	23	0	0	180	174	0
财经研究所	1	2015/6/15	学校自建	独立设置研究所	校级重点研究基地	经济学	资本市场服务	单位自办	5	3	1	2	3	0	0	10	7	0
高职思想政治教育研究室	2	2015/6/15	学校自建	独立设置研究所	校级重点研究基地	马克思主义	教育	单位自办	8	3	5	7	1	0	0	10	7	0
管理与创新研究所	3	2015/6/15	学校自建	独立设置研究所	校级重点研究基地	管理学	商务服务业	单位自办	10	3	7	8	2	0	0	8	10	0
旅游文化研究所	4	2015/6/15	学校自建	独立设置研究所	校级重点研究基地	管理学	其他服务业	单位自办	3	3	0	2	0	0	0	12	10	0
体育科学与健康指导研究所	5	2015/6/15	学校自建	独立设置研究所	校级重点研究基地	体育科学	体育	单位自办	9	1	8	3	6	0	0	20	100	0
无锡现代职教研究中心	6	2015/1/20	学校自建	独立设置研究所	校级重点研究基地	教育学	社会工作	单位自办	12	3	9	4	8	0	0	100	30	0
艺术设计研究所	7	2015/6/15	学校自建	独立设置研究所	校级重点研究基地	艺术学	文化艺术业	单位自办	5	1	4	1	3	0	0	20	10	0
南京工业职业技术学院	042	/	/	/	/	/	/	/	27	9	15	24	3	0	0	316	161	0
高等职业教育研究所	1	2002/11/1	学校自建	独立设置研究所	校级重点研究基地	教育学	其他服务业	单位自办	6	3	3	5	1	0	0	116	73	0
国际贸易与物流管理研究所	2	2011/5/11	学校自建	独立设置研究所	校级重点研究基地	管理学	其他金融业	单位自办	9	2	5	8	1	0	0	100	50	0
黄炎培职业教育思想研究会学术中心	3	2013/11/18	非学校上级主管部门	独立设置研究所	省级重点研究基地	教育学	其他服务业	与国内独立研究结构合办	12	4	7	11	1	0	0	100	38	0
苏州工艺美术职业技术学院	043	/	/	/	/	/	/	/	8	1	6	5	2	1	0	268	55	0
高等教育研究所	1	2017/4/15	学校自建	独立设置研究所	校级重点研究基地	教育学	教育	单位自办	4	1	2	3	1	0	0	260	25	0
桃花坞木刻年画研究所	2	2009/4/16	学校自建	与校外合办所	校级重点研究基地	艺术学	文化艺术业	与境内注册其他企业合办	4	0	4	2	1	1	0	8	30	0
苏州职业大学	044	/	/	/	/	/	/	/	48	16	22	24	12	0	0	776.42	4.6	0
高等教育研究所	1	2006/10/17	学校自建	独立设置研究所	校级重点研究基地	教育学	其他服务业	单位自办	7	1	3	7	0	0	0	11	0	0

续表

机构名称	编号	成立时间	批准部门	组成方式	机构类型	学科分类	服务的国民经济行业	组成类型	R&D活动人员(人) 合计	其中 博士毕业	其中 硕士毕业	其中 高级职称	其中 中级职称	其中 初级职称	培养研究生(人)	R&D经费支出(千元)	仪器设备原价(千元)	其中 进口(千元)
		L01	L02	L03	L04	L05	L06	L07	L08	L09	L10	L11	L12	L13	L14	L15	L16	L17
石湖智库	2	2017/11/25	非学校上级主管部门	跨系所	其他智库	管理学	教育	其他	3	1	1	2	1	0	0	69.72	0	0
外国语言文化研究中心	3	2013/6/13	学校自建	独立设置研究所	校级重点研究基地	外国文学	教育	单位自办	17	2	15	6	11	0	0	45.7	4.6	0
吴文化传承与创新研究中心	4	2018/9/13	非学校上级主管部门	跨系所	省级重点研究基地	中国文学	文化艺术业	政府部门办	21	12	3	9	0	0	0	650	0	0
泰州职业技术学院	045	/	/	/	/	/	/	/	6	1	3	4	2	0	0	8.5	4.6	0
泰州市工业经济研究院	1	2014/7/2	学校上级主管部门	与校外合办所	其他	经济学	研究和试验发展	政府部门办	6	1	3	4	2	0	0	8.5	4.6	0
江苏海事职业技术学院	046	/	/	/	/	/	/	/	22	6	15	6	12	0	0	300	230	0
一带一路应用型海事人才研究院	1	2018/10/18	学校上级主管部门	独立设置研究所	其他智库	管理学	水上运输业	单位自办	22	6	15	6	12	0	0	300	230	0
江苏医药职业学院	047	/	/	/	/	/	/	/	33	12	21	18	9	6	0	250	100	0
江苏基层卫生发展与全科医学教育研究中心	1	2018/7/19	学校上级主管部门	独立设置研究所	省级重点研究基地	管理学	卫生	单位自办	33	12	21	18	9	6	0	250	100	0
苏州经贸职业技术学院	048	/	/	/	/	/	/	/	44	4	28	17	23	4	0	41.3	13	0
大学生素质教育研究所	1	2015/1/1	学校自建	跨系所	校级自建研究机构	教育学	教育	单位自办	12	1	7	1	10	1	0	11.5	3	0
范成大文化研究中心	2	2015/1/1	学校自建	跨系所	校级自建研究机构	中国文学	文化艺术业	单位自办	10	1	5	6	3	1	0	10	3	0
苏州市电子商务研究中心	3	2015/2/1	学校自建	跨系所	校级自建研发中心	经济学	商务服务业	单位自办	11	1	7	5	5	1	0	10	5	0
吴商文化研究所	4	2015/1/1	学校自建	跨系所	校级自建研究机构	经济学	文化艺术业	单位自办	11	1	9	5	5	1	0	9.8	2	0
无锡商业职业技术学院	049	/	/	/	/	/	/	/	30	2	27	15	14	1	0	69.3	85	0
高校示范马克思主义学院	1	2018/6/1	学校上级主管部门	独立设置研究所	思想政治理论课教学科研机构	马克思主义	教育	单位自办	19	2	16	8	10	1	0	50	20	0
江苏省非物质文化遗产研究基地	2	2014/6/18	非学校上级主管部门	独立设置研究所	其他重点研究基地,其他重点研究基地	艺术学	文教、工美、体育和娱乐用品制造业	单位自办	11	0	11	7	4	0	0	19.3	65	0

续表

苏州农业职业技术学院	050	/	/	/	/	/	/	/	25	3	22	13	10	2	0	90	30	0
苏州农村改革与发展研究院	1	2014/6/20	学校自建	独立设置研究所	校级重点研究基地	经济学	农、林、牧、渔专业及辅助性活动	单位自办	25	3	22	13	10	2	0	90	30	0
南京铁道职业技术学院	051	/	/	/	/	/	/	/	7	2	1	4	3	0	0	220	128	0
高等教育研究所	1	2005/3/9	学校自建	独立设置研究所	校级研究机构	教育学	教育	单位自办	2	1	1	1	1	0	0	100	20	0
江苏铁路文化研究中心	2	2013/7/1	学校自建	独立设置研究所	校级研究机构	民族学与文化学	教育	单位自办	3	0	0	2	1	0	0	100	100	0
哲社研究中心	3	2013/11/20	学校自建	独立设置研究所	校级研究机构	马克思主义	教育	单位自办	2	1	0	1	1	0	0	20	8	0
南京信息职业技术学院	052	/	/	/	/	/	/	/	19	3	15	9	10	0	0	39	0	0
党建与思想政治教育研究会	1	2004/7/1	学校自建	独立设置研究所	校级研究会	马克思主义	其他服务业	单位自办	19	3	15	9	10	0	0	39	0	0
江苏财经职业技术学院	053	/	/	/	/	/	/	/	12	3	7	6	6	0	0	32	112	0
周恩来文化研究所	1	2014/3/1	学校自建	跨系所	校级重点研究基地	教育学	文化艺术业	单位自办	12	3	7	6	6	0	0	32	112	0
扬州工业职业技术学院	054	/	/	/	/	/	/	/	8	2	5	4	4	0	0	20	0	0
中国特色社会主义研究中心	1	2017/1/5	学校自建	独立设置研究所	研究中心	马克思主义	教育	单位自办	8	2	5	4	4	0	0	20	0	0
江苏城市职业学院	055	/	/	/	/	/	/	/	53	13	35	25	27	1	0	41.47	4.89	0
城市形象传播研究所	1	2014/10/31	学校自建	独立设置研究所	校级重点研究基地	新闻学与传播学	新闻和出版业	单位自办	6	2	3	4	2	0	0	5	0	0
供应链与物流信息技术研究所	2	2014/10/31	学校自建	独立设置研究所	校级重点研究基地	管理学	装卸搬运和仓储业	单位自办	8	0	7	3	5	0	0	6	0	0
马克思主义中国化与中华传统文化研究中心	3	2018/10/31	学校自建	独立设置研究所	校级重点研究基地	马克思主义	教育	单位自办	10	6	3	6	4	0	0	9.89	4.89	0
美业文化研究中心	4	2018/10/31	学校自建	独立设置研究所	校级重点研究基地	艺术学	教育	单位自办	8	0	6	2	6	0	0	1.77	0	0
物流与供应链服务创新应用研究院	5	2018/10/31	学校自建	独立设置研究所	校级重点研究基地	管理学	装卸搬运和仓储业	单位自办	10	2	8	2	7	1	0	10	0	0
艺术传播研究所	6	2018/10/31	学校自建	独立设置研究所	校级重点研究基地	艺术学	文化艺术业	单位自办	11	3	8	8	3	0	0	8.81	0	0
江苏卫生健康职业学院	056	/	/	/	/	/	/	/	4	1	3	1	3	0	0	83	25	0
江苏省卫生职业院校文化研究室	1	2015/2/19	学校上级主管部门	与校外合办所	校级重点研究基地	教育学	其他服务业	政府部门办	4	1	3	1	3	0	0	83	25	0

续表

机构名称	编号	成立时间	批准部门	组成方式	机构类型	学科分类	服务的国民经济行业	组成类型	R&D活动人员(人) 合计	其中 博士毕业	硕士毕业	高级职称	中级职称	初级职称	培养研究生(人)	R&D经费支出(千元)	仪器设备原价(千元)	其中 进口(千元)
	编号	L01	L02	L03	L04	L05	L06	L07	L08	L09	L10	L11	L12	L13	L14	L15	L16	L17
苏州工业园区服务外包职业学院	057	/	/	/	/	/	/	/	10	3	7	5	5	0	0	20	6	0
江苏服务外包研究中心	1	2017/7/13	学校上级主管部门	与校外合办所	省级重点研究基地	经济学	商务服务业	政府部门办	10	3	7	5	5	0	0	20	6	0
徐州幼儿师范高等专科学校	058	/	/	/	/	/	/	/	91	5	86	41	0	0	0	60	21	0
儿童数字音乐研究中心	1	2019/9/15	学校自建	独立设置研究所	内设科研机构	教育学	教育	单位自办	7	1	6	0	0	0	0	5	1	0
儿童戏曲教育研究中心	2	2019/9/15	学校自建	独立设置研究所	内设科研机构	教育学	教育	单位自办	9	0	9	4	0	0	0	5	1	0
儿童音乐剧教育研究中心	3	2019/9/15	学校自建	独立设置研究所	内设科研机构	教育学	教育	单位自办	6	1	5	2	0	0	0	5	1	0
淮海民间美术幼儿玩具研究中心	4	2019/9/15	学校自建	独立设置研究所	内设科研机构	教育学	教育	单位自办	9	0	9	3	0	0	0	5	1	0
特殊儿童音乐干预研究中心	5	2019/9/15	学校自建	独立设置研究所	内设科研机构	教育学	教育	单位自办	8	0	8	5	0	0	0	5	1	0
幼儿健康大数据研究中心	6	2019/9/15	学校自建	独立设置研究所	内设科研机构	教育学	教育	单位自办	4	0	4	2	0	0	0	5	1	0
幼儿教育人工智能研究中心	7	2019/9/15	学校自建	独立设置研究所	内设科研机构	教育学	教育	单位自办	5	0	5	2	0	0	0	5	1	0
幼儿科学教育课程研究中心	8	2019/9/15	学校自建	独立设置研究所	内设科研机构	教育学	教育	单位自办	9	0	9	5	0	0	0	5	1	0
幼儿园空间与环境创设研究中心	9	2019/9/15	学校自建	独立设置研究所	内设科研机构	教育学	教育	单位自办	9	0	9	4	0	0	0	5	10	0
幼师生师德养成研究中心	10	2019/9/15	学校自建	独立设置研究所	内设科研机构	教育学	教育	单位自办	11	2	9	8	0	0	0	5	1	0
中外儿童文学比较研究中心	11	2019/9/15	学校自建	独立设置研究所	内设科研机构	教育学	教育	单位自办	8	1	7	3	0	0	0	5	1	0
睢宁儿童画研究中心	12	2019/9/15	学校自建	独立设置研究所	内设科研机构	教育学	教育	单位自办	6	0	6	3	0	0	0	5	1	0
硅湖职业技术学院	059	/	/	/	/	/	/	/	39	5	26	21	12	6	0	110	150	0
电子商务重点实验室	1	2017/9/1	学校自建	独立设置研究所	校级重点实验室	管理学	其他服务业	单位自办	10	1	8	4	4	2	0	10	10	0
丝绸服饰文化创意产业设计研发中心	2	2017/9/11	学校自建	独立设置研究所	校级重点研究基地	艺术学	广播、电视、电影和影视录音制作业	与境内注册其他企业合办	11	2	3	7	2	2	0	80	120	0

续表

物流管理研究基地	3	2017/11/1	学校自建	独立设置研究所	校级重点研究基地	管理学	其他服务业	单位自办	8	1	6	4	3	1	0	10	10	0
现代服务业研究室	4	2017/11/15	学校自建	独立设置研究所	校级重点实验室	管理学	商务服务业	与境内注册其他企业合办	10	1	9	6	3	1	0	10	10	0
无锡太湖学院	060	/	/	/	/	/	/	/	44	20	23	40	4	0	0	110	45	0
苏南产业转型创新发展研究中心	1	2018/7/19	学校二级主管部门	独立设置研究所	省级重点研究基地	管理学	商务服务业	单位自办	26	6	19	24	2	0	0	35	15	0
苏南资本市场研究中心	2	2017/9/1	学校上级主管部门	与校外合办所	省级重点研究基地	经济学	资本市场服务	与境内注册其他企业合办	18	14	4	16	2	0	0	75	30	0
南京大学金陵学院	061	/	/	/	/	/	/	/	62	10	45	24	34	4	0	484.25	730	0
拉丁美洲研究中心	1	2006/11/1	学校自建	独立设置研究所	校级重点研究基地	外国文学	其他服务业	单位自办	6	0	6	2	3	1	0	35	0	0
企业生态研究中心	2	2014/6/1	学校上级主管部门	独立设置研究所	校级重点实验室	经济学	生态保护和环境治理业	单位自办	38	10	28	15	22	1	0	396	650	0
塞万提斯研究中心	3	2006/11/1	学校自建	独立设置研究所	校级重点研究基地	外国文学	其他服务业	单位自办	6	0	6	2	3	1	0	15	0	0
数字传播媒介研究中心	4	2014/12/30	学校自建	独立设置研究所	校级重点研究基地	新闻学与传播学	新闻和出版业	单位自办	2	0	0	2	0	0	0	0	0	0
丝路文明研究中心	5	2018/5/1	学校自建	独立设置研究所	其他智库	外国文学	教育	单位自办	6	0	5	2	4	0	0	5	80	0
学科交叉研究院	6	2019/9/5	学校自建	独立设置研究所	校级重点研究院	教育学	教育	单位自办	4	0	0	1	2	1	0	33.25	0	0
中国传媒大学南广学院	062	/	/	/	/	/	/	/	34	3	24	20	9	5	0	318	447	0
航空摄影研究所	1	2009/11/23	学校自建	与校外合办所	校级重点实验室	艺术学	教育	与境内注册其他企业合办	6	0	1	2	0	4	0	283	47	0
千叶彻弥漫画革新研究所	2	2019/10/25	学校上级主管部门	独立设置研究所	校级重点实验室	艺术学	文化艺术业	单位自办	8	0	8	5	2	1	0	10	250	0
区域发展和城乡传播研究中心	3	2012/11/5	学校自建	独立设置研究所	（自定义）智库	新闻学与传播学	新闻和出版业	单位自办	13	3	8	11	2	0	0	20	0	0
新媒体艺术研究中心	4	2017/9/20	学校上级主管部门	独立设置研究所	校级重点实验室	艺术学	文化艺术业	单位自办	7	0	7	2	5	0	0	5	150	0
苏州百年职业学院	063	/	/	/	/	/	/	/	3	0	1	1	1	0	0	10	10	0
苏绣传习所	1	2019/3/5	学校自建	独立设置研究所	校级重点研究基地	艺术学	文教、工美、体育和娱乐用品制造业	单位自办	3	0	1	1	1	0	0	10	10	0
苏州高博软件技术职业学院	064	/	/	/	/	/	/	/	10	0	6	7	3	0	0	10	0	0
苏南非遗文化传承与创新研究基地	1	2017/9/12	学校上级主管部门	与校外合办所	其他重点研究基地	艺术学	广播、电视、电影和影视录音制作业	其他	10	0	6	7	3	0	0	10	0	0

七、社科研究、课题与成果

1. 全省高等学校人文、社会科学研究与课题成果情况表

学科门类	编号	总数：课题数(项)	总数：当年投入人数(人年)	其中：研究生(人年)	当年拨入经费(千元)	当年支出经费(千元)	出版著作(部)：合计	专著	其中：被译成外文	编著教材	工具书参考书	皮书/发展报告	科普读物	古籍整理(部)	译著(部)	发表译文(篇)	电子出版物(件)	发表论文(篇)：合计	国内学术刊物	国外学术刊物	港、澳、台地区刊物	获奖成果数(项)：合计	国家级奖	部级奖	省级奖	研究与咨询报告(篇)：合计	其中：被采纳数
		L01	L02	L03	L04	L05	L06	L07	L08	L09	L10	L11	L12	L13	L14	L15	L16	L17	L18	L19	L20	L21	L22	L23	L24	L25	L26
合计	/	40 069	8 940.7	943.5	993 769.67	907 133.64	1 662	951	33	581	26	43	61	30	136	27	61	30 891	29 379	1 494	18	4	0	4	0	2 959	1461
管理学	1	9 377	1 981.1	266	313 033.82	280 844.5	266	137	5	89	2	9	29	0	8	0	27	6 216	5 667	549	0	4	0	4	0	1 054	575
马克思主义	2	1 846	449.8	59	28 983.41	26 652.9	64	39	1	18	1	1	5	7	2	0	1	1 436	1 432	4	0	0	0	0	0	50	24
哲学	3	476	127.4	16	8 297.1	8 558.46	31	22	2	8	1	0	0	0	8	1	0	519	500	16	3	0	0	0	0	8	4
逻辑学	4	17	5.6	1.9	146.09	132.29	0	0	0	0	0	0	0	0	0	0	0	15	15	0	0	0	0	0	0	1	0
宗教学	5	66	12.8	2.2	1 306	1 119.12	2	2	0	0	0	0	0	0	1	0	0	23	21	1	1	0	0	0	0	0	0
语言学	6	1 688	415.4	33	31 519.26	36 216.52	100	54	10	42	4	0	0	3	13	3	1	1 426	1 297	127	2	0	0	0	0	92	20
中国文学	7	1 116	281	22.9	45 161.73	37 969.35	129	79	1	42	1	1	6	12	8	3	0	1 291	1 276	13	2	0	0	0	0	22	9
外国文学	8	577	139.7	9.3	8 617.95	8 201.94	71	32	1	38	0	0	1	0	36	8	0	581	529	51	1	0	0	0	0	7	4
艺术学	9	3 218	807.5	78.5	79 145.7	70 779.21	211	127	0	82	1	0	1	1	8	0	3	3 305	3 236	69	0	0	0	0	0	308	151
历史学	10	678	151.1	23.7	21 935.21	23 364.32	79	42	2	31	6	0	0	3	13	3	0	431	421	10	0	0	0	0	0	23	11
考古学	11	112	18.7	8.6	15 054.4	14 325.56	3	2	0	1	0	0	0	0	0	0	0	17	17	0	0	0	0	0	0	0	0
经济学	12	3 914	898.8	109.3	104 509.19	98 230.52	149	95	0	44	0	4	6	0	5	1	7	2 691	2 415	275	1	0	0	0	0	464	250
政治学	13	719	169.1	23.4	11 005.51	11 262.54	31	18	1	12	1	0	0	0	1	1	0	525	510	14	1	0	0	0	0	46	16
法学	14	1 562	336.2	39.5	36 913.8	33 556.38	73	47	0	19	2	1	4	0	2	2	0	926	907	14	5	0	0	0	0	110	63
社会学	15	2 444	548.4	85.7	70 966.21	61 084.38	40	29	1	6	1	2	2	0	5	3	1	1 006	938	68	0	0	0	0	0	256	142
民族学与文化学	16	358	81.9	8.5	8 012.09	9 067.19	17	7	1	10	0	0	0	0	0	0	0	170	166	4	0	0	0	0	0	17	9
新闻学与传播学	17	605	134.9	13	12 551.3	11 008.54	23	18	0	4	0	1	0	0	1	0	0	553	530	22	1	0	0	0	0	29	9
图书馆、情报与文献学	18	767	176	27.6	20 879.51	16 841.25	67	35	2	14	0	18	0	0	5	0	9	841	774	67	0	0	0	0	0	37	16
教育学	19	8 817	1 824.6	82.1	129 446.17	117 681.62	221	111	5	97	6	3	4	2	16	1	5	7 443	7 368	74	1	0	0	0	0	345	118
统计学	20	226	61.1	15.5	8 294.66	7 963.78	4	3	0	1	0	0	0	0	0	0	7	177	132	45	0	0	0	0	0	14	4
心理学	21	478	98.4	8.1	6 137.41	5 314.35	13	5	0	6	0	1	1	0	2	0	0	302	264	38	0	0	0	0	0	18	11
体育科学	22	1 008	221.2	9.7	31 853.15	26 958.92	68	47	1	17	0	2	2	2	2	1	0	997	964	33	0	0	0	0	0	58	25

2. 公办本科高等学校人文、社会科学研究与课题成果情况表

学科门类	编号	总数					出版著作(部)							古籍整理(部)	译著(部)	发表译文(篇)	电子出版物(件)	发表论文(篇)				获奖成果数(项)				研究与咨询报告(篇)	
		课题数(项)	当年投入人数(人年)	其中:研究生(人年)	当年拨入经费(千元)	当年支出经费(千元)	合计	专著	其中:被译成外文	编著教材	工具书参考书	皮书/发展报告	科普读物					合计	国内学术刊物	国外学术刊物	港、澳、台地区刊物	合计	国家级奖	部级奖	省级奖	合计	其中:被采纳数
	编号	L01	L02	L03	L04	L05	L06	L07	L08	L09	L10	L11	L12	L13	L14	L15	L16	L17	L18	L19	L20	L21	L22	L23	L24	L25	L26
合计	/	27 708	6 456.9	943	814 915.46	837 577.81	1 299	836	33	359	20	32	52	29	113	20	52	17 947	16 551	1 379	17	4	0	4	0	2 012	998
管理学	1	6 963	1 490	265.5	290 783.4	259 564.8	195	120	5	37	2	7	29	0	3	0	25	3 658	3 130	528	0	4	0	4	0	749	407
马克思主义	2	1 305	339.7	59	27 018.76	25 003.21	51	36	1	9	0	1	5	7	2	0	0	957	954	3	0	0	0	0	0	39	22
哲学	3	420	113.4	16	8 044	8 351.01	27	20	2	6	1	0	0	0	8	1	0	457	442	12	3	0	0	0	0	7	4
逻辑学	4	11	3.7	1.9	72	56.2	0	0	0	0	0	0	0	0	0	0	0	13	13	0	0	0	0	0	0	0	0
宗教学	5	64	12.3	2.2	1 296	1103.12	2	2	0	0	0	0	0	0	1	0	0	23	21	1	1	0	0	0	0	0	0
语言学	6	1 308	329.3	33	29 223.31	34078.43	79	47	10	30	2	0	0	3	10	0	1	887	774	111	2	0	0	0	0	73	9
中国文学	7	995	253.9	22.9	44 544.98	37 467.5	111	71	1	37	1	0	2	12	7	3	0	1 100	1 086	12	2	0	0	0	0	19	6
外国文学	8	509	124.7	9.3	8 463.35	8 092.27	68	30	1	38	0	0	0	0	33	4	0	454	403	50	1	0	0	0	0	7	4
艺术学	9	2 270	600.7	78.5	70 699.26	63 316.36	158	108	0	48	1	0	1	1	5	0	3	2 048	1 990	58	0	0	0	0	0	159	61
历史学	10	618	140.2	23.7	21 535.61	22 362.41	71	37	2	28	6	0	0	2	11	3	0	393	383	10	0	0	0	0	0	18	10
考古学	11	110	18.5	8.6	15 051.4	14 322.56	3	2	0	1	0	0	0	0	0	0	0	15	15	0	0	0	0	0	0	0	0
经济学	12	2 848	669.8	109.3	91 424.11	87 443.66	107	82	0	19	0	0	6	0	3	1	7	1 742	1 479	262	1	0	0	0	0	304	165
政治学	13	564	136.2	23.4	10 478.18	10 866.16	28	17	1	10	1	0	0	0	1	1	0	396	381	14	1	0	0	0	0	44	15
法学	14	1 479	318.4	39.5	35 695.52	32 490	70	46	0	17	2	1	4	0	2	2	0	847	828	14	5	0	0	0	0	104	60
社会学	15	1 926	452.6	85.7	67 846.51	58 734.6	33	26	1	3	1	1	2	0	4	3	0	675	608	67	0	0	0	0	0	208	126
民族学与文化学	16	245	61.9	8.5	6 744.19	7 994.93	15	5	1	10	0	0	0	0	0	0	0	104	100	4	0	0	0	0	0	11	8
新闻学与传播学	17	523	114.3	13	12 165	10 660.16	22	18	0	3	0	1	0	0	1	0	0	417	395	21	1	0	0	0	0	26	8
图书馆、情报与文献学	18	638	148.6	27.6	20 503.01	16 360.62	63	32	2	13	0	18	0	0	5	0	9	627	560	67	0	0	0	0	0	25	9
教育学	19	3 666	842.5	82.1	109 272.2	101 225.67	129	89	5	35	3	2	0	2	11	1	0	2 184	2 150	34	0	0	0	0	0	161	59
统计学	20	195	54.9	15.5	8 188.96	7 744.39	4	3	0	1	0	0	0	0	0	0	7	157	112	45	0	0	0	0	0	14	4
心理学	21	290	63	8.1	5 573.16	4 746.3	10	5	0	3	0	1	1	0	1	0	0	174	137	37	0	0	0	0	0	8	4
体育科学	22	761	168.3	9.7	30 292.55	25 593.45	53	40	1	11	0	0	2	2	0	1	0	619	590	29	0	0	0	0	0	36	17

2.1 管理学人文、社会科学研究与课题成果情况表

高校名称		总数					出版著作(部)							古籍整理(部)	译著(部)	发表译文(篇)	电子出版物(件)	发表论文(篇)				获奖成果数(项)				研究与咨询报告(篇)	
		课题数(项)	当年投入人数(人年)	其中:研究生(人年)	当年拨入经费(千元)	当年支出经费(千元)	合计	专著	其中:被译成外文	编著教材	工具书参考书	皮书/发展报告	科普读物					合计	国内学术刊物	国外学术刊物	港、澳、台地区刊物	合计	国家级奖	部级奖	省级奖	合计	其中:被采纳数
	编号	L01	L02	L03	L04	L05	L06	L07	L08	L09	L10	L11	L12	L13	L14	L15	L16	L17	L18	L19	L20	L21	L22	L23	L24	L25	L26
合计	/	6 963	1 490	265.5	290 783.4	259 564.8	195	120	5	37	2	7	29	0	8	0	25	3 658	3 130	528	0	4	0	4	0	749	407
南京大学	1	219	29.2	9.6	11 575.95	10 577.15	15	13	0	2	0	0	0	0	3	0	0	142	118	24	0	0	0	0	0	34	0
东南大学	2	200	54.9	6.2	3 303	3 976.35	8	5	0	3	0	0	0	0	1	0	0	166	166	0	0	0	0	0	0	5	5
江南大学	3	87	71.9	36.1	2710	2 896	3	0	0	3	0	0	0	0	0	0	0	133	94	39	0	0	0	0	0	3	0
南京农业大学	4	1 087	134.7	39.2	25 941.74	25 545.39	5	4	0	1	0	0	0	0	0	0	0	360	334	26	0	0	0	0	0	10	6
中国矿业大学	5	341	70.6	11.2	14 556.93	6 910.56	5	4	0	1	0	0	0	0	0	0	0	201	108	93	0	0	0	0	0	35	23
河海大学	6	311	114.6	73.6	18 937.5	17 433.05	34	5	0	4	1	7	17	0	0	0	25	310	216	94	0	0	0	0	0	128	110
南京理工大学	7	241	32.9	2.2	7 528.14	9 458.96	9	8	2	1	0	0	0	0	0	0	0	79	61	18	0	0	0	0	0	9	5
南京航空航天大学	8	120	27.3	0.4	5 277	5 644.5	3	3	1	0	0	0	0	0	0	0	0	83	44	39	0	0	0	0	0	1	1
中国药科大学	9	173	27.3	1.9	12 717.91	10 930.91	1	1	0	0	0	0	0	0	1	0	0	85	85	0	0	0	0	0	0	15	15
南京森林警察学院	10	17	2.9	0	93	93.18	2	2	0	0	0	0	0	0	0	0	0	19	17	2	0	0	0	0	0	0	0
苏州大学	11	106	20.8	2.6	4 427	3 702.4	0	0	0	0	0	0	0	0	0	0	0	39	7	32	0	4	0	4	0	2	0
江苏科技大学	12	64	25.2	6.3	1 484.08	1 607.83	2	2	0	0	0	0	0	0	0	0	0	34	26	8	0	0	0	0	0	1	1
南京工业大学	13	197	26.6	2.3	4 126.26	4 009.51	5	4	0	1	0	0	0	0	2	0	0	230	220	10	0	0	0	0	0	2	2
常州大学	14	91	31.5	0	6 816.5	3 710.8	3	3	0	0	0	0	0	0	0	0	0	47	42	5	0	0	0	0	0	0	0
南京邮电大学	15	196	69	21	5 838.7	5 069.4	6	6	0	0	0	0	0	0	0	0	0	102	102	0	0	0	0	0	0	17	14
南京林业大学	16	56	6.1	0	1 626	1 402.52	1	1	0	0	0	0	0	0	0	0	0	56	56	0	0	0	0	0	0	5	1
江苏大学	17	286	54	25.1	7 736.46	7 716.46	1	1	0	0	0	0	0	0	0	0	0	85	85	0	0	0	0	0	0	1	0
南京信息工程大学	18	332	142.1	9.9	8 061.3	5 167.05	3	1	0	2	0	0	0	0	0	0	0	95	60	35	0	0	0	0	0	43	28
南通大学	19	46	9	0.1	414	614.5	2	2	0	0	0	0	0	0	0	0	0	55	51	4	0	0	0	0	0	3	3
盐城工学院	20	90	9.3	0	1 518	1 600	1	1	0	0	0	0	0	0	0	0	0	44	41	3	0	0	0	0	0	13	13

续表

南京医科大学	21	118	15	0	625.1	1 329.86	6	6	0	0	0	0	0	0	0	0	0	95	95	0	0	0	0	0	0	10	10
徐州医科大学	22	24	4.6	0	221	110.1	0	0	0	0	0	0	0	0	0	0	0	1	1	0	0	0	0	0	0	6	1
南京中医药大学	23	113	29.8	0	2 241.6	2 434.62	1	1	0	0	0	0	0	0	0	0	0	73	73	0	0	0	0	0	0	4	4
南京师范大学	24	33	7.2	0.7	1 304.5	848.04	3	1	0	2	0	0	0	0	0	0	0	36	18	18	0	0	0	0	0	1	1
江苏师范大学	25	111	45.2	0.2	14 889.8	16486.2	3	1	0	2	0	0	0	0	0	0	0	96	82	14	0	0	0	0	0	42	16
淮阴师范学院	26	151	17.8	0	16 733.3	13042.3	2	2	0	0	0	0	0	0	0	0	0	28	26	2	0	0	0	0	0	1	1
盐城师范学院	27	94	21.5	0	6 606	7 019.52	6	6	0	0	0	0	0	0	0	0	0	38	35	3	0	0	0	0	0	42	1
南京财经大学	28	309	48.6	10.6	16 988.98	13 959.13	18	10	0	8	0	0	0	0	0	0	0	180	139	41	0	0	0	0	0	28	19
江苏警官学院	29	120	21.7	0	834.35	1 148.85	1	1	0	0	0	0	0	0	0	0	0	31	31	0	0	0	0	0	0	0	0
南京体育学院	30	1	0.1	0	0	0	0	0	0	0	0	0	0	0	0	0	0	5	5	0	0	0	0	0	0	0	0
南京艺术学院	31	29	6.4	0	80	44.41	0	0	0	0	0	0	0	0	0	0	0	62	62	0	0	0	0	0	0	0	0
苏州科技大学	32	201	43.1	5.7	12 935.4	12 450.4	2	0	0	2	0	0	0	0	0	0	0	95	93	2	0	0	0	0	0	7	7
常熟理工学院	33	70	18.4	0	2 379.96	3 461.36	4	4	0	0	0	0	0	0	0	0	0	43	43	0	0	0	0	0	0	51	21
淮阴工学院	34	339	51.6	0	32 847.74	30 796.41	3	3	0	0	0	0	0	0	0	0	0	82	79	3	0	0	0	0	0	2	2
常州工学院	35	107	18	0	5 171	3 058.66	0	0	0	0	0	0	0	0	0	0	0	19	18	1	0	0	0	0	0	37	1
扬州大学	36	127	16	0.3	3 970.02	4 366.57	1	1	0	0	0	0	0	0	0	0	0	38	37	1	0	0	0	0	0	38	37
南京工程学院	37	49	7.6	0	5 248.28	4 894.05	1	1	0	0	0	0	0	0	0	0	0	35	34	1	0	0	0	0	0	41	41
南京审计大学	38	136	48.9	0.3	4 776	2 382.46	2	2	0	0	0	0	0	0	0	0	0	78	77	1	0	0	0	0	0	7	2
南京晓庄学院	39	17	2.3	0	205	177	4	3	0	1	0	0	0	0	0	0	0	28	22	6	0	0	0	0	0	0	0
江苏理工学院	40	124	23.9	0	7 772.5	3 986.18	2	2	0	0	0	0	0	0	0	0	0	29	29	0	0	0	0	0	0	36	11
江苏海洋大学	41	215	21.5	0	6 224.4	5 928.26	4	4	0	0	0	0	0	0	0	0	0	73	73	0	0	0	0	0	0	60	3
徐州工程学院	42	66	27	0	17.5	363.1	20	4	2	3	1	0	12	0	1	0	0	30	29	1	0	0	0	0	0	2	0
南京特殊教育师范学院	43	8	1.6	0	70	55	1	1	0	0	0	0	0	0	0	0	0	0	0	0	0	0	0	0	0	0	0
泰州学院	44	38	12.8	0	200	263.3	1	1	0	0	0	0	0	0	0	0	0	33	31	2	0	0	0	0	0	2	2
金陵科技学院	45	85	15	0	3 636.5	2 800.77	1	0	0	1	0	0	0	0	0	0	0	59	59	0	0	0	0	0	0	5	0
江苏第二师范学院	46	18	4.5	0	115	91.73	0	0	0	0	0	0	0	0	0	0	0	6	6	0	0	0	0	0	0	0	0

2.2 马克思主义人文、社会科学研究与课题成果情况表

高校名称		总数					出版著作(部)							古籍整理(部)	译著(部)	发表译文(篇)	电子出版物(件)	发表论文(篇)				获奖成果数(项)				研究与咨询报告(篇)	
		课题数(项)	当年投入人数(人年)	其中:研究生(人年)	当年拨入经费(千元)	当年支出经费(千元)	合计	专著	其中:被译成外文	编著教材	工具书参考书	皮书/发展报告	科普读物					合计	国内学术刊物	国外学术刊物	港、澳、台地区刊物	合计	国家级奖	部级奖	省级奖	合计	其中:被采纳数
	编号	L01	L02	L03	L04	L05	L06	L07	L08	L09	L10	L11	L12	L13	L14	L15	L16	L17	L18	L19	L20	L21	L22	L23	L24	L25	L26
合计	/	1 305	339.7	59	27 018.76	25 003.21	51	36	1	9	0	1	5	7	2	0	0	957	954	3	0	0	0	0	0	39	22
南京大学	1	65	15.8	9.1	723.5	405.5	7	4	0	3	0	0	0	0	0	0	0	62	61	1	0	0	0	0	0	1	0
东南大学	2	112	20.4	0.9	3 855	5 250.7	1	1	0	0	0	0	0	0	0	0	0	15	15	0	0	0	0	0	0	0	0
江南大学	3	34	31.6	15.6	1 750	1 565.6	0	0	0	0	0	0	0	0	0	0	0	14	14	0	0	0	0	0	0	0	0
南京农业大学	4	14	2.8	0.8	0	0	1	0	0	1	0	0	0	0	0	0	0	14	14	0	0	0	0	0	0	1	1
中国矿业大学	5	60	16.1	2.1	1 437	583.56	6	6	0	0	0	0	0	0	1	0	0	42	42	0	0	0	0	0	0	6	1
河海大学	6	65	25	15.8	1 259.5	1 035.5	5	0	0	1	0	1	3	0	0	0	0	87	87	0	0	0	0	0	0	15	13
南京理工大学	7	19	2.6	0.1	160	225.5	0	0	0	0	0	0	0	0	0	0	0	4	4	0	0	0	0	0	0	0	0
南京航空航天大学	8	25	5.6	0	555	663	2	1	0	1	0	0	0	0	0	0	0	48	48	0	0	0	0	0	0	0	0
中国药科大学	9	11	1.1	0	10	10	0	0	0	0	0	0	0	0	0	0	0	0	0	0	0	0	0	0	0	0	0
南京森林警察学院	10	5	0.8	0	33	33	0	0	0	0	0	0	0	0	0	0	0	6	6	0	0	0	0	0	0	0	0
苏州大学	11	56	10.7	1	2 265	1 830	1	1	0	0	0	0	0	0	0	0	0	75	75	0	0	0	0	0	0	0	0
江苏科技大学	12	23	8	0.6	289	274.4	0	0	0	0	0	0	0	0	0	0	0	2	2	0	0	0	0	0	0	0	0
南京工业大学	13	43	6.2	0.6	303.5	320	2	1	0	1	0	0	0	0	0	0	0	55	55	0	0	0	0	0	0	0	0
常州大学	14	31	10.5	0	555	800.8	2	2	0	0	0	0	0	0	0	0	0	16	16	0	0	0	0	0	0	0	0
南京邮电大学	15	12	3.1	1.1	426	200	0	0	0	0	0	0	0	0	0	0	0	7	7	0	0	0	0	0	0	0	0
南京林业大学	16	23	2.3	0	374	433.44	4	3	0	1	0	0	0	0	0	0	0	30	30	0	0	0	0	0	0	0	0
江苏大学	17	24	8.8	5.7	1 030	1 030	1	1	0	0	0	0	0	0	0	0	0	19	19	0	0	0	0	0	0	2	2
南京信息工程大学	18	40	19	2.7	1 149	601.35	0	0	0	0	0	0	0	0	0	0	0	28	28	0	0	0	0	0	0	1	1
南通大学	19	66	13.8	0.3	522	670.7	4	3	0	0	0	0	1	6	0	0	0	41	41	0	0	0	0	0	0	1	1
盐城工学院	20	46	4.6	0	117	117	1	1	0	0	0	0	0	0	1	0	0	19	19	0	0	0	0	0	0	0	0

续表

南京医科大学	21	5	0.9	0	0	43	0	0	0	0	0	0	0	0	0	0	0	0	0	0	0	0	0	0	0	0	0
徐州医科大学	22	5	1.1	0	0	5	0	0	0	0	0	0	0	0	0	0	0	2	2	0	0	0	0	0	0	0	0
南京中医药大学	23	6	1.2	0	0	12.2	0	0	0	0	0	0	0	0	0	0	0	4	4	0	0	0	0	0	0	0	0
南京师范大学	24	53	15.3	1.5	1 768.74	1 469.44	3	2	0	1	0	0	0	1	0	0	0	40	38	2	0	0	0	0	0	0	0
江苏师范大学	25	40	18.7	0	1 370	1 507	1	1	0	0	0	0	0	0	0	0	0	28	28	0	0	0	0	0	0	0	0
淮阴师范学院	26	44	6.4	0	1 533	997	1	1	0	0	0	0	0	0	0	0	0	32	32	0	0	0	0	0	0	0	0
盐城师范学院	27	24	6.6	0	684	562.9	2	2	0	0	0	0	0	0	0	0	0	16	16	0	0	0	0	0	0	1	0
南京财经大学	28	33	5.4	0.5	734	881.44	2	2	0	0	0	0	0	0	0	0	0	27	27	0	0	0	0	0	0	0	0
江苏警官学院	29	16	3.5	0	83	93	0	0	0	0	0	0	0	0	0	0	0	12	12	0	0	0	0	0	0	0	0
南京体育学院	30	1	0.1	0	0	0	0	0	0	0	0	0	0	0	0	0	0	2	2	0	0	0	0	0	0	0	0
南京艺术学院	31	11	2.1	0	100	40.42	0	0	0	0	0	0	0	0	0	0	0	5	5	0	0	0	0	0	0	0	0
苏州科技大学	32	13	4	0.6	32	32	0	0	0	0	0	0	0	0	0	0	0	13	13	0	0	0	0	0	0	0	0
常熟理工学院	33	24	5.2	0	254.02	311.3	1	1	0	0	0	0	0	0	0	0	0	16	16	0	0	0	0	0	0	5	2
淮阴工学院	34	13	2.7	0	60	111.02	0	0	0	0	0	0	0	0	0	0	0	11	11	0	0	0	0	0	0	0	0
常州工学院	35	19	3.6	0	54	118.15	0	0	0	0	0	0	0	0	0	0	0	17	17	0	0	0	0	0	0	0	0
扬州大学	36	53	8.9	0	1 585	1 052.8	1	1	0	0	0	0	0	0	0	0	0	60	60	0	0	0	0	0	0	1	0
南京工程学院	37	2	0.2	0	35	56.85	0	0	0	0	0	0	0	0	0	0	0	8	8	0	0	0	0	0	0	0	0
南京审计大学	38	20	4.6	0	88	169.24	0	0	0	0	0	0	0	0	0	0	0	6	6	0	0	0	0	0	0	0	0
南京晓庄学院	39	23	3.4	0	110	137	0	0	0	0	0	0	0	0	0	0	0	10	10	0	0	0	0	0	0	0	0
江苏理工学院	40	24	4.6	0	819	640.6	0	0	0	0	0	0	0	0	0	0	0	11	11	0	0	0	0	0	0	2	1
江苏海洋大学	41	29	2.9	0	545	479.25	1	1	0	0	0	0	0	0	0	0	0	12	12	0	0	0	0	0	0	3	0
徐州工程学院	42	44	24	0	11.5	58.1	2	1	1	0	0	0	1	0	0	0	0	21	21	0	0	0	0	0	0	0	0
南京特殊教育师范学院	43	11	2.1	0	88	63	0	0	0	0	0	0	0	0	0	0	0	0	0	0	0	0	0	0	0	0	0
泰州学院	44	4	1	0	190	73	0	0	0	0	0	0	0	0	0	0	0	11	11	0	0	0	0	0	0	0	0
金陵科技学院	45	9	1.1	0	56	39.3	0	0	0	0	0	0	0	0	0	0	0	1	1	0	0	0	0	0	0	0	0
江苏第二师范学院	46	5	1.3	0	5	0.15	0	0	0	0	0	0	0	0	0	0	0	8	8	0	0	0	0	0	0	0	0

2.3 哲学人文、社会科学研究与课题成果情况表

高校名称		总数					出版著作(部)							古籍整理(部)	译著(部)	发表译文(篇)	电子出版物(件)	发表论文(篇)				获奖成果数(项)				研究与咨询报告(篇)	
		课题数(项)	当年投入人数(人年)	其中:研究生(人年)	当年拨入经费(千元)	当年支出经费(千元)	合计	专著	其中:被译成外文	编著教材	工具书参考书	皮书/发展报告	科普读物					合计	国内学术刊物	国外学术刊物	港、澳、台地区刊物	合计	国家级奖	部级奖	省级奖	合计	其中:被采纳数
	编号	L01	L02	L03	L04	L05	L06	L07	L08	L09	L10	L11	L12	L13	L14	L15	L16	L17	L18	L19	L20	L21	L22	L23	L24	L25	L26
合计	/	420	113.4	16	8 044	8 351.01	27	20	2	6	1	0	0	0	8	1	0	457	442	12	3	0	0	0	0	7	4
南京大学	1	50	9.3	2.8	517	910	3	1	0	2	0	0	0	0	0	0	0	106	100	6	0	0	0	0	0	0	0
东南大学	2	55	10.5	0.5	1 650	1 892.5	1	1	0	0	0	0	0	0	0	0	0	38	38	0	0	0	0	0	0	0	0
江南大学	3	16	12.7	1.9	43	177	0	0	0	0	0	0	0	0	0	0	0	0	0	0	0	0	0	0	0	0	0
南京农业大学	4	15	1.2	0	0	0	0	0	0	0	0	0	0	0	0	0	0	18	18	0	0	0	0	0	0	0	0
中国矿业大学	5	5	1.5	0.3	390	28.77	0	0	0	0	0	0	0	0	0	0	0	4	4	0	0	0	0	0	0	0	0
河海大学	6	16	7.1	4.5	270	115	2	2	0	0	0	0	0	0	0	0	0	45	45	0	0	0	0	0	0	4	4
南京理工大学	7	12	1.4	0	0	28	1	1	1	0	0	0	0	0	0	0	0	5	5	0	0	0	0	0	0	0	0
南京航空航天大学	8	2	0.5	0	0	0	0	0	0	0	0	0	0	0	0	0	0	4	4	0	0	0	0	0	0	0	0
中国药科大学	9	2	0.2	0	0	0	0	0	0	0	0	0	0	0	0	0	0	4	3	1	0	0	0	0	0	0	0
南京森林警察学院	10	2	0.4	0	0	0	1	0	0	0	1	0	0	0	0	0	0	1	1	0	0	0	0	0	0	0	0
苏州大学	11	23	6.9	1.2	1 020	692	10	7	1	3	0	0	0	0	1	0	0	47	41	3	3	0	0	0	0	0	0
江苏科技大学	12	4	0.9	0	40	51.5	0	0	0	0	0	0	0	0	0	0	0	6	6	0	0	0	0	0	0	0	0
南京工业大学	13	4	0.5	0	30	30	0	0	0	0	0	0	0	0	0	0	0	0	0	0	0	0	0	0	0	0	0
常州大学	14	7	2.5	0	230	132.4	0	0	0	0	0	0	0	0	0	0	0	2	2	0	0	0	0	0	0	0	0
南京邮电大学	15	8	4.3	1.5	285	178	0	0	0	0	0	0	0	0	0	0	0	3	3	0	0	0	0	0	0	0	0
南京林业大学	16	19	2.5	0	150	209.62	0	0	0	0	0	0	0	0	0	0	0	10	10	0	0	0	0	0	0	0	0
江苏大学	17	7	0.7	0.1	0	0	0	0	0	0	0	0	0	0	0	0	0	0	0	0	0	0	0	0	0	0	0
南京信息工程大学	18	23	8.7	1.2	822	324.71	0	0	0	0	0	0	0	0	0	0	0	10	10	0	0	0	0	0	0	0	0
南通大学	19	5	1.2	0	0	89	0	0	0	0	0	0	0	0	0	0	0	11	11	0	0	0	0	0	0	0	0
盐城工学院	20	5	0.5	0	0	0	0	0	0	0	0	0	0	0	0	0	0	3	3	0	0	0	0	0	0	0	0

续表

南京医科大学	21	7	0.9	0	230	128.3	0	0	0	0	0	0	0	0	0	0	0	0	0	0	0	0	0	0	0	0	0
徐州医科大学	22	1	0.3	0	0	3	0	0	0	0	0	0	0	0	0	0	0	0	0	0	0	0	0	0	0	0	0
南京中医药大学	23	12	3.4	0	40	324.52	1	1	0	0	0	0	0	0	0	0	0	12	12	0	0	0	0	0	0	0	0
南京师范大学	24	23	8.5	1.3	164	445.3	4	3	0	1	0	0	0	0	3	1	0	41	39	2	0	0	0	0	0	0	0
江苏师范大学	25	18	10	0.3	1 260	1 469.25	0	0	0	0	0	0	0	0	3	0	0	27	27	0	0	0	0	0	0	1	0
淮阴师范学院	26	9	2	0	363	183	0	0	0	0	0	0	0	0	0	0	0	0	0	0	0	0	0	0	0	0	0
盐城师范学院	27	2	0.4	0	0	80	0	0	0	0	0	0	0	0	0	0	0	2	2	0	0	0	0	0	0	0	0
南京财经大学	28	2	0.4	0.1	0	0	0	0	0	0	0	0	0	0	1	0	0	6	6	0	0	0	0	0	0	0	0
江苏警官学院	29	6	1	0	0	0	0	0	0	0	0	0	0	0	0	0	0	3	3	0	0	0	0	0	0	0	0
南京体育学院	30	0	0	0	0	0	0	0	0	0	0	0	0	0	0	0	0	0	0	0	0	0	0	0	0	0	0
南京艺术学院	31	0	0	0	0	0	0	0	0	0	0	0	0	0	0	0	0	0	0	0	0	0	0	0	0	0	0
苏州科技大学	32	17	4	0.1	280	287	2	2	0	0	0	0	0	0	0	0	0	11	11	0	0	0	0	0	0	1	0
常熟理工学院	33	2	0.5	0	0	1.1	0	0	0	0	0	0	0	0	0	0	0	6	6	0	0	0	0	0	0	0	0
淮阴工学院	34	3	0.3	0	30	22	0	0	0	0	0	0	0	0	0	0	0	8	8	0	0	0	0	0	0	0	0
常州工学院	35	0	0	0	0	0	0	0	0	0	0	0	0	0	0	0	0	2	2	0	0	0	0	0	0	0	0
扬州大学	36	14	3.1	0.2	15	311.45	0	0	0	0	0	0	0	0	0	0	0	3	3	0	0	0	0	0	0	0	0
南京工程学院	37	1	0.2	0	0	1.5	0	0	0	0	0	0	0	0	0	0	0	0	0	0	0	0	0	0	0	0	0
南京审计大学	38	2	1	0	10	0	0	0	0	0	0	0	0	0	0	0	0	0	0	0	0	0	0	0	0	0	0
南京晓庄学院	39	2	0.3	0	0	2	1	1	0	0	0	0	0	0	0	0	0	10	10	0	0	0	0	0	0	0	0
江苏理工学院	40	6	1.1	0	0	39.9	1	1	0	0	0	0	0	0	0	0	0	2	2	0	0	0	0	0	0	0	0
江苏海洋大学	41	4	0.4	0	15	12.1	0	0	0	0	0	0	0	0	0	0	0	2	2	0	0	0	0	0	0	1	0
徐州工程学院	42	0	0	0	0	0	0	0	0	0	0	0	0	0	0	0	0	0	0	0	0	0	0	0	0	0	0
南京特殊教育师范学院	43	0	0	0	0	0	0	0	0	0	0	0	0	0	0	0	0	0	0	0	0	0	0	0	0	0	0
泰州学院	44	0	0	0	0	0	0	0	0	0	0	0	0	0	0	0	0	0	0	0	0	0	0	0	0	0	0
金陵科技学院	45	5	0.9	0	0	82	0	0	0	0	0	0	0	0	0	0	0	2	2	0	0	0	0	0	0	0	0
江苏第二师范学院	46	4	1.2	0	190	100.09	0	0	0	0	0	0	0	0	0	0	0	3	3	0	0	0	0	0	0	0	0

2.4 逻辑学人文、社会科学研究与课题成果情况表

高校名称		总数					出版著作(部)							古籍整理(部)	译著(部)	发表译文(篇)	电子出版物(件)	发表论文(篇)				获奖成果数(项)				研究与咨询报告(篇)	
		课题数(项)	当年投入人数(人年)	其中:研究生(人年)	当年拨入经费(千元)	当年支出经费(千元)	合计	专著	其中:被译成外文	编著教材	工具书参考书	皮书/发展报告	科普读物					合计	国内学术刊物	国外学术刊物	港、澳、台地区刊物	合计	国家级奖	部级奖	省级奖	合计	其中:被采纳数
	编号	L01	L02	L03	L04	L05	L06	L07	L08	L09	L10	L11	L12	L13	L14	L15	L16	L17	L18	L19	L20	L21	L22	L23	L24	L25	L26
合计	/	11	3.7	1.9	72	56.2	0	0	0	0	0	0	0	0	0	0	0	13	13	0	0	0	0	0	0	0	0
南京大学	1	4	0.8	0.4	0	0	0	0	0	0	0	0	0	0	0	0	0	1	1	0	0	0	0	0	0	0	0
东南大学	2	1	0.5	0.3	0	0	0	0	0	0	0	0	0	0	0	0	0	0	0	0	0	0	0	0	0	0	0
江南大学	3	0	0	0	0	0	0	0	0	0	0	0	0	0	0	0	0	0	0	0	0	0	0	0	0	0	0
南京农业大学	4	0	0	0	0	0	0	0	0	0	0	0	0	0	0	0	0	0	0	0	0	0	0	0	0	0	0
中国矿业大学	5	0	0	0	0	0	0	0	0	0	0	0	0	0	0	0	0	0	0	0	0	0	0	0	0	0	0
河海大学	6	2	0.9	0.6	0	0	0	0	0	0	0	0	0	0	0	0	0	10	10	0	0	0	0	0	0	0	0
南京理工大学	7	0	0	0	0	0	0	0	0	0	0	0	0	0	0	0	0	0	0	0	0	0	0	0	0	0	0
南京航空航天大学	8	0	0	0	0	0	0	0	0	0	0	0	0	0	0	0	0	0	0	0	0	0	0	0	0	0	0
中国药科大学	9	0	0	0	0	0	0	0	0	0	0	0	0	0	0	0	0	0	0	0	0	0	0	0	0	0	0
南京森林警察学院	10	0	0	0	0	0	0	0	0	0	0	0	0	0	0	0	0	0	0	0	0	0	0	0	0	0	0
苏州大学	11	0	0	0	0	0	0	0	0	0	0	0	0	0	0	0	0	0	0	0	0	0	0	0	0	0	0
江苏科技大学	12	0	0	0	0	0	0	0	0	0	0	0	0	0	0	0	0	0	0	0	0	0	0	0	0	0	0
南京工业大学	13	0	0	0	0	0	0	0	0	0	0	0	0	0	0	0	0	0	0	0	0	0	0	0	0	0	0
常州大学	14	0	0	0	0	0	0	0	0	0	0	0	0	0	0	0	0	0	0	0	0	0	0	0	0	0	0
南京邮电大学	15	1	0.7	0.6	0	0	0	0	0	0	0	0	0	0	0	0	0	0	0	0	0	0	0	0	0	0	0
南京林业大学	16	0	0	0	0	0	0	0	0	0	0	0	0	0	0	0	0	0	0	0	0	0	0	0	0	0	0
江苏大学	17	0	0	0	0	0	0	0	0	0	0	0	0	0	0	0	0	0	0	0	0	0	0	0	0	0	0
南京信息工程大学	18	1	0.5	0	32	15.3	0	0	0	0	0	0	0	0	0	0	0	0	0	0	0	0	0	0	0	0	0
南通大学	19	0	0	0	0	0	0	0	0	0	0	0	0	0	0	0	0	0	0	0	0	0	0	0	0	0	0
盐城工学院	20	0	0	0	0	0	0	0	0	0	0	0	0	0	0	0	0	0	0	0	0	0	0	0	0	0	0

续表

南京医科大学	21	0	0	0	0	0	0	0	0	0	0	0	0	0	0	0	0	0	0	0	0	0	0	0	0	0	0
徐州医科大学	22	0	0	0	0	0	0	0	0	0	0	0	0	0	0	0	0	0	0	0	0	0	0	0	0	0	0
南京中医药大学	23	0	0	0	0	0	0	0	0	0	0	0	0	0	0	0	0	0	0	0	0	0	0	0	0	0	0
南京师范大学	24	1	0.1	0	0	15.9	0	0	0	0	0	0	0	0	0	0	0	0	0	0	0	0	0	0	0	0	0
江苏师范大学	25	0	0	0	0	0	0	0	0	0	0	0	0	0	0	0	0	0	0	0	0	0	0	0	0	0	0
淮阴师范学院	26	0	0	0	0	0	0	0	0	0	0	0	0	0	0	0	0	0	0	0	0	0	0	0	0	0	0
盐城师范学院	27	0	0	0	0	0	0	0	0	0	0	0	0	0	0	0	0	0	0	0	0	0	0	0	0	0	0
南京财经大学	28	0	0	0	0	0	0	0	0	0	0	0	0	0	0	0	0	0	0	0	0	0	0	0	0	0	0
江苏警官学院	29	0	0	0	0	0	0	0	0	0	0	0	0	0	0	0	0	0	0	0	0	0	0	0	0	0	0
南京体育学院	30	0	0	0	0	0	0	0	0	0	0	0	0	0	0	0	0	0	0	0	0	0	0	0	0	0	0
南京艺术学院	31	0	0	0	0	0	0	0	0	0	0	0	0	0	0	0	0	0	0	0	0	0	0	0	0	0	0
苏州科技大学	32	0	0	0	0	0	0	0	0	0	0	0	0	0	0	0	0	0	0	0	0	0	0	0	0	0	0
常熟理工学院	33	0	0	0	0	0	0	0	0	0	0	0	0	0	0	0	0	0	0	0	0	0	0	0	0	0	0
淮阴工学院	34	0	0	0	0	0	0	0	0	0	0	0	0	0	0	0	0	1	1	0	0	0	0	0	0	0	0
常州工学院	35	0	0	0	0	0	0	0	0	0	0	0	0	0	0	0	0	0	0	0	0	0	0	0	0	0	0
扬州大学	36	1	0.2	0	40	25	0	0	0	0	0	0	0	0	0	0	0	1	1	0	0	0	0	0	0	0	0
南京工程学院	37	0	0	0	0	0	0	0	0	0	0	0	0	0	0	0	0	0	0	0	0	0	0	0	0	0	0
南京审计大学	38	0	0	0	0	0	0	0	0	0	0	0	0	0	0	0	0	0	0	0	0	0	0	0	0	0	0
南京晓庄学院	39	0	0	0	0	0	0	0	0	0	0	0	0	0	0	0	0	0	0	0	0	0	0	0	0	0	0
江苏理工学院	40	0	0	0	0	0	0	0	0	0	0	0	0	0	0	0	0	0	0	0	0	0	0	0	0	0	0
江苏海洋大学	41	0	0	0	0	0	0	0	0	0	0	0	0	0	0	0	0	0	0	0	0	0	0	0	0	0	0
徐州工程学院	42	0	0	0	0	0	0	0	0	0	0	0	0	0	0	0	0	0	0	0	0	0	0	0	0	0	0
南京特殊教育师范学院	43	0	0	0	0	0	0	0	0	0	0	0	0	0	0	0	0	0	0	0	0	0	0	0	0	0	0
泰州学院	44	0	0	0	0	0	0	0	0	0	0	0	0	0	0	0	0	0	0	0	0	0	0	0	0	0	0
金陵科技学院	45	0	0	0	0	0	0	0	0	0	0	0	0	0	0	0	0	0	0	0	0	0	0	0	0	0	0
江苏第二师范学院	46	0	0	0	0	0	0	0	0	0	0	0	0	0	0	0	0	0	0	0	0	0	0	0	0	0	0

2.5 宗教学人文、社会科学研究与课题成果情况表

高校名称		总数					出版著作(部)							古籍整理(部)	译著(部)	发表译文(篇)	电子出版物(件)	发表论文(篇)				获奖成果数(项)				研究与咨询报告(篇)	
		课题数(项)	当年投入人数(人年)	其中：研究生(人年)	当年拨入经费(千元)	当年支出经费(千元)	合计	专著	其中：被译成外文	编著教材	工具书参考书	皮书/发展报告	科普读物					合计	国内学术刊物	国外学术刊物	港、澳、台地区刊物	合计	国家级奖	部级奖	省级奖	合计	其中：被采纳数
	编号	L01	L02	L03	L04	L05	L06	L07	L08	L09	L10	L11	L12	L13	L14	L15	L16	L17	L18	L19	L20	L21	L22	L23	L24	L25	L26
合计	/	64	12.3	2.2	1 296	1 103.12	2	2	0	0	0	0	0	0	1	0	0	23	21	1	1	0	0	0	0	0	0
南京大学	1	25	2.8	0.3	547.5	238	0	0	0	0	0	0	0	0	1	0	0	6	6	0	0	0	0	0	0	0	0
东南大学	2	8	1.5	0	0	173.1	1	1	0	0	0	0	0	0	0	0	0	0	0	0	0	0	0	0	0	0	0
江南大学	3	0	0	0	0	0	0	0	0	0	0	0	0	0	0	0	0	0	0	0	0	0	0	0	0	0	0
南京农业大学	4	7	1.6	0.6	190	152	0	0	0	0	0	0	0	0	0	0	0	1	1	0	0	0	0	0	0	0	0
中国矿业大学	5	1	0.2	0	16	17.41	0	0	0	0	0	0	0	0	0	0	0	0	0	0	0	0	0	0	0	0	0
河海大学	6	4	1.6	1.2	0	0	0	0	0	0	0	0	0	0	0	0	0	3	3	0	0	0	0	0	0	0	0
南京理工大学	7	0	0	0	0	0	0	0	0	0	0	0	0	0	0	0	0	2	2	0	0	0	0	0	0	0	0
南京航空航天大学	8	0	0	0	0	0	0	0	0	0	0	0	0	0	0	0	0	0	0	0	0	0	0	0	0	0	0
中国药科大学	9	0	0	0	0	0	0	0	0	0	0	0	0	0	0	0	0	0	0	0	0	0	0	0	0	0	0
南京森林警察学院	10	0	0	0	0	0	0	0	0	0	0	0	0	0	0	0	0	0	0	0	0	0	0	0	0	0	0
苏州大学	11	1	0.1	0	10	4	0	0	0	0	0	0	0	0	0	0	0	5	3	1	1	0	0	0	0	0	0
江苏科技大学	12	1	0.3	0	0	0.03	0	0	0	0	0	0	0	0	0	0	0	1	1	0	0	0	0	0	0	0	0
南京工业大学	13	1	0.2	0	0	0	0	0	0	0	0	0	0	0	0	0	0	0	0	0	0	0	0	0	0	0	0
常州大学	14	1	0.4	0	0	3	0	0	0	0	0	0	0	0	0	0	0	0	0	0	0	0	0	0	0	0	0
南京邮电大学	15	0	0	0	0	0	0	0	0	0	0	0	0	0	0	0	0	0	0	0	0	0	0	0	0	0	0
南京林业大学	16	1	0.2	0	100	105.8	0	0	0	0	0	0	0	0	0	0	0	0	0	0	0	0	0	0	0	0	0
江苏大学	17	0	0	0	0	0	0	0	0	0	0	0	0	0	0	0	0	0	0	0	0	0	0	0	0	0	0
南京信息工程大学	18	1	0.1	0	0	0	0	0	0	0	0	0	0	0	0	0	0	0	0	0	0	0	0	0	0	0	0
南通大学	19	0	0	0	0	0	0	0	0	0	0	0	0	0	0	0	0	0	0	0	0	0	0	0	0	0	0
盐城工学院	20	0	0	0	0	0	0	0	0	0	0	0	0	0	0	0	0	0	0	0	0	0	0	0	0	0	0

续表

南京医科大学	21	0	0	0	0	0	0	0	0	0	0	0	0	0	0	0	0	0	0	0	0	0	0	0	0	0	0
徐州医科大学	22	0	0	0	0	0	0	0	0	0	0	0	0	0	0	0	0	0	0	0	0	0	0	0	0	0	0
南京中医药大学	23	1	0.5	0	0	15.8	0	0	0	0	0	0	0	0	0	0	0	0	0	0	0	0	0	0	0	0	0
南京师范大学	24	2	0.7	0.1	0	66	0	0	0	0	0	0	0	0	0	0	0	0	0	0	0	0	0	0	0	0	0
江苏师范大学	25	1	0.3	0	0	2	0	0	0	0	0	0	0	0	0	0	0	2	2	0	0	0	0	0	0	0	0
淮阴师范学院	26	1	0.1	0	200	150	0	0	0	0	0	0	0	0	0	0	0	0	0	0	0	0	0	0	0	0	0
盐城师范学院	27	1	0.2	0	230	122	0	0	0	0	0	0	0	0	0	0	0	0	0	0	0	0	0	0	0	0	0
南京财经大学	28	0	0	0	0	0	0	0	0	0	0	0	0	0	0	0	0	0	0	0	0	0	0	0	0	0	0
江苏警官学院	29	1	0.2	0	0	0	1	1	0	0	0	0	0	0	0	0	0	0	0	0	0	0	0	0	0	0	0
南京体育学院	30	0	0	0	0	0	0	0	0	0	0	0	0	0	0	0	0	0	0	0	0	0	0	0	0	0	0
南京艺术学院	31	0	0	0	0	0	0	0	0	0	0	0	0	0	0	0	0	0	0	0	0	0	0	0	0	0	0
苏州科技大学	32	0	0	0	0	0	0	0	0	0	0	0	0	0	0	0	0	0	0	0	0	0	0	0	0	0	0
常熟理工学院	33	0	0	0	0	0	0	0	0	0	0	0	0	0	0	0	0	0	0	0	0	0	0	0	0	0	0
淮阴工学院	34	0	0	0	0	0	0	0	0	0	0	0	0	0	0	0	0	0	0	0	0	0	0	0	0	0	0
常州工学院	35	0	0	0	0	0	0	0	0	0	0	0	0	0	0	0	0	0	0	0	0	0	0	0	0	0	0
扬州大学	36	4	0.6	0	2.5	4	0	0	0	0	0	0	0	0	0	0	0	0	0	0	0	0	0	0	0	0	0
南京工程学院	37	0	0	0	0	0	0	0	0	0	0	0	0	0	0	0	0	0	0	0	0	0	0	0	0	0	0
南京审计大学	38	0	0	0	0	0	0	0	0	0	0	0	0	0	0	0	0	0	0	0	0	0	0	0	0	0	0
南京晓庄学院	39	1	0.3	0	0	10	0	0	0	0	0	0	0	0	0	0	0	3	3	0	0	0	0	0	0	0	0
江苏理工学院	40	0	0	0	0	0	0	0	0	0	0	0	0	0	0	0	0	0	0	0	0	0	0	0	0	0	0
江苏海洋大学	41	0	0	0	0	0	0	0	0	0	0	0	0	0	0	0	0	0	0	0	0	0	0	0	0	0	0
徐州工程学院	42	0	0	0	0	0	0	0	0	0	0	0	0	0	0	0	0	0	0	0	0	0	0	0	0	0	0
南京特殊教育师范学院	43	0	0	0	0	0	0	0	0	0	0	0	0	0	0	0	0	0	0	0	0	0	0	0	0	0	0
泰州学院	44	0	0	0	0	0	0	0	0	0	0	0	0	0	0	0	0	0	0	0	0	0	0	0	0	0	0
金陵科技学院	45	0	0	0	0	0	0	0	0	0	0	0	0	0	0	0	0	0	0	0	0	0	0	0	0	0	0
江苏第二师范学院	46	1	0.4	0	0	39.98	0	0	0	0	0	0	0	0	0	0	0	0	0	0	0	0	0	0	0	0	0

2.6 语言学人文、社会科学研究与课题成果情况表

高校名称	编号	总数 课题数(项)	当年投入人数(人年)	其中:研究生(人年)	当年拨入经费(千元)	当年支出经费(千元)	出版著作(部) 合计	专著	其中:被译成外文	编著教材	工具书参考书	皮书/发展报告	科普读物	古籍整理(部)	译著(部)	发表译文(篇)	电子出版物(件)	发表论文(篇) 合计	国内学术刊物	国外学术刊物	港、澳、台地区刊物	获奖成果数(项) 合计	国家级奖	部级奖	省级奖	研究与咨询报告(篇) 合计	其中:被采纳数
		L01	L02	L03	L04	L05	L06	L07	L08	L09	L10	L11	L12	L13	L14	L15	L16	L17	L18	L19	L20	L21	L22	L23	L24	L25	L26
合计	/	1 308	329.3	33	29 223.31	34 078.43	79	47	10	30	2	0	0	3	10	0	1	887	774	111	2	0	0	0	0	73	9
南京大学	1	56	13.1	8	1 866.5	1 101	4	0	0	4	0	0	0	0	0	0	0	28	18	10	0	0	0	0	0	0	0
东南大学	2	49	11.6	0.4	834	855.2	3	2	0	1	0	0	0	0	2	0	0	25	25	0	0	0	0	0	0	0	0
江南大学	3	22	21.1	8.9	190	258	0	0	0	0	0	0	0	0	0	0	0	0	0	0	0	0	0	0	0	0	0
南京农业大学	4	63	9	2	56	94.7	3	1	0	2	0	0	0	0	1	0	0	7	7	0	0	0	0	0	0	2	2
中国矿业大学	5	34	9.7	0	450.58	145.45	1	0	0	0	1	0	0	0	0	0	0	29	26	3	0	0	0	0	0	2	0
河海大学	6	13	5.7	3.9	110	110	0	0	0	0	0	0	0	0	0	0	0	11	8	3	0	0	0	0	0	2	2
南京理工大学	7	20	4.5	0	421	497.12	3	3	0	0	0	0	0	0	0	0	0	8	2	6	0	0	0	0	0	0	0
南京航空航天大学	8	20	4.4	0	456.3	457.1	4	2	1	2	0	0	0	0	0	0	0	27	20	7	0	0	0	0	0	0	0
中国药科大学	9	23	4.3	0	50	120	0	0	0	0	0	0	0	0	1	0	0	21	21	0	0	0	0	0	0	0	0
南京森林警察学院	10	3	0.6	0	0	0	0	0	0	0	0	0	0	0	0	0	0	4	4	0	0	0	0	0	0	0	0
苏州大学	11	37	10.4	1.8	987	677	5	4	2	0	1	0	0	0	0	0	0	33	25	6	2	0	0	0	0	0	0
江苏科技大学	12	27	7.7	0	304.5	309.8	2	2	2	0	0	0	0	0	0	0	0	15	15	0	0	0	0	0	0	0	0
南京工业大学	13	33	4.2	0.2	196	196	1	1	0	0	0	0	0	0	0	0	0	7	7	0	0	0	0	0	0	0	0
常州大学	14	13	4.7	0	220	172.5	2	2	1	0	0	0	0	0	0	0	0	14	13	1	0	0	0	0	0	2	2
南京邮电大学	15	27	6	1.3	330	223	0	0	0	0	0	0	0	0	0	0	0	11	11	0	0	0	0	0	0	0	0
南京林业大学	16	31	3.1	0	669	338.43	2	1	0	1	0	0	0	0	2	0	0	40	40	0	0	0	0	0	0	0	0
江苏大学	17	38	15.6	0	490	490	0	0	0	0	0	0	0	0	0	0	0	6	4	2	0	0	0	0	0	0	0
南京信息工程大学	18	22	13	0.9	118	191.62	2	2	0	0	0	0	0	0	0	0	0	31	30	1	0	0	0	0	0	0	0
南通大学	19	19	4.5	0	56	80.4	5	5	1	0	0	0	0	3	0	0	0	36	34	2	0	0	0	0	0	0	0
盐城工学院	20	15	1.5	0	51	55	3	3	0	0	0	0	0	0	0	0	0	14	13	1	0	0	0	0	0	0	0

续表

南京医科大学	21	3	0.4	0	10	11.2	0	0	0	0	0	0	0	0	0	0	0	0	0	0	0	0	0	0	0	0	0
徐州医科大学	22	4	1	0	0	5.5	0	0	0	0	0	0	0	0	0	0	0	3	3	0	0	0	0	0	0	0	0
南京中医药大学	23	22	8.3	0	206	412.9	0	0	0	0	0	0	0	0	0	0	0	4	4	0	0	0	0	0	0	0	0
南京师范大学	24	75	24.5	4.1	1 624.3	1 768.63	15	7	2	8	0	0	0	0	2	0	1	95	63	32	0	0	0	0	0	1	1
江苏师范大学	25	69	34.6	0.7	5 794	9 692.65	1	1	0	0	0	0	0	0	0	0	0	61	57	4	0	0	0	0	0	1	1
淮阴师范学院	26	74	8.9	0	6 336	6 343	0	0	0	0	0	0	0	0	0	0	0	28	26	2	0	0	0	0	0	0	0
盐城师范学院	27	48	12.8	0	1 011.32	2 305.1	6	1	0	5	0	0	0	0	1	0	0	29	24	5	0	0	0	0	0	6	0
南京财经大学	28	7	0.8	0.1	120	107.1	2	1	1	1	0	0	0	0	0	0	0	10	7	3	0	0	0	0	0	0	0
江苏警官学院	29	7	1.2	0	0	50	0	0	0	0	0	0	0	0	0	0	0	13	12	1	0	0	0	0	0	0	0
南京体育学院	30	3	0.3	0	0	0	0	0	0	0	0	0	0	0	0	0	0	1	1	0	0	0	0	0	0	0	0
南京艺术学院	31	6	1.5	0	0	11.71	0	0	0	0	0	0	0	0	0	0	0	8	8	0	0	0	0	0	0	0	0
苏州科技大学	32	20	5.7	0	210	197	1	1	0	0	0	0	0	0	1	0	0	37	37	0	0	0	0	0	0	0	0
常熟理工学院	33	32	5.7	0	573.04	510.88	4	1	0	3	0	0	0	0	0	0	0	22	21	1	0	0	0	0	0	13	0
淮阴工学院	34	13	2.4	0	176	280.12	0	0	0	0	0	0	0	0	0	0	0	25	11	14	0	0	0	0	0	0	0
常州工学院	35	55	10.9	0	2 089.2	2 019.23	1	1	0	0	0	0	0	0	0	0	0	13	12	1	0	0	0	0	0	5	0
扬州大学	36	59	9.7	0.7	158.95	663.1	3	2	0	1	0	0	0	0	0	0	0	35	30	5	0	0	0	0	0	1	1
南京工程学院	37	12	1.4	0	267.4	265.67	0	0	0	0	0	0	0	0	0	0	0	45	45	0	0	0	0	0	0	0	0
南京审计大学	38	30	9.6	0	115	314.39	0	0	0	0	0	0	0	0	0	0	0	7	7	0	0	0	0	0	0	0	0
南京晓庄学院	39	6	0.9	0	0	92.5	0	0	0	0	0	0	0	0	0	0	0	6	6	0	0	0	0	0	0	0	0
江苏理工学院	40	39	7.8	0	824	664.97	1	1	0	0	0	0	0	0	0	0	0	17	17	0	0	0	0	0	0	3	0
江苏海洋大学	41	71	7.1	0	992.5	1 226.75	2	0	0	2	0	0	0	0	0	0	0	10	10	0	0	0	0	0	0	35	0
徐州工程学院	42	44	11	0	343	272.6	1	1	0	0	0	0	0	0	0	0	0	21	21	0	0	0	0	0	0	0	0
南京特殊教育师范学院	43	11	1.6	0	384	252	1	1	0	0	0	0	0	0	0	0	0	0	0	0	0	0	0	0	0	0	0
泰州学院	44	2	0.8	0	0	0	1	1	0	0	0	0	0	0	0	0	0	8	8	0	0	0	0	0	0	0	0
金陵科技学院	45	18	2.3	0	79	110.5	0	0	0	0	0	0	0	0	0	0	0	13	12	1	0	0	0	0	0	0	0
江苏第二师范学院	46	13	3.4	0	53.72	128.61	0	0	0	0	0	0	0	0	0	0	0	9	9	0	0	0	0	0	0	0	0

2.7 中国文学人文、社会科学研究与课题成果情况表

高校名称		总数					出版著作(部)							古籍整理(部)	译著(部)	发表译文(篇)	电子出版物(件)	发表论文(篇)				获奖成果数(项)				研究与咨询报告(篇)	
		课题数(项)	当年投入人数(人年)	其中:研究生(人年)	当年拨入经费(千元)	当年支出经费(千元)	合计	专著	其中:被译成外文	编著教材	工具书参考书	皮书/发展报告	科普读物					合计	国内学术刊物	国外学术刊物	港、澳、台地区刊物	合计	国家级奖	部级奖	省级奖	合计	其中:被采纳数
	编号	L01	L02	L03	L04	L05	L06	L07	L08	L09	L10	L11	L12	L13	L14	L15	L16	L17	L18	L19	L20	L21	L22	L23	L24	L25	L26
合计	/	995	253.9	22.9	44 544.98	37 467.5	111	71	1	37	1	0	2	12	7	3	0	1 100	1 086	12	2	0	0	0	0	19	6
南京大学	1	102	14.6	4.4	3 793.5	2 780.7	1	0	0	1	0	0	0	0	2	0	0	153	152	1	0	0	0	0	0	0	0
东南大学	2	29	6	0	236	329.7	1	1	0	0	0	0	0	0	0	0	0	8	8	0	0	0	0	0	0	0	0
江南大学	3	24	20.6	8.3	410	487	2	1	0	1	0	0	0	0	0	0	0	24	24	0	0	0	0	0	0	0	0
南京农业大学	4	0	0	0	0	0	0	0	0	0	0	0	0	0	0	0	0	1	1	0	0	0	0	0	0	0	0
中国矿业大学	5	20	4.3	0.2	40	47.34	0	0	0	0	0	0	0	0	2	0	0	11	11	0	0	0	0	0	0	0	0
河海大学	6	6	2.2	1.4	70	70	0	0	0	0	0	0	0	0	0	0	0	6	6	0	0	0	0	0	0	0	0
南京理工大学	7	3	0.7	0	0	60	0	0	0	0	0	0	0	0	0	0	0	0	0	0	0	0	0	0	0	0	0
南京航空航天大学	8	0	0	0	0	0	1	0	0	1	0	0	0	0	0	0	0	6	6	0	0	0	0	0	0	0	0
中国药科大学	9	0	0	0	0	0	0	0	0	0	0	0	0	0	0	0	0	0	0	0	0	0	0	0	0	0	0
南京森林警察学院	10	0	0	0	0	0	0	0	0	0	0	0	0	0	0	0	0	0	0	0	0	0	0	0	0	0	0
苏州大学	11	56	16	2.7	1 995	1 354	24	12	0	11	1	0	0	3	0	0	0	108	107	1	0	0	0	0	0	0	0
江苏科技大学	12	11	3.1	0	90	87.3	0	0	0	0	0	0	0	0	0	0	0	4	4	0	0	0	0	0	0	0	0
南京工业大学	13	9	1.2	0.2	255	255	0	0	0	0	0	0	0	0	0	0	0	2	2	0	0	0	0	0	0	0	0
常州大学	14	11	3.7	0	0	131	0	0	0	0	0	0	0	0	0	0	0	8	8	0	0	0	0	0	0	0	0
南京邮电大学	15	0	0	0	0	0	0	0	0	0	0	0	0	0	0	0	0	0	0	0	0	0	0	0	0	0	0
南京林业大学	16	6	0.6	0	82	74.75	1	0	0	1	0	0	0	0	0	0	0	26	26	0	0	0	0	0	0	0	0
江苏大学	17	21	4.6	1.7	430	340	0	0	0	0	0	0	0	0	0	0	0	3	3	0	0	0	0	0	0	0	0
南京信息工程大学	18	24	7.1	0	67	165.15	1	1	0	0	0	0	0	1	0	0	0	8	8	0	0	0	0	0	0	0	0
南通大学	19	65	14.9	0.6	1 786	1 598.1	7	7	0	0	0	0	0	4	0	0	0	45	45	0	0	0	0	0	0	1	1
盐城工学院	20	11	1.1	0	40	60	1	1	0	0	0	0	0	0	0	0	0	5	5	0	0	0	0	0	0	0	0

续表

南京医科大学	21	0	0	0	0	0	0	0	0	0	0	0	0	0	0	0	0	0	0	0	0	0	0	0	0	0	0
徐州医科大学	22	1	0.3	0	0	18	0	0	0	0	0	0	0	0	0	0	0	0	0	0	0	0	0	0	0	0	0
南京中医药大学	23	2	0.8	0	0	4	0	0	0	0	0	0	0	0	0	0	0	0	0	0	0	0	0	0	0	0	0
南京师范大学	24	63	15.2	1.9	1 691.6	2 676.7	20	11	0	9	0	0	0	1	0	3	0	67	63	2	2	0	0	0	0	0	0
江苏师范大学	25	63	32.9	0.3	21 680	16 455.5	5	0	0	5	0	0	0	0	0	0	0	57	56	1	0	0	0	0	0	0	0
淮阴师范学院	26	35	4.3	0	1 863	2 072.7	4	3	0	1	0	0	0	0	0	0	0	22	21	1	0	0	0	0	0	0	0
盐城师范学院	27	51	13.2	0	435	1 129.4	8	8	0	0	0	0	0	0	0	0	0	71	68	3	0	0	0	0	0	3	0
南京财经大学	28	3	0.5	0	25	17	0	0	0	0	0	0	0	0	1	0	0	4	4	0	0	0	0	0	0	0	0
江苏警官学院	29	4	0.7	0	0	17.55	0	0	0	0	0	0	0	0	0	0	0	10	10	0	0	0	0	0	0	0	0
南京体育学院	30	0	0	0	0	0	0	0	0	0	0	0	0	0	0	0	0	0	0	0	0	0	0	0	0	0	0
南京艺术学院	31	6	2.3	0	0	0	1	1	0	0	0	0	0	0	0	0	0	4	4	0	0	0	0	0	0	0	0
苏州科技大学	32	18	3.4	0.7	920	817	4	4	0	0	0	0	0	0	0	0	0	15	15	0	0	0	0	0	0	0	0
常熟理工学院	33	24	6.9	0	264.88	277.15	0	0	0	0	0	0	0	0	0	0	0	40	40	0	0	0	0	0	0	5	1
淮阴工学院	34	9	1.8	0	725	724.56	2	2	0	0	0	0	0	0	0	0	0	25	25	0	0	0	0	0	0	0	0
常州工学院	35	38	6.5	0	893	384.45	0	0	0	0	0	0	0	0	1	0	0	26	26	0	0	0	0	0	0	3	0
扬州大学	36	85	18	0.5	2 728	2 608.15	9	7	0	2	0	0	0	3	1	0	0	135	134	1	0	0	0	0	0	0	0
南京工程学院	37	3	0.5	0	7	47.39	5	3	0	0	0	0	2	0	0	0	0	0	0	0	0	0	0	0	0	0	0
南京审计大学	38	10	2.6	0	370	73.43	0	0	0	0	0	0	0	0	0	0	0	6	6	0	0	0	0	0	0	0	0
南京晓庄学院	39	30	6.5	0	354	302.1	2	2	0	0	0	0	0	0	0	0	0	42	42	0	0	0	0	0	0	0	0
江苏理工学院	40	32	6.6	0	1 190	630.23	1	0	0	1	0	0	0	0	0	0	0	13	13	0	0	0	0	0	0	3	3
江苏海洋大学	41	21	2.1	0	235	290.5	0	0	0	0	0	0	0	0	0	0	0	10	10	0	0	0	0	0	0	1	1
徐州工程学院	42	33	9.4	0	805	460.2	5	1	1	4	0	0	0	0	0	0	0	44	43	1	0	0	0	0	0	2	0
南京特殊教育师范学院	43	1	0.1	0	0	0	0	0	0	0	0	0	0	0	0	0	0	0	0	0	0	0	0	0	0	0	0
泰州学院	44	21	6.1	0	108	149	3	3	0	0	0	0	0	0	0	0	0	38	37	1	0	0	0	0	0	0	0
金陵科技学院	45	7	1.5	0	56	112.22	1	1	0	0	0	0	0	0	0	0	0	9	9	0	0	0	0	0	0	1	0
江苏第二师范学院	46	37	11	0	900	360.23	2	2	0	0	0	0	0	0	0	0	0	44	44	0	0	0	0	0	0	0	0

2.8 外国文学人文、社会科学研究与课题成果情况表

高校名称	编号	总数：课题数(项)	总数：当年投入人数(人年)	总数：其中：研究生(人年)	总数：当年拨入经费(千元)	总数：当年支出经费(千元)	出版著作(部)：合计	出版著作(部)：专著	出版著作(部)：其中：被译成外文	出版著作(部)：编著教材	出版著作(部)：工具书参考书	出版著作(部)：皮书/发展报告	出版著作(部)：科普读物	古籍整理(部)	译著(部)	发表译文(篇)	电子出版物(件)	发表论文(篇)：合计	发表论文(篇)：国内学术刊物	发表论文(篇)：国外学术刊物	发表论文(篇)：港、澳、台地区刊物	获奖成果数(项)：合计	获奖成果数(项)：国家级奖	获奖成果数(项)：部级奖	获奖成果数(项)：省级奖	研究与咨询报告(篇)：合计	研究与咨询报告(篇)：其中：被采纳数
		L01	L02	L03	L04	L05	L06	L07	L08	L09	L10	L11	L12	L13	L14	L15	L16	L17	L18	L19	L20	L21	L22	L23	L24	L25	L26
合计	/	509	124.7	9.3	8 463.35	8 092.27	68	30	1	38	0	0	0	0	33	4	0	454	403	50	1	0	0	0	0	7	4
南京大学	1	55	7.5	1.9	806	760.4	3	1	0	2	0	0	0	0	16	0	0	48	33	15	0	0	0	0	0	0	0
东南大学	2	16	5.5	0.1	75	150.8	4	4	0	0	0	0	0	0	0	0	0	8	8	0	0	0	0	0	0	0	0
江南大学	3	5	3	0	0	2	22	0	0	22	0	0	0	0	0	0	0	69	69	0	0	0	0	0	0	0	0
南京农业大学	4	12	1.1	0	0	0	0	0	0	0	0	0	0	0	0	0	0	1	1	0	0	0	0	0	0	0	0
中国矿业大学	5	4	0.7	0	10	4.72	4	0	0	4	0	0	0	0	0	0	0	14	12	2	0	0	0	0	0	0	0
河海大学	6	4	1.6	1.2	0	0	0	0	0	0	0	0	0	0	0	0	0	3	3	0	0	0	0	0	0	0	0
南京理工大学	7	13	2	0	44	280.32	2	1	1	1	0	0	0	0	2	0	0	6	5	1	0	0	0	0	0	1	0
南京航空航天大学	8	10	2.6	0	132	122	0	0	0	0	0	0	0	0	0	0	0	0	0	0	0	0	0	0	0	0	0
中国药科大学	9	0	0	0	0	0	0	0	0	0	0	0	0	0	0	0	0	0	0	0	0	0	0	0	0	0	0
南京森林警察学院	10	1	0.2	0	12	12	0	0	0	0	0	0	0	0	0	0	0	1	1	0	0	0	0	0	0	0	0
苏州大学	11	38	11.1	2.3	813	632	10	7	0	3	0	0	0	0	2	0	0	23	22	1	0	0	0	0	0	0	0
江苏科技大学	12	11	3.4	0	28	33.74	0	0	0	0	0	0	0	0	0	0	0	6	6	0	0	0	0	0	0	0	0
南京工业大学	13	14	2.3	0.5	43	100	1	1	0	0	0	0	0	0	1	0	0	25	24	1	0	0	0	0	0	0	0
常州大学	14	6	1.8	0	0	6	0	0	0	0	0	0	0	0	2	0	0	10	9	1	0	0	0	0	0	0	0
南京邮电大学	15	23	8.1	2.3	720	244.15	0	0	0	0	0	0	0	0	0	0	0	5	5	0	0	0	0	0	0	0	0
南京林业大学	16	10	1	0	30	51.1	0	0	0	0	0	0	0	0	0	0	0	3	3	0	0	0	0	0	0	0	0
江苏大学	17	7	1.1	0.2	0	0	0	0	0	0	0	0	0	0	0	0	0	0	0	0	0	0	0	0	0	0	0
南京信息工程大学	18	15	9.1	0.3	545	223.4	0	0	0	0	0	0	0	0	1	0	0	15	15	0	0	0	0	0	0	0	0
南通大学	19	25	5.4	0.1	550	465	0	0	0	0	0	0	0	0	0	0	0	30	30	0	0	0	0	0	0	0	0
盐城工学院	20	9	0.9	0	800	810	0	0	0	0	0	0	0	0	0	0	0	10	10	0	0	0	0	0	0	4	4

续表

南京医科大学	21	0	0	0	0	0	0	0	0	0	0	0	0	0	0	0	0	0	0	0	0	0	0	0	0	0	0
徐州医科大学	22	0	0	0	0	0	0	0	0	0	0	0	0	0	0	0	0	0	0	0	0	0	0	0	0	0	0
南京中医药大学	23	0	0	0	0	0	0	0	0	0	0	0	0	0	0	0	0	15	15	0	0	0	0	0	0	0	0
南京师范大学	24	34	8.2	0.4	605.8	486.9	12	8	0	4	0	0	0	0	7	4	0	44	24	19	1	0	0	0	0	0	0
江苏师范大学	25	25	12.7	0	1 070	1 316.55	0	0	0	0	0	0	0	0	0	0	0	14	14	0	0	0	0	0	0	1	0
淮阴师范学院	26	7	0.7	0	71.45	81.45	0	0	0	0	0	0	0	0	0	0	0	7	7	0	0	0	0	0	0	0	0
盐城师范学院	27	16	2.7	0	474	831.3	0	0	0	0	0	0	0	0	0	0	0	19	18	1	0	0	0	0	0	0	0
南京财经大学	28	3	0.5	0	5	5	0	0	0	0	0	0	0	0	1	0	0	3	3	0	0	0	0	0	0	1	0
江苏警官学院	29	0	0	0	0	0	0	0	0	0	0	0	0	0	0	0	0	0	0	0	0	0	0	0	0	0	0
南京体育学院	30	0	0	0	0	0	0	0	0	0	0	0	0	0	0	0	0	0	0	0	0	0	0	0	0	0	0
南京艺术学院	31	1	0.1	0	10	0.5	0	0	0	0	0	0	0	0	0	0	0	1	1	0	0	0	0	0	0	0	0
苏州科技大学	32	9	1.6	0	0	0	3	3	0	0	0	0	0	0	0	0	0	10	9	1	0	0	0	0	0	0	0
常熟理工学院	33	13	3.5	0	40	83.59	3	1	0	2	0	0	0	0	0	0	0	2	2	0	0	0	0	0	0	0	0
淮阴工学院	34	8	1.7	0	20	49.11	0	0	0	0	0	0	0	0	0	0	0	1	1	0	0	0	0	0	0	0	0
常州工学院	35	14	2.7	0	20	92.1	0	0	0	0	0	0	0	0	0	0	0	2	2	0	0	0	0	0	0	0	0
扬州大学	36	38	6.5	0	363.5	480.85	0	0	0	0	0	0	0	0	1	0	0	13	13	0	0	0	0	0	0	0	0
南京工程学院	37	2	0.3	0	5	10	0	0	0	0	0	0	0	0	0	0	0	9	9	0	0	0	0	0	0	0	0
南京审计大学	38	7	2.2	0	30	96.7	0	0	0	0	0	0	0	0	0	0	0	1	1	0	0	0	0	0	0	0	0
南京晓庄学院	39	12	2	0	399	189.6	1	1	0	0	0	0	0	0	0	0	0	23	15	8	0	0	0	0	0	0	0
江苏理工学院	40	13	3.2	0	310	206.89	0	0	0	0	0	0	0	0	0	0	0	7	7	0	0	0	0	0	0	0	0
江苏海洋大学	41	13	1.3	0	241.6	209.2	3	3	0	0	0	0	0	0	0	0	0	0	0	0	0	0	0	0	0	0	0
徐州工程学院	42	5	4.1	0	0	26.1	0	0	0	0	0	0	0	0	0	0	0	5	5	0	0	0	0	0	0	0	0
南京特殊教育师范学院	43	1	0.2	0	0	0	0	0	0	0	0	0	0	0	0	0	0	0	0	0	0	0	0	0	0	0	0
泰州学院	44	2	0.7	0	0	6.3	0	0	0	0	0	0	0	0	0	0	0	0	0	0	0	0	0	0	0	0	0
金陵科技学院	45	3	0.3	0	0	13	0	0	0	0	0	0	0	0	0	0	0	0	0	0	0	0	0	0	0	0	0
江苏第二师范学院	46	5	1.1	0	190	9.5	0	0	0	0	0	0	0	0	0	0	0	1	1	0	0	0	0	0	0	0	0

2.9 艺术学人文、社会科学研究与课题成果情况表

高校名称	编号	总数 课题数(项)	当年投入人数(人年)	其中：研究生(人年)	当年拨入经费(千元)	当年支出经费(千元)	出版著作(部) 合计	专著	其中：被译成外文	编著教材	工具书参考书	皮书/发展报告	科普读物	古籍整理(部)	译著(部)	发表译文(篇)	电子出版物(件)	发表论文(篇) 合计	国内学术刊物	国外学术刊物	港、澳、台地区刊物	获奖成果数(项) 合计	国家级奖	部级奖	省级奖	研究与咨询报告(篇) 合计	其中：被采纳数
		L01	L02	L03	L04	L05	L06	L07	L08	L09	L10	L11	L12	L13	L14	L15	L16	L17	L18	L19	L20	L21	L22	L23	L24	L25	L26
合计	/	2 270	600.7	78.5	70 699.26	63 316.36	158	108	0	48	1	0	1	1	5	0	3	2 048	1 990	58	0	0	0	0	0	159	61
南京大学	1	45	10.1	5.5	923.5	700.7	2	1	0	1	0	0	0	0	0	0	0	52	50	2	0	0	0	0	0	0	0
东南大学	2	120	22.3	0.7	3 106	3 675.46	15	14	0	1	0	0	0	0	1	0	0	163	163	0	0	0	0	0	0	0	0
江南大学	3	135	118.8	50.9	8 760.5	7 693.5	0	0	0	0	0	0	0	0	0	0	0	40	40	0	0	0	0	0	0	0	0
南京农业大学	4	15	3	1.8	230	184	0	0	0	0	0	0	0	0	0	0	0	3	3	0	0	0	0	0	0	0	0
中国矿业大学	5	80	18.9	1.4	1 870.5	1 041.63	2	1	0	1	0	0	0	0	0	0	0	29	27	2	0	0	0	0	0	23	19
河海大学	6	6	2.5	1.8	48	48	1	1	0	0	0	0	0	0	0	0	0	10	10	0	0	0	0	0	0	1	1
南京理工大学	7	55	7.1	0.4	1 901	1 733.8	3	3	0	0	0	0	0	0	0	0	0	12	7	5	0	0	0	0	0	2	0
南京航空航天大学	8	28	8.5	0	572	557	0	0	0	0	0	0	0	1	0	0	0	27	20	7	0	0	0	0	0	0	0
中国药科大学	9	0	0	0	0	0	0	0	0	0	0	0	0	0	0	0	0	0	0	0	0	0	0	0	0	0	0
南京森林警察学院	10	1	0.2	0	0	0	0	0	0	0	0	0	0	0	0	0	0	1	1	0	0	0	0	0	0	0	0
苏州大学	11	68	13.1	0.8	4 135	2 295	20	3	0	17	0	0	0	0	0	0	0	24	22	2	0	0	0	0	0	2	0
江苏科技大学	12	3	0.7	0	5	6.7	0	0	0	0	0	0	0	0	0	0	0	1	1	0	0	0	0	0	0	0	0
南京工业大学	13	28	4	0.2	98	136.7	3	2	0	1	0	0	0	0	0	0	0	42	42	0	0	0	0	0	0	0	0
常州大学	14	40	12.8	0	696.5	571	2	1	0	1	0	0	0	0	0	0	0	71	71	0	0	0	0	0	0	0	0
南京邮电大学	15	36	8.1	1.6	390	373	1	1	0	0	0	0	0	0	0	0	0	36	36	0	0	0	0	0	0	4	3
南京林业大学	16	63	6.3	0	859	664.12	5	5	0	0	0	0	0	0	0	0	0	47	47	0	0	0	0	0	0	0	0
江苏大学	17	32	10.5	7.4	250	250	1	1	0	0	0	0	0	0	0	0	0	11	11	0	0	0	0	0	0	0	0
南京信息工程大学	18	43	22	1.2	734	474.31	0	0	0	0	0	0	0	0	0	0	0	29	29	0	0	0	0	0	0	2	2
南通大学	19	27	5.3	0.1	1 582	1 246	10	8	0	0	1	0	1	0	0	0	0	28	27	1	0	0	0	0	0	4	4
盐城工学院	20	50	5	0	235	209	0	0	0	0	0	0	0	0	0	0	0	30	30	0	0	0	0	0	0	4	4

续表

南京医科大学	21	0	0	0	0	0	0	0	0	0	0	0	0	0	0	0	0	0	0	0	0	0	0	0	0	0	0
徐州医科大学	22	0	0	0	0	0	0	0	0	0	0	0	0	0	0	0	0	0	0	0	0	0	0	0	0	0	0
南京中医药大学	23	1	0.2	0	0	0	0	0	0	0	0	0	0	0	0	0	0	4	4	0	0	0	0	0	0	0	0
南京师范大学	24	79	11.8	1.4	1 154.46	923.75	13	9	0	4	0	0	0	0	2	0	1	49	42	7	0	0	0	0	0	3	3
江苏师范大学	25	70	27.1	0	3 665.5	3 088.8	6	3	0	3	0	0	0	0	0	0	0	143	139	4	0	0	0	0	0	11	5
淮阴师范学院	26	125	15.3	0	10 139.32	10 059.32	4	4	0	0	0	0	0	0	0	0	0	54	51	3	0	0	0	0	0	0	0
盐城师范学院	27	74	19	0	3 857.56	5 445.4	6	4	0	2	0	0	0	0	0	0	0	27	27	0	0	0	0	0	0	13	0
南京财经大学	28	21	3.3	0.3	1 042	740.1	1	1	0	0	0	0	0	0	0	0	0	17	14	3	0	0	0	0	0	0	0
江苏警官学院	29	4	0.8	0	30	47.46	0	0	0	0	0	0	0	0	0	0	0	2	2	0	0	0	0	0	0	0	0
南京体育学院	30	0	0	0	0	0	0	0	0	0	0	0	0	0	0	0	0	0	0	0	0	0	0	0	0	0	0
南京艺术学院	31	259	78.2	1.9	4 225.2	2 570.08	21	13	0	8	0	0	0	0	0	0	1	449	440	9	0	0	0	0	0	3	1
苏州科技大学	32	85	23.2	0.6	2 818.8	2 811.8	3	2	0	1	0	0	0	0	0	0	1	107	107	0	0	0	0	0	0	0	0
常熟理工学院	33	49	12.8	0	1 719.52	1 677.36	3	1	0	2	0	0	0	0	0	0	0	58	54	4	0	0	0	0	0	17	3
淮阴工学院	34	31	5.5	0	291	724.31	4	4	0	0	0	0	0	0	0	0	0	25	25	0	0	0	0	0	0	0	0
常州工学院	35	117	21.5	0	4 410	3 898.58	1	1	0	0	0	0	0	0	0	0	0	37	36	1	0	0	0	0	0	17	0
扬州大学	36	81	13.3	0.5	1 289.3	1 565.55	7	5	0	2	0	0	0	0	1	0	0	75	73	2	0	0	0	0	0	8	8
南京工程学院	37	55	8.3	0	2 524.4	2 372.63	0	0	0	0	0	0	0	0	0	0	0	32	30	2	0	0	0	0	0	1	0
南京审计大学	38	1	0.3	0	10	37.6	0	0	0	0	0	0	0	0	0	0	0	4	4	0	0	0	0	0	0	0	0
南京晓庄学院	39	43	7.7	0	425	386.24	6	6	0	0	0	0	0	0	0	0	0	43	42	1	0	0	0	0	0	0	0
江苏理工学院	40	49	10.1	0	2 625.5	1 579.98	1	1	0	0	0	0	0	0	0	0	0	12	12	0	0	0	0	0	0	13	3
江苏海洋大学	41	59	5.9	0	1 446.2	1 316.85	4	3	0	1	0	0	0	0	0	0	0	60	60	0	0	0	0	0	0	15	2
徐州工程学院	42	84	35.9	0	228	241.5	3	2	0	1	0	0	0	0	0	0	0	65	65	0	0	0	0	0	0	3	0
南京特殊教育师范学院	43	3	0.4	0	0	0	1	1	0	0	0	0	0	0	1	0	0	6	6	0	0	0	0	0	0	0	0
泰州学院	44	15	5	0	212	160.2	4	2	0	2	0	0	0	0	0	0	0	49	48	1	0	0	0	0	0	0	0
金陵科技学院	45	51	5.7	0	1 891.5	1 679.5	4	4	0	0	0	0	0	0	0	0	0	38	36	2	0	0	0	0	0	13	3
江苏第二师范学院	46	39	10.2	0	298	129.43	1	1	0	0	0	0	0	0	0	0	0	36	36	0	0	0	0	0	0	0	0

2.10 历史学人文、社会科学研究与课题成果情况表

高校名称		总数					出版著作(部)							古籍整理(部)	译著(部)	发表译文(篇)	电子出版物(件)	发表论文(篇)				获奖成果数(项)				研究与咨询报告(篇)	
		课题数(项)	当年投入人数(人年)	其中：研究生(人年)	当年拨入经费(千元)	当年支出经费(千元)	合计	专著	其中：被译成外文	编著教材	工具书参考书	皮书/发展报告	科普读物					合计	国内学术刊物	国外学术刊物	港、澳、台地区刊物	合计	国家级奖	部级奖	省级奖	合计	其中：被采纳数
	编号	L01	L02	L03	L04	L05	L06	L07	L08	L09	L10	L11	L12	L13	L14	L15	L16	L17	L18	L19	L20	L21	L22	L23	L24	L25	L26
合计	/	618	140.2	23.7	21 535.61	22 362.41	71	37	2	28	6	0	0	2	11	3	0	393	383	10	0	0	0	0	0	18	10
南京大学	1	161	19.1	3.4	9 401.11	10 026.75	16	9	0	7	0	0	0	0	2	0	0	65	62	3	0	0	0	0	0	0	0
东南大学	2	5	0.7	0.1	350	397	3	3	0	0	0	0	0	0	2	0	0	1	1	0	0	0	0	0	0	0	0
江南大学	3	9	8.9	7.7	230	252	6	1	0	5	0	0	0	0	0	0	0	23	23	0	0	0	0	0	0	0	0
南京农业大学	4	82	9.2	1.6	1 019	936.4	3	1	1	2	0	0	0	0	0	0	0	23	22	1	0	0	0	0	0	2	1
中国矿业大学	5	12	3.2	0	340	353.9	0	0	0	0	0	0	0	0	0	0	0	5	5	0	0	0	0	0	0	0	0
河海大学	6	13	6.6	3.9	93	93	0	0	0	0	0	0	0	0	0	0	0	5	5	0	0	0	0	0	0	1	1
南京理工大学	7	7	0.8	0.1	190	163	0	0	0	0	0	0	0	0	0	0	0	0	0	0	0	0	0	0	0	0	0
南京航空航天大学	8	0	0	0	0	0	0	0	0	0	0	0	0	0	0	0	0	0	0	0	0	0	0	0	0	0	0
中国药科大学	9	5	0.5	0	5	35	0	0	0	0	0	0	0	0	0	0	0	2	2	0	0	0	0	0	0	0	0
南京森林警察学院	10	0	0	0	0	0	0	0	0	0	0	0	0	0	0	0	0	0	0	0	0	0	0	0	0	0	0
苏州大学	11	34	8.6	1.4	2 041	1 087	24	6	0	12	6	0	0	1	0	0	0	71	70	1	0	0	0	0	0	1	0
江苏科技大学	12	8	1.4	0	255	206	1	1	0	0	0	0	0	0	1	0	0	11	11	0	0	0	0	0	0	0	0
南京工业大学	13	1	0.1	0	0	0	0	0	0	0	0	0	0	0	0	0	0	0	0	0	0	0	0	0	0	0	0
常州大学	14	4	1.8	0	30	125	0	0	0	0	0	0	0	0	0	0	0	3	3	0	0	0	0	0	0	0	0
南京邮电大学	15	19	6.4	2.5	335	509	0	0	0	0	0	0	0	0	0	0	0	5	5	0	0	0	0	0	0	0	0
南京林业大学	16	4	0.4	0	0	25.48	0	0	0	0	0	0	0	0	0	0	0	1	1	0	0	0	0	0	0	0	0
江苏大学	17	3	0.7	0	0	0	0	0	0	0	0	0	0	0	0	0	0	1	1	0	0	0	0	0	0	0	0
南京信息工程大学	18	17	4.7	0	444	223.56	0	0	0	0	0	0	0	0	0	0	0	12	12	0	0	0	0	0	0	0	0
南通大学	19	5	1	0	17	23	2	2	1	0	0	0	0	0	0	0	0	4	4	0	0	0	0	0	0	0	0
盐城工学院	20	5	0.6	0	130	135	0	0	0	0	0	0	0	0	0	0	0	2	2	0	0	0	0	0	0	0	0

续表

南京医科大学	21	1	0.2	0	30	15.1	0	0	0	0	0	0	0	0	0	0	0	0	0	0	0	0	0	0	0	0	0
徐州医科大学	22	1	0.1	0	0	0	0	0	0	0	0	0	0	0	0	0	0	0	0	0	0	0	0	0	0	0	0
南京中医药大学	23	12	3.2	0	102	94	1	1	0	0	0	0	0	0	0	0	0	7	7	0	0	0	0	0	0	1	1
南京师范大学	24	32	7.1	0.3	1 989	1 930.7	4	3	0	1	0	0	0	1	3	3	0	34	31	3	0	0	0	0	0	0	0
江苏师范大学	25	50	26.7	1.7	1 463	2 986.35	1	0	0	1	0	0	0	0	0	0	0	19	19	0	0	0	0	0	0	8	7
淮阴师范学院	26	17	3.4	0	960	507	2	2	0	0	0	0	0	0	0	0	0	15	14	1	0	0	0	0	0	0	0
盐城师范学院	27	5	2.4	0	42	67.5	0	0	0	0	0	0	0	0	0	0	0	1	1	0	0	0	0	0	0	0	0
南京财经大学	28	0	0	0	0	0	0	0	0	0	0	0	0	0	0	0	0	1	1	0	0	0	0	0	0	0	0
江苏警官学院	29	2	0.8	0	0	3.03	0	0	0	0	0	0	0	0	0	0	0	1	1	0	0	0	0	0	0	0	0
南京体育学院	30	0	0	0	0	0	0	0	0	0	0	0	0	0	0	0	0	0	0	0	0	0	0	0	0	0	0
南京艺术学院	31	0	0	0	0	0	0	0	0	0	0	0	0	0	0	0	0	2	2	0	0	0	0	0	0	0	0
苏州科技大学	32	19	3.7	0.6	1 076	1 000	3	3	0	0	0	0	0	0	0	0	0	19	18	1	0	0	0	0	0	0	0
常熟理工学院	33	5	0.9	0	43	45.8	0	0	0	0	0	0	0	0	0	0	0	5	5	0	0	0	0	0	0	0	0
淮阴工学院	34	5	0.8	0	10	37	0	0	0	0	0	0	0	0	0	0	0	1	1	0	0	0	0	0	0	0	0
常州工学院	35	11	2.6	0	218	87.95	0	0	0	0	0	0	0	0	0	0	0	3	3	0	0	0	0	0	0	4	0
扬州大学	36	32	6.1	0.4	177.5	496.1	3	3	0	0	0	0	0	0	1	0	0	32	32	0	0	0	0	0	0	0	0
南京工程学院	37	4	0.4	0	15	46.24	0	0	0	0	0	0	0	0	0	0	0	0	0	0	0	0	0	0	0	0	0
南京审计大学	38	3	0.8	0	60	58.84	1	1	0	0	0	0	0	0	0	0	0	0	0	0	0	0	0	0	0	0	0
南京晓庄学院	39	6	1.3	0	190	183	0	0	0	0	0	0	0	0	0	0	0	7	7	0	0	0	0	0	0	0	0
江苏理工学院	40	9	1.8	0	30	165.3	0	0	0	0	0	0	0	0	2	0	0	5	5	0	0	0	0	0	0	0	0
江苏海洋大学	41	1	0.1	0	0	10	0	0	0	0	0	0	0	0	0	0	0	1	1	0	0	0	0	0	0	0	0
徐州工程学院	42	1	0.4	0	0	0	0	0	0	0	0	0	0	0	0	0	0	0	0	0	0	0	0	0	0	0	0
南京特殊教育师范学院	43	1	0.1	0	0	0.4	0	0	0	0	0	0	0	0	0	0	0	0	0	0	0	0	0	0	0	0	0
泰州学院	44	0	0	0	0	0	0	0	0	0	0	0	0	0	0	0	0	2	2	0	0	0	0	0	0	0	0
金陵科技学院	45	2	0.8	0	0	20	0	0	0	0	0	0	0	0	0	0	0	0	0	0	0	0	0	0	0	1	0
江苏第二师范学院	46	5	1.8	0	250	17.01	1	1	0	0	0	0	0	0	0	0	0	4	4	0	0	0	0	0	0	0	0

2.11 考古学人文、社会科学研究与课题成果情况表

高校名称	编号	总数：课题数（项）	总数：当年投入人数（人年）	总数：其中：研究生（人年）	总数：当年拨入经费（千元）	总数：当年支出经费（千元）	出版著作（部）：合计	出版著作（部）：专著	出版著作（部）：其中：被译成外文	出版著作（部）：编著教材	出版著作（部）：工具书参考书	出版著作（部）：皮书/发展报告	出版著作（部）：科普读物	古籍整理（部）	译著（部）	发表译文（篇）	电子出版物（件）	发表论文（篇）：合计	发表论文（篇）：国内学术刊物	发表论文（篇）：国外学术刊物	发表论文（篇）：港、澳、台地区刊物	获奖成果数（项）：合计	获奖成果数（项）：国家级奖	获奖成果数（项）：部级奖	获奖成果数（项）：省级奖	研究与咨询报告（篇）：合计	研究与咨询报告（篇）：其中：被采纳数
		L01	L02	L03	L04	L05	L06	L07	L08	L09	L10	L11	L12	L13	L14	L15	L16	L17	L18	L19	L20	L21	L22	L23	L24	L25	L26
合计	/	110	18.5	8.6	15 051.4	14 322.56	3	2	0	1	0	0	0	0	0	0	0	15	15	0	0	0	0	0	0	0	0
南京大学	1	59	7.5	6.3	3 956.5	3 755.12	0	0	0	0	0	0	0	0	0	0	0	5	5	0	0	0	0	0	0	0	0
东南大学	2	0	0	0	0	0	0	0	0	0	0	0	0	0	0	0	0	0	0	0	0	0	0	0	0	0	0
江南大学	3	0	0	0	0	0	0	0	0	0	0	0	0	0	0	0	0	0	0	0	0	0	0	0	0	0	0
南京农业大学	4	0	0	0	0	0	0	0	0	0	0	0	0	0	0	0	0	0	0	0	0	0	0	0	0	0	0
中国矿业大学	5	0	0	0	0	0	0	0	0	0	0	0	0	0	0	0	0	0	0	0	0	0	0	0	0	0	0
河海大学	6	0	0	0	0	0	0	0	0	0	0	0	0	0	0	0	0	0	0	0	0	0	0	0	0	0	0
南京理工大学	7	0	0	0	0	0	0	0	0	0	0	0	0	0	0	0	0	0	0	0	0	0	0	0	0	0	0
南京航空航天大学	8	0	0	0	0	0	0	0	0	0	0	0	0	0	0	0	0	0	0	0	0	0	0	0	0	0	0
中国药科大学	9	0	0	0	0	0	0	0	0	0	0	0	0	0	0	0	0	0	0	0	0	0	0	0	0	0	0
南京森林警察学院	10	0	0	0	0	0	0	0	0	0	0	0	0	0	0	0	0	0	0	0	0	0	0	0	0	0	0
苏州大学	11	0	0	0	0	0	0	0	0	0	0	0	0	0	0	0	0	0	0	0	0	0	0	0	0	0	0
江苏科技大学	12	2	0.4	0	0	22	0	0	0	0	0	0	0	0	0	0	0	0	0	0	0	0	0	0	0	0	0
南京工业大学	13	0	0	0	0	0	0	0	0	0	0	0	0	0	0	0	0	0	0	0	0	0	0	0	0	0	0
常州大学	14	0	0	0	0	0	0	0	0	0	0	0	0	0	0	0	0	0	0	0	0	0	0	0	0	0	0
南京邮电大学	15	0	0	0	0	0	0	0	0	0	0	0	0	0	0	0	0	0	0	0	0	0	0	0	0	0	0
南京林业大学	16	0	0	0	0	0	0	0	0	0	0	0	0	0	0	0	0	0	0	0	0	0	0	0	0	0	0
江苏大学	17	0	0	0	0	0	0	0	0	0	0	0	0	0	0	0	0	0	0	0	0	0	0	0	0	0	0
南京信息工程大学	18	3	1.6	0	15	11.58	0	0	0	0	0	0	0	0	0	0	0	0	0	0	0	0	0	0	0	0	0
南通大学	19	1	0.1	0	0	0	0	0	0	0	0	0	0	0	0	0	0	0	0	0	0	0	0	0	0	0	0
盐城工学院	20	0	0	0	0	0	0	0	0	0	0	0	0	0	0	0	0	0	0	0	0	0	0	0	0	0	0

续表

序号	学校名称	c1	c2	c3	c4	c5	c6	c7	c8	c9	c10	c11	c12	c13	c14	c15	c16	c17	c18	c19	c20	c21	c22	c23	c24	c25	c26	c27
21	南京医科大学	0	0	0	0	0	0	0	0	0	0	0	0	0	0	0	0	0	0	0	0	0	0	0	0	0	0	0
22	徐州医科大学	0	0	0	0	0	0	0	0	0	0	0	0	0	0	0	0	0	0	0	0	0	0	0	0	0	0	0
23	南京中医药大学	0	0	0	0	0	0	0	0	0	0	0	0	0	0	0	0	0	0	0	0	0	0	0	0	0	0	0
24	南京师范大学	38	5	2.3	10 123.9	9 741.36	3	2	0	0	1	0	0	0	0	0	9	9	0	0	0	0	0	0	0	0	0	0
25	江苏师范大学	7	3.9	0	956	792.5	0	0	0	0	0	0	0	0	0	0	1	1	0	0	0	0	0	0	0	0	0	0
26	淮阴师范学院	0	0	0	0	0	0	0	0	0	0	0	0	0	0	0	0	0	0	0	0	0	0	0	0	0	0	0
27	盐城师范学院	0	0	0	0	0	0	0	0	0	0	0	0	0	0	0	0	0	0	0	0	0	0	0	0	0	0	0
28	南京财经大学	0	0	0	0	0	0	0	0	0	0	0	0	0	0	0	0	0	0	0	0	0	0	0	0	0	0	0
29	江苏警官学院	0	0	0	0	0	0	0	0	0	0	0	0	0	0	0	0	0	0	0	0	0	0	0	0	0	0	0
30	南京体育学院	0	0	0	0	0	0	0	0	0	0	0	0	0	0	0	0	0	0	0	0	0	0	0	0	0	0	0
31	南京艺术学院	0	0	0	0	0	0	0	0	0	0	0	0	0	0	0	0	0	0	0	0	0	0	0	0	0	0	0
32	苏州科技大学	0	0	0	0	0	0	0	0	0	0	0	0	0	0	0	0	0	0	0	0	0	0	0	0	0	0	0
33	常熟理工学院	0	0	0	0	0	0	0	0	0	0	0	0	0	0	0	0	0	0	0	0	0	0	0	0	0	0	0
34	淮阴工学院	0	0	0	0	0	0	0	0	0	0	0	0	0	0	0	0	0	0	0	0	0	0	0	0	0	0	0
35	常州工学院	0	0	0	0	0	0	0	0	0	0	0	0	0	0	0	0	0	0	0	0	0	0	0	0	0	0	0
36	扬州大学	0	0	0	0	0	0	0	0	0	0	0	0	0	0	0	0	0	0	0	0	0	0	0	0	0	0	0
37	南京工程学院	0	0	0	0	0	0	0	0	0	0	0	0	0	0	0	0	0	0	0	0	0	0	0	0	0	0	0
38	南京审计大学	0	0	0	0	0	0	0	0	0	0	0	0	0	0	0	0	0	0	0	0	0	0	0	0	0	0	0
39	南京晓庄学院	0	0	0	0	0	0	0	0	0	0	0	0	0	0	0	0	0	0	0	0	0	0	0	0	0	0	0
40	江苏理工学院	0	0	0	0	0	0	0	0	0	0	0	0	0	0	0	0	0	0	0	0	0	0	0	0	0	0	0
41	江苏海洋大学	0	0	0	0	0	0	0	0	0	0	0	0	0	0	0	0	0	0	0	0	0	0	0	0	0	0	0
42	徐州工程学院	0	0	0	0	0	0	0	0	0	0	0	0	0	0	0	0	0	0	0	0	0	0	0	0	0	0	0
43	南京特殊教育师范学院	0	0	0	0	0	0	0	0	0	0	0	0	0	0	0	0	0	0	0	0	0	0	0	0	0	0	0
44	泰州学院	0	0	0	0	0	0	0	0	0	0	0	0	0	0	0	0	0	0	0	0	0	0	0	0	0	0	0
45	金陵科技学院	0	0	0	0	0	0	0	0	0	0	0	0	0	0	0	0	0	0	0	0	0	0	0	0	0	0	0
46	江苏第二师范学院	0	0	0	0	0	0	0	0	0	0	0	0	0	0	0	0	0	0	0	0	0	0	0	0	0	0	0

七、社科研究、课题与成果

2.12 经济学人文、社会科学研究与课题成果情况表

高校名称	编号	总数：课题数（项）	总数：当年投入人数（人年）	总数：其中：研究生（人年）	总数：当年拨入经费（千元）	总数：当年支出经费（千元）	出版著作（部）：合计	出版著作（部）：专著	出版著作（部）：其中：被译成外文	出版著作（部）：编著教材	出版著作（部）：工具书参考书	出版著作（部）：皮书/发展报告	出版著作（部）：科普读物	古籍整理（部）	译著（部）	发表译文（篇）	电子出版物（件）	发表论文（篇）：合计	发表论文（篇）：国内学术刊物	发表论文（篇）：国外学术刊物	发表论文（篇）：港、澳、台地区刊物	获奖成果数（项）：合计	获奖成果数（项）：国家级奖	获奖成果数（项）：部级奖	获奖成果数（项）：省级奖	研究与咨询报告（篇）：合计	研究与咨询报告（篇）：其中：被采纳数
		L01	L02	L03	L04	L05	L06	L07	L08	L09	L10	L11	L12	L13	L14	L15	L16	L17	L18	L19	L20	L21	L22	L23	L24	L25	L26
合计	/	2 848	669.8	109.3	91 424.11	87 443.66	107	82	0	19	0	0	6	0	3	1	7	1 742	1 479	262	1	0	0	0	0	304	165
南京大学	1	127	17.1	5.5	2 325	2 864.4	2	2	0	0	0	0	0	0	0	0	0	181	143	38	0	0	0	0	0	0	0
东南大学	2	144	27.8	3.9	2 614	3 350.64	4	4	0	0	0	0	0	0	0	0	0	97	97	0	0	0	0	0	0	3	2
江南大学	3	49	49.7	33	9 335.88	8 560.88	0	0	0	0	0	0	0	0	0	0	0	0	0	0	0	0	0	0	0	0	0
南京农业大学	4	228	30.9	11.8	5 249	5 545.07	1	1	0	0	0	0	0	0	0	0	0	39	36	3	0	0	0	0	0	8	4
中国矿业大学	5	70	14.5	1.4	609.5	445.59	1	1	0	0	0	0	0	0	0	0	0	67	14	53	0	0	0	0	0	9	5
河海大学	6	62	22.2	14.8	2 828	2 048	4	0	0	0	0	0	4	0	0	0	7	149	79	70	0	0	0	0	0	26	22
南京理工大学	7	42	6.6	0.5	1 185.6	1 147.6	5	2	0	3	0	0	0	0	0	0	0	71	71	0	0	0	0	0	0	2	0
南京航空航天大学	8	32	6.2	0	834	1 034.7	0	0	0	0	0	0	0	0	0	0	0	29	11	18	0	0	0	0	0	0	0
中国药科大学	9	45	9.6	1	518	3 768	0	0	0	0	0	0	0	0	0	0	0	33	28	5	0	0	0	0	0	6	6
南京森林警察学院	10	4	0.7	0	31	31	0	0	0	0	0	0	0	0	0	0	0	6	5	0	1	0	0	0	0	0	0
苏州大学	11	73	16.6	2.9	3 347	2 574	13	7	0	6	0	0	0	0	0	0	0	24	24	0	0	0	0	0	0	16	16
江苏科技大学	12	59	11.8	1	694.32	888.21	2	2	0	0	0	0	0	0	0	0	0	31	28	3	0	0	0	0	0	6	6
南京工业大学	13	25	3.2	0.3	125	125	1	1	0	0	0	0	0	0	0	0	0	47	47	0	0	0	0	0	0	0	0
常州大学	14	24	9.3	0	427	567.7	2	1	0	1	0	0	0	0	0	0	0	2	2	0	0	0	0	0	0	0	0
南京邮电大学	15	78	20.6	6.4	1 188.3	969.3	1	1	0	0	0	0	0	0	0	0	0	18	18	0	0	0	0	0	0	2	2
南京林业大学	16	25	2.5	0	522	370.59	2	2	0	0	0	0	0	0	0	0	0	37	37	0	0	0	0	0	0	0	0
江苏大学	17	52	14.9	8.9	930	920	0	0	0	0	0	0	0	0	0	0	0	20	20	0	0	0	0	0	0	1	0
南京信息工程大学	18	31	12.9	2.1	851	649.65	2	2	0	0	0	0	0	0	0	0	0	18	11	7	0	0	0	0	0	1	1
南通大学	19	46	9.3	0.1	559	669	4	4	0	0	0	0	0	0	0	0	0	33	33	0	0	0	0	0	0	3	2
盐城工学院	20	30	3.2	0	783	765	0	0	0	0	0	0	0	0	1	0	0	15	15	0	0	0	0	0	0	1	1

续表

南京医科大学	21	0	0	0	0	0	0	0	0	0	0	0	0	0	0	0	0	0	0	0	0	0	0	0	0	1	1
徐州医科大学	22	2	0.5	0	280	129.5	0	0	0	0	0	0	0	0	0	0	0	0	0	0	0	0	0	0	0	0	0
南京中医药大学	23	12	3.2	0	780	821	0	0	0	0	0	0	0	0	0	0	0	9	9	0	0	0	0	0	0	0	0
南京师范大学	24	58	14.9	3.7	2 669.16	2 853.14	0	0	0	0	0	0	0	0	0	1	0	44	27	17	0	0	0	0	0	0	0
江苏师范大学	25	103	38.2	1.3	5 338	4 726.9	5	2	0	3	0	0	0	0	0	0	0	39	36	3	0	0	0	0	0	37	21
淮阴师范学院	26	52	7.2	0	4 520	3 566	0	0	0	0	0	0	0	0	0	0	0	11	11	0	0	0	0	0	0	2	2
盐城师范学院	27	104	21.3	0	3 141.81	3 797.8	2	2	0	0	0	0	0	0	0	0	0	31	29	2	0	0	0	0	0	24	2
南京财经大学	28	324	54.9	8	20 129.97	16 495.7	21	17	0	4	0	0	0	0	0	0	0	222	198	24	0	0	0	0	0	33	20
江苏警官学院	29	4	0.6	0	20	25	1	1	0	0	0	0	0	0	0	0	0	0	0	0	0	0	0	0	0	0	0
南京体育学院	30	0	0	0	0	0	0	0	0	0	0	0	0	0	0	0	0	0	0	0	0	0	0	0	0	0	0
南京艺术学院	31	0	0	0	0	0	0	0	0	0	0	0	0	0	0	0	0	0	0	0	0	0	0	0	0	0	0
苏州科技大学	32	31	8.9	0.9	280	280	0	0	0	0	0	0	0	0	2	0	0	24	22	2	0	0	0	0	0	9	7
常熟理工学院	33	37	9	0	1 902.26	2 057.08	1	1	0	0	0	0	0	0	0	0	0	12	10	2	0	0	0	0	0	16	4
淮阴工学院	34	38	7.3	0	1 113.79	1 325.83	3	1	0	2	0	0	0	0	0	0	0	34	31	3	0	0	0	0	0	4	3
常州工学院	35	124	21.9	0	571	890.75	0	0	0	0	0	0	0	0	0	0	0	23	20	3	0	0	0	0	0	19	1
扬州大学	36	77	11	0.4	3 098.62	3 157.02	2	2	0	0	0	0	0	0	0	0	0	26	26	0	0	0	0	0	0	20	18
南京工程学院	37	30	4.8	0	2 020.5	1 978.41	2	2	0	0	0	0	0	0	0	0	0	15	14	1	0	0	0	0	0	0	0
南京审计大学	38	218	88	1.4	5 956.4	3 488.19	4	4	0	0	0	0	0	0	0	0	0	190	184	6	0	0	0	0	0	23	13
南京晓庄学院	39	47	7.2	0	100	230	13	13	0	0	0	0	0	0	0	0	0	12	11	1	0	0	0	0	0	0	0
江苏理工学院	40	116	25	0	1 357	1 483.26	2	2	0	0	0	0	0	0	0	0	0	48	48	0	0	0	0	0	0	9	3
江苏海洋大学	41	98	9.8	0	2 372.5	2 286.85	3	3	0	0	0	0	0	0	0	0	0	39	39	0	0	0	0	0	0	21	3
徐州工程学院	42	98	40.5	0	291.5	292.7	2	0	0	0	0	0	2	0	0	0	0	34	33	1	0	0	0	0	0	2	0
南京特殊教育师范学院	43	1	0.1	0	30	40	0	0	0	0	0	0	0	0	0	0	0	0	0	0	0	0	0	0	0	0	0
泰州学院	44	5	1.4	0	150	55.9	0	0	0	0	0	0	0	0	0	0	0	7	7	0	0	0	0	0	0	0	0
金陵科技学院	45	12	1.8	0	245	161	2	2	0	0	0	0	0	0	0	0	0	0	0	0	0	0	0	0	0	0	0
江苏第二师范学院	46	11	2.7	0	100	7.3	0	0	0	0	0	0	0	0	0	0	0	5	5	0	0	0	0	0	0	0	0

2.13 政治学人文、社会科学研究与课题成果情况表

高校名称	编号	总数：课题数(项)	总数：当年投入人数(人年)	总数：其中：研究生(人年)	总数：当年拨入经费(千元)	总数：当年支出经费(千元)	出版著作(部)：合计	出版著作(部)：专著	出版著作(部)：其中：被译成外文	出版著作(部)：编著教材	出版著作(部)：工具书参考书	出版著作(部)：皮书/发展报告	出版著作(部)：科普读物	古籍整理(部)	译著(部)	发表译文(篇)	电子出版物(件)	发表论文(篇)：合计	发表论文(篇)：国内学术刊物	发表论文(篇)：国外学术刊物	发表论文(篇)：港澳台地区刊物	获奖成果数(项)：合计	获奖成果数(项)：国家级奖	获奖成果数(项)：部级奖	获奖成果数(项)：省级奖	研究与咨询报告(篇)：合计	研究与咨询报告(篇)：其中：被采纳数
		L01	L02	L03	L04	L05	L06	L07	L08	L09	L10	L11	L12	L13	L14	L15	L16	L17	L18	L19	L20	L21	L22	L23	L24	L25	L26
合计	/	564	136.2	23.4	10 478.18	10 866.16	28	17	1	10	1	0	0	0	1	1	0	396	381	14	1	0	0	0	0	44	15
南京大学	1	99	14	3.9	3 643.97	2 737.33	9	6	1	3	0	0	0	0	0	0	0	41	38	3	0	0	0	0	0	2	0
东南大学	2	12	1.9	0	40	126	0	0	0	0	0	0	0	0	0	0	0	6	6	0	0	0	0	0	0	0	0
江南大学	3	13	9.9	5.9	480	522	4	0	0	4	0	0	0	0	0	0	0	53	53	0	0	0	0	0	0	1	0
南京农业大学	4	20	3.2	0.5	200	162	0	0	0	0	0	0	0	0	0	0	0	2	2	0	0	0	0	0	0	0	0
中国矿业大学	5	18	4.5	0	494	204.87	1	0	0	1	0	0	0	0	1	0	0	7	7	0	0	0	0	0	0	0	0
河海大学	6	26	9.5	6.5	75.78	75.78	0	0	0	0	0	0	0	0	0	0	0	42	42	0	0	0	0	0	0	9	8
南京理工大学	7	13	2.3	0	260	292	1	1	0	0	0	0	0	0	0	0	0	4	2	2	0	0	0	0	0	1	0
南京航空航天大学	8	3	0.4	0	0	0	0	0	0	0	0	0	0	0	0	0	0	0	0	0	0	0	0	0	0	0	0
中国药科大学	9	0	0	0	0	0	0	0	0	0	0	0	0	0	0	0	0	0	0	0	0	0	0	0	0	0	0
南京森林警察学院	10	6	0.8	0	29	54.13	0	0	0	0	0	0	0	0	0	0	0	1	1	0	0	0	0	0	0	0	0
苏州大学	11	23	6.5	1.5	672	538.7	3	1	0	1	1	0	0	0	0	0	0	61	53	7	1	0	0	0	0	7	0
江苏科技大学	12	11	2	0	156	118.05	0	0	0	0	0	0	0	0	0	0	0	9	9	0	0	0	0	0	0	0	0
南京工业大学	13	7	1.1	0	0	0	0	0	0	0	0	0	0	0	0	0	0	6	6	0	0	0	0	0	0	0	0
常州大学	14	4	1.8	0	190	120	0	0	0	0	0	0	0	0	0	0	0	3	3	0	0	0	0	0	0	0	0
南京邮电大学	15	24	7.3	2.6	100	175	0	0	0	0	0	0	0	0	0	0	0	11	11	0	0	0	0	0	0	1	1
南京林业大学	16	2	0.2	0	0	43	0	0	0	0	0	0	0	0	0	0	0	0	0	0	0	0	0	0	0	0	0
江苏大学	17	3	0.3	0	0	0	0	0	0	0	0	0	0	0	0	0	0	0	0	0	0	0	0	0	0	0	0
南京信息工程大学	18	12	6.4	0.9	88	164.12	0	0	0	0	0	0	0	0	0	0	0	2	2	0	0	0	0	0	0	0	0
南通大学	19	8	2	0.2	80	113	1	1	0	0	0	0	0	0	0	0	0	3	3	0	0	0	0	0	0	0	0
盐城工学院	20	2	0.2	0	0	0	0	0	0	0	0	0	0	0	0	0	0	3	3	0	0	0	0	0	0	0	0

续表

南京医科大学	21	2	0.2	0	190	68.1	0	0	0	0	0	0	0	0	0	0	0	0	0	0	0	0	0	0	0	0	0
徐州医科大学	22	2	0.4	0	0	1	0	0	0	0	0	0	0	0	0	0	0	3	3	0	0	0	0	0	0	0	0
南京中医药大学	23	4	1.7	0	0	12.6	0	0	0	0	0	0	0	0	0	0	0	0	0	0	0	0	0	0	0	0	0
南京师范大学	24	42	11	0.6	802.7	961.58	5	5	0	0	0	0	0	0	0	1	0	59	57	2	0	0	0	0	0	2	2
江苏师范大学	25	22	9.5	0.1	416.45	514.2	0	0	0	0	0	0	0	0	0	0	0	5	5	0	0	0	0	0	0	7	2
淮阴师范学院	26	3	0.3	0	195	195	0	0	0	0	0	0	0	0	0	0	0	2	2	0	0	0	0	0	0	0	0
盐城师范学院	27	11	1.9	0	8	568.4	1	0	0	1	0	0	0	0	0	0	0	10	10	0	0	0	0	0	0	2	0
南京财经大学	28	2	0.3	0	35	31	0	0	0	0	0	0	0	0	0	0	0	2	2	0	0	0	0	0	0	0	0
江苏警官学院	29	19	3.3	0	95	100	1	1	0	0	0	0	0	0	0	0	0	3	3	0	0	0	0	0	0	0	0
南京体育学院	30	1	0.2	0	0	2	0	0	0	0	0	0	0	0	0	0	0	0	0	0	0	0	0	0	0	0	0
南京艺术学院	31	0	0	0	0	0	0	0	0	0	0	0	0	0	0	0	0	0	0	0	0	0	0	0	0	0	0
苏州科技大学	32	15	3.8	0.2	530	557	0	0	0	0	0	0	0	0	0	0	0	5	5	0	0	0	0	0	0	0	0
常熟理工学院	33	14	2.8	0	486.28	607.98	0	0	0	0	0	0	0	0	0	0	0	0	0	0	0	0	0	0	0	8	1
淮阴工学院	34	2	0.5	0	10	12.8	0	0	0	0	0	0	0	0	0	0	0	2	2	0	0	0	0	0	0	0	0
常州工学院	35	3	0.4	0	0	0.8	0	0	0	0	0	0	0	0	0	0	0	0	0	0	0	0	0	0	0	1	0
扬州大学	36	37	6.3	0.5	118	502.75	0	0	0	0	0	0	0	0	0	0	0	2	2	0	0	0	0	0	0	1	1
南京工程学院	37	4	0.6	0	44	47.89	0	0	0	0	0	0	0	0	0	0	0	0	0	0	0	0	0	0	0	0	0
南京审计大学	38	14	5.1	0	201	280.74	2	2	0	0	0	0	0	0	0	0	0	13	13	0	0	0	0	0	0	0	0
南京晓庄学院	39	9	2	0	30	25	0	0	0	0	0	0	0	0	0	0	0	8	8	0	0	0	0	0	0	0	0
江苏理工学院	40	18	4	0	23	180.01	0	0	0	0	0	0	0	0	0	0	0	8	8	0	0	0	0	0	0	2	0
江苏海洋大学	41	13	1.3	0	53	61.8	0	0	0	0	0	0	0	0	0	0	0	7	7	0	0	0	0	0	0	0	0
徐州工程学院	42	3	0.9	0	12	11	0	0	0	0	0	0	0	0	0	0	0	2	2	0	0	0	0	0	0	0	0
南京特殊教育师范学院	43	2	0.5	0	0	10	0	0	0	0	0	0	0	0	0	0	0	0	0	0	0	0	0	0	0	0	0
泰州学院	44	9	2.9	0	50	24.1	0	0	0	0	0	0	0	0	0	0	0	6	6	0	0	0	0	0	0	0	0
金陵科技学院	45	0	0	0	0	0	0	0	0	0	0	0	0	0	0	0	0	3	3	0	0	0	0	0	0	0	0
江苏第二师范学院	46	7	2	0	670	644.43	0	0	0	0	0	0	0	0	0	0	0	2	2	0	0	0	0	0	0	0	0

2.14 法学人文、社会科学研究与课题成果情况表

高校名称	编号	总数					出版著作(部)							古籍整理(部)	译著(部)	发表译文(篇)	电子出版物(件)	发表论文(篇)				获奖成果数(项)				研究与咨询报告(篇)	
		课题数(项)	当年投入人数(人年)	其中:研究生(人年)	当年拨入经费(千元)	当年支出经费(千元)	合计	专著	其中:被译成外文	编著教材	工具书参考书	皮书/发展报告	科普读物					合计	国内学术刊物	国外学术刊物	港、澳、台地区刊物	合计	国家级奖	部级奖	省级奖	合计	其中:被采纳数
		L01	L02	L03	L04	L05	L06	L07	L08	L09	L10	L11	L12	L13	L14	L15	L16	L17	L18	L19	L20	L21	L22	L23	L24	L25	L26
合计	/	1 479	318.4	39.5	35 695.52	32 490	70	46	0	17	2	1	4	0	2	2	0	847	828	14	5	0	0	0	0	104	60
南京大学	1	95	12.3	3.3	2 116	1 941.5	3	3	0	0	0	0	0	0	0	0	0	62	61	1	0	0	0	0	0	0	0
东南大学	2	258	47.6	1.2	3 886	5 033.85	20	10	0	10	0	0	0	0	1	0	0	131	131	0	0	0	0	0	0	13	13
江南大学	3	15	19.5	11.5	1 653	1 598.5	0	0	0	0	0	0	0	0	0	0	0	0	0	0	0	0	0	0	0	0	0
南京农业大学	4	25	2.3	0.1	165	195.1	0	0	0	0	0	0	0	0	0	0	0	5	4	1	0	0	0	0	0	0	0
中国矿业大学	5	7	1.5	0	28	53.2	0	0	0	0	0	0	0	0	0	0	0	0	0	0	0	0	0	0	0	1	1
河海大学	6	59	22.9	14.5	2 109	2 109	7	2	0	0	0	1	4	0	0	0	0	78	74	4	0	0	0	0	0	24	19
南京理工大学	7	64	13.7	0.8	2 299	1 900.45	2	2	0	0	0	0	0	0	0	0	0	9	7	2	0	0	0	0	0	8	4
南京航空航天大学	8	22	4.6	0.3	1 231	1 400	6	5	0	1	0	0	0	0	0	0	0	25	24	1	0	0	0	0	0	0	0
中国药科大学	9	2	0.2	0	0	0	0	0	0	0	0	0	0	0	0	0	0	0	0	0	0	0	0	0	0	0	0
南京森林警察学院	10	54	8.7	0	615.24	277.17	1	1	0	0	0	0	0	0	0	0	0	72	70	1	1	0	0	0	0	0	0
苏州大学	11	115	25.9	2.9	5 225	2 981.6	8	3	0	3	2	0	0	0	0	0	0	82	80	0	2	0	0	0	0	1	0
江苏科技大学	12	8	1.3	0	15	16.4	1	1	0	0	0	0	0	0	0	0	0	4	4	0	0	0	0	0	0	0	0
南京工业大学	13	30	4.9	0.7	319.5	390.5	1	1	0	0	0	0	0	0	1	0	0	12	12	0	0	0	0	0	0	0	0
常州大学	14	46	16.5	0	1 860	1 633.5	3	3	0	0	0	0	0	0	0	0	0	35	34	0	1	0	0	0	0	0	0
南京邮电大学	15	9	1.8	0	68	68	0	0	0	0	0	0	0	0	0	0	0	1	1	0	0	0	0	0	0	0	0
南京林业大学	16	1	0.1	0	100	37.06	2	2	0	0	0	0	0	0	0	0	0	8	8	0	0	0	0	0	0	4	0
江苏大学	17	41	6.2	0	460	450	0	0	0	0	0	0	0	0	0	0	0	4	4	0	0	0	0	0	0	0	0
南京信息工程大学	18	29	8	0.3	1 035	370.11	0	0	0	0	0	0	0	0	0	0	0	7	7	0	0	0	0	0	0	7	6
南通大学	19	1	0.3	0	0	0	2	2	0	0	0	0	0	0	0	0	0	6	5	0	1	0	0	0	0	0	0
盐城工学院	20	6	0.6	0	196	136	0	0	0	0	0	0	0	0	0	0	0	2	2	0	0	0	0	0	0	0	0

续表

南京医科大学	21	3	0.5	0	0	32.7	0	0	0	0	0	0	0	0	0	0	0	0	0	0	0	0	0	0	0	0	0
徐州医科大学	22	4	0.9	0	40	35.3	0	0	0	0	0	0	0	0	0	0	0	3	3	0	0	0	0	0	0	0	0
南京中医药大学	23	6	1.1	0	10	63	0	0	0	0	0	0	0	0	0	0	0	10	10	0	0	0	0	0	0	1	1
南京师范大学	24	90	17.4	2	3 863.3	2 880.94	2	2	0	0	0	0	0	0	0	2	0	63	61	2	0	0	0	0	0	7	3
江苏师范大学	25	34	12.4	0.6	1 500.86	1 338.31	0	0	0	0	0	0	0	0	0	0	0	3	3	0	0	0	0	0	0	3	2
淮阴师范学院	26	37	5.2	0	1 671.78	1 548.78	1	1	0	0	0	0	0	0	0	0	0	7	7	0	0	0	0	0	0	0	0
盐城师范学院	27	38	7.1	0	530	703.6	3	2	0	1	0	0	0	0	0	0	0	20	20	0	0	0	0	0	0	6	0
南京财经大学	28	27	3.8	0.7	798.6	844.61	4	2	0	2	0	0	0	0	0	0	0	19	18	1	0	0	0	0	0	5	3
江苏警官学院	29	162	30.6	0	555	1 062.1	1	1	0	0	0	0	0	0	0	0	0	71	71	0	0	0	0	0	0	0	0
南京体育学院	30	0	0	0	0	0	0	0	0	0	0	0	0	0	0	0	0	0	0	0	0	0	0	0	0	0	0
南京艺术学院	31	0	0	0	0	0	0	0	0	0	0	0	0	0	0	0	0	0	0	0	0	0	0	0	0	0	0
苏州科技大学	32	0	0	0	0	0	0	0	0	0	0	0	0	0	0	0	0	1	1	0	0	0	0	0	0	0	0
常熟理工学院	33	11	1.5	0	359.74	351.64	0	0	0	0	0	0	0	0	0	0	0	4	4	0	0	0	0	0	0	5	1
淮阴工学院	34	6	1.1	0	344	361	1	1	0	0	0	0	0	0	0	0	0	2	2	0	0	0	0	0	0	0	0
常州工学院	35	4	0.6	0	400	184.5	0	0	0	0	0	0	0	0	0	0	0	2	2	0	0	0	0	0	0	0	0
扬州大学	36	40	8	0.6	611.5	922.75	0	0	0	0	0	0	0	0	0	0	0	38	38	0	0	0	0	0	0	3	3
南京工程学院	37	0	0	0	0	0	0	0	0	0	0	0	0	0	0	0	0	2	2	0	0	0	0	0	0	0	0
南京审计大学	38	68	19.9	0	903	554.38	1	1	0	0	0	0	0	0	0	0	0	39	38	1	0	0	0	0	0	4	2
南京晓庄学院	39	3	0.3	0	0	42	0	0	0	0	0	0	0	0	0	0	0	0	0	0	0	0	0	0	0	0	0
江苏理工学院	40	4	0.8	0	60	58.4	0	0	0	0	0	0	0	0	0	0	0	1	1	0	0	0	0	0	0	1	1
江苏海洋大学	41	39	3.9	0	658	826.55	1	1	0	0	0	0	0	0	0	0	0	10	10	0	0	0	0	0	0	10	0
徐州工程学院	42	0	0	0	0	0	0	0	0	0	0	0	0	0	0	0	0	1	1	0	0	0	0	0	0	0	0
南京特殊教育师范学院	43	1	0.1	0	9	6	0	0	0	0	0	0	0	0	0	0	0	0	0	0	0	0	0	0	0	0	0
泰州学院	44	11	3.7	0	0	65	0	0	0	0	0	0	0	0	0	0	0	7	7	0	0	0	0	0	0	1	1
金陵科技学院	45	3	0.4	0	0	16.5	0	0	0	0	0	0	0	0	0	0	0	1	1	0	0	0	0	0	0	0	0
江苏第二师范学院	46	1	0.2	0	0	0	0	0	0	0	0	0	0	0	0	0	0	0	0	0	0	0	0	0	0	0	0

七、社科研究、课题与成果

2.15 社会学人文、社会科学研究与课题成果情况表

高校名称	编号	总数					出版著作(部)							古籍整理(部)	译著(部)	发表译文(篇)	电子出版物(件)	发表论文(篇)				获奖成果数(项)				研究与咨询报告(篇)	
		课题数(项)	当年投入人数(人年)	其中:研究生(人年)	当年拨入经费(千元)	当年支出经费(千元)	合计	专著	其中:被译成外文	编著教材	工具书参考书	皮书/发展报告	科普读物					合计	国内学术刊物	国外学术刊物	港澳、台地区刊物	合计	国家级奖	部级奖	省级奖	合计	其中:被采纳数
		L01	L02	L03	L04	L05	L06	L07	L08	L09	L10	L11	L12	L13	L14	L15	L16	L17	L18	L19	L20	L21	L22	L23	L24	L25	L26
合计	/	1 926	452.6	85.7	67 846.51	58 734.6	33	26	1	3	1	1	2	0	4	3	0	675	608	67	0	0	0	0	0	208	126
南京大学	1	120	14.1	3.6	4 318.46	3 125.06	1	1	0	0	0	0	0	0	0	0	0	83	62	21	0	0	0	0	0	1	0
东南大学	2	162	36.8	1.3	4 881.5	5 350.67	1	1	0	0	0	0	0	0	0	2	0	18	18	0	0	0	0	0	0	0	0
江南大学	3	10	9.7	3.6	45	87	0	0	0	0	0	0	0	0	0	0	0	16	16	0	0	0	0	0	0	0	0
南京农业大学	4	49	7.7	2.7	910	775.12	0	0	0	0	0	0	0	0	0	0	0	9	9	0	0	0	0	0	0	1	1
中国矿业大学	5	19	4.1	1.2	69.5	175.7	1	1	0	0	0	0	0	0	0	0	0	5	1	4	0	0	0	0	0	1	0
河海大学	6	188	81.1	56	17 319.59	13 366.59	7	3	0	1	1	0	2	0	0	0	0	156	135	21	0	0	0	0	0	47	39
南京理工大学	7	53	7.8	1.1	1 084.96	896.38	1	0	0	1	0	0	0	0	1	0	0	21	19	2	0	0	0	0	0	3	0
南京航空航天大学	8	22	5.2	0	870	925	0	0	0	0	0	0	0	0	0	0	0	5	5	0	0	0	0	0	0	3	3
中国药科大学	9	1	0.1	0	0	0	0	0	0	0	0	0	0	0	0	0	0	0	0	0	0	0	0	0	0	0	0
南京森林警察学院	10	3	0.6	0	0	0	0	0	0	0	0	0	0	0	0	0	0	3	3	0	0	0	0	0	0	0	0
苏州大学	11	29	6.1	0.2	2 017	1 351.5	2	2	1	0	0	0	0	0	0	0	0	3	3	0	0	0	0	0	0	9	9
江苏科技大学	12	152	27.4	0.5	890.69	1 029.79	0	0	0	0	0	0	0	0	0	0	0	78	78	0	0	0	0	0	0	1	1
南京工业大学	13	36	4.8	0.7	466	466	1	1	0	0	0	0	0	0	0	0	0	24	24	0	0	0	0	0	0	0	0
常州大学	14	29	9.6	0	260	470	2	2	0	0	0	0	0	0	0	0	0	11	11	0	0	0	0	0	0	0	0
南京邮电大学	15	120	39.6	10.9	4 683	3 885	6	6	0	0	0	0	0	0	0	0	0	14	14	0	0	0	0	0	0	13	13
南京林业大学	16	23	2.3	0	284	302.11	0	0	0	0	0	0	0	0	0	0	0	14	14	0	0	0	0	0	0	0	0
江苏大学	17	4	0.8	0	10	10	0	0	0	0	0	0	0	0	0	0	0	0	0	0	0	0	0	0	0	0	0
南京信息工程大学	18	29	13	0.3	789	409.89	0	0	0	0	0	0	0	0	1	0	0	7	4	3	0	0	0	0	0	0	0
南通大学	19	112	21.4	0	2 564	2 475	0	0	0	0	0	0	0	0	0	0	0	14	14	0	0	0	0	0	0	21	17
盐城工学院	20	15	1.5	0	185	185	0	0	0	0	0	0	0	0	0	0	0	4	4	0	0	0	0	0	0	0	0

七、社科研究、课题与成果

续表

南京医科大学	21	3	0.4	0	10	45	0	0	0	0	0	0	0	0	0	0	0	0	0	0	0	0	0	0	0	0	0
徐州医科大学	22	26	4.7	0	24	20.3	0	0	0	0	0	0	0	0	0	0	0	24	21	3	0	0	0	0	0	9	3
南京中医药大学	23	25	7.8	0	190	269.3	0	0	0	0	0	0	0	0	0	0	0	14	14	0	0	0	0	0	0	0	0
南京师范大学	24	80	18.7	2.3	7 216.7	5 677.61	0	0	0	0	0	0	0	0	0	1	0	5	1	4	0	0	0	0	0	2	2
江苏师范大学	25	20	9	0.6	90	224.15	0	0	0	0	0	0	0	0	0	0	0	13	13	0	0	0	0	0	0	11	5
淮阴师范学院	26	50	5.4	0	5 380	4 660	0	0	0	0	0	0	0	0	0	0	0	0	0	0	0	0	0	0	0	0	0
盐城师范学院	27	25	6.9	0	497	510.4	1	1	0	0	0	0	0	0	0	0	0	3	3	0	0	0	0	0	0	13	4
南京财经大学	28	4	0.5	0	40	46.4	1	1	0	0	0	0	0	0	0	0	0	4	4	0	0	0	0	0	0	0	0
江苏警官学院	29	28	5.3	0	300	354.1	0	0	0	0	0	0	0	0	0	0	0	10	10	0	0	0	0	0	0	0	0
南京体育学院	30	0	0	0	0	0	0	0	0	0	0	0	0	0	0	0	0	0	0	0	0	0	0	0	0	0	0
南京艺术学院	31	2	0.5	0	0	29.24	0	0	0	0	0	0	0	0	0	0	0	3	3	0	0	0	0	0	0	0	0
苏州科技大学	32	40	8.3	0.7	68	68	0	0	0	0	0	0	0	0	0	0	0	10	10	0	0	0	0	0	0	4	4
常熟理工学院	33	24	5.9	0	797.51	650.67	0	0	0	0	0	0	0	0	0	0	0	8	8	0	0	0	0	0	0	11	3
淮阴工学院	34	43	8.6	0	189.6	421.5	0	0	0	0	0	0	0	0	0	0	0	24	24	0	0	0	0	0	0	0	0
常州工学院	35	10	2.2	0	50	80.1	1	1	0	0	0	0	0	0	0	0	0	1	1	0	0	0	0	0	0	4	0
扬州大学	36	90	13.7	0	2 518.1	2 182.8	3	3	0	0	0	0	0	0	1	0	0	32	26	6	0	0	0	0	0	10	8
南京工程学院	37	95	13.6	0	6 910.8	6 539.87	1	0	0	0	0	1	0	0	0	0	0	2	2	0	0	0	0	0	0	0	0
南京审计大学	38	1	0.5	0	0	0	0	0	0	0	0	0	0	0	0	0	0	0	0	0	0	0	0	0	0	0	0
南京晓庄学院	39	12	2	0	80	100.5	1	1	0	0	0	0	0	0	0	0	0	8	5	3	0	0	0	0	0	0	0
江苏理工学院	40	63	11.7	0	1 716.1	1 152.43	0	0	0	0	0	0	0	0	0	0	0	9	9	0	0	0	0	0	0	25	10
江苏海洋大学	41	12	1.2	0	8	48.9	2	2	0	0	0	0	0	0	0	0	0	3	3	0	0	0	0	0	0	11	2
徐州工程学院	42	57	23.5	0	78	204.7	1	0	0	1	0	0	0	0	0	0	0	16	16	0	0	0	0	0	0	8	2
南京特殊教育师范学院	43	28	4.9	0	25	120.1	0	0	0	0	0	0	0	0	0	0	0	0	0	0	0	0	0	0	0	0	0
泰州学院	44	3	0.9	0	10	15.9	0	0	0	0	0	0	0	0	0	0	0	1	1	0	0	0	0	0	0	0	0
金陵科技学院	45	1	0.1	0	0	2	0	0	0	0	0	0	0	0	0	0	0	0	0	0	0	0	0	0	0	0	0
江苏第二师范学院	46	8	2.6	0	0	24.82	0	0	0	0	0	0	0	0	1	0	0	0	0	0	0	0	0	0	0	0	0

2.16 民族学与文化学人文、社会科学研究与课题成果情况表

高校名称	编号	总数					出版著作(部)							古籍整理(部)	译著(部)	发表译文(篇)	电子出版物(件)	发表论文(篇)				获奖成果数(项)				研究与咨询报告(篇)	
		课题数(项)	当年投入人数(人年)	其中：研究生(人年)	当年拨入经费(千元)	当年支出经费(千元)	合计	专著	其中：被译成外文	编著教材	工具书参考书	皮书/发展报告	科普读物					合计	国内学术刊物	国外学术刊物	港、澳、台地区刊物	合计	国家级奖	部级奖	省级奖	合计	其中：被采纳数
		L01	L02	L03	L04	L05	L06	L07	L08	L09	L10	L11	L12	L13	L14	L15	L16	L17	L18	L19	L20	L21	L22	L23	L24	L25	L26
合计	/	245	61.9	8.5	6 744.19	7 994.93	15	5	1	10	0	0	0	0	0	0	0	104	100	4	0	0	0	0	0	11	8
南京大学	1	10	2.4	1.4	800	548	0	0	0	0	0	0	0	0	0	0	0	1	1	0	0	0	0	0	0	0	0
东南大学	2	12	3.3	0.2	0	404	1	1	0	0	0	0	0	0	0	0	0	0	0	0	0	0	0	0	0	0	0
江南大学	3	0	0	0	0	0	7	0	0	7	0	0	0	0	0	0	0	16	16	0	0	0	0	0	0	0	0
南京农业大学	4	15	1.6	0	40	32	1	0	0	1	0	0	0	0	0	0	0	3	3	0	0	0	0	0	0	0	0
中国矿业大学	5	4	0.8	0	30	11	0	0	0	0	0	0	0	0	0	0	0	0	0	0	0	0	0	0	0	0	0
河海大学	6	22	9.1	6.9	1 610.99	2 144.99	1	0	0	1	0	0	0	0	0	0	0	17	13	4	0	0	0	0	0	0	0
南京理工大学	7	0	0	0	0	0	0	0	0	0	0	0	0	0	0	0	0	3	3	0	0	0	0	0	0	0	0
南京航空航天大学	8	2	0.4	0	246	246	0	0	0	0	0	0	0	0	0	0	0	0	0	0	0	0	0	0	0	0	0
中国药科大学	9	0	0	0	0	0	0	0	0	0	0	0	0	0	0	0	0	0	0	0	0	0	0	0	0	0	0
南京森林警察学院	10	0	0	0	0	0	0	0	0	0	0	0	0	0	0	0	0	0	0	0	0	0	0	0	0	0	0
苏州大学	11	0	0	0	0	0	0	0	0	0	0	0	0	0	0	0	0	0	0	0	0	0	0	0	0	0	0
江苏科技大学	12	14	2.4	0	0	7.22	0	0	0	0	0	0	0	0	0	0	0	0	0	0	0	0	0	0	0	0	0
南京工业大学	13	1	0.1	0	5	5	0	0	0	0	0	0	0	0	0	0	0	0	0	0	0	0	0	0	0	0	0
常州大学	14	3	1	0	0	8	0	0	0	0	0	0	0	0	0	0	0	0	0	0	0	0	0	0	0	0	0
南京邮电大学	15	0	0	0	0	0	0	0	0	0	0	0	0	0	0	0	0	0	0	0	0	0	0	0	0	0	0
南京林业大学	16	3	0.3	0	0	0	1	1	0	0	0	0	0	0	0	0	0	1	1	0	0	0	0	0	0	0	0
江苏大学	17	0	0	0	0	0	0	0	0	0	0	0	0	0	0	0	0	0	0	0	0	0	0	0	0	0	0
南京信息工程大学	18	0	0	0	0	0	0	0	0	0	0	0	0	0	0	0	0	0	0	0	0	0	0	0	0	0	0
南通大学	19	20	2.6	0	0	34	1	1	1	0	0	0	0	0	0	0	0	15	15	0	0	0	0	0	0	0	0
盐城工学院	20	3	0.3	0	0	50	0	0	0	0	0	0	0	0	0	0	0	2	2	0	0	0	0	0	0	0	0

续表

南京医科大学	21	0	0	0	0	0	0	0	0	0	0	0	0	0	0	0	0	0	0	0	0	0	0	0	0	0	0
徐州医科大学	22	1	0.1	0	0	0	0	0	0	0	0	0	0	0	0	0	0	0	0	0	0	0	0	0	0	1	0
南京中医药大学	23	5	2	0	0	56.95	0	0	0	0	0	0	0	0	0	0	0	2	2	0	0	0	0	0	0	0	0
南京师范大学	24	0	0	0	0	0	0	0	0	0	0	0	0	0	0	0	0	1	1	0	0	0	0	0	0	0	0
江苏师范大学	25	15	7.4	0	40	540.8	0	0	0	0	0	0	0	0	0	0	0	4	4	0	0	0	0	0	0	0	0
淮阴师范学院	26	4	0.5	0	373	401.2	0	0	0	0	0	0	0	0	0	0	0	0	0	0	0	0	0	0	0	0	0
盐城师范学院	27	6	1	0	0	57.1	0	0	0	0	0	0	0	0	0	0	0	0	0	0	0	0	0	0	0	0	0
南京财经大学	28	0	0	0	0	0	0	0	0	0	0	0	0	0	0	0	0	0	0	0	0	0	0	0	0	0	0
江苏警官学院	29	4	0.6	0	5	5	0	0	0	0	0	0	0	0	0	0	0	0	0	0	0	0	0	0	0	0	0
南京体育学院	30	0	0	0	0	0	0	0	0	0	0	0	0	0	0	0	0	0	0	0	0	0	0	0	0	0	0
南京艺术学院	31	1	0.4	0	150	99.91	0	0	0	0	0	0	0	0	0	0	0	0	0	0	0	0	0	0	0	0	0
苏州科技大学	32	0	0	0	0	0	0	0	0	0	0	0	0	0	0	0	0	0	0	0	0	0	0	0	0	0	0
常熟理工学院	33	1	0.2	0	260	260	0	0	0	0	0	0	0	0	0	0	0	0	0	0	0	0	0	0	0	1	0
淮阴工学院	34	13	2.2	0	31	64.2	0	0	0	0	0	0	0	0	0	0	0	4	4	0	0	0	0	0	0	0	0
常州工学院	35	6	1	0	0	32.05	0	0	0	0	0	0	0	0	0	0	0	1	1	0	0	0	0	0	0	0	0
扬州大学	36	23	3.2	0	2 293.2	2 244.6	1	1	0	0	0	0	0	0	0	0	0	21	21	0	0	0	0	0	0	8	8
南京工程学院	37	17	3.3	0	572	497.3	0	0	0	0	0	0	0	0	0	0	0	2	2	0	0	0	0	0	0	0	0
南京审计大学	38	0	0	0	0	0	0	0	0	0	0	0	0	0	0	0	0	0	0	0	0	0	0	0	0	0	0
南京晓庄学院	39	0	0	0	0	0	0	0	0	0	0	0	0	0	0	0	0	2	2	0	0	0	0	0	0	0	0
江苏理工学院	40	6	1.1	0	0	67	1	1	0	0	0	0	0	0	0	0	0	2	2	0	0	0	0	0	0	0	0
江苏海洋大学	41	0	0	0	0	0	0	0	0	0	0	0	0	0	0	0	0	0	0	0	0	0	0	0	0	0	0
徐州工程学院	42	30	13.8	0	288	137.8	1	0	0	1	0	0	0	0	0	0	0	6	6	0	0	0	0	0	0	1	0
南京特殊教育师范学院	43	1	0.1	0	0	0	0	0	0	0	0	0	0	0	0	0	0	0	0	0	0	0	0	0	0	0	0
泰州学院	44	0	0	0	0	0	0	0	0	0	0	0	0	0	0	0	0	0	0	0	0	0	0	0	0	0	0
金陵科技学院	45	0	0	0	0	0	0	0	0	0	0	0	0	0	0	0	0	1	1	0	0	0	0	0	0	0	0
江苏第二师范学院	46	3	0.7	0	0	40.81	0	0	0	0	0	0	0	0	0	0	0	0	0	0	0	0	0	0	0	0	0

2.17 新闻学与传播学人文、社会科学研究与课题成果情况表

高校名称		总数					出版著作(部)							古籍整理(部)	译著(部)	发表译文(篇)	电子出版物(件)	发表论文(篇)				获奖成果数(项)				研究与咨询报告(篇)	
		课题数(项)	当年投入人数(人年)	其中:研究生(人年)	当年拨入经费(千元)	当年支出经费(千元)	合计	专著	其中:被译成外文	编著教材	工具书参考书	皮书/发展报告	科普读物					合计	国内学术刊物	国外学术刊物	港、澳、台地区刊物	合计	国家级奖	部级奖	省级奖	合计	其中:被采纳数
	编号	L01	L02	L03	L04	L05	L06	L07	L08	L09	L10	L11	L12	L13	L14	L15	L16	L17	L18	L19	L20	L21	L22	L23	L24	L25	L26
合计	/	523	114.3	13	12 165	10 660.16	22	18	0	3	0	1	0	0	1	0	0	417	395	21	1	0	0	0	0	26	8
南京大学	1	68	8.4	2.2	1 608.5	1011	2	1	0	1	0	0	0	0	0	0	0	90	83	7	0	0	0	0	0	0	0
东南大学	2	5	1	0	0	0	0	0	0	0	0	0	0	0	0	0	0	0	0	0	0	0	0	0	0	0	0
江南大学	3	14	7.7	0	0	37	0	0	0	0	0	0	0	0	0	0	0	0	0	0	0	0	0	0	0	0	0
南京农业大学	4	6	0.6	0	24	24	0	0	0	0	0	0	0	0	0	0	0	2	2	0	0	0	0	0	0	0	0
中国矿业大学	5	4	1.4	0	60	6.23	0	0	0	0	0	0	0	0	0	0	0	1	1	0	0	0	0	0	0	1	1
河海大学	6	21	8.9	6.3	120.3	120.3	0	0	0	0	0	0	0	0	0	0	0	38	28	10	0	0	0	0	0	0	0
南京理工大学	7	11	1.7	0	300	237	0	0	0	0	0	0	0	0	0	0	0	0	0	0	0	0	0	0	0	0	0
南京航空航天大学	8	4	1.3	0	0	0	0	0	0	0	0	0	0	0	0	0	0	9	9	0	0	0	0	0	0	0	0
中国药科大学	9	0	0	0	0	0	0	0	0	0	0	0	0	0	0	0	0	0	0	0	0	0	0	0	0	0	0
南京森林警察学院	10	1	0.2	0	0	0	0	0	0	0	0	0	0	0	0	0	0	9	8	1	0	0	0	0	0	1	0
苏州大学	11	76	12.7	1.2	3 038	2 298	6	4	0	2	0	0	0	0	0	0	0	43	43	0	0	0	0	0	0	3	3
江苏科技大学	12	2	0.4	0	8	8	0	0	0	0	0	0	0	0	0	0	0	0	0	0	0	0	0	0	0	0	0
南京工业大学	13	4	0.5	0	3	3	0	0	0	0	0	0	0	0	0	0	0	0	0	0	0	0	0	0	0	0	0
常州大学	14	3	0.9	0	5	38	0	0	0	0	0	0	0	0	0	0	0	11	11	0	0	0	0	0	0	0	0
南京邮电大学	15	28	9	1.4	326	281	0	0	0	0	0	0	0	0	0	0	0	1	1	0	0	0	0	0	0	0	0
南京林业大学	16	12	1.2	0	70	117.96	0	0	0	0	0	0	0	0	0	0	0	4	4	0	0	0	0	0	0	0	0
江苏大学	17	2	0.6	0	18	18	0	0	0	0	0	0	0	0	0	0	0	0	0	0	0	0	0	0	0	0	0
南京信息工程大学	18	8	5.2	0.3	438	228.74	0	0	0	0	0	0	0	0	0	0	0	0	0	0	0	0	0	0	0	1	1
南通大学	19	5	0.9	0	10	4	0	0	0	0	0	0	0	0	0	0	0	1	1	0	0	0	0	0	0	0	0
盐城工学院	20	2	0.2	0	0	0	0	0	0	0	0	0	0	0	0	0	0	0	0	0	0	0	0	0	0	0	0

续表

南京医科大学	21	1	0.1	0	0	0	0	0	0	0	0	0	0	0	0	0	0	0	0	0	0	0	0	0	0	0	0
徐州医科大学	22	2	0.4	0	0	2.2	0	0	0	0	0	0	0	0	0	0	0	0	0	0	0	0	0	0	0	1	0
南京中医药大学	23	0	0	0	0	0	0	0	0	0	0	0	0	0	0	0	0	0	0	0	0	0	0	0	0	0	0
南京师范大学	24	56	16.2	1.3	1 765.7	1 741.08	3	3	0	0	0	0	0	0	1	0	0	29	26	2	1	0	0	0	0	1	1
江苏师范大学	25	18	6.9	0	1 000	709.5	0	0	0	0	0	0	0	0	0	0	0	40	40	0	0	0	0	0	0	0	0
淮阴师范学院	26	15	1.5	0	1 159	1 033.4	1	1	0	0	0	0	0	0	0	0	0	6	6	0	0	0	0	0	0	0	0
盐城师范学院	27	4	1.1	0	30	27.25	0	0	0	0	0	0	0	0	0	0	0	4	4	0	0	0	0	0	0	3	0
南京财经大学	28	24	4.2	0.3	583	565.53	6	6	0	0	0	0	0	0	0	0	0	16	16	0	0	0	0	0	0	0	0
江苏警官学院	29	4	0.9	0	40	40	0	0	0	0	0	0	0	0	0	0	0	5	5	0	0	0	0	0	0	0	0
南京体育学院	30	1	0.1	0	0	0	0	0	0	0	0	0	0	0	0	0	0	0	0	0	0	0	0	0	0	0	0
南京艺术学院	31	0	0	0	0	0	0	0	0	0	0	0	0	0	0	0	0	1	1	0	0	0	0	0	0	0	0
苏州科技大学	32	1	0.3	0	0	0	0	0	0	0	0	0	0	0	0	0	0	7	7	0	0	0	0	0	0	0	0
常熟理工学院	33	1	0.1	0	10	1.5	1	1	0	0	0	0	0	0	0	0	0	8	8	0	0	0	0	0	0	0	0
淮阴工学院	34	3	0.4	0	3	6.99	0	0	0	0	0	0	0	0	0	0	0	1	1	0	0	0	0	0	0	0	0
常州工学院	35	16	2.8	0	643.5	414.85	0	0	0	0	0	0	0	0	0	0	0	3	3	0	0	0	0	0	0	7	0
扬州大学	36	28	4.7	0	110	425.35	1	0	0	0	0	1	0	0	0	0	0	53	52	1	0	0	0	0	0	0	0
南京工程学院	37	3	0.4	0	200	143	0	0	0	0	0	0	0	0	0	0	0	0	0	0	0	0	0	0	0	0	0
南京审计大学	38	1	0.4	0	10	0	0	0	0	0	0	0	0	0	0	0	0	0	0	0	0	0	0	0	0	0	0
南京晓庄学院	39	25	3.8	0	20	180	2	2	0	0	0	0	0	0	0	0	0	14	14	0	0	0	0	0	0	0	0
江苏理工学院	40	5	0.9	0	406	257	0	0	0	0	0	0	0	0	0	0	0	0	0	0	0	0	0	0	0	3	2
江苏海洋大学	41	20	2	0	108	316.15	0	0	0	0	0	0	0	0	0	0	0	9	9	0	0	0	0	0	0	5	0
徐州工程学院	42	4	1.2	0	10	9	0	0	0	0	0	0	0	0	0	0	0	3	3	0	0	0	0	0	0	0	0
南京特殊教育师范学院	43	3	0.5	0	0	31	0	0	0	0	0	0	0	0	0	0	0	0	0	0	0	0	0	0	0	0	0
泰州学院	44	2	0.6	0	35	22	0	0	0	0	0	0	0	0	0	0	0	1	1	0	0	0	0	0	0	0	0
金陵科技学院	45	4	0.6	0	0	212	0	0	0	0	0	0	0	0	0	0	0	3	3	0	0	0	0	0	0	0	0
江苏第二师范学院	46	6	1.4	0	3	90.13	0	0	0	0	0	0	0	0	0	0	0	5	5	0	0	0	0	0	0	0	0

2.18 图书馆、情报与文献学人文、社会科学研究与课题成果情况表

高校名称	编号	总数：课题数（项）	总数：当年投入人数（人年）	总数：其中：研究生（人年）	总数：当年拨入经费（千元）	总数：当年支出经费（千元）	出版著作（部）：合计	出版著作（部）：专著	出版著作（部）：其中：被译成外文	出版著作（部）：编著教材	出版著作（部）：工具书参考书	出版著作（部）：皮书/发展报告	出版著作（部）：科普读物	古籍整理（部）	译著（部）	发表译文（篇）	电子出版物（件）	发表论文（篇）：合计	发表论文（篇）：国内学术刊物	发表论文（篇）：国外学术刊物	发表论文（篇）：港、澳、台地区刊物	获奖成果数（项）：合计	获奖成果数（项）：国家级奖	获奖成果数（项）：部级奖	获奖成果数（项）：省级奖	研究与咨询报告（篇）：合计	研究与咨询报告（篇）：其中：被采纳数
		L01	L02	L03	L04	L05	L06	L07	L08	L09	L10	L11	L12	L13	L14	L15	L16	L17	L18	L19	L20	L21	L22	L23	L24	L25	L26
合计	/	638	148.6	27.6	20 503.01	16 360.62	63	32	2	13	0	18	0	0	5	0	9	627	560	67	0	0	0	0	0	25	9
南京大学	1	115	14.4	2.2	6 221.5	3 661	30	23	2	7	0	0	0	0	5	0	0	139	112	27	0	0	0	0	0	5	0
东南大学	2	29	9.5	0.2	8	232.65	0	0	0	0	0	0	0	0	0	0	0	0	0	0	0	0	0	0	0	0	0
江南大学	3	8	8.1	4.1	230	237	0	0	0	0	0	0	0	0	0	0	0	26	26	0	0	0	0	0	0	0	0
南京农业大学	4	75	9.9	3.4	1 482	1 835.2	2	2	0	0	0	0	0	0	0	0	0	21	21	0	0	0	0	0	0	0	0
中国矿业大学	5	18	4.3	0	288	107.78	0	0	0	0	0	0	0	0	0	0	0	2	2	0	0	0	0	0	0	2	1
河海大学	6	51	18.7	12.7	5 960.8	4 601.3	0	0	0	0	0	0	0	0	0	0	9	77	52	25	0	0	0	0	0	5	5
南京理工大学	7	23	3.7	0.3	730	1 234.34	4	3	0	1	0	0	0	0	0	0	0	61	61	0	0	0	0	0	0	2	0
南京航空航天大学	8	6	2.4	0	40	40	19	1	0	0	0	18	0	0	0	0	0	20	15	5	0	0	0	0	0	0	0
中国药科大学	9	10	1.4	0	61	93	0	0	0	0	0	0	0	0	0	0	0	19	19	0	0	0	0	0	0	0	0
南京森林警察学院	10	7	1.1	0	291.26	100.83	1	0	0	1	0	0	0	0	0	0	0	5	5	0	0	0	0	0	0	0	0
苏州大学	11	18	7.5	1.5	818	401	2	0	0	2	0	0	0	0	0	0	0	17	16	1	0	0	0	0	0	0	0
江苏科技大学	12	1	0.4	0	0	1.5	0	0	0	0	0	0	0	0	0	0	0	0	0	0	0	0	0	0	0	0	0
南京工业大学	13	17	2.6	0.2	60	60	1	1	0	0	0	0	0	0	0	0	0	20	20	0	0	0	0	0	0	0	0
常州大学	14	1	0.5	0	0	46	0	0	0	0	0	0	0	0	0	0	0	0	0	0	0	0	0	0	0	0	0
南京邮电大学	15	23	8.6	2.5	272	162	0	0	0	0	0	0	0	0	0	0	0	2	2	0	0	0	0	0	0	0	0
南京林业大学	16	1	0.1	0	0	3	0	0	0	0	0	0	0	0	0	0	0	0	0	0	0	0	0	0	0	0	0
江苏大学	17	14	2.7	0	410	410	1	1	0	0	0	0	0	0	0	0	0	33	31	2	0	0	0	0	0	5	1
南京信息工程大学	18	13	8	0	473	136.41	0	0	0	0	0	0	0	0	0	0	0	11	10	1	0	0	0	0	0	0	0
南通大学	19	6	0.9	0	10	4	0	0	0	0	0	0	0	0	0	0	0	20	20	0	0	0	0	0	0	0	0
盐城工学院	20	19	2	0	563	545	1	1	0	0	0	0	0	0	0	0	0	5	5	0	0	0	0	0	0	1	1

七、社科研究、课题与成果

续表

南京医科大学	21	10	1.6	0	30	34.3	0	0	0	0	0	0	0	0	0	0	0	0	0	0	0	0	0	0	0	0	0
徐州医科大学	22	10	1.8	0	40	9.5	0	0	0	0	0	0	0	0	0	0	0	1	1	0	0	0	0	0	0	0	0
南京中医药大学	23	19	4.9	0	215	135.55	0	0	0	0	0	0	0	0	0	0	0	18	18	0	0	0	0	0	0	0	0
南京师范大学	24	13	2.9	0.2	414	354.9	0	0	0	0	0	0	0	0	0	0	0	14	13	1	0	0	0	0	0	0	0
江苏师范大学	25	7	5.3	0	0	141.5	0	0	0	0	0	0	0	0	0	0	0	0	0	0	0	0	0	0	0	0	0
淮阴师范学院	26	9	0.9	0	199.7	185.7	0	0	0	0	0	0	0	0	0	0	0	2	2	0	0	0	0	0	0	0	0
盐城师范学院	27	5	1.8	0	40	77	0	0	0	0	0	0	0	0	0	0	0	14	11	3	0	0	0	0	0	0	0
南京财经大学	28	4	0.4	0.1	5	3.5	0	0	0	0	0	0	0	0	0	0	0	2	2	0	0	0	0	0	0	0	0
江苏警官学院	29	9	2.9	0	0	10	0	0	0	0	0	0	0	0	0	0	0	3	3	0	0	0	0	0	0	0	0
南京体育学院	30	3	0.3	0	10	10	0	0	0	0	0	0	0	0	0	0	0	0	0	0	0	0	0	0	0	0	0
南京艺术学院	31	6	1.4	0	0	3.39	0	0	0	0	0	0	0	0	0	0	0	6	6	0	0	0	0	0	0	0	0
苏州科技大学	32	1	0.3	0	0	0	0	0	0	0	0	0	0	0	0	0	0	2	2	0	0	0	0	0	0	0	0
常熟理工学院	33	3	1.3	0	40	43.5	0	0	0	0	0	0	0	0	0	0	0	9	9	0	0	0	0	0	0	0	0
淮阴工学院	34	3	0.6	0	0	5.8	0	0	0	0	0	0	0	0	0	0	0	6	6	0	0	0	0	0	0	0	0
常州工学院	35	2	0.4	0	1	1.1	0	0	0	0	0	0	0	0	0	0	0	1	1	0	0	0	0	0	0	2	0
扬州大学	36	14	2.3	0.2	25	167.2	1	0	0	1	0	0	0	0	0	0	0	7	7	0	0	0	0	0	0	0	0
南京工程学院	37	11	1.7	0	733	646.28	0	0	0	0	0	0	0	0	0	0	0	0	0	0	0	0	0	0	0	0	0
南京审计大学	38	4	1.6	0	10	43.54	0	0	0	0	0	0	0	0	0	0	0	12	12	0	0	0	0	0	0	0	0
南京晓庄学院	39	10	1.3	0	10	30	0	0	0	0	0	0	0	0	0	0	0	5	3	2	0	0	0	0	0	0	0
江苏理工学院	40	15	3.1	0	254.75	210.4	0	0	0	0	0	0	0	0	0	0	0	7	7	0	0	0	0	0	0	1	1
江苏海洋大学	41	7	0.7	0	10.5	25.35	0	0	0	0	0	0	0	0	0	0	0	18	18	0	0	0	0	0	0	1	0
徐州工程学院	42	0	0	0	0	0	0	0	0	0	0	0	0	0	0	0	0	6	6	0	0	0	0	0	0	1	0
南京特殊教育师范学院	43	1	0.2	0	0	0	0	0	0	0	0	0	0	0	0	0	0	0	0	0	0	0	0	0	0	0	0
泰州学院	44	2	0.8	0	10	2.6	0	0	0	0	0	0	0	0	0	0	0	2	2	0	0	0	0	0	0	0	0
金陵科技学院	45	13	2.9	0	536.5	307.5	1	0	0	1	0	0	0	0	0	0	0	6	6	0	0	0	0	0	0	0	0
江苏第二师范学院	46	2	0.4	0	0	0	0	0	0	0	0	0	0	0	0	0	0	8	8	0	0	0	0	0	0	0	0

2.19 教育学人文、社会科学研究与课题成果情况表

高校名称		总数					出版著作(部)							古籍整理(部)	译著(部)	发表译文(篇)	电子出版物(件)	发表论文(篇)				获奖成果数(项)				研究与咨询报告(篇)	
		课题数(项)	当年投入人数(人年)	其中:研究生(人年)	当年拨入经费(千元)	当年支出经费(千元)	合计	专著	其中:被译成外文	编著教材	工具书参考书	皮书/发展报告	科普读物					合计	国内学术刊物	国外学术刊物	港澳、台地区刊物	合计	国家级奖	部级奖	省级奖	合计	其中:被采纳数
	编号	L01	L02	L03	L04	L05	L06	L07	L08	L09	L10	L11	L12	L13	L14	L15	L16	L17	L18	L19	L20	L21	L22	L23	L24	L25	L26
合计	/	3 666	842.5	82.1	109 272.2	101 225.67	129	89	5	35	3	2	0	2	11	1	0	2 184	2 150	34	0	0	0	0	0	161	59
南京大学	1	50	5	0.4	1 125.5	781.5	1	0	0	0	1	0	0	0	0	0	0	36	35	1	0	0	0	0	0	0	0
东南大学	2	60	17.3	1.3	507.5	3 063.59	1	1	0	0	0	0	0	0	1	0	0	2	2	0	0	0	0	0	0	0	0
江南大学	3	68	58	22.9	828	1 193	1	1	0	0	0	0	0	0	0	0	0	51	51	0	0	0	0	0	0	0	0
南京农业大学	4	99	12.2	2.5	656	620.79	0	0	0	0	0	0	0	0	0	0	0	13	13	0	0	0	0	0	0	2	2
中国矿业大学	5	52	11.6	1.1	122	512.14	1	0	0	1	0	0	0	0	0	0	0	20	20	0	0	0	0	0	0	0	0
河海大学	6	84	26.3	21.7	455.5	455.5	0	0	0	0	0	0	0	0	0	0	0	57	53	4	0	0	0	0	0	3	3
南京理工大学	7	16	2.8	0.3	357	326	2	0	0	0	0	2	0	0	0	0	0	8	8	0	0	0	0	0	0	0	0
南京航空航天大学	8	27	5	0	250	257	0	0	0	0	0	0	0	0	0	0	0	10	8	2	0	0	0	0	0	0	0
中国药科大学	9	17	1.8	0	15	15	0	0	0	0	0	0	0	0	0	0	0	2	2	0	0	0	0	0	0	0	0
南京森林警察学院	10	12	2	0	114.96	7.24	0	0	0	0	0	0	0	0	0	0	0	24	24	0	0	0	0	0	0	1	0
苏州大学	11	50	10.5	1	2 253	1 257	7	7	0	0	0	0	0	0	0	0	0	39	39	0	0	0	0	0	0	2	2
江苏科技大学	12	86	18.6	1.5	857	636.02	2	2	1	0	0	0	0	0	1	0	0	44	43	1	0	0	0	0	0	2	2
南京工业大学	13	135	13.8	0.7	864	923.5	8	5	0	3	0	0	0	0	0	0	0	106	106	0	0	0	0	0	0	1	1
常州大学	14	70	18.7	0	701.8	795.6	2	1	0	1	0	0	0	0	2	0	0	17	17	0	0	0	0	0	0	0	0
南京邮电大学	15	140	36.5	6.4	1 694.6	1 609.7	1	1	0	0	0	0	0	0	0	0	0	79	79	0	0	0	0	0	0	1	1
南京林业大学	16	44	4.4	0	20	121.44	0	0	0	0	0	0	0	0	2	0	0	4	4	0	0	0	0	0	0	0	0
江苏大学	17	55	17.2	11.4	83	123	2	2	0	0	0	0	0	0	1	0	0	34	34	0	0	0	0	0	0	3	0
南京信息工程大学	18	134	58.4	0.3	1 001.3	953.45	0	0	0	0	0	0	0	0	0	0	0	28	27	1	0	0	0	0	0	1	1
南通大学	19	105	22.2	0.4	1 431	1 459	1	1	1	0	0	0	0	2	0	0	0	137	136	1	0	0	0	0	0	14	13
盐城工学院	20	76	7.6	0	376	401	2	2	0	0	0	0	0	0	0	0	0	39	39	0	0	0	0	0	0	0	0

续表

南京医科大学	21	12	1.6	0	0	23.5	0	0	0	0	0	0	0	0	0	0	0	0	0	0	0	0	0	0	0	0	0
徐州医科大学	22	55	11.2	0	3	58.2	1	1	0	0	0	0	0	0	0	0	0	22	22	0	0	0	0	0	0	4	1
南京中医药大学	23	24	7.4	0	585	662.6	0	0	0	0	0	0	0	0	0	0	0	15	15	0	0	0	0	0	0	0	0
南京师范大学	24	173	34.4	6.6	11 439.29	10 103.71	17	11	1	6	0	0	0	0	4	1	0	167	159	8	0	0	0	0	0	1	1
江苏师范大学	25	216	64.4	1.1	36 747.08	32 136.93	12	9	0	3	0	0	0	0	0	0	0	160	156	4	0	0	0	0	0	8	6
淮阴师范学院	26	150	21	0	12 145	10 772	3	1	0	2	0	0	0	0	0	0	0	39	39	0	0	0	0	0	0	0	0
盐城师范学院	27	129	31.1	0	9 024.36	6 285	10	8	0	2	0	0	0	0	0	0	0	108	103	5	0	0	0	0	0	16	2
南京财经大学	28	27	3.6	0.2	74	73	7	4	0	3	0	0	0	0	0	0	0	14	14	0	0	0	0	0	0	0	0
江苏警官学院	29	45	8.8	0	120	125	0	0	0	0	0	0	0	0	0	0	0	30	28	2	0	0	0	0	0	0	0
南京体育学院	30	19	1.9	0	5	14	0	0	0	0	0	0	0	0	0	0	0	31	31	0	0	0	0	0	0	2	0
南京艺术学院	31	5	1.8	0	0	15.62	0	0	0	0	0	0	0	0	0	0	0	2	2	0	0	0	0	0	0	0	0
苏州科技大学	32	64	18.6	1.7	354	341	3	1	0	2	0	0	0	0	0	0	0	37	37	0	0	0	0	0	0	0	0
常熟理工学院	33	130	34	0	9 892.18	10 297.7	2	1	1	1	0	0	0	0	0	0	0	50	49	1	0	0	0	0	0	51	1
淮阴工学院	34	40	7.3	0	105	252.9	1	1	0	0	0	0	0	0	0	0	0	46	46	0	0	0	0	0	0	0	0
常州工学院	35	98	18.5	0	1 058	1 147.9	0	0	0	0	0	0	0	0	0	0	0	24	24	0	0	0	0	0	0	13	0
扬州大学	36	138	21.4	0.6	1 681	1 510.92	8	6	0	2	0	0	0	0	0	0	0	186	184	2	0	0	0	0	0	1	1
南京工程学院	37	179	30.9	0	4 511.8	4 840.92	2	2	0	0	0	0	0	0	0	0	0	46	45	1	0	0	0	0	0	0	0
南京审计大学	38	46	16	0	100	97.06	0	0	0	0	0	0	0	0	0	0	0	52	52	0	0	0	0	0	0	0	0
南京晓庄学院	39	136	18.9	0	783	952.8	2	1	0	1	0	0	0	0	0	0	0	69	69	0	0	0	0	0	0	0	0
江苏理工学院	40	251	50.3	0	5 011.93	4 077.34	11	11	0	0	0	0	0	0	0	0	0	96	96	0	0	0	0	0	0	32	22
江苏海洋大学	41	31	3.1	0	70	86.55	0	0	0	0	0	0	0	0	0	0	0	37	37	0	0	0	0	0	0	1	0
徐州工程学院	42	53	26.2	0	120	148.9	2	2	1	0	0	0	0	0	0	0	0	43	43	0	0	0	0	0	0	2	0
南京特殊教育师范学院	43	94	15.1	0	167	235.8	4	2	0	0	2	0	0	0	0	0	0	51	51	0	0	0	0	0	0	0	0
泰州学院	44	35	11.4	0	195	182.5	0	0	0	0	0	0	0	0	0	0	0	35	34	1	0	0	0	0	0	0	0
金陵科技学院	45	21	2.3	0	206	210	0	0	0	0	0	0	0	0	0	0	0	10	10	0	0	0	0	0	0	0	0
江苏第二师范学院	46	115	31.4	0	1 161.4	1 062.35	13	5	0	8	0	0	0	0	0	0	0	64	64	0	0	0	0	0	0	0	0

2.20 统计学人文、社会科学研究与课题成果情况表

高校名称	编号	总数 课题数(项)	当年投入人数(人年)	其中：研究生(人年)	当年拨入经费(千元)	当年支出经费(千元)	出版著作(部) 合计	专著	其中：被译成外文	编著教材	工具书参考书	皮书/发展报告	科普读物	古籍整理(部)	译著(部)	发表译文(篇)	电子出版物(件)	发表论文(篇) 合计	国内学术刊物	国外学术刊物	港、澳、台地区刊物	获奖成果数(项) 合计	国家级奖	部级奖	省级奖	研究与咨询报告(篇) 合计	其中：被采纳数
		L01	L02	L03	L04	L05	L06	L07	L08	L09	L10	L11	L12	L13	L14	L15	L16	L17	L18	L19	L20	L21	L22	L23	L24	L25	L26
合计	/	195	54.9	15.5	8 188.96	7 744.39	4	3	0	1	0	0	0	0	0	0	7	157	112	45	0	0	0	0	0	14	4
南京大学	1	2	0.7	0.5	0	0	0	0	0	0	0	0	0	0	0	0	0	1	1	0	0	0	0	0	0	0	0
东南大学	2	3	0.8	0.4	0	0	0	0	0	0	0	0	0	0	0	0	0	0	0	0	0	0	0	0	0	0	0
江南大学	3	0	0	0	0	0	0	0	0	0	0	0	0	0	0	0	0	5	4	1	0	0	0	0	0	0	0
南京农业大学	4	1	0.1	0	0	0	0	0	0	0	0	0	0	0	0	0	0	0	0	0	0	0	0	0	0	0	0
中国矿业大学	5	7	1.2	0.2	0	10	0	0	0	0	0	0	0	0	0	0	0	1	1	0	0	0	0	0	0	0	0
河海大学	6	59	19.6	12.5	4 252	4 252	0	0	0	0	0	0	0	0	0	0	7	78	48	30	0	0	0	0	0	2	2
南京理工大学	7	3	0.3	0	20	98	0	0	0	0	0	0	0	0	0	0	0	0	0	0	0	0	0	0	0	0	0
南京航空航天大学	8	1	0.3	0	0	0	0	0	0	0	0	0	0	0	0	0	0	0	0	0	0	0	0	0	0	0	0
中国药科大学	9	1	0.4	0	0	50	0	0	0	0	0	0	0	0	0	0	0	1	1	0	0	0	0	0	0	0	0
南京森林警察学院	10	3	0.6	0	0	0	0	0	0	0	0	0	0	0	0	0	0	5	5	0	0	0	0	0	0	0	0
苏州大学	11	0	0	0	0	0	0	0	0	0	0	0	0	0	0	0	0	2	2	0	0	0	0	0	0	0	0
江苏科技大学	12	3	0.3	0	0	0	0	0	0	0	0	0	0	0	0	0	0	13	9	4	0	0	0	0	0	0	0
南京工业大学	13	2	0.1	0	0	0	0	0	0	0	0	0	0	0	0	0	0	0	0	0	0	0	0	0	0	0	0
常州大学	14	3	1.7	0	190	144	0	0	0	0	0	0	0	0	0	0	0	0	0	0	0	0	0	0	0	0	0
南京邮电大学	15	3	1.2	0.5	0	25	0	0	0	0	0	0	0	0	0	0	0	1	1	0	0	0	0	0	0	0	0
南京林业大学	16	2	0.2	0	32	33.25	0	0	0	0	0	0	0	0	0	0	0	1	1	0	0	0	0	0	0	0	0
江苏大学	17	17	2.8	1.1	408	408	0	0	0	0	0	0	0	0	0	0	0	3	3	0	0	0	0	0	0	0	0
南京信息工程大学	18	3	1.1	0	30.9	46.2	0	0	0	0	0	0	0	0	0	0	0	4	1	3	0	0	0	0	0	0	0
南通大学	19	2	0.3	0	0	25	0	0	0	0	0	0	0	0	0	0	0	1	0	1	0	0	0	0	0	0	0
盐城工学院	20	1	0.1	0	0	0	0	0	0	0	0	0	0	0	0	0	0	0	0	0	0	0	0	0	0	0	0

续表

南京医科大学	21	0	0	0	0	0	0	0	0	0	0	0	0	0	0	0	0	0	0	0	0	0	0	0	0	0	0
徐州医科大学	22	2	0.5	0	40	19	0	0	0	0	0	0	0	0	0	0	0	2	2	0	0	0	0	0	0	0	0
南京中医药大学	23	1	0.4	0	0	3.3	0	0	0	0	0	0	0	0	0	0	0	0	0	0	0	0	0	0	0	0	0
南京师范大学	24	3	0.3	0.2	526.95	279.07	0	0	0	0	0	0	0	0	0	0	0	1	1	0	0	0	0	0	0	0	0
江苏师范大学	25	6	2.5	0	15	83	0	0	0	0	0	0	0	0	0	0	0	0	0	0	0	0	0	0	0	0	0
淮阴师范学院	26	1	0.3	0	0	5	0	0	0	0	0	0	0	0	0	0	0	1	0	1	0	0	0	0	0	0	0
盐城师范学院	27	6	1.8	0	50	436.5	1	1	0	0	0	0	0	0	0	0	0	4	4	0	0	0	0	0	0	1	0
南京财经大学	28	2	0.4	0.1	30	53.49	1	1	0	0	0	0	0	0	0	0	0	4	4	0	0	0	0	0	0	1	1
江苏警官学院	29	0	0	0	0	0	0	0	0	0	0	0	0	0	0	0	0	0	0	0	0	0	0	0	0	0	0
南京体育学院	30	0	0	0	0	0	0	0	0	0	0	0	0	0	0	0	0	0	0	0	0	0	0	0	0	0	0
南京艺术学院	31	0	0	0	0	0	0	0	0	0	0	0	0	0	0	0	0	0	0	0	0	0	0	0	0	0	0
苏州科技大学	32	0	0	0	0	0	0	0	0	0	0	0	0	0	0	0	0	0	0	0	0	0	0	0	0	0	0
常熟理工学院	33	10	5.3	0	544.11	525.86	0	0	0	0	0	0	0	0	0	0	0	2	2	0	0	0	0	0	0	5	1
淮阴工学院	34	5	0.6	0	41	43	0	0	0	0	0	0	0	0	0	0	0	12	11	1	0	0	0	0	0	0	0
常州工学院	35	14	2.4	0	1 396	878.95	0	0	0	0	0	0	0	0	0	0	0	0	0	0	0	0	0	0	0	1	0
扬州大学	36	0	0	0	0	0	0	0	0	0	0	0	0	0	0	0	0	4	1	3	0	0	0	0	0	0	0
南京工程学院	37	1	0.1	0	5	5	0	0	0	0	0	0	0	0	0	0	0	0	0	0	0	0	0	0	0	0	0
南京审计大学	38	11	5.2	0	490	100.97	0	0	0	0	0	0	0	0	0	0	0	3	3	0	0	0	0	0	0	4	0
南京晓庄学院	39	0	0	0	0	0	0	0	0	0	0	0	0	0	0	0	0	1	0	1	0	0	0	0	0	0	0
江苏理工学院	40	7	1	0	100	132.5	0	0	0	0	0	0	0	0	0	0	0	4	4	0	0	0	0	0	0	0	0
江苏海洋大学	41	0	0	0	0	0	0	0	0	0	0	0	0	0	0	0	0	0	0	0	0	0	0	0	0	0	0
徐州工程学院	42	5	1.7	0	12	10.3	0	0	0	0	0	0	0	0	0	0	0	2	2	0	0	0	0	0	0	0	0
南京特殊教育师范学院	43	4	0.5	0	0	75	1	1	0	0	0	0	0	0	0	0	0	1	1	0	0	0	0	0	0	0	0
泰州学院	44	0	0	0	0	0	0	0	0	0	0	0	0	0	0	0	0	0	0	0	0	0	0	0	0	0	0
金陵科技学院	45	1	0.1	0	6	2	1	0	0	1	0	0	0	0	0	0	0	0	0	0	0	0	0	0	0	0	0
江苏第二师范学院	46	0	0	0	0	0	0	0	0	0	0	0	0	0	0	0	0	0	0	0	0	0	0	0	0	0	0

2.21 心理学人文、社会科学研究与课题成果情况表

高校名称	编号	总数：课题数(项)	总数：当年投入人数(人年)	总数：其中：研究生(人年)	总数：当年拨入经费(千元)	总数：当年支出经费(千元)	出版著作(部)：合计	出版著作(部)：专著	出版著作(部)：其中：被译成外文	出版著作(部)：编著教材	出版著作(部)：工具书参考书	出版著作(部)：皮书/发展报告	出版著作(部)：科普读物	古籍整理(部)	译著(部)	发表译文(篇)	电子出版物(件)	发表论文(篇)：合计	发表论文(篇)：国内学术刊物	发表论文(篇)：国外学术刊物	发表论文(篇)：港澳、台地区刊物	获奖成果数(项)：合计	获奖成果数(项)：国家级奖	获奖成果数(项)：部级奖	获奖成果数(项)：省级奖	研究与咨询报告(篇)：合计	研究与咨询报告(篇)：其中：被采纳数
		L01	L02	L03	L04	L05	L06	L07	L08	L09	L10	L11	L12	L13	L14	L15	L16	L17	L18	L19	L20	L21	L22	L23	L24	L25	L26
合计	/	290	63	8.1	5 573.16	4 746.3	10	5	0	3	0	1	1	0	1	0	0	174	137	37	0	0	0	0	0	8	4
南京大学	1	16	2.8	1.8	237	166.8	0	0	0	0	0	0	0	0	0	0	0	3	1	2	0	0	0	0	0	0	0
东南大学	2	7	2.9	0	0	0	0	0	0	0	0	0	0	0	0	0	0	0	0	0	0	0	0	0	0	0	0
江南大学	3	0	0	0	0	0	0	0	0	0	0	0	0	0	0	0	0	0	0	0	0	0	0	0	0	0	0
南京农业大学	4	0	0	0	0	0	0	0	0	0	0	0	0	0	0	0	0	0	0	0	0	0	0	0	0	0	0
中国矿业大学	5	0	0	0	0	0	0	0	0	0	0	0	0	0	0	0	0	0	0	0	0	0	0	0	0	0	0
河海大学	6	17	6.9	4.5	56	136	2	0	0	0	0	1	1	0	0	0	0	17	15	2	0	0	0	0	0	2	2
南京理工大学	7	2	0.2	0	0	12	2	0	0	2	0	0	0	0	0	0	0	3	1	2	0	0	0	0	0	0	0
南京航空航天大学	8	1	0.2	0	0	0	0	0	0	0	0	0	0	0	0	0	0	0	0	0	0	0	0	0	0	0	0
中国药科大学	9	5	0.9	0	0	0	3	3	0	0	0	0	0	0	0	0	0	1	1	0	0	0	0	0	0	0	0
南京森林警察学院	10	0	0	0	0	0	0	0	0	0	0	0	0	0	0	0	0	0	0	0	0	0	0	0	0	0	0
苏州大学	11	37	7.3	0.7	955	923	1	0	0	1	0	0	0	0	0	0	0	41	27	14	0	0	0	0	0	0	0
江苏科技大学	12	2	0.5	0	0	0.7	0	0	0	0	0	0	0	0	0	0	0	2	2	0	0	0	0	0	0	1	1
南京工业大学	13	3	0.3	0	40	40	0	0	0	0	0	0	0	0	0	0	0	0	0	0	0	0	0	0	0	0	0
常州大学	14	0	0	0	0	0	0	0	0	0	0	0	0	0	0	0	0	0	0	0	0	0	0	0	0	0	0
南京邮电大学	15	4	1.2	0	80	59	0	0	0	0	0	0	0	0	0	0	0	1	1	0	0	0	0	0	0	0	0
南京林业大学	16	3	0.3	0	0	4.01	0	0	0	0	0	0	0	0	0	0	0	0	0	0	0	0	0	0	0	0	0
江苏大学	17	1	0.1	0	3	3	0	0	0	0	0	0	0	0	0	0	0	0	0	0	0	0	0	0	0	0	0
南京信息工程大学	18	10	4.2	0	3	11.32	0	0	0	0	0	0	0	0	0	0	0	0	0	0	0	0	0	0	0	0	0
南通大学	19	3	0.6	0	40	40	0	0	0	0	0	0	0	0	0	0	0	5	5	0	0	0	0	0	0	0	0
盐城工学院	20	2	0.2	0	0	0	0	0	0	0	0	0	0	0	0	0	0	0	0	0	0	0	0	0	0	0	0

续表

南京医科大学	21	4	0.5	0	0	8.7	0	0	0	0	0	0	0	0	0	0	0	0	0	0	0	0	0	0	0	0	0
徐州医科大学	22	8	1.7	0	1	12.2	0	0	0	0	0	0	0	0	0	0	0	1	1	0	0	0	0	0	0	1	1
南京中医药大学	23	19	5.1	0	250	217.6	0	0	0	0	0	0	0	0	0	0	0	3	3	0	0	0	0	0	0	0	0
南京师范大学	24	44	5.9	1.1	2 487.5	1 743.1	0	0	0	0	0	0	0	0	0	0	0	36	25	11	0	0	0	0	0	1	0
江苏师范大学	25	7	2.9	0	140	127	0	0	0	0	0	0	0	0	0	0	0	0	0	0	0	0	0	0	0	0	0
淮阴师范学院	26	10	1.2	0	520	494	0	0	0	0	0	0	0	0	0	0	0	3	3	0	0	0	0	0	0	0	0
盐城师范学院	27	7	1.8	0	218	156.3	0	0	0	0	0	0	0	0	0	0	0	12	12	0	0	0	0	0	0	2	0
南京财经大学	28	1	0.1	0	0	2	0	0	0	0	0	0	0	0	0	0	0	1	1	0	0	0	0	0	0	0	0
江苏警官学院	29	0	0	0	0	0	0	0	0	0	0	0	0	0	0	0	0	2	0	2	0	0	0	0	0	0	0
南京体育学院	30	1	0.1	0	0	0	0	0	0	0	0	0	0	0	0	0	0	0	0	0	0	0	0	0	0	0	0
南京艺术学院	31	1	0.4	0	0	7.86	0	0	0	0	0	0	0	0	0	0	0	2	2	0	0	0	0	0	0	0	0
苏州科技大学	32	0	0	0	0	0	0	0	0	0	0	0	0	0	0	0	0	0	0	0	0	0	0	0	0	0	0
常熟理工学院	33	5	1	0	21.66	15.99	0	0	0	0	0	0	0	0	0	0	0	0	0	0	0	0	0	0	0	1	0
淮阴工学院	34	1	0.2	0	40	38	0	0	0	0	0	0	0	0	0	0	0	8	8	0	0	0	0	0	0	0	0
常州工学院	35	4	0.6	0	147	20.4	0	0	0	0	0	0	0	0	0	0	0	4	2	2	0	0	0	0	0	0	0
扬州大学	36	3	0.4	0	15	10	1	1	0	0	0	0	0	0	0	0	0	3	2	1	0	0	0	0	0	0	0
南京工程学院	37	0	0	0	0	0	0	0	0	0	0	0	0	0	0	0	0	1	1	0	0	0	0	0	0	0	0
南京审计大学	38	1	0.2	0	0	0	0	0	0	0	0	0	0	0	0	0	0	0	0	0	0	0	0	0	0	0	0
南京晓庄学院	39	21	3.1	0	280	239	1	1	0	0	0	0	0	0	0	0	0	15	14	1	0	0	0	0	0	0	0
江苏理工学院	40	12	2.1	0	30	137.96	0	0	0	0	0	0	0	0	0	0	0	6	6	0	0	0	0	0	0	0	0
江苏海洋大学	41	1	0.1	0	5	3.75	0	0	0	0	0	0	0	0	0	0	0	0	0	0	0	0	0	0	0	0	0
徐州工程学院	42	5	1.8	0	4	4	0	0	0	0	0	0	0	0	0	0	0	2	2	0	0	0	0	0	0	0	0
南京特殊教育师范学院	43	2	0.3	0	0	0.2	0	0	0	0	0	0	0	0	0	0	0	0	0	0	0	0	0	0	0	0	0
泰州学院	44	1	0.3	0	0	0	0	0	0	0	0	0	0	0	0	0	0	0	0	0	0	0	0	0	0	0	0
金陵科技学院	45	1	0.1	0	0	2	0	0	0	0	0	0	0	0	0	0	0	0	0	0	0	0	0	0	0	0	0
江苏第二师范学院	46	18	4.5	0	0	110.41	0	0	0	0	0	0	0	0	0	0	0	2	2	0	0	0	0	0	0	0	0

2.22 体育科学人文、社会科学研究与课题成果情况表

高校名称	编号	总数 课题数(项)	当年投入人数(人年)	其中：研究生(人年)	当年拨入经费(千元)	当年支出经费(千元)	出版著作(部) 合计	专著	其中：被译成外文	编著教材	工具书参考书	皮书/发展报告	科普读物	古籍整理(部)	译著(部)	发表译文(篇)	电子出版物(件)	发表论文(篇) 合计	国内学术刊物	国外学术刊物	港、澳、台地区刊物	获奖成果数(项) 合计	国家级奖	部级奖	省级奖	研究与咨询报告(篇) 合计	其中：被采纳数
		L01	L02	L03	L04	L05	L06	L07	L08	L09	L10	L11	L12	L13	L14	L15	L16	L17	L18	L19	L20	L21	L22	L23	L24	L25	L26
合计	/	761	168.3	9.7	30 292.55	25 593.45	53	40	1	11	0	0	2	2	0	1	0	619	590	29	0	0	0	0	0	36	17
南京大学	1	11	1.3	0.2	238	78	0	0	0	0	0	0	0	0	0	0	0	14	14	0	0	0	0	0	0	0	0
东南大学	2	5	1.8	0	5	20	1	1	0	0	0	0	0	0	0	0	0	11	11	0	0	0	0	0	0	0	0
江南大学	3	7	6.2	2	0	12	0	0	0	0	0	0	0	0	0	0	0	0	0	0	0	0	0	0	0	0	0
南京农业大学	4	17	1.6	0	70	62	0	0	0	0	0	0	0	0	0	0	0	6	6	0	0	0	0	0	0	0	0
中国矿业大学	5	23	8.3	0.2	319.5	216.57	2	1	0	1	0	0	0	0	0	0	0	12	9	3	0	0	0	0	0	3	2
河海大学	6	11	4.7	3.3	2 048	2 056	3	1	0	0	0	0	2	0	0	0	0	14	10	4	0	0	0	0	0	2	2
南京理工大学	7	4	0.7	0.1	0	11	2	2	0	0	0	0	0	0	0	0	0	4	4	0	0	0	0	0	0	1	0
南京航空航天大学	8	18	4.2	0	422.5	437.5	0	0	0	0	0	0	0	0	0	0	0	9	6	3	0	0	0	0	0	0	0
中国药科大学	9	15	2.7	0	90	90	0	0	0	0	0	0	0	0	0	0	0	15	15	0	0	0	0	0	0	0	0
南京森林警察学院	10	13	2.1	0	55	55	1	1	0	0	0	0	0	0	0	0	0	32	31	1	0	0	0	0	0	0	0
苏州大学	11	66	15.1	1.9	4 933	2 561.2	9	5	1	4	0	0	0	0	0	0	0	58	53	5	0	0	0	0	0	0	0
江苏科技大学	12	11	3.8	0	73	72.52	0	0	0	0	0	0	0	0	0	0	0	3	3	0	0	0	0	0	0	0	0
南京工业大学	13	10	1.7	0	23	23	0	0	0	0	0	0	0	0	0	0	0	25	25	0	0	0	0	0	0	0	0
常州大学	14	22	6.9	0	467	399.5	2	2	0	0	0	0	0	0	0	0	0	14	14	0	0	0	0	0	0	0	0
南京邮电大学	15	8	1.9	0	90	71	0	0	0	0	0	0	0	0	0	0	0	1	1	0	0	0	0	0	0	0	0
南京林业大学	16	4	0.4	0	90	63.89	2	2	0	0	0	0	0	0	0	0	0	9	9	0	0	0	0	0	0	0	0
江苏大学	17	24	3.8	0	15	15	0	0	0	0	0	0	0	0	0	0	0	7	7	0	0	0	0	0	0	0	0
南京信息工程大学	18	9	5.4	0	53	34.59	1	1	0	0	0	0	0	0	0	0	0	13	12	1	0	0	0	0	0	0	0
南通大学	19	23	5.3	0.1	270	413.4	5	5	0	0	0	0	0	1	0	0	0	40	40	0	0	0	0	0	0	0	0
盐城工学院	20	18	2	0	417	385	3	3	0	0	0	0	0	0	0	0	0	10	10	0	0	0	0	0	0	0	0

续表

南京医科大学	21	0	0	0	0	0	0	0	0	0	0	0	0	0	0	0	0	0	0	0	0	0	0	0	0	0	0
徐州医科大学	22	0	0	0	0	0	0	0	0	0	0	0	0	0	0	0	0	0	0	0	0	0	0	0	0	0	0
南京中医药大学	23	2	0.5	0	0	6.7	0	0	0	0	0	0	0	0	0	0	0	0	0	0	0	0	0	0	0	0	0
南京师范大学	24	50	10.4	1.8	2 519.7	1 964.35	2	1	0	1	0	0	0	1	0	1	0	45	41	4	0	0	0	0	0	1	1
江苏师范大学	25	12	5.4	0	170	317.7	1	1	0	0	0	0	0	0	0	0	0	20	20	0	0	0	0	0	0	1	0
淮阴师范学院	26	55	5.8	0	4 445	4 061	0	0	0	0	0	0	0	0	0	0	0	1	1	0	0	0	0	0	0	0	0
盐城师范学院	27	61	15.2	0	3 005.9	2 913.54	3	1	0	2	0	0	0	0	0	0	0	38	36	2	0	0	0	0	0	6	0
南京财经大学	28	2	0.3	0	40	73	1	1	0	0	0	0	0	0	0	0	0	6	6	0	0	0	0	0	0	0	0
江苏警官学院	29	4	0.4	0	0	4.8	2	2	0	0	0	0	0	0	0	0	0	14	13	1	0	0	0	0	0	0	0
南京体育学院	30	86	9.6	0	2 565	836.05	3	3	0	0	0	0	0	0	0	0	0	43	43	0	0	0	0	0	0	3	2
南京艺术学院	31	1	0.6	0	0	4.47	0	0	0	0	0	0	0	0	0	0	0	10	10	0	0	0	0	0	0	0	0
苏州科技大学	32	14	6	0.1	5	5	5	4	0	1	0	0	0	0	0	0	0	11	11	0	0	0	0	0	0	0	0
常熟理工学院	33	5	1.4	0	61	43.15	0	0	0	0	0	0	0	0	0	0	0	7	7	0	0	0	0	0	0	0	0
淮阴工学院	34	11	1.9	0	270	438.2	1	1	0	0	0	0	0	0	0	0	0	15	15	0	0	0	0	0	0	0	0
常州工学院	35	24	5.5	0	5 178.2	4 960.11	0	0	0	0	0	0	0	0	0	0	0	1	1	0	0	0	0	0	0	2	0
扬州大学	36	24	3.8	0	423.25	525.95	1	0	0	1	0	0	0	0	0	0	0	21	18	3	0	0	0	0	0	7	6
南京工程学院	37	7	1.3	0	77.7	71.2	0	0	0	0	0	0	0	0	0	0	0	13	13	0	0	0	0	0	0	0	0
南京审计大学	38	1	0.8	0	0	19.45	1	1	0	0	0	0	0	0	0	0	0	4	4	0	0	0	0	0	0	0	0
南京晓庄学院	39	10	1.5	0	0	200	0	0	0	0	0	0	0	0	0	0	0	6	5	1	0	0	0	0	0	0	0
江苏理工学院	40	24	4.5	0	515.3	610.3	0	0	0	0	0	0	0	0	0	0	0	8	8	0	0	0	0	0	0	6	4
江苏海洋大学	41	25	2.5	0	1 143	1 209	0	0	0	0	0	0	0	0	0	0	0	10	10	0	0	0	0	0	0	3	0
徐州工程学院	42	14	8.3	0	1.5	3.4	0	0	0	0	0	0	0	0	0	0	0	15	15	0	0	0	0	0	0	1	0
南京特殊教育师范学院	43	1	0.2	0	120	70	0	0	0	0	0	0	0	0	0	0	0	1	1	0	0	0	0	0	0	0	0
泰州学院	44	3	0.7	0	13	5.7	1	0	0	1	0	0	0	0	0	0	0	12	11	1	0	0	0	0	0	0	0
金陵科技学院	45	0	0	0	0	0	0	0	0	0	0	0	0	0	0	0	0	9	9	0	0	0	0	0	0	0	0
江苏第二师范学院	46	6	1.8	0	60	173.21	1	1	0	0	0	0	0	0	0	0	0	12	12	0	0	0	0	0	0	0	0

3．公办专科高等学校人文、社会科学研究与课题成果情况表

学科门类	编号	总数：课题数(项)	总数：当年投入人数(人年)	总数：其中：研究生(人年)	总数：当年拨入经费(千元)	总数：当年支出经费(千元)	出版著作(部)：合计	出版著作(部)：专著	出版著作(部)：其中：被译成外文	出版著作(部)：编著教材	出版著作(部)：工具书参考书	出版著作(部)：皮书/发展报告	出版著作(部)：科普读物	古籍整理(部)	译著(部)	发表译文(篇)	电子出版物(件)	发表论文(篇)：合计	发表论文(篇)：国内学术刊物	发表论文(篇)：国外学术刊物	发表论文(篇)：港、澳、台地区刊物	获奖成果数(项)：合计	获奖成果数(项)：国家级奖	获奖成果数(项)：部级奖	获奖成果数(项)：省级奖	研究与咨询报告(篇)：合计	研究与咨询报告(篇)：其中：被采纳数
		L01	L02	L03	L04	L05	L06	L07	L08	L09	L10	L11	L12	L13	L14	L15	L16	L17	L18	L19	L20	L21	L22	L23	L24	L25	L26
合计	/	9 417	1 876.1	0.5	62 926.75	57 169.95	279	85	0	178	5	2	9	1	9	1	5	10 070	9 997	72	1	0	0	0	0	888	446
管理学	1	1 830	374.9	0.5	17 851.74	17 869.69	59	13	0	45	0	1	0	0	0	0	1	1 934	1 917	17	0	0	0	0	0	295	166
马克思主义	2	416	82.9	0	1 596.05	1 359.75	13	3	0	9	1	0	0	0	0	0	1	362	362	0	0	0	0	0	0	11	2
哲学	3	37	10.3	0	207.1	131.48	2	1	0	1	0	0	0	0	0	0	0	44	44	0	0	0	0	0	0	1	0
逻辑学	4	5	1.6	0	70	72	0	0	0	0	0	0	0	0	0	0	0	2	2	0	0	0	0	0	0	1	0
宗教学	5	2	0.5	0	10	16	0	0	0	0	0	0	0	0	0	0	0	0	0	0	0	0	0	0	0	0	0
语言学	6	213	50.5	0	1 795.55	1 750.88	9	4	0	4	1	0	0	0	1	1	0	320	315	5	0	0	0	0	0	17	11
中国文学	7	84	19.7	0	531.55	432.87	15	6	0	5	0	0	4	0	0	0	0	132	131	1	0	0	0	0	0	2	2
外国文学	8	30	6.3	0	47	50.26	2	1	0	0	0	0	1	0	0	0	0	89	89	0	0	0	0	0	0	0	0
艺术学	9	637	131	0	6 591.72	5 912.22	41	15	0	26	0	0	0	0	3	0	0	816	809	7	0	0	0	0	0	140	87
历史学	10	42	7.7	0	386.6	376.81	8	5	0	3	0	0	0	1	0	0	0	34	34	0	0	0	0	0	0	3	0
考古学	11	2	0.2	0	3	3	0	0	0	0	0	0	0	0	0	0	0	1	1	0	0	0	0	0	0	0	0
经济学	12	757	161	0	10 247.56	9 325.46	25	6	0	19	0	0	0	0	0	0	0	673	665	8	0	0	0	0	0	141	79
政治学	13	108	21.5	0	283.51	279.4	1	0	0	1	0	0	0	0	0	0	0	110	110	0	0	0	0	0	0	2	1
法学	14	46	10.9	0	429	267.72	0	0	0	0	0	0	0	0	0	0	0	45	45	0	0	0	0	0	0	5	3
社会学	15	398	76.1	0	2 549.6	2 101.02	5	2	0	3	0	0	0	0	0	0	0	298	298	0	0	0	0	0	0	47	16
民族学与文化学	16	102	16.3	0	568.4	548.95	2	2	0	0	0	0	0	0	0	0	0	58	58	0	0	0	0	0	0	5	1
新闻学与传播学	17	38	10.3	0	265.6	261.53	1	0	0	1	0	0	0	0	0	0	0	45	45	0	0	0	0	0	0	2	1
图书馆、情报与文献学	18	102	20.6	0	282.5	267.79	3	3	0	0	0	0	0	0	0	0	0	183	183	0	0	0	0	0	0	5	3
教育学	19	4 207	800.8	0	17 364.12	14 408.15	79	20	0	52	3	0	4	0	3	0	3	4 502	4 470	31	1	0	0	0	0	180	59
统计学	20	22	4.5	0	79.7	85.82	0	0	0	0	0	0	0	0	0	0	0	15	15	0	0	0	0	0	0	0	0
心理学	21	147	26.8	0	468.05	499.1	3	0	0	3	0	0	0	0	0	0	0	103	103	0	0	0	0	0	0	10	7
体育科学	22	192	41.7	0	1 298.4	1 150.05	11	4	0	6	0	1	0	0	2	0	0	304	301	3	0	0	0	0	0	21	8

3.1 管理学人文、社会科学研究与课题成果情况表

高校名称	编号	总数：课题数(项)	总数：当年投入人数(人年)	总数：其中：研究生(人年)	总数：当年拨入经费(千元)	总数：当年支出经费(千元)	出版著作(部)：合计	出版著作(部)：专著	出版著作(部)：其中：被译成外文	出版著作(部)：编著教材	出版著作(部)：工具书参考书	出版著作(部)：皮书/发展报告	出版著作(部)：科普读物	古籍整理(部)	译著(部)	发表译文(篇)	电子出版物(件)	发表论文(篇)：合计	发表论文(篇)：国内学术刊物	发表论文(篇)：国外学术刊物	发表论文(篇)：港、澳、台地区刊物	获奖成果数(项)：合计	获奖成果数(项)：国家级奖	获奖成果数(项)：部级奖	获奖成果数(项)：省级奖	研究与咨询报告(篇)：合计	研究与咨询报告(篇)：其中：被采纳数
		L01	L02	L03	L04	L05	L06	L07	L08	L09	L10	L11	L12	L13	L14	L15	L16	L17	L18	L19	L20	L21	L22	L23	L24	L25	L26
合计	/	1 830	374.9	0.5	17 851.74	17 869.69	59	13	0	45	0	1	0	0	0	0	1	1 934	1 917	17	0	0	0	0	0	295	166
盐城幼儿师范高等专科学校	1	5	0.6	0	4	4	0	0	0	0	0	0	0	0	0	0	0	16	16	0	0	0	0	0	0	0	0
苏州幼儿师范高等专科学校	2	0	0	0	0	0	0	0	0	0	0	0	0	0	0	0	0	0	0	0	0	0	0	0	0	0	0
无锡职业技术学院	3	64	11.2	0	456	350.55	0	0	0	0	0	0	0	0	0	0	0	71	71	0	0	0	0	0	0	3	2
江苏建筑职业技术学院	4	75	18.8	0	166	167.4	3	2	0	1	0	0	0	0	0	0	0	67	66	1	0	0	0	0	0	3	2
南京工业职业技术学院	5	73	41.9	0	1 653.7	1 476.96	0	0	0	0	0	0	0	0	0	0	0	57	56	1	0	0	0	0	0	0	0
江苏工程职业技术学院	6	20	2.3	0	4	57.5	1	1	0	0	0	0	0	0	0	0	0	44	44	0	0	0	0	0	0	0	0
苏州工艺美术职业技术学院	7	0	0	0	0	0	0	0	0	0	0	0	0	0	0	0	0	17	17	0	0	0	0	0	0	0	0
连云港职业技术学院	8	23	6.4	0	49.5	9.5	0	0	0	0	0	0	0	0	0	0	0	11	11	0	0	0	0	0	0	0	0
镇江市高等专科学校	9	18	7.7	0	166	130.2	4	0	0	4	0	0	0	0	0	0	0	28	22	6	0	0	0	0	0	1	0
南通职业大学	10	4	0.8	0	40	50	0	0	0	0	0	0	0	0	0	0	0	37	37	0	0	0	0	0	0	1	1
苏州职业大学	11	36	13.3	0	146.76	125.08	4	0	0	4	0	0	0	0	0	0	0	67	67	0	0	0	0	0	0	24	20
沙洲职业工学院	12	17	1.9	0	119	107.6	0	0	0	0	0	0	0	0	0	0	0	30	30	0	0	0	0	0	0	2	0
扬州市职业大学	13	60	15.7	0	618.7	488.36	1	1	0	0	0	0	0	0	0	0	0	23	23	0	0	0	0	0	0	34	13
连云港师范高等专科学校	14	12	1.2	0	6	2	0	0	0	0	0	0	0	0	0	0	0	3	3	0	0	0	0	0	0	0	0
江苏经贸职业技术学院	15	102	15.9	0	1 147	2451	11	0	0	11	0	0	0	0	0	0	0	115	115	0	0	0	0	0	0	13	0

续表

高校名称		总数					出版著作(部)							古籍整理(部)	译著(部)	发表译文(篇)	电子出版物(件)	发表论文(篇)				获奖成果数(项)				研究与咨询报告(篇)	
		课题数(项)	当年投入人数(人年)	其中：研究生(人年)	当年拨入经费(千元)	当年支出经费(千元)	合计	专著	其中：被译成外文	编著教材	工具书参考书	皮书/发展报告	科普读物					合计	国内学术刊物	国外学术刊物	港、澳、台地区刊物	合计	国家级奖	部级奖	省级奖	合计	其中：被采纳数
	编号	L01	L02	L03	L04	L05	L06	L07	L08	L09	L10	L11	L12	L13	L14	L15	L16	L17	L18	L19	L20	L21	L22	L23	L24	L25	L26
泰州职业技术学院	16	11	2.7	0	6	25.62	2	0	0	2	0	0	0	0	0	0	0	16	16	0	0	0	0	0	0	0	0
常州信息职业技术学院	17	28	8.9	0	999	1 001	0	0	0	0	0	0	0	0	0	0	0	39	39	0	0	0	0	0	0	4	1
江苏海事职业技术学院	18	16	4.4	0	520	510.26	0	0	0	0	0	0	0	0	0	0	0	8	8	0	0	0	0	0	0	3	3
无锡科技职业学院	19	24	10.1	0	149	148	0	0	0	0	0	0	0	0	0	0	0	5	3	2	0	0	0	0	0	1	0
江苏医药职业学院	20	79	14.9	0	275	48.04	0	0	0	0	0	0	0	0	0	0	0	44	44	0	0	0	0	0	0	0	0
南通科技职业学院	21	34	7.5	0	760	678.1	0	0	0	0	0	0	0	0	0	0	0	24	24	0	0	0	0	0	0	2	1
苏州经贸职业技术学院	22	74	15	0	632.32	525.49	7	0	0	7	0	0	0	0	0	0	0	100	100	0	0	0	0	0	0	31	17
苏州工业职业技术学院	23	51	6.3	0	1 131	1 148.02	0	0	0	0	0	0	0	0	0	0	0	26	26	0	0	0	0	0	0	25	25
苏州卫生职业技术学院	24	16	2.8	0	82	122.6	0	0	0	0	0	0	0	0	0	0	0	14	14	0	0	0	0	0	0	0	0
无锡商业职业技术学院	25	89	10.6	0	942.98	832.77	0	0	0	0	0	0	0	0	0	0	0	81	78	3	0	0	0	0	0	6	6
南通航运职业技术学院	26	18	2.4	0	0	54.4	0	0	0	0	0	0	0	0	0	0	0	28	27	1	0	0	0	0	0	0	0
南京交通职业技术学院	27	28	2.9	0	35	442.19	0	0	0	0	0	0	0	0	0	0	0	24	24	0	0	0	0	0	0	1	0
淮安信息职业技术学院	28	10	2.4	0	29	22.5	0	0	0	0	0	0	0	0	0	0	0	4	4	0	0	0	0	0	0	0	0
江苏农牧科技职业学院	29	2	0.2	0	0	14	0	0	0	0	0	0	0	0	0	0	0	8	8	0	0	0	0	0	0	0	0
常州纺织服装职业技术学院	30	22	3.3	0	28	36.25	2	0	0	2	0	0	0	0	0	0	0	33	33	0	0	0	0	0	0	0	0
苏州农业职业技术学院	31	2	0.6	0	14	14	0	0	0	0	0	0	0	0	0	0	0	0	0	0	0	0	0	0	0	0	0

续表

南京科技职业学院	32	23	3.5	0	49	41.5	0	0	0	0	0	0	0	0	0	0	0	18	18	0	0	0	0	0	0	4	4
常州工业职业技术学院	33	41	8.9	0	2 122.5	1 245.5	2	0	0	2	0	0	0	0	0	0	0	4	4	0	0	0	0	0	0	21	21
常州工程职业技术学院	34	29	3.2	0	65.4	422.4	4	3	0	1	0	0	0	0	0	0	0	114	114	0	0	0	0	0	0	14	0
江苏农林职业技术学院	35	11	1.4	0	30	35	0	0	0	0	0	0	0	0	0	0	0	3	3	0	0	0	0	0	0	0	0
江苏食品药品职业技术学院	36	3	0.8	0	106	160.5	0	0	0	0	0	0	0	0	0	0	0	6	6	0	0	0	0	0	0	0	0
南京铁道职业技术学院	37	24	2.5	0	19	104	1	1	0	0	0	0	0	0	0	0	0	5	5	0	0	0	0	0	0	4	4
徐州工业职业技术学院	38	12	1.3	0	49	33.8	1	0	0	1	0	0	0	0	0	0	0	4	4	0	0	0	0	0	0	0	0
江苏信息职业技术学院	39	54	8.4	0	185.98	134.47	0	0	0	0	0	0	0	0	0	0	0	36	36	0	0	0	0	0	0	0	0
南京信息职业技术学院	40	35	4.7	0	111.5	111.3	2	0	0	2	0	0	0	0	0	0	0	34	34	0	0	0	0	0	0	0	0
常州机电职业技术学院	41	22	3.3	0	175	89.26	0	0	0	0	0	0	0	0	0	0	0	19	19	0	0	0	0	0	0	11	0
江阴职业技术学院	42	7	0.8	0	5	12	0	0	0	0	0	0	0	0	0	0	0	63	63	0	0	0	0	0	0	0	0
无锡城市职业技术学院	43	14	4.2	0	17	27.75	0	0	0	0	0	0	0	0	0	0	0	26	26	0	0	0	0	0	0	0	0
无锡工艺职业技术学院	44	22	3.6	0	538	566.5	5	0	0	5	0	0	0	0	0	0	0	22	22	0	0	0	0	0	0	14	8
苏州健雄职业技术学院	45	20	5.1	0	261	234	1	1	0	0	0	0	0	0	0	0	0	31	31	0	0	0	0	0	0	5	1
盐城工业职业技术学院	46	87	10.8	0	901	545.5	1	1	0	0	0	0	0	0	0	0	0	46	46	0	0	0	0	0	0	9	6
江苏财经职业技术学院	47	52	6.4	0	840	789.8	1	0	0	1	0	0	0	0	0	0	0	80	80	0	0	0	0	0	0	4	1
扬州工业职业技术学院	48	27	2.7	0	31	26.3	0	0	0	0	0	0	0	0	0	0	0	22	22	0	0	0	0	0	0	16	14
江苏城市职业学院	49	32	10.7	0	120	237.79	0	0	0	0	0	0	0	0	0	0	0	45	44	1	0	0	0	0	0	0	0
南京城市职业学院	50	43	3.5	0	31	46.1	0	0	0	0	0	0	0	0	0	0	0	23	23	0	0	0	0	0	0	0	0

续表

高校名称		总数					出版著作(部)							古籍整理(部)	译著(部)	发表译文(篇)	电子出版物(件)	发表论文(篇)				获奖成果数(项)				研究与咨询报告(篇)	
		课题数(项)	当年投入人数(人年)	其中：研究生(人年)	当年拨入经费(千元)	当年支出经费(千元)	合计	专著	其中：被译成外文	编著教材	工具书参考书	皮书/发展报告	科普读物					合计	国内学术刊物	国外学术刊物	港澳、台地区刊物	合计	国家级奖	部级奖	省级奖	合计	其中：被采纳数
	编号	L01	L02	L03	L04	L05	L06	L07	L08	L09	L10	L11	L12	L13	L14	L15	L16	L17	L18	L19	L20	L21	L22	L23	L24	L25	L26
南京机电职业技术学院	51	31	4	0	26.5	34.5	0	0	0	0	0	0	0	0	0	0	0	46	46	0	0	0	0	0	0	0	0
南京旅游职业学院	52	63	10.1	0	192	281.44	2	1	0	1	0	0	0	0	0	0	1	90	90	0	0	0	0	0	0	0	0
江苏卫生健康职业学院	53	18	4.5	0.5	137	57.03	0	0	0	0	0	0	0	0	0	0	0	23	21	2	0	0	0	0	0	0	0
苏州信息职业技术学院	54	2	0.5	0	25	6.6	0	0	0	0	0	0	0	0	0	0	0	0	0	0	0	0	0	0	0	0	0
苏州工业园区服务外包职业学院	55	46	8	0	1 196.6	1 223.6	1	1	0	0	0	0	0	0	0	0	0	24	24	0	0	0	0	0	0	12	12
徐州幼儿师范高等专科学校	56	1	0.2	0	0	0	0	0	0	0	0	0	0	0	0	0	0	0	0	0	0	0	0	0	0	0	0
徐州生物工程职业技术学院	57	5	0.5	0	4	2.5	0	0	0	0	0	0	0	0	0	0	0	4	4	0	0	0	0	0	0	0	0
江苏商贸职业学院	58	30	10.1	0	28.8	38.05	1	0	0	1	0	0	0	0	0	0	0	62	62	0	0	0	0	0	0	7	0
南通师范高等专科学校	59	2	0.7	0	0	0	1	1	0	0	0	0	0	0	0	0	0	7	7	0	0	0	0	0	0	0	0
江苏护理职业学院	60	2	0.3	0	8	8	0	0	0	0	0	0	0	0	0	0	0	0	0	0	0	0	0	0	0	0	0
江苏财会职业学院	61	6	1.8	0	9.5	9.5	0	0	0	0	0	0	0	0	0	0	0	1	1	0	0	0	0	0	0	0	0
江苏城乡建设职业学院	62	32	8.8	0	322	256.31	1	0	0	0	0	1	0	0	0	0	0	18	18	0	0	0	0	0	0	15	4
江苏航空职业技术学院	63	10	4	0	35	15.3	0	0	0	0	0	0	0	0	0	0	0	17	17	0	0	0	0	0	0	0	0
江苏安全技术职业学院	64	5	1.9	0	30	30	0	0	0	0	0	0	0	0	0	0	0	0	0	0	0	0	0	0	0	5	0
江苏旅游职业学院	65	6	1	0	0	0	0	0	0	0	0	0	0	0	0	0	0	1	1	0	0	0	0	0	0	0	0

3.2 马克思主义人文、社会科学研究与课题成果情况表

高校名称		总数					出版著作(部)							古籍整理(部)	译著(部)	发表译文(篇)	电子出版物(件)	发表论文(篇)				获奖成果数(项)				研究与咨询报告(篇)	
		课题数(项)	当年投入人数(人年)	其中：研究生(人年)	当年拨入经费(千元)	当年支出经费(千元)	合计	专著	其中：被译成外文	编著教材	工具书参考书	皮书/发展报告	科普读物					合计	国内学术刊物	国外学术刊物	港澳、台地区刊物	合计	国家级奖	部级奖	省级奖	合计	其中：被采纳数
	编号	L01	L02	L03	L04	L05	L06	L07	L08	L09	L10	L11	L12	L13	L14	L15	L16	L17	L18	L19	L20	L21	L22	L23	L24	L25	L26
合计	/	416	82.9	0	1 596.05	1 359.75	13	3	0	9	1	0	0	0	0	0	1	362	362	0	0	0	0	0	0	11	2
盐城幼儿师范高等专科学校	1	0	0	0	0	0	0	0	0	0	0	0	0	0	0	0	0	1	1	0	0	0	0	0	0	0	0
苏州幼儿师范高等专科学校	2	5	0.5	0	0	0	0	0	0	0	0	0	0	0	0	0	0	3	3	0	0	0	0	0	0	0	0
无锡职业技术学院	3	15	2.9	0	193	105.15	0	0	0	0	0	0	0	0	0	0	0	26	26	0	0	0	0	0	0	0	0
江苏建筑职业技术学院	4	5	1.4	0	10	7.5	0	0	0	0	0	0	0	0	0	0	0	1	1	0	0	0	0	0	0	0	0
南京工业职业技术学院	5	11	5.4	0	100	64.6	0	0	0	0	0	0	0	0	0	0	0	11	11	0	0	0	0	0	0	0	0
江苏工程职业技术学院	6	7	1	0	12	1.2	1	1	0	0	0	0	0	0	0	0	0	6	6	0	0	0	0	0	0	0	0
苏州工艺美术职业技术学院	7	2	0.4	0	0	0	0	0	0	0	0	0	0	0	0	0	0	2	2	0	0	0	0	0	0	0	0
连云港职业技术学院	8	16	4.9	0	43	43	0	0	0	0	0	0	0	0	0	0	1	11	11	0	0	0	0	0	0	0	0
镇江市高等专科学校	9	2	1.1	0	7	4	0	0	0	0	0	0	0	0	0	0	0	5	5	0	0	0	0	0	0	0	0
南通职业大学	10	7	1.3	0	128	35	1	0	0	1	0	0	0	0	0	0	0	13	13	0	0	0	0	0	0	0	0
苏州职业大学	11	10	5.5	0	10	33.5	0	0	0	0	0	0	0	0	0	0	0	0	0	0	0	0	0	0	0	0	0
沙洲职业工学院	12	0	0	0	0	0	0	0	0	0	0	0	0	0	0	0	0	0	0	0	0	0	0	0	0	0	0
扬州市职业大学	13	15	4	0	66	55.74	2	2	0	0	0	0	0	0	0	0	0	17	17	0	0	0	0	0	0	3	1
连云港师范高等专科学校	14	4	0.4	0	4	1	0	0	0	0	0	0	0	0	0	0	0	0	0	0	0	0	0	0	0	0	0
江苏经贸职业技术学院	15	16	3.3	0	94	94	0	0	0	0	0	0	0	0	0	0	0	13	13	0	0	0	0	0	0	3	0

续表

高校名称	编号	总数 课题数(项)	当年投入人数(人年)	其中：研究生(人年)	当年拨入经费(千元)	当年支出经费(千元)	出版著作(部) 合计	专著	其中：被译成外文	编著教材	工具书参考书	皮书/发展报告	科普读物	古籍整理(部)	译著(部)	发表译文(篇)	电子出版物(件)	发表论文(篇) 合计	国内学术刊物	国外学术刊物	港、澳、台地区刊物	获奖成果数(项) 合计	国家级奖	部级奖	省级奖	研究与咨询报告(篇) 合计	其中：被采纳数
		L01	L02	L03	L04	L05	L06	L07	L08	L09	L10	L11	L12	L13	L14	L15	L16	L17	L18	L19	L20	L21	L22	L23	L24	L25	L26
泰州职业技术学院	16	7	1.6	0	10	14.85	0	0	0	0	0	0	0	0	0	0	0	3	3	0	0	0	0	0	0	0	0
常州信息职业技术学院	17	4	1.4	0	6.5	6.5	0	0	0	0	0	0	0	0	0	0	0	1	1	0	0	0	0	0	0	1	0
江苏海事职业技术学院	18	9	2.1	0	18	19.06	0	0	0	0	0	0	0	0	0	0	0	6	6	0	0	0	0	0	0	0	0
无锡科技职业学院	19	1	0.5	0	5	5	0	0	0	0	0	0	0	0	0	0	0	0	0	0	0	0	0	0	0	0	0
江苏医药职业学院	20	8	1.8	0	0	0.5	0	0	0	0	0	0	0	0	0	0	0	1	1	0	0	0	0	0	0	0	0
南通科技职业学院	21	9	2	0	32	23.5	0	0	0	0	0	0	0	0	0	0	0	1	1	0	0	0	0	0	0	0	0
苏州经贸职业技术学院	22	7	1.1	0	36	30.8	0	0	0	0	0	0	0	0	0	0	0	3	3	0	0	0	0	0	0	0	0
苏州工业职业技术学院	23	1	0.1	0	10	2.6	0	0	0	0	0	0	0	0	0	0	0	10	10	0	0	0	0	0	0	0	0
苏州卫生职业技术学院	24	0	0	0	0	0	0	0	0	0	0	0	0	0	0	0	0	0	0	0	0	0	0	0	0	0	0
无锡商业职业技术学院	25	8	1.4	0	10	4	0	0	0	0	0	0	0	0	0	0	0	0	0	0	0	0	0	0	0	0	0
南通航运职业技术学院	26	0	0	0	0	0	0	0	0	0	0	0	0	0	0	0	0	10	10	0	0	0	0	0	0	0	0
南京交通职业技术学院	27	2	0.2	0	0	0	0	0	0	0	0	0	0	0	0	0	0	11	11	0	0	0	0	0	0	0	0
淮安信息职业技术学院	28	0	0	0	0	0	0	0	0	0	0	0	0	0	0	0	0	0	0	0	0	0	0	0	0	0	0
江苏农牧科技职业学院	29	11	1.1	0	40	48.55	0	0	0	0	0	0	0	0	0	0	0	5	5	0	0	0	0	0	0	1	0
常州纺织服装职业技术学院	30	4	0.6	0	10	1.73	1	0	0	1	0	0	0	0	0	0	0	1	1	0	0	0	0	0	0	0	0
苏州农业职业技术学院	31	0	0	0	0	0	0	0	0	0	0	0	0	0	0	0	0	1	1	0	0	0	0	0	0	0	0

续表

南京科技职业学院	32	11	1.4	0	6	27	0	0	0	0	0	0	0	0	0	0	0	4	4	0	0	0	0	0	0	0	0
常州工业职业技术学院	33	11	2.8	0	124	74	1	0	0	1	0	0	0	0	0	0	0	11	11	0	0	0	0	0	0	1	0
常州工程职业技术学院	34	0	0	0	0	0	0	0	0	0	0	0	0	0	0	0	0	0	0	0	0	0	0	0	0	0	0
江苏农林职业技术学院	35	0	0	0	0	0	0	0	0	0	0	0	0	0	0	0	0	4	4	0	0	0	0	0	0	0	0
江苏食品药品职业技术学院	36	2	0.4	0	0	6.5	0	0	0	0	0	0	0	0	0	0	0	0	0	0	0	0	0	0	0	0	0
南京铁道职业技术学院	37	17	1.7	0	0	48	0	0	0	0	0	0	0	0	0	0	0	11	11	0	0	0	0	0	0	1	1
徐州工业职业技术学院	38	2	0.2	0	0	0.9	0	0	0	0	0	0	0	0	0	0	0	2	2	0	0	0	0	0	0	0	0
江苏信息职业技术学院	39	4	0.6	0	11	14.75	1	0	0	1	0	0	0	0	0	0	0	6	6	0	0	0	0	0	0	0	0
南京信息职业技术学院	40	41	4.6	0	58.5	60.7	1	0	0	1	0	0	0	0	0	0	0	41	41	0	0	0	0	0	0	0	0
常州机电职业技术学院	41	5	1.9	0	32	20.84	0	0	0	0	0	0	0	0	0	0	0	3	3	0	0	0	0	0	0	0	0
江阴职业技术学院	42	1	0.1	0	0	2	0	0	0	0	0	0	0	0	0	0	0	7	7	0	0	0	0	0	0	0	0
无锡城市职业技术学院	43	7	2	0	0	6	2	0	0	2	0	0	0	0	0	0	0	0	0	0	0	0	0	0	0	0	0
无锡工艺职业技术学院	44	0	0	0	0	0	2	0	0	2	0	0	0	0	0	0	0	6	6	0	0	0	0	0	0	0	0
苏州健雄职业技术学院	45	9	1.8	0	15	29	0	0	0	0	0	0	0	0	0	0	0	16	16	0	0	0	0	0	0	0	0
盐城工业职业技术学院	46	4	0.5	0	5	14	0	0	0	0	0	0	0	0	0	0	0	7	7	0	0	0	0	0	0	0	0
江苏财经职业技术学院	47	17	2	0	148	154.9	0	0	0	0	0	0	0	0	0	0	0	17	17	0	0	0	0	0	0	0	0
扬州工业职业技术学院	48	26	2.6	0	93.6	106.9	0	0	0	0	0	0	0	0	0	0	0	29	29	0	0	0	0	0	0	0	0
江苏城市职业学院	49	15	5.6	0	76	79.48	0	0	0	0	0	0	0	0	0	0	0	7	7	0	0	0	0	0	0	0	0
南京城市职业学院	50	0	0	0	0	0	0	0	0	0	0	0	0	0	0	0	0	0	0	0	0	0	0	0	0	0	0

续表

高校名称	编号	总数					出版著作(部)							古籍整理(部)	译著(部)	发表译文(篇)	电子出版物(件)	发表论文(篇)				获奖成果数(项)				研究与咨询报告(篇)	
		课题数(项)	当年投入人数(人年)	其中:研究生(人年)	当年拨入经费(千元)	当年支出经费(千元)	合计	专著	其中:被译成外文	编著教材	工具书参考书	皮书/发展报告	科普读物					合计	国内学术刊物	国外学术刊物	港、澳、台地区刊物	合计	国家级奖	部级奖	省级奖	合计	其中:被采纳数
	编号	L01	L02	L03	L04	L05	L06	L07	L08	L09	L10	L11	L12	L13	L14	L15	L16	L17	L18	L19	L20	L21	L22	L23	L24	L25	L26
南京机电职业技术学院	51	13	1.3	0	43	0.2	0	0	0	0	0	0	0	0	0	0	0	3	3	0	0	0	0	0	0	0	0
南京旅游职业学院	52	6	0.6	0	21.85	9.85	0	0	0	0	0	0	0	0	0	0	0	6	6	0	0	0	0	0	0	0	0
江苏卫生健康职业学院	53	8	1.8	0	26.5	7.8	0	0	0	0	0	0	0	0	0	0	0	3	3	0	0	0	0	0	0	0	0
苏州信息职业技术学院	54	1	0.1	0	0	0.2	0	0	0	0	0	0	0	0	0	0	0	0	0	0	0	0	0	0	0	0	0
苏州工业园区服务外包职业学院	55	12	1.8	0	10	17.7	0	0	0	0	0	0	0	0	0	0	0	4	4	0	0	0	0	0	0	0	0
徐州幼儿师范高等专科学校	56	1	0.1	0	0	0	0	0	0	0	0	0	0	0	0	0	0	0	0	0	0	0	0	0	0	0	0
徐州生物工程职业技术学院	57	0	0	0	0	0	0	0	0	0	0	0	0	0	0	0	0	0	0	0	0	0	0	0	0	0	0
江苏商贸职业学院	58	3	0.9	0	5.6	1.75	0	0	0	0	0	0	0	0	0	0	0	4	4	0	0	0	0	0	0	1	0
南通师范高等专科学校	59	1	0.4	0	0	0	0	0	0	0	0	0	0	0	0	0	0	7	7	0	0	0	0	0	0	0	0
江苏护理职业学院	60	7	1	0	24.5	24.5	0	0	0	0	0	0	0	0	0	0	0	1	1	0	0	0	0	0	0	0	0
江苏财会职业学院	61	0	0	0	0	0	0	0	0	0	0	0	0	0	0	0	0	0	0	0	0	0	0	0	0	0	0
江苏城乡建设职业学院	62	0	0	0	0	0	0	0	0	0	0	0	0	0	0	0	0	0	0	0	0	0	0	0	0	0	0
江苏航空职业技术学院	63	0	0	0	0	0	0	0	0	0	0	0	0	0	0	0	0	0	0	0	0	0	0	0	0	0	0
江苏安全技术职业学院	64	1	0.1	0	1	1	0	0	0	0	0	0	0	0	0	0	0	0	0	0	0	0	0	0	0	0	0
江苏旅游职业学院	65	5	0.6	0	50	50	1	0	0	0	1	0	0	0	0	0	0	1	1	0	0	0	0	0	0	0	0

3.3 哲学人文、社会科学研究与课题成果情况表

高校名称		总数					出版著作(部)							古籍整理(部)	译著(部)	发表译文(篇)	电子出版物(件)	发表论文(篇)				获奖成果数(项)				研究与咨询报告(篇)	
		课题数(项)	当年投入人数(人年)	其中:研究生(人年)	当年拨入经费(千元)	当年支出经费(千元)	合计	专著	其中:被译成外文	编著教材	工具书参考书	皮书/发展报告	科普读物					合计	国内学术刊物	国外学术刊物	港、澳、台地区刊物	合计	国家级奖	部级奖	省级奖	合计	其中:被采纳数
	编号	L01	L02	L03	L04	L05	L06	L07	L08	L09	L10	L11	L12	L13	L14	L15	L16	L17	L18	L19	L20	L21	L22	L23	L24	L25	L26
合计	/	37	10.3	0	207.1	131.48	2	1	0	1	0	0	0	0	0	0	0	44	44	0	0	0	0	0	0	1	0
盐城幼儿师范高等专科学校	1	0	0	0	0	0	0	0	0	0	0	0	0	0	0	0	0	0	0	0	0	0	0	0	0	0	0
苏州幼儿师范高等专科学校	2	0	0	0	0	0	0	0	0	0	0	0	0	0	0	0	0	0	0	0	0	0	0	0	0	0	0
无锡职业技术学院	3	0	0	0	0	0	0	0	0	0	0	0	0	0	0	0	0	0	0	0	0	0	0	0	0	0	0
江苏建筑职业技术学院	4	0	0	0	0	0	0	0	0	0	0	0	0	0	0	0	0	0	0	0	0	0	0	0	0	0	0
南京工业职业技术学院	5	0	0	0	0	0	0	0	0	0	0	0	0	0	0	0	0	0	0	0	0	0	0	0	0	0	0
江苏工程职业技术学院	6	0	0	0	0	0	0	0	0	0	0	0	0	0	0	0	0	0	0	0	0	0	0	0	0	0	0
苏州工艺美术职业技术学院	7	0	0	0	0	0	0	0	0	0	0	0	0	0	0	0	0	1	1	0	0	0	0	0	0	0	0
连云港职业技术学院	8	0	0	0	0	0	0	0	0	0	0	0	0	0	0	0	0	0	0	0	0	0	0	0	0	0	0
镇江市高等专科学校	9	0	0	0	0	0	0	0	0	0	0	0	0	0	0	0	0	1	1	0	0	0	0	0	0	0	0
南通职业大学	10	0	0	0	0	0	0	0	0	0	0	0	0	0	0	0	0	0	0	0	0	0	0	0	0	0	0
苏州职业大学	11	13	5	0	74	25.8	0	0	0	0	0	0	0	0	0	0	0	10	10	0	0	0	0	0	0	0	0
沙洲职业工学院	12	0	0	0	0	0	0	0	0	0	0	0	0	0	0	0	0	0	0	0	0	0	0	0	0	0	0
扬州市职业大学	13	0	0	0	0	0	0	0	0	0	0	0	0	0	0	0	0	0	0	0	0	0	0	0	0	0	0
连云港师范高等专科学校	14	0	0	0	0	0	0	0	0	0	0	0	0	0	0	0	0	1	1	0	0	0	0	0	0	0	0
江苏经贸职业技术学院	15	0	0	0	0	0	0	0	0	0	0	0	0	0	0	0	0	7	7	0	0	0	0	0	0	0	0

续表

高校名称		总数					出版著作(部)							古籍整理(部)	译著(部)	发表译文(篇)	电子出版物(件)	发表论文(篇)				获奖成果数(项)				研究与咨询报告(篇)	
		课题数(项)	当年投入人数(人年)	其中:研究生(人年)	当年拨入经费(千元)	当年支出经费(千元)	合计	专著	其中:被译成外文	编著教材	工具书参考书	皮书/发展报告	科普读物					合计	国内学术刊物	国外学术刊物	港澳、台地区刊物	合计	国家级奖	部级奖	省级奖	合计	其中:被采纳数
	编号	L01	L02	L03	L04	L05	L06	L07	L08	L09	L10	L11	L12	L13	L14	L15	L16	L17	L18	L19	L20	L21	L22	L23	L24	L25	L26
泰州职业技术学院	16	0	0	0	0	0	0	0	0	0	0	0	0	0	0	0	0	0	0	0	0	0	0	0	0	0	0
常州信息职业技术学院	17	1	0.4	0	10	10	0	0	0	0	0	0	0	0	0	0	0	1	1	0	0	0	0	0	0	0	0
江苏海事职业技术学院	18	2	0.4	0	9	8.3	0	0	0	0	0	0	0	0	0	0	0	8	8	0	0	0	0	0	0	0	0
无锡科技职业学院	19	0	0	0	0	0	0	0	0	0	0	0	0	0	0	0	0	0	0	0	0	0	0	0	0	0	0
江苏医药职业学院	20	0	0	0	0	0	0	0	0	0	0	0	0	0	0	0	0	0	0	0	0	0	0	0	0	0	0
南通科技职业学院	21	3	0.5	0	24	9	0	0	0	0	0	0	0	0	0	0	0	0	0	0	0	0	0	0	0	0	0
苏州经贸职业技术学院	22	2	0.5	0	10	8.6	0	0	0	0	0	0	0	0	0	0	0	0	0	0	0	0	0	0	0	0	0
苏州工业职业技术学院	23	0	0	0	0	0	0	0	0	0	0	0	0	0	0	0	0	0	0	0	0	0	0	0	0	0	0
苏州卫生职业技术学院	24	1	0.1	0	20	2	0	0	0	0	0	0	0	0	0	0	0	0	0	0	0	0	0	0	0	0	0
无锡商业职业技术学院	25	0	0	0	0	0	0	0	0	0	0	0	0	0	0	0	0	3	3	0	0	0	0	0	0	0	0
南通航运职业技术学院	26	0	0	0	0	0	0	0	0	0	0	0	0	0	0	0	0	0	0	0	0	0	0	0	0	0	0
南京交通职业技术学院	27	0	0	0	0	0	0	0	0	0	0	0	0	0	0	0	0	0	0	0	0	0	0	0	0	0	0
淮安信息职业技术学院	28	0	0	0	0	0	0	0	0	0	0	0	0	0	0	0	0	0	0	0	0	0	0	0	0	0	0
江苏农牧科技职业学院	29	0	0	0	0	0	0	0	0	0	0	0	0	0	0	0	0	0	0	0	0	0	0	0	0	0	0
常州纺织服装职业技术学院	30	0	0	0	0	0	0	0	0	0	0	0	0	0	0	0	0	0	0	0	0	0	0	0	0	0	0
苏州农业职业技术学院	31	0	0	0	0	0	0	0	0	0	0	0	0	0	0	0	0	0	0	0	0	0	0	0	0	0	0

续表

南京科技职业学院	32	0	0	0	0	0	0	0	0	0	0	0	0	0	0	0	0	1	1	0	0	0	0	0	0	0	0
常州工业职业技术学院	33	0	0	0	0	0	0	0	0	0	0	0	0	0	0	0	0	0	0	0	0	0	0	0	0	0	0
常州工程职业技术学院	34	0	0	0	0	0	2	1	0	1	0	0	0	0	0	0	0	0	0	0	0	0	0	0	0	0	0
江苏农林职业技术学院	35	0	0	0	0	0	0	0	0	0	0	0	0	0	0	0	0	0	0	0	0	0	0	0	0	0	0
江苏食品药品职业技术学院	36	0	0	0	0	0	0	0	0	0	0	0	0	0	0	0	0	0	0	0	0	0	0	0	0	0	0
南京铁道职业技术学院	37	0	0	0	0	0	0	0	0	0	0	0	0	0	0	0	0	0	0	0	0	0	0	0	0	0	0
徐州工业职业技术学院	38	2	0.2	0	0	2.5	0	0	0	0	0	0	0	0	0	0	0	2	2	0	0	0	0	0	0	1	0
江苏信息职业技术学院	39	1	0.2	0	12.6	12.6	0	0	0	0	0	0	0	0	0	0	0	1	1	0	0	0	0	0	0	0	0
南京信息职业技术学院	40	0	0	0	0	0	0	0	0	0	0	0	0	0	0	0	0	0	0	0	0	0	0	0	0	0	0
常州机电职业技术学院	41	0	0	0	0	0	0	0	0	0	0	0	0	0	0	0	0	0	0	0	0	0	0	0	0	0	0
江阴职业技术学院	42	0	0	0	0	0	0	0	0	0	0	0	0	0	0	0	0	1	1	0	0	0	0	0	0	0	0
无锡城市职业技术学院	43	0	0	0	0	0	0	0	0	0	0	0	0	0	0	0	0	0	0	0	0	0	0	0	0	0	0
无锡工艺职业技术学院	44	0	0	0	0	0	0	0	0	0	0	0	0	0	0	0	0	0	0	0	0	0	0	0	0	0	0
苏州健雄职业技术学院	45	1	0.2	0	3	3	0	0	0	0	0	0	0	0	0	0	0	0	0	0	0	0	0	0	0	0	0
盐城工业职业技术学院	46	0	0	0	0	0	0	0	0	0	0	0	0	0	0	0	0	0	0	0	0	0	0	0	0	0	0
江苏财经职业技术学院	47	0	0	0	0	0	0	0	0	0	0	0	0	0	0	0	0	5	5	0	0	0	0	0	0	0	0
扬州工业职业技术学院	48	0	0	0	0	0	0	0	0	0	0	0	0	0	0	0	0	0	0	0	0	0	0	0	0	0	0
江苏城市职业学院	49	4	2	0	31	29.5	0	0	0	0	0	0	0	0	0	0	0	0	0	0	0	0	0	0	0	0	0
南京城市职业学院	50	5	0.5	0	13.5	13.5	0	0	0	0	0	0	0	0	0	0	0	0	0	0	0	0	0	0	0	0	0

续表

高校名称		总数					出版著作(部)							古籍整理(部)	译著(部)	发表译文(篇)	电子出版物(件)	发表论文(篇)				获奖成果数(项)				研究与咨询报告(篇)	
		课题数(项)	当年投入人数(人年)	其中：研究生(人年)	当年拨入经费(千元)	当年支出经费(千元)	合计	专著	其中：被译成外文	编著教材	工具书参考书	皮书/发展报告	科普读物					合计	国内学术刊物	国外学术刊物	港澳、台地区刊物	合计	国家级奖	部级奖	省级奖	合计	其中：被采纳数
	编号	L01	L02	L03	L04	L05	L06	L07	L08	L09	L10	L11	L12	L13	L14	L15	L16	L17	L18	L19	L20	L21	L22	L23	L24	L25	L26
南京机电职业技术学院	51	0	0	0	0	0	0	0	0	0	0	0	0	0	0	0	0	0	0	0	0	0	0	0	0	0	0
南京旅游职业学院	52	0	0	0	0	0	0	0	0	0	0	0	0	0	0	0	0	0	0	0	0	0	0	0	0	0	0
江苏卫生健康职业学院	53	1	0.2	0	0	4.68	0	0	0	0	0	0	0	0	0	0	0	0	0	0	0	0	0	0	0	0	0
苏州信息职业技术学院	54	0	0	0	0	0	0	0	0	0	0	0	0	0	0	0	0	0	0	0	0	0	0	0	0	0	0
苏州工业园区服务外包职业学院	55	1	0.1	0	0	2	0	0	0	0	0	0	0	0	0	0	0	1	1	0	0	0	0	0	0	0	0
徐州幼儿师范高等专科学校	56	0	0	0	0	0	0	0	0	0	0	0	0	0	0	0	0	0	0	0	0	0	0	0	0	0	0
徐州生物工程职业技术学院	57	0	0	0	0	0	0	0	0	0	0	0	0	0	0	0	0	0	0	0	0	0	0	0	0	0	0
江苏商贸职业学院	58	0	0	0	0	0	0	0	0	0	0	0	0	0	0	0	0	0	0	0	0	0	0	0	0	0	0
南通师范高等专科学校	59	0	0	0	0	0	0	0	0	0	0	0	0	0	0	0	0	0	0	0	0	0	0	0	0	0	0
江苏护理职业学院	60	0	0	0	0	0	0	0	0	0	0	0	0	0	0	0	0	0	0	0	0	0	0	0	0	0	0
江苏财会职业学院	61	0	0	0	0	0	0	0	0	0	0	0	0	0	0	0	0	0	0	0	0	0	0	0	0	0	0
江苏城乡建设职业学院	62	0	0	0	0	0	0	0	0	0	0	0	0	0	0	0	0	0	0	0	0	0	0	0	0	0	0
江苏航空职业技术学院	63	0	0	0	0	0	0	0	0	0	0	0	0	0	0	0	0	0	0	0	0	0	0	0	0	0	0
江苏安全技术职业学院	64	0	0	0	0	0	0	0	0	0	0	0	0	0	0	0	0	0	0	0	0	0	0	0	0	0	0
江苏旅游职业学院	65	0	0	0	0	0	0	0	0	0	0	0	0	0	0	0	0	1	1	0	0	0	0	0	0	0	0

3.4 逻辑学人文、社会科学研究与课题成果情况表

高校名称	编号	总数：课题数（项）	总数：当年投入人数（人年）	总数：其中：研究生（人年）	总数：当年拨入经费（千元）	总数：当年支出经费（千元）	出版著作（部）：合计	出版著作（部）：专著	出版著作（部）：其中：被译成外文	出版著作（部）：编著教材	出版著作（部）：工具书参考书	出版著作（部）：皮书/发展报告	出版著作（部）：科普读物	古籍整理（部）	译著（部）	发表译文（篇）	电子出版物（件）	发表论文（篇）：合计	发表论文（篇）：国内学术刊物	发表论文（篇）：国外学术刊物	发表论文（篇）：港、澳、台地区刊物	获奖成果数（项）：合计	获奖成果数（项）：国家级奖	获奖成果数（项）：部级奖	获奖成果数（项）：省级奖	研究与咨询报告（篇）：合计	研究与咨询报告（篇）：其中：被采纳数
		L01	L02	L03	L04	L05	L06	L07	L08	L09	L10	L11	L12	L13	L14	L15	L16	L17	L18	L19	L20	L21	L22	L23	L24	L25	L26
合计	/	5	1.6	0	70	72	0	0	0	0	0	0	0	0	0	0	0	2	2	0	0	0	0	0	0	1	0
盐城幼儿师范高等专科学校	1	0	0	0	0	0	0	0	0	0	0	0	0	0	0	0	0	0	0	0	0	0	0	0	0	0	0
苏州幼儿师范高等专科学校	2	1	0.1	0	0	0	0	0	0	0	0	0	0	0	0	0	0	1	1	0	0	0	0	0	0	0	0
无锡职业技术学院	3	0	0	0	0	0	0	0	0	0	0	0	0	0	0	0	0	0	0	0	0	0	0	0	0	0	0
江苏建筑职业技术学院	4	0	0	0	0	0	0	0	0	0	0	0	0	0	0	0	0	0	0	0	0	0	0	0	0	0	0
南京工业职业技术学院	5	1	1	0	0	2	0	0	0	0	0	0	0	0	0	0	0	1	1	0	0	0	0	0	0	0	0
江苏工程职业技术学院	6	0	0	0	0	0	0	0	0	0	0	0	0	0	0	0	0	0	0	0	0	0	0	0	0	0	0
苏州工艺美术职业技术学院	7	0	0	0	0	0	0	0	0	0	0	0	0	0	0	0	0	0	0	0	0	0	0	0	0	0	0
连云港职业技术学院	8	0	0	0	0	0	0	0	0	0	0	0	0	0	0	0	0	0	0	0	0	0	0	0	0	0	0
镇江市高等专科学校	9	0	0	0	0	0	0	0	0	0	0	0	0	0	0	0	0	0	0	0	0	0	0	0	0	0	0
南通职业大学	10	0	0	0	0	0	0	0	0	0	0	0	0	0	0	0	0	0	0	0	0	0	0	0	0	0	0
苏州职业大学	11	0	0	0	0	0	0	0	0	0	0	0	0	0	0	0	0	0	0	0	0	0	0	0	0	0	0
沙洲职业工学院	12	0	0	0	0	0	0	0	0	0	0	0	0	0	0	0	0	0	0	0	0	0	0	0	0	0	0
扬州市职业大学	13	0	0	0	0	0	0	0	0	0	0	0	0	0	0	0	0	0	0	0	0	0	0	0	0	0	0
连云港师范高等专科学校	14	0	0	0	0	0	0	0	0	0	0	0	0	0	0	0	0	0	0	0	0	0	0	0	0	0	0
江苏经贸职业技术学院	15	0	0	0	0	0	0	0	0	0	0	0	0	0	0	0	0	0	0	0	0	0	0	0	0	0	0

续表

高校名称	编号	总数					出版著作(部)							古籍整理(部)	译著(部)	发表译文(篇)	电子出版物(件)	发表论文(篇)				获奖成果数(项)				研究与咨询报告(篇)	
		课题数(项)	当年投入人数(人年)	其中:研究生(人年)	当年拨入经费(千元)	当年支出经费(千元)	合计	专著	其中:被译成外文	编著教材	工具书参考书	皮书/发展报告	科普读物					合计	国内学术刊物	国外学术刊物	港、澳、台地区刊物	合计	国家级奖	部级奖	省级奖	合计	其中:被采纳数
	编号	L01	L02	L03	L04	L05	L06	L07	L08	L09	L10	L11	L12	L13	L14	L15	L16	L17	L18	L19	L20	L21	L22	L23	L24	L25	L26
泰州职业技术学院	16	0	0	0	0	0	0	0	0	0	0	0	0	0	0	0	0	0	0	0	0	0	0	0	0	0	0
常州信息职业技术学院	17	2	0.4	0	70	70	0	0	0	0	0	0	0	0	0	0	0	0	0	0	0	0	0	0	0	1	0
江苏海事职业技术学院	18	0	0	0	0	0	0	0	0	0	0	0	0	0	0	0	0	0	0	0	0	0	0	0	0	0	0
无锡科技职业学院	19	0	0	0	0	0	0	0	0	0	0	0	0	0	0	0	0	0	0	0	0	0	0	0	0	0	0
江苏医药职业学院	20	0	0	0	0	0	0	0	0	0	0	0	0	0	0	0	0	0	0	0	0	0	0	0	0	0	0
南通科技职业学院	21	0	0	0	0	0	0	0	0	0	0	0	0	0	0	0	0	0	0	0	0	0	0	0	0	0	0
苏州经贸职业技术学院	22	0	0	0	0	0	0	0	0	0	0	0	0	0	0	0	0	0	0	0	0	0	0	0	0	0	0
苏州工业职业技术学院	23	0	0	0	0	0	0	0	0	0	0	0	0	0	0	0	0	0	0	0	0	0	0	0	0	0	0
苏州卫生职业技术学院	24	0	0	0	0	0	0	0	0	0	0	0	0	0	0	0	0	0	0	0	0	0	0	0	0	0	0
无锡商业职业技术学院	25	0	0	0	0	0	0	0	0	0	0	0	0	0	0	0	0	0	0	0	0	0	0	0	0	0	0
南通航运职业技术学院	26	0	0	0	0	0	0	0	0	0	0	0	0	0	0	0	0	0	0	0	0	0	0	0	0	0	0
南京交通职业技术学院	27	0	0	0	0	0	0	0	0	0	0	0	0	0	0	0	0	0	0	0	0	0	0	0	0	0	0
淮安信息职业技术学院	28	0	0	0	0	0	0	0	0	0	0	0	0	0	0	0	0	0	0	0	0	0	0	0	0	0	0
江苏农牧科技职业学院	29	0	0	0	0	0	0	0	0	0	0	0	0	0	0	0	0	0	0	0	0	0	0	0	0	0	0
常州纺织服装职业技术学院	30	0	0	0	0	0	0	0	0	0	0	0	0	0	0	0	0	0	0	0	0	0	0	0	0	0	0
苏州农业职业技术学院	31	0	0	0	0	0	0	0	0	0	0	0	0	0	0	0	0	0	0	0	0	0	0	0	0	0	0

续表

学校名称	序号																				
南京科技职业学院	32	0	0	0	0	○	○	○	○	○	○	○	○	○	○	○	○	○	○	○	○
常州工业职业技术学院	33	0	0	0	0	○	○	○	○	○	○	○	○	○	○	○	○	○	○	○	○
常州工程职业技术学院	34	1	0.1	0	0	○	○	○	○	○	○	○	○	○	○	○	○	○	○	○	○
江苏农林职业技术学院	35	0	0	0	0	○	○	○	○	○	○	○	○	○	○	○	○	○	○	○	○
江苏食品药品职业技术学院	36	0	0	0	0	○	○	○	○	○	○	○	○	○	○	○	○	○	○	○	○
南京铁道职业技术学院	37	0	0	0	0	○	○	○	○	○	○	○	○	○	○	○	○	○	○	○	○
徐州工业职业技术学院	38	0	0	0	0	○	○	○	○	○	○	○	○	○	○	○	○	○	○	○	○
江苏信息职业技术学院	39	0	0	0	0	○	○	○	○	○	○	○	○	○	○	○	○	○	○	○	○
南京信息职业技术学院	40	0	0	0	0	○	○	○	○	○	○	○	○	○	○	○	○	○	○	○	○
常州机电职业技术学院	41	0	0	0	0	○	○	○	○	○	○	○	○	○	○	○	○	○	○	○	○
江阴职业技术学院	42	0	0	0	0	○	○	○	○	○	○	○	○	○	○	○	○	○	○	○	○
无锡职业技术学院	43	0	0	0	0	○	○	○	○	○	○	○	○	○	○	○	○	○	○	○	○
无锡工艺职业技术学院	44	0	0	0	0	○	○	○	○	○	○	○	○	○	○	○	○	○	○	○	○
苏州健雄职业技术学院	45	0	0	0	0	○	○	○	○	○	○	○	○	○	○	○	○	○	○	○	○
盐城工业职业技术学院	46	0	0	0	0	○	○	○	○	○	○	○	○	○	○	○	○	○	○	○	○
江苏财经职业技术学院	47	0	0	0	0	○	○	○	○	○	○	○	○	○	○	○	○	○	○	○	○
扬州工业职业技术学院	48	0	0	0	0	○	○	○	○	○	○	○	○	○	○	○	○	○	○	○	○
江苏城市职业学院	49	0	0	0	0	○	○	○	○	○	○	○	○	○	○	○	○	○	○	○	○
南京城市职业学院	50	0	0	0	0	○	○	○	○	○	○	○	○	○	○	○	○	○	○	○	○

七、社科研究·课题与成果

续表

高校名称		总数					出版著作(部)							古籍整理(部)	译著(部)	发表译文(篇)	电子出版物(件)	发表论文(篇)				获奖成果数(项)				研究与咨询报告(篇)	
		课题数(项)	当年投入人数(人年)	其中:研究生(人年)	当年拨入经费(千元)	当年支出经费(千元)	合计	专著	其中:被译成外文	编著教材	工具书参考书	皮书/发展报告	科普读物					合计	国内学术刊物	国外学术刊物	港、澳、台地区刊物	合计	国家级奖	部级奖	省级奖	合计	其中:被采纳数
	编号	L01	L02	L03	L04	L05	L06	L07	L08	L09	L10	L11	L12	L13	L14	L15	L16	L17	L18	L19	L20	L21	L22	L23	L24	L25	L26
南京机电职业技术学院	51	0	0	0	0	0	0	0	0	0	0	0	0	0	0	0	0	0	0	0	0	0	0	0	0	0	0
南京旅游职业学院	52	0	0	0	0	0	0	0	0	0	0	0	0	0	0	0	0	0	0	0	0	0	0	0	0	0	0
江苏卫生健康职业学院	53	0	0	0	0	0	0	0	0	0	0	0	0	0	0	0	0	0	0	0	0	0	0	0	0	0	0
苏州信息职业技术学院	54	0	0	0	0	0	0	0	0	0	0	0	0	0	0	0	0	0	0	0	0	0	0	0	0	0	0
苏州工业园区服务外包职业学院	55	0	0	0	0	0	0	0	0	0	0	0	0	0	0	0	0	0	0	0	0	0	0	0	0	0	0
徐州幼儿师范高等专科学校	56	0	0	0	0	0	0	0	0	0	0	0	0	0	0	0	0	0	0	0	0	0	0	0	0	0	0
徐州生物工程职业技术学院	57	0	0	0	0	0	0	0	0	0	0	0	0	0	0	0	0	0	0	0	0	0	0	0	0	0	0
江苏商贸职业学院	58	0	0	0	0	0	0	0	0	0	0	0	0	0	0	0	0	0	0	0	0	0	0	0	0	0	0
南通师范高等专科学校	59	0	0	0	0	0	0	0	0	0	0	0	0	0	0	0	0	0	0	0	0	0	0	0	0	0	0
江苏护理职业学院	60	0	0	0	0	0	0	0	0	0	0	0	0	0	0	0	0	0	0	0	0	0	0	0	0	0	0
江苏财会职业学院	61	0	0	0	0	0	0	0	0	0	0	0	0	0	0	0	0	0	0	0	0	0	0	0	0	0	0
江苏城乡建设职业学院	62	0	0	0	0	0	0	0	0	0	0	0	0	0	0	0	0	0	0	0	0	0	0	0	0	0	0
江苏航空职业技术学院	63	0	0	0	0	0	0	0	0	0	0	0	0	0	0	0	0	0	0	0	0	0	0	0	0	0	0
江苏安全技术职业学院	64	0	0	0	0	0	0	0	0	0	0	0	0	0	0	0	0	0	0	0	0	0	0	0	0	0	0
江苏旅游职业学院	65	0	0	0	0	0	0	0	0	0	0	0	0	0	0	0	0	0	0	0	0	0	0	0	0	0	0

3.5 宗教学人文、社会科学研究与课题成果情况表

高校名称	编号	总数：课题数(项)	总数：当年投入人数(人年)	其中：研究生(人年)	当年拨入经费(千元)	当年支出经费(千元)	出版著作(部)：合计	专著	其中：被译成外文	编著教材	工具书参考书	皮书/发展报告	科普读物	古籍整理(部)	译著(部)	发表译文(篇)	电子出版物(件)	发表论文(篇)：合计	国内学术刊物	国外学术刊物	港、澳、台地区刊物	获奖成果数(项)：合计	国家级奖	部级奖	省级奖	研究与咨询报告(篇)：合计	其中：被采纳数
		L01	L02	L03	L04	L05	L06	L07	L08	L09	L10	L11	L12	L13	L14	L15	L16	L17	L18	L19	L20	L21	L22	L23	L24	L25	L26
合计	/	2	0.5	0	10	16	0	0	0	0	0	0	0	0	0	0	0	0	0	0	0	0	0	0	0	0	0
盐城幼儿师范高等专科学校	1	0	0	0	0	0	0	0	0	0	0	0	0	0	0	0	0	0	0	0	0	0	0	0	0	0	0
苏州幼儿师范高等专科学校	2	0	0	0	0	0	0	0	0	0	0	0	0	0	0	0	0	0	0	0	0	0	0	0	0	0	0
无锡职业技术学院	3	0	0	0	0	0	0	0	0	0	0	0	0	0	0	0	0	0	0	0	0	0	0	0	0	0	0
江苏建筑职业技术学院	4	0	0	0	0	0	0	0	0	0	0	0	0	0	0	0	0	0	0	0	0	0	0	0	0	0	0
南京工业职业技术学院	5	0	0	0	0	0	0	0	0	0	0	0	0	0	0	0	0	0	0	0	0	0	0	0	0	0	0
江苏工程职业技术学院	6	0	0	0	0	0	0	0	0	0	0	0	0	0	0	0	0	0	0	0	0	0	0	0	0	0	0
苏州工艺美术职业技术学院	7	0	0	0	0	0	0	0	0	0	0	0	0	0	0	0	0	0	0	0	0	0	0	0	0	0	0
连云港职业技术学院	8	0	0	0	0	0	0	0	0	0	0	0	0	0	0	0	0	0	0	0	0	0	0	0	0	0	0
镇江市高等专科学校	9	0	0	0	0	0	0	0	0	0	0	0	0	0	0	0	0	0	0	0	0	0	0	0	0	0	0
南通职业大学	10	0	0	0	0	0	0	0	0	0	0	0	0	0	0	0	0	0	0	0	0	0	0	0	0	0	0
苏州职业大学	11	0	0	0	0	0	0	0	0	0	0	0	0	0	0	0	0	0	0	0	0	0	0	0	0	0	0
沙洲职业工学院	12	0	0	0	0	0	0	0	0	0	0	0	0	0	0	0	0	0	0	0	0	0	0	0	0	0	0
扬州市职业大学	13	0	0	0	0	0	0	0	0	0	0	0	0	0	0	0	0	0	0	0	0	0	0	0	0	0	0
连云港师范高等专科学校	14	0	0	0	0	0	0	0	0	0	0	0	0	0	0	0	0	0	0	0	0	0	0	0	0	0	0
江苏经贸职业技术学院	15	0	0	0	0	0	0	0	0	0	0	0	0	0	0	0	0	0	0	0	0	0	0	0	0	0	0

续表

高校名称		总数					出版著作(部)							古籍整理(部)	译著(部)	发表译文(篇)	电子出版物(件)	发表论文(篇)				获奖成果数(项)				研究与咨询报告(篇)	
		课题数(项)	当年投入人数(人年)	其中：研究生(人年)	当年拨入经费(千元)	当年支出经费(千元)	合计	专著	其中：被译成外文	编著教材	工具书参考书	皮书/发展报告	科普读物					合计	国内学术刊物	国外学术刊物	港澳、台地区刊物	合计	国家级奖	部级奖	省级奖	合计	其中：被采纳数
	编号	L01	L02	L03	L04	L05	L06	L07	L08	L09	L10	L11	L12	L13	L14	L15	L16	L17	L18	L19	L20	L21	L22	L23	L24	L25	L26
泰州职业技术学院	16	0	0	0	0	0	0	0	0	0	0	0	0	0	0	0	0	0	0	0	0	0	0	0	0	0	0
常州信息职业技术学院	17	1	0.4	0	10	10	0	0	0	0	0	0	0	0	0	0	0	0	0	0	0	0	0	0	0	0	0
江苏海事职业技术学院	18	0	0	0	0	0	0	0	0	0	0	0	0	0	0	0	0	0	0	0	0	0	0	0	0	0	0
无锡科技职业学院	19	0	0	0	0	0	0	0	0	0	0	0	0	0	0	0	0	0	0	0	0	0	0	0	0	0	0
江苏医药职业学院	20	0	0	0	0	0	0	0	0	0	0	0	0	0	0	0	0	0	0	0	0	0	0	0	0	0	0
南通科技职业学院	21	0	0	0	0	0	0	0	0	0	0	0	0	0	0	0	0	0	0	0	0	0	0	0	0	0	0
苏州经贸职业技术学院	22	1	0.1	0	0	6	0	0	0	0	0	0	0	0	0	0	0	0	0	0	0	0	0	0	0	0	0
苏州工业职业技术学院	23	0	0	0	0	0	0	0	0	0	0	0	0	0	0	0	0	0	0	0	0	0	0	0	0	0	0
苏州卫生职业技术学院	24	0	0	0	0	0	0	0	0	0	0	0	0	0	0	0	0	0	0	0	0	0	0	0	0	0	0
无锡商业职业技术学院	25	0	0	0	0	0	0	0	0	0	0	0	0	0	0	0	0	0	0	0	0	0	0	0	0	0	0
南通航运职业技术学院	26	0	0	0	0	0	0	0	0	0	0	0	0	0	0	0	0	0	0	0	0	0	0	0	0	0	0
南京交通职业技术学院	27	0	0	0	0	0	0	0	0	0	0	0	0	0	0	0	0	0	0	0	0	0	0	0	0	0	0
淮安信息职业技术学院	28	0	0	0	0	0	0	0	0	0	0	0	0	0	0	0	0	0	0	0	0	0	0	0	0	0	0
江苏农牧科技职业学院	29	0	0	0	0	0	0	0	0	0	0	0	0	0	0	0	0	0	0	0	0	0	0	0	0	0	0
常州纺织服装职业技术学院	30	0	0	0	0	0	0	0	0	0	0	0	0	0	0	0	0	0	0	0	0	0	0	0	0	0	0
苏州农业职业技术学院	31	0	0	0	0	0	0	0	0	0	0	0	0	0	0	0	0	0	0	0	0	0	0	0	0	0	0

续表

32	南京科技职业学院	○	○	○	○	○	○	○	○	○	○	○	○	○	○	○	○	○	○	○
33	常州工业职业技术学院	○	○	○	○	○	○	○	○	○	○	○	○	○	○	○	○	○	○	○
34	常州工程职业技术学院	○	○	○	○	○	○	○	○	○	○	○	○	○	○	○	○	○	○	○
35	江苏农林职业技术学院	○	○	○	○	○	○	○	○	○	○	○	○	○	○	○	○	○	○	○
36	江苏食品药品职业技术学院	○	○	○	○	○	○	○	○	○	○	○	○	○	○	○	○	○	○	○
37	南京铁道职业技术学院	○	○	○	○	○	○	○	○	○	○	○	○	○	○	○	○	○	○	○
38	徐州工业职业技术学院	○	○	○	○	○	○	○	○	○	○	○	○	○	○	○	○	○	○	○
39	江苏信息职业技术学院	○	○	○	○	○	○	○	○	○	○	○	○	○	○	○	○	○	○	○
40	南京信息职业技术学院	○	○	○	○	○	○	○	○	○	○	○	○	○	○	○	○	○	○	○
41	常州机电职业技术学院	○	○	○	○	○	○	○	○	○	○	○	○	○	○	○	○	○	○	○
42	江阴职业技术学院	○	○	○	○	○	○	○	○	○	○	○	○	○	○	○	○	○	○	○
43	无锡城市职业技术学院	○	○	○	○	○	○	○	○	○	○	○	○	○	○	○	○	○	○	○
44	无锡工艺职业技术学院	○	○	○	○	○	○	○	○	○	○	○	○	○	○	○	○	○	○	○
45	苏州健雄职业技术学院	○	○	○	○	○	○	○	○	○	○	○	○	○	○	○	○	○	○	○
46	盐城工业职业技术学院	○	○	○	○	○	○	○	○	○	○	○	○	○	○	○	○	○	○	○
47	江苏财经职业技术学院	○	○	○	○	○	○	○	○	○	○	○	○	○	○	○	○	○	○	○
48	扬州工业职业技术学院	○	○	○	○	○	○	○	○	○	○	○	○	○	○	○	○	○	○	○
49	江苏城市职业学院	○	○	○	○	○	○	○	○	○	○	○	○	○	○	○	○	○	○	○
50	南京城市职业学院	○	○	○	○	○	○	○	○	○	○	○	○	○	○	○	○	○	○	○

续表

高校名称		总数					出版著作(部)							古籍整理(部)	译著(部)	发表译文(篇)	电子出版物(件)	发表论文(篇)				获奖成果数(项)				研究与咨询报告(篇)	
		课题数(项)	当年投入人数(人年)	其中:研究生(人年)	当年拨入经费(千元)	当年支出经费(千元)	合计	专著	其中:被译成外文	编著教材	工具书参考书	皮书/发展报告	科普读物					合计	国内学术刊物	国外学术刊物	港澳、台地区刊物	合计	国家级奖	部级奖	省级奖	合计	其中:被采纳数
	编号	L01	L02	L03	L04	L05	L06	L07	L08	L09	L10	L11	L12	L13	L14	L15	L16	L17	L18	L19	L20	L21	L22	L23	L24	L25	L26
南京机电职业技术学院	51	0	0	0	0	0	0	0	0	0	0	0	0	0	0	0	0	0	0	0	0	0	0	0	0	0	0
南京旅游职业学院	52	0	0	0	0	0	0	0	0	0	0	0	0	0	0	0	0	0	0	0	0	0	0	0	0	0	0
江苏卫生健康职业学院	53	0	0	0	0	0	0	0	0	0	0	0	0	0	0	0	0	0	0	0	0	0	0	0	0	0	0
苏州信息职业技术学院	54	0	0	0	0	0	0	0	0	0	0	0	0	0	0	0	0	0	0	0	0	0	0	0	0	0	0
苏州工业园区服务外包职业学院	55	0	0	0	0	0	0	0	0	0	0	0	0	0	0	0	0	0	0	0	0	0	0	0	0	0	0
徐州幼儿师范高等专科学校	56	0	0	0	0	0	0	0	0	0	0	0	0	0	0	0	0	0	0	0	0	0	0	0	0	0	0
徐州生物工程职业技术学院	57	0	0	0	0	0	0	0	0	0	0	0	0	0	0	0	0	0	0	0	0	0	0	0	0	0	0
江苏商贸职业学院	58	0	0	0	0	0	0	0	0	0	0	0	0	0	0	0	0	0	0	0	0	0	0	0	0	0	0
南通师范高等专科学校	59	0	0	0	0	0	0	0	0	0	0	0	0	0	0	0	0	0	0	0	0	0	0	0	0	0	0
江苏护理职业学院	60	0	0	0	0	0	0	0	0	0	0	0	0	0	0	0	0	0	0	0	0	0	0	0	0	0	0
江苏财会职业学院	61	0	0	0	0	0	0	0	0	0	0	0	0	0	0	0	0	0	0	0	0	0	0	0	0	0	0
江苏城乡建设职业学院	62	0	0	0	0	0	0	0	0	0	0	0	0	0	0	0	0	0	0	0	0	0	0	0	0	0	0
江苏航空职业技术学院	63	0	0	0	0	0	0	0	0	0	0	0	0	0	0	0	0	0	0	0	0	0	0	0	0	0	0
江苏安全技术职业学院	64	0	0	0	0	0	0	0	0	0	0	0	0	0	0	0	0	0	0	0	0	0	0	0	0	0	0
江苏旅游职业学院	65	0	0	0	0	0	0	0	0	0	0	0	0	0	0	0	0	0	0	0	0	0	0	0	0	0	0

3.6 语言学人文、社会科学研究与课题成果情况表

高校名称	编号	总数：课题数（项）	总数：当年投入人数（人年）	总数：其中：研究生（人年）	总数：当年拨入经费（千元）	总数：当年支出经费（千元）	出版著作（部）：合计	出版著作（部）：专著	出版著作（部）：其中：被译成外文	出版著作（部）：编著教材	出版著作（部）：工具书参考书	出版著作（部）：皮书/发展报告	出版著作（部）：科普读物	古籍整理（部）	译著（部）	发表译文（篇）	电子出版物（件）	发表论文（篇）：合计	发表论文（篇）：国内学术刊物	发表论文（篇）：国外学术刊物	发表论文（篇）：港、澳、台地区刊物	获奖成果数（项）：合计	获奖成果数（项）：国家级奖	获奖成果数（项）：部级奖	获奖成果数（项）：省级奖	研究与咨询报告（篇）：合计	研究与咨询报告（篇）：其中：被采纳数
		L01	L02	L03	L04	L05	L06	L07	L08	L09	L10	L11	L12	L13	L14	L15	L16	L17	L18	L19	L20	L21	L22	L23	L24	L25	L26
合计	/	213	50.5	0	1 795.55	1 750.88	9	4	0	4	1	0	0	0	1	1	0	320	315	5	0	0	0	0	0	17	11
盐城幼儿师范高等专科学校	1	0	0	0	0	0	0	0	0	0	0	0	0	0	0	0	0	5	5	0	0	0	0	0	0	0	0
苏州幼儿师范高等专科学校	2	3	0.3	0	0	14	1	1	0	0	0	0	0	0	0	0	0	1	1	0	0	0	0	0	0	1	0
无锡职业技术学院	3	7	1	0	14	11	1	1	0	0	0	0	0	0	0	0	0	11	11	0	0	0	0	0	0	0	0
江苏建筑职业技术学院	4	3	0.8	0	3	1	0	0	0	0	0	0	0	0	0	0	0	2	2	0	0	0	0	0	0	0	0
南京工业职业技术学院	5	9	4.9	0	14	16.3	0	0	0	0	0	0	0	0	0	0	0	6	6	0	0	0	0	0	0	0	0
江苏工程职业技术学院	6	2	0.3	0	3	0.5	0	0	0	0	0	0	0	0	0	0	0	1	1	0	0	0	0	0	0	0	0
苏州工艺美术职业技术学院	7	1	0.1	0	0	0	0	0	0	0	0	0	0	0	1	0	0	3	3	0	0	0	0	0	0	0	0
连云港职业技术学院	8	5	1.2	0	0	0	0	0	0	0	0	0	0	0	0	0	0	8	8	0	0	0	0	0	0	0	0
镇江市高等专科学校	9	6	2.6	0	50	46.5	0	0	0	0	0	0	0	0	0	0	0	6	5	1	0	0	0	0	0	0	0
南通职业大学	10	5	1.1	0	30	10	0	0	0	0	0	0	0	0	0	0	0	11	11	0	0	0	0	0	0	0	0
苏州职业大学	11	4	1.4	0	10	6.9	0	0	0	0	0	0	0	0	0	0	0	0	0	0	0	0	0	0	0	0	0
沙洲职业工学院	12	7	0.7	0	45	36.2	0	0	0	0	0	0	0	0	0	0	0	10	10	0	0	0	0	0	0	0	0
扬州市职业大学	13	23	5.1	0	227.45	213.32	1	1	0	0	0	0	0	0	0	0	0	30	30	0	0	0	0	0	0	4	3
连云港师范高等专科学校	14	16	1.6	0	2	0	1	0	0	1	0	0	0	0	0	0	0	2	2	0	0	0	0	0	0	0	0
江苏经贸职业技术学院	15	0	0	0	0	0	1	0	0	1	0	0	0	0	0	0	0	21	21	0	0	0	0	0	0	0	0

续表

高校名称	编号	总数 课题数(项)	当年投入人数(人年)	其中：研究生(人年)	当年拨入经费(千元)	当年支出经费(千元)	出版著作(部) 合计	专著	其中：被译成外文	编著教材	工具书参考书	皮书/发展报告	科普读物	古籍整理(部)	译著(部)	发表译文(篇)	电子出版物(件)	发表论文(篇) 合计	国内学术刊物	国外学术刊物	港、澳、台地区刊物	获奖成果数(项) 合计	国家级奖	部级奖	省级奖	研究与咨询报告(篇) 合计	其中：被采纳数
		L01	L02	L03	L04	L05	L06	L07	L08	L09	L10	L11	L12	L13	L14	L15	L16	L17	L18	L19	L20	L21	L22	L23	L24	L25	L26
泰州职业技术学院	16	1	0.3	0	0	2.78	0	0	0	0	0	0	0	0	0	0	0	0	0	0	0	0	0	0	0	0	0
常州信息职业技术学院	17	3	2.1	0	25	33	1	1	0	0	0	0	0	0	0	0	0	3	3	0	0	0	0	0	0	0	0
江苏海事职业技术学院	18	11	3.8	0	551	543.9	0	0	0	0	0	0	0	0	0	1	0	11	7	4	0	0	0	0	0	2	2
无锡科技职业学院	19	4	1.4	0	9	9	0	0	0	0	0	0	0	0	0	0	0	9	9	0	0	0	0	0	0	0	0
江苏医药职业学院	20	0	0	0	0	0	0	0	0	0	0	0	0	0	0	0	0	4	4	0	0	0	0	0	0	0	0
南通科技职业学院	21	4	0.7	0	10	16.8	0	0	0	0	0	0	0	0	0	0	0	2	2	0	0	0	0	0	0	0	0
苏州经贸职业技术学院	22	5	0.8	0	5	6.55	0	0	0	0	0	0	0	0	0	0	0	14	14	0	0	0	0	0	0	1	0
苏州工业职业技术学院	23	0	0	0	54	54	0	0	0	0	0	0	0	0	0	0	0	14	14	0	0	0	0	0	0	0	0
苏州卫生职业技术学院	24	2	0.3	0	60	69	0	0	0	0	0	0	0	0	0	0	0	5	5	0	0	0	0	0	0	0	0
无锡商业职业技术学院	25	3	0.3	0	18	13	0	0	0	0	0	0	0	0	0	0	0	8	8	0	0	0	0	0	0	0	0
南通航运职业技术学院	26	1	0.2	0	0	3	0	0	0	0	0	0	0	0	0	0	0	8	8	0	0	0	0	0	0	0	0
南京交通职业技术学院	27	1	0.1	0	0	1.8	0	0	0	0	0	0	0	0	0	0	0	1	1	0	0	0	0	0	0	0	0
淮安信息职业技术学院	28	0	0	0	0	0	0	0	0	0	0	0	0	0	0	0	0	2	2	0	0	0	0	0	0	0	0
江苏农牧科技职业学院	29	0	0	0	0	0	0	0	0	0	0	0	0	0	0	0	0	0	0	0	0	0	0	0	0	0	0
常州纺织服装职业技术学院	30	3	0.4	0	5	9.4	1	0	0	0	1	0	0	0	0	0	0	8	8	0	0	0	0	0	0	2	0
苏州农业职业技术学院	31	0	0	0	0	0	0	0	0	0	0	0	0	0	0	0	0	0	0	0	0	0	0	0	0	0	0

续表

南京科技职业学院	32	1	0.1	0	1.5	1.5	0	0	0	0	0	0	0	0	0	0	0	7	7	0	0	0	0	0	0	0	0
常州工业职业技术学院	33	0	0	0	0	0	0	0	0	0	0	0	0	0	0	0	0	0	0	0	0	0	0	0	0	2	2
常州工程职业技术学院	34	0	0	0	0	0	0	0	0	0	0	0	0	0	0	0	0	0	0	0	0	0	0	0	0	0	0
江苏农林职业技术学院	35	4	0.6	0	20	19	0	0	0	0	0	0	0	0	0	0	0	5	5	0	0	0	0	0	0	0	0
江苏食品药品职业技术学院	36	0	0	0	0	0	0	0	0	0	0	0	0	0	0	0	0	0	0	0	0	0	0	0	0	0	0
南京铁道职业技术学院	37	2	0.2	0	0	0	0	0	0	0	0	0	0	0	0	0	0	3	3	0	0	0	0	0	0	0	0
徐州工业职业技术学院	38	0	0	0	0	0	0	0	0	0	0	0	0	0	0	0	0	0	0	0	0	0	0	0	0	0	0
江苏信息职业技术学院	39	0	0	0	0	0	0	0	0	0	0	0	0	0	0	0	0	5	5	0	0	0	0	0	0	0	0
南京信息职业技术学院	40	2	0.2	0	45	20	1	0	0	1	0	0	0	0	0	0	0	3	3	0	0	0	0	0	0	0	0
常州机电职业技术学院	41	0	0	0	0	0	0	0	0	0	0	0	0	0	0	0	0	0	0	0	0	0	0	0	0	0	0
江阴职业技术学院	42	4	0.4	0	13	8	0	0	0	0	0	0	0	0	0	0	0	0	0	0	0	0	0	0	0	0	0
无锡城市职业技术学院	43	0	0	0	0	0	0	0	0	0	0	0	0	0	0	0	0	3	3	0	0	0	0	0	0	0	0
无锡工艺职业技术学院	44	8	1.2	0	145	149	0	0	0	0	0	0	0	0	0	0	0	13	13	0	0	0	0	0	0	1	1
苏州健雄职业技术学院	45	2	0.3	0	0	1	0	0	0	0	0	0	0	0	0	0	0	6	6	0	0	0	0	0	0	0	0
盐城工业职业技术学院	46	5	0.5	0	5	18.3	0	0	0	0	0	0	0	0	0	0	0	2	2	0	0	0	0	0	0	0	0
江苏财经职业技术学院	47	5	0.5	0	120	123	0	0	0	0	0	0	0	0	0	0	0	4	4	0	0	0	0	0	0	0	0
扬州工业职业技术学院	48	4	0.4	0	14	17.4	0	0	0	0	0	0	0	0	0	0	0	2	2	0	0	0	0	0	0	0	0
江苏城市职业学院	49	18	6.6	0	35	74.63	0	0	0	0	0	0	0	0	0	0	0	12	12	0	0	0	0	0	0	0	0
南京城市职业学院	50	0	0	0	0	0	0	0	0	0	0	0	0	0	0	0	0	0	0	0	0	0	0	0	0	0	0

七、社科研究、课题与成果

续表

高校名称	编号	总数					出版著作(部)							古籍整理(部)	译著(部)	发表译文(篇)	电子出版物(件)	发表论文(篇)				获奖成果数(项)				研究与咨询报告(篇)	
		课题数(项)	当年投入人数(人年)	其中:研究生(人年)	当年拨入经费(千元)	当年支出经费(千元)	合计	专著	其中:被译成外文	编著教材	工具书参考书	皮书/发展报告	科普读物					合计	国内学术刊物	国外学术刊物	港、澳、台地区刊物	合计	国家级奖	部级奖	省级奖	合计	其中:被采纳数
	编号	L01	L02	L03	L04	L05	L06	L07	L08	L09	L10	L11	L12	L13	L14	L15	L16	L17	L18	L19	L20	L21	L22	L23	L24	L25	L26
南京机电职业技术学院	51	1	0.3	0	0	7	0	0	0	0	0	0	0	0	0	0	0	0	0	0	0	0	0	0	0	0	0
南京旅游职业学院	52	1	0.1	0	80	0	0	0	0	0	0	0	0	0	0	0	0	3	3	0	0	0	0	0	0	0	0
江苏卫生健康职业学院	53	1	0.2	0	0	0	0	0	0	0	0	0	0	0	0	0	0	0	0	0	0	0	0	0	0	0	0
苏州信息职业技术学院	54	1	0.1	0	0	0.2	0	0	0	0	0	0	0	0	0	0	0	0	0	0	0	0	0	0	0	0	0
苏州工业园区服务外包职业学院	55	8	1.3	0	160	160	0	0	0	0	0	0	0	0	0	0	0	10	10	0	0	0	0	0	0	3	3
徐州幼儿师范高等专科学校	56	4	0.8	0	10	16	0	0	0	0	0	0	0	0	0	0	0	0	0	0	0	0	0	0	0	0	0
徐州生物工程职业技术学院	57	0	0	0	0	0	0	0	0	0	0	0	0	0	0	0	0	0	0	0	0	0	0	0	0	0	0
江苏商贸职业学院	58	9	3.6	0	3.6	7.5	1	0	0	1	0	0	0	0	0	0	0	4	4	0	0	0	0	0	0	1	0
南通师范高等专科学校	59	3	1	0	8	7.9	0	0	0	0	0	0	0	0	0	0	0	31	31	0	0	0	0	0	0	0	0
江苏护理职业学院	60	0	0	0	0	0	0	0	0	0	0	0	0	0	0	0	0	0	0	0	0	0	0	0	0	0	0
江苏财会职业学院	61	0	0	0	0	0	0	0	0	0	0	0	0	0	0	0	0	1	1	0	0	0	0	0	0	0	0
江苏城乡建设职业学院	62	1	0.6	0	0	2.5	0	0	0	0	0	0	0	0	0	0	0	0	0	0	0	0	0	0	0	0	0
江苏航空职业技术学院	63	0	0	0	0	0	0	0	0	0	0	0	0	0	0	0	0	0	0	0	0	0	0	0	0	0	0
江苏安全技术职业学院	64	0	0	0	0	0	0	0	0	0	0	0	0	0	0	0	0	0	0	0	0	0	0	0	0	0	0
江苏旅游职业学院	65	0	0	0	0	0	0	0	0	0	0	0	0	0	0	0	0	0	0	0	0	0	0	0	0	0	0

3.7 中国文学人文、社会科学研究与课题成果情况表

高校名称	编号	总数：课题数（项）	总数：当年投入人数（人年）	总数：其中：研究生（人年）	总数：当年拨入经费（千元）	总数：当年支出经费（千元）	出版著作（部）：合计	出版著作（部）：专著	出版著作（部）：其中：被译成外文	出版著作（部）：编著教材	出版著作（部）：工具书参考书	出版著作（部）：皮书/发展报告	出版著作（部）：科普读物	古籍整理（部）	译著（部）	发表译文（篇）	电子出版物（件）	发表论文（篇）：合计	发表论文（篇）：国内学术刊物	发表论文（篇）：国外学术刊物	发表论文（篇）：港、澳、台地区刊物	获奖成果数（项）：合计	获奖成果数（项）：国家级奖	获奖成果数（项）：部级奖	获奖成果数（项）：省级奖	研究与咨询报告（篇）：合计	研究与咨询报告（篇）：其中：被采纳数
		L01	L02	L03	L04	L05	L06	L07	L08	L09	L10	L11	L12	L13	L14	L15	L16	L17	L18	L19	L20	L21	L22	L23	L24	L25	L26
合计	/	84	19.7	0	531.55	432.87	15	6	0	5	0	0	4	0	0	0	0	132	131	1	0	0	0	0	0	2	2
盐城幼儿师范高等专科学校	1	2	0.5	0	51.5	1.5	0	0	0	0	0	0	0	0	0	0	0	12	12	0	0	0	0	0	0	0	0
苏州幼儿师范高等专科学校	2	2	0.2	0	20	3.9	4	0	0	0	0	0	4	0	0	0	0	2	2	0	0	0	0	0	0	0	0
无锡职业技术学院	3	0	0	0	0	0	0	0	0	0	0	0	0	0	0	0	0	3	3	0	0	0	0	0	0	0	0
江苏建筑职业技术学院	4	0	0	0	0	0	0	0	0	0	0	0	0	0	0	0	0	1	1	0	0	0	0	0	0	0	0
南京工业职业技术学院	5	1	0.6	0	1.25	1.25	0	0	0	0	0	0	0	0	0	0	0	5	5	0	0	0	0	0	0	0	0
江苏工程职业技术学院	6	0	0	0	0	0	0	0	0	0	0	0	0	0	0	0	0	2	2	0	0	0	0	0	0	0	0
苏州工艺美术职业技术学院	7	0	0	0	0	0	0	0	0	0	0	0	0	0	0	0	0	1	1	0	0	0	0	0	0	0	0
连云港职业技术学院	8	0	0	0	0	0	0	0	0	0	0	0	0	0	0	0	0	0	0	0	0	0	0	0	0	0	0
镇江市高等专科学校	9	3	2.1	0	44	38	0	0	0	0	0	0	0	0	0	0	0	7	6	1	0	0	0	0	0	1	1
南通职业大学	10	0	0	0	0	0	0	0	0	0	0	0	0	0	0	0	0	0	0	0	0	0	0	0	0	0	0
苏州职业大学	11	16	4.4	0	145	242.4	2	2	0	0	0	0	0	0	0	0	0	16	16	0	0	0	0	0	0	1	1
沙洲职业工学院	12	0	0	0	0	0	0	0	0	0	0	0	0	0	0	0	0	0	0	0	0	0	0	0	0	0	0
扬州市职业大学	13	3	0.7	0	30	30	0	0	0	0	0	0	0	0	0	0	0	3	3	0	0	0	0	0	0	0	0
连云港师范高等专科学校	14	11	1	0	36	35	0	0	0	0	0	0	0	0	0	0	0	5	5	0	0	0	0	0	0	0	0
江苏经贸职业技术学院	15	1	0.3	0	0	0	0	0	0	0	0	0	0	0	0	0	0	4	4	0	0	0	0	0	0	0	0

续表

高校名称	编号	总数：课题数（项）	总数：当年投入人数（人年）	总数：其中：研究生（人年）	总数：当年拨入经费（千元）	总数：当年支出经费（千元）	出版著作（部）：合计	出版著作（部）：专著	出版著作（部）：其中：被译成外文	出版著作（部）：编著教材	出版著作（部）：工具书参考书	出版著作（部）：皮书/发展报告	出版著作（部）：科普读物	古籍整理（部）	译著（部）	发表译文（篇）	电子出版物（件）	发表论文（篇）：合计	发表论文（篇）：国内学术刊物	发表论文（篇）：国外学术刊物	发表论文（篇）：港、澳、台地区刊物	获奖成果数（项）：合计	获奖成果数（项）：国家级奖	获奖成果数（项）：部级奖	获奖成果数（项）：省级奖	研究与咨询报告（篇）：合计	研究与咨询报告（篇）：其中：被采纳数
		L01	L02	L03	L04	L05	L06	L07	L08	L09	L10	L11	L12	L13	L14	L15	L16	L17	L18	L19	L20	L21	L22	L23	L24	L25	L26
泰州职业技术学院	16	0	0	0	0	0	0	0	0	0	0	0	0	0	0	0	0	0	0	0	0	0	0	0	0	0	0
常州信息职业技术学院	17	1	1	0	20	20	0	0	0	0	0	0	0	0	0	0	0	0	0	0	0	0	0	0	0	0	0
江苏海事职业技术学院	18	0	0	0	0	0	0	0	0	0	0	0	0	0	0	0	0	0	0	0	0	0	0	0	0	0	0
无锡科技职业学院	19	1	0.6	0	0	0	0	0	0	0	0	0	0	0	0	0	0	0	0	0	0	0	0	0	0	0	0
江苏医药职业学院	20	0	0	0	0	0	0	0	0	0	0	0	0	0	0	0	0	0	0	0	0	0	0	0	0	0	0
南通科技职业学院	21	0	0	0	0	0	0	0	0	0	0	0	0	0	0	0	0	8	8	0	0	0	0	0	0	0	0
苏州经贸职业技术学院	22	1	0.1	0	0	0	0	0	0	0	0	0	0	0	0	0	0	3	3	0	0	0	0	0	0	0	0
苏州工业职业技术学院	23	0	0	0	0	0	0	0	0	0	0	0	0	0	0	0	0	0	0	0	0	0	0	0	0	0	0
苏州卫生职业技术学院	24	0	0	0	0	0	0	0	0	0	0	0	0	0	0	0	0	3	3	0	0	0	0	0	0	0	0
无锡商业职业技术学院	25	0	0	0	0	0	0	0	0	0	0	0	0	0	0	0	0	0	0	0	0	0	0	0	0	0	0
南通航运职业技术学院	26	0	0	0	0	0	0	0	0	0	0	0	0	0	0	0	0	0	0	0	0	0	0	0	0	0	0
南京交通职业技术学院	27	0	0	0	0	0	0	0	0	0	0	0	0	0	0	0	0	0	0	0	0	0	0	0	0	0	0
淮安信息职业技术学院	28	1	0.3	0	0	0	0	0	0	0	0	0	0	0	0	0	0	0	0	0	0	0	0	0	0	0	0
江苏农牧科技职业学院	29	0	0	0	0	0	0	0	0	0	0	0	0	0	0	0	0	0	0	0	0	0	0	0	0	0	0
常州纺织服装职业技术学院	30	0	0	0	0	0	0	0	0	0	0	0	0	0	0	0	0	0	0	0	0	0	0	0	0	0	0
苏州农业职业技术学院	31	0	0	0	0	0	0	0	0	0	0	0	0	0	0	0	0	0	0	0	0	0	0	0	0	0	0

续表

南京科技职业学院	32	1	0.1	0	0	0	0	0	0	0	0	0	0	0	0	0	0	2	2	0	0	0	0	0	0	0	0
常州工业职业技术学院	33	2	0.2	0	0	0	0	0	0	0	0	0	0	0	0	0	0	0	0	0	0	0	0	0	0	0	0
常州工程职业技术学院	34	0	0	0	0	0	0	0	0	0	0	0	0	0	0	0	0	0	0	0	0	0	0	0	0	0	0
江苏农林职业技术学院	35	0	0	0	0	0	0	0	0	0	0	0	0	0	0	0	0	0	0	0	0	0	0	0	0	0	0
江苏食品药品职业技术学院	36	0	0	0	0	0	0	0	0	0	0	0	0	0	0	0	0	0	0	0	0	0	0	0	0	0	0
南京铁道职业技术学院	37	2	0.2	0	0	0	0	0	0	0	0	0	0	0	0	0	0	2	2	0	0	0	0	0	0	0	0
徐州工业职业技术学院	38	0	0	0	0	0	0	0	0	0	0	0	0	0	0	0	0	0	0	0	0	0	0	0	0	0	0
江苏信息职业技术学院	39	0	0	0	0	0	0	0	0	0	0	0	0	0	0	0	0	0	0	0	0	0	0	0	0	0	0
南京信息职业技术学院	40	0	0	0	0	0	0	0	0	0	0	0	0	0	0	0	0	1	1	0	0	0	0	0	0	0	0
常州机电职业技术学院	41	0	0	0	0	0	0	0	0	0	0	0	0	0	0	0	0	0	0	0	0	0	0	0	0	0	0
江阴职业技术学院	42	0	0	0	0	0	0	0	0	0	0	0	0	0	0	0	0	0	0	0	0	0	0	0	0	0	0
无锡城市职业技术学院	43	0	0	0	0	0	1	1	0	0	0	0	0	0	0	0	0	0	0	0	0	0	0	0	0	0	0
无锡工艺职业技术学院	44	0	0	0	0	0	0	0	0	0	0	0	0	0	0	0	0	0	0	0	0	0	0	0	0	0	0
苏州健雄职业技术学院	45	1	0.2	0	10	3	0	0	0	0	0	0	0	0	0	0	0	2	2	0	0	0	0	0	0	0	0
盐城工业职业技术学院	46	0	0	0	0	0	0	0	0	0	0	0	0	0	0	0	0	0	0	0	0	0	0	0	0	0	0
江苏财经职业技术学院	47	2	0.2	0	80	22	0	0	0	0	0	0	0	0	0	0	0	2	2	0	0	0	0	0	0	0	0
扬州工业职业技术学院	48	1	0.1	0	0	2	0	0	0	0	0	0	0	0	0	0	0	1	1	0	0	0	0	0	0	0	0
江苏城市职业学院	49	4	1.1	0	10	5.58	2	1	0	1	0	0	0	0	0	0	0	4	4	0	0	0	0	0	0	0	0
南京城市职业学院	50	0	0	0	0	0	0	0	0	0	0	0	0	0	0	0	0	0	0	0	0	0	0	0	0	0	0

续表

高校名称		总数					出版著作(部)							古籍整理(部)	译著(部)	发表译文(篇)	电子出版物(件)	发表论文(篇)				获奖成果数(项)				研究与咨询报告(篇)	
		课题数(项)	当年投入人数(人年)	其中：研究生(人年)	当年拨入经费(千元)	当年支出经费(千元)	合计	专著	其中：被译成外文	编著教材	工具书参考书	皮书/发展报告	科普读物					合计	国内学术刊物	国外学术刊物	港澳、台地区刊物	合计	国家级奖	部级奖	省级奖	合计	其中：被采纳数
	编号	L01	L02	L03	L04	L05	L06	L07	L08	L09	L10	L11	L12	L13	L14	L15	L16	L17	L18	L19	L20	L21	L22	L23	L24	L25	L26
南京机电职业技术学院	51	2	0.2	0	2	0.2	0	0	0	0	0	0	0	0	0	0	0	0	0	0	0	0	0	0	0	0	0
南京旅游职业学院	52	2	0.2	0	8	0	0	0	0	0	0	0	0	0	0	0	0	7	7	0	0	0	0	0	0	0	0
江苏卫生健康职业学院	53	0	0	0	0	0	0	0	0	0	0	0	0	0	0	0	0	0	0	0	0	0	0	0	0	0	0
苏州信息职业技术学院	54	0	0	0	0	0	0	0	0	0	0	0	0	0	0	0	0	0	0	0	0	0	0	0	0	0	0
苏州工业园区服务外包职业学院	55	3	0.5	0	0	3.3	0	0	0	0	0	0	0	0	0	0	0	1	1	0	0	0	0	0	0	0	0
徐州幼儿师范高等专科学校	56	2	0.4	0	0	0	0	0	0	0	0	0	0	0	0	0	0	0	0	0	0	0	0	0	0	0	0
徐州生物工程职业技术学院	57	0	0	0	0	0	0	0	0	0	0	0	0	0	0	0	0	0	0	0	0	0	0	0	0	0	0
江苏商贸职业学院	58	7	2.3	0	22.4	6.5	0	0	0	0	0	0	0	0	0	0	0	6	6	0	0	0	0	0	0	0	0
南通师范高等专科学校	59	8	1.5	0	40	6.84	1	0	0	1	0	0	0	0	0	0	0	14	14	0	0	0	0	0	0	0	0
江苏护理职业学院	60	4	0.7	0	11.4	11.4	3	2	0	1	0	0	0	0	0	0	0	4	4	0	0	0	0	0	0	0	0
江苏财会职业学院	61	0	0	0	0	0	0	0	0	0	0	0	0	0	0	0	0	1	1	0	0	0	0	0	0	0	0
江苏城乡建设职业学院	62	0	0	0	0	0	2	0	0	2	0	0	0	0	0	0	0	4	4	0	0	0	0	0	0	0	0
江苏航空职业技术学院	63	0	0	0	0	0	0	0	0	0	0	0	0	0	0	0	0	0	0	0	0	0	0	0	0	0	0
江苏安全技术职业学院	64	0	0	0	0	0	0	0	0	0	0	0	0	0	0	0	0	6	6	0	0	0	0	0	0	0	0
江苏旅游职业学院	65	0	0	0	0	0	0	0	0	0	0	0	0	0	0	0	0	0	0	0	0	0	0	0	0	0	0

3.8 外国文学人文、社会科学研究与课题成果情况表

高校名称	编号	总数：课题数(项)	总数：当年投入人数(人年)	总数：其中：研究生(人年)	总数：当年拨入经费(千元)	总数：当年支出经费(千元)	出版著作(部)：合计	出版著作(部)：专著	出版著作(部)：其中：被译成外文	出版著作(部)：编著教材	出版著作(部)：工具书参考书	出版著作(部)：皮书/发展报告	出版著作(部)：科普读物	古籍整理(部)	译著(部)	发表译文(篇)	电子出版物(件)	发表论文(篇)：合计	发表论文(篇)：国内学术刊物	发表论文(篇)：国外学术刊物	发表论文(篇)：港、澳、台地区刊物	获奖成果数(项)：合计	获奖成果数(项)：国家级奖	获奖成果数(项)：部级奖	获奖成果数(项)：省级奖	研究与咨询报告(篇)：合计	研究与咨询报告(篇)：其中：被采纳数
		L01	L02	L03	L04	L05	L06	L07	L08	L09	L10	L11	L12	L13	L14	L15	L16	L17	L18	L19	L20	L21	L22	L23	L24	L25	L26
合计	/	30	6.3	0	47	50.26	2	1	0	0	0	0	1	0	0	0	0	89	89	0	0	0	0	0	0	0	0
盐城幼儿师范高等专科学校	1	1	0.2	0	0	0	0	0	0	0	0	0	0	0	0	0	0	3	3	0	0	0	0	0	0	0	0
苏州幼儿师范高等专科学校	2	0	0	0	0	0	1	0	0	0	0	0	1	0	0	0	0	0	0	0	0	0	0	0	0	0	0
无锡职业技术学院	3	1	0.1	0	0	8	0	0	0	0	0	0	0	0	0	0	0	5	5	0	0	0	0	0	0	0	0
江苏建筑职业技术学院	4	1	0.1	0	3	1	0	0	0	0	0	0	0	0	0	0	0	1	1	0	0	0	0	0	0	0	0
南京工业职业技术学院	5	0	0	0	0	0	0	0	0	0	0	0	0	0	0	0	0	0	0	0	0	0	0	0	0	0	0
江苏工程职业技术学院	6	0	0	0	0	0	0	0	0	0	0	0	0	0	0	0	0	1	1	0	0	0	0	0	0	0	0
苏州工艺美术职业技术学院	7	0	0	0	0	0	0	0	0	0	0	0	0	0	0	0	0	0	0	0	0	0	0	0	0	0	0
连云港职业技术学院	8	0	0	0	0	0	0	0	0	0	0	0	0	0	0	0	0	0	0	0	0	0	0	0	0	0	0
镇江市高等专科学校	9	2	0.7	0	6	6	0	0	0	0	0	0	0	0	0	0	0	0	0	0	0	0	0	0	0	0	0
南通职业大学	10	0	0	0	0	0	0	0	0	0	0	0	0	0	0	0	0	0	0	0	0	0	0	0	0	0	0
苏州职业大学	11	3	1.8	0	20	14	1	1	0	0	0	0	0	0	0	0	0	30	30	0	0	0	0	0	0	0	0
沙洲职业工学院	12	0	0	0	0	0	0	0	0	0	0	0	0	0	0	0	0	0	0	0	0	0	0	0	0	0	0
扬州市职业大学	13	0	0	0	0	0	0	0	0	0	0	0	0	0	0	0	0	0	0	0	0	0	0	0	0	0	0
连云港师范高等专科学校	14	10	1.1	0	8	0	0	0	0	0	0	0	0	0	0	0	0	4	4	0	0	0	0	0	0	0	0
江苏经贸职业技术学院	15	0	0	0	0	0	0	0	0	0	0	0	0	0	0	0	0	0	0	0	0	0	0	0	0	0	0

续表

高校名称	编号	总数					出版著作(部)							古籍整理(部)	译著(部)	发表译文(篇)	电子出版物(件)	发表论文(篇)				获奖成果数(项)				研究与咨询报告(篇)	
		课题数(项)	当年投入人数(人年)	其中:研究生(人年)	当年拨入经费(千元)	当年支出经费(千元)	合计	专著	其中:被译成外文	编著教材	工具书参考书	皮书/发展报告	科普读物					合计	国内学术刊物	国外学术刊物	港、澳、台地区刊物	合计	国家级奖	部级奖	省级奖	合计	其中:被采纳数
		L01	L02	L03	L04	L05	L06	L07	L08	L09	L10	L11	L12	L13	L14	L15	L16	L17	L18	L19	L20	L21	L22	L23	L24	L25	L26
泰州职业技术学院	16	1	0.2	0	0	2.8	0	0	0	0	0	0	0	0	0	0	0	2	2	0	0	0	0	0	0	0	0
常州信息职业技术学院	17	0	0	0	0	0	0	0	0	0	0	0	0	0	0	0	0	0	0	0	0	0	0	0	0	0	0
江苏海事职业技术学院	18	0	0	0	0	0	0	0	0	0	0	0	0	0	0	0	0	0	0	0	0	0	0	0	0	0	0
无锡科技职业学院	19	0	0	0	0	0	0	0	0	0	0	0	0	0	0	0	0	0	0	0	0	0	0	0	0	0	0
江苏医药职业学院	20	0	0	0	0	0	0	0	0	0	0	0	0	0	0	0	0	0	0	0	0	0	0	0	0	0	0
南通科技职业学院	21	1	0.4	0	0	1.1	0	0	0	0	0	0	0	0	0	0	0	1	1	0	0	0	0	0	0	0	0
苏州经贸职业技术学院	22	0	0	0	0	0	0	0	0	0	0	0	0	0	0	0	0	1	1	0	0	0	0	0	0	0	0
苏州工业职业技术学院	23	0	0	0	0	0	0	0	0	0	0	0	0	0	0	0	0	0	0	0	0	0	0	0	0	0	0
苏州卫生职业技术学院	24	0	0	0	0	0	0	0	0	0	0	0	0	0	0	0	0	2	2	0	0	0	0	0	0	0	0
无锡商业职业技术学院	25	0	0	0	0	0	0	0	0	0	0	0	0	0	0	0	0	2	2	0	0	0	0	0	0	0	0
南通航运职业技术学院	26	0	0	0	0	0	0	0	0	0	0	0	0	0	0	0	0	0	0	0	0	0	0	0	0	0	0
南京交通职业技术学院	27	1	0.1	0	0	1.7	0	0	0	0	0	0	0	0	0	0	0	2	2	0	0	0	0	0	0	0	0
淮安信息职业技术学院	28	0	0	0	0	0	0	0	0	0	0	0	0	0	0	0	0	0	0	0	0	0	0	0	0	0	0
江苏农牧科技职业学院	29	0	0	0	0	0	0	0	0	0	0	0	0	0	0	0	0	0	0	0	0	0	0	0	0	0	0
常州纺织服装职业技术学院	30	2	0.3	0	0	3.25	0	0	0	0	0	0	0	0	0	0	0	1	1	0	0	0	0	0	0	0	0
苏州农业职业技术学院	31	0	0	0	0	0	0	0	0	0	0	0	0	0	0	0	0	0	0	0	0	0	0	0	0	0	0

续表

南京科技职业学院	32	0	0	0	0	0	0	0	0	0	0	0	0	0	0	0	0	0	0	0	0	0	0	0	0	0	0
常州工业职业技术学院	33	0	0	0	0	0	0	0	0	0	0	0	0	0	0	0	0	0	0	0	0	0	0	0	0	0	0
常州工程职业技术学院	34	0	0	0	0	0	0	0	0	0	0	0	0	0	0	0	0	0	0	0	0	0	0	0	0	0	0
江苏农林职业技术学院	35	0	0	0	0	0	0	0	0	0	0	0	0	0	0	0	0	0	0	0	0	0	0	0	0	0	0
江苏食品药品职业技术学院	36	0	0	0	0	0	0	0	0	0	0	0	0	0	0	0	0	0	0	0	0	0	0	0	0	0	0
南京铁道职业技术学院	37	1	0.1	0	0	1	0	0	0	0	0	0	0	0	0	0	0	1	1	0	0	0	0	0	0	0	0
徐州工业职业技术学院	38	0	0	0	0	0	0	0	0	0	0	0	0	0	0	0	0	0	0	0	0	0	0	0	0	0	0
江苏信息职业技术学院	39	0	0	0	0	0	0	0	0	0	0	0	0	0	0	0	0	0	0	0	0	0	0	0	0	0	0
南京信息职业技术学院	40	0	0	0	0	0	0	0	0	0	0	0	0	0	0	0	0	3	3	0	0	0	0	0	0	0	0
常州机电职业技术学院	41	0	0	0	0	0	0	0	0	0	0	0	0	0	0	0	0	0	0	0	0	0	0	0	0	0	0
江阴职业技术学院	42	0	0	0	0	0	0	0	0	0	0	0	0	0	0	0	0	0	0	0	0	0	0	0	0	0	0
无锡城市职业技术学院	43	0	0	0	0	0	0	0	0	0	0	0	0	0	0	0	0	0	0	0	0	0	0	0	0	0	0
无锡工艺职业技术学院	44	0	0	0	0	0	0	0	0	0	0	0	0	0	0	0	0	0	0	0	0	0	0	0	0	0	0
苏州健雄职业技术学院	45	0	0	0	0	0	0	0	0	0	0	0	0	0	0	0	0	3	3	0	0	0	0	0	0	0	0
盐城工业职业技术学院	46	0	0	0	0	0	0	0	0	0	0	0	0	0	0	0	0	0	0	0	0	0	0	0	0	0	0
江苏财经职业技术学院	47	1	0.1	0	0	2.8	0	0	0	0	0	0	0	0	0	0	0	2	2	0	0	0	0	0	0	0	0
扬州工业职业技术学院	48	0	0	0	0	0	0	0	0	0	0	0	0	0	0	0	0	0	0	0	0	0	0	0	0	0	0
江苏城市职业学院	49	1	0.2	0	10	5.11	0	0	0	0	0	0	0	0	0	0	0	2	2	0	0	0	0	0	0	0	0
南京城市职业学院	50	0	0	0	0	0	0	0	0	0	0	0	0	0	0	0	0	0	0	0	0	0	0	0	0	0	0

续表

高校名称		总数					出版著作(部)							古籍整理(部)	译著(部)	发表译文(篇)	电子出版物(件)	发表论文(篇)				获奖成果数(项)				研究与咨询报告(篇)	
		课题数(项)	当年投入人数(人年)	其中：研究生(人年)	当年拨入经费(千元)	当年支出经费(千元)	合计	专著	其中：被译成外文	编著教材	工具书参考书	皮书/发展报告	科普读物					合计	国内学术刊物	国外学术刊物	港、澳、台地区刊物	合计	国家级奖	部级奖	省级奖	合计	其中：被采纳数
	编号	L01	L02	L03	L04	L05	L06	L07	L08	L09	L10	L11	L12	L13	L14	L15	L16	L17	L18	L19	L20	L21	L22	L23	L24	L25	L26
南京机电职业技术学院	51	0	0	0	0	0	0	0	0	0	0	0	0	0	0	0	0	0	0	0	0	0	0	0	0	0	0
南京旅游职业学院	52	2	0.4	0	0	3.5	0	0	0	0	0	0	0	0	0	0	0	2	2	0	0	0	0	0	0	0	0
江苏卫生健康职业学院	53	0	0	0	0	0	0	0	0	0	0	0	0	0	0	0	0	1	1	0	0	0	0	0	0	0	0
苏州信息职业技术学院	54	0	0	0	0	0	0	0	0	0	0	0	0	0	0	0	0	0	0	0	0	0	0	0	0	0	0
苏州工业园区服务外包职业学院	55	0	0	0	0	0	0	0	0	0	0	0	0	0	0	0	0	0	0	0	0	0	0	0	0	0	0
徐州幼儿师范高等专科学校	56	0	0	0	0	0	0	0	0	0	0	0	0	0	0	0	0	0	0	0	0	0	0	0	0	0	0
徐州生物工程职业技术学院	57	0	0	0	0	0	0	0	0	0	0	0	0	0	0	0	0	0	0	0	0	0	0	0	0	0	0
江苏商贸职业学院	58	0	0	0	0	0	0	0	0	0	0	0	0	0	0	0	0	6	6	0	0	0	0	0	0	0	0
南通师范高等专科学校	59	2	0.5	0	0	0	0	0	0	0	0	0	0	0	0	0	0	6	6	0	0	0	0	0	0	0	0
江苏护理职业学院	60	0	0	0	0	0	0	0	0	0	0	0	0	0	0	0	0	0	0	0	0	0	0	0	0	0	0
江苏财会职业学院	61	0	0	0	0	0	0	0	0	0	0	0	0	0	0	0	0	1	1	0	0	0	0	0	0	0	0
江苏城乡建设职业学院	62	0	0	0	0	0	0	0	0	0	0	0	0	0	0	0	0	0	0	0	0	0	0	0	0	0	0
江苏航空职业技术学院	63	0	0	0	0	0	0	0	0	0	0	0	0	0	0	0	0	0	0	0	0	0	0	0	0	0	0
江苏安全技术职业学院	64	0	0	0	0	0	0	0	0	0	0	0	0	0	0	0	0	7	7	0	0	0	0	0	0	0	0
江苏旅游职业学院	65	0	0	0	0	0	0	0	0	0	0	0	0	0	0	0	0	0	0	0	0	0	0	0	0	0	0

3.9 艺术学人文、社会科学研究与课题成果情况表

高校名称	编号	总数：课题数(项)	总数：当年投入人数(人年)	总数：其中：研究生(人年)	总数：当年拨入经费(千元)	总数：当年支出经费(千元)	出版著作(部)：合计	出版著作(部)：专著	出版著作(部)：其中：被译成外文	出版著作(部)：编著教材	出版著作(部)：工具书参考书	出版著作(部)：皮书/发展报告	出版著作(部)：科普读物	古籍整理(部)	译著(部)	发表译文(篇)	电子出版物(件)	发表论文(篇)：合计	发表论文(篇)：国内学术刊物	发表论文(篇)：国外学术刊物	发表论文(篇)：港、澳、台地区刊物	获奖成果数(项)：合计	获奖成果数(项)：国家级奖	获奖成果数(项)：部级奖	获奖成果数(项)：省级奖	研究与咨询报告(篇)：合计	研究与咨询报告(篇)：其中：被采纳数
		L01	L02	L03	L04	L05	L06	L07	L08	L09	L10	L11	L12	L13	L14	L15	L16	L17	L18	L19	L20	L21	L22	L23	L24	L25	L26
合计	/	637	131	0	6 591.72	5 912.22	41	15	0	26	0	0	0	0	3	0	0	816	809	7	0	0	0	0	0	140	87
盐城幼儿师范高等专科学校	1	7	0.8	0	7.5	7.5	0	0	0	0	0	0	0	0	1	0	0	16	16	0	0	0	0	0	0	0	0
苏州幼儿师范高等专科学校	2	3	0.3	0	0	0	1	0	0	1	0	0	0	0	0	0	0	5	5	0	0	0	0	0	0	0	0
无锡职业技术学院	3	13	1.8	0	72	50.8	0	0	0	0	0	0	0	0	0	0	0	19	19	0	0	0	0	0	0	0	0
江苏建筑职业技术学院	4	25	5.4	0	75	83	6	3	0	3	0	0	0	0	0	0	0	30	30	0	0	0	0	0	0	3	2
南京工业职业技术学院	5	18	6.7	0	447.75	405.9	0	0	0	0	0	0	0	0	0	0	0	9	9	0	0	0	0	0	0	0	0
江苏工程职业技术学院	6	9	1.2	0	13	9	0	0	0	0	0	0	0	0	0	0	0	20	20	0	0	0	0	0	0	0	0
苏州工艺美术职业技术学院	7	46	9.5	0	604	614	5	0	0	5	0	0	0	0	0	0	0	116	113	3	0	0	0	0	0	9	9
连云港职业技术学院	8	11	3	0	0	0	1	1	0	0	0	0	0	0	0	0	0	2	2	0	0	0	0	0	0	0	0
镇江市高等专科学校	9	6	2	0	2	8.2	0	0	0	0	0	0	0	0	0	0	0	12	12	0	0	0	0	0	0	0	0
南通职业大学	10	9	2	0	70	65	0	0	0	0	0	0	0	0	0	0	0	12	12	0	0	0	0	0	0	1	1
苏州职业大学	11	44	14	0	487.8	468.4	2	0	0	2	0	0	0	0	0	0	0	41	41	0	0	0	0	0	0	5	3
沙洲职业工学院	12	0	0	0	0	0	0	0	0	0	0	0	0	0	0	0	0	0	0	0	0	0	0	0	0	0	0
扬州市职业大学	13	36	7.6	0	116.5	116.5	0	0	0	0	0	0	0	0	0	0	0	22	22	0	0	0	0	0	0	24	12
连云港师范高等专科学校	14	22	2.3	0	4	0	2	0	0	2	0	0	0	0	0	0	0	18	18	0	0	0	0	0	0	0	0
江苏经贸职业技术学院	15	10	1.8	0	20	20	3	0	0	3	0	0	0	0	0	0	0	21	21	0	0	0	0	0	0	0	0

七、社科研究、课题与成果

续表

高校名称		总数					出版著作(部)							古籍整理(部)	译著(部)	发表译文(篇)	电子出版物(件)	发表论文(篇)				获奖成果数(项)				研究与咨询报告(篇)	
		课题数(项)	当年投入人数(人年)	其中:研究生(人年)	当年拨入经费(千元)	当年支出经费(千元)	合计	专著	其中:被译成外文	编著教材	工具书参考书	皮书/发展报告	科普读物					合计	国内学术刊物	国外学术刊物	港、澳、台地区刊物	合计	国家级奖	部级奖	省级奖	合计	其中:被采纳数
	编号	L01	L02	L03	L04	L05	L06	L07	L08	L09	L10	L11	L12	L13	L14	L15	L16	L17	L18	L19	L20	L21	L22	L23	L24	L25	L26
泰州职业技术学院	16	7	1.5	0	28	10.42	1	0	0	1	0	0	0	0	0	0	0	8	7	1	0	0	0	0	0	1	1
常州信息职业技术学院	17	11	4.3	0	203.4	190.4	0	0	0	0	0	0	0	0	0	0	0	19	19	0	0	0	0	0	0	0	0
江苏海事职业技术学院	18	6	2	0	240	239.62	0	0	0	0	0	0	0	0	0	0	0	5	4	1	0	0	0	0	0	3	3
无锡科技职业学院	19	2	0.7	0	5	5	0	0	0	0	0	0	0	0	0	0	0	0	0	0	0	0	0	0	0	0	0
江苏医药职业学院	20	0	0	0	0	0	0	0	0	0	0	0	0	0	0	0	0	3	3	0	0	0	0	0	0	0	0
南通科技职业学院	21	2	0.3	0	10	6.5	0	0	0	0	0	0	0	0	0	0	0	1	1	0	0	0	0	0	0	0	0
苏州经贸职业技术学院	22	8	1.8	0	30	29.2	1	1	0	0	0	0	0	0	0	0	0	47	47	0	0	0	0	0	0	2	1
苏州工业职业技术学院	23	1	0.1	0	55	57.5	0	0	0	0	0	0	0	0	0	0	0	5	5	0	0	0	0	0	0	2	2
苏州卫生职业技术学院	24	0	0	0	0	0	0	0	0	0	0	0	0	0	0	0	0	0	0	0	0	0	0	0	0	0	0
无锡商业职业技术学院	25	15	2.5	0	53.65	39.5	0	0	0	0	0	0	0	0	0	0	0	25	24	1	0	0	0	0	0	1	1
南通航运职业技术学院	26	1	0.2	0	0	2	0	0	0	0	0	0	0	0	0	0	0	10	10	0	0	0	0	0	0	0	0
南京交通职业技术学院	27	10	1	0	5	9.97	0	0	0	0	0	0	0	0	1	0	0	6	6	0	0	0	0	0	0	0	0
淮安信息职业技术学院	28	0	0	0	0	0	0	0	0	0	0	0	0	0	0	0	0	4	4	0	0	0	0	0	0	0	0
江苏农牧科技职业学院	29	1	0.1	0	0	7	0	0	0	0	0	0	0	0	0	0	0	3	3	0	0	0	0	0	0	0	0
常州纺织服装职业技术学院	30	15	2.3	0	47	67.4	2	2	0	0	0	0	0	0	1	0	0	51	51	0	0	0	0	0	0	0	0
苏州农业职业技术学院	31	0	0	0	0	0	0	0	0	0	0	0	0	0	0	0	0	0	0	0	0	0	0	0	0	0	0

续表

南京科技职业学院	32	2	0.2	0	10	6	0	0	0	0	0	0	0	0	0	0	0	1	1	0	0	0	0	0	0	1	1
常州工业职业技术学院	33	25	5.1	0	620	172	1	0	0	1	0	0	0	0	0	0	0	1	1	0	0	0	0	0	0	17	17
常州工程职业技术学院	34	1	0.1	0	100	100	0	0	0	0	0	0	0	0	0	0	0	0	0	0	0	0	0	0	0	0	0
江苏农林职业技术学院	35	0	0	0	0	0	0	0	0	0	0	0	0	0	0	0	0	6	6	0	0	0	0	0	0	0	0
江苏食品药品职业技术学院	36	0	0	0	0	0	0	0	0	0	0	0	0	0	0	0	0	0	0	0	0	0	0	0	0	0	0
南京铁道职业技术学院	37	10	1.2	0	30	8	1	1	0	0	0	0	0	0	0	0	0	12	11	1	0	0	0	0	0	1	1
徐州工业职业技术学院	38	0	0	0	0	0	0	0	0	0	0	0	0	0	0	0	0	0	0	0	0	0	0	0	0	0	0
江苏信息职业技术学院	39	12	2	0	234.02	250.79	2	1	0	1	0	0	0	0	0	0	0	14	14	0	0	0	0	0	0	0	0
南京信息职业技术学院	40	10	1.1	0	51.5	32.3	1	0	0	1	0	0	0	0	0	0	0	13	13	0	0	0	0	0	0	0	0
常州机电职业技术学院	41	8	1.1	0	1	9.94	0	0	0	0	0	0	0	0	0	0	0	0	0	0	0	0	0	0	0	4	0
江阴职业技术学院	42	2	0.2	0	10	7	0	0	0	0	0	0	0	0	0	0	0	30	30	0	0	0	0	0	0	0	0
无锡城市职业技术学院	43	6	2	0	10	4.3	0	0	0	0	0	0	0	0	0	0	0	11	11	0	0	0	0	0	0	0	0
无锡工艺职业技术学院	44	62	10.4	0	1 505	1 519.5	8	4	0	4	0	0	0	0	0	0	0	69	69	0	0	0	0	0	0	40	18
苏州健雄职业技术学院	45	9	1.9	0	19	28	0	0	0	0	0	0	0	0	0	0	0	17	17	0	0	0	0	0	0	5	3
盐城工业职业技术学院	46	57	6.4	0	595	432	1	1	0	0	0	0	0	0	0	0	0	18	18	0	0	0	0	0	0	15	6
江苏财经职业技术学院	47	0	0	0	0	0	0	0	0	0	0	0	0	0	0	0	0	7	7	0	0	0	0	0	0	0	0
扬州工业职业技术学院	48	4	0.4	0	42	25.8	0	0	0	0	0	0	0	0	0	0	0	7	7	0	0	0	0	0	0	0	0
江苏城市职业学院	49	37	13.2	0	350.6	414.63	1	1	0	0	0	0	0	0	0	0	0	33	33	0	0	0	0	0	0	0	0
南京城市职业学院	50	4	0.3	0	0	6.4	0	0	0	0	0	0	0	0	0	0	0	1	1	0	0	0	0	0	0	0	0

续表

高校名称		总数					出版著作(部)							古籍整理(部)	译著(部)	发表译文(篇)	电子出版物(件)	发表论文(篇)				获奖成果数(项)				研究与咨询报告(篇)	
		课题数(项)	当年投入人数(人年)	其中：研究生(人年)	当年拨入经费(千元)	当年支出经费(千元)	合计	专著	其中：被译成外文	编著教材	工具书参考书	皮书/发展报告	科普读物					合计	国内学术刊物	国外学术刊物	港、澳、台地区刊物	合计	国家级奖	部级奖	省级奖	合计	其中：被采纳数
	编号	L01	L02	L03	L04	L05	L06	L07	L08	L09	L10	L11	L12	L13	L14	L15	L16	L17	L18	L19	L20	L21	L22	L23	L24	L25	L26
南京机电职业技术学院	51	2	0.2	0	10	10.6	0	0	0	0	0	0	0	0	0	0	0	1	1	0	0	0	0	0	0	0	0
南京旅游职业学院	52	2	1	0	84	6	0	0	0	0	0	0	0	0	0	0	0	5	5	0	0	0	0	0	0	0	0
江苏卫生健康职业学院	53	0	0	0	0	0	0	0	0	0	0	0	0	0	0	0	0	0	0	0	0	0	0	0	0	0	0
苏州信息职业技术学院	54	0	0	0	0	0	0	0	0	0	0	0	0	0	0	0	0	0	0	0	0	0	0	0	0	0	0
苏州工业园区服务外包职业学院	55	19	3.5	0	262.8	287.7	0	0	0	0	0	0	0	0	0	0	0	10	10	0	0	0	0	0	0	6	6
徐州幼儿师范高等专科学校	56	6	1.1	0	10	15	0	0	0	0	0	0	0	0	0	0	0	0	0	0	0	0	0	0	0	0	0
徐州生物工程职业技术学院	57	0	0	0	0	0	0	0	0	0	0	0	0	0	0	0	0	1	1	0	0	0	0	0	0	0	0
江苏商贸职业学院	58	3	0.9	0	1.2	13.45	0	0	0	0	0	0	0	0	0	0	0	1	1	0	0	0	0	0	0	0	0
南通师范高等专科学校	59	8	2.2	0	5	5	2	0	0	2	0	0	0	0	0	0	0	21	21	0	0	0	0	0	0	0	0
江苏护理职业学院	60	0	0	0	0	0	0	0	0	0	0	0	0	0	0	0	0	0	0	0	0	0	0	0	0	0	0
江苏财会职业学院	61	0	0	0	0	0	0	0	0	0	0	0	0	0	0	0	0	0	0	0	0	0	0	0	0	0	0
江苏城乡建设职业学院	62	0	0	0	0	0	0	0	0	0	0	0	0	0	0	0	0	7	7	0	0	0	0	0	0	0	0
江苏航空职业技术学院	63	1	0.3	0	4	0	0	0	0	0	0	0	0	0	0	0	0	0	0	0	0	0	0	0	0	0	0
江苏安全技术职业学院	64	0	0	0	0	0	0	0	0	0	0	0	0	0	0	0	0	0	0	0	0	0	0	0	0	0	0
江苏旅游职业学院	65	9	1	0	40	45	0	0	0	0	0	0	0	0	0	0	0	0	0	0	0	0	0	0	0	0	0

3.10 历史学人文、社会科学研究与课题成果情况表

高校名称	编号	总数：课题数（项）	总数：当年投入人数（人年）	总数：其中：研究生（人年）	总数：当年拨入经费（千元）	总数：当年支出经费（千元）	出版著作（部）：合计	出版著作（部）：专著	出版著作（部）：其中：被译成外文	出版著作（部）：编著教材	出版著作（部）：工具书参考书	出版著作（部）：皮书/发展报告	出版著作（部）：科普读物	古籍整理（部）	译著（部）	发表译文（篇）	电子出版物（件）	发表论文（篇）：合计	发表论文（篇）：国内学术刊物	发表论文（篇）：国外学术刊物	发表论文（篇）：港、澳、台地区刊物	获奖成果数（项）：合计	获奖成果数（项）：国家级奖	获奖成果数（项）：部级奖	获奖成果数（项）：省级奖	研究与咨询报告（篇）：合计	研究与咨询报告（篇）：其中：被采纳数
	编号	L01	L02	L03	L04	L05	L06	L07	L08	L09	L10	L11	L12	L13	L14	L15	L16	L17	L18	L19	L20	L21	L22	L23	L24	L25	L26
合计	/	42	7.7	0	386.6	376.81	8	5	0	3	0	0	0	1	0	0	0	34	34	0	0	0	0	0	0	3	0
盐城幼儿师范高等专科学校	1	0	0	0	0	0	0	0	0	0	0	0	0	0	0	0	0	0	0	0	0	0	0	0	0	0	0
苏州幼儿师范高等专科学校	2	2	0.2	0	0	6.1	0	0	0	0	0	0	0	0	0	0	0	5	5	0	0	0	0	0	0	0	0
无锡职业技术学院	3	6	1.2	0	69.5	31.2	0	0	0	0	0	0	0	0	0	0	0	3	3	0	0	0	0	0	0	0	0
江苏建筑职业技术学院	4	3	0.7	0	0	0	1	0	0	1	0	0	0	0	0	0	0	0	0	0	0	0	0	0	0	0	0
南京工业职业技术学院	5	0	0	0	0	0	0	0	0	0	0	0	0	0	0	0	0	0	0	0	0	0	0	0	0	0	0
江苏工程职业技术学院	6	0	0	0	0	0	0	0	0	0	0	0	0	0	0	0	0	0	0	0	0	0	0	0	0	0	0
苏州工艺美术职业技术学院	7	0	0	0	0	0	0	0	0	0	0	0	0	0	0	0	0	0	0	0	0	0	0	0	0	0	0
连云港职业技术学院	8	4	0.8	0	0	0	0	0	0	0	0	0	0	0	0	0	0	2	2	0	0	0	0	0	0	0	0
镇江市高等专科学校	9	0	0	0	0	0	0	0	0	0	0	0	0	0	0	0	0	0	0	0	0	0	0	0	0	0	0
南通职业大学	10	0	0	0	0	0	0	0	0	0	0	0	0	0	0	0	0	0	0	0	0	0	0	0	0	0	0
苏州职业大学	11	3	0.5	0	75	75.3	0	0	0	0	0	0	0	0	0	0	0	0	0	0	0	0	0	0	0	0	0
沙洲职业工学院	12	0	0	0	0	0	0	0	0	0	0	0	0	0	0	0	0	0	0	0	0	0	0	0	0	0	0
扬州市职业大学	13	4	1.1	0	60	26.96	1	1	0	0	0	0	0	1	0	0	0	2	2	0	0	0	0	0	0	2	0
连云港师范高等专科学校	14	0	0	0	0	0	0	0	0	0	0	0	0	0	0	0	0	2	2	0	0	0	0	0	0	0	0
江苏经贸职业技术学院	15	0	0	0	0	0	0	0	0	0	0	0	0	0	0	0	0	1	1	0	0	0	0	0	0	0	0

续表

高校名称	编号	总数					出版著作(部)							古籍整理(部)	译著(部)	发表译文(篇)	电子出版物(件)	发表论文(篇)				获奖成果数(项)				研究与咨询报告(篇)	
		课题数(项)	当年投入人数(人年)	其中:研究生(人年)	当年拨入经费(千元)	当年支出经费(千元)	合计	专著	其中:被译成外文	编著教材	工具书参考书	皮书/发展报告	科普读物					合计	国内学术刊物	国外学术刊物	港、澳、台地区刊物	合计	国家级奖	部级奖	省级奖	合计	其中:被采纳数
		L01	L02	L03	L04	L05	L06	L07	L08	L09	L10	L11	L12	L13	L14	L15	L16	L17	L18	L19	L20	L21	L22	L23	L24	L25	L26
泰州职业技术学院	16	0	0	0	0	0	0	0	0	0	0	0	0	0	0	0	0	0	0	0	0	0	0	0	0	0	0
常州信息职业技术学院	17	0	0	0	0	0	0	0	0	0	0	0	0	0	0	0	0	1	1	0	0	0	0	0	0	0	0
江苏海事职业技术学院	18	0	0	0	0	0	0	0	0	0	0	0	0	0	0	0	0	0	0	0	0	0	0	0	0	0	0
无锡科技职业学院	19	1	0.1	0	0	0	0	0	0	0	0	0	0	0	0	0	0	0	0	0	0	0	0	0	0	0	0
江苏医药职业学院	20	0	0	0	0	0	0	0	0	0	0	0	0	0	0	0	0	0	0	0	0	0	0	0	0	0	0
南通科技职业学院	21	1	0.2	0	10	3.4	0	0	0	0	0	0	0	0	0	0	0	0	0	0	0	0	0	0	0	0	0
苏州经贸职业技术学院	22	0	0	0	0	0	0	0	0	0	0	0	0	0	0	0	0	0	0	0	0	0	0	0	0	0	0
苏州工业职业技术学院	23	0	0	0	0	0	0	0	0	0	0	0	0	0	0	0	0	0	0	0	0	0	0	0	0	0	0
苏州卫生职业技术学院	24	1	0.1	0	20	2	0	0	0	0	0	0	0	0	0	0	0	0	0	0	0	0	0	0	0	0	0
无锡商业职业技术学院	25	0	0	0	0	0	0	0	0	0	0	0	0	0	0	0	0	1	1	0	0	0	0	0	0	0	0
南通航运职业技术学院	26	0	0	0	0	0	0	0	0	0	0	0	0	0	0	0	0	0	0	0	0	0	0	0	0	0	0
南京交通职业技术学院	27	0	0	0	0	0	0	0	0	0	0	0	0	0	0	0	0	0	0	0	0	0	0	0	0	0	0
淮安信息职业技术学院	28	0	0	0	0	0	0	0	0	0	0	0	0	0	0	0	0	1	1	0	0	0	0	0	0	0	0
江苏农牧科技职业学院	29	0	0	0	0	0	0	0	0	0	0	0	0	0	0	0	0	0	0	0	0	0	0	0	0	0	0
常州纺织服装职业技术学院	30	1	0.2	0	0	0	0	0	0	0	0	0	0	0	0	0	0	0	0	0	0	0	0	0	0	0	0
苏州农业职业技术学院	31	0	0	0	0	0	0	0	0	0	0	0	0	0	0	0	0	0	0	0	0	0	0	0	0	0	0

七、社科研究、课题与成果

续表

南京科技职业学院	32	0	0	0	0	0	0	0	0	0	0	0	0	0	0	0	0	0	0	0	0	0	0	0	0	0	0
常州工业职业技术学院	33	0	0	0	0	0	0	0	0	0	0	0	0	0	0	0	0	0	0	0	0	0	0	0	0	0	0
常州工程职业技术学院	34	0	0	0	0	0	0	0	0	0	0	0	0	0	0	0	0	0	0	0	0	0	0	0	0	0	0
江苏农林职业技术学院	35	0	0	0	0	0	0	0	0	0	0	0	0	0	0	0	0	0	0	0	0	0	0	0	0	0	0
江苏食品药品职业技术学院	36	0	0	0	0	0	0	0	0	0	0	0	0	0	0	0	0	0	0	0	0	0	0	0	0	0	0
南京铁道职业技术学院	37	1	0.1	0	0	0	0	0	0	0	0	0	0	0	0	0	0	0	0	0	0	0	0	0	0	0	0
徐州工业职业技术学院	38	0	0	0	0	0	0	0	0	0	0	0	0	0	0	0	0	0	0	0	0	0	0	0	0	0	0
江苏信息职业技术学院	39	0	0	0	0	0	0	0	0	0	0	0	0	0	0	0	0	0	0	0	0	0	0	0	0	0	0
南京信息职业技术学院	40	0	0	0	0	0	0	0	0	0	0	0	0	0	0	0	0	0	0	0	0	0	0	0	0	0	0
常州机电职业技术学院	41	0	0	0	0	0	0	0	0	0	0	0	0	0	0	0	0	0	0	0	0	0	0	0	0	0	0
江阴职业技术学院	42	0	0	0	0	0	0	0	0	0	0	0	0	0	0	0	0	0	0	0	0	0	0	0	0	0	0
无锡城市职业技术学院	43	0	0	0	0	0	4	3	0	1	0	0	0	0	0	0	0	0	0	0	0	0	0	0	0	0	0
无锡工艺职业技术学院	44	0	0	0	0	0	0	0	0	0	0	0	0	0	0	0	0	0	0	0	0	0	0	0	0	0	0
苏州健雄职业技术学院	45	0	0	0	0	0	0	0	0	0	0	0	0	0	0	0	0	0	0	0	0	0	0	0	0	0	0
盐城工业职业技术学院	46	0	0	0	0	0	0	0	0	0	0	0	0	0	0	0	0	0	0	0	0	0	0	0	0	0	0
江苏财经职业技术学院	47	0	0	0	0	0	0	0	0	0	0	0	0	0	0	0	0	0	0	0	0	0	0	0	0	0	0
扬州工业职业技术学院	48	3	0.3	0	20	16.6	0	0	0	0	0	0	0	0	0	0	0	1	1	0	0	0	0	0	0	0	0
江苏城市职业学院	49	2	0.5	0	0	3.15	0	0	0	0	0	0	0	0	0	0	0	2	2	0	0	0	0	0	0	0	0
南京城市职业学院	50	0	0	0	0	0	0	0	0	0	0	0	0	0	0	0	0	0	0	0	0	0	0	0	0	0	0

续表

高校名称	编号	总数：课题数（项）	总数：当年投入人数（人年）	总数：其中：研究生（人年）	总数：当年拨入经费（千元）	总数：当年支出经费（千元）	出版著作（部）：合计	出版著作（部）：专著	出版著作（部）：其中：被译成外文	出版著作（部）：编著教材	出版著作（部）：工具书参考书	出版著作（部）：皮书/发展报告	出版著作（部）：科普读物	古籍整理（部）	译著（部）	发表译文（篇）	电子出版物（件）	发表论文（篇）：合计	发表论文（篇）：国内学术刊物	发表论文（篇）：国外学术刊物	发表论文（篇）：港、澳、台地区刊物	获奖成果数（项）：合计	获奖成果数（项）：国家级奖	获奖成果数（项）：部级奖	获奖成果数（项）：省级奖	研究与咨询报告（篇）：合计	研究与咨询报告（篇）：其中：被采纳数
		L01	L02	L03	L04	L05	L06	L07	L08	L09	L10	L11	L12	L13	L14	L15	L16	L17	L18	L19	L20	L21	L22	L23	L24	L25	L26
南京机电职业技术学院	51	0	0	0	0	0	0	0	0	0	0	0	0	0	0	0	0	0	0	0	0	0	0	0	0	0	0
南京旅游职业学院	52	3	0.7	0	20	100	1	0	0	1	0	0	0	0	0	0	0	5	5	0	0	0	0	0	0	0	0
江苏卫生健康职业学院	53	0	0	0	0	0	0	0	0	0	0	0	0	0	0	0	0	0	0	0	0	0	0	0	0	0	0
苏州信息职业技术学院	54	0	0	0	0	0	0	0	0	0	0	0	0	0	0	0	0	0	0	0	0	0	0	0	0	0	0
苏州工业园区服务外包职业学院	55	1	0.2	0	100	100	0	0	0	0	0	0	0	0	0	0	0	0	0	0	0	0	0	0	0	0	0
徐州幼儿师范高等专科学校	56	1	0.1	0	0	0	0	0	0	0	0	0	0	0	0	0	0	0	0	0	0	0	0	0	0	0	0
徐州生物工程职业技术学院	57	0	0	0	0	0	0	0	0	0	0	0	0	0	0	0	0	0	0	0	0	0	0	0	0	0	0
江苏商贸职业学院	58	0	0	0	0	0	0	0	0	0	0	0	0	0	0	0	0	1	1	0	0	0	0	0	0	0	0
南通师范高等专科学校	59	0	0	0	0	0	0	0	0	0	0	0	0	0	0	0	0	2	2	0	0	0	0	0	0	0	0
江苏护理职业学院	60	3	0.3	0	11.1	11.1	0	0	0	0	0	0	0	0	0	0	0	0	0	0	0	0	0	0	0	0	0
江苏财会职业学院	61	0	0	0	0	0	0	0	0	0	0	0	0	0	0	0	0	0	0	0	0	0	0	0	0	0	0
江苏城乡建设职业学院	62	2	0.4	0	1	1	1	1	0	0	0	0	0	0	0	0	0	5	5	0	0	0	0	0	0	1	0
江苏航空职业技术学院	63	0	0	0	0	0	0	0	0	0	0	0	0	0	0	0	0	0	0	0	0	0	0	0	0	0	0
江苏安全技术职业学院	64	0	0	0	0	0	0	0	0	0	0	0	0	0	0	0	0	0	0	0	0	0	0	0	0	0	0
江苏旅游职业学院	65	0	0	0	0	0	0	0	0	0	0	0	0	0	0	0	0	0	0	0	0	0	0	0	0	0	0

3.11 考古学人文、社会科学研究与课题成果情况表

高校名称	编号	总数：课题数(项)	总数：当年投入人数(人年)	总数：其中：研究生(人年)	总数：当年拨入经费(千元)	总数：当年支出经费(千元)	出版著作(部)：合计	出版著作(部)：专著	出版著作(部)：其中：被译成外文	出版著作(部)：编著教材	出版著作(部)：工具书参考书	出版著作(部)：皮书/发展报告	出版著作(部)：科普读物	古籍整理(部)	译著(部)	发表译文(篇)	电子出版物(件)	发表论文(篇)：合计	发表论文(篇)：国内学术刊物	发表论文(篇)：国外学术刊物	发表论文(篇)：港、澳、台地区刊物	获奖成果数(项)：合计	获奖成果数(项)：国家级奖	获奖成果数(项)：部级奖	获奖成果数(项)：省级奖	研究与咨询报告(篇)：合计	研究与咨询报告(篇)：其中：被采纳数
		L01	L02	L03	L04	L05	L06	L07	L08	L09	L10	L11	L12	L13	L14	L15	L16	L17	L18	L19	L20	L21	L22	L23	L24	L25	L26
合计	/	2	0.2	0	3	3	0	0	0	0	0	0	0	0	0	0	0	1	1	0	0	0	0	0	0	0	0
盐城幼儿师范高等专科学校	1	0	0	0	0	0	0	0	0	0	0	0	0	0	0	0	0	0	0	0	0	0	0	0	0	0	0
苏州幼儿师范高等专科学校	2	0	0	0	0	0	0	0	0	0	0	0	0	0	0	0	0	0	0	0	0	0	0	0	0	0	0
无锡职业技术学院	3	0	0	0	0	0	0	0	0	0	0	0	0	0	0	0	0	0	0	0	0	0	0	0	0	0	0
江苏建筑职业技术学院	4	0	0	0	0	0	0	0	0	0	0	0	0	0	0	0	0	0	0	0	0	0	0	0	0	0	0
南京工业职业技术学院	5	0	0	0	0	0	0	0	0	0	0	0	0	0	0	0	0	0	0	0	0	0	0	0	0	0	0
江苏工程职业技术学院	6	0	0	0	0	0	0	0	0	0	0	0	0	0	0	0	0	0	0	0	0	0	0	0	0	0	0
苏州工艺美术职业技术学院	7	0	0	0	0	0	0	0	0	0	0	0	0	0	0	0	0	0	0	0	0	0	0	0	0	0	0
连云港职业技术学院	8	0	0	0	0	0	0	0	0	0	0	0	0	0	0	0	0	0	0	0	0	0	0	0	0	0	0
镇江市高等专科学校	9	0	0	0	0	0	0	0	0	0	0	0	0	0	0	0	0	0	0	0	0	0	0	0	0	0	0
南通职业大学	10	1	0.1	0	3	0	0	0	0	0	0	0	0	0	0	0	0	0	0	0	0	0	0	0	0	0	0
苏州职业大学	11	0	0	0	0	0	0	0	0	0	0	0	0	0	0	0	0	0	0	0	0	0	0	0	0	0	0
沙洲职业工学院	12	0	0	0	0	0	0	0	0	0	0	0	0	0	0	0	0	0	0	0	0	0	0	0	0	0	0
扬州市职业大学	13	0	0	0	0	0	0	0	0	0	0	0	0	0	0	0	0	0	0	0	0	0	0	0	0	0	0
连云港师范高等专科学校	14	0	0	0	0	0	0	0	0	0	0	0	0	0	0	0	0	0	0	0	0	0	0	0	0	0	0
江苏经贸职业技术学院	15	0	0	0	0	0	0	0	0	0	0	0	0	0	0	0	0	0	0	0	0	0	0	0	0	0	0

续表

高校名称		总数					出版著作(部)							古籍整理(部)	译著(部)	发表译文(篇)	电子出版物(件)	发表论文(篇)				获奖成果数(项)				研究与咨询报告(篇)	
		课题数(项)	当年投入人数(人年)	其中:研究生(人年)	当年拨入经费(千元)	当年支出经费(千元)	合计	专著	其中:被译成外文	编著教材	工具书参考书	皮书/发展报告	科普读物					合计	国内学术刊物	国外学术刊物	港、澳、台地区刊物	合计	国家级奖	部级奖	省级奖	合计	其中:被采纳数
	编号	L01	L02	L03	L04	L05	L06	L07	L08	L09	L10	L11	L12	L13	L14	L15	L16	L17	L18	L19	L20	L21	L22	L23	L24	L25	L26
泰州职业技术学院	16	0	0	0	0	0	0	0	0	0	0	0	0	0	0	0	0	0	0	0	0	0	0	0	0	0	0
常州信息职业技术学院	17	0	0	0	0	0	0	0	0	0	0	0	0	0	0	0	0	0	0	0	0	0	0	0	0	0	0
江苏海事职业技术学院	18	0	0	0	0	0	0	0	0	0	0	0	0	0	0	0	0	0	0	0	0	0	0	0	0	0	0
无锡科技职业学院	19	0	0	0	0	0	0	0	0	0	0	0	0	0	0	0	0	1	1	0	0	0	0	0	0	0	0
江苏医药职业学院	20	0	0	0	0	0	0	0	0	0	0	0	0	0	0	0	0	0	0	0	0	0	0	0	0	0	0
南通科技职业学院	21	0	0	0	0	0	0	0	0	0	0	0	0	0	0	0	0	0	0	0	0	0	0	0	0	0	0
苏州经贸职业技术学院	22	0	0	0	0	0	0	0	0	0	0	0	0	0	0	0	0	0	0	0	0	0	0	0	0	0	0
苏州工业职业技术学院	23	0	0	0	0	0	0	0	0	0	0	0	0	0	0	0	0	0	0	0	0	0	0	0	0	0	0
苏州卫生职业技术学院	24	0	0	0	0	0	0	0	0	0	0	0	0	0	0	0	0	0	0	0	0	0	0	0	0	0	0
无锡商业职业技术学院	25	0	0	0	0	0	0	0	0	0	0	0	0	0	0	0	0	0	0	0	0	0	0	0	0	0	0
南通航运职业技术学院	26	1	0.1	0	0	3	0	0	0	0	0	0	0	0	0	0	0	0	0	0	0	0	0	0	0	0	0
南京交通职业技术学院	27	0	0	0	0	0	0	0	0	0	0	0	0	0	0	0	0	0	0	0	0	0	0	0	0	0	0
淮安信息职业技术学院	28	0	0	0	0	0	0	0	0	0	0	0	0	0	0	0	0	0	0	0	0	0	0	0	0	0	0
江苏农牧科技职业学院	29	0	0	0	0	0	0	0	0	0	0	0	0	0	0	0	0	0	0	0	0	0	0	0	0	0	0
常州纺织服装职业技术学院	30	0	0	0	0	0	0	0	0	0	0	0	0	0	0	0	0	0	0	0	0	0	0	0	0	0	0
苏州农业职业技术学院	31	0	0	0	0	0	0	0	0	0	0	0	0	0	0	0	0	0	0	0	0	0	0	0	0	0	0

续表

南京科技职业学院	32	0	0	0	0	0	0	0	0	0	0	0	0	0	0	0	0	0	0	0	0	0	0	0	0	0	0
常州工业职业技术学院	33	0	0	0	0	0	0	0	0	0	0	0	0	0	0	0	0	0	0	0	0	0	0	0	0	0	0
常州工程职业技术学院	34	0	0	0	0	0	0	0	0	0	0	0	0	0	0	0	0	0	0	0	0	0	0	0	0	0	0
江苏农林职业技术学院	35	0	0	0	0	0	0	0	0	0	0	0	0	0	0	0	0	0	0	0	0	0	0	0	0	0	0
江苏食品药品职业技术学院	36	0	0	0	0	0	0	0	0	0	0	0	0	0	0	0	0	0	0	0	0	0	0	0	0	0	0
南京铁道职业技术学院	37	0	0	0	0	0	0	0	0	0	0	0	0	0	0	0	0	0	0	0	0	0	0	0	0	0	0
徐州工业职业技术学院	38	0	0	0	0	0	0	0	0	0	0	0	0	0	0	0	0	0	0	0	0	0	0	0	0	0	0
江苏信息职业技术学院	39	0	0	0	0	0	0	0	0	0	0	0	0	0	0	0	0	0	0	0	0	0	0	0	0	0	0
南京信息职业技术学院	40	0	0	0	0	0	0	0	0	0	0	0	0	0	0	0	0	0	0	0	0	0	0	0	0	0	0
常州机电职业技术学院	41	0	0	0	0	0	0	0	0	0	0	0	0	0	0	0	0	0	0	0	0	0	0	0	0	0	0
江阴职业技术学院	42	0	0	0	0	0	0	0	0	0	0	0	0	0	0	0	0	0	0	0	0	0	0	0	0	0	0
无锡城市职业技术学院	43	0	0	0	0	0	0	0	0	0	0	0	0	0	0	0	0	0	0	0	0	0	0	0	0	0	0
无锡工艺职业技术学院	44	0	0	0	0	0	0	0	0	0	0	0	0	0	0	0	0	0	0	0	0	0	0	0	0	0	0
苏州健雄职业技术学院	45	0	0	0	0	0	0	0	0	0	0	0	0	0	0	0	0	0	0	0	0	0	0	0	0	0	0
盐城工业职业技术学院	46	0	0	0	0	0	0	0	0	0	0	0	0	0	0	0	0	0	0	0	0	0	0	0	0	0	0
江苏财经职业技术学院	47	0	0	0	0	0	0	0	0	0	0	0	0	0	0	0	0	0	0	0	0	0	0	0	0	0	0
扬州工业职业技术学院	48	0	0	0	0	0	0	0	0	0	0	0	0	0	0	0	0	0	0	0	0	0	0	0	0	0	0
江苏城市职业学院	49	0	0	0	0	0	0	0	0	0	0	0	0	0	0	0	0	0	0	0	0	0	0	0	0	0	0
南京城市职业学院	50	0	0	0	0	0	0	0	0	0	0	0	0	0	0	0	0	0	0	0	0	0	0	0	0	0	0

续表

高校名称		总数					出版著作(部)							古籍整理(部)	译著(部)	发表译文(篇)	电子出版物(件)	发表论文(篇)				获奖成果数(项)				研究与咨询报告(篇)	
		课题数(项)	当年投入人数(人年)	其中：研究生(人年)	当年拨入经费(千元)	当年支出经费(千元)	合计	专著	其中：被译成外文	编著教材	工具书参考书	皮书/发展报告	科普读物					合计	国内学术刊物	国外学术刊物	港澳、台地区刊物	合计	国家级奖	部级奖	省级奖	合计	其中：被采纳数
	编号	L01	L02	L03	L04	L05	L06	L07	L08	L09	L10	L11	L12	L13	L14	L15	L16	L17	L18	L19	L20	L21	L22	L23	L24	L25	L26
南京机电职业技术学院	51	0	0	0	0	0	0	0	0	0	0	0	0	0	0	0	0	0	0	0	0	0	0	0	0	0	0
南京旅游职业学院	52	0	0	0	0	0	0	0	0	0	0	0	0	0	0	0	0	0	0	0	0	0	0	0	0	0	0
江苏卫生健康职业学院	53	0	0	0	0	0	0	0	0	0	0	0	0	0	0	0	0	0	0	0	0	0	0	0	0	0	0
苏州信息职业技术学院	54	0	0	0	0	0	0	0	0	0	0	0	0	0	0	0	0	0	0	0	0	0	0	0	0	0	0
苏州工业园区服务外包职业学院	55	0	0	0	0	0	0	0	0	0	0	0	0	0	0	0	0	0	0	0	0	0	0	0	0	0	0
徐州幼儿师范高等专科学校	56	0	0	0	0	0	0	0	0	0	0	0	0	0	0	0	0	0	0	0	0	0	0	0	0	0	0
徐州生物工程职业技术学院	57	0	0	0	0	0	0	0	0	0	0	0	0	0	0	0	0	0	0	0	0	0	0	0	0	0	0
江苏商贸职业学院	58	0	0	0	0	0	0	0	0	0	0	0	0	0	0	0	0	0	0	0	0	0	0	0	0	0	0
南通师范高等专科学校	59	0	0	0	0	0	0	0	0	0	0	0	0	0	0	0	0	0	0	0	0	0	0	0	0	0	0
江苏护理职业学院	60	0	0	0	0	0	0	0	0	0	0	0	0	0	0	0	0	0	0	0	0	0	0	0	0	0	0
江苏财会职业学院	61	0	0	0	0	0	0	0	0	0	0	0	0	0	0	0	0	0	0	0	0	0	0	0	0	0	0
江苏城乡建设职业学院	62	0	0	0	0	0	0	0	0	0	0	0	0	0	0	0	0	0	0	0	0	0	0	0	0	0	0
江苏航空职业技术学院	63	0	0	0	0	0	0	0	0	0	0	0	0	0	0	0	0	0	0	0	0	0	0	0	0	0	0
江苏安全技术职业学院	64	0	0	0	0	0	0	0	0	0	0	0	0	0	0	0	0	0	0	0	0	0	0	0	0	0	0
江苏旅游职业学院	65	0	0	0	0	0	0	0	0	0	0	0	0	0	0	0	0	0	0	0	0	0	0	0	0	0	0

3.12 经济学人文、社会科学研究与课题成果情况表

高校名称		总数					出版著作(部)							古籍整理(部)	译著(部)	发表译文(篇)	电子出版物(件)	发表论文(篇)				获奖成果数(项)				研究与咨询报告(篇)	
		课题数(项)	当年投入人数(人年)	其中:研究生(人年)	当年拨入经费(千元)	当年支出经费(千元)	合计	专著	其中:被译成外文	编著教材	工具书参考书	皮书/发展报告	科普读物					合计	国内学术刊物	国外学术刊物	港澳、台地区刊物	合计	国家级奖	部级奖	省级奖	合计	其中:被采纳数
	编号	L01	L02	L03	L04	L05	L06	L07	L08	L09	L10	L11	L12	L13	L14	L15	L16	L17	L18	L19	L20	L21	L22	L23	L24	L25	L26
合计	/	757	161	0	10 247.56	9 325.46	25	6	0	19	0	0	0	0	0	0	0	673	665	8	0	0	0	0	0	141	79
盐城幼儿师范高等专科学校	1	2	0.4	0	1.5	1.5	0	0	0	0	0	0	0	0	0	0	0	0	0	0	0	0	0	0	0	0	0
苏州幼儿师范高等专科学校	2	0	0	0	0	0	0	0	0	0	0	0	0	0	0	0	0	0	0	0	0	0	0	0	0	0	0
无锡职业技术学院	3	8	1.2	0	45	27.5	0	0	0	0	0	0	0	0	0	0	0	10	10	0	0	0	0	0	0	0	0
江苏建筑职业技术学院	4	9	2.4	0	0	0.6	4	1	0	3	0	0	0	0	0	0	0	2	2	0	0	0	0	0	0	0	0
南京工业职业技术学院	5	21	8.5	0	195	151.4	0	0	0	0	0	0	0	0	0	0	0	25	25	0	0	0	0	0	0	0	0
江苏工程职业技术学院	6	17	3.1	0	37	3.5	0	0	0	0	0	0	0	0	0	0	0	11	11	0	0	0	0	0	0	0	0
苏州工艺美术职业技术学院	7	0	0	0	0	0	0	0	0	0	0	0	0	0	0	0	0	1	1	0	0	0	0	0	0	0	0
连云港职业技术学院	8	9	2.4	0	34	34	0	0	0	0	0	0	0	0	0	0	0	8	8	0	0	0	0	0	0	0	0
镇江市高等专科学校	9	5	1.9	0	11	15	0	0	0	0	0	0	0	0	0	0	0	6	5	1	0	0	0	0	0	0	0
南通职业大学	10	24	5	0	141	112	0	0	0	0	0	0	0	0	0	0	0	15	15	0	0	0	0	0	0	2	2
苏州职业大学	11	29	10.7	0	164	147.7	2	0	0	2	0	0	0	0	0	0	0	47	43	4	0	0	0	0	0	2	0
沙洲职业工学院	12	2	0.3	0	20	15.8	0	0	0	0	0	0	0	0	0	0	0	7	7	0	0	0	0	0	0	0	0
扬州市职业大学	13	39	10	0	242.9	252.07	1	1	0	0	0	0	0	0	0	0	0	48	48	0	0	0	0	0	0	27	10
连云港师范高等专科学校	14	5	0.5	0	2	0	0	0	0	0	0	0	0	0	0	0	0	4	4	0	0	0	0	0	0	0	0
江苏经贸职业技术学院	15	27	7.1	0	102	102	1	0	0	1	0	0	0	0	0	0	0	31	31	0	0	0	0	0	0	0	0

续表

高校名称	编号	总数：课题数（项）	总数：当年投入人数（人年）	总数：其中：研究生（人年）	总数：当年拨入经费（千元）	总数：当年支出经费（千元）	出版著作（部）：合计	出版著作（部）：专著	出版著作（部）：其中：被译成外文	出版著作（部）：编著教材	出版著作（部）：工具书参考书	出版著作（部）：皮书/发展报告	出版著作（部）：科普读物	古籍整理（部）	译著（部）	发表译文（篇）	电子出版物（件）	发表论文（篇）：合计	发表论文（篇）：国内学术刊物	发表论文（篇）：国外学术刊物	发表论文（篇）：港、澳、台地区刊物	获奖成果数（项）：合计	获奖成果数（项）：国家级奖	获奖成果数（项）：部级奖	获奖成果数（项）：省级奖	研究与咨询报告（篇）：合计	研究与咨询报告（篇）：其中：被采纳数
		L01	L02	L03	L04	L05	L06	L07	L08	L09	L10	L11	L12	L13	L14	L15	L16	L17	L18	L19	L20	L21	L22	L23	L24	L25	L26
泰州职业技术学院	16	18	4	0	258	149.02	1	0	0	1	0	0	0	0	0	0	0	11	11	0	0	0	0	0	0	3	3
常州信息职业技术学院	17	13	5.4	0	700.9	700.9	1	1	0	0	0	0	0	0	0	0	0	10	10	0	0	0	0	0	0	11	6
江苏海事职业技术学院	18	16	6	0	1 122	1 110.57	1	0	0	1	0	0	0	0	0	0	0	11	11	0	0	0	0	0	0	1	1
无锡科技职业学院	19	4	2.1	0	10	13	0	0	0	0	0	0	0	0	0	0	0	0	0	0	0	0	0	0	0	3	0
江苏医药职业学院	20	1	0.1	0	4	0	0	0	0	0	0	0	0	0	0	0	0	3	3	0	0	0	0	0	0	0	0
南通科技职业学院	21	8	1.7	0	114	85.8	0	0	0	0	0	0	0	0	0	0	0	1	1	0	0	0	0	0	0	3	2
苏州经贸职业技术学院	22	31	6.8	0	546	402.53	2	1	0	1	0	0	0	0	0	0	0	61	61	0	0	0	0	0	0	18	11
苏州工业职业技术学院	23	3	0.3	0	179	187.6	0	0	0	0	0	0	0	0	0	0	0	9	9	0	0	0	0	0	0	0	0
苏州卫生职业技术学院	24	0	0	0	0	0	0	0	0	0	0	0	0	0	0	0	0	7	7	0	0	0	0	0	0	0	0
无锡商业职业技术学院	25	32	3.8	0	0	35	0	0	0	0	0	0	0	0	0	0	0	1	1	0	0	0	0	0	0	0	0
南通航运职业技术学院	26	0	0	0	0	0	0	0	0	0	0	0	0	0	0	0	0	4	4	0	0	0	0	0	0	0	0
南京交通职业技术学院	27	8	0.8	0	28	26.66	0	0	0	0	0	0	0	0	0	0	0	3	3	0	0	0	0	0	0	2	0
淮安信息职业技术学院	28	6	1.2	0	29	22.3	0	0	0	0	0	0	0	0	0	0	0	8	8	0	0	0	0	0	0	4	0
江苏农牧科技职业学院	29	5	0.5	0	20	9	0	0	0	0	0	0	0	0	0	0	0	0	0	0	0	0	0	0	0	0	0
常州纺织服装职业技术学院	30	21	4.2	0	88	26.82	0	0	0	0	0	0	0	0	0	0	0	15	15	0	0	0	0	0	0	0	0
苏州农业职业技术学院	31	1	0.3	0	15	15	0	0	0	0	0	0	0	0	0	0	0	0	0	0	0	0	0	0	0	0	0

续表

南京科技职业学院	32	17	2.1	0	10	34	0	0	0	0	0	0	0	0	0	0	0	3	3	0	0	0	0	0	0	3	3
常州工业职业技术学院	33	21	4.2	0	389	494	2	0	0	2	0	0	0	0	0	0	0	7	7	0	0	0	0	0	0	21	19
常州工程职业技术学院	34	11	1.5	0	480	632	1	1	0	0	0	0	0	0	0	0	0	9	9	0	0	0	0	0	0	0	0
江苏农林职业技术学院	35	7	0.8	0	20	21	0	0	0	0	0	0	0	0	0	0	0	10	10	0	0	0	0	0	0	0	0
江苏食品药品职业技术学院	36	19	4.5	0	1 039	1 044.7	0	0	0	0	0	0	0	0	0	0	0	20	20	0	0	0	0	0	0	3	3
南京铁道职业技术学院	37	19	2	0	17	247	0	0	0	0	0	0	0	0	0	0	0	11	11	0	0	0	0	0	0	1	1
徐州工业职业技术学院	38	3	0.3	0	26	12.5	1	0	0	1	0	0	0	0	0	0	0	5	5	0	0	0	0	0	0	0	0
江苏信息职业技术学院	39	33	4.3	0	122.17	88.41	3	0	0	3	0	0	0	0	0	0	0	19	19	0	0	0	0	0	0	0	0
南京信息职业技术学院	40	11	1.5	0	70	68.6	2	0	0	2	0	0	0	0	0	0	0	8	8	0	0	0	0	0	0	1	0
常州机电职业技术学院	41	6	0.8	0	14	11.76	0	0	0	0	0	0	0	0	0	0	0	0	0	0	0	0	0	0	0	3	0
江阴职业技术学院	42	3	0.3	0	3	5	0	0	0	0	0	0	0	0	0	0	0	4	4	0	0	0	0	0	0	0	0
无锡城市职业技术学院	43	10	2.8	0	15.4	11.35	0	0	0	0	0	0	0	0	0	0	0	41	39	2	0	0	0	0	0	0	0
无锡工艺职业技术学院	44	5	0.7	0	77.5	77.5	0	0	0	0	0	0	0	0	0	0	0	20	19	1	0	0	0	0	0	3	1
苏州健雄职业技术学院	45	4	0.9	0	30	28	0	0	0	0	0	0	0	0	0	0	0	11	11	0	0	0	0	0	0	0	0
盐城工业职业技术学院	46	28	4	0	411	181	0	0	0	0	0	0	0	0	0	0	0	2	2	0	0	0	0	0	0	0	0
江苏财经职业技术学院	47	64	7.9	0	1 861	1 179.5	1	1	0	0	0	0	0	0	0	0	0	33	33	0	0	0	0	0	0	0	0
扬州工业职业技术学院	48	18	1.8	0	19	25.4	0	0	0	0	0	0	0	0	0	0	0	11	11	0	0	0	0	0	0	4	2
江苏城市职业学院	49	27	8.5	0	229	136.83	1	0	0	1	0	0	0	0	0	0	0	6	6	0	0	0	0	0	0	0	0
南京城市职业学院	50	7	0.7	0	6.5	6.5	0	0	0	0	0	0	0	0	0	0	0	2	2	0	0	0	0	0	0	0	0

续表

高校名称	编号	总数					出版著作(部)							古籍整理(部)	译著(部)	发表译文(篇)	电子出版物(件)	发表论文(篇)				获奖成果数(项)				研究与咨询报告(篇)	
		课题数(项)	当年投入人数(人年)	其中：研究生(人年)	当年拨入经费(千元)	当年支出经费(千元)	合计	专著	其中：被译成外文	编著教材	工具书参考书	皮书/发展报告	科普读物					合计	国内学术刊物	国外学术刊物	港、澳、台地区刊物	合计	国家级奖	部级奖	省级奖	合计	其中：被采纳数
		L01	L02	L03	L04	L05	L06	L07	L08	L09	L10	L11	L12	L13	L14	L15	L16	L17	L18	L19	L20	L21	L22	L23	L24	L25	L26
南京机电职业技术学院	51	0	0	0	0	0	0	0	0	0	0	0	0	0	0	0	0	1	1	0	0	0	0	0	0	0	0
南京旅游职业学院	52	4	0.5	0	0	0	0	0	0	0	0	0	0	0	0	0	0	0	0	0	0	0	0	0	0	0	0
江苏卫生健康职业学院	53	0	0	0	0	0	0	0	0	0	0	0	0	0	0	0	0	2	2	0	0	0	0	0	0	0	0
苏州信息职业技术学院	54	2	0.3	0	0	2.6	0	0	0	0	0	0	0	0	0	0	0	0	0	0	0	0	0	0	0	0	0
苏州工业园区服务外包职业学院	55	25	4.7	0	1 131.09	1 149.49	0	0	0	0	0	0	0	0	0	0	0	9	9	0	0	0	0	0	0	14	14
徐州幼儿师范高等专科学校	56	0	0	0	0	0	0	0	0	0	0	0	0	0	0	0	0	0	0	0	0	0	0	0	0	0	0
徐州生物工程职业技术学院	57	4	0.4	0	0	0	0	0	0	0	0	0	0	0	0	0	0	6	6	0	0	0	0	0	0	0	0
江苏商贸职业学院	58	9	2.7	0	113.1	112.35	1	0	0	1	0	0	0	0	0	0	0	48	48	0	0	0	0	0	0	5	0
南通师范高等专科学校	59	0	0	0	0	0	0	0	0	0	0	0	0	0	0	0	0	5	5	0	0	0	0	0	0	0	0
江苏护理职业学院	60	0	0	0	0	0	0	0	0	0	0	0	0	0	0	0	0	0	0	0	0	0	0	0	0	0	0
江苏财会职业学院	61	26	9.5	0	40.5	40.5	0	0	0	0	0	0	0	0	0	0	0	21	21	0	0	0	0	0	0	2	0
江苏城乡建设职业学院	62	8	2.2	0	14	68.2	0	0	0	0	0	0	0	0	0	0	0	0	0	0	0	0	0	0	0	5	1
江苏航空职业技术学院	63	0	0	0	0	0	0	0	0	0	0	0	0	0	0	0	0	0	0	0	0	0	0	0	0	0	0
江苏安全技术职业学院	64	0	0	0	0	0	0	0	0	0	0	0	0	0	0	0	0	0	0	0	0	0	0	0	0	0	0
江苏旅游职业学院	65	2	0.4	0	0	0	0	0	0	0	0	0	0	0	0	0	0	0	0	0	0	0	0	0	0	0	0

3.13 政治学人文、社会科学研究与课题成果情况表

高校名称	编号	总数 课题数(项)	总数 当年投入人数(人年)	总数 其中:研究生(人年)	总数 当年拨入经费(千元)	总数 当年支出经费(千元)	出版著作(部) 合计	出版著作(部) 专著	出版著作(部) 其中:被译成外文	出版著作(部) 编著教材	出版著作(部) 工具书参考书	出版著作(部) 皮书/发展报告	出版著作(部) 科普读物	古籍整理(部)	译著(部)	发表译文(篇)	电子出版物(件)	发表论文(篇) 合计	发表论文(篇) 国内学术刊物	发表论文(篇) 国外学术刊物	发表论文(篇) 港澳、台地区刊物	获奖成果数(项) 合计	获奖成果数(项) 国家级奖	获奖成果数(项) 部级奖	获奖成果数(项) 省级奖	研究与咨询报告(篇) 合计	研究与咨询报告(篇) 其中:被采纳数
		L01	L02	L03	L04	L05	L06	L07	L08	L09	L10	L11	L12	L13	L14	L15	L16	L17	L18	L19	L20	L21	L22	L23	L24	L25	L26
合计	/	108	21.5	0	283.51	279.4	1	0	0	1	0	0	0	0	0	0	0	110	110	0	0	0	0	0	0	2	1
盐城幼儿师范高等专科学校	1	5	0.9	0	44.5	14.5	0	0	0	0	0	0	0	0	0	0	0	5	5	0	0	0	0	0	0	0	0
苏州幼儿师范高等专科学校	2	3	0.3	0	0	3	0	0	0	0	0	0	0	0	0	0	0	0	0	0	0	0	0	0	0	0	0
无锡职业技术学院	3	4	1	0	29.5	27	0	0	0	0	0	0	0	0	0	0	0	2	2	0	0	0	0	0	0	1	1
江苏建筑职业技术学院	4	2	0.3	0	0	0	0	0	0	0	0	0	0	0	0	0	0	2	2	0	0	0	0	0	0	0	0
南京工业职业技术学院	5	2	0.8	0	0	0	0	0	0	0	0	0	0	0	0	0	0	9	9	0	0	0	0	0	0	0	0
江苏工程职业技术学院	6	2	0.2	0	1	1	0	0	0	0	0	0	0	0	0	0	0	1	1	0	0	0	0	0	0	0	0
苏州工艺美术职业技术学院	7	0	0	0	0	0	0	0	0	0	0	0	0	0	0	0	0	0	0	0	0	0	0	0	0	0	0
连云港职业技术学院	8	1	0.3	0	0	0	0	0	0	0	0	0	0	0	0	0	0	2	2	0	0	0	0	0	0	0	0
镇江市高等专科学校	9	2	0.4	0	4	4	0	0	0	0	0	0	0	0	0	0	0	1	1	0	0	0	0	0	0	0	0
南通职业大学	10	0	0	0	0	0	0	0	0	0	0	0	0	0	0	0	0	0	0	0	0	0	0	0	0	0	0
苏州职业大学	11	1	0.5	0	0	1.8	0	0	0	0	0	0	0	0	0	0	0	0	0	0	0	0	0	0	0	0	0
沙洲职业工学院	12	3	0.3	0	17	12.5	0	0	0	0	0	0	0	0	0	0	0	0	0	0	0	0	0	0	0	0	0
扬州市职业大学	13	5	1.5	0	0	0	0	0	0	0	0	0	0	0	0	0	0	4	4	0	0	0	0	0	0	0	0
连云港师范高等专科学校	14	5	0.6	0	4	0	0	0	0	0	0	0	0	0	0	0	0	3	3	0	0	0	0	0	0	0	0
江苏经贸职业技术学院	15	0	0	0	0	0	0	0	0	0	0	0	0	0	0	0	0	0	0	0	0	0	0	0	0	0	0

续表

高校名称		总数					出版著作(部)							古籍整理(部)	译著(部)	发表译文(篇)	电子出版物(件)	发表论文(篇)				获奖成果数(项)				研究与咨询报告(篇)	
		课题数(项)	当年投入人数(人年)	其中：研究生(人年)	当年拨入经费(千元)	当年支出经费(千元)	合计	专著	其中：被译成外文	编著教材	工具书参考书	皮书/发展报告	科普读物					合计	国内学术刊物	国外学术刊物	港、澳、台地区刊物	合计	国家级奖	部级奖	省级奖	合计	其中：被采纳数
	编号	L01	L02	L03	L04	L05	L06	L07	L08	L09	L10	L11	L12	L13	L14	L15	L16	L17	L18	L19	L20	L21	L22	L23	L24	L25	L26
泰州职业技术学院	16	2	0.4	0	0	4.87	0	0	0	0	0	0	0	0	0	0	0	1	1	0	0	0	0	0	0	0	0
常州信息职业技术学院	17	0	0	0	0	0	0	0	0	0	0	0	0	0	0	0	0	0	0	0	0	0	0	0	0	0	0
江苏海事职业技术学院	18	2	0.6	0	5.8	5.06	0	0	0	0	0	0	0	0	0	0	0	0	0	0	0	0	0	0	0	0	0
无锡科技职业学院	19	2	0.9	0	5	9	0	0	0	0	0	0	0	0	0	0	0	0	0	0	0	0	0	0	0	0	0
江苏医药职业学院	20	0	0	0	0	0	0	0	0	0	0	0	0	0	0	0	0	3	3	0	0	0	0	0	0	0	0
南通科技职业学院	21	2	0.6	0	4	3.8	0	0	0	0	0	0	0	0	0	0	0	1	1	0	0	0	0	0	0	0	0
苏州经贸职业技术学院	22	0	0	0	0	0	0	0	0	0	0	0	0	0	0	0	0	4	4	0	0	0	0	0	0	0	0
苏州工业职业技术学院	23	0	0	0	0	0	0	0	0	0	0	0	0	0	0	0	0	0	0	0	0	0	0	0	0	0	0
苏州卫生职业技术学院	24	2	0.4	0	2	5.9	0	0	0	0	0	0	0	0	0	0	0	8	8	0	0	0	0	0	0	0	0
无锡商业职业技术学院	25	2	0.3	0	2	0	0	0	0	0	0	0	0	0	0	0	0	0	0	0	0	0	0	0	0	0	0
南通航运职业技术学院	26	1	0.1	0	3	1	0	0	0	0	0	0	0	0	0	0	0	5	5	0	0	0	0	0	0	0	0
南京交通职业技术学院	27	0	0	0	0	0	0	0	0	0	0	0	0	0	0	0	0	1	1	0	0	0	0	0	0	0	0
淮安信息职业技术学院	28	1	0.2	0	3	1.2	0	0	0	0	0	0	0	0	0	0	0	0	0	0	0	0	0	0	0	0	0
江苏农牧科技职业学院	29	0	0	0	0	0	0	0	0	0	0	0	0	0	0	0	0	0	0	0	0	0	0	0	0	0	0
常州纺织服装职业技术学院	30	2	0.3	0	0	1	0	0	0	0	0	0	0	0	0	0	0	4	4	0	0	0	0	0	0	0	0
苏州农业职业技术学院	31	0	0	0	0	0	0	0	0	0	0	0	0	0	0	0	0	0	0	0	0	0	0	0	0	0	0

续表

南京科技职业学院	32	1	0.1	0	0	0	0	0	0	0	0	0	0	0	0	0	0	1	1	0	0	0	0	0	0	0	0
常州工业职业技术学院	33	1	0.2	0	0	0	0	0	0	0	0	0	0	0	0	0	0	5	5	0	0	0	0	0	0	0	0
常州工程职业技术学院	34	0	0	0	0	0	0	0	0	0	0	0	0	0	0	0	0	0	0	0	0	0	0	0	0	0	0
江苏农林职业技术学院	35	17	2.4	0	70	70	0	0	0	0	0	0	0	0	0	0	0	6	6	0	0	0	0	0	0	0	0
江苏食品药品职业技术学院	36	1	0.1	0	0	0	0	0	0	0	0	0	0	0	0	0	0	2	2	0	0	0	0	0	0	0	0
南京铁道职业技术学院	37	0	0	0	0	0	0	0	0	0	0	0	0	0	0	0	0	0	0	0	0	0	0	0	0	0	0
徐州工业职业技术学院	38	1	0.1	0	0	1	0	0	0	0	0	0	0	0	0	0	0	3	3	0	0	0	0	0	0	0	0
江苏信息职业技术学院	39	16	2.2	0	34.71	51.32	1	0	0	1	0	0	0	0	0	0	0	13	13	0	0	0	0	0	0	0	0
南京信息职业技术学院	40	0	0	0	0	0	0	0	0	0	0	0	0	0	0	0	0	0	0	0	0	0	0	0	0	0	0
常州机电职业技术学院	41	0	0	0	0	0	0	0	0	0	0	0	0	0	0	0	0	0	0	0	0	0	0	0	0	0	0
江阴职业技术学院	42	1	0.1	0	5	2	0	0	0	0	0	0	0	0	0	0	0	1	1	0	0	0	0	0	0	0	0
无锡城市职业技术学院	43	0	0	0	0	0	0	0	0	0	0	0	0	0	0	0	0	0	0	0	0	0	0	0	0	0	0
无锡工艺职业技术学院	44	3	0.3	0	14	8	0	0	0	0	0	0	0	0	0	0	0	0	0	0	0	0	0	0	0	0	0
苏州健雄职业技术学院	45	0	0	0	0	0	0	0	0	0	0	0	0	0	0	0	0	0	0	0	0	0	0	0	0	0	0
盐城工业职业技术学院	46	0	0	0	0	0	0	0	0	0	0	0	0	0	0	0	0	0	0	0	0	0	0	0	0	0	0
江苏财经职业技术学院	47	1	0.1	0	0	2	0	0	0	0	0	0	0	0	0	0	0	3	3	0	0	0	0	0	0	0	0
扬州工业职业技术学院	48	1	0.2	0	0	10	0	0	0	0	0	0	0	0	0	0	0	9	9	0	0	0	0	0	0	0	0
江苏城市职业学院	49	1	0.5	0	20	21	0	0	0	0	0	0	0	0	0	0	0	2	2	0	0	0	0	0	0	0	0
南京城市职业学院	50	0	0	0	0	0	0	0	0	0	0	0	0	0	0	0	0	0	0	0	0	0	0	0	0	0	0

七、社科研究、课题与成果

续表

高校名称		总数					出版著作(部)							古籍整理(部)	译著(部)	发表译文(篇)	电子出版物(件)	发表论文(篇)				获奖成果数(项)				研究与咨询报告(篇)	
		课题数(项)	当年投入人数(人年)	其中:研究生(人年)	当年拨入经费(千元)	当年支出经费(千元)	合计	专著	其中:被译成外文	编著教材	工具书参考书	皮书/发展报告	科普读物					合计	国内学术刊物	国外学术刊物	港澳、台地区刊物	合计	国家级奖	部级奖	省级奖	合计	其中:被采纳数
	编号	L01	L02	L03	L04	L05	L06	L07	L08	L09	L10	L11	L12	L13	L14	L15	L16	L17	L18	L19	L20	L21	L22	L23	L24	L25	L26
南京机电职业技术学院	51	1	0.1	0	2	0	0	0	0	0	0	0	0	0	0	0	0	0	0	0	0	0	0	0	0	0	0
南京旅游职业学院	52	0	0	0	0	0	0	0	0	0	0	0	0	0	0	0	0	0	0	0	0	0	0	0	0	0	0
江苏卫生健康职业学院	53	0	0	0	0	0	0	0	0	0	0	0	0	0	0	0	0	0	0	0	0	0	0	0	0	0	0
苏州信息职业技术学院	54	0	0	0	0	0	0	0	0	0	0	0	0	0	0	0	0	0	0	0	0	0	0	0	0	0	0
苏州工业园区服务外包职业学院	55	2	0.2	0	0	6.4	0	0	0	0	0	0	0	0	0	0	0	0	0	0	0	0	0	0	0	0	0
徐州幼儿师范高等专科学校	56	0	0	0	0	0	0	0	0	0	0	0	0	0	0	0	0	0	0	0	0	0	0	0	0	0	0
徐州生物工程职业技术学院	57	1	0.1	0	4	1.3	0	0	0	0	0	0	0	0	0	0	0	0	0	0	0	0	0	0	0	0	0
江苏商贸职业学院	58	5	2.1	0	0	1.75	0	0	0	0	0	0	0	0	0	0	0	8	8	0	0	0	0	0	0	0	0
南通师范高等专科学校	59	2	0.7	0	0	0	0	0	0	0	0	0	0	0	0	0	0	0	0	0	0	0	0	0	0	0	0
江苏护理职业学院	60	0	0	0	0	0	0	0	0	0	0	0	0	0	0	0	0	0	0	0	0	0	0	0	0	0	0
江苏财会职业学院	61	0	0	0	0	0	0	0	0	0	0	0	0	0	0	0	0	0	0	0	0	0	0	0	0	0	0
江苏城乡建设职业学院	62	0	0	0	0	0	0	0	0	0	0	0	0	0	0	0	0	0	0	0	0	0	0	0	0	1	0
江苏航空职业技术学院	63	0	0	0	0	0	0	0	0	0	0	0	0	0	0	0	0	0	0	0	0	0	0	0	0	0	0
江苏安全技术职业学院	64	2	1.1	0	9	9	0	0	0	0	0	0	0	0	0	0	0	1	1	0	0	0	0	0	0	0	0
江苏旅游职业学院	65	0	0	0	0	0	0	0	0	0	0	0	0	0	0	0	0	0	0	0	0	0	0	0	0	0	0

3.14 法学人文、社会科学研究与课题成果情况表

高校名称	编号	总数					出版著作(部)							古籍整理(部)	译著(部)	发表译文(篇)	电子出版物(件)	发表论文(篇)				获奖成果数(项)				研究与咨询报告(篇)	
		课题数(项)	当年投入人数(人年)	其中:研究生(人年)	当年拨入经费(千元)	当年支出经费(千元)	合计	专著	其中:被译成外文	编著教材	工具书参考书	皮书/发展报告	科普读物					合计	国内学术刊物	国外学术刊物	港、澳、台地区刊物	合计	国家级奖	部级奖	省级奖	合计	其中:被采纳数
	编号	L01	L02	L03	L04	L05	L06	L07	L08	L09	L10	L11	L12	L13	L14	L15	L16	L17	L18	L19	L20	L21	L22	L23	L24	L25	L26
合计	/	46	10.9	0	429	267.72	0	0	0	0	0	0	0	0	0	0	0	45	45	0	0	0	0	0	0	5	3
盐城幼儿师范高等专科学校	1	0	0	0	0	0	0	0	0	0	0	0	0	0	0	0	0	0	0	0	0	0	0	0	0	0	0
苏州幼儿师范高等专科学校	2	1	0.1	0	0	0	0	0	0	0	0	0	0	0	0	0	0	0	0	0	0	0	0	0	0	0	0
无锡职业技术学院	3	0	0	0	0	0	0	0	0	0	0	0	0	0	0	0	0	0	0	0	0	0	0	0	0	0	0
江苏建筑职业技术学院	4	0	0	0	0	0	0	0	0	0	0	0	0	0	0	0	0	0	0	0	0	0	0	0	0	0	0
南京工业职业技术学院	5	1	0.6	0	40	37	0	0	0	0	0	0	0	0	0	0	0	0	0	0	0	0	0	0	0	0	0
江苏工程职业技术学院	6	0	0	0	0	0	0	0	0	0	0	0	0	0	0	0	0	0	0	0	0	0	0	0	0	0	0
苏州工艺美术职业技术学院	7	0	0	0	0	0	0	0	0	0	0	0	0	0	0	0	0	0	0	0	0	0	0	0	0	0	0
连云港职业技术学院	8	0	0	0	0	0	0	0	0	0	0	0	0	0	0	0	0	0	0	0	0	0	0	0	0	0	0
镇江市高等专科学校	9	3	1	0	7	11.2	0	0	0	0	0	0	0	0	0	0	0	3	3	0	0	0	0	0	0	0	0
南通职业大学	10	0	0	0	0	0	0	0	0	0	0	0	0	0	0	0	0	0	0	0	0	0	0	0	0	0	0
苏州职业大学	11	1	0.7	0	0	0	0	0	0	0	0	0	0	0	0	0	0	1	1	0	0	0	0	0	0	0	0
沙洲职业工学院	12	1	0.1	0	0	3.6	0	0	0	0	0	0	0	0	0	0	0	0	0	0	0	0	0	0	0	0	0
扬州市职业大学	13	1	0.3	0	0	0	0	0	0	0	0	0	0	0	0	0	0	0	0	0	0	0	0	0	0	0	0
连云港师范高等专科学校	14	0	0	0	0	0	0	0	0	0	0	0	0	0	0	0	0	1	1	0	0	0	0	0	0	0	0
江苏经贸职业技术学院	15	7	1.2	0	34	42	0	0	0	0	0	0	0	0	0	0	0	4	4	0	0	0	0	0	0	2	0

续表

高校名称		总数					出版著作(部)							古籍整理(部)	译著(部)	发表译文(篇)	电子出版物(件)	发表论文(篇)				获奖成果数(项)				研究与咨询报告(篇)	
		课题数(项)	当年投入人数(人年)	其中:研究生(人年)	当年拨入经费(千元)	当年支出经费(千元)	合计	专著	其中:被译成外文	编著教材	工具书参考书	皮书/发展报告	科普读物					合计	国内学术刊物	国外学术刊物	港、澳、台地区刊物	合计	国家级奖	部级奖	省级奖	合计	其中:被采纳数
	编号	L01	L02	L03	L04	L05	L06	L07	L08	L09	L10	L11	L12	L13	L14	L15	L16	L17	L18	L19	L20	L21	L22	L23	L24	L25	L26
泰州职业技术学院	16	0	0	0	0	0	0	0	0	0	0	0	0	0	0	0	0	1	1	0	0	0	0	0	0	0	0
常州信息职业技术学院	17	0	0	0	0	0	0	0	0	0	0	0	0	0	0	0	0	0	0	0	0	0	0	0	0	0	0
江苏海事职业技术学院	18	0	0	0	0	0	0	0	0	0	0	0	0	0	0	0	0	0	0	0	0	0	0	0	0	0	0
无锡科技职业学院	19	0	0	0	0	0	0	0	0	0	0	0	0	0	0	0	0	0	0	0	0	0	0	0	0	0	0
江苏医药职业学院	20	0	0	0	0	0	0	0	0	0	0	0	0	0	0	0	0	0	0	0	0	0	0	0	0	0	0
南通科技职业学院	21	3	0.9	0	20	7.9	0	0	0	0	0	0	0	0	0	0	0	0	0	0	0	0	0	0	0	0	0
苏州经贸职业技术学院	22	2	0.3	0	10	9	0	0	0	0	0	0	0	0	0	0	0	1	1	0	0	0	0	0	0	0	0
苏州工业职业技术学院	23	0	0	0	0	0	0	0	0	0	0	0	0	0	0	0	0	1	1	0	0	0	0	0	0	0	0
苏州卫生职业技术学院	24	0	0	0	0	0	0	0	0	0	0	0	0	0	0	0	0	1	1	0	0	0	0	0	0	0	0
无锡商业职业技术学院	25	0	0	0	0	0	0	0	0	0	0	0	0	0	0	0	0	0	0	0	0	0	0	0	0	0	0
南通航运职业技术学院	26	0	0	0	0	0	0	0	0	0	0	0	0	0	0	0	0	0	0	0	0	0	0	0	0	0	0
南京交通职业技术学院	27	4	0.4	0	0	9.8	0	0	0	0	0	0	0	0	0	0	0	3	3	0	0	0	0	0	0	0	0
淮安信息职业技术学院	28	0	0	0	0	0	0	0	0	0	0	0	0	0	0	0	0	0	0	0	0	0	0	0	0	0	0
江苏农牧科技职业学院	29	0	0	0	0	0	0	0	0	0	0	0	0	0	0	0	0	0	0	0	0	0	0	0	0	0	0
常州纺织服装职业技术学院	30	0	0	0	0	0	0	0	0	0	0	0	0	0	0	0	0	0	0	0	0	0	0	0	0	0	0
苏州农业职业技术学院	31	0	0	0	0	0	0	0	0	0	0	0	0	0	0	0	0	0	0	0	0	0	0	0	0	0	0

七、社科研究、课题与成果

续表

南京科技职业学院	32	0	0	0	0	0	0	0	0	0	0	0	0	0	0	0	0	0	0	0	0	0	0	0	0	0	0
常州工业职业技术学院	33	1	0.3	0	0	0	0	0	0	0	0	0	0	0	0	0	0	0	0	0	0	0	0	0	0	1	1
常州工程职业技术学院	34	0	0	0	0	0	0	0	0	0	0	0	0	0	0	0	0	0	0	0	0	0	0	0	0	0	0
江苏农林职业技术学院	35	0	0	0	0	0	0	0	0	0	0	0	0	0	0	0	0	0	0	0	0	0	0	0	0	0	0
江苏食品药品职业技术学院	36	0	0	0	0	0	0	0	0	0	0	0	0	0	0	0	0	0	0	0	0	0	0	0	0	0	0
南京铁道职业技术学院	37	2	0.2	0	15	11	0	0	0	0	0	0	0	0	0	0	0	1	1	0	0	0	0	0	0	0	0
徐州工业职业技术学院	38	0	0	0	0	0	0	0	0	0	0	0	0	0	0	0	0	0	0	0	0	0	0	0	0	0	0
江苏信息职业技术学院	39	0	0	0	0	0	0	0	0	0	0	0	0	0	0	0	0	0	0	0	0	0	0	0	0	0	0
南京信息职业技术学院	40	0	0	0	0	0	0	0	0	0	0	0	0	0	0	0	0	0	0	0	0	0	0	0	0	0	0
常州机电职业技术学院	41	0	0	0	0	0	0	0	0	0	0	0	0	0	0	0	0	0	0	0	0	0	0	0	0	0	0
江阴职业技术学院	42	0	0	0	0	0	0	0	0	0	0	0	0	0	0	0	0	2	2	0	0	0	0	0	0	0	0
无锡城市职业技术学院	43	1	0.4	0	0	3.05	0	0	0	0	0	0	0	0	0	0	0	0	0	0	0	0	0	0	0	0	0
无锡工艺职业技术学院	44	0	0	0	0	0	0	0	0	0	0	0	0	0	0	0	0	0	0	0	0	0	0	0	0	0	0
苏州健雄职业技术学院	45	0	0	0	0	0	0	0	0	0	0	0	0	0	0	0	0	0	0	0	0	0	0	0	0	0	0
盐城工业职业技术学院	46	0	0	0	0	0	0	0	0	0	0	0	0	0	0	0	0	0	0	0	0	0	0	0	0	0	0
江苏财经职业技术学院	47	4	0.5	0	13	18.4	0	0	0	0	0	0	0	0	0	0	0	15	15	0	0	0	0	0	0	2	2
扬州工业职业技术学院	48	0	0	0	0	0	0	0	0	0	0	0	0	0	0	0	0	0	0	0	0	0	0	0	0	0	0
江苏城市职业学院	49	6	2.4	0	240	76.27	0	0	0	0	0	0	0	0	0	0	0	6	6	0	0	0	0	0	0	0	0
南京城市职业学院	50	0	0	0	0	0	0	0	0	0	0	0	0	0	0	0	0	1	1	0	0	0	0	0	0	0	0

续表

高校名称	编号	总数					出版著作(部)							古籍整理(部)	译著(部)	发表译文(篇)	电子出版物(件)	发表论文(篇)				获奖成果数(项)				研究与咨询报告(篇)	
		课题数(项)	当年投入人数(人年)	其中:研究生(人年)	当年拨入经费(千元)	当年支出经费(千元)	合计	专著	其中:被译成外文	编著教材	工具书参考书	皮书/发展报告	科普读物					合计	国内学术刊物	国外学术刊物	港、澳、台地区刊物	合计	国家级奖	部级奖	省级奖	合计	其中:被采纳数
	编号	L01	L02	L03	L04	L05	L06	L07	L08	L09	L10	L11	L12	L13	L14	L15	L16	L17	L18	L19	L20	L21	L22	L23	L24	L25	L26
南京机电职业技术学院	51	0	0	0	0	0	0	0	0	0	0	0	0	0	0	0	0	0	0	0	0	0	0	0	0	0	0
南京旅游职业学院	52	2	0.2	0	10	2	0	0	0	0	0	0	0	0	0	0	0	1	1	0	0	0	0	0	0	0	0
江苏卫生健康职业学院	53	2	0.5	0	10	2	0	0	0	0	0	0	0	0	0	0	0	0	0	0	0	0	0	0	0	0	0
苏州信息职业技术学院	54	0	0	0	0	0	0	0	0	0	0	0	0	0	0	0	0	0	0	0	0	0	0	0	0	0	0
苏州工业园区服务外包职业学院	55	2	0.3	0	0	4.5	0	0	0	0	0	0	0	0	0	0	0	1	1	0	0	0	0	0	0	0	0
徐州幼儿师范高等专科学校	56	1	0.3	0	30	30	0	0	0	0	0	0	0	0	0	0	0	0	0	0	0	0	0	0	0	0	0
徐州生物工程职业技术学院	57	0	0	0	0	0	0	0	0	0	0	0	0	0	0	0	0	0	0	0	0	0	0	0	0	0	0
江苏商贸职业学院	58	0	0	0	0	0	0	0	0	0	0	0	0	0	0	0	0	2	2	0	0	0	0	0	0	0	0
南通师范高等专科学校	59	0	0	0	0	0	0	0	0	0	0	0	0	0	0	0	0	0	0	0	0	0	0	0	0	0	0
江苏护理职业学院	60	0	0	0	0	0	0	0	0	0	0	0	0	0	0	0	0	0	0	0	0	0	0	0	0	0	0
江苏财会职业学院	61	1	0.2	0	0	0	0	0	0	0	0	0	0	0	0	0	0	0	0	0	0	0	0	0	0	0	0
江苏城乡建设职业学院	62	0	0	0	0	0	0	0	0	0	0	0	0	0	0	0	0	0	0	0	0	0	0	0	0	0	0
江苏航空职业技术学院	63	0	0	0	0	0	0	0	0	0	0	0	0	0	0	0	0	0	0	0	0	0	0	0	0	0	0
江苏安全技术职业学院	64	0	0	0	0	0	0	0	0	0	0	0	0	0	0	0	0	0	0	0	0	0	0	0	0	0	0
江苏旅游职业学院	65	0	0	0	0	0	0	0	0	0	0	0	0	0	0	0	0	0	0	0	0	0	0	0	0	0	0

3.15 社会学人文、社会科学研究与课题成果情况表

高校名称	编号	总数					出版著作(部)							古籍整理(部)	译著(部)	发表译文(篇)	电子出版物(件)	发表论文(篇)				获奖成果数(项)				研究与咨询报告(篇)	
		课题数(项)	当年投入人数(人年)	其中:研究生(人年)	当年拨入经费(千元)	当年支出经费(千元)	合计	专著	其中:被译成外文	编著教材	工具书参考书	皮书/发展报告	科普读物					合计	国内学术刊物	国外学术刊物	港、澳、台地区刊物	合计	国家级奖	部级奖	省级奖	合计	其中:被采纳数
		L01	L02	L03	L04	L05	L06	L07	L08	L09	L10	L11	L12	L13	L14	L15	L16	L17	L18	L19	L20	L21	L22	L23	L24	L25	L26
合计	/	398	76.1	0	2 549.6	2 101.02	5	2	0	3	0	0	0	0	0	0	0	298	298	0	0	0	0	0	0	47	16
盐城幼儿师范高等专科学校	1	4	0.5	0	10	10	0	0	0	0	0	0	0	0	0	0	0	8	8	0	0	0	0	0	0	0	0
苏州幼儿师范高等专科学校	2	2	0.2	0	0	3.5	0	0	0	0	0	0	0	0	0	0	0	0	0	0	0	0	0	0	0	0	0
无锡职业技术学院	3	22	3.1	0	60	44.1	0	0	0	0	0	0	0	0	0	0	0	17	17	0	0	0	0	0	0	1	0
江苏建筑职业技术学院	4	28	7.9	0	10	10.7	0	0	0	0	0	0	0	0	0	0	0	13	13	0	0	0	0	0	0	0	0
南京工业职业技术学院	5	20	7.4	0	464	325.38	0	0	0	0	0	0	0	0	0	0	0	39	39	0	0	0	0	0	0	0	0
江苏工程职业技术学院	6	31	4.6	0	39	68.5	0	0	0	0	0	0	0	0	0	0	0	5	5	0	0	0	0	0	0	0	0
苏州工艺美术职业技术学院	7	6	1.1	0	10	21.5	0	0	0	0	0	0	0	0	0	0	0	4	4	0	0	0	0	0	0	0	0
连云港职业技术学院	8	2	0.4	0	0	0	0	0	0	0	0	0	0	0	0	0	0	0	0	0	0	0	0	0	0	0	0
镇江市高等专科学校	9	0	0	0	0	0	0	0	0	0	0	0	0	0	0	0	0	0	0	0	0	0	0	0	0	0	0
南通职业大学	10	3	0.6	0	10	10	0	0	0	0	0	0	0	0	0	0	0	3	3	0	0	0	0	0	0	0	0
苏州职业大学	11	5	1	0	191	101	0	0	0	0	0	0	0	0	0	0	0	2	2	0	0	0	0	0	0	0	0
沙洲职业工学院	12	4	0.4	0	15	11.5	0	0	0	0	0	0	0	0	0	0	0	9	9	0	0	0	0	0	0	0	0
扬州市职业大学	13	7	2.1	0	92.5	71	0	0	0	0	0	0	0	0	0	0	0	3	3	0	0	0	0	0	0	6	3
连云港师范高等专科学校	14	11	0.9	0	5	7	0	0	0	0	0	0	0	0	0	0	0	16	16	0	0	0	0	0	0	0	0
江苏经贸职业技术学院	15	7	1.2	0	37	37	0	0	0	0	0	0	0	0	0	0	0	4	4	0	0	0	0	0	0	1	0

续表

高校名称	编号	总数 课题数(项)	当年投入人数(人年)	其中:研究生(人年)	当年拨入经费(千元)	当年支出经费(千元)	出版著作(部) 合计	专著	其中:被译成外文	编著教材	工具书参考书	皮书/发展报告	科普读物	古籍整理(部)	译著(部)	发表译文(篇)	电子出版物(件)	发表论文(篇) 合计	国内学术刊物	国外学术刊物	港、澳、台地区刊物	获奖成果数(项) 合计	国家级奖	部级奖	省级奖	研究与咨询报告(篇) 合计	其中:被采纳数
		L01	L02	L03	L04	L05	L06	L07	L08	L09	L10	L11	L12	L13	L14	L15	L16	L17	L18	L19	L20	L21	L22	L23	L24	L25	L26
泰州职业技术学院	16	0	0	0	0	0	0	0	0	0	0	0	0	0	0	0	0	2	2	0	0	0	0	0	0	0	0
常州信息职业技术学院	17	0	0	0	0	0	0	0	0	0	0	0	0	0	0	0	0	2	2	0	0	0	0	0	0	0	0
江苏海事职业技术学院	18	4	1.4	0	118.6	117.52	0	0	0	0	0	0	0	0	0	0	0	0	0	0	0	0	0	0	0	1	1
无锡科技职业学院	19	2	1	0	5	19	0	0	0	0	0	0	0	0	0	0	0	0	0	0	0	0	0	0	0	0	0
江苏医药职业学院	20	14	3	0	4	0	0	0	0	0	0	0	0	0	0	0	0	2	2	0	0	0	0	0	0	0	0
南通科技职业学院	21	7	1.5	0	21	17.6	0	0	0	0	0	0	0	0	0	0	0	1	1	0	0	0	0	0	0	0	0
苏州经贸职业技术学院	22	20	3.9	0	127	102.22	0	0	0	0	0	0	0	0	0	0	0	7	7	0	0	0	0	0	0	8	6
苏州工业职业技术学院	23	2	0.3	0	0	0.74	1	0	0	1	0	0	0	0	0	0	0	2	2	0	0	0	0	0	0	0	0
苏州卫生职业技术学院	24	17	2.1	0	183	54.7	0	0	0	0	0	0	0	0	0	0	0	17	17	0	0	0	0	0	0	0	0
无锡商业职业技术学院	25	7	1.9	0	2	2	0	0	0	0	0	0	0	0	0	0	0	3	3	0	0	0	0	0	0	0	0
南通航运职业技术学院	26	1	0.1	0	3	1	0	0	0	0	0	0	0	0	0	0	0	3	3	0	0	0	0	0	0	0	0
南京交通职业技术学院	27	10	1	0	172	114.12	0	0	0	0	0	0	0	0	0	0	0	3	3	0	0	0	0	0	0	0	0
淮安信息职业技术学院	28	5	0.9	0	0	22	0	0	0	0	0	0	0	0	0	0	0	6	6	0	0	0	0	0	0	2	0
江苏农牧科技职业学院	29	2	0.2	0	20	4.5	0	0	0	0	0	0	0	0	0	0	0	0	0	0	0	0	0	0	0	0	0
常州纺织服装职业技术学院	30	3	0.6	0	0	17.3	0	0	0	0	0	0	0	0	0	0	0	2	2	0	0	0	0	0	0	0	0
苏州农业职业技术学院	31	0	0	0	0	0	0	0	0	0	0	0	0	0	0	0	0	0	0	0	0	0	0	0	0	0	0

续表

南京科技职业学院	32	9	1.1	0	21.5	22.5	0	0	0	0	0	0	0	0	0	0	0	3	3	0	0	0	0	0	0	0	0
常州工业职业技术学院	33	4	0.9	0	0	0	0	0	0	0	0	0	0	0	0	0	0	1	1	0	0	0	0	0	0	0	0
常州工程职业技术学院	34	0	0	0	0	0	0	0	0	0	0	0	0	0	0	0	0	0	0	0	0	0	0	0	0	0	0
江苏农林职业技术学院	35	0	0	0	0	0	0	0	0	0	0	0	0	0	0	0	0	3	3	0	0	0	0	0	0	0	0
江苏食品药品职业技术学院	36	14	3.5	0	425	441	0	0	0	0	0	0	0	0	0	0	0	22	22	0	0	0	0	0	0	7	4
南京铁道职业技术学院	37	1	0.1	0	0	3	0	0	0	0	0	0	0	0	0	0	0	0	0	0	0	0	0	0	0	0	0
徐州工业职业技术学院	38	10	1	0	36	27.45	0	0	0	0	0	0	0	0	0	0	0	7	7	0	0	0	0	0	0	0	0
江苏信息职业技术学院	39	11	2.1	0	50	25.69	1	0	0	1	0	0	0	0	0	0	0	13	13	0	0	0	0	0	0	0	0
南京信息职业技术学院	40	2	0.4	0	10	2	0	0	0	0	0	0	0	0	0	0	0	2	2	0	0	0	0	0	0	0	0
常州机电职业技术学院	41	0	0	0	0	0	0	0	0	0	0	0	0	0	0	0	0	0	0	0	0	0	0	0	0	0	0
江阴职业技术学院	42	5	0.7	0	15	17	0	0	0	0	0	0	0	0	0	0	0	12	12	0	0	0	0	0	0	0	0
无锡城市职业技术学院	43	0	0	0	0	0	0	0	0	0	0	0	0	0	0	0	0	0	0	0	0	0	0	0	0	0	0
无锡工艺职业技术学院	44	2	0.2	0	4	4	0	0	0	0	0	0	0	0	0	0	0	0	0	0	0	0	0	0	0	0	0
苏州健雄职业技术学院	45	3	0.8	0	22	15	0	0	0	0	0	0	0	0	0	0	0	5	5	0	0	0	0	0	0	0	0
盐城工业职业技术学院	46	0	0	0	0	0	0	0	0	0	0	0	0	0	0	0	0	0	0	0	0	0	0	0	0	0	0
江苏财经职业技术学院	47	23	2.6	0	158.4	190	0	0	0	0	0	0	0	0	0	0	0	5	5	0	0	0	0	0	0	1	0
扬州工业职业技术学院	48	7	0.7	0	9	10	0	0	0	0	0	0	0	0	0	0	0	7	7	0	0	0	0	0	0	5	2
江苏城市职业学院	49	1	0.2	0	25	13	0	0	0	0	0	0	0	0	0	0	0	11	11	0	0	0	0	0	0	0	0
南京城市职业学院	50	4	0.4	0	1	1	0	0	0	0	0	0	0	0	0	0	0	0	0	0	0	0	0	0	0	0	0

续表

高校名称		总数					出版著作(部)							古籍整理(部)	译著(部)	发表译文(篇)	电子出版物(件)	发表论文(篇)				获奖成果数(项)				研究与咨询报告(篇)	
		课题数(项)	当年投入人数(人年)	其中:研究生(人年)	当年拨入经费(千元)	当年支出经费(千元)	合计	专著	其中:被译成外文	编著教材	工具书参考书	皮书/发展报告	科普读物					合计	国内学术刊物	国外学术刊物	港澳、台地区刊物	合计	国家级奖	部级奖	省级奖	合计	其中:被采纳数
	编号	L01	L02	L03	L04	L05	L06	L07	L08	L09	L10	L11	L12	L13	L14	L15	L16	L17	L18	L19	L20	L21	L22	L23	L24	L25	L26
南京机电职业技术学院	51	3	0.3	0	43	20	0	0	0	0	0	0	0	0	0	0	0	0	0	0	0	0	0	0	0	0	0
南京旅游职业学院	52	3	0.3	0	60	40	0	0	0	0	0	0	0	0	0	0	0	10	10	0	0	0	0	0	0	0	0
江苏卫生健康职业学院	53	6	1.3	0	0	3.7	1	0	0	1	0	0	0	0	0	0	0	5	5	0	0	0	0	0	0	0	0
苏州信息职业技术学院	54	0	0	0	0	0	0	0	0	0	0	0	0	0	0	0	0	0	0	0	0	0	0	0	0	0	0
苏州工业园区服务外包职业学院	55	2	0.5	0	10	3.8	1	1	0	0	0	0	0	0	0	0	0	0	0	0	0	0	0	0	0	0	0
徐州幼儿师范高等专科学校	56	9	1.6	0	0	0	0	0	0	0	0	0	0	0	0	0	0	0	0	0	0	0	0	0	0	0	0
徐州生物工程职业技术学院	57	3	0.3	0	0	0	0	0	0	0	0	0	0	0	0	0	0	2	2	0	0	0	0	0	0	1	0
江苏商贸职业学院	58	2	0.6	0	0.6	1.5	0	0	0	0	0	0	0	0	0	0	0	5	5	0	0	0	0	0	0	0	0
南通师范高等专科学校	59	1	0.1	0	0	0	0	0	0	0	0	0	0	0	0	0	0	0	0	0	0	0	0	0	0	0	0
江苏护理职业学院	60	3	0.7	0	11	11	0	0	0	0	0	0	0	0	0	0	0	5	5	0	0	0	0	0	0	4	0
江苏财会职业学院	61	9	2.2	0	24	24	0	0	0	0	0	0	0	0	0	0	0	7	7	0	0	0	0	0	0	3	0
江苏城乡建设职业学院	62	12	3.7	0	25	26.5	0	0	0	0	0	0	0	0	0	0	0	0	0	0	0	0	0	0	0	7	0
江苏航空职业技术学院	63	0	0	0	0	0	0	0	0	0	0	0	0	0	0	0	0	0	0	0	0	0	0	0	0	0	0
江苏安全技术职业学院	64	0	0	0	0	0	0	0	0	0	0	0	0	0	0	0	0	0	0	0	0	0	0	0	0	0	0
江苏旅游职业学院	65	3	0.5	0	0	5	1	1	0	0	0	0	0	0	0	0	0	0	0	0	0	0	0	0	0	0	0

3.16 民族学与文化学人文、社会科学研究与课题成果情况表

高校名称	编号	总数 课题数(项)	当年投入人数(人年)	其中：研究生(人年)	当年拨入经费(千元)	当年支出经费(千元)	出版著作(部) 合计	专著	其中：被译成外文	编著教材	工具书参考书	皮书/发展报告	科普读物	古籍整理(部)	译著(部)	发表译文(篇)	电子出版物(件)	发表论文(篇) 合计	国内学术刊物	国外学术刊物	港、澳、台地区刊物	获奖成果数(项) 合计	国家级奖	部级奖	省级奖	研究与咨询报告(篇) 合计	其中：被采纳数
		L01	L02	L03	L04	L05	L06	L07	L08	L09	L10	L11	L12	L13	L14	L15	L16	L17	L18	L19	L20	L21	L22	L23	L24	L25	L26
合计	/	102	16.3	0	568.4	548.95	2	2	0	0	0	0	0	0	0	0	0	58	58	0	0	0	0	0	0	5	1
盐城幼儿师范高等专科学校	1	0	0	0	0	0	0	0	0	0	0	0	0	0	0	0	0	0	0	0	0	0	0	0	0	0	0
苏州幼儿师范高等专科学校	2	2	0.5	0	0	25.5	0	0	0	0	0	0	0	0	0	0	0	0	0	0	0	0	0	0	0	0	0
无锡职业技术学院	3	2	0.3	0	32	7.9	0	0	0	0	0	0	0	0	0	0	0	0	0	0	0	0	0	0	0	0	0
江苏建筑职业技术学院	4	8	1.8	0	10	12.5	0	0	0	0	0	0	0	0	0	0	0	2	2	0	0	0	0	0	0	0	0
南京工业职业技术学院	5	0	0	0	0	0	0	0	0	0	0	0	0	0	0	0	0	3	3	0	0	0	0	0	0	0	0
江苏工程职业技术学院	6	2	0.5	0	3	8	0	0	0	0	0	0	0	0	0	0	0	4	4	0	0	0	0	0	0	0	0
苏州工艺美术职业技术学院	7	0	0	0	0	0	0	0	0	0	0	0	0	0	0	0	0	0	0	0	0	0	0	0	0	0	0
连云港职业技术学院	8	0	0	0	0	0	0	0	0	0	0	0	0	0	0	0	0	0	0	0	0	0	0	0	0	0	0
镇江市高等专科学校	9	0	0	0	0	0	0	0	0	0	0	0	0	0	0	0	0	0	0	0	0	0	0	0	0	0	0
南通职业大学	10	0	0	0	0	0	0	0	0	0	0	0	0	0	0	0	0	0	0	0	0	0	0	0	0	0	0
苏州职业大学	11	0	0	0	0	0	0	0	0	0	0	0	0	0	0	0	0	0	0	0	0	0	0	0	0	0	0
沙洲职业工学院	12	0	0	0	0	0	0	0	0	0	0	0	0	0	0	0	0	0	0	0	0	0	0	0	0	0	0
扬州市职业大学	13	5	0.9	0	30	30	1	1	0	0	0	0	0	0	0	0	0	2	2	0	0	0	0	0	0	2	1
连云港师范高等专科学校	14	15	1.3	0	9	0	0	0	0	0	0	0	0	0	0	0	0	13	13	0	0	0	0	0	0	0	0
江苏经贸职业技术学院	15	2	0.4	0	0	0	0	0	0	0	0	0	0	0	0	0	0	1	1	0	0	0	0	0	0	0	0

续表

高校名称	编号	总数					出版著作(部)							古籍整理(部)	译著(部)	发表译文(篇)	电子出版物(件)	发表论文(篇)				获奖成果数(项)				研究与咨询报告(篇)	
		课题数(项)	当年投入人数(人年)	其中:研究生(人年)	当年拨入经费(千元)	当年支出经费(千元)	合计	专著	其中:被译成外文	编著教材	工具书参考书	皮书/发展报告	科普读物					合计	国内学术刊物	国外学术刊物	港、澳、台地区刊物	合计	国家级奖	部级奖	省级奖	合计	其中:被采纳数
	编号	L01	L02	L03	L04	L05	L06	L07	L08	L09	L10	L11	L12	L13	L14	L15	L16	L17	L18	L19	L20	L21	L22	L23	L24	L25	L26
泰州职业技术学院	16	0	0	0	0	0	0	0	0	0	0	0	0	0	0	0	0	1	1	0	0	0	0	0	0	0	0
常州信息职业技术学院	17	2	0.7	0	60	60	0	0	0	0	0	0	0	0	0	0	0	0	0	0	0	0	0	0	0	0	0
江苏海事职业技术学院	18	0	0	0	0	0	0	0	0	0	0	0	0	0	0	0	0	0	0	0	0	0	0	0	0	0	0
无锡科技职业学院	19	0	0	0	0	0	0	0	0	0	0	0	0	0	0	0	0	0	0	0	0	0	0	0	0	0	0
江苏医药职业学院	20	0	0	0	0	0	0	0	0	0	0	0	0	0	0	0	0	0	0	0	0	0	0	0	0	0	0
南通科技职业学院	21	4	0.4	0	3	6.9	0	0	0	0	0	0	0	0	0	0	0	0	0	0	0	0	0	0	0	0	0
苏州经贸职业技术学院	22	1	0.1	0	0	0.2	0	0	0	0	0	0	0	0	0	0	0	0	0	0	0	0	0	0	0	0	0
苏州工业职业技术学院	23	0	0	0	0	0	0	0	0	0	0	0	0	0	0	0	0	2	2	0	0	0	0	0	0	0	0
苏州卫生职业技术学院	24	0	0	0	0	0	0	0	0	0	0	0	0	0	0	0	0	3	3	0	0	0	0	0	0	0	0
无锡商业职业技术学院	25	0	0	0	0	0	0	0	0	0	0	0	0	0	0	0	0	0	0	0	0	0	0	0	0	0	0
南通航运职业技术学院	26	0	0	0	0	0	0	0	0	0	0	0	0	0	0	0	0	0	0	0	0	0	0	0	0	0	0
南京交通职业技术学院	27	4	0.4	0	5	3.4	0	0	0	0	0	0	0	0	0	0	0	5	5	0	0	0	0	0	0	0	0
淮安信息职业技术学院	28	7	1.3	0	6	25.3	0	0	0	0	0	0	0	0	0	0	0	4	4	0	0	0	0	0	0	1	0
江苏农牧科技职业学院	29	0	0	0	0	0	0	0	0	0	0	0	0	0	0	0	0	0	0	0	0	0	0	0	0	0	0
常州纺织服装职业技术学院	30	2	0.4	0	0	0	0	0	0	0	0	0	0	0	0	0	0	0	0	0	0	0	0	0	0	0	0
苏州农业职业技术学院	31	0	0	0	0	0	0	0	0	0	0	0	0	0	0	0	0	0	0	0	0	0	0	0	0	0	0

续表

南京科技职业学院	32	2	0.2	0	0	1	0	0	0	0	0	0	0	0	0	0	0	0	0	0	0	0	0	0	0	0	0
常州工业职业技术学院	33	0	0	0	0	0	0	0	0	0	0	0	0	0	0	0	0	0	0	0	0	0	0	0	0	0	0
常州工程职业技术学院	34	1	0.1	0	10	10	0	0	0	0	0	0	0	0	0	0	0	0	0	0	0	0	0	0	0	0	0
江苏农林职业技术学院	35	0	0	0	0	0	0	0	0	0	0	0	0	0	0	0	0	0	0	0	0	0	0	0	0	0	0
江苏食品药品职业技术学院	36	0	0	0	0	0	0	0	0	0	0	0	0	0	0	0	0	0	0	0	0	0	0	0	0	0	0
南京铁道职业技术学院	37	1	0.1	0	0	0	0	0	0	0	0	0	0	0	0	0	0	4	4	0	0	0	0	0	0	0	0
徐州工业职业技术学院	38	6	0.6	0	26	16.8	0	0	0	0	0	0	0	0	0	0	0	2	2	0	0	0	0	0	0	0	0
江苏信息职业技术学院	39	8	1.3	0	23	33.79	0	0	0	0	0	0	0	0	0	0	0	3	3	0	0	0	0	0	0	0	0
南京信息职业技术学院	40	0	0	0	0	0	0	0	0	0	0	0	0	0	0	0	0	1	1	0	0	0	0	0	0	0	0
常州机电职业技术学院	41	1	0.1	0	3	1.68	0	0	0	0	0	0	0	0	0	0	0	0	0	0	0	0	0	0	0	0	0
江阴职业技术学院	42	0	0	0	0	0	0	0	0	0	0	0	0	0	0	0	0	0	0	0	0	0	0	0	0	0	0
无锡城市职业技术学院	43	1	0.4	0	0	0.5	0	0	0	0	0	0	0	0	0	0	0	0	0	0	0	0	0	0	0	0	0
无锡工艺职业技术学院	44	1	0.2	0	56	40	0	0	0	0	0	0	0	0	0	0	0	0	0	0	0	0	0	0	0	0	0
苏州健雄职业技术学院	45	0	0	0	0	0	0	0	0	0	0	0	0	0	0	0	0	0	0	0	0	0	0	0	0	0	0
盐城工业职业技术学院	46	0	0	0	0	0	0	0	0	0	0	0	0	0	0	0	0	0	0	0	0	0	0	0	0	0	0
江苏财经职业技术学院	47	13	1.8	0	252.4	232.3	1	1	0	0	0	0	0	0	0	0	0	1	1	0	0	0	0	0	0	0	0
扬州工业职业技术学院	48	4	0.4	0	28	23.4	0	0	0	0	0	0	0	0	0	0	0	6	6	0	0	0	0	0	0	0	0
江苏城市职业学院	49	1	0.5	0	0	5.08	0	0	0	0	0	0	0	0	0	0	0	0	0	0	0	0	0	0	0	0	0
南京城市职业学院	50	0	0	0	0	0	0	0	0	0	0	0	0	0	0	0	0	0	0	0	0	0	0	0	0	0	0

七、社科研究、课题与成果

续表

高校名称	编号	总数：课题数(项)	总数：当年投入人数(人年)	总数：其中：研究生(人年)	总数：当年拨入经费(千元)	总数：当年支出经费(千元)	出版著作(部)：合计	出版著作(部)：专著	出版著作(部)：其中：被译成外文	出版著作(部)：编著教材	出版著作(部)：工具书参考书	出版著作(部)：皮书/发展报告	出版著作(部)：科普读物	古籍整理(部)	译著(部)	发表译文(篇)	电子出版物(件)	发表论文(篇)：合计	发表论文(篇)：国内学术刊物	发表论文(篇)：国外学术刊物	发表论文(篇)：港澳台地区刊物	获奖成果数(项)：合计	获奖成果数(项)：国家级奖	获奖成果数(项)：部级奖	获奖成果数(项)：省级奖	研究与咨询报告(篇)：合计	研究与咨询报告(篇)：其中：被采纳数
	编号	L01	L02	L03	L04	L05	L06	L07	L08	L09	L10	L11	L12	L13	L14	L15	L16	L17	L18	L19	L20	L21	L22	L23	L24	L25	L26
南京机电职业技术学院	51	0	0	0	0	0	0	0	0	0	0	0	0	0	0	0	0	0	0	0	0	0	0	0	0	0	0
南京旅游职业学院	52	0	0	0	0	0	0	0	0	0	0	0	0	0	0	0	0	0	0	0	0	0	0	0	0	0	0
江苏卫生健康职业学院	53	2	0.4	0	10	2	0	0	0	0	0	0	0	0	0	0	0	0	0	0	0	0	0	0	0	0	0
苏州信息职业技术学院	54	0	0	0	0	0	0	0	0	0	0	0	0	0	0	0	0	0	0	0	0	0	0	0	0	0	0
苏州工业园区服务外包职业学院	55	0	0	0	0	0	0	0	0	0	0	0	0	0	0	0	0	0	0	0	0	0	0	0	0	0	0
徐州幼儿师范高等专科学校	56	1	0.2	0	0	0	0	0	0	0	0	0	0	0	0	0	0	0	0	0	0	0	0	0	0	0	0
徐州生物工程职业技术学院	57	2	0.2	0	2	2	0	0	0	0	0	0	0	0	0	0	0	1	1	0	0	0	0	0	0	0	0
江苏商贸职业学院	58	2	0.8	0	0	0.7	0	0	0	0	0	0	0	0	0	0	0	0	0	0	0	0	0	0	0	2	0
南通师范高等专科学校	59	0	0	0	0	0	0	0	0	0	0	0	0	0	0	0	0	0	0	0	0	0	0	0	0	0	0
江苏护理职业学院	60	0	0	0	0	0	0	0	0	0	0	0	0	0	0	0	0	0	0	0	0	0	0	0	0	0	0
江苏财会职业学院	61	0	0	0	0	0	0	0	0	0	0	0	0	0	0	0	0	0	0	0	0	0	0	0	0	0	0
江苏城乡建设职业学院	62	0	0	0	0	0	0	0	0	0	0	0	0	0	0	0	0	0	0	0	0	0	0	0	0	0	0
江苏航空职业技术学院	63	0	0	0	0	0	0	0	0	0	0	0	0	0	0	0	0	0	0	0	0	0	0	0	0	0	0
江苏安全技术职业学院	64	0	0	0	0	0	0	0	0	0	0	0	0	0	0	0	0	0	0	0	0	0	0	0	0	0	0
江苏旅游职业学院	65	0	0	0	0	0	0	0	0	0	0	0	0	0	0	0	0	0	0	0	0	0	0	0	0	0	0

3.17 新闻学与传播学人文、社会科学研究与课题成果情况表

高校名称	编号	总数 课题数(项) L01	总数 当年投入人数(人年) L02	总数 其中：研究生(人年) L03	总数 当年拨入经费(千元) L04	总数 当年支出经费(千元) L05	出版著作(部) 合计 L06	出版著作(部) 专著 L07	出版著作(部) 其中：被译成外文 L08	出版著作(部) 编著教材 L09	出版著作(部) 工具书参考书 L10	出版著作(部) 皮书/发展报告 L11	出版著作(部) 科普读物 L12	古籍整理(部) L13	译著(部) L14	发表译文(篇) L15	电子出版物(件) L16	发表论文(篇) 合计 L17	发表论文(篇) 国内学术刊物 L18	发表论文(篇) 国外学术刊物 L19	发表论文(篇) 港、澳、台地区刊物 L20	获奖成果数(项) 合计 L21	获奖成果数(项) 国家级奖 L22	获奖成果数(项) 部级奖 L23	获奖成果数(项) 省级奖 L24	研究与咨询报告(篇) 合计 L25	研究与咨询报告(篇) 其中：被采纳数 L26
合计	/	38	10.3	0	265.6	261.53	1	0	0	1	0	0	0	0	0	0	0	45	45	0	0	0	0	0	0	2	1
盐城幼儿师范高等专科学校	1	0	0	0	0	0	0	0	0	0	0	0	0	0	0	0	0	0	0	0	0	0	0	0	0	0	0
苏州幼儿师范高等专科学校	2	0	0	0	0	0	0	0	0	0	0	0	0	0	0	0	0	0	0	0	0	0	0	0	0	0	0
无锡职业技术学院	3	0	0	0	0	0	0	0	0	0	0	0	0	0	0	0	0	0	0	0	0	0	0	0	0	0	0
江苏建筑职业技术学院	4	3	0.5	0	3	11	0	0	0	0	0	0	0	0	0	0	0	2	2	0	0	0	0	0	0	1	1
南京工业职业技术学院	5	3	1.1	0	210.6	186.8	0	0	0	0	0	0	0	0	0	0	0	8	8	0	0	0	0	0	0	0	0
江苏工程职业技术学院	6	1	0.1	0	0	0.5	0	0	0	0	0	0	0	0	0	0	0	1	1	0	0	0	0	0	0	0	0
苏州工艺美术职业技术学院	7	0	0	0	0	0	0	0	0	0	0	0	0	0	0	0	0	0	0	0	0	0	0	0	0	0	0
连云港职业技术学院	8	2	0.2	0	0	0	0	0	0	0	0	0	0	0	0	0	0	0	0	0	0	0	0	0	0	1	0
镇江市高等专科学校	9	4	1.9	0	21	14	1	0	0	1	0	0	0	0	0	0	0	3	3	0	0	0	0	0	0	0	0
南通职业大学	10	0	0	0	0	0	0	0	0	0	0	0	0	0	0	0	0	0	0	0	0	0	0	0	0	0	0
苏州职业大学	11	6	1.9	0	15	15	0	0	0	0	0	0	0	0	0	0	0	5	5	0	0	0	0	0	0	0	0
沙洲职业工学院	12	0	0	0	0	0	0	0	0	0	0	0	0	0	0	0	0	0	0	0	0	0	0	0	0	0	0
扬州市职业大学	13	1	0.4	0	0	0	0	0	0	0	0	0	0	0	0	0	0	0	0	0	0	0	0	0	0	0	0
连云港师范高等专科学校	14	0	0	0	0	0	0	0	0	0	0	0	0	0	0	0	0	0	0	0	0	0	0	0	0	0	0
江苏经贸职业技术学院	15	3	0.3	0	4	4	0	0	0	0	0	0	0	0	0	0	0	10	10	0	0	0	0	0	0	0	0

续表

高校名称		总数					出版著作(部)							古籍整理(部)	译著(部)	发表译文(篇)	电子出版物(件)	发表论文(篇)				获奖成果数(项)				研究与咨询报告(篇)	
		课题数(项)	当年投入人数(人年)	其中：研究生(人年)	当年拨入经费(千元)	当年支出经费(千元)	合计	专著	其中：被译成外文	编著教材	工具书参考书	皮书/发展报告	科普读物					合计	国内学术刊物	国外学术刊物	港、澳、台地区刊物	合计	国家级奖	部级奖	省级奖	合计	其中：被采纳数
	编号	L01	L02	L03	L04	L05	L06	L07	L08	L09	L10	L11	L12	L13	L14	L15	L16	L17	L18	L19	L20	L21	L22	L23	L24	L25	L26
泰州职业技术学院	16	0	0	0	0	0	0	0	0	0	0	0	0	0	0	0	0	1	1	0	0	0	0	0	0	0	0
常州信息职业技术学院	17	0	0	0	0	0	0	0	0	0	0	0	0	0	0	0	0	0	0	0	0	0	0	0	0	0	0
江苏海事职业技术学院	18	1	0.2	0	6	5.52	0	0	0	0	0	0	0	0	0	0	0	0	0	0	0	0	0	0	0	0	0
无锡科技职业学院	19	0	0	0	0	0	0	0	0	0	0	0	0	0	0	0	0	0	0	0	0	0	0	0	0	0	0
江苏医药职业学院	20	0	0	0	0	0	0	0	0	0	0	0	0	0	0	0	0	0	0	0	0	0	0	0	0	0	0
南通科技职业学院	21	0	0	0	0	0	0	0	0	0	0	0	0	0	0	0	0	0	0	0	0	0	0	0	0	0	0
苏州经贸职业技术学院	22	1	0.1	0	0	5	0	0	0	0	0	0	0	0	0	0	0	0	0	0	0	0	0	0	0	0	0
苏州工业职业技术学院	23	0	0	0	0	0	0	0	0	0	0	0	0	0	0	0	0	0	0	0	0	0	0	0	0	0	0
苏州卫生职业技术学院	24	0	0	0	0	0	0	0	0	0	0	0	0	0	0	0	0	5	5	0	0	0	0	0	0	0	0
无锡商业职业技术学院	25	0	0	0	0	0	0	0	0	0	0	0	0	0	0	0	0	0	0	0	0	0	0	0	0	0	0
南通航运职业技术学院	26	0	0	0	0	0	0	0	0	0	0	0	0	0	0	0	0	1	1	0	0	0	0	0	0	0	0
南京交通职业技术学院	27	0	0	0	0	0	0	0	0	0	0	0	0	0	0	0	0	0	0	0	0	0	0	0	0	0	0
淮安信息职业技术学院	28	1	0.1	0	0	5	0	0	0	0	0	0	0	0	0	0	0	1	1	0	0	0	0	0	0	0	0
江苏农牧科技职业学院	29	0	0	0	0	0	0	0	0	0	0	0	0	0	0	0	0	0	0	0	0	0	0	0	0	0	0
常州纺织服装职业技术学院	30	1	0.1	0	0	0	0	0	0	0	0	0	0	0	0	0	0	0	0	0	0	0	0	0	0	0	0
苏州农业职业技术学院	31	0	0	0	0	0	0	0	0	0	0	0	0	0	0	0	0	0	0	0	0	0	0	0	0	0	0

续表

南京科技职业学院	32	0	0	0	0	0	0	0	0	0	0	0	0	0	0	0	0	0	0	0	0	0	0	0	0	0	0
常州工业职业技术学院	33	0	0	0	0	0	0	0	0	0	0	0	0	0	0	0	0	0	0	0	0	0	0	0	0	0	0
常州工程职业技术学院	34	0	0	0	0	0	0	0	0	0	0	0	0	0	0	0	0	0	0	0	0	0	0	0	0	0	0
江苏农林职业技术学院	35	0	0	0	0	0	0	0	0	0	0	0	0	0	0	0	0	0	0	0	0	0	0	0	0	0	0
江苏食品药品职业技术学院	36	0	0	0	0	0	0	0	0	0	0	0	0	0	0	0	0	0	0	0	0	0	0	0	0	0	0
南京铁道职业技术学院	37	0	0	0	0	0	0	0	0	0	0	0	0	0	0	0	0	1	1	0	0	0	0	0	0	0	0
徐州工业职业技术学院	38	0	0	0	0	0	0	0	0	0	0	0	0	0	0	0	0	0	0	0	0	0	0	0	0	0	0
江苏信息职业技术学院	39	1	0.1	0	3	0.15	0	0	0	0	0	0	0	0	0	0	0	0	0	0	0	0	0	0	0	0	0
南京信息职业技术学院	40	0	0	0	0	0	0	0	0	0	0	0	0	0	0	0	0	0	0	0	0	0	0	0	0	0	0
常州机电职业技术学院	41	1	0.2	0	0	1.5	0	0	0	0	0	0	0	0	0	0	0	0	0	0	0	0	0	0	0	0	0
江阴职业技术学院	42	0	0	0	0	0	0	0	0	0	0	0	0	0	0	0	0	0	0	0	0	0	0	0	0	0	0
无锡城市职业技术学院	43	0	0	0	0	0	0	0	0	0	0	0	0	0	0	0	0	0	0	0	0	0	0	0	0	0	0
无锡工艺职业技术学院	44	0	0	0	0	0	0	0	0	0	0	0	0	0	0	0	0	0	0	0	0	0	0	0	0	0	0
苏州健雄职业技术学院	45	0	0	0	0	0	0	0	0	0	0	0	0	0	0	0	0	0	0	0	0	0	0	0	0	0	0
盐城工业职业技术学院	46	0	0	0	0	0	0	0	0	0	0	0	0	0	0	0	0	0	0	0	0	0	0	0	0	0	0
江苏财经职业技术学院	47	0	0	0	0	0	0	0	0	0	0	0	0	0	0	0	0	0	0	0	0	0	0	0	0	0	0
扬州工业职业技术学院	48	0	0	0	0	0	0	0	0	0	0	0	0	0	0	0	0	0	0	0	0	0	0	0	0	0	0
江苏城市职业学院	49	5	2	0	0	6.46	0	0	0	0	0	0	0	0	0	0	0	4	4	0	0	0	0	0	0	0	0
南京城市职业学院	50	0	0	0	0	0	0	0	0	0	0	0	0	0	0	0	0	0	0	0	0	0	0	0	0	0	0

续表

高校名称	编号	总数：课题数(项)	总数：当年投入人数(人年)	其中：研究生(人年)	当年拨入经费(千元)	当年支出经费(千元)	出版著作(部)：合计	专著	其中：被译成外文	编著教材	工具书参考书	皮书/发展报告	科普读物	古籍整理(部)	译著(部)	发表译文(篇)	电子出版物(件)	发表论文(篇)：合计	国内学术刊物	国外学术刊物	港澳、台地区刊物	获奖成果数(项)：合计	国家级奖	部级奖	省级奖	研究与咨询报告(篇)：合计	其中：被采纳数
		L01	L02	L03	L04	L05	L06	L07	L08	L09	L10	L11	L12	L13	L14	L15	L16	L17	L18	L19	L20	L21	L22	L23	L24	L25	L26
南京机电职业技术学院	51	0	0	0	0	0	0	0	0	0	0	0	0	0	0	0	0	0	0	0	0	0	0	0	0	0	0
南京旅游职业学院	52	0	0	0	0	0	0	0	0	0	0	0	0	0	0	0	0	0	0	0	0	0	0	0	0	0	0
江苏卫生健康职业学院	53	2	0.6	0	0	0.8	0	0	0	0	0	0	0	0	0	0	0	0	0	0	0	0	0	0	0	0	0
苏州信息职业技术学院	54	0	0	0	0	0	0	0	0	0	0	0	0	0	0	0	0	0	0	0	0	0	0	0	0	0	0
苏州工业园区服务外包职业学院	55	1	0.2	0	0	2.8	0	0	0	0	0	0	0	0	0	0	0	1	1	0	0	0	0	0	0	0	0
徐州幼儿师范高等专科学校	56	0	0	0	0	0	0	0	0	0	0	0	0	0	0	0	0	0	0	0	0	0	0	0	0	0	0
徐州生物工程职业技术学院	57	0	0	0	0	0	0	0	0	0	0	0	0	0	0	0	0	1	1	0	0	0	0	0	0	0	0
江苏商贸职业学院	58	0	0	0	0	0	0	0	0	0	0	0	0	0	0	0	0	0	0	0	0	0	0	0	0	0	0
南通师范高等专科学校	59	0	0	0	0	0	0	0	0	0	0	0	0	0	0	0	0	1	1	0	0	0	0	0	0	0	0
江苏护理职业学院	60	1	0.3	0	3	3	0	0	0	0	0	0	0	0	0	0	0	0	0	0	0	0	0	0	0	0	0
江苏财会职业学院	61	0	0	0	0	0	0	0	0	0	0	0	0	0	0	0	0	0	0	0	0	0	0	0	0	0	0
江苏城乡建设职业学院	62	0	0	0	0	0	0	0	0	0	0	0	0	0	0	0	0	0	0	0	0	0	0	0	0	0	0
江苏航空职业技术学院	63	0	0	0	0	0	0	0	0	0	0	0	0	0	0	0	0	0	0	0	0	0	0	0	0	0	0
江苏安全技术职业学院	64	0	0	0	0	0	0	0	0	0	0	0	0	0	0	0	0	0	0	0	0	0	0	0	0	0	0
江苏旅游职业学院	65	0	0	0	0	0	0	0	0	0	0	0	0	0	0	0	0	0	0	0	0	0	0	0	0	0	0

3.18 图书馆、情报与文献学人文、社会科学研究与课题成果情况表

高校名称		总数					出版著作(部)							古籍整理(部)	译著(部)	发表译文(篇)	电子出版物(件)	发表论文(篇)				获奖成果数(项)				研究与咨询报告(篇)	
		课题数(项)	当年投入人数(人年)	其中:研究生(人年)	当年拨入经费(千元)	当年支出经费(千元)	合计	专著	其中:被译成外文	编著教材	工具书参考书	皮书/发展报告	科普读物					合计	国内学术刊物	国外学术刊物	港、澳、台地区刊物	合计	国家级奖	部级奖	省级奖	合计	其中:被采纳数
	编号	L01	L02	L03	L04	L05	L06	L07	L08	L09	L10	L11	L12	L13	L14	L15	L16	L17	L18	L19	L20	L21	L22	L23	L24	L25	L26
合计	/	102	20.6	0	282.5	267.79	3	3	0	0	0	0	0	0	0	0	0	183	183	0	0	0	0	0	0	5	3
盐城幼儿师范高等专科学校	1	3	0.6	0	5.5	5.5	0	0	0	0	0	0	0	0	0	0	0	3	3	0	0	0	0	0	0	0	0
苏州幼儿师范高等专科学校	2	2	0.2	0	0	0	0	0	0	0	0	0	0	0	0	0	0	0	0	0	0	0	0	0	0	0	0
无锡职业技术学院	3	7	1	0	15	5.3	1	1	0	0	0	0	0	0	0	0	0	11	11	0	0	0	0	0	0	0	0
江苏建筑职业技术学院	4	2	0.2	0	14	12	0	0	0	0	0	0	0	0	0	0	0	2	2	0	0	0	0	0	0	0	0
南京工业职业技术学院	5	2	0.6	0	45	42.08	0	0	0	0	0	0	0	0	0	0	0	19	19	0	0	0	0	0	0	0	0
江苏工程职业技术学院	6	6	0.8	0	4	2	1	1	0	0	0	0	0	0	0	0	0	4	4	0	0	0	0	0	0	0	0
苏州工艺美术职业技术学院	7	2	0.5	0	15	18	0	0	0	0	0	0	0	0	0	0	0	1	1	0	0	0	0	0	0	1	1
连云港职业技术学院	8	1	0.3	0	5	5	0	0	0	0	0	0	0	0	0	0	0	7	7	0	0	0	0	0	0	0	0
镇江市高等专科学校	9	4	1.4	0	11	6	0	0	0	0	0	0	0	0	0	0	0	0	0	0	0	0	0	0	0	0	0
南通职业大学	10	0	0	0	0	0	0	0	0	0	0	0	0	0	0	0	0	0	0	0	0	0	0	0	0	0	0
苏州职业大学	11	10	3.7	0	30	13	0	0	0	0	0	0	0	0	0	0	0	13	13	0	0	0	0	0	0	1	1
沙洲职业工学院	12	0	0	0	0	0	0	0	0	0	0	0	0	0	0	0	0	0	0	0	0	0	0	0	0	0	0
扬州市职业大学	13	1	0.2	0	5	5	0	0	0	0	0	0	0	0	0	0	0	5	5	0	0	0	0	0	0	0	0
连云港师范高等专科学校	14	6	0.7	0	6	2	0	0	0	0	0	0	0	0	0	0	0	4	4	0	0	0	0	0	0	0	0
江苏经贸职业技术学院	15	3	0.4	0	4	4	0	0	0	0	0	0	0	0	0	0	0	6	6	0	0	0	0	0	0	0	0

7

续表

高校名称		总数					出版著作(部)							古籍整理(部)	译著(部)	发表译文(篇)	电子出版物(件)	发表论文(篇)				获奖成果数(项)				研究与咨询报告(篇)	
		课题数(项)	当年投入人数(人年)	其中:研究生(人年)	当年拨入经费(千元)	当年支出经费(千元)	合计	专著	其中:被译成外文	编著教材	工具书参考书	皮书/发展报告	科普读物					合计	国内学术刊物	国外学术刊物	港、澳、台地区刊物	合计	国家级奖	部级奖	省级奖	合计	其中:被采纳数
	编号	L01	L02	L03	L04	L05	L06	L07	L08	L09	L10	L11	L12	L13	L14	L15	L16	L17	L18	L19	L20	L21	L22	L23	L24	L25	L26
泰州职业技术学院	16	2	0.5	0	0	6.44	0	0	0	0	0	0	0	0	0	0	0	4	4	0	0	0	0	0	0	0	0
常州信息职业技术学院	17	2	0.8	0	15	15	0	0	0	0	0	0	0	0	0	0	0	10	10	0	0	0	0	0	0	0	0
江苏海事职业技术学院	18	1	0.2	0	6	4.82	0	0	0	0	0	0	0	0	0	0	0	13	13	0	0	0	0	0	0	1	1
无锡科技职业学院	19	0	0	0	0	0	0	0	0	0	0	0	0	0	0	0	0	0	0	0	0	0	0	0	0	0	0
江苏医药职业学院	20	0	0	0	0	0	0	0	0	0	0	0	0	0	0	0	0	2	2	0	0	0	0	0	0	0	0
南通科技职业学院	21	0	0	0	0	0	0	0	0	0	0	0	0	0	0	0	0	0	0	0	0	0	0	0	0	0	0
苏州经贸职业技术学院	22	1	0.1	0	0	0	0	0	0	0	0	0	0	0	0	0	0	6	6	0	0	0	0	0	0	0	0
苏州工业职业技术学院	23	0	0	0	0	0	0	0	0	0	0	0	0	0	0	0	0	0	0	0	0	0	0	0	0	0	0
苏州卫生职业技术学院	24	1	0.1	0	0	1	0	0	0	0	0	0	0	0	0	0	0	1	1	0	0	0	0	0	0	0	0
无锡商业职业技术学院	25	0	0	0	0	0	0	0	0	0	0	0	0	0	0	0	0	0	0	0	0	0	0	0	0	0	0
南通航运职业技术学院	26	0	0	0	0	0	0	0	0	0	0	0	0	0	0	0	0	10	10	0	0	0	0	0	0	0	0
南京交通职业技术学院	27	5	0.5	0	10	8	0	0	0	0	0	0	0	0	0	0	0	8	8	0	0	0	0	0	0	0	0
淮安信息职业技术学院	28	2	0.5	0	0	4	0	0	0	0	0	0	0	0	0	0	0	0	0	0	0	0	0	0	0	0	0
江苏农牧科技职业学院	29	0	0	0	0	0	0	0	0	0	0	0	0	0	0	0	0	0	0	0	0	0	0	0	0	0	0
常州纺织服装职业技术学院	30	1	0.2	0	0	5	0	0	0	0	0	0	0	0	0	0	0	5	5	0	0	0	0	0	0	0	0
苏州农业职业技术学院	31	0	0	0	0	0	0	0	0	0	0	0	0	0	0	0	0	0	0	0	0	0	0	0	0	0	0

续表

南京科技职业学院	32	0	0	0	0	0	0	0	0	0	0	0	0	0	0	0	0	2	2	0	0	0	0	0	0	0	0
常州工业职业技术学院	33	0	0	0	0	0	0	0	0	0	0	0	0	0	0	0	0	0	0	0	0	0	0	0	0	0	0
常州工程职业技术学院	34	2	0.2	0	20	16	0	0	0	0	0	0	0	0	0	0	0	0	0	0	0	0	0	0	0	0	0
江苏农林职业技术学院	35	1	0.2	0	10	9	0	0	0	0	0	0	0	0	0	0	0	2	2	0	0	0	0	0	0	0	0
江苏食品药品职业技术学院	36	0	0	0	0	0	0	0	0	0	0	0	0	0	0	0	0	0	0	0	0	0	0	0	0	0	0
南京铁道职业技术学院	37	5	0.5	0	18	0	0	0	0	0	0	0	0	0	0	0	0	5	5	0	0	0	0	0	0	0	0
徐州工业职业技术学院	38	2	0.2	0	0	2.5	0	0	0	0	0	0	0	0	0	0	0	3	3	0	0	0	0	0	0	1	0
江苏信息职业技术学院	39	0	0	0	0	3.76	0	0	0	0	0	0	0	0	0	0	0	0	0	0	0	0	0	0	0	0	0
南京信息职业技术学院	40	2	0.2	0	0	0.5	0	0	0	0	0	0	0	0	0	0	0	1	1	0	0	0	0	0	0	0	0
常州机电职业技术学院	41	5	0.8	0	0	7.29	0	0	0	0	0	0	0	0	0	0	0	2	2	0	0	0	0	0	0	0	0
江阴职业技术学院	42	0	0	0	0	0	0	0	0	0	0	0	0	0	0	0	0	6	6	0	0	0	0	0	0	0	0
无锡城市职业技术学院	43	3	1.1	0	0	9.5	0	0	0	0	0	0	0	0	0	0	0	2	2	0	0	0	0	0	0	0	0
无锡工艺职业技术学院	44	0	0	0	0	0	0	0	0	0	0	0	0	0	0	0	0	12	12	0	0	0	0	0	0	0	0
苏州健雄职业技术学院	45	2	0.4	0	0	6	0	0	0	0	0	0	0	0	0	0	0	2	2	0	0	0	0	0	0	0	0
盐城工业职业技术学院	46	2	0.5	0	0	2	0	0	0	0	0	0	0	0	0	0	0	3	3	0	0	0	0	0	0	0	0
江苏财经职业技术学院	47	0	0	0	0	0	0	0	0	0	0	0	0	0	0	0	0	0	0	0	0	0	0	0	0	0	0
扬州工业职业技术学院	48	0	0	0	0	0	0	0	0	0	0	0	0	0	0	0	0	0	0	0	0	0	0	0	0	0	0
江苏城市职业学院	49	3	0.8	0	10	9.55	0	0	0	0	0	0	0	0	0	0	0	4	4	0	0	0	0	0	0	0	0
南京城市职业学院	50	0	0	0	0	0	0	0	0	0	0	0	0	0	0	0	0	0	0	0	0	0	0	0	0	0	0

七、社科研究、课题与成果

续表

高校名称	编号	总数 课题数(项)	总数 当年投入人数(人年)	总数 其中：研究生(人年)	总数 当年拨入经费(千元)	总数 当年支出经费(千元)	出版著作(部) 合计	出版著作(部) 专著	出版著作(部) 其中：被译成外文	出版著作(部) 编著教材	出版著作(部) 工具书参考书	出版著作(部) 皮书/发展报告	出版著作(部) 科普读物	古籍整理(部)	译著(部)	发表译文(篇)	电子出版物(件)	发表论文(篇) 合计	发表论文(篇) 国内学术刊物	发表论文(篇) 国外学术刊物	发表论文(篇) 港、澳、台地区刊物	获奖成果数(项) 合计	获奖成果数(项) 国家级奖	获奖成果数(项) 部级奖	获奖成果数(项) 省级奖	研究与咨询报告(篇) 合计	研究与咨询报告(篇) 其中：被采纳数
		L01	L02	L03	L04	L05	L06	L07	L08	L09	L10	L11	L12	L13	L14	L15	L16	L17	L18	L19	L20	L21	L22	L23	L24	L25	L26
南京机电职业技术学院	51	1	0.3	0	0	0.5	0	0	0	0	0	0	0	0	0	0	0	0	0	0	0	0	0	0	0	0	0
南京旅游职业学院	52	0	0	0	0	0	0	0	0	0	0	0	0	0	0	0	0	0	0	0	0	0	0	0	0	0	0
江苏卫生健康职业学院	53	1	0.3	0	0	0	0	0	0	0	0	0	0	0	0	0	0	0	0	0	0	0	0	0	0	0	0
苏州信息职业技术学院	54	0	0	0	0	0	0	0	0	0	0	0	0	0	0	0	0	1	1	0	0	0	0	0	0	0	0
苏州工业园区服务外包职业学院	55	4	0.4	0	30	30.75	1	1	0	0	0	0	0	0	0	0	0	0	0	0	0	0	0	0	0	0	0
徐州幼儿师范高等专科学校	56	0	0	0	0	0	0	0	0	0	0	0	0	0	0	0	0	1	1	0	0	0	0	0	0	0	0
徐州生物工程职业技术学院	57	0	0	0	0	0	0	0	0	0	0	0	0	0	0	0	0	0	0	0	0	0	0	0	0	0	0
江苏商贸职业学院	58	1	0.2	0	0	0.5	0	0	0	0	0	0	0	0	0	0	0	0	0	0	0	0	0	0	0	0	0
南通师范高等专科学校	59	0	0	0	0	0	0	0	0	0	0	0	0	0	0	0	0	3	3	0	0	0	0	0	0	0	0
江苏护理职业学院	60	1	0.1	0	4	4	0	0	0	0	0	0	0	0	0	0	0	0	0	0	0	0	0	0	0	0	0
江苏财会职业学院	61	1	0.2	0	0	0	0	0	0	0	0	0	0	0	0	0	0	0	0	0	0	0	0	0	0	0	0
江苏城乡建设职业学院	62	2	0.7	0	0	1.8	0	0	0	0	0	0	0	0	0	0	0	0	0	0	0	0	0	0	0	1	0
江苏航空职业技术学院	63	0	0	0	0	0	0	0	0	0	0	0	0	0	0	0	0	0	0	0	0	0	0	0	0	0	0
江苏安全技术职业学院	64	0	0	0	0	0	0	0	0	0	0	0	0	0	0	0	0	0	0	0	0	0	0	0	0	0	0
江苏旅游职业学院	65	0	0	0	0	0	0	0	0	0	0	0	0	0	0	0	0	0	0	0	0	0	0	0	0	0	0

3.19 教育学人文、社会科学研究与课题成果情况表

高校名称		总数					出版著作(部)							古籍整理(部)	译著(部)	发表译文(篇)	电子出版物(件)	发表论文(篇)				获奖成果数(项)				研究与咨询报告(篇)	
		课题数(项)	当年投入人数(人年)	其中：研究生(人年)	当年拨入经费(千元)	当年支出经费(千元)	合计	专著	其中：被译成外文	编著教材	工具书参考书	皮书/发展报告	科普读物					合计	国内学术刊物	国外学术刊物	港、澳、台地区刊物	合计	国家级奖	部级奖	省级奖	合计	其中：被采纳数
	编号	L01	L02	L03	L04	L05	L06	L07	L08	L09	L10	L11	L12	L13	L14	L15	L16	L17	L18	L19	L20	L21	L22	L23	L24	L25	L26
合计	/	4 207	800.8	0	17 364.12	14 408.15	79	20	0	52	3	0	4	0	3	0	3	4 502	4 470	31	1	0	0	0	0	180	59
盐城幼儿师范高等专科学校	1	65	12	0	136.9	118.9	4	1	0	3	0	0	0	0	0	0	0	146	146	0	0	0	0	0	0	0	0
苏州幼儿师范高等专科学校	2	80	8.4	0	92.2	94.8	5	1	0	4	0	0	0	0	0	0	0	74	73	1	0	0	0	0	0	15	0
无锡职业技术学院	3	58	9.4	0	304.5	440.84	0	0	0	0	0	0	0	0	0	0	0	62	62	0	0	0	0	0	0	1	1
江苏建筑职业技术学院	4	48	11.9	0	236	215	3	1	0	2	0	0	0	0	0	0	0	90	90	0	0	0	0	0	0	2	1
南京工业职业技术学院	5	164	79	0	1 507.15	1 663.6	1	1	0	0	0	0	0	0	0	0	0	137	137	0	0	0	0	0	0	1	0
江苏工程职业技术学院	6	39	6.1	0	42	18.9	1	1	0	0	0	0	0	0	0	0	0	82	82	0	0	0	0	0	0	0	0
苏州工艺美术职业技术学院	7	41	7.8	0	65	137.4	1	1	0	0	0	0	0	0	0	0	0	49	49	0	0	0	0	0	0	0	0
连云港职业技术学院	8	48	14.2	0	119	117.5	0	0	0	0	0	0	0	0	0	0	1	23	23	0	0	0	0	0	0	2	0
镇江市高等专科学校	9	26	10	0	174.25	91	2	0	0	2	0	0	0	0	0	0	0	23	20	3	0	0	0	0	0	0	0
南通职业大学	10	49	9.3	0	103	175	5	1	0	4	0	0	0	0	0	0	0	58	58	0	0	0	0	0	0	3	3
苏州职业大学	11	31	11.1	0	221	173.4	2	0	0	0	0	0	2	0	0	0	0	28	28	0	0	0	0	0	0	2	1
沙洲职业工学院	12	32	3.3	0	135	119.7	0	0	0	0	0	0	0	0	0	0	0	23	23	0	0	0	0	0	0	0	0
扬州市职业大学	13	58	15.1	0	179	168.48	0	0	0	0	0	0	0	0	0	0	0	97	97	0	0	0	0	0	0	38	19
连云港师范高等专科学校	14	75	8.4	0	87	21	0	0	0	0	0	0	0	0	0	0	0	35	35	0	0	0	0	0	0	0	0
江苏经贸职业技术学院	15	96	19.3	0	3 642	824	4	0	0	4	0	0	0	0	0	0	0	82	82	0	0	0	0	0	0	1	0

续表

高校名称	编号	总数 课题数(项)	当年投入人数(人年)	其中：研究生(人年)	当年拨入经费(千元)	当年支出经费(千元)	出版著作(部) 合计	专著	其中：被译成外文	编著教材	工具书参考书	皮书/发展报告	科普读物	古籍整理(部)	译著(部)	发表译文(篇)	电子出版物(件)	发表论文(篇) 合计	国内学术刊物	国外学术刊物	港、澳、台地区刊物	获奖成果数(项) 合计	国家级奖	部级奖	省级奖	研究与咨询报告(篇) 合计	其中：被采纳数
		L01	L02	L03	L04	L05	L06	L07	L08	L09	L10	L11	L12	L13	L14	L15	L16	L17	L18	L19	L20	L21	L22	L23	L24	L25	L26
泰州职业技术学院	16	17	3.8	0	78	50.65	0	0	0	0	0	0	0	0	0	0	0	51	50	1	0	0	0	0	0	0	0
常州信息职业技术学院	17	23	9.9	0	186	186	0	0	0	0	0	0	0	0	0	0	0	14	14	0	0	0	0	0	0	0	0
江苏海事职业技术学院	18	42	14	0	1 242.2	1231.3	0	0	0	0	0	0	0	0	1	0	0	35	23	12	0	0	0	0	0	3	3
无锡科技职业学院	19	21	8.9	0	50	107	0	0	0	0	0	0	0	0	0	0	0	32	32	0	0	0	0	0	0	0	0
江苏医药职业学院	20	147	34.3	0	138	28.58	0	0	0	0	0	0	0	0	0	0	0	96	96	0	0	0	0	0	0	0	0
南通科技职业学院	21	22	5.4	0	55	50.2	0	0	0	0	0	0	0	0	0	0	0	18	18	0	0	0	0	0	0	0	0
苏州经贸职业技术学院	22	51	8.3	0	177	161.23	1	0	0	1	0	0	0	0	0	0	0	56	56	0	0	0	0	0	0	5	3
苏州工业职业技术学院	23	11	1.2	0	60	71.65	0	0	0	0	0	0	0	0	0	0	0	40	38	2	0	0	0	0	0	8	8
苏州卫生职业技术学院	24	66	7.7	0	324.5	278.4	0	0	0	0	0	0	0	0	0	0	0	55	55	0	0	0	0	0	0	0	0
无锡商业职业技术学院	25	132	18.2	0	488	308	0	0	0	0	0	0	0	0	0	0	0	185	183	2	0	0	0	0	0	0	0
南通航运职业技术学院	26	178	22	0	319	455.7	0	0	0	0	0	0	0	0	0	0	0	100	100	0	0	0	0	0	0	0	0
南京交通职业技术学院	27	100	10.4	0	126	160.1	0	0	0	0	0	0	0	0	1	0	0	85	85	0	0	0	0	0	0	0	0
淮安信息职业技术学院	28	148	26	0	247	289.3	0	0	0	0	0	0	0	0	0	0	0	125	125	0	0	0	0	0	0	9	0
江苏农牧科技职业学院	29	30	3	0	145	69.5	0	0	0	0	0	0	0	0	0	0	0	18	18	0	0	0	0	0	0	1	0
常州纺织服装职业技术学院	30	118	17.7	0	132.5	116.27	1	0	0	1	0	0	0	0	0	0	0	71	71	0	0	0	0	0	0	0	0
苏州农业职业技术学院	31	30	8.8	0	55.3	112	0	0	0	0	0	0	0	0	0	0	0	5	5	0	0	0	0	0	0	0	0

续表

南京科技职业学院	32	86	10.5	0	161.5	168	0	0	0	0	0	0	0	0	0	0	0	58	58	0	0	0	0	0	0	0	0
常州工业职业技术学院	33	147	37.7	0	481.5	751.5	5	0	0	5	0	0	0	0	0	0	0	62	62	0	0	0	0	0	0	8	6
常州工程职业技术学院	34	113	12	0	544.44	339.94	6	6	0	0	0	0	0	0	0	0	0	88	88	0	0	0	0	0	0	10	0
江苏农林职业技术学院	35	7	1.1	0	40	36	0	0	0	0	0	0	0	0	0	0	0	36	36	0	0	0	0	0	0	0	0
江苏食品药品职业技术学院	36	77	14.8	0	475	552.5	1	1	0	0	0	0	0	0	0	0	0	24	24	0	0	0	0	0	0	7	3
南京铁道职业技术学院	37	98	10	0	191.5	209.5	0	0	0	0	0	0	0	0	0	0	0	73	73	0	0	0	0	0	0	3	2
徐州工业职业技术学院	38	117	11.7	0	272	312.9	2	0	0	2	0	0	0	0	0	0	0	49	49	0	0	0	0	0	0	0	0
江苏信息职业技术学院	39	34	6.6	0	72.08	130.18	0	0	0	0	0	0	0	0	0	0	0	27	27	0	0	0	0	0	0	0	0
南京信息职业技术学院	40	76	8.5	0	199.5	54.8	9	1	0	8	0	0	0	0	0	0	0	77	77	0	0	0	0	0	0	0	0
常州机电职业技术学院	41	136	21.4	0	293	326.13	0	0	0	0	0	0	0	0	0	0	0	183	183	0	0	0	0	0	0	4	0
江阴职业技术学院	42	40	5.5	0	205	199.5	1	1	0	0	0	0	0	0	0	0	0	49	49	0	0	0	0	0	0	0	0
无锡城市职业技术学院	43	47	12.3	0	121	28.25	1	0	0	1	0	0	0	0	0	0	0	74	74	0	0	0	0	0	0	0	0
无锡工艺职业技术学院	44	120	12.1	0	186.5	196.25	0	0	0	0	0	0	0	0	0	0	0	194	191	3	0	0	0	0	0	26	0
苏州健雄职业技术学院	45	40	8.3	0	129	133	0	0	0	0	0	0	0	0	0	0	0	56	56	0	0	0	0	0	0	5	3
盐城工业职业技术学院	46	20	2.6	0	140	96.5	1	1	0	0	0	0	0	0	0	0	0	14	14	0	0	0	0	0	0	0	0
江苏财经职业技术学院	47	49	5.8	0	304	336.67	1	0	0	1	0	0	0	0	0	0	0	87	87	0	0	0	0	0	0	0	0
扬州工业职业技术学院	48	85	9.4	0	214.2	238.2	0	0	0	0	0	0	0	0	0	0	0	99	99	0	0	0	0	0	0	0	0
江苏城市职业学院	49	119	39.4	0	275	356.67	0	0	0	0	0	0	0	0	0	0	0	64	64	0	0	0	0	0	0	0	0
南京城市职业学院	50	83	7.1	0	45.5	67.3	0	0	0	0	0	0	0	0	0	0	0	83	83	0	0	0	0	0	0	0	0

续表

高校名称		总数					出版著作(部)							古籍整理(部)	译著(部)	发表译文(篇)	电子出版物(件)	发表论文(篇)				获奖成果数(项)				研究与咨询报告(篇)	
		课题数(项)	当年投入人数(人年)	其中：研究生(人年)	当年拨入经费(千元)	当年支出经费(千元)	合计	专著	其中：被译成外文	编著教材	工具书参考书	皮书/发展报告	科普读物					合计	国内学术刊物	国外学术刊物	港、澳、台地区刊物	合计	国家级奖	部级奖	省级奖	合计	其中：被采纳数
	编号	L01	L02	L03	L04	L05	L06	L07	L08	L09	L10	L11	L12	L13	L14	L15	L16	L17	L18	L19	L20	L21	L22	L23	L24	L25	L26
南京机电职业技术学院	51	65	10	0	223.2	181.6	4	0	0	0	2	0	2	0	0	0	2	102	102	0	0	0	0	0	0	3	0
南京旅游职业学院	52	52	10.1	0	143	152.7	3	0	0	3	0	0	0	0	0	0	0	80	79	0	1	0	0	0	0	0	0
江苏卫生健康职业学院	53	52	10.9	0	86	51.25	0	0	0	0	0	0	0	0	0	0	0	28	26	2	0	0	0	0	0	0	0
苏州信息职业技术学院	54	15	4.2	0	22	44.5	2	0	0	2	0	0	0	0	0	0	0	15	15	0	0	0	0	0	0	0	0
苏州工业园区服务外包职业学院	55	39	6.2	0	80	96.2	3	3	0	0	0	0	0	0	1	0	0	57	54	3	0	0	0	0	0	0	0
徐州幼儿师范高等专科学校	56	126	21.1	0	348	265	7	0	0	6	1	0	0	0	0	0	0	153	153	0	0	0	0	0	0	5	5
徐州生物工程职业技术学院	57	43	4.3	0	13	25.5	1	0	0	1	0	0	0	0	0	0	0	39	39	0	0	0	0	0	0	4	0
江苏商贸职业学院	58	30	8.9	0	92	49.55	0	0	0	0	0	0	0	0	0	0	0	56	56	0	0	0	0	0	0	1	0
南通师范高等专科学校	59	15	3.7	0	0	17	2	0	0	2	0	0	0	0	0	0	0	91	91	0	0	0	0	0	0	1	1
江苏护理职业学院	60	29	6.1	0	93.7	93.7	0	0	0	0	0	0	0	0	0	0	0	46	45	1	0	0	0	0	0	3	0
江苏财会职业学院	61	47	14.6	0	84	84	0	0	0	0	0	0	0	0	0	0	0	100	99	1	0	0	0	0	0	7	0
江苏城乡建设职业学院	62	79	28.1	0	191	107.96	0	0	0	0	0	0	0	0	0	0	0	121	121	0	0	0	0	0	0	2	0
江苏航空职业技术学院	63	9	3.5	0	33	7	0	0	0	0	0	0	0	0	0	0	0	18	18	0	0	0	0	0	0	0	0
江苏安全技术职业学院	64	3	0.7	0	7	7	0	0	0	0	0	0	0	0	0	0	0	2	2	0	0	0	0	0	0	0	0
江苏旅游职业学院	65	63	6.7	0	730	636	0	0	0	0	0	0	0	0	0	0	0	202	202	0	0	0	0	0	0	0	0

3.20 统计学人文、社会科学研究与课题成果情况表

高校名称	编号	总数：课题数(项)	总数：当年投入人数(人年)	总数：其中：研究生(人年)	总数：当年拨入经费(千元)	总数：当年支出经费(千元)	出版著作(部)：合计	出版著作(部)：专著	出版著作(部)：其中：被译成外文	出版著作(部)：编著教材	出版著作(部)：工具书参考书	出版著作(部)：皮书/发展报告	出版著作(部)：科普读物	古籍整理(部)
		L01	L02	L03	L04	L05	L06	L07	L08	L09	L10	L11	L12	L13
合计	/	22	4.5	0	79.7	85.82	0	0	0	0	0	0	0	0
盐城幼儿师范高等专科学校	1	0	0	0	0	0	0	0	0	0	0	0	0	0
苏州幼儿师范高等专科学校	2	0	0	0	0	0	0	0	0	0	0	0	0	0
无锡职业技术学院	3	0	0	0	0	0	0	0	0	0	0	0	0	0
江苏建筑职业技术学院	4	0	0	0	0	0	0	0	0	0	0	0	0	0
南京工业职业技术学院	5	0	0	0	0	0	0	0	0	0	0	0	0	0
江苏工程职业技术学院	6	0	0	0	0	0	0	0	0	0	0	0	0	0
苏州工艺美术职业技术学院	7	0	0	0	0	0	0	0	0	0	0	0	0	0
连云港职业技术学院	8	0	0	0	0	0	0	0	0	0	0	0	0	0
镇江市高等专科学校	9	0	0	0	0	0	0	0	0	0	0	0	0	0
南通职业大学	10	1	0.2	0	10	10	0	0	0	0	0	0	0	0
苏州职业大学	11	0	0	0	0	0	0	0	0	0	0	0	0	0
沙洲职业工学院	12	0	0	0	0	0	0	0	0	0	0	0	0	0
扬州市职业大学	13	4	0.7	0	32.7	32.7	0	0	0	0	0	0	0	0
连云港师范高等专科学校	14	2	0.2	0	2	0	0	0	0	0	0	0	0	0
江苏经贸职业技术学院	15	0	0	0	0	0	0	0	0	0	0	0	0	0

高校名称	编号	译著(部)	发表译文(篇)	电子出版物(件)	发表论文(篇)：合计	发表论文(篇)：国内学术刊物	发表论文(篇)：国外学术刊物	发表论文(篇)：港、澳、台地区刊物	获奖成果数(项)：合计	获奖成果数(项)：国家级奖	获奖成果数(项)：部级奖	获奖成果数(项)：省级奖	研究与咨询报告(篇)：合计	研究与咨询报告(篇)：其中：被采纳数
		L14	L15	L16	L17	L18	L19	L20	L21	L22	L23	L24	L25	L26
合计	/	0	0	0	15	15	0	0	0	0	0	0	0	0
盐城幼儿师范高等专科学校	1	0	0	0	1	1	0	0	0	0	0	0	0	0
苏州幼儿师范高等专科学校	2	0	0	0	0	0	0	0	0	0	0	0	0	0
无锡职业技术学院	3	0	0	0	0	0	0	0	0	0	0	0	0	0
江苏建筑职业技术学院	4	0	0	0	0	0	0	0	0	0	0	0	0	0
南京工业职业技术学院	5	0	0	0	0	0	0	0	0	0	0	0	0	0
江苏工程职业技术学院	6	0	0	0	0	0	0	0	0	0	0	0	0	0
苏州工艺美术职业技术学院	7	0	0	0	0	0	0	0	0	0	0	0	0	0
连云港职业技术学院	8	0	0	0	0	0	0	0	0	0	0	0	0	0
镇江市高等专科学校	9	0	0	0	0	0	0	0	0	0	0	0	0	0
南通职业大学	10	0	0	0	2	2	0	0	0	0	0	0	0	0
苏州职业大学	11	0	0	0	0	0	0	0	0	0	0	0	0	0
沙洲职业工学院	12	0	0	0	0	0	0	0	0	0	0	0	0	0
扬州市职业大学	13	0	0	0	0	0	0	0	0	0	0	0	0	0
连云港师范高等专科学校	14	0	0	0	1	1	0	0	0	0	0	0	0	0
江苏经贸职业技术学院	15	0	0	0	0	0	0	0	0	0	0	0	0	0

续表

高校名称	编号	总数					出版著作(部)							古籍整理(部)	译著(部)	发表译文(篇)	电子出版物(件)	发表论文(篇)				获奖成果数(项)				研究与咨询报告(篇)	
		课题数(项)	当年投入人数(人年)	其中:研究生(人年)	当年拨入经费(千元)	当年支出经费(千元)	合计	专著	其中:被译成外文	编著教材	工具书参考书	皮书/发展报告	科普读物					合计	国内学术刊物	国外学术刊物	港、澳、台地区刊物	合计	国家级奖	部级奖	省级奖	合计	其中:被采纳数
		L01	L02	L03	L04	L05	L06	L07	L08	L09	L10	L11	L12	L13	L14	L15	L16	L17	L18	L19	L20	L21	L22	L23	L24	L25	L26
泰州职业技术学院	16	0	0	0	0	0	0	0	0	0	0	0	0	0	0	0	0	0	0	0	0	0	0	0	0	0	0
常州信息职业技术学院	17	0	0	0	0	0	0	0	0	0	0	0	0	0	0	0	0	0	0	0	0	0	0	0	0	0	0
江苏海事职业技术学院	18	0	0	0	0	0	0	0	0	0	0	0	0	0	0	0	0	0	0	0	0	0	0	0	0	0	0
无锡科技职业学院	19	0	0	0	0	0	0	0	0	0	0	0	0	0	0	0	0	0	0	0	0	0	0	0	0	0	0
江苏医药职业学院	20	0	0	0	0	0	0	0	0	0	0	0	0	0	0	0	0	0	0	0	0	0	0	0	0	0	0
南通科技职业学院	21	0	0	0	0	0	0	0	0	0	0	0	0	0	0	0	0	0	0	0	0	0	0	0	0	0	0
苏州经贸职业技术学院	22	3	0.3	0	0	0	0	0	0	0	0	0	0	0	0	0	0	0	0	0	0	0	0	0	0	0	0
苏州工业职业技术学院	23	0	0	0	0	0	0	0	0	0	0	0	0	0	0	0	0	0	0	0	0	0	0	0	0	0	0
苏州卫生职业技术学院	24	0	0	0	0	0	0	0	0	0	0	0	0	0	0	0	0	0	0	0	0	0	0	0	0	0	0
无锡商业职业技术学院	25	0	0	0	0	0	0	0	0	0	0	0	0	0	0	0	0	0	0	0	0	0	0	0	0	0	0
南通航运职业技术学院	26	0	0	0	0	0	0	0	0	0	0	0	0	0	0	0	0	0	0	0	0	0	0	0	0	0	0
南京交通职业技术学院	27	1	0.1	0	0	2.13	0	0	0	0	0	0	0	0	0	0	0	1	1	0	0	0	0	0	0	0	0
淮安信息职业技术学院	28	0	0	0	0	0	0	0	0	0	0	0	0	0	0	0	0	0	0	0	0	0	0	0	0	0	0
江苏农牧科技职业学院	29	0	0	0	0	0	0	0	0	0	0	0	0	0	0	0	0	0	0	0	0	0	0	0	0	0	0
常州纺织服装职业技术学院	30	0	0	0	0	0	0	0	0	0	0	0	0	0	0	0	0	0	0	0	0	0	0	0	0	0	0
苏州农业职业技术学院	31	0	0	0	0	0	0	0	0	0	0	0	0	0	0	0	0	0	0	0	0	0	0	0	0	0	0

续表

南京科技职业学院	32	0	0	0	0	0	0	0	0	0	0	0	0	0	0	0	0	0	0	0	0	0	0	0	0	0	0
常州工业职业技术学院	33	1	0.4	0	14	23	0	0	0	0	0	0	0	0	0	0	0	0	0	0	0	0	0	0	0	0	0
常州工程职业技术学院	34	0	0	0	0	0	0	0	0	0	0	0	0	0	0	0	0	0	0	0	0	0	0	0	0	0	0
江苏农林职业技术学院	35	0	0	0	0	0	0	0	0	0	0	0	0	0	0	0	0	0	0	0	0	0	0	0	0	0	0
江苏食品药品职业技术学院	36	1	0.3	0	0	6	0	0	0	0	0	0	0	0	0	0	0	0	0	0	0	0	0	0	0	0	0
南京铁道职业技术学院	37	0	0	0	0	0	0	0	0	0	0	0	0	0	0	0	0	1	1	0	0	0	0	0	0	0	0
徐州工业职业技术学院	38	0	0	0	0	0	0	0	0	0	0	0	0	0	0	0	0	0	0	0	0	0	0	0	0	0	0
江苏信息职业技术学院	39	0	0	0	0	0	0	0	0	0	0	0	0	0	0	0	0	4	4	0	0	0	0	0	0	0	0
南京信息职业技术学院	40	0	0	0	0	0	0	0	0	0	0	0	0	0	0	0	0	1	1	0	0	0	0	0	0	0	0
常州机电职业技术学院	41	0	0	0	0	0	0	0	0	0	0	0	0	0	0	0	0	0	0	0	0	0	0	0	0	0	0
江阴职业技术学院	42	0	0	0	0	0	0	0	0	0	0	0	0	0	0	0	0	0	0	0	0	0	0	0	0	0	0
无锡城市职业技术学院	43	0	0	0	0	0	0	0	0	0	0	0	0	0	0	0	0	0	0	0	0	0	0	0	0	0	0
无锡工艺职业技术学院	44	0	0	0	0	0	0	0	0	0	0	0	0	0	0	0	0	0	0	0	0	0	0	0	0	0	0
苏州健雄职业技术学院	45	0	0	0	0	0	0	0	0	0	0	0	0	0	0	0	0	0	0	0	0	0	0	0	0	0	0
盐城工业职业技术学院	46	0	0	0	0	0	0	0	0	0	0	0	0	0	0	0	0	0	0	0	0	0	0	0	0	0	0
江苏财经职业技术学院	47	1	0.1	0	6	2	0	0	0	0	0	0	0	0	0	0	0	3	3	0	0	0	0	0	0	0	0
扬州工业职业技术学院	48	1	0.1	0	0	2	0	0	0	0	0	0	0	0	0	0	0	0	0	0	0	0	0	0	0	0	0
江苏城市职业学院	49	4	1.4	0	5	7.29	0	0	0	0	0	0	0	0	0	0	0	0	0	0	0	0	0	0	0	0	0
南京城市职业学院	50	0	0	0	0	0	0	0	0	0	0	0	0	0	0	0	0	0	0	0	0	0	0	0	0	0	0

七、社科研究、课题与成果

续表

高校名称		总数					出版著作(部)							古籍整理(部)	译著(部)	发表译文(篇)	电子出版物(件)	发表论文(篇)				获奖成果数(项)				研究与咨询报告(篇)	
		课题数(项)	当年投入人数(人年)	其中:研究生(人年)	当年拨入经费(千元)	当年支出经费(千元)	合计	专著	其中:被译成外文	编著教材	工具书参考书	皮书/发展报告	科普读物					合计	国内学术刊物	国外学术刊物	港、澳、台地区刊物	合计	国家级奖	部级奖	省级奖	合计	其中:被采纳数
	编号	L01	L02	L03	L04	L05	L06	L07	L08	L09	L10	L11	L12	L13	L14	L15	L16	L17	L18	L19	L20	L21	L22	L23	L24	L25	L26
南京机电职业技术学院	51	0	0	0	0	0	0	0	0	0	0	0	0	0	0	0	0	0	0	0	0	0	0	0	0	0	0
南京旅游职业学院	52	0	0	0	0	0	0	0	0	0	0	0	0	0	0	0	0	0	0	0	0	0	0	0	0	0	0
江苏卫生健康职业学院	53	2	0.4	0	0	0.7	0	0	0	0	0	0	0	0	0	0	0	0	0	0	0	0	0	0	0	0	0
苏州信息职业技术学院	54	0	0	0	0	0	0	0	0	0	0	0	0	0	0	0	0	0	0	0	0	0	0	0	0	0	0
苏州工业园区服务外包职业学院	55	0	0	0	0	0	0	0	0	0	0	0	0	0	0	0	0	1	1	0	0	0	0	0	0	0	0
徐州幼儿师范高等专科学校	56	0	0	0	0	0	0	0	0	0	0	0	0	0	0	0	0	0	0	0	0	0	0	0	0	0	0
徐州生物工程职业技术学院	57	0	0	0	0	0	0	0	0	0	0	0	0	0	0	0	0	0	0	0	0	0	0	0	0	0	0
江苏商贸职业学院	58	0	0	0	0	0	0	0	0	0	0	0	0	0	0	0	0	0	0	0	0	0	0	0	0	0	0
南通师范高等专科学校	59	0	0	0	0	0	0	0	0	0	0	0	0	0	0	0	0	0	0	0	0	0	0	0	0	0	0
江苏护理职业学院	60	0	0	0	0	0	0	0	0	0	0	0	0	0	0	0	0	0	0	0	0	0	0	0	0	0	0
江苏财会职业学院	61	0	0	0	0	0	0	0	0	0	0	0	0	0	0	0	0	0	0	0	0	0	0	0	0	0	0
江苏城乡建设职业学院	62	0	0	0	0	0	0	0	0	0	0	0	0	0	0	0	0	0	0	0	0	0	0	0	0	0	0
江苏航空职业技术学院	63	1	0.3	0	10	0	0	0	0	0	0	0	0	0	0	0	0	0	0	0	0	0	0	0	0	0	0
江苏安全技术职业学院	64	0	0	0	0	0	0	0	0	0	0	0	0	0	0	0	0	0	0	0	0	0	0	0	0	0	0
江苏旅游职业学院	65	0	0	0	0	0	0	0	0	0	0	0	0	0	0	0	0	0	0	0	0	0	0	0	0	0	0

3.21 心理学人文、社会科学研究与课题成果情况表

高校名称	编号	总数：课题数（项）	总数：当年投入人数（人年）	总数：其中：研究生（人年）	总数：当年拨入经费（千元）	总数：当年支出经费（千元）	出版著作（部）：合计	出版著作（部）：专著	出版著作（部）：其中：被译成外文	出版著作（部）：编著教材	出版著作（部）：工具书参考书	出版著作（部）：皮书/发展报告	出版著作（部）：科普读物	古籍整理（部）	译著（部）	发表译文（篇）	电子出版物（件）	发表论文（篇）：合计	发表论文（篇）：国内学术刊物	发表论文（篇）：国外学术刊物	发表论文（篇）：港、澳、台地区刊物	获奖成果数（项）：合计	获奖成果数（项）：国家级奖	获奖成果数（项）：部级奖	获奖成果数（项）：省级奖	研究与咨询报告（篇）：合计	研究与咨询报告（篇）：其中：被采纳数
		L01	L02	L03	L04	L05	L06	L07	L08	L09	L10	L11	L12	L13	L14	L15	L16	L17	L18	L19	L20	L21	L22	L23	L24	L25	L26
合计	/	147	26.8	0	468.05	499.1	3	0	0	3	0	0	0	0	0	0	0	103	103	0	0	0	0	0	0	10	7
盐城幼儿师范高等专科学校	1	2	0.3	0	0	0	0	0	0	0	0	0	0	0	0	0	0	2	2	0	0	0	0	0	0	0	0
苏州幼儿师范高等专科学校	2	0	0	0	0	0	0	0	0	0	0	0	0	0	0	0	0	2	2	0	0	0	0	0	0	0	0
无锡职业技术学院	3	2	0.4	0	30	4.5	0	0	0	0	0	0	0	0	0	0	0	0	0	0	0	0	0	0	0	0	0
江苏建筑职业技术学院	4	4	0.7	0	23	15	0	0	0	0	0	0	0	0	0	0	0	4	4	0	0	0	0	0	0	0	0
南京工业职业技术学院	5	1	0.8	0	0	10	0	0	0	0	0	0	0	0	0	0	0	0	0	0	0	0	0	0	0	0	0
江苏工程职业技术学院	6	5	0.5	0	3	2.2	0	0	0	0	0	0	0	0	0	0	0	3	3	0	0	0	0	0	0	0	0
苏州工艺美术职业技术学院	7	1	0.2	0	0	0	0	0	0	0	0	0	0	0	0	0	0	3	3	0	0	0	0	0	0	0	0
连云港职业技术学院	8	5	1.2	0	8	18	0	0	0	0	0	0	0	0	0	0	0	0	0	0	0	0	0	0	0	1	0
镇江市高等专科学校	9	1	0.4	0	0	2	0	0	0	0	0	0	0	0	0	0	0	0	0	0	0	0	0	0	0	0	0
南通职业大学	10	0	0	0	0	0	0	0	0	0	0	0	0	0	0	0	0	4	4	0	0	0	0	0	0	0	0
苏州职业大学	11	2	0.4	0	15	7	0	0	0	0	0	0	0	0	0	0	0	0	0	0	0	0	0	0	0	0	0
沙洲职业工学院	12	0	0	0	0	0	0	0	0	0	0	0	0	0	0	0	0	5	5	0	0	0	0	0	0	0	0
扬州市职业大学	13	4	1.1	0	60	60	0	0	0	0	0	0	0	0	0	0	0	0	0	0	0	0	0	0	0	1	1
连云港师范高等专科学校	14	9	1	0	6	0	0	0	0	0	0	0	0	0	0	0	0	7	7	0	0	0	0	0	0	0	0
江苏经贸职业技术学院	15	8	1	0	4	4	0	0	0	0	0	0	0	0	0	0	0	0	0	0	0	0	0	0	0	0	0

续表

高校名称	编号	总数：课题数(项)	总数：当年投入人数(人年)	总数：其中：研究生(人年)	总数：当年拨入经费(千元)	总数：当年支出经费(千元)	出版著作(部)：合计	出版著作(部)：专著	出版著作(部)：其中：被译成外文	出版著作(部)：编著教材	出版著作(部)：工具书参考书	出版著作(部)：皮书/发展报告	出版著作(部)：科普读物	古籍整理(部)	译著(部)	发表译文(篇)	电子出版物(件)	发表论文(篇)：合计	发表论文(篇)：国内学术刊物	发表论文(篇)：国外学术刊物	发表论文(篇)：港、澳、台地区刊物	获奖成果数(项)：合计	获奖成果数(项)：国家级奖	获奖成果数(项)：部级奖	获奖成果数(项)：省级奖	研究与咨询报告(篇)：合计	研究与咨询报告(篇)：其中：被采纳数
		L01	L02	L03	L04	L05	L06	L07	L08	L09	L10	L11	L12	L13	L14	L15	L16	L17	L18	L19	L20	L21	L22	L23	L24	L25	L26
泰州职业技术学院	16	2	0.4	0	16	1.45	0	0	0	0	0	0	0	0	0	0	0	1	1	0	0	0	0	0	0	0	0
常州信息职业技术学院	17	1	0.4	0	5	5	0	0	0	0	0	0	0	0	0	0	0	0	0	0	0	0	0	0	0	0	0
江苏海事职业技术学院	18	4	0.8	0	13	10.1	0	0	0	0	0	0	0	0	0	0	0	3	3	0	0	0	0	0	0	0	0
无锡科技职业学院	19	0	0	0	0	0	0	0	0	0	0	0	0	0	0	0	0	1	1	0	0	0	0	0	0	0	0
江苏医药职业学院	20	9	2.1	0	0	6.02	0	0	0	0	0	0	0	0	0	0	0	8	8	0	0	0	0	0	0	0	0
南通科技职业学院	21	6	1	0	10	13.7	0	0	0	0	0	0	0	0	0	0	0	0	0	0	0	0	0	0	0	0	0
苏州经贸职业技术学院	22	0	0	0	0	0	0	0	0	0	0	0	0	0	0	0	0	0	0	0	0	0	0	0	0	0	0
苏州工业职业技术学院	23	0	0	0	84	84	0	0	0	0	0	0	0	0	0	0	0	0	0	0	0	0	0	0	0	0	0
苏州卫生职业技术学院	24	8	1	0	50	27.9	0	0	0	0	0	0	0	0	0	0	0	6	6	0	0	0	0	0	0	0	0
无锡商业职业技术学院	25	1	0.3	0	0	0	0	0	0	0	0	0	0	0	0	0	0	0	0	0	0	0	0	0	0	0	0
南通航运职业技术学院	26	0	0	0	0	0	0	0	0	0	0	0	0	0	0	0	0	0	0	0	0	0	0	0	0	0	0
南京交通职业技术学院	27	1	0.1	0	0	0	0	0	0	0	0	0	0	0	0	0	0	1	1	0	0	0	0	0	0	0	0
淮安信息职业技术学院	28	0	0	0	0	0	0	0	0	0	0	0	0	0	0	0	0	0	0	0	0	0	0	0	0	0	0
江苏农牧科技职业学院	29	1	0.1	0	0	0	0	0	0	0	0	0	0	0	0	0	0	0	0	0	0	0	0	0	0	0	0
常州纺织服装职业技术学院	30	4	0.5	0	10	2	0	0	0	0	0	0	0	0	0	0	0	5	5	0	0	0	0	0	0	0	0
苏州农业职业技术学院	31	0	0	0	0	0	0	0	0	0	0	0	0	0	0	0	0	0	0	0	0	0	0	0	0	0	0

续表

南京科技职业学院	32	2	0.3	0	3	4	0	0	0	0	0	0	0	0	0	0	0	0	0	0	0	0	0	0	0	0	0
常州工业职业技术学院	33	4	1	0	35	34	1	0	0	1	0	0	0	0	0	0	0	3	3	0	0	0	0	0	0	6	6
常州工程职业技术学院	34	0	0	0	0	0	0	0	0	0	0	0	0	0	0	0	0	0	0	0	0	0	0	0	0	0	0
江苏农林职业技术学院	35	0	0	0	0	0	0	0	0	0	0	0	0	0	0	0	0	1	1	0	0	0	0	0	0	0	0
江苏食品药品职业技术学院	36	3	0.5	0	4	10	0	0	0	0	0	0	0	0	0	0	0	2	2	0	0	0	0	0	0	0	0
南京铁道职业技术学院	37	5	0.5	0	22	15	0	0	0	0	0	0	0	0	0	0	0	4	4	0	0	0	0	0	0	0	0
徐州工业职业技术学院	38	1	0.1	0	0	3.6	2	0	0	2	0	0	0	0	0	0	0	0	0	0	0	0	0	0	0	1	0
江苏信息职业技术学院	39	4	0.5	0	7	11.93	0	0	0	0	0	0	0	0	0	0	0	4	4	0	0	0	0	0	0	0	0
南京信息职业技术学院	40	11	1.1	0	20	77.7	0	0	0	0	0	0	0	0	0	0	0	9	9	0	0	0	0	0	0	0	0
常州机电职业技术学院	41	0	0	0	0	0	0	0	0	0	0	0	0	0	0	0	0	0	0	0	0	0	0	0	0	0	0
江阴职业技术学院	42	0	0	0	0	0	0	0	0	0	0	0	0	0	0	0	0	0	0	0	0	0	0	0	0	0	0
无锡城市职业技术学院	43	4	1	0	0	3.75	0	0	0	0	0	0	0	0	0	0	0	3	3	0	0	0	0	0	0	0	0
无锡工艺职业技术学院	44	2	0.2	0	15.5	10	0	0	0	0	0	0	0	0	0	0	0	0	0	0	0	0	0	0	0	0	0
苏州健雄职业技术学院	45	1	0.2	0	5	5	0	0	0	0	0	0	0	0	0	0	0	3	3	0	0	0	0	0	0	0	0
盐城工业职业技术学院	46	0	0	0	0	0	0	0	0	0	0	0	0	0	0	0	0	3	3	0	0	0	0	0	0	0	0
江苏财经职业技术学院	47	1	0.1	0	0	2	0	0	0	0	0	0	0	0	0	0	0	0	0	0	0	0	0	0	0	0	0
扬州工业职业技术学院	48	2	0.2	0	0	0	0	0	0	0	0	0	0	0	0	0	0	0	0	0	0	0	0	0	0	0	0
江苏城市职业学院	49	1	0.3	0	0	28	0	0	0	0	0	0	0	0	0	0	0	0	0	0	0	0	0	0	0	0	0
南京城市职业学院	50	4	0.6	0	4.05	6.35	0	0	0	0	0	0	0	0	0	0	0	0	0	0	0	0	0	0	0	0	0

续表

高校名称		总数					出版著作(部)							古籍整理(部)	译著(部)	发表译文(篇)	电子出版物(件)	发表论文(篇)				获奖成果数(项)				研究与咨询报告(篇)	
		课题数(项)	当年投入人数(人年)	其中:研究生(人年)	当年拨入经费(千元)	当年支出经费(千元)	合计	专著	其中:被译成外文	编著教材	工具书参考书	皮书/发展报告	科普读物					合计	国内学术刊物	国外学术刊物	港、澳、台地区刊物	合计	国家级奖	部级奖	省级奖	合计	其中:被采纳数
	编号	L01	L02	L03	L04	L05	L06	L07	L08	L09	L10	L11	L12	L13	L14	L15	L16	L17	L18	L19	L20	L21	L22	L23	L24	L25	L26
南京机电职业技术学院	51	2	0.4	0	0	1.7	0	0	0	0	0	0	0	0	0	0	0	0	0	0	0	0	0	0	0	0	0
南京旅游职业学院	52	0	0	0	0	0	0	0	0	0	0	0	0	0	0	0	0	0	0	0	0	0	0	0	0	0	0
江苏卫生健康职业学院	53	7	1.7	0	0	2.2	0	0	0	0	0	0	0	0	0	0	0	0	0	0	0	0	0	0	0	0	0
苏州信息职业技术学院	54	0	0	0	0	0	0	0	0	0	0	0	0	0	0	0	0	0	0	0	0	0	0	0	0	0	0
苏州工业园区服务外包职业学院	55	0	0	0	0	0	0	0	0	0	0	0	0	0	0	0	0	0	0	0	0	0	0	0	0	0	0
徐州幼儿师范高等专科学校	56	2	0.4	0	0	0	0	0	0	0	0	0	0	0	0	0	0	0	0	0	0	0	0	0	0	0	0
徐州生物工程职业技术学院	57	2	0.2	0	4	1.4	0	0	0	0	0	0	0	0	0	0	0	4	4	0	0	0	0	0	0	0	0
江苏商贸职业学院	58	1	0.4	0	0	0.5	0	0	0	0	0	0	0	0	0	0	0	4	4	0	0	0	0	0	0	0	0
南通师范高等专科学校	59	0	0	0	0	0	0	0	0	0	0	0	0	0	0	0	0	2	2	0	0	0	0	0	0	0	0
江苏护理职业学院	60	2	0.7	0	7.5	7.5	0	0	0	0	0	0	0	0	0	0	0	5	5	0	0	0	0	0	0	0	0
江苏财会职业学院	61	1	0.2	0	0	0	0	0	0	0	0	0	0	0	0	0	0	0	0	0	0	0	0	0	0	0	0
江苏城乡建设职业学院	62	4	1.5	0	4	1.6	0	0	0	0	0	0	0	0	0	0	0	1	1	0	0	0	0	0	0	1	0
江苏航空职业技术学院	63	0	0	0	0	0	0	0	0	0	0	0	0	0	0	0	0	0	0	0	0	0	0	0	0	0	0
江苏安全技术职业学院	64	0	0	0	0	0	0	0	0	0	0	0	0	0	0	0	0	0	0	0	0	0	0	0	0	0	0
江苏旅游职业学院	65	0	0	0	0	0	0	0	0	0	0	0	0	0	0	0	0	0	0	0	0	0	0	0	0	0	0

3.22 体育科学人文、社会科学研究与课题成果情况表

高校名称	编号	总数：课题数(项)	总数：当年投入人数(人年)	总数：其中：研究生(人年)	总数：当年拨入经费(千元)	总数：当年支出经费(千元)	出版著作(部)：合计	出版著作(部)：专著	出版著作(部)：其中：被译成外文	出版著作(部)：编著教材	出版著作(部)：工具书参考书	出版著作(部)：皮书/发展报告	出版著作(部)：科普读物	古籍整理(部)	译著(部)	发表译文(篇)	电子出版物(件)	发表论文(篇)：合计	发表论文(篇)：国内学术刊物	发表论文(篇)：国外学术刊物	发表论文(篇)：港、澳、台地区刊物	获奖成果数(项)：合计	获奖成果数(项)：国家级奖	获奖成果数(项)：部级奖	获奖成果数(项)：省级奖	研究与咨询报告(篇)：合计	研究与咨询报告(篇)：其中：被采纳数
		L01	L02	L03	L04	L05	L06	L07	L08	L09	L10	L11	L12	L13	L14	L15	L16	L17	L18	L19	L20	L21	L22	L23	L24	L25	L26
合计	/	192	41.7	0	1 298.4	1 150.05	11	4	0	6	0	1	0	0	2	0	0	304	301	3	0	0	0	0	0	21	8
盐城幼儿师范高等专科学校	1	1	0.2	0	1.5	1.5	0	0	0	0	0	0	0	0	0	0	0	5	5	0	0	0	0	0	0	0	0
苏州幼儿师范高等专科学校	2	7	0.8	0	4	2.3	0	0	0	0	0	0	0	0	0	0	0	0	0	0	0	0	0	0	0	1	0
无锡职业技术学院	3	10	1.6	0	2	9.75	0	0	0	0	0	0	0	0	0	0	0	7	7	0	0	0	0	0	0	0	0
江苏建筑职业技术学院	4	5	1.2	0	27	29.5	1	0	0	1	0	0	0	0	0	0	0	4	4	0	0	0	0	0	0	0	0
南京工业职业技术学院	5	11	5.1	0	60	50.51	0	0	0	0	0	0	0	0	0	0	0	0	0	0	0	0	0	0	0	0	0
江苏工程职业技术学院	6	0	0	0	0	0	0	0	0	0	0	0	0	0	0	0	0	2	2	0	0	0	0	0	0	0	0
苏州工艺美术职业技术学院	7	1	0.2	0	4	4	1	0	0	0	0	1	0	0	0	0	0	12	12	0	0	0	0	0	0	0	0
连云港职业技术学院	8	1	0.1	0	1.5	1.5	0	0	0	0	0	0	0	0	0	0	0	1	1	0	0	0	0	0	0	0	0
镇江市高等专科学校	9	2	0.8	0	0	4.4	1	1	0	0	0	0	0	0	0	0	0	0	0	0	0	0	0	0	0	0	0
南通职业大学	10	1	0.2	0	0	0	0	0	0	0	0	0	0	0	0	0	0	1	1	0	0	0	0	0	0	0	0
苏州职业大学	11	18	6.9	0	446.4	289.3	0	0	0	0	0	0	0	0	0	0	0	14	14	0	0	0	0	0	0	1	0
沙洲职业工学院	12	0	0	0	0	0	0	0	0	0	0	0	0	0	0	0	0	0	0	0	0	0	0	0	0	0	0
扬州市职业大学	13	14	3.3	0	90	54.56	0	0	0	0	0	0	0	0	0	0	0	25	25	0	0	0	0	0	0	7	0
连云港师范高等专科学校	14	7	0.8	0	6	0	0	0	0	0	0	0	0	0	0	0	0	10	10	0	0	0	0	0	0	0	0
江苏经贸职业技术学院	15	6	1	0	15	15	0	0	0	0	0	0	0	0	0	0	0	17	17	0	0	0	0	0	0	0	0

续表

高校名称		总数					出版著作(部)							古籍整理(部)	译著(部)	发表译文(篇)	电子出版物(件)	发表论文(篇)				获奖成果数(项)				研究与咨询报告(篇)	
		课题数(项)	当年投入人数(人年)	其中:研究生(人年)	当年拨入经费(千元)	当年支出经费(千元)	合计	专著	其中:被译成外文	编著教材	工具书参考书	皮书/发展报告	科普读物					合计	国内学术刊物	国外学术刊物	港、澳、台地区刊物	合计	国家级奖	部级奖	省级奖	合计	其中:被采纳数
	编号	L01	L02	L03	L04	L05	L06	L07	L08	L09	L10	L11	L12	L13	L14	L15	L16	L17	L18	L19	L20	L21	L22	L23	L24	L25	L26
泰州职业技术学院	16	1	0.3	0	0	1.84	0	0	0	0	0	0	0	0	0	0	0	2	2	0	0	0	0	0	0	0	0
常州信息职业技术学院	17	7	2.3	0	120	120	0	0	0	0	0	0	0	0	0	0	0	8	8	0	0	0	0	0	0	0	0
江苏海事职业技术学院	18	2	0.6	0	24	35.02	0	0	0	0	0	0	0	0	2	0	0	4	2	2	0	0	0	0	0	0	0
无锡科技职业学院	19	2	0.9	0	0	0	0	0	0	0	0	0	0	0	0	0	0	2	2	0	0	0	0	0	0	0	0
江苏医药职业学院	20	2	0.5	0	0	0	0	0	0	0	0	0	0	0	0	0	0	2	2	0	0	0	0	0	0	0	0
南通科技职业学院	21	0	0	0	0	0	0	0	0	0	0	0	0	0	0	0	0	1	0	1	0	0	0	0	0	0	0
苏州经贸职业技术学院	22	8	1.1	0	11	18.65	0	0	0	0	0	0	0	0	0	0	0	15	15	0	0	0	0	0	0	1	1
苏州工业职业技术学院	23	0	0	0	0	0	0	0	0	0	0	0	0	0	0	0	0	28	28	0	0	0	0	0	0	0	0
苏州卫生职业技术学院	24	2	0.2	0	16	7.2	0	0	0	0	0	0	0	0	0	0	0	14	14	0	0	0	0	0	0	0	0
无锡商业职业技术学院	25	0	0	0	0	0	0	0	0	0	0	0	0	0	0	0	0	0	0	0	0	0	0	0	0	0	0
南通航运职业技术学院	26	0	0	0	0	0	0	0	0	0	0	0	0	0	0	0	0	4	4	0	0	0	0	0	0	0	0
南京交通职业技术学院	27	1	0.1	0	0	2.32	0	0	0	0	0	0	0	0	0	0	0	0	0	0	0	0	0	0	0	0	0
淮安信息职业技术学院	28	0	0	0	0	0	0	0	0	0	0	0	0	0	0	0	0	0	0	0	0	0	0	0	0	0	0
江苏农牧科技职业学院	29	0	0	0	0	0	0	0	0	0	0	0	0	0	0	0	0	0	0	0	0	0	0	0	0	0	0
常州纺织服装职业技术学院	30	2	0.3	0	10	0.5	0	0	0	0	0	0	0	0	0	0	0	1	1	0	0	0	0	0	0	0	0
苏州农业职业技术学院	31	0	0	0	0	0	0	0	0	0	0	0	0	0	0	0	0	0	0	0	0	0	0	0	0	0	0

续表

南京科技职业学院	32	8	1	0	23	25	0	0	0	0	0	0	0	0	0	0	0	5	5	0	0	0	0	0	0	0	0
常州工业职业技术学院	33	0	0	0	0	0	1	0	0	1	0	0	0	0	0	0	0	0	0	0	0	0	0	0	0	1	1
常州工程职业技术学院	34	0	0	0	0	0	0	0	0	0	0	0	0	0	0	0	0	0	0	0	0	0	0	0	0	0	0
江苏农林职业技术学院	35	1	0.2	0	10	9	0	0	0	0	0	0	0	0	0	0	0	3	3	0	0	0	0	0	0	0	0
江苏食品药品职业技术学院	36	0	0	0	0	0	0	0	0	0	0	0	0	0	0	0	0	0	0	0	0	0	0	0	0	0	0
南京铁道职业技术学院	37	7	0.7	0	10	11	1	1	0	0	0	0	0	0	0	0	0	9	9	0	0	0	0	0	0	0	0
徐州工业职业技术学院	38	1	0.1	0	0	3.5	0	0	0	0	0	0	0	0	0	0	0	0	0	0	0	0	0	0	0	0	0
江苏信息职业技术学院	39	2	0.3	0	3	12.05	2	0	0	2	0	0	0	0	0	0	0	0	0	0	0	0	0	0	0	0	0
南京信息职业技术学院	40	3	0.7	0	53	40	1	1	0	0	0	0	0	0	0	0	0	5	5	0	0	0	0	0	0	0	0
常州机电职业技术学院	41	2	0.3	0	0	2.15	0	0	0	0	0	0	0	0	0	0	0	1	1	0	0	0	0	0	0	1	0
江阴职业技术学院	42	2	0.2	0	0	2	0	0	0	0	0	0	0	0	0	0	0	10	10	0	0	0	0	0	0	0	0
无锡城市职业技术学院	43	0	0	0	0	0	0	0	0	0	0	0	0	0	0	0	0	3	3	0	0	0	0	0	0	0	0
无锡工艺职业技术学院	44	6	1	0	175	175	0	0	0	0	0	0	0	0	0	0	0	8	8	0	0	0	0	0	0	4	4
苏州健雄职业技术学院	45	0	0	0	0	0	0	0	0	0	0	0	0	0	0	0	0	2	2	0	0	0	0	0	0	0	0
盐城工业职业技术学院	46	12	1.2	0	135	130	0	0	0	0	0	0	0	0	0	0	0	1	1	0	0	0	0	0	0	3	2
江苏财经职业技术学院	47	3	0.3	0	4	5.5	1	0	0	1	0	0	0	0	0	0	0	9	9	0	0	0	0	0	0	0	0
扬州工业职业技术学院	48	3	0.3	0	23	16	0	0	0	0	0	0	0	0	0	0	0	14	14	0	0	0	0	0	0	0	0
江苏城市职业学院	49	2	0.7	0	10	17.4	0	0	0	0	0	0	0	0	0	0	0	6	6	0	0	0	0	0	0	0	0
南京城市职业学院	50	3	0.2	0	0	2	0	0	0	0	0	0	0	0	0	0	0	4	4	0	0	0	0	0	0	0	0

续表

高校名称		总数					出版著作(部)							古籍整理(部)	译著(部)	发表译文(篇)	电子出版物(件)	发表论文(篇)				获奖成果数(项)				研究与咨询报告(篇)	
		课题数(项)	当年投入人数(人年)	其中:研究生(人年)	当年拨入经费(千元)	当年支出经费(千元)	合计	专著	其中:被译成外文	编著教材	工具书参考书	皮书/发展报告	科普读物					合计	国内学术刊物	国外学术刊物	港、澳、台地区刊物	合计	国家级奖	部级奖	省级奖	合计	其中:被采纳数
	编号	L01	L02	L03	L04	L05	L06	L07	L08	L09	L10	L11	L12	L13	L14	L15	L16	L17	L18	L19	L20	L21	L22	L23	L24	L25	L26
南京机电职业技术学院	51	0	0	0	0	0	0	0	0	0	0	0	0	0	0	0	0	0	0	0	0	0	0	0	0	0	0
南京旅游职业学院	52	2	0.2	0	0	0	1	0	0	1	0	0	0	0	0	0	0	6	6	0	0	0	0	0	0	0	0
江苏卫生健康职业学院	53	3	0.5	0	0	2.8	0	0	0	0	0	0	0	0	0	0	0	0	0	0	0	0	0	0	0	0	0
苏州信息职业技术学院	54	1	0.2	0	0	3.1	0	0	0	0	0	0	0	0	0	0	0	0	0	0	0	0	0	0	0	0	0
苏州工业园区服务外包职业学院	55	4	0.8	0	10	38.9	0	0	0	0	0	0	0	0	0	0	0	2	2	0	0	0	0	0	0	0	0
徐州幼儿师范高等专科学校	56	4	0.8	0	0	0	0	0	0	0	0	0	0	0	0	0	0	0	0	0	0	0	0	0	0	0	0
徐州生物工程职业技术学院	57	3	0.3	0	0	0.4	0	0	0	0	0	0	0	0	0	0	0	2	2	0	0	0	0	0	0	1	0
江苏商贸职业学院	58	3	1	0	0	4	0	0	0	0	0	0	0	0	0	0	0	4	4	0	0	0	0	0	0	1	0
南通师范高等专科学校	59	1	0.4	0	0	0	0	0	0	0	0	0	0	0	0	0	0	8	8	0	0	0	0	0	0	0	0
江苏护理职业学院	60	0	0	0	0	0	0	0	0	0	0	0	0	0	0	0	0	0	0	0	0	0	0	0	0	0	0
江苏财会职业学院	61	0	0	0	0	0	0	0	0	0	0	0	0	0	0	0	0	0	0	0	0	0	0	0	0	0	0
江苏城乡建设职业学院	62	4	1.5	0	4	2.4	1	1	0	0	0	0	0	0	0	0	0	9	9	0	0	0	0	0	0	0	0
江苏航空职业技术学院	63	0	0	0	0	0	0	0	0	0	0	0	0	0	0	0	0	0	0	0	0	0	0	0	0	0	0
江苏安全技术职业学院	64	0	0	0	0	0	0	0	0	0	0	0	0	0	0	0	0	14	14	0	0	0	0	0	0	0	0
江苏旅游职业学院	65	1	0.3	0	0	0	0	0	0	0	0	0	0	0	0	0	0	0	0	0	0	0	0	0	0	0	0

4. 民办高等学校人文、社会科学研究与课题成果情况表

学科门类		总数					出版著作(部)							古籍整理(部)	译著(部)	发表译文(篇)	电子出版物(件)	发表论文(篇)				获奖成果数(项)				研究与咨询报告(篇)	
		课题数(项)	当年投入人数(人年)	其中：研究生(人年)	当年拨入经费(千元)	当年支出经费(千元)	合计	专著	其中：被译成外文	编著教材	工具书参考书	皮书/发展报告	科普读物					合计	国内学术刊物	国外学术刊物	港、澳、台地区刊物	合计	国家级奖	部级奖	省级奖	合计	其中：被采纳数
	编号	L01	L02	L03	L04	L05	L06	L07	L08	L09	L10	L11	L12	L13	L14	L15	L16	L17	L18	L19	L20	L21	L22	L23	L24	L25	L26
合计	/	2 944	607.7	0	15 927.46	12 385.88	84	30	0	44	1	9	0	0	14	6	4	2 874	2 831	43	0	0	0	0	0	59	17
管理学	1	584	116.2	0	4 398.68	3 410.01	12	4	0	7	0	1	0	0	0	0	1	624	620	4	0	0	0	0	0	10	2
马克思主义	2	125	27.2	0	368.6	289.94	0	0	0	0	0	0	0	0	0	0	0	117	116	1	0	0	0	0	0	0	0
哲学	3	19	3.7	0	46	75.97	2	1	0	1	0	0	0	0	0	0	0	18	14	4	0	0	0	0	0	0	0
逻辑学	4	1	0.3	0	4.09	4.09	0	0	0	0	0	0	0	0	0	0	0	0	0	0	0	0	0	0	0	0	0
宗教学	5	0	0	0	0	0	0	0	0	0	0	0	0	0	0	0	0	0	0	0	0	0	0	0	0	0	0
语言学	6	167	35.6	0	500.4	387.21	12	3	0	8	1	0	0	0	2	2	0	219	208	11	0	0	0	0	0	2	0
中国文学	7	37	7.4	0	85.2	68.98	3	2	0	0	0	1	0	0	1	0	0	59	59	0	0	0	0	0	0	1	1
外国文学	8	38	8.7	0	107.6	59.41	1	1	0	0	0	0	0	0	3	4	0	38	37	1	0	0	0	0	0	0	0
艺术学	9	311	75.8	0	1 854.72	1 550.63	12	4	0	8	0	0	0	0	0	0	0	441	437	4	0	0	0	0	0	9	3
历史学	10	18	3.2	0	13	625.1	0	0	0	0	0	0	0	0	2	0	0	4	4	0	0	0	0	0	0	2	1
考古学	11	0	0	0	0	0	0	0	0	0	0	0	0	0	0	0	0	1	1	0	0	0	0	0	0	0	0
经济学	12	309	68	0	2 837.52	1 461.4	17	7	0	6	0	4	0	0	2	0	0	276	271	5	0	0	0	0	0	19	6
政治学	13	47	11.4	0	243.82	116.98	2	1	0	1	0	0	0	0	0	0	0	19	19	0	0	0	0	0	0	0	0
法学	14	37	6.9	0	789.28	798.66	3	1	0	2	0	0	0	0	0	0	0	34	34	0	0	0	0	0	0	1	0
社会学	15	120	19.7	0	570.1	248.76	2	1	0	0	0	1	0	0	1	0	1	33	32	1	0	0	0	0	0	1	0
民族学与文化学	16	11	3.7	0	699.5	523.31	0	0	0	0	0	0	0	0	0	0	0	8	8	0	0	0	0	0	0	1	0
新闻学与传播学	17	44	10.3	0	120.7	86.85	0	0	0	0	0	0	0	0	0	0	0	91	90	1	0	0	0	0	0	1	0
图书馆、情报与文献学	18	27	6.8	0	94	212.84	1	0	0	1	0	0	0	0	0	0	0	31	31	0	0	0	0	0	0	7	4
教育学	19	944	181.3	0	2 809.85	2 047.8	13	2	0	10	0	1	0	0	2	0	2	757	748	9	0	0	0	0	0	4	0
统计学	20	9	1.7	0	26	133.57	0	0	0	0	0	0	0	0	0	0	0	5	5	0	0	0	0	0	0	0	0
心理学	21	41	8.6	0	96.2	68.95	0	0	0	0	0	0	0	0	1	0	0	25	24	1	0	0	0	0	0	0	0
体育科学	22	55	11.2	0	262.2	215.42	4	3	0	0	0	1	0	0	0	0	0	74	73	1	0	0	0	0	0	1	0

注：由于篇幅限制，此节不对民办与中外合作办学高等学校人文、社会科学研究与课题成果情况细分说明。

八、社科研究、课题与成果(来源情况)

1. 全省人文、社会科学研究与课题成果来源情况表

		编号	合计	国家社科基金项目	国家社科基金单列学科项目	教育部人文社科研究项目	高校古籍整理研究项目	国家自然科学基金项目	中央其他部门社科专门项目	省、市、自治区社科基金项目	省教育厅社科项目	地、市、厅、局等政府部门项目	国际合作研究项目	与港、澳、台地区合作研究项目	企事业单位委托项目	学校社科项目	外资项目	其他
			课题来源															
			L01	L02	L03	L04	L05	L06	L07	L08	L09	L10	L11	L12	L13	L14	L15	L16
课题数(项)		1	40 069	2 438	211	1 755	32	664	900	3 015	9 998	6 786	39	1	7 290	6 794	16	130
当年投入人数	合计(人年)	2	8 940.7	879.9	88.8	540.5	6.6	161.5	206.6	761.8	2 183.7	1 482	11.6	0.1	1 433.4	1 154.4	6	23.8
	研究生(人年)	3	943.5	167.5	16.3	93.6	0.1	45.8	26	105.7	81.2	105.1	5.3	0	195.8	95.3	3.8	2
当年拨入经费	合计(千元)	4	993 769.67	136 311.7	10 070.5	32 019.4	268	43 315.02	27 827.72	39 218.88	34 014.36	78 835.84	7 109.28	0	527 448.53	55 589	1 025.94	715.5
	当年立项项目拨入经费(千元)	5	877 941.52	126 288	8 968	15 036	238	29 556.45	20 667.76	27 818.3	25 802.4	69 805.86	5 320.92	0	494 063.74	53 346.09	436	594
当年支出经费(千元)		6	907 133.64	123 835.44	9 941.79	30 304.84	309.6	39 835.23	27 413.83	38 029.24	32 671	79 666.68	6 260.17	184	474 875.65	42 345.96	960.7	499.51
当年新开课题数(项)		7	14 873	557	51	381	6	135	239	777	3 023	3 109	12	0	4 178	2 368	3	34
当年新开课题批准经费(千元)		8	1 086 859.83	144 390	13 760	36 238	238	55 451.62	28 952.81	36 801.5	37 861.1	85 055.2	5 322.74	0	552 092.26	89 591.6	496	609
当年完成课题数(项)		9	12 401	289	16	236	1	192	244	512	2 145	2 688	13	1	3638	2373	11	42

续表

出版著作(部)	合计		10	1011	174	13	111	1	25	34	121	140	168	1	1	82	138	1	1
	专著	合计	11	619	122	12	91	0	21	14	77	99	83	1	1	29	62	1	1
		被译成外文	12	23	1	0	5	0	4	0	2	6	3	0	0	1	1	0	0
	编著教材		13	295	46	1	19	1	4	9	32	35	52	0	0	43	53	0	0
	工具书/参考书		14	12	3	0	1	0	0	0	2	0	3	0	0	1	2	0	0
	皮书/发展报告		15	34	3	0	0	0	0	7	2	2	4	0	0	6	10	0	0
	科普读物		16	51	0	0	0	0	0	4	8	4	21	0	0	3	11	0	0
古籍整理(部)			17	11	4	0	3	2	0	1	0	0	0	0	0	0	1	0	0
译著(部)			18	41	6	0	7	0	0	0	5	7	7	0	0	3	5	0	1
发表译文(篇)			19	11	6	1	0	0	0	0	3	0	0	0	0	1	0	0	0
电子出版物(件)			20	52	14	0	0	0	0	11	4	1	9	0	0	4	9	0	0
发表论文(篇)	合计		21	19 878	2 589	210	1 281	13	864	326	1 776	4 938	3 284	15	0	1 241	3 242	6	93
	国内学术刊物		22	18 728	2 361	204	1 163	12	575	279	1 659	4 817	3 205	6	0	1 202	3 150	6	89
	国外学术刊物		23	1 139	221	6	116	1	289	47	117	120	79	9	0	39	91	0	4
	港澳台刊物		24	11	7	0	2	0	0	0	0	1	0	0	0	0	1	0	0
研究与咨询报告(篇)	合计		25	2 900	40	5	16	0	15	14	61	40	714	3	2	1 859	124	2	5
	被采纳数		26	1 423	30	5	14	0	13	10	50	11	223	2	0	975	86	1	3

八、社科研究、课题与成果(来源情况)

2. 公办本科高等学校人文、社会科学研究与课题成果来源情况表

	编号	合计	国家社科基金项目	国家社科基金单列学科项目	教育部人文社科研究项目	高校古籍整理研究项目	国家自然科学基金项目	中央其他部门社科专门项目	省、市、自治区社科基金项目	省教育厅社科项目	地、市、厅、局等政府部门项目	国际合作研究项目	与港、澳、台地区合作研究项目	企事业单位委托项目	学校社科项目	外资项目	其他
		课题来源															
		L01	L02	L03	L04	L05	L06	L07	L08	L09	L10	L11	L12	L13	L14	L15	L16
课题数(项)	1	27 708	2 426	205	1 674	31	656	872	2 591	5 403	4 269	36	0	5 711	3 801	14	19
当年投入人数 合计(人年)	2	6 456.9	876.2	86.5	512.2	6.4	159	198.8	665.8	1 215.2	981.2	10.2	0	1 083.5	651	5.6	5.3
当年投入人数 研究生(人年)	3	943	167.5	16.3	93.6	0.1	45.8	26	105.7	81.2	105.1	5.3	0	195.8	95.3	3.8	1.5
当年拨入经费 合计(千元)	4	914 915.46	135 731.7	9 827.5	30 518.4	268	42 768.1	26 548.72	37 314.38	20 686.6	69 355.34	7 080.64	0	485 090.58	48 928.5	486	311
当年拨入经费 当年立项项目拨入经费(千元)	5	807 400.64	125 718	8 778	14 421	238	29 356.45	20 205.76	26 428.8	14 472.2	61 164.26	5 292.28	0	45 3031.89	47 551	436	307
当年支出经费(千元)	6	837 577.81	123 462.88	9 758.79	29 138.04	309.6	39 313.26	26 693.64	36 410.52	21 238.29	70 147.99	6 229.53	0	437 543.41	36 850.25	321	160.61
当年新开课题数(项)	7	9719	554	50	362	6	134	231	631	1514	1 745	11	0	3228	1 244	3	6
当年新开课题批准经费(千元)	8	1 003 516.19	143 790	13 560	34 768	238	55 051.62	28 402.81	34 670	23 195	74 226.7	5 292.38	0	507 126.58	82 380.1	496	319
当年完成课题数(项)	9	8 189	288	16	228	1	192	236	411	1 069	1 545	13	0	2 746	1 423	11	10

续表

出版著作（部）	合计		10	837	173	13	107	1	25	32	106	98	121	1	1	62	95	1	1
	专著	合计	11	548	122	12	87	0	21	14	71	74	67	1	1	25	51	1	1
		被译成外文	12	23	1	0	5	0	4	0	2	6	3	0	0	1	1	0	0
	编著教材		13	205	46	1	19	1	4	7	24	18	34	0	0	29	22	0	0
	工具书/参考书		14	10	3	0	1	0	0	0	2	0	2	0	0	1	1	0	0
	皮书/发展报告		15	26	2	0	0	0	0	7	1	2	0	0	0	4	10	0	0
	科普读物		16	48	0	0	0	0	0	4	8	4	18	0	0	3	11	0	0
古籍整理（部）			17	11	4	0	3	2	0	1	0	0	0	0	0	0	1	0	0
译著（部）			18	36	6	0	7	0	0	0	5	4	6	0	0	3	4	0	1
发表译文（篇）			19	10	6	1	0	0	0	0	3	0	0	0	0	0	0	0	0
电子出版物（件）			20	50	14	0	0	0	0	11	4	0	8	0	0	4	9	0	0
发表论文（篇）	合计		21	12 851	2 570	207	1 212	13	860	307	1 456	2 201	1 660	13	0	843	1 483	6	20
	国内学术刊物		22	11 753	2 342	201	1 101	12	571	260	1 341	2 106	1 593	4	0	805	1 395	6	16
	国外学术刊物		23	1 088	221	6	109	1	289	47	115	94	67	9	0	38	88	0	4
	港澳台刊物		24	10	7	0	2	0	0	0	0	1	0	0	0	0	0	0	0
研究与咨询报告（篇）	合计		25	1 970	39	5	15	0	15	13	55	14	396	3	0	1 323	90	2	0
	被采纳数		26	974	30	5	13	0	13	9	48	7	136	2	0	629	81	1	0

八、社科研究、课题与成果（来源情况）

2.1 南京大学人文、社会科学研究与课题成果来源情况表

			课题来源															
			合计	国家社科基金项目	国家社科基金单列学科项目	教育部人文社科研究项目	高校古籍整理研究项目	国家自然科学基金项目	中央其他部门社科专门项目	省、市、自治区社科基金项目	省教育厅社科项目	地、市、厅、局等政府部门项目	国际合作研究项目	与港、澳、台地区合作研究项目	企事业单位委托项目	学校社科项目	外资项目	其他
		编号	L01	L02	L03	L04	L05	L06	L07	L08	L09	L10	L11	L12	L13	L14	L15	L16
课题数(项)		1	1 554	384	25	171	8	92	11	204	29	20	3	0	352	255	0	0
当年投入人数	合计(人年)	2	222.3	74	4.1	31.7	0.9	16	1.4	26.8	3.4	2.7	0.3	0	30.2	30.8	0	0
	研究生(人年)	3	76.7	33.3	1.4	13.5	0.1	8.7	0.4	5.9	1	0.8	0	0	7.4	4.2	0	0
当年拨入经费	合计(千元)	4	56 744.99	19 568.5	31.5	1 624.5	0	4 382.85	200	1 216	41	280	134.29	0	29 266.35	0	0	0
	当年立项项目拨入经费(千元)	5	54 882.64	19 000	0	1 500	0	3 684	50	968	0	280	134.29	0	29 266.35	0	0	0
当年支出经费(千元)		6	48 169.91	13 709.5	506.7	1 234.5	0	3 590.45	175	975.2	45.8	222.5	67.14	0	27 599.92	43.2	0	0
当年新开课题数(项)		7	389	62	0	23	0	19	1	25	0	6	1	0	155	97	0	0
当年新开课题批准经费(千元)		8	65 560.64	20 000	0	3 000	0	6 140	50	1 610	0	280	134.29	0	29 266.35	5 080	0	0
当年完成课题数(项)		9	551	51	5	14	0	28	3	20	3	12	0	0	259	156	0	0

续表

		编号																
出版著作(部)	合计	10	17	5	0	5	0	4	0	1	0	0	0	1	0	1	0	0
	专著 合计	11	15	5	0	4	0	3	0	1	0	0	0	1	0	1	0	0
	专著 被译成外文	12	2	0	0	1	0	1	0	0	0	0	0	0	0	0	0	0
	编著教材	13	2	0	0	1	0	1	0	0	0	0	0	0	0	0	0	0
	工具书/参考书	14	0	0	0	0	0	0	0	0	0	0	0	0	0	0	0	0
	皮书/发展报告	15	0	0	0	0	0	0	0	0	0	0	0	0	0	0	0	0
	科普读物	16	0	0	0	0	0	0	0	0	0	0	0	0	0	0	0	0
古籍整理(部)		17	0	0	0	0	0	0	0	0	0	0	0	0	0	0	0	0
译著(部)		18	2	0	0	1	0	0	0	1	0	0	0	0	0	0	0	0
发表译文(篇)		19	0	0	0	0	0	0	0	0	0	0	0	0	0	0	0	0
电子出版物(件)		20	0	0	0	0	0	0	0	0	0	0	0	0	0	0	0	0
发表论文(篇)	合计	21	378	186	10	45	2	52	4	30	7	3	3	0	14	22	0	0
	国内学术刊物	22	299	163	10	40	2	25	3	27	5	2	0	0	4	18	0	0
	国外学术刊物	23	79	23	0	5	0	27	1	3	2	1	3	0	10	4	0	0
	港澳台刊物	24	0	0	0	0	0	0	0	0	0	0	0	0	0	0	0	0
研究与咨询报告(篇)	合计	25	40	0	0	0	0	0	0	2	0	3	0	0	35	0	0	0
	被采纳数	26	0	0	0	0	0	0	0	0	0	0	0	0	0	0	0	0

八、社科研究、课题与成果(来源情况)

2.2 东南大学人文、社会科学研究与课题成果来源情况表

		编号	课题来源 合计	国家社科基金项目	国家社科基金单列学科项目	教育部人文社科研究项目	高校古籍整理研究项目	国家自然科学基金项目	中央其他部门社科专门项目	省、市、自治区社科基金项目	省教育厅社科项目	地、市、厅、局等政府部门项目	国际合作研究项目	与港、澳、台地区合作研究项目	企事业单位委托项目	学校社科项目	外资项目	其他
			L01	L02	L03	L04	L05	L06	L07	L08	L09	L10	L11	L12	L13	L14	L15	L16
课题数(项)		1	1 292	179	19	94	0	0	78	188	101	190	7	0	117	319	0	0
当年投入人数	合计(人年)	2	284.6	43.3	5.4	31.2	0	0	19.7	48.8	27.8	40.7	2.3	0	22.8	42.6	0	0
	研究生(人年)	3	17.7	2.2	0.4	2.7	0	0	0.9	5	1.3	4.5	0.2	0	0.5	0	0	0
当年拨入经费	合计(千元)	4	25 351	7 080	1 330.5	1 219	0	0	703	6 754.8	1 236	3 485	0	0	3 430.7	112	0	0
	当年立项项目拨入经费(千元)	5	12 396.5	4 960	792	440	0	0	230	1 444.8	100	2 092	0	0	2 337.7	0	0	0
当年支出经费(千元)		6	34 282.21	9 729.4	1 800.96	1 351	0	0	1 741.9	7 705.6	1 262.1	3 824.25	0	0	4 016.21	2 850.79	0	0
当年新开课题数(项)		7	336	33	4	8	0	0	13	41	22	41	0	0	38	136	0	0
当年新开课题批准经费(千元)		8	33 095.5	8 900	1 480	760	0	0	660	2 294	500	3 585	0	0	8 116.5	6 800	0	0
当年完成课题数(项)		9	178	21	1	12	0	0	2	6	6	18	0	0	28	84	0	0

续表

出版著作(部)	合计		10	41	21	0	1	0	1	0	1	0	0	0	0	2	15	0	0
	专著	合计	11	33	14	0	1	0	1	0	0	0	0	0	0	2	15	0	0
		被译成外文	12	0	0	0	0	0	0	0	0	0	0	0	0	0	0	0	0
	编著教材		13	8	7	0	0	0	0	0	1	0	0	0	0	0	0	0	0
	工具书/参考书		14	0	0	0	0	0	0	0	0	0	0	0	0	0	0	0	0
	皮书/发展报告		15	0	0	0	0	0	0	0	0	0	0	0	0	0	0	0	0
	科普读物		16	0	0	0	0	0	0	0	0	0	0	0	0	0	0	0	0
古籍整理(部)			17	0	0	0	0	0	0	0	0	0	0	0	0	0	0	0	0
译著(部)			18	0	0	0	0	0	0	0	0	0	0	0	0	0	0	0	0
发表译文(篇)			19	2	0	0	0	0	0	0	2	0	0	0	0	0	0	0	0
电子出版物(件)			20	0	0	0	0	0	0	0	0	0	0	0	0	0	0	0	0
发表论文(篇)	合计		21	446	251	3	31	0	30	1	48	26	7	0	0	28	21	0	0
	国内学术刊物		22	446	251	3	31	0	30	1	48	26	7	0	0	28	21	0	0
	国外学术刊物		23	0	0	0	0	0	0	0	0	0	0	0	0	0	0	0	0
	港澳台刊物		24	0	0	0	0	0	0	0	0	0	0	0	0	0	0	0	0
研究与咨询报告(篇)	合计		25	21	13	1	1	0	0	0	3	1	1	0	0	1	0	0	0
	被采纳数		26	20	13	1	1	0	0	0	2	1	1	0	0	1	0	0	0

八、社科研究、课题与成果(来源情况)

2.3 江南大学人文、社会科学研究与课题成果来源情况表

		编号	课题来源															
			合计	国家社科基金项目	国家社科基金单列学科项目	教育部人文社科研究项目	高校古籍整理研究项目	国家自然科学基金项目	中央其他部门社科专门项目	省、市、自治区社科基金项目	省教育厅社科项目	地、市、厅、局等政府部门项目	国际合作研究项目	与港、澳、台地区合作研究项目	企事业单位委托项目	学校社科项目	外资项目	其他
			L01	L02	L03	L04	L05	L06	L07	L08	L09	L10	L11	L12	L13	L14	L15	L16
课题数(项)		1	516	23	9	58	0	10	12	51	96	120	0	0	126	11	0	0
当年投入人数	合计(人年)	2	457.4	31.1	12.5	47.2	0	9.9	9.5	51.3	77.5	108.1	0	0	102.1	8.2	0	0
	研究生(人年)	3	212.4	25.1	8.7	26.5	0	1.2	0.9	26.2	31.6	27.2	0	0	63	2	0	0
当年拨入经费	合计(千元)	4	26 665.38	2 615	860	480	0	360	78.5	783	10	701	0	0	20492.88	285	0	0
	当年立项项目拨入经费(千元)	5	26 665.38	2 615	860	480	0	360	78.5	783	10	701	0	0	20 492.88	285	0	0
当年支出经费(千元)		6	25 578.48	2 480	730	535	0	870	124.5	992	141.6	1 865.5	0	0	17 554.88	285	0	0
当年新开课题数(项)		7	201	13	4	20	0	1	2	19	45	30	0	0	62	5	0	0
当年新开课题批准经费(千元)		8	29 137.38	2 900	950	1 760	0	400	78.5	980	450	801	0	0	20 492.88	325	0	0
当年完成课题数(项)		9	176	4	1	1	0	4	1	32	44	37	0	0	47	5	0	0

八、社科研究、课题与成果(来源情况)

续表

出版著作(部)	合计		10	44	0	0	8	0	0	0	5	0	10	0	0	16	5	0	0
	专著	合计	11	3	0	0	2	0	0	0	0	0	0	0	0	1	0	0	0
		被译成外文	12	0	0	0	0	0	0	0	0	0	0	0	0	0	0	0	0
	编著教材		13	41	0	0	6	0	0	0	5	0	10	0	0	15	5	0	0
	工具书/参考书		14	0	0	0	0	0	0	0	0	0	0	0	0	0	0	0	0
	皮书/发展报告		15	0	0	0	0	0	0	0	0	0	0	0	0	0	0	0	0
	科普读物		16	0	0	0	0	0	0	0	0	0	0	0	0	0	0	0	0
古籍整理(部)			17	0	0	0	0	0	0	0	0	0	0	0	0	0	0	0	0
译著(部)			18	0	0	0	0	0	0	0	0	0	0	0	0	0	0	0	0
发表译文(篇)			19	0	0	0	0	0	0	0	0	0	0	0	0	0	0	0	0
电子出版物(件)			20	0	0	0	0	0	0	0	0	0	0	0	0	0	0	0	0
发表论文(篇)	合计		21	379	42	0	63	0	2	0	59	49	58	0	0	65	41	0	0
	国内学术刊物		22	346	36	0	53	0	0	0	55	44	55	0	0	62	41	0	0
	国外学术刊物		23	33	6	0	10	0	2	0	4	5	3	0	0	3	0	0	0
	港澳台刊物		24	0	0	0	0	0	0	0	0	0	0	0	0	0	0	0	0
研究与咨询报告(篇)	合计		25	4	1	0	0	0	0	0	0	0	0	0	0	3	0	0	0
	被采纳数		26	0	0	0	0	0	0	0	0	0	0	0	0	0	0	0	0

2.4 南京农业大学人文、社会科学研究与课题成果来源情况表

			课题来源															
			合计	国家社科基金项目	国家社科基金单列学科项目	教育部人文社科研究项目	高校古籍整理研究项目	国家自然科学基金项目	中央其他部门社科专门项目	省、市、自治区社科基金项目	省教育厅社科项目	地、市、厅、局等政府部门项目	国际合作研究项目	与港、澳、台地区合作研究项目	企事业单位委托项目	学校社科项目	外资项目	其他
		编号	L01	L02	L03	L04	L05	L06	L07	L08	L09	L10	L11	L12	L13	L14	L15	L16
课题数(项)		1	1 830	66	0	57	0	109	180	63	110	358	7	0	317	563	0	0
当年投入人数	合计(人年)	2	232.7	16	0	9.4	0	16.9	19	8.7	19.1	39.6	0.1	0	48.3	55.6	0	0
	研究生(人年)	3	67	5.9	0	3.1	0	7.7	6.7	0.9	7	9.8	0	0	16.3	9.6	0	0
当年拨入经费	合计(千元)	4	36 232.74	2 899	0	1 477	0	6 660	9 739.77	672	936	7 058.5	29.37	0	6 761.1	0	0	0
	当年立项项目拨入经费(千元)	5	24 996.95	2 366	0	347	0	4 112	6 897.35	214	400	5 392.5	0	0	5 268.1	0	0	0
当年支出经费(千元)		6	36 163.77	3 404.24	0	1 380.38	0	6 420.48	9 843.91	844.9	889.4	6 970.7	28.11	0	6 381.65	0	0	0
当年新开课题数(项)		7	346	16	0	9	0	16	29	6	19	85	0	0	66	100	0	0
当年新开课题批准经费(千元)		8	50 755.7	4 170	0	800	0	8 005	11 234.6	280	430	11 769.5	0	0	9 620.6	4 446	0	0
当年完成课题数(项)		9	539	10	0	3	0	36	77	21	29	119	6	0	30	208	0	0

续表

出版著作(部)	合计		10	11	2	0	2	1	2	1	0	0	0	0	0	2	1	0	0
	专著	合计	11	8	2	0	2	0	2	0	0	0	0	0	0	1	1	0	0
		被译成外文	12	1	0	0	0	0	0	0	0	0	0	0	0	1	0	0	0
	编著教材		13	3	0	0	0	1	0	1	0	0	0	0	0	1	0	0	0
	工具书/参考书		14	0	0	0	0	0	0	0	0	0	0	0	0	0	0	0	0
	皮书/发展报告		15	0	0	0	0	0	0	0	0	0	0	0	0	0	0	0	0
	科普读物		16	0	0	0	0	0	0	0	0	0	0	0	0	0	0	0	0
古籍整理(部)			17	0	0	0	0	0	0	0	0	0	0	0	0	0	0	0	0
译著(部)			18	0	0	0	0	0	0	0	0	0	0	0	0	0	0	0	0
发表译文(篇)			19	0	0	0	0	0	0	0	0	0	0	0	0	0	0	0	0
电子出版物(件)			20	0	0	0	0	0	0	0	0	0	0	0	0	0	0	0	0
发表论文(篇)	合计		21	313	88	0	32	0	85	12	29	8	26	5	0	2	26	0	0
	国内学术刊物		22	285	85	0	31	0	68	10	25	8	26	4	0	2	26	0	0
	国外学术刊物		23	28	3	0	1	0	17	2	4	0	0	1	0	0	0	0	0
	港澳台刊物		24	0	0	0	0	0	0	0	0	0	0	0	0	0	0	0	0
研究与咨询报告(篇)	合计		25	26	0	0	0	0	0	0	1	0	1	0	0	23	1	0	0
	被采纳数		26	17	0	0	0	0	0	0	1	0	1	0	0	14	1	0	0

八、社科研究、课题与成果(米源情况)

2.5 中国矿业大学人文、社会科学研究与课题成果来源情况表

			课题来源															
			合计	国家社科基金项目	国家社科基金单列学科项目	教育部人文社科研究项目	高校古籍整理研究项目	国家自然科学基金项目	中央其他部门社科专门项目	省、市、自治区社科基金项目	省教育厅社科项目	地、市、厅、局等政府部门项目	国际合作研究项目	与港、澳、台地区合作研究项目	企事业单位委托项目	学校社科项目	外资项目	其他
		编号	L01	L02	L03	L04	L05	L06	L07	L08	L09	L10	L11	L12	L13	L14	L15	L16
课题数(项)		1	779	50	1	74	0	43	27	56	72	189	0	0	174	93	0	0
当年投入人数	合计(人年)	2	177.4	13.7	0.1	24.1	0	5.6	3.9	17	14.8	41.2	0	0	39.1	17.9	0	0
	研究生(人年)	3	19.3	1.2	0	3.3	0	0.3	0.3	1.4	0.3	5.3	0	0	4.4	2.8	0	0
当年拨入经费	合计(千元)	4	21 131.51	4 294.5	7.5	1 584	0	3 401	473	774	779	634.28	0	0	9 184.23	0	0	0
	当年立项项目拨入经费(千元)	5	13 322.03	4 240	0	665	0	1 659	466	468	420	426.5	0	0	4 977.53	0	0	0
当年支出经费(千元)		6	10 876.42	751.43	0	730.72	0	1 447.77	784.66	950.44	311.91	410.9	0	0	5 487.99	0.6	0	0
当年新开课题数(项)		7	184	19	0	13	0	8	6	11	6	39	0	0	63	19	0	0
当年新开课题批准经费(千元)		8	27 277.55	4 500	0	1 500	0	3 891	640	590	1 110	707.5	0	0	11 409.05	2 930	0	0
当年完成课题数(项)		9	171	3	1	10	0	4	5	9	13	42	0	0	59	25	0	0

续表

八、社科研究、课题与成果（来源情况）

序号	项目		合计	C2	C3	C4	C5	C6	C7	C8	C9	C10	C11	C12	C13	C14	C15
10	出版著作(部)	合计	24	3	0	7	0	2	1	0	0	0	11	0	0	0	0
11		专著 合计	14	3	0	7	0	2	1	0	0	0	1	0	0	0	0
12		被译成外文	0	0	0	0	0	0	0	0	0	0	0	0	0	0	0
13		编著教材	9	0	0	0	0	0	0	0	0	0	9	0	0	0	0
14		工具书/参考书	1	0	0	0	0	0	0	0	0	0	1	0	0	0	0
15		皮书/发展报告	0	0	0	0	0	0	0	0	0	0	0	0	0	0	0
16		科普读物	0	0	0	0	0	0	0	0	0	0	0	0	0	0	0
17	古籍整理(部)		0	0	0	0	0	0	0	0	0	0	0	0	0	0	0
18	译著(部)		4	1	0	0	0	0	0	0	0	0	3	0	0	0	0
19	发表译文(篇)		0	0	0	0	0	0	0	0	0	0	0	0	0	0	0
20	电子出版物(件)		0	0	0	0	0	0	0	0	0	0	0	0	0	0	0
21	发表论文(篇)	合计	450	52	0	54	0	52	15	47	51	104	15	60	0	0	0
22		国内学术刊物	290	32	0	42	0	15	2	36	33	91	6	33	0	0	0
23		国外学术刊物	160	20	0	12	0	37	13	11	18	13	9	27	0	0	0
24		港澳台刊物	0	0	0	0	0	0	0	0	0	0	0	0	0	0	0
25	研究与咨询报告(篇)	合计	83	2	0	0	0	0	0	1	0	26	54	0	0	0	0
26		被采纳数	53	0	0	0	0	0	0	0	0	0	53	0	0	0	0

2.6 河海大学人文、社会科学研究与课题成果来源情况表

		编号	课题来源：合计	国家社科基金项目	国家社科基金单列学科项目	教育部人文社科研究项目	高校古籍整理研究项目	国家自然科学基金项目	中央其他部门社科专门项目	省、市、自治区社科基金项目	省教育厅社科项目	地、市、厅、局等政府部门项目	国际合作研究项目	与港、澳、台地区合作研究项目	企事业单位委托项目	学校社科项目	外资项目	其他
			L01	L02	L03	L04	L05	L06	L07	L08	L09	L10	L11	L12	L13	L14	L15	L16
课题数(项)		1	1 040	84	4	57	0	58	28	101	69	132	17	0	195	277	13	5
当年投入人数	合计(人年)	2	397.7	35.3	1.4	23.2	0	20.9	11.4	35.5	22.8	51.5	7.2	0	76.8	104.2	5.4	2.1
	研究生(人年)	3	267.6	21.1	0.7	14.5	0	13.4	7.3	25.4	16	35.3	5.1	0	49.9	73.6	3.8	1.5
当年拨入经费	合计(千元)	4	57 623.96	3 800	190	2 022	0	4 331.5	3 685.78	1 524	264	8 287	6 192.98	0	26 750.7	0	486	90
	当年立项项目拨入经费(千元)	5	48 813.99	3 490	190	235	0	1 799.5	3 510	1 464	152	7 005	5 157.99	0	25 284.5	0	436	90
当年支出经费(千元)		6	50 270.01	2 040	126	1 870	0	3 972	3 005.78	1 372	195.2	7 391.51	5 684.98	0	24 222.54	0	320	70
当年新开课题数(项)		7	425	16	1	9	0	3	11	27	23	71	10	0	91	159	3	1
当年新开课题批准经费(千元)		8	62 691.7	3 920	200	780	0	3 080	3 510	1 700	430	8 199	5 158.09	0	26 473.61	8 685	496	60
当年完成课题数(项)		9	376	10	0	8	0	15	15	11	13	61	7	0	104	118	10	4

续表

出版著作(部)	合计		10	58	6	0	2	0	2	6	8	2	22	0	0	6	4	0	0
	专著	合计	11	14	3	0	1	0	2	0	1	0	1	0	0	2	4	0	0
		被译成外文	12	0	0	0	0	0	0	0	0	0	0	0	0	0	0	0	0
	编著教材		13	7	1	0	1	0	0	0	0	0	5	0	0	0	0	0	0
	工具书/参考书		14	2	0	0	0	0	0	0	0	0	1	0	0	1	0	0	0
	皮书/发展报告		15	4	2	0	0	0	0	2	0	0	0	0	0	0	0	0	0
	科普读物		16	31	0	0	0	0	0	4	7	2	15	0	0	3	0	0	0
古籍整理(部)			17	0	0	0	0	0	0	0	0	0	0	0	0	0	0	0	0
译著(部)			18	0	0	0	0	0	0	0	0	0	0	0	0	0	0	0	0
发表译文(篇)			19	0	0	0	0	0	0	0	0	0	0	0	0	0	0	0	0
电子出版物(件)			20	48	13	0	0	0	0	11	4	0	7	0	0	4	9	0	0
发表论文(篇)	合计		21	1 199	183	1	98	0	119	89	185	29	157	5	0	171	152	6	4
	国内学术刊物		22	931	126	0	64	0	73	63	132	22	143	0	0	162	140	6	0
	国外学术刊物		23	268	57	1	34	0	46	26	53	7	14	5	0	9	12	0	4
	港澳台刊物		24	0	0	0	0	0	0	0	0	0	0	0	0	0	0	0	0
研究与咨询报告(篇)	合计		25	264	7	1	7	0	11	9	27	4	55	3	0	63	76	1	0
	被采纳数		26	226	6	1	5	0	11	7	26	4	44	2	0	43	76	1	0

八、社科研究、课题与成果(来源情况)

2.7 南京理工大学人文、社会科学研究与课题成果来源情况表

		编号	合计	国家社科基金项目	国家社科基金单列学科项目	教育部人文社科研究项目	高校古籍整理研究项目	国家自然科学基金项目	中央其他部门社科专门项目	省、市、自治区社科基金项目	省教育厅社科项目	地、市、厅、局等政府部门项目	国际合作研究项目	与港、澳、台地区合作研究项目	企事业单位委托项目	学校社科项目	外资项目	其他
			L01	L02	L03	L04	L05	L06	L07	L08	L09	L10	L11	L12	L13	L14	L15	L16
课题数(项)		1	601	38	2	47	0	53	24	72	39	72	0	0	157	97	0	0
当年投入人数	合计(人年)	2	91.8	8.5	1.7	8	0	8.8	4.9	12.5	5.3	9.7	0	0	21.5	10.9	0	0
	研究生(人年)	3	5.9	0.7	0	0.4	0	0.1	0.2	0.9	0.8	0.9	0	0	1.8	0.1	0	0
当年拨入经费	合计(千元)	4	16 480.7	1 498	0	805	0	3 197.76	772	820	110	1150	0	0	8127.94	0	0	0
	当年立项项目拨入经费(千元)	5	15 151.14	1 220	0	310	0	2 860	740	770	110	1140	0	0	8 001.14	0	0	0
当年支出经费(千元)		6	18 601.47	2 270.69	160	825.68	0	4 749.71	599.67	1 129.01	181	2 013.88	0	0	6 671.83	0	0	0
当年新开课题数(项)		7	195	6	0	9	0	11	8	19	11	18	0	0	70	43	0	0
当年新开课题批准经费(千元)		8	20 524.14	1 300	0	780	0	5 720	770	870	130	1 190	0	0	8 214.14	1 550	0	0
当年完成课题数(项)		9	198	6	0	9	0	27	4	6	11	34	0	0	88	13	0	0

续表

出版著作(部)	合计		10	34	4	0	8	0	7	4	2	4	4	0	0	0	1	0	0
	专著	合计	11	25	2	0	8	0	4	3	2	2	4	0	0	0	0	0	0
		被译成外文	12	3	1	0	0	0	2	0	0	0	0	0	0	0	0	0	0
	编著教材		13	7	2	0	0	0	3	1	0	0	0	0	0	0	1	0	0
	工具书/参考书		14	0	0	0	0	0	0	0	0	0	0	0	0	0	0	0	0
	皮书/发展报告		15	2	0	0	0	0	0	0	0	2	0	0	0	0	0	0	0
	科普读物		16	0	0	0	0	0	0	0	0	0	0	0	0	0	0	0	0
古籍整理(部)			17	0	0	0	0	0	0	0	0	0	0	0	0	0	0	0	0
译著(部)			18	1	0	0	0	0	0	0	0	0	0	0	0	0	1	0	0
发表译文(篇)			19	0	0	0	0	0	0	0	0	0	0	0	0	0	0	0	0
电子出版物(件)			20	0	0	0	0	0	0	0	0	0	0	0	0	0	0	0	0
发表论文(篇)	合计		21	286	51	0	39	0	62	3	43	14	14	0	0	26	34	0	0
	国内学术刊物		22	253	47	0	32	0	46	1	42	14	13	0	0	26	32	0	0
	国外学术刊物		23	33	4	0	7	0	16	2	1	0	1	0	0	0	2	0	0
	港澳台刊物		24	0	0	0	0	0	0	0	0	0	0	0	0	0	0	0	0
研究与咨询报告(篇)	合计		25	29	0	0	0	0	0	2	0	0	7	0	0	20	0	0	0
	被采纳数		26	9	0	0	0	0	0	0	0	0	7	0	0	2	0	0	0

2.8 南京航空航天大学人文、社会科学研究与课题成果来源情况表

			课题来源															
			合计	国家社科基金项目	国家社科基金单列学科项目	教育部人文社科研究项目	高校古籍整理研究项目	国家自然科学基金项目	中央其他部门社科专门项目	省、市、自治区社科基金项目	省教育厅社科项目	地、市、厅、局等政府部门项目	国际合作研究项目	与港、澳、台地区合作研究项目	企事业单位委托项目	学校社科项目	外资项目	其他
		编号	L01	L02	L03	L04	L05	L06	L07	L08	L09	L10	L11	L12	L13	L14	L15	L16
课题数(项)		1	343	55	4	34	0	39	11	61	37	35	0	0	39	28	0	0
当年投入人数	合计(人年)	2	79.1	15.3	1	7.8	0	10.2	2.4	12.2	6.7	6.5	0	0	10.8	6.2	0	0
	研究生(人年)	3	0.7	0	0	0	0	0	0	0.4	0	0	0	0	0.3	0	0	0
当年拨入经费	合计(千元)	4	10 885.8	2 803.3	324	646	0	1 978	47.5	598	442	314	0	0	3733	0	0	0
	当年立项项目拨入经费(千元)	5	10 159.5	2 770	324	255	0	1 978	47.5	538	200	314	0	0	3 733	0	0	0
当年支出经费(千元)		6	11 783.8	2 940.5	309	661.8	0	2 403.4	53.5	599.9	452	383	0	0	3 969.7	11	0	0
当年新开课题数(项)		7	98	13	2	8	0	7	4	21	5	6	0	0	18	14	0	0
当年新开课题批准经费(千元)		8	17 509	2 950	360	680	0	3 615	75	624	500	360	0	0	5 725	2 620	0	0
当年完成课题数(项)		9	31	4	0	2	0	9	0	5	7	2	0	0	2	0	0	0

续表

出版著作（部）	合计		10	32	2	0	0	0	1	7	2	1	2	0	0	3	14	0	0
	专著	合计	11	9	2	0	0	0	1	1	1	1	1	0	0	0	2	0	0
		被译成外文	12	1	0	0	0	0	1	0	0	0	0	0	0	0	0	0	0
	编著教材		13	5	0	0	0	0	0	1	1	0	1	0	0	0	2	0	0
	工具书/参考书		14	0	0	0	0	0	0	0	0	0	0	0	0	0	0	0	0
	皮书/发展报告		15	18	0	0	0	0	0	5	0	0	0	0	0	3	10	0	0
	科普读物		16	0	0	0	0	0	0	0	0	0	0	0	0	0	0	0	0
古籍整理（部）			17	1	0	0	0	0	0	0	0	0	0	0	0	0	1	0	0
译著（部）			18	0	0	0	0	0	0	0	0	0	0	0	0	0	0	0	0
发表译文（篇）			19	0	0	0	0	0	0	0	0	0	0	0	0	0	0	0	0
电子出版物（件）			20	0	0	0	0	0	0	0	0	0	0	0	0	0	0	0	0
发表论文（篇）	合计		21	215	69	1	16	0	36	9	16	21	6	0	0	2	39	0	0
	国内学术刊物		22	160	59	1	12	0	13	9	13	15	5	0	0	1	32	0	0
	国外学术刊物		23	55	10	0	4	0	23	0	3	6	1	0	0	1	7	0	0
	港澳台刊物		24	0	0	0	0	0	0	0	0	0	0	0	0	0	0	0	0
研究与咨询报告（篇）	合计		25	4	0	0	0	0	0	0	0	0	0	0	0	4	0	0	0
	被采纳数		26	4	0	0	0	0	0	0	0	0	0	0	0	4	0	0	0

2.9 中国药科大学人文、社会科学研究与课题成果来源情况表

			课题来源															
			合计	国家社科基金项目	国家社科基金单列学科项目	教育部人文社科研究项目	高校古籍整理研究项目	国家自然科学基金项目	中央其他部门社科专门项目	省、市、自治区社科基金项目	省教育厅社科项目	地、市、厅、局等政府部门项目	国际合作研究项目	与港、澳、台地区合作研究项目	企事业单位委托项目	学校社科项目	外资项目	其他
		编号	L01	L02	L03	L04	L05	L06	L07	L08	L09	L10	L11	L12	L13	L14	L15	L16
课题数(项)		1	310	3	0	11	0	5	61	10	65	25	0	0	106	24	0	0
当年投入人数	合计(人年)	2	50.5	1.3	0	1.7	0	1.4	9.6	1.9	7.6	5.1	0	0	17.9	4	0	0
	研究生(人年)	3	2.9	0	0	0	0	0	0.9	0	0	1.1	0	0	0.9	0	0	0
当年拨入经费	合计(千元)	4	13 466.91	10	0	150	0	0	3 582.71	472	40	520.2	0	0	8562	130	0	0
	当年立项项目拨入经费(千元)	5	13 006.91	0	0	120	0	0	3 332.71	472	40	520.2	0	0	8 392	130	0	0
当年支出经费(千元)		6	15 111.91	110	0	250	0	100	3 582.71	40	72	520.2	0	0	10307	130	0	0
当年新开课题数(项)		7	106	0	0	3	0	0	36	4	4	9	0	0	33	17	0	0
当年新开课题批准经费(千元)		8	13 222.91	0	0	240	0	0	3 423.71	472	40	520.2	0	0	8 392	135	0	0
当年完成课题数(项)		9	137	1	0	2	0	3	24	7	8	16	0	0	56	20	0	0

续表

出版著作(部)	合计		10	2	0	0	0	0	0	0	0	0	0	0	0	1	1	0	0
	专著	合计	11	2	0	0	0	0	0	0	0	0	0	0	0	1	1	0	0
		被译成外文	12	0	0	0	0	0	0	0	0	0	0	0	0	0	0	0	0
	编著教材		13	0	0	0	0	0	0	0	0	0	0	0	0	0	0	0	0
	工具书/参考书		14	0	0	0	0	0	0	0	0	0	0	0	0	0	0	0	0
	皮书/发展报告		15	0	0	0	0	0	0	0	0	0	0	0	0	0	0	0	0
	科普读物		16	0	0	0	0	0	0	0	0	0	0	0	0	0	0	0	0
古籍整理(部)			17	0	0	0	0	0	0	0	0	0	0	0	0	0	0	0	0
译著(部)			18	2	0	0	0	0	0	0	0	1	0	0	0	1	0	0	0
发表译文(篇)			19	0	0	0	0	0	0	0	0	0	0	0	0	0	0	0	0
电子出版物(件)			20	0	0	0	0	0	0	0	0	0	0	0	0	0	0	0	0
发表论文(篇)	合计		21	151	1	0	3	0	1	30	10	10	9	0	0	68	16	0	3
	国内学术刊物		22	145	1	0	3	0	0	29	9	10	8	0	0	67	15	0	3
	国外学术刊物		23	6	0	0	0	0	1	1	1	0	1	0	0	1	1	0	0
	港澳台刊物		24	0	0	0	0	0	0	0	0	0	0	0	0	0	0	0	0
研究与咨询报告(篇)	合计		25	21	0	0	0	0	0	0	0	0	2	0	0	19	0	0	0
	被采纳数		26	21	0	0	0	0	0	0	0	0	2	0	0	19	0	0	0

2.10 南京森林警察学院人文、社会科学研究与课题成果来源情况表

		编号	合计	国家社科基金项目	国家社科基金单列学科项目	教育部人文社科研究项目	高校古籍整理研究项目	国家自然科学基金项目	中央其他部门社科专门项目	省、市、自治区社科基金项目	省教育厅社科项目	地、市、厅、局等政府部门项目	国际合作研究项目	与港、澳、台地区合作研究项目	企事业单位委托项目	学校社科项目	外资项目	其他
			课题来源															
		编号	L01	L02	L03	L04	L05	L06	L07	L08	L09	L10	L11	L12	L13	L14	L15	L16
课题数(项)		1	132	3	0	5	0	0	6	11	59	3	0	0	23	22	0	0
当年投入人数	合计(人年)	2	21.9	0.6	0	0.8	0	0	1.1	1.7	10.7	0.3	0	0	3.1	3.6	0	0
	研究生(人年)	3	0	0	0	0	0	0	0	0	0	0	0	0	0	0	0	0
当年拨入经费	合计(千元)	4	1 274.46	0	0	108	0	0	0	10	88	0	0	0	714.46	354	0	0
	当年立项项目拨入经费(千元)	5	1 087.11	0	0	100	0	0	0	0	40	0	0	0	593.11	354	0	0
当年支出经费(千元)		6	663.55	38.96	0	25.23	0	0	18.3	41.83	11.04	0	0	0	152.19	376	0	0
当年新开课题数(项)		7	54	0	0	2	0	0	0	2	25	1	0	0	3	21	0	0
当年新开课题批准经费(千元)		8	1683	0	0	200	0	0	0	0	100	6	0	0	1030	347	0	0
当年完成课题数(项)		9	31	1	0	1	0	0	0	3	9	3	0	0	0	14	0	0

八、社科研究、课题与成果(来源情况)

续表

出版著作(部)	合计	10	3	2	0	0	0	0	0	0	0	0	0	0	0	1	0	0
	专著 合计	11	2	1	0	0	0	0	0	0	0	0	0	0	0	1	0	0
	专著 被译成外文	12	0	0	0	0	0	0	0	0	0	0	0	0	0	0	0	0
	编著教材	13	0	0	0	0	0	0	0	0	0	0	0	0	0	0	0	0
	工具书/参考书	14	1	1	0	0	0	0	0	0	0	0	0	0	0	0	0	0
	皮书/发展报告	15	0	0	0	0	0	0	0	0	0	0	0	0	0	0	0	0
	科普读物	16	0	0	0	0	0	0	0	0	0	0	0	0	0	0	0	0
古籍整理(部)		17	0	0	0	0	0	0	0	0	0	0	0	0	0	0	0	0
译著(部)		18	0	0	0	0	0	0	0	0	0	0	0	0	0	0	0	0
发表译文(篇)		19	0	0	0	0	0	0	0	0	0	0	0	0	0	0	0	0
电子出版物(件)		20	0	0	0	0	0	0	0	0	0	0	0	0	0	0	0	0
发表论文(篇)	合计	21	143	5	0	31	0	0	6	1	31	7	0	0	3	59	0	0
	国内学术刊物	22	137	5	0	31	0	0	6	1	28	6	0	0	3	57	0	0
	国外学术刊物	23	5	0	0	0	0	0	0	0	2	1	0	0	0	2	0	0
	港、澳、台刊物	24	1	0	0	0	0	0	0	0	1	0	0	0	0	0	0	0
研究与咨询报告(篇)	合计	25	2	0	0	0	0	0	0	0	0	0	0	0	2	0	0	0
	被采纳数	26	0	0	0	0	0	0	0	0	0	0	0	0	0	0	0	0

2.11 苏州大学人文、社会科学研究与课题成果来源情况表

			课题来源															
			合计	国家社科基金项目	国家社科基金单列学科项目	教育部人文社科研究项目	高校古籍整理研究项目	国家自然科学基金项目	中央其他部门社科专门项目	省、市、自治区社科基金项目	省教育厅社科项目	地、市、厅、局等政府部门项目	国际合作研究项目	与港、澳、台地区合作研究项目	企事业单位委托项目	学校社科项目	外资项目	其他
		编号	L01	L02	L03	L04	L05	L06	L07	L08	L09	L10	L11	L12	L13	L14	L15	L16
课题数(项)		1	906	169	20	68	5	20	25	86	117	137	0	0	222	37	0	0
当年投入人数	合计(人年)	2	205.9	91.2	9.5	17.1	0.7	4.6	4	16.9	14.8	19.1	0	0	24.1	3.9	0	0
	研究生(人年)	3	27.6	23	1.2	1.4	0	0	0	1	0	0.9	0	0	0.1	0	0	0
当年拨入经费	合计(千元)	4	40 951	9 695	1 274	1 285	50	240	333	1 216	624	2 910	0	0	21 231	2 093	0	0
	当年立项项目拨入经费(千元)	5	39 389	9 420	1 182	375	50	240	330	1 012	624	2 910	0	0	21 153	2 093	0	0
当年支出经费(千元)		6	27 159.4	6 189.7	659	1 089	42	971	364	1 006	490.5	2 098.2	0	0	13 082	1168	0	0
当年新开课题数(项)		7	287	39	6	8	1	1	5	20	30	43	0	0	116	18	0	0
当年新开课题批准经费(千元)		8	42 655.5	10 050	2 130	860	50	500	335	1 240	1 200	2 920	0	0	21 227.5	2 143	0	0
当年完成课题数(项)		9	191	18	2	12	0	3	6	15	10	39	0	0	73	13	0	0

续表

出版著作(部)	合计		10	80	34	0	20	0	0	0	15	9	2	0	0	0	0	0	0
	专著	合计	11	34	13	0	12	0	0	0	6	2	1	0	0	0	0	0	0
		被译成外文	12	3	0	0	2	0	0	0	1	0	0	0	0	0	0	0	0
	编著教材		13	41	19	0	7	0	0	0	7	7	1	0	0	0	0	0	0
	工具书/参考书		14	5	2	0	1	0	0	0	2	0	0	0	0	0	0	0	0
	皮书/发展报告		15	0	0	0	0	0	0	0	0	0	0	0	0	0	0	0	0
	科普读物		16	0	0	0	0	0	0	0	0	0	0	0	0	0	0	0	0
古籍整理(部)			17	3	0	0	3	0	0	0	0	0	0	0	0	0	0	0	0
译著(部)			18	3	0	0	2	0	0	0	1	0	0	0	0	0	0	0	0
发表译文(篇)			19	0	0	0	0	0	0	0	0	0	0	0	0	0	0	0	0
电子出版物(件)			20	0	0	0	0	0	0	0	0	0	0	0	0	0	0	0	0
发表论文(篇)	合计		21	549	217	12	104	5	18	11	56	54	57	0	0	8	7	0	0
	国内学术刊物		22	478	177	12	98	5	0	11	49	54	57	0	0	8	7	0	0
	国外学术刊物		23	66	36	0	5	0	18	0	7	0	0	0	0	0	0	0	0
	港澳台刊物		24	5	4	0	1	0	0	0	0	0	0	0	0	0	0	0	0
研究与咨询报告(篇)	合计		25	43	4	0	1	0	0	0	1	1	1	0	0	35	0	0	0
	被采纳数		26	30	4	0	1	0	0	0	1	1	1	0	0	22	0	0	0

八、社科研究、课题与成果(来源情况)

2.12 江苏科技大学人文、社会科学研究与课题成果来源情况表

			课题来源															
			合计	国家社科基金项目	国家社科基金单列学科项目	教育部人文社科研究项目	高校古籍整理研究项目	国家自然科学基金项目	中央其他部门社科专门项目	省、市、自治区社科基金项目	省教育厅社科项目	地、市、厅、局等政府部门项目	国际合作研究项目	与港、澳、台地区合作研究项目	企事业单位委托项目	学校社科项目	外资项目	其他
		编号	L01	L02	L03	L04	L05	L06	L07	L08	L09	L10	L11	L12	L13	L14	L15	L16
课题数(项)		1	503	21	0	28	1	20	4	41	143	153	0	0	69	23	0	0
当年投入人数	合计(人年)	2	120	10.2	0	7.5	0.3	11.4	0.7	9.5	35.8	30.5	0	0	10.7	3.4	0	0
	研究生(人年)	3	9.9	1.8	0	0	0	5.1	0	0.4	0.3	0.4	0	0	1.9	0	0	0
当年拨入经费	合计(千元)	4	5 189.59	1 275	0	466.5	30	599	6.6	564.08	706	240	0	0	1 044.41	258	0	0
	当年立项项目拨入经费(千元)	5	4 395.41	1 260	0	230	30	599	0	432	400	172	0	0	1 014.41	258	0	0
当年支出经费(千元)		6	5 377.71	1 109	0	502.1	20	962.7	13.9	549.78	619.43	385.09	0	0	987.61	228.1	0	0
当年新开课题数(项)		7	157	6	0	7	1	3	0	17	35	46	0	0	23	19	0	0
当年新开课题批准经费(千元)		8	6 651.41	1 350	0	630	30	1 160	0	538	1 100	172	0	0	1 281.41	390	0	0
当年完成课题数(项)		9	126	3	0	5	0	5	3	8	27	60	0	0	11	4	0	0

续表

八、社科研究、课题与成果（来源情况）

大类	项目	编号	C1	C2	C3	C4	C5	C6	C7	C8	C9	C10	C11	C12	C13	C14	C15	C16
出版著作（部）	合计	10	10	0	5	0	0	0	1	2	1	0	0	0	0	0	0	0
	专著 合计	11	10	0	5	0	0	0	1	2	1	0	0	0	0	0	0	0
	被译成外文	12	3	0	1	0	0	0	0	1	1	0	0	0	0	0	0	0
	编著教材	13	0	0	0	0	0	0	0	0	0	0	0	0	0	0	0	0
	工具书/参考书	14	0	0	0	0	0	0	0	0	0	0	0	0	0	0	0	0
	皮书/发展报告	15	0	0	0	0	0	0	0	0	0	0	0	0	0	0	0	0
	科普读物	16	0	0	0	0	0	0	0	0	0	0	0	0	0	0	0	0
	古籍整理（部）	17	0	0	0	0	0	0	0	0	0	0	0	0	0	0	0	0
	译著（部）	18	2	0	0	0	0	0	0	0	0	0	0	0	2	0	0	0
	发表译文（篇）	19	0	0	0	0	0	0	0	0	0	0	0	0	0	0	0	0
	电子出版物（件）	20	0	0	0	0	0	0	0	0	0	0	0	0	3	0	0	0
发表论文（篇）	合计	21	264	22	38	0	28	2	22	80	69	0	0	0	3	0	0	0
	国内学术刊物	22	248	21	30	0	25	2	19	80	68	0	0	0	3	0	0	0
	国外学术刊物	23	16	1	8	0	3	0	3	0	1	0	0	0	0	0	0	0
	港澳台刊物	24	0	0	0	0	0	0	0	0	0	0	0	0	0	0	0	0
研究与咨询报告（篇）	合计	25	11	0	0	0	0	0	0	0	0	0	0	0	0	11	0	0
	被采纳数	26	11	0	0	0	0	0	0	0	0	0	0	0	0	11	0	0

2.13 南京工业大学人文、社会科学研究与课题成果来源情况表

		编号	合计	课题来源													
				国家社科基金项目	国家社科基金单列学科项目	教育部人文社科研究项目	高校古籍整理研究项目	国家自然科学基金项目	中央其他部门社科专门项目	省、市、自治区社科基金项目	省教育厅社科项目	地、市、厅、局等政府部门项目	国际合作研究项目	与港、澳、台地区合作研究项目	企事业单位委托项目	学校社科项目	外资项目	其他
			L01	L02	L03	L04	L05	L06	L07	L08	L09	L10	L11	L12	L13	L14	L15	L16
课题数(项)		1	600	33	1	28	0	16	6	64	162	111	0	0	17	162	0	0
当年投入人数	合计(人年)	2	78.4	10.3	0.2	5	0	2	1	12.6	16	12.3	0	0	2.7	16.3	0	0
	研究生(人年)	3	6.6	2.5	0	0.5	0	0	0.3	2.3	0	0	0	0	0.3	0.7	0	0
当年投入经费	合计(千元)	4	6957.26	1930	0	533	0	1588.26	75	630	160	980	0	0	315	746	0	0
	当年立项项目拨入经费(千元)	5	5876	1890	0	325	0	833	75	584	160	948	0	0	315	746	0	0
当年支出经费(千元)		6	7083.21	1707.25	38.7	553.45	0	1588.26	119.4	662.6	205.05	1147.5	0	0	315	746	0	0
当年新开课题数(项)		7	206	9	0	11	0	5	1	17	45	34	0	0	6	78	0	0
当年新开课题批准经费(千元)		8	8175	2000	0	960	0	1555	150	730	400	1119	0	0	465	796	0	0
当年完成课题数(项)		9	100	4	0	2	0	5	0	4	20	19	0	0	7	39	0	0

续表

出版著作（部）	合计		10	10	3	0	0	0	0	0	2	1	1	0	0	0	3	0	0
	专著	合计	11	9	3	0	0	0	0	0	2	1	1	0	0	0	2	0	0
		被译成外文	12	0	0	0	0	0	0	0	0	0	0	0	0	0	0	0	0
	编著教材		13	1	0	0	0	0	0	0	0	0	0	0	0	0	1	0	0
	工具书/参考书		14	0	0	0	0	0	0	0	0	0	0	0	0	0	0	0	0
	皮书/发展报告		15	0	0	0	0	0	0	0	0	0	0	0	0	0	0	0	0
	科普读物		16	0	0	0	0	0	0	0	0	0	0	0	0	0	0	0	0
古籍整理(部)			17	0	0	0	0	0	0	0	0	0	0	0	0	0	0	0	0
译著(部)			18	1	0	0	0	0	0	0	1	0	0	0	0	0	0	0	0
发表译文(篇)			19	0	0	0	0	0	0	0	0	0	0	0	0	0	0	0	0
电子出版物(件)			20	0	0	0	0	0	0	0	0	0	0	0	0	0	0	0	0
发表论文（篇）	合计		21	329	63	0	35	0	13	0	40	71	49	0	0	10	48	0	0
	国内学术刊物		22	319	62	0	35	0	12	0	39	66	49	0	0	10	46	0	0
	国外学术刊物		23	10	1	0	0	0	1	0	1	5	0	0	0	0	2	0	0
	港澳台刊物		24	0	0	0	0	0	0	0	0	0	0	0	0	0	0	0	0
研究与咨询报告（篇）	合计		25	2	0	0	0	0	0	0	0	0	2	0	0	0	0	0	0
	被采纳数		26	2	0	0	0	0	0	0	0	0	2	0	0	0	0	0	0

八、社科研究、课题与成果（来源情况）

2.14 常州大学人文、社会科学研究与课题成果来源情况表

			课题来源															
			合计	国家社科基金项目	国家社科基金单列学科项目	教育部人文社科研究项目	高校古籍整理研究项目	国家自然科学基金项目	中央其他部门社科专门项目	省、市、自治区社科基金项目	省教育厅社科项目	地、市、厅、局等政府部门项目	国际合作研究项目	与港、澳、台地区合作研究项目	企事业单位委托项目	学校社科项目	外资项目	其他
		编号	L01	L02	L03	L04	L05	L06	L07	L08	L09	L10	L11	L12	L13	L14	L15	L16
课题数(项)		1	409	75	0	23	0	0	8	52	139	92	0	0	17	0	0	3
当年投入人数	合计(人年)	2	136.6	40.1	0	9.1	0	0	2.4	15.6	37	26.8	0	0	5.1	0	0	0.5
	研究生(人年)	3	0	0	0	0	0	0	0	0	0	0	0	0	0	0	0	0
当年拨入经费	合计(千元)	4	12 648.8	3 890	0	490	0	0	300	653	285	5 426.3	0	0	1511.5	0	0	93
	当年立项项目拨入经费(千元)	5	11 896.8	3780	0	210	0	0	300	597	270	5 359.3	0	0	1 291.5	0	0	89
当年支出经费(千元)		6	9 874.8	4 056	0	547.5	0	0	227	821.1	338.2	2 965.5	0	0	851.5	0	0	68
当年新开课题数(项)		7	133	19	0	6	0	0	3	12	41	42	0	0	8	0	0	2
当年新开课题批准经费(千元)		8	12 874.3	4 000	0	440	0	0	300	750	590	5 413.8	0	0	1 291.5	0	0	89
当年完成课题数(项)		9	75	7	0	2	0	0	2	5	23	27	0	0	8	0	0	1

续表

出版著作(部)	合计		10	18	5	0	1	0	0	2	2	5	2	0	0	1	0	0	0
	专著	合计	11	17	5	0	1	0	0	2	2	4	2	0	0	1	0	0	0
		被译成外文	12	1	0	0	0	0	0	0	0	1	0	0	0	0	0	0	0
	编著教材		13	1	0	0	0	0	0	0	0	1	0	0	0	0	0	0	0
	工具书/参考书		14	0	0	0	0	0	0	0	0	0	0	0	0	0	0	0	0
	皮书/发展报告		15	0	0	0	0	0	0	0	0	0	0	0	0	0	0	0	0
	科普读物		16	0	0	0	0	0	0	0	0	0	0	0	0	0	0	0	0
古籍整理(部)			17	0	0	0	0	0	0	0	0	0	0	0	0	0	0	0	0
译著(部)			18	1	0	0	0	0	0	0	0	0	0	0	0	0	0	0	1
发表译文(篇)			19	0	0	0	0	0	0	0	0	0	0	0	0	0	0	0	0
电子出版物(件)			20	0	0	0	0	0	0	0	0	0	0	0	0	0	0	0	0
发表论文(篇)	合计		21	193	40	0	12	0	4	2	34	32	52	0	0	17	0	0	0
	国内学术刊物		22	188	38	0	12	0	1	2	34	32	52	0	0	17	0	0	0
	国外学术刊物		23	4	1	0	0	0	3	0	0	0	0	0	0	0	0	0	0
	港澳台刊物		24	1	1	0	0	0	0	0	0	0	0	0	0	0	0	0	0
研究与咨询报告(篇)	合计		25	2	1	0	0	0	0	0	0	0	1	0	0	0	0	0	0
	被采纳数		26	2	1	0	0	0	0	0	0	0	1	0	0	0	0	0	0

八、社科研究、课题与成果(来源情况)

2.15 南京邮电大学人文、社会科学研究与课题成果来源情况表

			课题来源															
			合计	国家社科基金项目	国家社科基金单列学科项目	教育部人文社科研究项目	高校古籍整理研究项目	国家自然科学基金项目	中央其他部门社科专门项目	省、市、自治区社科基金项目	省教育厅社科项目	地、市、厅、局等政府部门项目	国际合作研究项目	与港、澳、台地区合作研究项目	企事业单位委托项目	学校社科项目	外资项目	其他
		编号	L01	L02	L03	L04	L05	L06	L07	L08	L09	L10	L11	L12	L13	L14	L15	L16
课题数(项)		1	759	48	1	45	0	14	7	64	192	100	0	0	111	177	0	0
当年投入人数	合计(人年)	2	233.4	27.1	1	25.2	0	11.9	0.7	26.8	46.7	23.9	0	0	44.1	26	0	0
	研究生(人年)	3	62.6	10.1	0.4	10	0	4.8	0	9.5	7.1	6.3	0	0	13.5	0.9	0	0
当年拨入经费	合计(千元)	4	16 826.6	2 920	162	1071.5	0	792.6	0	968	870	1 688	0	0	6868.5	1486	0	0
	当年立项项目拨入经费(千元)	5	13 228.6	2 820	162	267	0	330	0	724	640	1 440	0	0	5 553.6	1 292	0	0
当年支出经费(千元)		6	14 101.55	1 948.85	55	908.5	0	1 017.6	0	784	911.1	1 563	0	0	6 242.5	671	0	0
当年新开课题数(项)		7	219	14	1	8	0	2	0	15	43	47	0	0	61	28	0	0
当年新开课题批准经费(千元)		8	16 528	3 000	180	660	0	630	0	890	1 180	1 835	0	0	6 853	1 300	0	0
当年完成课题数(项)		9	163	4	0	6	0	2	1	2	32	20	0	0	50	46	0	0

续表

出版著作(部)	合计		10	9	1	0	3	0	1	0	0	0	1	0	0	0	3	0	0
	专著	合计	11	9	1	0	3	0	1	0	0	0	1	0	0	0	3	0	0
		被译成外文	12	0	0	0	0	0	0	0	0	0	0	0	0	0	0	0	0
	编著教材		13	0	0	0	0	0	0	0	0	0	0	0	0	0	0	0	0
	工具书/参考书		14	0	0	0	0	0	0	0	0	0	0	0	0	0	0	0	0
	皮书/发展报告		15	0	0	0	0	0	0	0	0	0	0	0	0	0	0	0	0
	科普读物		16	0	0	0	0	0	0	0	0	0	0	0	0	0	0	0	0
古籍整理(部)			17	0	0	0	0	0	0	0	0	0	0	0	0	0	0	0	0
译著(部)			18	0	0	0	0	0	0	0	0	0	0	0	0	0	0	0	0
发表译文(篇)			19	0	0	0	0	0	0	0	0	0	0	0	0	0	0	0	0
电子出版物(件)			20	0	0	0	0	0	0	0	0	0	0	0	0	0	0	0	0
发表论文(篇)	合计		21	223	31	0	28	0	26	1	24	60	33	0	0	0	20	0	0
	国内学术刊物		22	223	31	0	28	0	26	1	24	60	33	0	0	0	20	0	0
	国外学术刊物		23	0	0	0	0	0	0	0	0	0	0	0	0	0	0	0	0
	港澳台刊物		24	0	0	0	0	0	0	0	0	0	0	0	0	0	0	0	0
研究与咨询报告(篇)	合计		25	38	0	0	0	0	2	2	0	0	2	0	0	32	0	0	0
	被采纳数		26	34	0	0	0	0	0	2	0	0	2	0	0	30	0	0	0

2.16 南京林业大学人文、社会科学研究与课题成果来源情况表

			课题来源															
			合计	国家社科基金项目	国家社科基金单列学科项目	教育部人文社科研究项目	高校古籍整理研究项目	国家自然科学基金项目	中央其他部门社科专门项目	省、市、自治区社科基金项目	省教育厅社科项目	地、市、厅、局等政府部门项目	国际合作研究项目	与港、澳、台地区合作研究项目	企事业单位委托项目	学校社科项目	外资项目	其他
		编号	L01	L02	L03	L04	L05	L06	L07	L08	L09	L10	L11	L12	L13	L14	L15	L16
课题数(项)		1	333	18	2	44	0	0	8	40	157	17	0	0	10	37	0	0
当年投入人数	合计(人年)	2	34.5	2	0.2	4.5	0	0	0.8	4.6	15.9	1.8	0	0	1	3.7	0	0
	研究生(人年)	3	0	0	0	0	0	0	0	0	0	0	0	0	0	0	0	0
当年拨入经费	合计(千元)	4	5 008	1 394	0	1 032	0	0	300	396	938	178	0	0	770	0	0	0
	当年立项项目拨入经费(千元)	5	3 605	1119	0	328	0	0	300	396	514	178	0	0	770	0	0	0
当年支出经费(千元)		6	4 401.57	977.96	45.16	1 166.43	0	0	198.26	486.83	852.03	223.54	0	0	396.12	55.24	0	0
当年新开课题数(项)		7	80	6	0	11	0	0	3	10	38	5	0	0	7	0	0	0
当年新开课题批准经费(千元)		8	4 514	1 210	0	920	0	0	300	470	634	210	0	0	770	0	0	0
当年完成课题数(项)		9	43	3	0	6	0	0	0	3	31	0	0	0	0	0	0	0

续表

出版著作（部）	合计		10	0	0	0	0	0	0	0	0	0	0	0	0	0	0	0	0
	专著	合计	11	0	0	0	0	0	0	0	0	0	0	0	0	0	0	0	0
		被译成外文	12	0	0	0	0	0	0	0	0	0	0	0	0	0	0	0	0
	编著教材		13	0	0	0	0	0	0	0	0	0	0	0	0	0	0	0	0
	工具书/参考书		14	0	0	0	0	0	0	0	0	0	0	0	0	0	0	0	0
	皮书/发展报告		15	0	0	0	0	0	0	0	0	0	0	0	0	0	0	0	0
	科普读物		16	0	0	0	0	0	0	0	0	0	0	0	0	0	0	0	0
古籍整理（部）			17	0	0	0	0	0	0	0	0	0	0	0	0	0	0	0	0
译著（部）			18	0	0	0	0	0	0	0	0	0	0	0	0	0	0	0	0
发表译文（篇）			19	0	0	0	0	0	0	0	0	0	0	0	0	0	0	0	0
电子出版物（件）			20	0	0	0	0	0	0	0	0	0	0	0	0	0	0	0	0
发表论文（篇）	合计		21	199	40	0	29	0	0	4	14	65	2	0	0	5	40	0	0
	国内学术刊物		22	199	40	0	29	0	0	4	14	65	2	0	0	5	40	0	0
	国外学术刊物		23	0	0	0	0	0	0	0	0	0	0	0	0	0	0	0	0
	港澳台刊物		24	0	0	0	0	0	0	0	0	0	0	0	0	0	0	0	0
研究与咨询报告（篇）	合计		25	2	0	0	0	0	0	0	0	0	0	0	0	2	0	0	0
	被采纳数		26	0	0	0	0	0	0	0	0	0	0	0	0	0	0	0	0

2.17 江苏大学人文、社会科学研究与课题成果来源情况表

		编号	合计	国家社科基金项目	国家社科基金单列学科项目	教育部人文社科研究项目	高校古籍整理研究项目	国家自然科学基金项目	中央其他部门社科专门项目	省、市、自治区社科基金项目	省教育厅社科项目	地、市、厅、局等政府部门项目	国际合作研究项目	与港、澳、台地区合作研究项目	企事业单位委托项目	学校社科项目	外资项目	其他
			L01	L02	L03	L04	L05	L06	L07	L08	L09	L10	L11	L12	L13	L14	L15	L16
课题数(项)		1	631	65	4	57	0	30	26	91	99	94	0	0	122	43	0	0
当年投入人数	合计(人年)	2	145.4	25.7	2.1	18.7	0	4.8	6.8	26.3	17.6	16.1	0	0	22.4	4.9	0	0
	研究生(人年)	3	61.6	14.1	0.3	8.6	0	3	3.3	12.5	3.9	4.3	0	0	11.6	0	0	0
当年拨入经费	合计(千元)	4	12 273.46	3 221	180	808	0	1 449	90	418	405	818	0	0	4 814.46	70	0	0
	当年立项项目拨入经费(千元)	5	12 253.46	3 201	180	808	0	1 449	90	418	405	818	0	0	4 814.46	70	0	0
当年支出经费(千元)		6	12 183.46	3 131	180	808	0	1 449	80	418	425	808	0	0	4814.46	70	0	0
当年新开课题数(项)		7	172	16	1	9	0	9	4	14	24	24	0	0	61	10	0	0
当年新开课题批准经费(千元)		8	16 161.74	3 480	180	848	0	3 437	90	468	415	818	0	0	6 250.74	175	0	0
当年完成课题数(项)		9	121	5	0	8	0	17	9	9	15	21	0	0	25	12	0	0

八、社科研究、课题与成果(来源情况)

续表

出版著作(部)	合计		10	3	1	0	0	0	0	0	0	0	1	0	0	1	0	0	0
	专著	合计	11	3	1	0	0	0	0	0	0	0	1	0	0	1	0	0	0
		被译成外文	12	0	0	0	0	0	0	0	0	0	0	0	0	0	0	0	0
	编著教材		13	0	0	0	0	0	0	0	0	0	0	0	0	0	0	0	0
	工具书/参考书		14	0	0	0	0	0	0	0	0	0	0	0	0	0	0	0	0
	皮书/发展报告		15	0	0	0	0	0	0	0	0	0	0	0	0	0	0	0	0
	科普读物		16	0	0	0	0	0	0	0	0	0	0	0	0	0	0	0	0
古籍整理(部)			17	0	0	0	0	0	0	0	0	0	0	0	0	0	0	0	0
译著(部)			18	1	0	0	0	0	0	0	0	0	1	0	0	0	0	0	0
发表译文(篇)			19	0	0	0	0	0	0	0	0	0	0	0	0	0	0	0	0
电子出版物(件)			20	0	0	0	0	0	0	0	0	0	0	0	0	0	0	0	0
发表论文(篇)	合计		21	186	33	4	13	0	57	0	16	15	10	0	0	36	2	0	0
	国内学术刊物		22	182	30	4	13	0	57	0	16	15	10	0	0	35	2	0	0
	国外学术刊物		23	4	3	0	0	0	0	0	0	0	0	0	0	1	0	0	0
	港澳台刊物		24	0	0	0	0	0	0	0	0	0	0	0	0	0	0	0	0
研究与咨询报告(篇)	合计		25	12	0	0	0	0	0	0	1	0	7	0	0	4	0	0	0
	被采纳数		26	3	0	0	0	0	0	0	0	0	3	0	0	0	0	0	0

2.18 南京信息工程大学人文、社会科学研究与课题成果来源情况表

		编号	合计 L01	课题来源													
				国家社科基金项目 L02	国家社科基金单列学科项目 L03	教育部人文社科研究项目 L04	高校古籍整理研究项目 L05	国家自然科学基金项目 L06	中央其他部门社科专门项目 L07	省、市、自治区社科基金项目 L08	省教育厅社科项目 L09	地、市、厅、局等政府部门项目 L10	国际合作研究项目 L11	与港、澳、台地区合作研究项目 L12	企事业单位委托项目 L13	学校社科项目 L14	外资项目 L15	其他 L16
课题数(项)		1	799	79	1	72	1	45	82	85	207	98	0	0	114	15	0	0
当年投入人数	合计(人年)	2	350.5	28.1	0.6	30.8	0.1	14.2	39.2	35	88.5	44.5	0	0	68.1	1.4	0	0
	研究生(人年)	3	20.4	2.7	0	0.3	0	0	3.6	3.3	2.7	1.5	0	0	6.3	0	0	0
当年拨入经费	合计(千元)	4	16 749.5	3 790	0	1 283	0	2 769.1	340	2 140	765	564.4	0	0	4 958	140	0	0
	当年立项项目拨入经费(千元)	5	13 860.4	3 710	0	820	0	1 826	160	1 396	510	480.4	0	0	4 818	140	0	0
当年支出经费(千元)		6	10 402.51	1 396.13	37.83	1 435.18	0	1 655.67	462.05	1 416.96	877.84	478.44	0	0	2 502.41	140	0	0
当年新开课题数(项)		7	245	17	0	27	0	11	19	24	54	23	0	0	56	14	0	0
当年新开课题批准经费(千元)		8	20 923.8	3 950	0	2 380	0	3 365	390	1 710	900	565	0	0	6 543.8	1 120	0	0
当年完成课题数(项)		9	194	12	0	12	0	14	39	11	41	16	0	0	49	0	0	0

续表

八、社科研究、课题与成果（来源情况）

序号	项目	C1	C2	C3	C4	C5	C6	C7	C8	C9	C10	C11	C12	C13	C14
10	合计	10	6	0	0	3	0	0	1	2	0	0	0	0	0	0
11	专著 合计	11	6	0	0	3	0	0	1	2	0	0	0	0	0	0
12	被译成外文	12	0	0	0	0	0	0	0	0	0	0	0	0	0	0
13	编著教材	13	0	0	0	0	0	0	0	0	0	0	0	0	0	0
14	工具书/参考书	14	0	0	0	0	0	0	0	0	0	0	0	0	0	0
15	皮书/发展报告	15	0	0	0	0	0	0	0	0	0	0	0	0	0	0
16	科普读物	16	0	0	0	0	0	0	0	0	0	0	0	0	0	0
17	古籍整理（部）	17	0	0	0	0	0	0	0	0	0	0	0	0	0	0
18	译著（部）	18	0	0	0	0	0	0	0	0	0	0	0	0	0	0
19	发表译文（篇）	19	0	0	0	0	0	0	0	0	0	0	0	0	0	0
20	电子出版物（件）	20	0	0	0	0	0	0	0	0	0	0	0	0	0	0
21	发表论文（篇）合计	21	283	70	0	34	0	61	0	32	5	64	17	0	0	0
22	国内学术刊物	22	232	68	0	31	0	17	0	32	5	64	15	0	0	0
23	国外学术刊物	23	51	2	0	3	0	44	0	0	0	0	2	0	0	0
24	港澳台刊物	24	0	0	0	0	0	0	0	0	0	0	0	0	0	0
25	研究与咨询报告（篇）合计	25	56	0	0	0	0	0	0	0	0	0	0	56	0	0
26	被采纳数	26	40	0	0	0	0	0	0	0	0	0	0	40	0	0

2.19 南通大学人文、社会科学研究与课题成果来源情况表

			课题来源															
			合计	国家社科基金项目	国家社科基金单列学科项目	教育部人文社科研究项目	高校古籍整理研究项目	国家自然科学基金项目	中央其他部门社科专门项目	省、市、自治区社科基金项目	省教育厅社科项目	地、市、厅、局等政府部门项目	国际合作研究项目	与港、澳、台地区合作研究项目	企事业单位委托项目	学校社科项目	外资项目	其他
		编号	L01	L02	L03	L04	L05	L06	L07	L08	L09	L10	L11	L12	L13	L14	L15	L16
课题数(项)		1	590	65	2	49	0	0	14	50	156	178	0	0	44	32	0	0
当年投入人数	合计(人年)	2	121	18.9	0.4	11.6	0	0	3.8	10.2	31.8	31.8	0	0	8.5	4	0	0
	研究生(人年)	3	2	0.7	0	0.4	0	0	0.2	0.3	0.2	0.2	0	0	0	0	0	0
当年拨入经费	合计(千元)	4	9 891	3 285	1 400	850	0	0	353	166	401.2	364	0	0	3071.8	0	0	0
	当年立项项目拨入经费(千元)	5	9 345	3 270	1 400	385	0	0	343	110	401.2	364	0	0	3 071.8	0	0	0
当年支出经费(千元)		6	10 023.1	3 436	1 070	1018	0	0	372.5	393.2	305.2	407	0	0	2 994.8	26.4	0	0
当年新开课题数(项)		7	227	14	2	14	0	0	8	14	43	88	0	0	44	0	0	0
当年新开课题批准经费(千元)		8	11 934.8	3 500	1 900	1 200	0	0	550	600	602	446	0	0	3 136.8	0	0	0
当年完成课题数(项)		9	100	1	0	2	0	0	1	4	27	22	0	0	43	0	0	0

续表

出版著作(部)	合计		10	17	3	0	1	0	0	0	4	6	1	1	0	0	1	0	0
	专著	合计	11	17	3	0	1	0	0	0	4	6	1	1	0	0	1	0	0
		被译成外文	12	2	0	0	0	0	0	0	0	1	0	0	0	0	1	0	0
	编著教材		13	0	0	0	0	0	0	0	0	0	0	0	0	0	0	0	0
	工具书/参考书		14	0	0	0	0	0	0	0	0	0	0	0	0	0	0	0	0
	皮书/发展报告		15	0	0	0	0	0	0	0	0	0	0	0	0	0	0	0	0
	科普读物		16	0	0	0	0	0	0	0	0	0	0	0	0	0	0	0	0
古籍整理(部)			17	2	1	0	0	0	0	1	0	0	0	0	0	0	0	0	0
译著(部)			18	0	0	0	0	0	0	0	0	0	0	0	0	0	0	0	0
发表译文(篇)			19	0	0	0	0	0	0	0	0	0	0	0	0	0	0	0	0
电子出版物(件)			20	0	0	0	0	0	0	0	0	0	0	0	0	0	0	0	0
发表论文(篇)	合计		21	326	88	9	29	0	5	6	46	73	32	0	0	2	36	0	0
	国内学术刊物		22	324	87	9	28	0	5	6	46	73	32	0	0	2	36	0	0
	国外学术刊物		23	1	1	0	0	0	0	0	0	0	0	0	0	0	0	0	0
	港澳台刊物		24	1	0	0	1	0	0	0	0	0	0	0	0	0	0	0	0
研究与咨询报告(篇)	合计		25	47	0	0	0	0	0	0	0	0	0	0	0	47	0	0	0
	被采纳数		26	41	0	0	0	0	0	0	0	0	0	0	0	41	0	0	0

2.20 盐城工学院人文、社会科学研究与课题成果来源情况表

			课题来源															
			合计	国家社科基金项目	国家社科基金单列学科项目	教育部人文社科研究项目	高校古籍整理研究项目	国家自然科学基金项目	中央其他部门社科专门项目	省、市、自治区社科基金项目	省教育厅社科项目	地、市、厅、局等政府部门项目	国际合作研究项目	与港、澳、台地区合作研究项目	企事业单位委托项目	学校社科项目	外资项目	其他
		编号	L01	L02	L03	L04	L05	L06	L07	L08	L09	L10	L11	L12	L13	L14	L15	L16
课题数(项)		1	405	10	2	14	0	0	17	39	128	114	0	0	37	44	0	0
当年投入人数	合计(人年)	2	41.4	1.3	0.2	1.4	0	0	1.7	3.9	12.8	11.4	0	0	4.2	4.5	0	0
	研究生(人年)	3	0	0	0	0	0	0	0	0	0	0	0	0	0	0	0	0
当年拨入经费	合计(千元)	4	5 411	950	0	120	0	0	166	280	400	373	0	0	2 777	345	0	0
	当年立项项目拨入经费(千元)	5	5 381	950	0	90	0	0	166	280	400	373	0	0	2 777	345	0	0
当年支出经费(千元)		6	5 453	880	0	125	0	0	184	302	425	431	0	0	2761	345	0	0
当年新开课题数(项)		7	178	5	0	3	0	0	9	9	33	64	0	0	28	27	0	0
当年新开课题批准经费(千元)		8	5 980	1 000	0	240	0	0	166	350	450	373	0	0	3 056	345	0	0
当年完成课题数(项)		9	201	0	1	4	0	0	8	7	13	108	0	0	23	37	0	0

续表

出版著作(部)	合计		10	7	0	0	0	0	0	4	0	1	1	0	0	0	1	0	0
	专著	合计	11	7	0	0	0	0	0	4	0	1	1	0	0	0	1	0	0
		被译成外文	12	0	0	0	0	0	0	0	0	0	0	0	0	0	0	0	0
	编著教材		13	0	0	0	0	0	0	0	0	0	0	0	0	0	0	0	0
	工具书/参考书		14	0	0	0	0	0	0	0	0	0	0	0	0	0	0	0	0
	皮书/发展报告		15	0	0	0	0	0	0	0	0	0	0	0	0	0	0	0	0
	科普读物		16	0	0	0	0	0	0	0	0	0	0	0	0	0	0	0	0
古籍整理(部)			17	0	0	0	0	0	0	0	0	0	0	0	0	0	0	0	0
译著(部)			18	2	0	0	2	0	0	0	0	0	0	0	0	0	0	0	0
发表译文(篇)			19	0	0	0	0	0	0	0	0	0	0	0	0	0	0	0	0
电子出版物(件)			20	0	0	0	0	0	0	0	0	0	0	0	0	0	0	0	0
发表论文(篇)	合计		21	132	5	6	8	0	0	3	17	57	18	0	0	0	18	0	0
	国内学术刊物		22	128	5	6	8	0	0	3	17	55	16	0	0	0	18	0	0
	国外学术刊物		23	4	0	0	0	0	0	0	0	2	2	0	0	0	0	0	0
	港澳台刊物		24	0	0	0	0	0	0	0	0	0	0	0	0	0	0	0	0
研究与咨询报告(篇)	合计		25	23	0	0	0	0	0	0	0	0	0	0	0	23	0	0	0
	被采纳数		26	23	0	0	0	0	0	0	0	0	0	0	0	23	0	0	0

2.21 南京医科大学人文、社会科学研究与课题成果来源情况表

		编号	课题来源：合计	国家社科基金项目	国家社科基金单列学科项目	教育部人文社科研究项目	高校古籍整理研究项目	国家自然科学基金项目	中央其他部门社科专门项目	省、市、自治区社科基金项目	省教育厅社科项目	地、市、厅、局等政府部门项目	国际合作研究项目	与港、澳、台地区合作研究项目	企事业单位委托项目	学校社科项目	外资项目	其他
			L01	L02	L03	L04	L05	L06	L07	L08	L09	L10	L11	L12	L13	L14	L15	L16
课题数(项)		1	169	9	1	6	0	3	5	10	70	4	0	0	8	51	0	2
当年投入人数	合计(人年)	2	22.3	1.4	0.1	1	0	0.3	0.5	1.9	8.9	0.5	0	0	1.1	6.3	0	0.3
	研究生(人年)	3	0	0	0	0	0	0	0	0	0	0	0	0	0	0	0	0
当年拨入经费	合计(千元)	4	1 125.1	380	190	40	0	0	0	204.9	240	16	0	0	47.2	7	0	0
	当年立项项目拨入经费(千元)	5	970	380	190	40	0	0	0	120	240	0	0	0	0	0	0	0
当年支出经费(千元)		6	1 739.76	414.7	68.1	54	0	57	132	80	320.59	18	0	0	460.52	131.55	0	3.3
当年新开课题数(项)		7	32	2	1	1	0	0	0	4	24	0	0	0	0	0	0	0
当年新开课题批准经费(千元)		8	1 080	400	200	80	0	0	0	160	240	0	0	0	0	0	0	0
当年完成课题数(项)		9	74	3	0	4	0	3	5	1	25	2	0	0	0	30	0	1

续表

出版著作(部)	合计		10	5	1	0	0	0	0	0	1	3	0	0	0	0	0	0	0
	专著	合计	11	5	1	0	0	0	0	0	1	3	0	0	0	0	0	0	0
		被译成外文	12	0	0	0	0	0	0	0	0	0	0	0	0	0	0	0	0
	编著教材		13	0	0	0	0	0	0	0	0	0	0	0	0	0	0	0	0
	工具书/参考书		14	0	0	0	0	0	0	0	0	0	0	0	0	0	0	0	0
	皮书/发展报告		15	0	0	0	0	0	0	0	0	0	0	0	0	0	0	0	0
	科普读物		16	0	0	0	0	0	0	0	0	0	0	0	0	0	0	0	0
古籍整理(部)			17	0	0	0	0	0	0	0	0	0	0	0	0	0	0	0	0
译著(部)			18	0	0	0	0	0	0	0	0	0	0	0	0	0	0	0	0
发表译文(篇)			19	0	0	0	0	0	0	0	0	0	0	0	0	0	0	0	0
电子出版物(件)			20	0	0	0	0	0	0	0	0	0	0	0	0	0	0	0	0
发表论文(篇)	合计		21	73	22	0	9	0	0	0	4	10	25	0	0	0	2	0	1
	国内学术刊物		22	73	22	0	9	0	0	0	4	10	25	0	0	0	2	0	1
	国外学术刊物		23	0	0	0	0	0	0	0	0	0	0	0	0	0	0	0	0
	港澳台刊物		24	0	0	0	0	0	0	0	0	0	0	0	0	0	0	0	0
研究与咨询报告(篇)	合计		25	9	0	0	0	0	0	0	0	0	0	0	0	9	0	0	0
	被采纳数		26	9	0	0	0	0	0	0	0	0	0	0	0	9	0	0	0

2.22 徐州医科大学人文、社会科学研究与课题成果来源情况表

			课题来源															
			合计	国家社科基金项目	国家社科基金单列学科项目	教育部人文社科研究项目	高校古籍整理研究项目	国家自然科学基金项目	中央其他部门社科专门项目	省、市、自治区社科基金项目	省教育厅社科项目	地、市、厅、局等政府部门项目	国际合作研究项目	与港、澳、台地区合作研究项目	企事业单位委托项目	学校社科项目	外资项目	其他
		编号	L01	L02	L03	L04	L05	L06	L07	L08	L09	L10	L11	L12	L13	L14	L15	L16
课题数(项)		1	148	2	0	4	0	0	0	5	117	16	0	0	4	0	0	0
当年投入人数	合计(人年)	2	29.6	0.9	0	1.1	0	0	0	1.4	24.2	1.6	0	0	0.4	0	0	0
	研究生(人年)	3	0	0	0	0	0	0	0	0	0	0	0	0	0	0	0	0
当年拨入经费	合计(千元)	4	649	420	0	70	0	0	0	90	40	26	0	0	3	0	0	0
	当年立项项目拨入经费(千元)	5	609	420	0	30	0	0	0	90	40	26	0	0	3	0	0	0
当年支出经费(千元)		6	428.8	190	0	61	0	0	0	66.5	98.3	10	0	0	3	0	0	0
当年新开课题数(项)		7	55	2	0	1	0	0	0	2	30	16	0	0	4	0	0	0
当年新开课题批准经费(千元)		8	759	450	0	80	0	0	0	100	100	26	0	0	3	0	0	0
当年完成课题数(项)		9	46	0	0	1	0	0	0	0	26	15	0	0	4	0	0	0

续表

出版著作（部）	合计		10	1	0	0	0	0	0	0	0	1	0	0	0	0	0	0	0
	专著	合计	11	1	0	0	0	0	0	0	0	1	0	0	0	0	0	0	0
		被译成外文	12	0	0	0	0	0	0	0	0	0	0	0	0	0	0	0	0
	编著教材		13	0	0	0	0	0	0	0	0	0	0	0	0	0	0	0	0
	工具书/参考书		14	0	0	0	0	0	0	0	0	0	0	0	0	0	0	0	0
	皮书/发展报告		15	0	0	0	0	0	0	0	0	0	0	0	0	0	0	0	0
	科普读物		16	0	0	0	0	0	0	0	0	0	0	0	0	0	0	0	0
古籍整理（部）			17	0	0	0	0	0	0	0	0	0	0	0	0	0	0	0	0
译著（部）			18	0	0	0	0	0	0	0	0	0	0	0	0	0	0	0	0
发表译文（篇）			19	0	0	0	0	0	0	0	0	0	0	0	0	0	0	0	0
电子出版物（件）			20	0	0	0	0	0	0	0	0	0	0	0	0	0	0	0	0
发表论文（篇）	合计		21	62	0	0	1	0	0	0	3	58	0	0	0	0	0	0	0
	国内学术刊物		22	59	0	0	1	0	0	0	3	55	0	0	0	0	0	0	0
	国外学术刊物		23	3	0	0	0	0	0	0	0	3	0	0	0	0	0	0	0
	港澳台刊物		24	0	0	0	0	0	0	0	0	0	0	0	0	0	0	0	0
研究与咨询报告（篇）	合计		25	22	0	0	1	0	0	0	0	2	15	0	0	4	0	0	0
	被采纳数		26	6	0	0	1	0	0	0	0	0	4	0	0	1	0	0	0

2.23 南京中医药大学人文、社会科学研究与课题成果来源情况表

			课题来源															
			合计	国家社科基金项目	国家社科基金单列学科项目	教育部人文社科研究项目	高校古籍整理研究项目	国家自然科学基金项目	中央其他部门社科专门项目	省、市、自治区社科基金项目	省教育厅社科项目	地、市、厅、局等政府部门项目	国际合作研究项目	与港、澳、台地区合作研究项目	企事业单位委托项目	学校社科项目	外资项目	其他
		编号	L01	L02	L03	L04	L05	L06	L07	L08	L09	L10	L11	L12	L13	L14	L15	L16
课题数(项)		1	286	14	1	19	2	3	7	29	152	20	0	0	33	6	0	0
当年投入人数	合计(人年)	2	81.5	6.1	0.6	8.6	0.3	0.9	1.5	8.6	43.5	4.7	0	0	5.6	1.1	0	0
	研究生(人年)	3	0	0	0	0	0	0	0	0	0	0	0	0	0	0	0	0
当年拨入经费	合计(千元)	4	4 619.6	750	0	415	30	72	50	330	480	159	0	0	2 233.6	100	0	0
	当年立项项目拨入经费(千元)	5	2 573	710	0	335	30	0	50	220	480	159	0	0	489	100	0	0
当年支出经费(千元)		6	5 546.64	1 036.4	3.92	403	22	122.8	173	402.1	599.62	116.5	0	0	2 612.3	55	0	0
当年新开课题数(项)		7	85	3	0	8	1	0	1	7	42	10	0	0	12	1	0	0
当年新开课题批准经费(千元)		8	3 460	750	0	680	30	0	50	240	600	167	0	0	843	100	0	0
当年完成课题数(项)		9	66	3	1	3	1	0	2	6	18	8	0	0	21	3	0	0

8 八、社科研究、课题与成果(来源情况)

续表

出版著作(部)	合计		10	3	0	0	1	0	0	0	0	2	0	0	0	0	0	0	0
	专著	合计	11	3	0	0	1	0	0	0	0	2	0	0	0	0	0	0	0
		被译成外文	12	0	0	0	0	0	0	0	0	0	0	0	0	0	0	0	0
	编著教材		13	0	0	0	0	0	0	0	0	0	0	0	0	0	0	0	0
	工具书/参考书		14	0	0	0	0	0	0	0	0	0	0	0	0	0	0	0	0
	皮书/发展报告		15	0	0	0	0	0	0	0	0	0	0	0	0	0	0	0	0
	科普读物		16	0	0	0	0	0	0	0	0	0	0	0	0	0	0	0	0
古籍整理(部)			17	0	0	0	0	0	0	0	0	0	0	0	0	0	0	0	0
译著(部)			18	0	0	0	0	0	0	0	0	0	0	0	0	0	0	0	0
发表译文(篇)			19	0	0	0	0	0	0	0	0	0	0	0	0	0	0	0	0
电子出版物(件)			20	0	0	0	0	0	0	0	0	0	0	0	0	0	0	0	0
发表论文(篇)	合计		21	190	40	2	28	1	5	3	26	69	10	0	0	4	2	0	0
	国内学术刊物		22	190	40	2	28	1	5	3	26	69	10	0	0	4	2	0	0
	国外学术刊物		23	0	0	0	0	0	0	0	0	0	0	0	0	0	0	0	0
	港澳台刊物		24	0	0	0	0	0	0	0	0	0	0	0	0	0	0	0	0
研究与咨询报告(篇)	合计		25	6	0	0	0	0	0	0	0	0	0	0	0	5	1	0	0
	被采纳数		26	6	0	0	0	0	0	0	0	0	0	0	0	5	1	0	0

2.24 南京师范大学人文、社会科学研究与课题成果来源情况表

		编号	课题来源															
			合计	国家社科基金项目	国家社科基金单列学科项目	教育部人文社科研究项目	高校古籍整理研究项目	国家自然科学基金项目	中央其他部门社科专门项目	省、市、自治区社科基金项目	省教育厅社科项目	地、市、厅、局等政府部门项目	国际合作研究项目	与港、澳、台地区合作研究项目	企事业单位委托项目	学校社科项目	外资项目	其他
			L01	L02	L03	L04	L05	L06	L07	L08	L09	L10	L11	L12	L13	L14	L15	L16
课题数(项)		1	1 042	243	21	83	4	0	35	146	188	65	1	0	230	26	0	0
当年投入人数	合计(人年)	2	235.7	99.8	5.5	29.5	0.4	0	3.8	28.2	34.3	7.4	0.1	0	23.5	3.2	0	0
	研究生(人年)	3	33.8	13.6	1.3	5.9	0	0	0.4	4.8	3.3	0.9	0	0	3.6	0	0	0
当年拨入经费	合计(千元)	4	54 131.3	9 509.5	100	1 694.5	30	0	965.7	2 906.4	1 200.4	4 888.16	724	0	32 107.64	5	0	0
	当年立项项目拨入经费(千元)	5	33 828.91	7 957	0	644	0	0	497.7	1 455	663	3 524.86	0	0	19 082.35	5	0	0
当年支出经费(千元)		6	48 932.2	12307.1	330.9	1031.69	13.4	0	853.27	1 585.95	482.25	4091.78	427.8	0	27 783.76	24.3	0	0
当年新开课题数(项)		7	344	46	8	18	0	0	9	37	39	39	0	0	141	7	0	0
当年新开课题批准经费(千元)		8	53 331.51	12 850	1 610	1 780	0	0	1 190	2 425	1 281	4 546.2	0	0	27 514.31	135	0	0
当年完成课题数(项)		9	200	24	1	5	0	0	1	12	32	16	0	0	109	0	0	0

续表

出版著作(部)	合计	10	56	21	5	4	0	1	1	7	3	3	0	0	3	7	1	0
	专著 合计	11	40	18	4	3	0	1	0	6	3	2	0	0	1	1	1	0
	专著 被译成外文	12	1	0	0	0	0	0	0	0	1	0	0	0	0	0	0	0
	编著教材	13	16	3	1	1	0	0	1	1	0	1	0	0	2	6	0	0
	工具书/参考书	14	0	0	0	0	0	0	0	0	0	0	0	0	0	0	0	0
	皮书/发展报告	15	0	0	0	0	0	0	0	0	0	0	0	0	0	0	0	0
	科普读物	16	0	0	0	0	0	0	0	0	0	0	0	0	0	0	0	0
古籍整理(部)		17	2	1	0	0	1	0	0	0	0	0	0	0	0	0	0	0
译著(部)		18	5	1	0	0	0	0	0	0	0	2	0	0	2	0	0	0
发表译文(篇)		19	8	6	1	0	0	0	0	1	0	0	0	0	0	0	0	0
电子出版物(件)		20	2	1	0	0	0	0	0	0	0	1	0	0	0	0	0	0
发表论文(篇)	合计	21	570	270	68	49	0	38	21	55	29	15	0	0	1	24	0	0
	国内学术刊物	22	492	233	67	45	0	14	21	51	26	12	0	0	1	22	0	0
	国外学术刊物	23	76	35	1	4	0	24	0	4	3	3	0	0	0	2	0	0
	港澳台刊物	24	2	2	0	0	0	0	0	0	0	0	0	0	0	0	0	0
研究与咨询报告(篇)	合计	25	17	3	0	1	0	0	0	0	1	3	0	0	9	0	0	0
	被采纳数	26	15	3	0	1	0	0	0	0	0	3	0	0	8	0	0	0

2.25 江苏师范大学人文、社会科学研究与课题成果来源情况表

		编号	合计	国家社科基金项目	国家社科基金单列学科项目	教育部人文社科研究项目	高校古籍整理研究项目	国家自然科学基金项目	中央其他部门社科专门项目	省、市、自治区社科基金项目	省教育厅社科项目	地、市、厅、局等政府部门项目	国际合作研究项目	与港、澳、台地区合作研究项目	企事业单位委托项目	学校社科项目	外资项目	其他
			课题来源															
		编号	L01	L02	L03	L04	L05	L06	L07	L08	L09	L10	L11	L12	L13	L14	L15	L16
课题数(项)		1	914	158	11	59	5	7	12	108	153	98	0	0	193	110	0	0
当年投入人数	合计(人年)	2	376	102.7	7.5	27.3	2.1	1.8	5.4	56.6	52.3	26.4	0	0	37.3	56.6	0	0
	研究生(人年)	3	6.9	3.4	0.7	0	0	0	0	2.6	0.2	0	0	0	0	0	0	0
当年拨入经费	合计(千元)	4	97 605.69	13 870	340	1 149	60	2 502	210	2 370	620	8 585	0	0	38 679.69	29 220	0	0
	当年立项项目拨入经费(千元)	5	94 564.02	12 730	340	760	60	2 502	210	2 360	620	8 565	0	0	37 197.02	29 220	0	0
当年支出经费(千元)		6	94 656.79	19 733.9	979.6	1 373.75	98	2 009	156.25	1 510.75	888.15	11 957.5	0	0	40 800.59	15 149.3	0	0
当年新开课题数(项)		7	404	28	1	19	1	7	2	20	44	80	0	0	173	29	0	0
当年新开课题批准经费(千元)		8	98 247.92	12 830	350	2 120	60	4 170	210	2 490	620	8 570	0	0	37 607.92	29 220	0	0
当年完成课题数(项)		9	283	38	1	9	0	0	1	40	18	32	0	0	123	21	0	0

续表

出版著作(部)	合计		10	25	10	3	2	0	0	1	4	3	1	0	0	0	1	0	0
	专著	合计	11	15	5	3	1	0	0	1	2	3	0	0	0	0	0	0	0
		被译成外文	12	0	0	0	0	0	0	0	0	0	0	0	0	0	0	0	0
	编著教材		13	10	5	0	1	0	0	0	2	0	1	0	0	0	1	0	0
	工具书/参考书		14	0	0	0	0	0	0	0	0	0	0	0	0	0	0	0	0
	皮书/发展报告		15	0	0	0	0	0	0	0	0	0	0	0	0	0	0	0	0
	科普读物		16	0	0	0	0	0	0	0	0	0	0	0	0	0	0	0	0
古籍整理(部)			17	0	0	0	0	0	0	0	0	0	0	0	0	0	0	0	0
译著(部)			18	2	2	0	0	0	0	0	0	0	0	0	0	0	0	0	0
发表译文(篇)			19	0	0	0	0	0	0	0	0	0	0	0	0	0	0	0	0
电子出版物(件)			20	0	0	0	0	0	0	0	0	0	0	0	0	0	0	0	0
发表论文(篇)	合计		21	397	153	15	38	0	36	8	37	65	10	0	0	1	34	0	0
	国内学术刊物		22	375	150	15	34	0	30	7	36	63	10	0	0	1	29	0	0
	国外学术刊物		23	22	3	0	4	0	6	1	1	2	0	0	0	0	5	0	0
	港澳台刊物		24	0	0	0	0	0	0	0	0	0	0	0	0	0	0	0	0
研究与咨询报告(篇)	合计		25	123	5	0	0	0	2	0	7	0	69	0	0	30	10	0	0
	被采纳数		26	58	1	0	0	0	2	0	7	0	16	0	0	30	2	0	0

2.26 淮阴师范学院人文、社会科学研究与课题成果来源情况表

			课题来源															
			合计	国家社科基金项目	国家社科基金单列学科项目	教育部人文社科研究项目	高校古籍整理研究项目	国家自然科学基金项目	中央其他部门社科专门项目	省、市、自治区社科基金项目	省教育厅社科项目	地、市、厅、局等政府部门项目	国际合作研究项目	与港、澳、台地区合作研究项目	企事业单位委托项目	学校社科项目	外资项目	其他
		编号	L01	L02	L03	L04	L05	L06	L07	L08	L09	L10	L11	L12	L13	L14	L15	L16
课题数(项)		1	849	29	0	38	0	0	3	78	100	68	0	0	511	22	0	0
当年投入人数	合计(人年)	2	108.2	6.9	0	8.6	0	0	0.8	11.4	12.4	8.4	0	0	57	2.7	0	0
	研究生(人年)	3	0	0	0	0	0	0	0	0	0	0	0	0	0	0	0	0
当年拨入经费	合计(千元)	4	68 807.55	2 530	0	1 080	0	0	200	970	530	392	0	0	63 105.55	0	0	0
	当年立项项目拨入经费(千元)	5	68 517.55	2 430	0	1 000	0	0	200	970	510	392	0	0	63 015.55	0	0	0
当年支出经费(千元)		6	60 357.85	1 857.5	0	977	0	0	142	926.9	606.2	626	0	0	54 793.55	428.7	0	0
当年新开课题数(项)		7	571	11	0	11	0	0	1	19	24	32	0	0	473	0	0	0
当年新开课题批准经费(千元)		8	68 558.05	2 500	0	1 000	0	0	200	970	510	392	0	0	62 986.05	0	0	0
当年完成课题数(项)		9	543	2	0	11	0	0	1	29	38	56	0	0	385	21	0	0

续表

出版著作(部)	合计		10	17	2	0	3	0	0	1	3	1	5	0	0	0	2	0	0
	专著	合计	11	14	2	0	3	0	0	1	2	1	4	0	0	0	1	0	0
		被译成外文	12	0	0	0	0	0	0	0	0	0	0	0	0	0	0	0	0
	编著教材		13	3	0	0	0	0	0	0	1	0	1	0	0	0	1	0	0
	工具书/参考书		14	0	0	0	0	0	0	0	0	0	0	0	0	0	0	0	0
	皮书/发展报告		15	0	0	0	0	0	0	0	0	0	0	0	0	0	0	0	0
	科普读物		16	0	0	0	0	0	0	0	0	0	0	0	0	0	0	0	0
古籍整理(部)			17	0	0	0	0	0	0	0	0	0	0	0	0	0	0	0	0
译著(部)			18	0	0	0	0	0	0	0	0	0	0	0	0	0	0	0	0
发表译文(篇)			19	0	0	0	0	0	0	0	0	0	0	0	0	0	0	0	0
电子出版物(件)			20	0	0	0	0	0	0	0	0	0	0	0	0	0	0	0	0
发表论文(篇)	合计		21	242	30	0	26	1	0	4	62	59	41	0	0	6	13	0	0
	国内学术刊物		22	233	30	0	25	0	0	4	61	55	40	0	0	6	12	0	0
	国外学术刊物		23	9	0	0	1	1	0	0	1	4	1	0	0	0	1	0	0
	港澳台刊物		24	0	0	0	0	0	0	0	0	0	0	0	0	0	0	0	0
研究与咨询报告(篇)	合计		25	2	0	0	0	0	0	0	0	0	1	0	0	1	0	0	0
	被采纳数		26	2	0	0	0	0	0	0	0	0	1	0	0	1	0	0	0

八、社科研究、课题与成果(来源情况)

2.27 盐城师范学院人文、社会科学研究与课题成果来源情况表

			课题来源															
			合计	国家社科基金项目	国家社科基金单列学科项目	教育部人文社科研究项目	高校古籍整理研究项目	国家自然科学基金项目	中央其他部门社科专门项目	省、市、自治区社科基金项目	省教育厅社科项目	地、市、厅、局等政府部门项目	国际合作研究项目	与港、澳、台地区合作研究项目	企事业单位委托项目	学校社科项目	外资项目	其他
		编号	L01	L02	L03	L04	L05	L06	L07	L08	L09	L10	L11	L12	L13	L14	L15	L16
课题数(项)		1	711	31	5	22	0	0	7	59	147	70	0	0	271	99	0	0
当年投入人数	合计(人年)	2	169.8	12.7	2.8	7.4	0	0	1.4	18.5	39.6	13.7	0	0	55.7	18	0	0
	研究生(人年)	3	0	0	0	0	0	0	0	0	0	0	0	0	0	0	0	0
当年拨入经费	合计(千元)	4	29 884.95	1 640	162	646	0	0	570	610	1 105	330	0	0	24 465.95	356	0	0
	当年立项项目拨入经费(千元)	5	28 893.95	1 640	162	270	0	0	570	540	560	330	0	0	24 465.95	356	0	0
当年支出经费(千元)		6	33 096.01	1 565	157	527	0	0	428	704.5	951.8	210.55	0	0	28 253.96	298.2	0	0
当年新开课题数(项)		7	310	8	1	6	0	0	3	16	45	53	0	0	121	57	0	0
当年新开课题批准经费(千元)		8	30 179.95	1 750	180	540	0	0	600	1 050	900	338	0	0	24 465.95	356	0	0
当年完成课题数(项)		9	254	0	0	3	0	0	0	8	34	17	0	0	150	42	0	0

续表

出版著作(部)	合计		10	32	8	0	5	0	0	1	7	8	3	0	0	0	0	0	0
	专著	合计	11	28	7	0	5	0	0	0	6	7	3	0	0	0	0	0	0
		被译成外文	12	0	0	0	0	0	0	0	0	0	0	0	0	0	0	0	0
	编著教材		13	4	1	0	0	0	0	1	1	1	0	0	0	0	0	0	0
	工具书/参考书		14	0	0	0	0	0	0	0	0	0	0	0	0	0	0	0	0
	皮书/发展报告		15	0	0	0	0	0	0	0	0	0	0	0	0	0	0	0	0
	科普读物		16	0	0	0	0	0	0	0	0	0	0	0	0	0	0	0	0
古籍整理(部)			17	0	0	0	0	0	0	0	0	0	0	0	0	0	0	0	0
译著(部)			18	1	0	0	0	0	0	0	0	1	0	0	0	0	0	0	0
发表译文(篇)			19	0	0	0	0	0	0	0	0	0	0	0	0	0	0	0	0
电子出版物(件)			20	0	0	0	0	0	0	0	0	0	0	0	0	0	0	0	0
发表论文(篇)	合计		21	355	35	5	16	0	0	18	26	96	57	0	0	0	102	0	0
	国内学术刊物		22	346	34	5	16	0	0	18	26	93	52	0	0	0	102	0	0
	国外学术刊物		23	9	1	0	0	0	0	0	0	3	5	0	0	0	0	0	0
	港澳台刊物		24	0	0	0	0	0	0	0	0	0	0	0	0	0	0	0	0
研究与咨询报告(篇)	合计		25	138	0	0	0	0	0	0	0	0	10	0	0	128	0	0	0
	被采纳数		26	9	0	0	0	0	0	0	0	0	4	0	0	5	0	0	0

2.28 南京财经大学人文、社会科学研究与课题成果来源情况表

		编号	合计 L01	国家社科基金项目 L02	国家社科基金单列学科项目 L03	教育部人文社科研究项目 L04	高校古籍整理研究项目 L05	国家自然科学基金项目 L06	中央其他部门社科专门项目 L07	省、市、自治区社科基金项目 L08	省教育厅社科项目 L09	地、市、厅、局等政府部门项目 L10	国际合作研究项目 L11	与港、澳、台地区合作研究项目 L12	企事业单位委托项目 L13	学校社科项目 L14	外资项目 L15	其他 L16
课题数(项)		1	795	76	0	51	0	87	4	83	141	69	0	0	259	25	0	0
当年投入人数	合计(人年)	2	128	18.4	0	13.7	0	17.1	0.4	10.5	20.4	8.4	0	0	35	4.1	0	0
	研究生(人年)	3	21	2.4	0	2.1	0	1.5	0	1.2	1.7	1.5	0	0	9.9	0.7	0	0
当年拨入经费	合计(千元)	4	40 650.55	8 008	0	1 607.4	0	8 328.03	1 257.5	1 680	805	3 058.2	0	0	15 836.42	70	0	0
	当年立项项目拨入经费(千元)	5	30 507.41	6 703	0	625	0	5 007.95	78	1 276	402	2 543.5	0	0	13 801.96	70	0	0
当年支出经费(千元)		6	33 898	5 365.69	0	1 818.78	0	5 896.42	1 080.36	1 691.32	921.3	2 415.18	0	0	14 687.95	21	0	0
当年新开课题数(项)		7	361	35	0	15	0	30	3	30	49	38	0	0	147	14	0	0
当年新开课题批准经费(千元)		8	41 941.68	7 900	0	1 610	0	9 188.62	110	1 582	830	3 130	0	0	17 521.06	70	0	0
当年完成课题数(项)		9	216	14	0	15	0	16	1	27	34	23	0	0	76	10	0	0

续表

出版著作(部)	合计		10	40	10	0	7	0	4	2	3	6	5	0	0	3	0	0	0
	专著	合计	11	31	8	0	6	0	4	0	3	3	5	0	0	2	0	0	0
		被译成外文	12	1	0	0	0	0	0	0	0	1	0	0	0	0	0	0	0
	编著教材		13	9	2	0	1	0	0	2	0	3	0	0	0	1	0	0	0
	工具书/参考书		14	0	0	0	0	0	0	0	0	0	0	0	0	0	0	0	0
	皮书/发展报告		15	0	0	0	0	0	0	0	0	0	0	0	0	0	0	0	0
	科普读物		16	0	0	0	0	0	0	0	0	0	0	0	0	0	0	0	0
古籍整理(部)			17	0	0	0	0	0	0	0	0	0	0	0	0	0	0	0	0
译著(部)			18	0	0	0	0	0	0	0	0	0	0	0	0	0	0	0	0
发表译文(篇)			19	0	0	0	0	0	0	0	0	0	0	0	0	0	0	0	0
电子出版物(件)			20	0	0	0	0	0	0	0	0	0	0	0	0	0	0	0	0
发表论文(篇)	合计		21	434	102	0	58	0	126	6	33	43	42	0	0	10	14	0	0
	国内学术刊物		22	382	95	0	52	0	106	5	28	39	35	0	0	10	12	0	0
	国外学术刊物		23	52	7	0	6	0	20	1	5	4	7	0	0	0	2	0	0
	港澳台刊物		24	0	0	0	0	0	0	0	0	0	0	0	0	0	0	0	0
研究与咨询报告(篇)	合计		25	67	0	0	0	0	0	0	0	2	0	0	0	65	0	0	0
	被采纳数		26	43	0	0	0	0	0	0	0	0	0	0	0	43	0	0	0

2.29 江苏警官学院人文、社会科学研究与课题成果来源情况表

			课题来源															
			合计	国家社科基金项目	国家社科基金单列学科项目	教育部人文社科研究项目	高校古籍整理研究项目	国家自然科学基金项目	中央其他部门社科专门项目	省、市、自治区社科基金项目	省教育厅社科项目	地、市、厅、局等政府部门项目	国际合作研究项目	与港、澳、台地区合作研究项目	企事业单位委托项目	学校社科项目	外资项目	其他
		编号	L01	L02	L03	L04	L05	L06	L07	L08	L09	L10	L11	L12	L13	L14	L15	L16
课题数(项)		1	439	6	0	7	0	0	33	21	113	113	0	0	26	116	0	4
当年投入人数	合计(人年)	2	83.3	3.3	0	1.7	0	0	7.6	4.1	22.1	24.6	0	0	4	14.6	0	1.3
	研究生(人年)	3	0	0	0	0	0	0	0	0	0	0	0	0	0	0	0	0
当年拨入经费	合计(千元)	4	2 082.35	0	0	130	0	0	520	80	200	770	0	0	382.35	0	0	0
	当年立项项目拨入经费(千元)	5	1 487.35	0	0	40	0	0	270	80	100	625	0	0	372.35	0	0	0
当年支出经费(千元)		6	3 085.89	50	0	161	0	0	663.4	208.5	504.64	1 105	0	0	382.35	11	0	0
当年新开课题数(项)		7	98	0	0	2	0	0	11	7	36	28	0	0	14	0	0	0
当年新开课题批准经费(千元)		8	1617	0	0	80	0	0	270	100	100	625	0	0	442	0	0	0
当年完成课题数(项)		9	116	2	0	1	0	0	2	5	23	29	0	0	5	45	0	4

续表

序号	类别		C1	C2	C3	C4	C5	C6	C7	C8	C9	C10	C11	C12	C13	C14
10	合计		1	0	1	0	0	2	1	0	0	0	0	0	0	5
11	出版著作(部)	合计	1	0	1	0	0	2	1	0	0	0	0	0	0	5
12		专著 被译成外文	0	0	0	0	0	0	0	0	0	0	0	0	0	0
13		编著教材	0	0	0	0	0	0	0	0	0	0	0	0	0	0
14		工具书/参考书	0	0	0	0	0	0	0	0	0	0	0	0	0	0
15		皮书/发展报告	0	0	0	0	0	0	0	0	0	0	0	0	0	0
16		科普读物	0	0	0	0	0	0	0	0	0	0	0	0	0	0
17	古籍整理(部)		0	0	0	0	0	0	0	0	0	0	0	0	0	0
18	译著(部)		0	0	0	0	0	0	0	0	0	0	0	0	0	0
19	发表译文(篇)		0	0	0	0	0	0	0	0	0	0	0	0	0	0
20	电子出版物(件)		0	0	0	0	0	0	0	0	0	0	0	0	0	0
21	发表论文(篇)	合计	6	0	19	8	0	37	29	9	1	0	2	0	5	116
22		国内学术刊物	6	0	19	7	0	37	28	9	1	0	2	0	5	114
23		国外学术刊物	0	0	0	1	0	0	1	0	0	0	0	0	0	2
24		港澳台刊物	0	0	0	0	0	0	0	0	0	0	0	0	0	0
25	研究与咨询报告(篇)	合计	0	0	0	0	0	0	0	0	0	0	0	0	0	0
26		被采纳数	0	0	0	0	0	0	0	0	0	0	0	0	0	0

八、社科研究、课题与成果(来源情况)

2.30 南京体育学院人文、社会科学研究与课题成果来源情况表

		编号	合计	国家社科基金项目	国家社科基金单列学科项目	教育部人文社科研究项目	高校古籍整理研究项目	国家自然科学基金项目	中央其他部门社科专门项目	省、市、自治区社科基金项目	省教育厅社科项目	地、市、厅、局等政府部门项目	国际合作研究项目	与港、澳、台地区合作研究项目	企事业单位委托项目	学校社科项目	外资项目	其他
			课题来源															
			L01	L02	L03	L04	L05	L06	L07	L08	L09	L10	L11	L12	L13	L14	L15	L16
课题数(项)		1	116	14	1	4	0	0	8	11	36	15	0	0	4	23	0	0
当年投入人数	合计(人年)	2	12.7	1.9	0.1	0.4	0	0	0.8	1.3	3.8	1.7	0	0	0.4	2.3	0	0
	研究生(人年)	3	0	0	0	0	0	0	0	0	0	0	0	0	0	0	0	0
当年拨入经费	合计(千元)	4	2 580	1 108.2	0	100	0	0	316	160	56	219	0	0	620.8	0	0	0
	当年立项项目拨入经费(千元)	5	2 131.8	950	0	40	0	0	316	160	40	5	0	0	620.8	0	0	0
当年支出经费(千元)		6	862.05	362.54	0	45.53	0	0	81.48	97.7	92.5	135.6	0	0	46.7	0	0	0
当年新开课题数(项)		7	59	5	1	1	0	0	8	4	13	7	0	0	3	17	0	0
当年新开课题批准经费(千元)		8	3 515.8	1 000	200	80	0	0	400	200	100	455	0	0	740.8	340	0	0
当年完成课题数(项)		9	16	0	0	1	0	0	6	0	2	4	0	0	3	0	0	0

续表

出版著作(部)	合计		10	0	0	0	0	0	0	0	0	0	0	0	0	0	0	0	0
	专著	合计	11	0	0	0	0	0	0	0	0	0	0	0	0	0	0	0	0
		被译成外文	12	0	0	0	0	0	0	0	0	0	0	0	0	0	0	0	0
	编著教材		13	0	0	0	0	0	0	0	0	0	0	0	0	0	0	0	0
	工具书/参考书		14	0	0	0	0	0	0	0	0	0	0	0	0	0	0	0	0
	皮书/发展报告		15	0	0	0	0	0	0	0	0	0	0	0	0	0	0	0	0
	科普读物		16	0	0	0	0	0	0	0	0	0	0	0	0	0	0	0	0
古籍整理(部)			17	0	0	0	0	0	0	0	0	0	0	0	0	0	0	0	0
译著(部)			18	0	0	0	0	0	0	0	0	0	0	0	0	0	0	0	0
发表译文(篇)			19	0	0	0	0	0	0	0	0	0	0	0	0	0	0	0	0
电子出版物(件)			20	0	0	0	0	0	0	0	0	0	0	0	0	0	0	0	0
发表论文(篇)	合计		21	49	14	0	4	0	0	3	5	8	7	0	0	2	6	0	0
	国内学术刊物		22	49	14	0	4	0	0	3	5	8	7	0	0	2	6	0	0
	国外学术刊物		23	0	0	0	0	0	0	0	0	0	0	0	0	0	0	0	0
	港澳台刊物		24	0	0	0	0	0	0	0	0	0	0	0	0	0	0	0	0
研究与咨询报告(篇)	合计		25	5	0	0	1	0	0	0	0	1	2	0	0	1	0	0	0
	被采纳数		26	2	0	0	1	0	0	0	0	0	0	0	0	1	0	0	0

八、社科研究、课题与成果(来源情况)

2.31 南京艺术学院人文、社会科学研究与课题成果来源情况表

			课题来源															
			合计	国家社科基金项目	国家社科基金单列学科项目	教育部人文社科研究项目	高校古籍整理研究项目	国家自然科学基金项目	中央其他部门社科专门项目	省、市、自治区社科基金项目	省教育厅社科项目	地、市、厅、局等政府部门项目	国际合作研究项目	与港、澳、台地区合作研究项目	企事业单位委托项目	学校社科项目	外资项目	其他
		编号	L01	L02	L03	L04	L05	L06	L07	L08	L09	L10	L11	L12	L13	L14	L15	L16
课题数(项)		1	328	2	25	9	0	0	30	26	107	43	0	0	40	46	0	0
当年投入人数	合计(人年)	2	95.7	1.2	15.1	4.1	0	0	10.2	9.1	28.4	10.4	0	0	8.3	8.9	0	0
	研究生(人年)	3	1.9	0	0.5	0	0	0	0.5	0.6	0.3	0	0	0	0	0	0	0
当年拨入经费	合计(千元)	4	4 565.2	0	1 230	48	0	0	435	206	400	206	0	0	2 040.2	0	0	0
	当年立项项目拨入经费(千元)	5	3 581	0	990	40	0	0	285	200	400	96	0	0	1 570	0	0	0
当年支出经费(千元)		6	2 827.61	100.52	685.76	122.61	0	0	283.81	316.51	236	329.53	0	0	704.02	48.85	0	0
当年新开课题数(项)		7	62	0	6	1	0	0	6	5	31	4	0	0	9	0	0	0
当年新开课题批准经费(千元)		8	5 230	0	1 500	100	0	0	300	250	580	160	0	0	2 340	0	0	0
当年完成课题数(项)		9	63	0	0	0	0	0	3	4	19	15	0	0	18	4	0	0

续表

出版著作(部)	合计		10	8	2	0	0	0	0	0	1	1	0	0	0	3	1	0	0
	专著	合计	11	3	2	0	0	0	0	0	1	0	0	0	0	0	0	0	0
		被译成外文	12	0	0	0	0	0	0	0	0	0	0	0	0	0	0	0	0
	编著教材		13	5	0	0	0	0	0	0	0	1	0	0	0	3	1	0	0
	工具书/参考书		14	0	0	0	0	0	0	0	0	0	0	0	0	0	0	0	0
	皮书/发展报告		15	0	0	0	0	0	0	0	0	0	0	0	0	0	0	0	0
	科普读物		16	0	0	0	0	0	0	0	0	0	0	0	0	0	0	0	0
古籍整理(部)			17	0	0	0	0	0	0	0	0	0	0	0	0	0	0	0	0
译著(部)			18	0	0	0	0	0	0	0	0	0	0	0	0	0	0	0	0
发表译文(篇)			19	0	0	0	0	0	0	0	0	0	0	0	0	0	0	0	0
电子出版物(件)			20	0	0	0	0	0	0	0	0	0	0	0	0	0	0	0	0
发表论文(篇)	合计		21	216	4	39	13	0	0	8	18	81	20	0	0	11	22	0	0
	国内学术刊物		22	214	4	38	13	0	0	8	18	81	20	0	0	10	22	0	0
	国外学术刊物		23	2	0	1	0	0	0	0	0	0	0	0	0	1	0	0	0
	港澳台刊物		24	0	0	0	0	0	0	0	0	0	0	0	0	0	0	0	0
研究与咨询报告(篇)	合计		25	3	0	0	0	0	0	0	0	0	0	0	0	3	0	0	0
	被采纳数		26	1	0	0	0	0	0	0	0	0	0	0	0	1	0	0	0

八、社科研究、课题与成果(来源情况) 8

2.32 苏州科技大学人文、社会科学研究与课题成果来源情况表

			课题来源															
			合计	国家社科基金项目	国家社科基金单列学科项目	教育部人文社科研究项目	高校古籍整理研究项目	国家自然科学基金项目	中央其他部门社科专门项目	省、市、自治区社科基金项目	省教育厅社科项目	地、市、厅、局等政府部门项目	国际合作研究项目	与港、澳、台地区合作研究项目	企事业单位委托项目	学校社科项目	外资项目	其他
		编号	L01	L02	L03	L04	L05	L06	L07	L08	L09	L10	L11	L12	L13	L14	L15	L16
课题数(项)		1	548	46	7	19	0	0	0	47	112	186	0	0	83	48	0	0
当年投入人数	合计(人年)	2	134.9	11.4	3.2	6.8	0	0	0	14.2	31.9	47.3	0	0	10.9	9.2	0	0
	研究生(人年)	3	11.9	0.8	0.1	0.4	0	0	0	0.4	2.8	4.2	0	0	2.5	0.7	0	0
当年拨入经费	合计(千元)	4	19 509.2	2 410	392	408	0	0	0	520	168	4 419.8	0	0	11191.4	0	0	0
	当年立项项目拨入经费(千元)	5	18 759.4	2 330	352	120	0	0	0	520	40	4 206	0	0	11191.4	0	0	0
当年支出经费(千元)		6	18 846.2	2 519	392	408	0	0	0	420	168	4 419.8	0	0	10 519.4	0	0	0
当年新开课题数(项)		7	185	11	2	3	0	0	0	12	41	74	0	0	32	10	0	0
当年新开课题批准经费(千元)		8	19 615	2 500	380	280	0	0	0	570	100	4 206	0	0	11579	0	0	0
当年完成课题数(项)		9	163	4	2	3	0	0	0	4	22	77	0	0	36	15	0	0

续表

出版著作(部)	合计		10	20	6	0	1	0	0	0	3	1	3	0	0	0	1	0	0
	专著	合计	11	18	5	0	1	0	0	0	3	1	3	0	0	0	0	0	0
		被译成外文	12	0	0	0	0	0	0	0	0	0	0	0	0	0	0	0	0
	编著教材		13	2	1	0	0	0	0	0	0	0	0	0	0	0	1	0	0
	工具书/参考书		14	0	0	0	0	0	0	0	0	0	0	0	0	0	0	0	0
	皮书/发展报告		15	0	0	0	0	0	0	0	0	0	0	0	0	0	0	0	0
	科普读物		16	0	0	0	0	0	0	0	0	0	0	0	0	0	0	0	0
古籍整理(部)			17	0	0	0	0	0	0	0	0	0	0	0	0	0	0	0	0
译著(部)			18	1	0	0	0	0	0	0	1	0	0	0	0	0	0	0	0
发表译文(篇)			19	0	0	0	0	0	0	0	0	0	0	0	0	0	0	0	0
电子出版物(件)			20	0	0	0	0	0	0	0	0	0	0	0	0	0	0	0	0
发表论文(篇)	合计		21	343	29	7	17	0	0	0	48	74	110	0	0	20	38	0	0
	国内学术刊物		22	337	26	7	16	0	0	0	47	74	109	0	0	20	38	0	0
	国外学术刊物		23	6	3	0	1	0	0	0	1	0	1	0	0	0	0	0	0
	港澳台刊物		24	0	0	0	0	0	0	0	0	0	0	0	0	0	0	0	0
研究与咨询报告(篇)	合计		25	21	0	0	0	0	0	0	0	0	3	0	0	18	0	0	0
	被采纳数		26	18	0	0	0	0	0	0	0	0	3	0	0	15	0	0	0

2.33 常熟理工学院人文、社会科学研究与课题成果来源情况表

			课题来源															
			合计	国家社科基金项目	国家社科基金单列学科项目	教育部人文社科研究项目	高校古籍整理研究项目	国家自然科学基金项目	中央其他部门社科专门项目	省、市、自治区社科基金项目	省教育厅社科项目	地、市、厅、局等政府部门项目	国际合作研究项目	与港、澳、台地区合作研究项目	企事业单位委托项目	学校社科项目	外资项目	其他
		编号	L01	L02	L03	L04	L05	L06	L07	L08	L09	L10	L11	L12	L13	L14	L15	L16
课题数(项)		1	460	16	0	24	0	0	8	22	143	69	0	0	178	0	0	0
当年投入人数	合计(人年)	2	116.4	6.8	0	9.4	0	0	1.6	6.6	37.1	11.8	0	0	43.1	0	0	0
	研究生(人年)	3	0	0	0	0	0	0	0	0	0	0	0	0	0	0	0	0
当年拨入经费	合计(千元)	4	19 649.16	433.3	0	525	0	0	9.66	264	596	403	0	0	17 418.2	0	0	0
	当年立项项目拨入经费(千元)	5	18 817.2	380	0	110	0	0	0	160	450	339	0	0	17 378.2	0	0	0
当年支出经费(千元)		6	21 223.61	452.7	0	348.48	0	0	0.48	226.01	492.96	322.94	0	0	19 380.04	0	0	0
当年新开课题数(项)		7	252	2	0	4	0	0	0	5	42	40	0	0	159	0	0	0
当年新开课题批准经费(千元)		8	21 686.44	400	0	360	0	0	0	200	510	340	0	0	19 876.44	0	0	0
当年完成课题数(项)		9	225	3	0	2	0	0	1	5	31	33	0	0	150	0	0	0

续表

出版著作(部)	合计	10	4	0	0	1	0	0	0	0	2	1	0	0	0	0	0	0
	专著 合计	11	4	0	0	1	0	0	0	0	2	1	0	0	0	0	0	0
	专著 被译成外文	12	0	0	0	0	0	0	0	0	0	0	0	0	0	0	0	0
	编著教材	13	0	0	0	0	0	0	0	0	0	0	0	0	0	0	0	0
	工具书/参考书	14	0	0	0	0	0	0	0	0	0	0	0	0	0	0	0	0
	皮书/发展报告	15	0	0	0	0	0	0	0	0	0	0	0	0	0	0	0	0
	科普读物	16	0	0	0	0	0	0	0	0	0	0	0	0	0	0	0	0
古籍整理(部)		17	0	0	0	0	0	0	0	0	0	0	0	0	0	0	0	0
译著(部)		18	0	0	0	0	0	0	0	0	0	0	0	0	0	0	0	0
发表译文(篇)		19	0	0	0	0	0	0	0	0	0	0	0	0	0	0	0	0
电子出版物(件)		20	0	0	0	0	0	0	0	0	0	0	0	0	0	0	0	0
发表论文(篇)	合计	21	153	18	4	16	0	0	2	28	73	12	0	0	0	0	0	0
	国内学术刊物	22	148	18	2	16	0	0	2	28	70	12	0	0	0	0	0	0
	国外学术刊物	23	5	0	2	0	0	0	0	0	3	0	0	0	0	0	0	0
	港澳台刊物	24	0	0	0	0	0	0	0	0	0	0	0	0	0	0	0	0
研究与咨询报告(篇)	合计	25	183	0	0	0	0	0	0	2	1	34	0	0	146	0	0	0
	被采纳数	26	34	0	0	0	0	0	0	2	1	30	0	0	1	0	0	0

八、社科研究、课题与成果(来源情况)

2.34 淮阴工学院人文、社会科学研究与课题成果来源情况表

课题来源

		编号	合计 L01	国家社科基金项目 L02	国家社科基金单列学科项目 L03	教育部人文社科研究项目 L04	高校古籍整理研究项目 L05	国家自然科学基金项目 L06	中央其他部门社科专门项目 L07	省、市、自治区社科基金项目 L08	省教育厅社科项目 L09	地、市、厅、局等政府部门项目 L10	国际合作研究项目 L11	与港、澳、台地区合作研究项目 L12	企事业单位委托项目 L13	学校社科项目 L14	外资项目 L15	其他 L16
课题数(项)		1	586	9	1	11	0	0	5	39	116	76	0	0	308	21	0	0
当年投入人数	合计(人年)	2	97.5	2.8	0.7	2.5	0	0	1.2	8.2	20.5	10	0	0	49.4	2.2	0	0
	研究生(人年)	3	0	0	0	0	0	0	0	0	0	0	0	0	0	0	0	0
当年投入经费	合计(千元)	4	36 307.13	890	0	135	0	0	40	370	700	1 126	0	0	33 016.13	30	0	0
	当年立项项目拨入经费(千元)	5	36 112.53	880	0	50	0	0	40	280	700	1 126	0	0	33 006.53	30	0	0
当年支出经费(千元)		6	35 714.75	1 014	40	165.5	0	0	49	589.25	1 021.47	1 326	0	0	31 359.53	150	0	0
当年新开课题数(项)		7	401	4	0	1	0	0	1	9	49	51	0	0	283	3	0	0
当年新开课题批准经费(千元)		8	36 725.53	950	0	100	0	0	50	330	1 120	1 130	0	0	33 015.53	30	0	0
当年完成课题数(项)		9	302	1	0	0	0	0	1	10	26	56	0	0	190	18	0	0

续表

出版著作(部)	合计		10	15	3	0	0	0	0	0	5	2	3	0	0	2	0	0	0
	专著	合计	11	13	1	0	0	0	0	0	5	2	3	0	0	2	0	0	0
		被译成外文	12	0	0	0	0	0	0	0	0	0	0	0	0	0	0	0	0
	编著教材		13	2	2	0	0	0	0	0	0	0	0	0	0	0	0	0	0
	工具书/参考书		14	0	0	0	0	0	0	0	0	0	0	0	0	0	0	0	0
	皮书/发展报告		15	0	0	0	0	0	0	0	0	0	0	0	0	0	0	0	0
	科普读物		16	0	0	0	0	0	0	0	0	0	0	0	0	0	0	0	0
古籍整理(部)			17	0	0	0	0	0	0	0	0	0	0	0	0	0	0	0	0
译著(部)			18	0	0	0	0	0	0	0	0	0	0	0	0	0	0	0	0
发表译文(篇)			19	0	0	0	0	0	0	0	0	0	0	0	0	0	0	0	0
电子出版物(件)			20	0	0	0	0	0	0	0	0	0	0	0	0	0	0	0	0
发表论文(篇)	合计		21	333	3	2	2	0	0	3	15	37	70	0	0	181	20	0	0
	国内学术刊物		22	312	3	2	2	0	0	3	10	29	67	0	0	181	15	0	0
	国外学术刊物		23	21	0	0	0	0	0	0	5	8	3	0	0	0	5	0	0
	港澳台刊物		24	0	0	0	0	0	0	0	0	0	0	0	0	0	0	0	0
研究与咨询报告(篇)	合计		25	6	2	0	0	0	0	0	1	0	3	0	0	0	0	0	0
	被采纳数		26	5	2	0	0	0	0	0	1	0	2	0	0	0	0	0	0

2.35 常州工学院人文、社会科学研究与课题成果来源情况表

		编号	课题来源															
			合计	国家社科基金项目	国家社科基金单列学科项目	教育部人文社科研究项目	高校古籍整理研究项目	国家自然科学基金项目	中央其他部门社科专门项目	省、市、自治区社科基金项目	省教育厅社科项目	地、市、厅、局等政府部门项目	国际合作研究项目	与港、澳、台地区合作研究项目	企事业单位委托项目	学校社科项目	外资项目	其他
			L01	L02	L03	L04	L05	L06	L07	L08	L09	L10	L11	L12	L13	L14	L15	L16
课题数(项)		1	666	1	1	23	1	1	5	21	137	175	1	0	193	107	0	0
当年投入人数	合计(人年)	2	122.1	0.3	0.2	4.7	0.3	0.2	1	4.7	27	34	0.2	0	30	19.5	0	0
	研究生(人年)	3	0	0	0	0	0	0	0	0	0	0	0	0	0	0	0	0
当年拨入经费	合计(千元)	4	22 299.9	188	0	341	18	117	17	308	201	700	0	0	20 321.9	88	0	0
	当年立项项目拨入经费(千元)	5	21 591.9	0	0	125	18	117	17	252	80	681	0	0	20 301.9	0	0	0
当年支出经费(千元)		6	18 270.63	75.5	46.7	429.86	10.4	0	13.6	282.3	165.03	605.99	21.5	0	16 115.18	504.57	0	0
当年新开课题数(项)		7	278	0	0	5	1	1	2	6	40	102	0	0	121	0	0	0
当年新开课题批准经费(千元)		8	22 129	0	0	400	18	195	20	280	200	694	0	0	20 322	0	0	0
当年完成课题数(项)		9	257	0	0	3	0	0	1	5	24	134	0	0	47	43	0	0

八、社科研究、课题与成果(来源情况)

续表

	合计		10	3	0	0	0	0	0	0	1	0	1	0	0	1	0	0	0
出版著作(部)	专著	合计	11	3	0	0	0	0	0	0	1	0	1	0	0	1	0	0	0
		被译成外文	12	0	0	0	0	0	0	0	0	0	0	0	0	0	0	0	0
	编著教材		13	0	0	0	0	0	0	0	0	0	0	0	0	0	0	0	0
	工具书/参考书		14	0	0	0	0	0	0	0	0	0	0	0	0	0	0	0	0
	皮书/发展报告		15	0	0	0	0	0	0	0	0	0	0	0	0	0	0	0	0
	科普读物		16	0	0	0	0	0	0	0	0	0	0	0	0	0	0	0	0
古籍整理(部)			17	0	0	0	0	0	0	0	0	0	0	0	0	0	0	0	0
译著(部)			18	1	0	0	0	0	0	0	0	1	0	0	0	0	0	0	0
发表译文(篇)			19	0	0	0	0	0	0	0	0	0	0	0	0	0	0	0	0
电子出版物(件)			20	0	0	0	0	0	0	0	0	0	0	0	0	0	0	0	0
发表论文(篇)	合计		21	173	0	0	14	0	0	2	9	58	49	0	0	12	29	0	0
	国内学术刊物		22	165	0	0	14	0	0	2	9	56	46	0	0	10	28	0	0
	国外学术刊物		23	8	0	0	0	0	0	0	0	2	3	0	0	2	1	0	0
	港澳台刊物		24	0	0	0	0	0	0	0	0	0	0	0	0	0	0	0	0
研究与咨询报告(篇)	合计		25	115	0	0	0	0	0	0	1	0	110	0	0	3	1	0	0
	被采纳数		26	2	0	0	0	0	0	0	0	0	0	0	0	2	0	0	0

2.36 扬州大学人文、社会科学研究与课题成果来源情况表

		编号	课题来源 合计	国家社科基金项目	国家社科基金单列学科项目	教育部人文社科研究项目	高校古籍整理研究项目	国家自然科学基金项目	中央其他部门社科专门项目	省、市、自治区社科基金项目	省教育厅社科项目	地、市、厅、局等政府部门项目	国际合作研究项目	与港、澳、台地区合作研究项目	企事业单位委托项目	学校社科项目	外资项目	其他
			L01	L02	L03	L04	L05	L06	L07	L08	L09	L10	L11	L12	L13	L14	L15	L16
课题数(项)		1	968	133	19	78	2	0	17	89	227	85	0	0	108	210	0	0
当年投入人数	合计(人年)	2	157.2	39.5	5.8	16	0.4	0	3.1	17.6	32.8	9.9	0	0	11.1	21	0	0
	研究生(人年)	3	4.9	2.9	0.6	0	0	0	0.1	0.7	0.6	0	0	0	0	0	0	0
当年拨入经费	合计(千元)	4	21 223.44	6 760	570	1 020	50	0	35	984	550	198	0	0	10 395.44	661	0	0
	当年立项项目拨入经费(千元)	5	20 155.44	6 610	570	642	50	0	35	874	550	198	0	0	10 395.44	231	0	0
当年支出经费(千元)		6	23 222.91	7 810	731.4	1 090.7	29	0	76.3	920.9	1 171.82	170.2	0	0	10 395.44	827.15	0	0
当年新开课题数(项)		7	315	27	3	21	1	0	2	20	52	44	0	0	108	37	0	0
当年新开课题批准经费(千元)		8	23 655.44	7 150	600	1 870	50	0	1 250	1 090	610	210	0	0	10 395.44	430	0	0
当年完成课题数(项)		9	352	12	0	10	0	0	1	6	42	0	0	0	108	173	0	0

续表

八、社科研究、课题与成果(来源情况)

	类别	10	11	12	13	14	15	16	17	18	19	20	21	22	23
出版著作(部)	合计	10	29	6	0	5	0	0	4	6	2	0	0	6	0
	专著 合计	11	22	5	0	4	0	0	1	5	2	0	0	5	0
	被译成外文	12	0	0	0	0	0	0	0	0	0	0	0	0	0
	编著教材	13	6	1	0	1	0	0	2	1	0	0	0	1	0
	工具书/参考书	14	0	0	0	0	0	0	0	0	0	0	0	0	0
	皮书/发展报告	15	1	0	0	0	0	0	1	1	0	0	0	0	0
	科普读物	16	0	0	0	0	0	0	0	0	0	0	0	0	0
古籍整理(部)		17	3	2	0	0	1	0	1	0	0	0	0	0	0
译著(部)		18	3	2	0	0	0	0	1	0	0	0	0	0	0
发表译文(篇)		19	0	0	0	0	0	0	0	0	0	0	0	0	0
电子出版物(件)		20	0	0	0	0	0	0	0	0	0	0	0	0	0
发表论文(篇)	合计	21	636	149	16	56	4	0	67	135	16	0	0	46	143
	国内学术刊物	22	622	146	15	53	4	0	65	130	16	0	0	46	143
	国外学术刊物	23	14	3	1	3	0	0	2	5	0	0	0	0	0
	港澳台刊物	24	0	0	0	0	0	0	0	0	0	0	0	0	0
研究与咨询报告(篇)	合计	25	98	0	3	2	0	0	8	0	0	0	0	84	1
	被采纳数	26	91	0	3	2	0	0	8	0	0	0	0	77	1

2.37 南京工程学院人文、社会科学研究与课题成果来源情况表

			课题来源															
			合计	国家社科基金项目	国家社科基金单列学科项目	教育部人文社科研究项目	高校古籍整理研究项目	国家自然科学基金项目	中央其他部门社科专门项目	省、市、自治区社科基金项目	省教育厅社科项目	地、市、厅、局等政府部门项目	国际合作研究项目	与港、澳、台地区合作研究项目	企事业单位委托项目	学校社科项目	外资项目	其他
		编号	L01	L02	L03	L04	L05	L06	L07	L08	L09	L10	L11	L12	L13	L14	L15	L16
课题数(项)		1	475	3	0	12	0	0	3	12	130	37	0	0	83	195	0	0
当年投入人数	合计(人年)	2	75.6	0.5	0	1.8	0	0	0.3	1.8	17.9	6.7	0	0	13.8	32.8	0	0
	研究生(人年)	3	0	0	0	0	0	0	0	0	0	0	0	0	0	0	0	0
当年拨入经费	合计(千元)	4	23 176.88	277	0	200	0	0	95	605	748	2 892.5	0	0	1 0071.98	8 287.4	0	0
	当年立项项目拨入经费(千元)	5	21 494.88	267	0	30	0	0	0	605	650	2 823.5	0	0	9 376.98	7 742.4	0	0
当年支出经费(千元)		6	22 464.2	287	0	241.04	0	0	105.5	460.1	761.88	2 878.42	0	0	9 763.39	7 966.87	0	0
当年新开课题数(项)		7	276	2	0	1	0	0	0	5	44	35	0	0	54	135	0	0
当年新开课题批准经费(千元)		8	23 901.22	350	0	80	0	0	0	650	710	2 914	0	0	10 780.22	8 417	0	0
当年完成课题数(项)		9	185	0	0	3	0	0	2	7	43	18	0	0	49	63	0	0

八、社科研究、课题与成果(来源情况)

续表

出版著作(部)	合计	10	10	0	0	0	0	0	0	0	5	1	0	0	3	1	0	0
出版著作(部)	专著 合计	11	7	0	0	0	0	0	0	0	3	1	0	0	2	1	0	0
出版著作(部)	专著 被译成外文	12	0	0	0	0	0	0	0	0	0	0	0	0	0	0	0	0
出版著作(部)	编著教材	13	0	0	0	0	0	0	0	0	0	0	0	0	0	0	0	0
出版著作(部)	工具书/参考书	14	0	0	0	0	0	0	0	0	0	0	0	0	0	0	0	0
出版著作(部)	皮书/发展报告	15	1	0	0	0	0	0	0	0	0	0	0	0	1	0	0	0
出版著作(部)	科普读物	16	2	0	0	0	0	0	0	0	2	0	0	0	0	0	0	0
古籍整理(部)		17	0	0	0	0	0	0	0	0	0	0	0	0	0	0	0	0
译著(部)		18	0	0	0	0	0	0	0	0	0	0	0	0	0	0	0	0
发表译文(篇)		19	0	0	0	0	0	0	0	0	0	0	0	0	0	0	0	0
电子出版物(件)		20	0	0	0	0	0	0	0	0	0	0	0	0	0	0	0	0
发表论文(篇)	合计	21	206	1	0	10	0	0	4	11	44	19	0	0	50	67	0	0
发表论文(篇)	国内学术刊物	22	201	1	0	9	0	0	4	11	42	17	0	0	50	67	0	0
发表论文(篇)	国外学术刊物	23	5	0	0	1	0	0	0	0	2	2	0	0	0	0	0	0
发表论文(篇)	港澳台刊物	24	0	0	0	0	0	0	0	0	0	0	0	0	0	0	0	0
研究与咨询报告(篇)	合计	25	42	0	0	0	0	0	0	0	1	0	0	0	41	0	0	0
研究与咨询报告(篇)	被采纳数	26	41	0	0	0	0	0	0	0	0	0	0	0	41	0	0	0

2.38 南京审计大学人文、社会科学研究与课题成果来源情况表

			课题来源															
			合计	国家社科基金项目	国家社科基金单列学科项目	教育部人文社科研究项目	高校古籍整理研究项目	国家自然科学基金项目	中央其他部门社科专门项目	省、市、自治区社科基金项目	省教育厅社科项目	地、市、厅、局等政府部门项目	国际合作研究项目	与港、澳、台地区合作研究项目	企事业单位委托项目	学校社科项目	外资项目	其他
		编号	L01	L02	L03	L04	L05	L06	L07	L08	L09	L10	L11	L12	L13	L14	L15	L16
课题数(项)		1	574	84	1	44	0	0	31	86	186	36	0	0	65	41	0	0
当年投入人数	合计(人年)	2	207.7	38.8	0.2	19.9	0	0	10.6	28.6	63.2	7.4	0	0	23.1	15.9	0	0
	研究生(人年)	3	1.7	0	0	0	0	0	0	0	0.1	0	0	0	1.6	0	0	0
当年拨入经费	合计(千元)	4	13 129.4	5 779.4	0	1 064	0	0	129	228	733	182	0	0	4334	680	0	0
	当年立项项目拨入经费(千元)	5	10 607	5 420	0	345	0	0	105	198	485	0	0	0	3 374	680	0	0
当年支出经费(千元)		6	7 716.99	2 767.89	0	846.61	24.8	0	163.3	829.35	450.82	84.99	0	0	2 330.65	218.58	0	0
当年新开课题数(项)		7	189	25	0	11	0	0	10	21	60	0	0	0	40	22	0	0
当年新开课题批准经费(千元)		8	17 292	5750	0	1 700	0	0	500	960	891	0	0	0	6 811	680	0	0
当年完成课题数(项)		9	81	5	0	7	0	0	2	7	31	5	0	0	24	0	0	0

续表

出版著作(部)	合计		10	7	4	0	0	0	0	0	0	2	0	0	0	1	0	0	0
	专著	合计	11	7	4	0	0	0	0	0	0	2	0	0	0	1	0	0	0
		被译成外文	12	0	0	0	0	0	0	0	0	0	0	0	0	0	0	0	0
	编著教材		13	0	0	0	0	0	0	0	0	0	0	0	0	0	0	0	0
	工具书/参考书		14	0	0	0	0	0	0	0	0	0	0	0	0	0	0	0	0
	皮书/发展报告		15	0	0	0	0	0	0	0	0	0	0	0	0	0	0	0	0
	科普读物		16	0	0	0	0	0	0	0	0	0	0	0	0	0	0	0	0
古籍整理(部)			17	0	0	0	0	0	0	0	0	0	0	0	0	0	0	0	0
译著(部)			18	0	0	0	0	0	0	0	0	0	0	0	0	0	0	0	0
发表译文(篇)			19	0	0	0	0	0	0	0	0	0	0	0	0	0	0	0	0
电子出版物(件)			20	0	0	0	0	0	0	0	0	0	0	0	0	0	0	0	0
发表论文(篇)	合计		21	218	89	0	22	0	0	19	28	48	1	0	0	0	11	0	0
	国内学术刊物		22	215	88	0	22	0	0	19	26	48	1	0	0	0	11	0	0
	国外学术刊物		23	3	1	0	0	0	0	0	2	0	0	0	0	0	0	0	0
	港澳台刊物		24	0	0	0	0	0	0	0	0	0	0	0	0	0	0	0	0
研究与咨询报告(篇)	合计		25	37	0	0	1	0	0	0	0	0	0	0	0	36	0	0	0
	被采纳数		26	16	0	0	1	0	0	0	0	0	0	0	0	15	0	0	0

八、社科研究、课题与成果(来源情况)

2.39 南京晓庄学院人文、社会科学研究与课题成果来源情况表

			课题来源															
			合计	国家社科基金项目	国家社科基金单列学科项目	教育部人文社科研究项目	高校古籍整理研究项目	国家自然科学基金项目	中央其他部门社科专门项目	省、市、自治区社科基金项目	省教育厅社科项目	地、市、厅、局等政府部门项目	国际合作研究项目	与港、澳、台地区合作研究项目	企事业单位委托项目	学校社科项目	外资项目	其他
		编号	L01	L02	L03	L04	L05	L06	L07	L08	L09	L10	L11	L12	L13	L14	L15	L16
课题数(项)		1	413	13	1	16	0	0	3	62	133	66	0	0	4	114	0	1
当年投入人数	合计(人年)	2	64.8	3.8	0.5	4.4	0	0	0.5	11.2	18.3	9.8	0	0	0.6	15.5	0	0.2
	研究生(人年)	3	0	0	0	0	0	0	0	0	0	0	0	0	0	0	0	0
当年拨入经费	合计(千元)	4	2 986	490	0	160	0	0	120	468	380	638	0	0	300	430	0	0
	当年立项项目拨入经费(千元)	5	2 958	490	0	160	0	0	120	468	370	620	0	0	300	430	0	0
当年支出经费(千元)		6	3 478.74	392	0	145.24	0	0	79	604.2	623.4	525.4	0	0	48	1 058.5	0	3
当年新开课题数(项)		7	104	2	0	4	0	0	2	12	37	18	0	0	1	28	0	0
当年新开课题批准经费(千元)		8	3 250	500	0	320	0	0	120	570	370	630	0	0	300	440	0	0
当年完成课题数(项)		9	107	1	0	6	0	0	0	7	33	21	0	0	1	38	0	0

续表

出版著作(部)	合计		10	28	0	0	3	0	0	0	5	10	1	0	0	2	7	0	0
	专著	合计	11	26	0	0	3	0	0	0	5	8	1	0	0	2	7	0	0
		被译成外文	12	0	0	0	0	0	0	0	0	0	0	0	0	0	0	0	0
	编著教材		13	2	0	0	0	0	0	0	0	2	0	0	0	0	0	0	0
	工具书/参考书		14	0	0	0	0	0	0	0	0	0	0	0	0	0	0	0	0
	皮书/发展报告		15	0	0	0	0	0	0	0	0	0	0	0	0	0	0	0	0
	科普读物		16	0	0	0	0	0	0	0	0	0	0	0	0	0	0	0	0
古籍整理(部)			17	0	0	0	0	0	0	0	0	0	0	0	0	0	0	0	0
译著(部)			18	0	0	0	0	0	0	0	0	0	0	0	0	0	0	0	0
发表译文(篇)			19	0	0	0	0	0	0	0	0	0	0	0	0	0	0	0	0
电子出版物(件)			20	0	0	0	0	0	0	0	0	0	0	0	0	0	0	0	0
发表论文(篇)	合计		21	295	17	0	18	0	0	0	27	56	72	0	0	10	92	0	3
	国内学术刊物		22	273	17	0	18	0	0	0	25	51	69	0	0	10	80	0	3
	国外学术刊物		23	22	0	0	0	0	0	0	2	5	3	0	0	0	12	0	0
	港澳台刊物		24	0	0	0	0	0	0	0	0	0	0	0	0	0	0	0	0
研究与咨询报告(篇)	合计		25	0	0	0	0	0	0	0	0	0	0	0	0	0	0	0	0
	被采纳数		26	0	0	0	0	0	0	0	0	0	0	0	0	0	0	0	0

八、社科研究、课题与成果(来源情况)

2.40 江苏理工学院人文、社会科学研究与课题成果来源情况表

			课题来源															
			合计	国家社科基金项目	国家社科基金单列学科项目	教育部人文社科研究项目	高校古籍整理研究项目	国家自然科学基金项目	中央其他部门社科专门项目	省、市、自治区社科基金项目	省教育厅社科项目	地、市、厅、局等政府部门项目	国际合作研究项目	与港、澳、台地区合作研究项目	企事业单位委托项目	学校社科项目	外资项目	其他
		编号	L01	L02	L03	L04	L05	L06	L07	L08	L09	L10	L11	L12	L13	L14	L15	L16
课题数(项)		1	817	20	8	51	0	0	4	54	148	137	0	0	335	59	1	0
当年投入人数	合计(人年)	2	163.6	7.7	2.5	12.7	0	0	0.7	9.8	30.3	30.5	0	0	59.5	9.7	0.2	0
	研究生(人年)	3	0	0	0	0	0	0	0	0	0	0	0	0	0	0	0	0
当年拨入经费	合计(千元)	4	23 045.08	790	732	977	0	0	15	345.2	152	436	0	0	17827.88	1 770	0	0
	当年立项项目拨入经费(千元)	5	21 931.88	760	732	305	0	0	0	310	120	436	0	0	17 498.88	1 770	0	0
当年支出经费(千元)		6	16 280.65	1 050	522	1 089.59	0	0	29.6	503	265.57	418.55	0	0	11 094.97	1 306.37	1	0
当年新开课题数(项)		7	322	4	4	10	0	0	1	10	43	104	0	0	120	26	0	0
当年新开课题批准经费(千元)		8	28 045.88	800	780	920	0	0	0	400	300	442	0	0	22 633.88	1 770	0	0
当年完成课题数(项)		9	305	3	0	11	0	0	2	6	53	120	0	0	90	19	1	0

续表

出版著作(部)	合计		10	20	3	3	7	0	0	0	7	0	0	0	0	0	0	0	0
	专著	合计	11	19	2	3	7	0	0	0	7	0	0	0	0	0	0	0	0
		被译成外文	12	0	0	0	0	0	0	0	0	0	0	0	0	0	0	0	0
	编著教材		13	1	1	0	0	0	0	0	0	0	0	0	0	0	0	0	0
	工具书/参考书		14	0	0	0	0	0	0	0	0	0	0	0	0	0	0	0	0
	皮书/发展报告		15	0	0	0	0	0	0	0	0	0	0	0	0	0	0	0	0
	科普读物		16	0	0	0	0	0	0	0	0	0	0	0	0	0	0	0	0
古籍整理(部)			17	0	0	0	0	0	0	0	0	0	0	0	0	0	0	0	0
译著(部)			18	2	0	0	2	0	0	0	0	0	0	0	0	0	0	0	0
发表译文(篇)			19	0	0	0	0	0	0	0	0	0	0	0	0	0	0	0	0
电子出版物(件)			20	0	0	0	0	0	0	0	0	0	0	0	0	0	0	0	0
发表论文(篇)	合计		21	277	9	2	22	0	0	0	26	98	90	0	0	0	30	0	0
	国内学术刊物		22	277	9	2	22	0	0	0	26	98	90	0	0	0	30	0	0
	国外学术刊物		23	0	0	0	0	0	0	0	0	0	0	0	0	0	0	0	0
	港澳台刊物		24	0	0	0	0	0	0	0	0	0	0	0	0	0	0	0	0
研究与咨询报告(篇)	合计		25	136	0	0	0	0	0	0	0	0	17	0	0	118	0	1	0
	被采纳数		26	61	0	0	0	0	0	0	0	0	5	0	0	56	0	0	0

八、社科研究、课题与成果(来源情况)

2.41 江苏海洋大学人文、社会科学研究与课题成果来源情况表

		编号	合计 L01	国家社科基金项目 L02	国家社科基金单列学科项目 L03	教育部人文社科研究项目 L04	高校古籍整理研究项目 L05	国家自然科学基金项目 L06	中央其他部门社科专门项目 L07	省、市、自治区社科基金项目 L08	省教育厅社科项目 L09	地、市、厅、局等政府部门项目 L10	国际合作研究项目 L11	与港、澳、台地区合作研究项目 L12	企事业单位委托项目 L13	学校社科项目 L14	外资项目 L15	其他 L16
课题数(项)		1	659	9	0	5	0	0	0	72	83	117	0	0	302	71	0	0
当年投入人数	合计(人年)	2	65.9	0.9	0	0.5	0	0	0	7.2	8.3	11.7	0	0	30.2	7.1	0	0
	研究生(人年)	3	0	0	0	0	0	0	0	0	0	0	0	0	0	0	0	0
当年拨入经费	合计(千元)	4	14 127.7	420	0	40	0	0	0	458	358	1 011.5	0	0	11 064.6	775.6	0	0
	当年立项项目拨入经费(千元)	5	13 355.2	420	0	40	0	0	0	298	358	991.5	0	0	10 472.1	775.6	0	0
当年支出经费(千元)		6	14 337.81	539.5	0	68	0	0	0	554.4	337.2	1 806.81	0	0	10 214.6	817.3	0	0
当年新开课题数(项)		7	277	2	0	1	0	0	0	28	31	53	0	0	138	24	0	0
当年新开课题批准经费(千元)		8	14 507.2	450	0	100	0	0	0	321	358	1 001.5	0	0	11 499.6	777.1	0	0
当年完成课题数(项)		9	315	1	0	0	0	0	0	25	12	63	0	0	167	47	0	0

续表

出版著作(部)	合计		10	19	0	0	0	0	0	0	2	4	13	0	0	0	0	0	0
	专著	合计	11	17	0	0	0	0	0	0	2	3	12	0	0	0	0	0	0
		被译成外文	12	0	0	0	0	0	0	0	0	0	0	0	0	0	0	0	0
	编著教材		13	2	0	0	0	0	0	0	0	1	1	0	0	0	0	0	0
	工具书/参考书		14	0	0	0	0	0	0	0	0	0	0	0	0	0	0	0	0
	皮书/发展报告		15	0	0	0	0	0	0	0	0	0	0	0	0	0	0	0	0
	科普读物		16	0	0	0	0	0	0	0	0	0	0	0	0	0	0	0	0
古籍整理(部)			17	0	0	0	0	0	0	0	0	0	0	0	0	0	0	0	0
译著(部)			18	0	0	0	0	0	0	0	0	0	0	0	0	0	0	0	0
发表译文(篇)			19	0	0	0	0	0	0	0	0	0	0	0	0	0	0	0	0
电子出版物(件)			20	0	0	0	0	0	0	0	0	0	0	0	0	0	0	0	0
发表论文(篇)	合计		21	300	8	0	11	0	0	0	60	52	95	0	0	0	74	0	0
	国内学术刊物		22	300	8	0	11	0	0	0	60	52	95	0	0	0	74	0	0
	国外学术刊物		23	0	0	0	0	0	0	0	0	0	0	0	0	0	0	0	0
	港澳台刊物		24	0	0	0	0	0	0	0	0	0	0	0	0	0	0	0	0
研究与咨询报告(篇)	合计		25	167	0	0	0	0	0	0	0	0	0	0	0	167	0	0	0
	被采纳数		26	11	0	0	0	0	0	0	0	0	0	0	0	11	0	0	0

2.42 徐州工程学院人文、社会科学研究与课题成果来源情况表

			课题来源															
			合计	国家社科基金项目	国家社科基金单列学科项目	教育部人文社科研究项目	高校古籍整理研究项目	国家自然科学基金项目	中央其他部门社科专门项目	省、市、自治区社科基金项目	省教育厅社科项目	地、市、厅、局等政府部门项目	国际合作研究项目	与港、澳、台地区合作研究项目	企事业单位委托项目	学校社科项目	外资项目	其他
		编号	L01	L02	L03	L04	L05	L06	L07	L08	L09	L10	L11	L12	L13	L14	L15	L16
课题数(项)		1	546	8	0	9	1	0	0	15	76	352	0	0	10	75	0	0
当年投入人数	合计(人年)	2	229.7	3.1	0	3.7	0.6	0	0	8.3	32	144.6	0	0	5.8	31.6	0	0
	研究生(人年)	3	0	0	0	0	0	0	0	0	0	0	0	0	0	0	0	0
当年拨入经费	合计(千元)	4	2 222	470	0	16	0	0	0	200	280	1 037.5	0	0	0	218.5	0	0
	当年立项项目拨入经费(千元)	5	2 203	470	0	0	0	0	0	200	280	1 036	0	0	0	217	0	0
当年支出经费(千元)		6	2 243.4	297	0	67	30	0	0	234.9	326.2	923.9	0	0	123.9	240.5	0	0
当年新开课题数(项)		7	218	2	0	0	0	0	0	5	28	158	0	0	0	25	0	0
当年新开课题批准经费(千元)		8	2 403	500	0	0	0	0	0	250	280	1 156	0	0	0	217	0	0
当年完成课题数(项)		9	149	0	0	5	0	0	0	3	23	91	0	0	2	25	0	0

续表

出版著作（部）	合计		10	37	0	0	1	0	0	0	7	2	11	0	0	0	16	0	0
	专著	合计	11	11	0	0	1	0	0	0	3	2	4	0	0	0	1	0	0
		被译成外文	12	5	0	0	1	0	0	0	1	1	2	0	0	0	0	0	0
	编著教材		13	10	0	0	0	0	0	0	3	0	4	0	0	0	3	0	0
	工具书/参考书		14	1	0	0	0	0	0	0	0	0	0	0	0	0	1	0	0
	皮书/发展报告		15	0	0	0	0	0	0	0	0	0	0	0	0	0	0	0	0
	科普读物		16	15	0	0	0	0	0	0	1	0	3	0	0	0	11	0	0
古籍整理(部)			17	0	0	0	0	0	0	0	0	0	0	0	0	0	0	0	0
译著(部)			18	1	0	0	0	0	0	0	0	0	0	0	0	0	1	0	0
发表译文(篇)			19	0	0	0	0	0	0	0	0	0	0	0	0	0	0	0	0
电子出版物(件)			20	0	0	0	0	0	0	0	0	0	0	0	0	0	0	0	0
发表论文（篇）	合计		21	159	2	0	4	0	0	0	27	12	97	0	0	2	15	0	0
	国内学术刊物		22	156	2	0	4	0	0	0	26	12	96	0	0	2	14	0	0
	国外学术刊物		23	3	0	0	0	0	0	0	1	0	1	0	0	0	1	0	0
	港澳台刊物		24	0	0	0	0	0	0	0	0	0	0	0	0	0	0	0	0
研究与咨询报告（篇）	合计		25	20	1	0	0	0	0	0	0	0	19	0	0	0	0	0	0
	被采纳数		26	2	0	0	0	0	0	0	0	0	2	0	0	0	0	0	0

2.43 南京特殊教育师范学院人文、社会科学研究与课题成果来源情况表

			课题来源															
			合计	国家社科基金项目	国家社科基金单列学科项目	教育部人文社科研究项目	高校古籍整理研究项目	国家自然科学基金项目	中央其他部门社科专门项目	省、市、自治区社科基金项目	省教育厅社科项目	地、市、厅、局等政府部门项目	国际合作研究项目	与港、澳、台地区合作研究项目	企事业单位委托项目	学校社科项目	外资项目	其他
		编号	L01	L02	L03	L04	L05	L06	L07	L08	L09	L10	L11	L12	L13	L14	L15	L16
课题数(项)		1	174	6	1	13	0	0	14	8	111	20	0	0	1	0	0	0
当年投入人数	合计(人年)	2	28.6	1.1	0.2	1.8	0	0	2.3	1.3	18.6	3.2	0	0	0.1	0	0	0
	研究生(人年)	3	0	0	0	0	0	0	0	0	0	0	0	0	0	0	0	0
当年拨入经费	合计(千元)	4	893	190	0	98	0	0	318	120	0	167	0	0	0	0	0	0
	当年立项项目拨入经费(千元)	5	813	190	0	90	0	0	296	110	0	127	0	0	0	0	0	0
当年支出经费(千元)		6	958.5	250	20	142.6	0	0	197.8	115.8	63.7	162.6	0	0	6	0	0	0
当年新开课题数(项)		7	58	1	0	3	0	0	6	3	35	10	0	0	0	0	0	0
当年新开课题批准经费(千元)		8	1 248	200	0	280	0	0	410	140	0	218	0	0	0	0	0	0
当年完成课题数(项)		9	26	0	0	1	0	0	4	1	12	8	0	0	0	0	0	0

续表

出版著作(部)	合计		10	5	2	1	1	0	0	1	0	0	0	0	0	0	0	0	0
	专著	合计	11	5	2	1	1	0	0	1	0	0	0	0	0	0	0	0	0
		被译成外文	12	0	0	0	0	0	0	0	0	0	0	0	0	0	0	0	0
	编著教材		13	0	0	0	0	0	0	0	0	0	0	0	0	0	0	0	0
	工具书/参考书		14	0	0	0	0	0	0	0	0	0	0	0	0	0	0	0	0
	皮书/发展报告		15	0	0	0	0	0	0	0	0	0	0	0	0	0	0	0	0
	科普读物		16	0	0	0	0	0	0	0	0	0	0	0	0	0	0	0	0
古籍整理(部)			17	0	0	0	0	0	0	0	0	0	0	0	0	0	0	0	0
译著(部)			18	1	0	0	0	0	0	0	0	1	0	0	0	0	0	0	0
发表译文(篇)			19	0	0	0	0	0	0	0	0	0	0	0	0	0	0	0	0
电子出版物(件)			20	0	0	0	0	0	0	0	0	0	0	0	0	0	0	0	0
发表论文(篇)	合计		21	44	2	0	7	0	0	2	3	20	10	0	0	0	0	0	0
	国内学术刊物		22	44	2	0	7	0	0	2	3	20	10	0	0	0	0	0	0
	国外学术刊物		23	0	0	0	0	0	0	0	0	0	0	0	0	0	0	0	0
	港澳台刊物		24	0	0	0	0	0	0	0	0	0	0	0	0	0	0	0	0
研究与咨询报告(篇)	合计		25	0	0	0	0	0	0	0	0	0	0	0	0	0	0	0	0
	被采纳数		26	0	0	0	0	0	0	0	0	0	0	0	0	0	0	0	0

2.44 泰州学院人文、社会科学研究与课题成果来源情况表

			课题来源															
			合计	国家社科基金项目	国家社科基金单列学科项目	教育部人文社科研究项目	高校古籍整理研究项目	国家自然科学基金项目	中央其他部门社科专门项目	省、市、自治区社科基金项目	省教育厅社科项目	地、市、厅、局等政府部门项目	国际合作研究项目	与港、澳、台地区合作研究项目	企事业单位委托项目	学校社科项目	外资项目	其他
		编号	L01	L02	L03	L04	L05	L06	L07	L08	L09	L10	L11	L12	L13	L14	L15	L16
课题数(项)		1	153	0	3	5	1	0	0	7	94	15	0	0	2	26	0	0
当年投入人数	合计(人年)	2	49.1	0	0.6	2	0.3	0	0	2.1	31.5	5.2	0	0	0.4	7	0	0
	研究生(人年)	3	0	0	0	0	0	0	0	0	0	0	0	0	0	0	0	0
当年拨入经费	合计(千元)	4	1 173	0	352	165	0	0	0	100	225	120	0	0	0	211	0	0
	当年立项项目拨入经费(千元)	5	1 003	0	352	20	0	0	0	80	220	120	0	0	0	211	0	0
当年支出经费(千元)		6	1 025.5	0	56	109	20	0	0	43	240.2	87.7	0	0	54	415.6	0	0
当年新开课题数(项)		7	38	0	2	1	0	0	0	3	22	6	0	0	0	4	0	0
当年新开课题批准经费(千元)		8	1 111	0	380	80	0	0	0	100	220	120	0	0	0	211	0	0
当年完成课题数(项)		9	35	0	0	0	0	0	0	1	22	6	0	0	2	4	0	0

续表

出版著作(部)	合计		10	3	1	1	0	0	0	0	0	0	0	0	0	0	1	0	0
	专著	合计	11	3	1	1	0	0	0	0	0	0	0	0	0	0	1	0	0
		被译成外文	12	0	0	0	0	0	0	0	0	0	0	0	0	0	0	0	0
	编著教材		13	0	0	0	0	0	0	0	0	0	0	0	0	0	0	0	0
	工具书/参考书		14	0	0	0	0	0	0	0	0	0	0	0	0	0	0	0	0
	皮书/发展报告		15	0	0	0	0	0	0	0	0	0	0	0	0	0	0	0	0
	科普读物		16	0	0	0	0	0	0	0	0	0	0	0	0	0	0	0	0
古籍整理(部)			17	0	0	0	0	0	0	0	0	0	0	0	0	0	0	0	0
译著(部)			18	0	0	0	0	0	0	0	0	0	0	0	0	0	0	0	0
发表译文(篇)			19	0	0	0	0	0	0	0	0	0	0	0	0	0	0	0	0
电子出版物(件)			20	0	0	0	0	0	0	0	0	0	0	0	0	0	0	0	0
发表论文(篇)	合计		21	109	3	1	7	0	1	0	9	39	6	0	0	3	40	0	0
	国内学术刊物		22	108	3	1	7	0	0	0	9	39	6	0	0	3	40	0	0
	国外学术刊物		23	1	0	0	0	0	1	0	0	0	0	0	0	0	0	0	0
	港澳台刊物		24	0	0	0	0	0	0	0	0	0	0	0	0	0	0	0	0
研究与咨询报告(篇)	合计		25	3	0	0	0	0	0	0	0	0	2	0	0	1	0	0	0
	被采纳数		26	3	0	0	0	0	0	0	0	0	2	0	0	1	0	0	0

2.45 金陵科技学院人文、社会科学研究与课题成果来源情况表

			课题来源															
			合计	国家社科基金项目	国家社科基金单列学科项目	教育部人文社科研究项目	高校古籍整理研究项目	国家自然科学基金项目	中央其他部门社科专门项目	省、市、自治区社科基金项目	省教育厅社科项目	地、市、厅、局等政府部门项目	国际合作研究项目	与港、澳、台地区合作研究项目	企事业单位委托项目	学校社科项目	外资项目	其他
		编号	L01	L02	L03	L04	L05	L06	L07	L08	L09	L10	L11	L12	L13	L14	L15	L16
课题数(项)		1	236	7	0	20	0	1	0	14	75	43	0	0	67	8	0	1
当年投入人数	合计(人年)	2	35.9	2.3	0	4.4	0	0.1	0	2.1	8.7	7.9	0	0	9.4	0.9	0	0.1
	研究生(人年)	3	0	0	0	0	0	0	0	0	0	0	0	0	0	0	0	0
当年拨入经费	合计(千元)	4	6 712.5	0	0	220	0	0	0	382	278	1 278	0	0	4 554.5	0	0	0
	当年立项项目拨入经费(千元)	5	6 642.5	0	0	210	0	0	0	382	278	1218	0	0	4 554.5	0	0	0
当年支出经费(千元)		6	5 770.29	189.8	0	316.2	0	30	0	136	262.3	1118.12	0	0	3 697.37	13.5	0	7
当年新开课题数(项)		7	114	0	0	4	0	0	0	4	36	19	0	0	51	0	0	0
当年新开课题批准经费(千元)		8	7 654.5	0	0	310	0	0	0	406	404	1 376	0	0	5 158.5	0	0	0
当年完成课题数(项)		9	82	4	0	2	0	1	0	4	25	17	0	0	23	6	0	0

续表

出版著作(部)	合计		10	7	1	0	0	0	0	0	1	2	2	0	0	0	1	0	0
	专著	合计	11	5	0	0	0	0	0	0	1	1	2	0	0	0	1	0	0
		被译成外文	12	0	0	0	0	0	0	0	0	0	0	0	0	0	0	0	0
	编著教材		13	2	1	0	0	0	0	0	0	1	0	0	0	0	0	0	0
	工具书/参考书		14	0	0	0	0	0	0	0	0	0	0	0	0	0	0	0	0
	皮书/发展报告		15	0	0	0	0	0	0	0	0	0	0	0	0	0	0	0	0
	科普读物		16	0	0	0	0	0	0	0	0	0	0	0	0	0	0	0	0
古籍整理(部)			17	0	0	0	0	0	0	0	0	0	0	0	0	0	0	0	0
译著(部)			18	0	0	0	0	0	0	0	0	0	0	0	0	0	0	0	0
发表译文(篇)			19	0	0	0	0	0	0	0	0	0	0	0	0	0	0	0	0
电子出版物(件)			20	0	0	0	0	0	0	0	0	0	0	0	0	0	0	0	0
发表论文(篇)	合计		21	138	11	0	20	0	3	0	19	57	21	0	0	1	6	0	0
	国内学术刊物		22	136	11	0	20	0	3	0	19	55	21	0	0	1	6	0	0
	国外学术刊物		23	2	0	0	0	0	0	0	0	2	0	0	0	0	0	0	0
	港澳台刊物		24	0	0	0	0	0	0	0	0	0	0	0	0	0	0	0	0
研究与咨询报告(篇)	合计		25	20	0	0	0	0	0	0	0	0	0	0	0	20	0	0	0
	被采纳数		26	3	0	0	0	0	0	0	0	0	0	0	0	3	0	0	0

2.46 江苏第二师范学院人文、社会科学研究与课题成果来源情况表

		编号	合计	国家社科基金项目	国家社科基金单列学科项目	教育部人文社科研究项目	高校古籍整理研究项目	国家自然科学基金项目	中央其他部门社科专门项目	省、市、自治区社科基金项目	省教育厅社科项目	地、市、厅、局等政府部门项目	国际合作研究项目	与港、澳、台地区合作研究项目	企事业单位委托项目	学校社科项目	外资项目	其他
			课题来源															
		编号	L01	L02	L03	L04	L05	L06	L07	L08	L09	L10	L11	L12	L13	L14	L15	L16
课题数(项)		1	304	19	1	6	0	0	3	38	131	36	0	0	24	43	0	3
当年投入人数	合计(人年)	2	82.6	7.9	0.5	2.2	0	0	1.1	12.7	34.6	9.8	0	0	4.3	8.7	0	0.8
	研究生(人年)	3	0	0	0	0	0	0	0	0	0	0	0	0	0	0	0	0
当年拨入经费	合计(千元)	4	3 996.12	1 500	0	115	0	0	0	1 300	141	125	0	0	687.12	0	0	128
	当年立项项目拨入经费(千元)	5	3 578.9	1 500	0	60	0	0	0	1150	40	62	0	0	638.9	0	0	128
当年支出经费(千元)		6	3 030.19	528.53	7.06	77.39	0	0	34.45	1 409.23	174.99	171.22	0	0	600.93	17.08	0	9.31
当年新开课题数(项)		7	73	9	0	2	0	0	1	10	31	2	0	0	15	0	0	3
当年新开课题批准经费(千元)		8	4 515	1 630	0	180	0	0	0	1 670	100	90	0	0	675	0	0	170
当年完成课题数(项)		9	26	0	0	1	0	0	0	0	19	3	0	0	1	2	0	0

续表

出版著作(部)	合计		10	12	0	0	0	0	0	0	1	0	0	0	0	6	5	0	0
	专著	合计	11	6	0	0	0	0	0	0	1	0	0	0	0	0	5	0	0
		被译成外文	12	0	0	0	0	0	0	0	0	0	0	0	0	0	0	0	0
	编著教材		13	6	0	0	0	0	0	0	0	0	0	0	0	6	0	0	0
	工具书/参考书		14	0	0	0	0	0	0	0	0	0	0	0	0	0	0	0	0
	皮书/发展报告		15	0	0	0	0	0	0	0	0	0	0	0	0	0	0	0	0
	科普读物		16	0	0	0	0	0	0	0	0	0	0	0	0	0	0	0	0
古籍整理(部)			17	0	0	0	0	0	0	0	0	0	0	0	0	0	0	0	0
译著(部)			18	0	0	0	0	0	0	0	0	0	0	0	0	0	0	0	0
发表译文(篇)			19	0	0	0	0	0	0	0	0	0	0	0	0	0	0	0	0
电子出版物(件)			20	0	0	0	0	0	0	0	0	0	0	0	0	0	0	0	0
发表论文(篇)	合计		21	119	17	0	0	0	0	1	32	34	10	0	0	3	19	0	3
	国内学术刊物		22	119	17	0	0	0	0	1	32	34	10	0	0	3	19	0	3
	国外学术刊物		23	0	0	0	0	0	0	0	0	0	0	0	0	0	0	0	0
	港澳台刊物		24	0	0	0	0	0	0	0	0	0	0	0	0	0	0	0	0
研究与咨询报告(篇)	合计		25	0	0	0	0	0	0	0	0	0	0	0	0	0	0	0	0
	被采纳数		26	0	0	0	0	0	0	0	0	0	0	0	0	0	0	0	0

八、社科研究、课题与成果(来源情况)

3. 公办专科高等学校人文、社会科学研究与课题成果来源情况表

			课题来源															
			合计	国家社科基金项目	国家社科基金单列学科项目	教育部人文社科研究项目	高校古籍整理研究项目	国家自然科学基金项目	中央其他部门社科专门项目	省、市、自治区社科基金项目	省教育厅社科项目	地、市、厅、局等政府部门项目	国际合作研究项目	与港、澳、台地区合作研究项目	企事业单位委托项目	学校社科项目	外资项目	其他
		编号	L01	L02	L03	L04	L05	L06	L07	L08	L09	L10	L11	L12	L13	L14	L15	L16
课题数(项)		1	9 417	5	5	63	0	1	20	305	2 981	2 063	2	0	1 403	2 487	0	82
当年投入人数	合计(人年)	2	1 876.1	1.7	1.9	21.6	0	0.2	4.7	68.6	615.5	411.7	0.2	0	314.4	422.9	0	12.7
	研究生(人年)	3	0.5	0	0	0	0	0	0	0	0	0	0	0	0	0	0	0.5
当年拨入经费	合计(千元)	4	62 926.75	380	243	1 053	0	0	219	1 399.4	8 832.5	7 786.8	0	0	37 094.85	5 645.7	0	272.5
	当年立项项目拨入经费(千元)	5	57 875.5	380	190	415	0	0	202	1 036	7 579.1	6 997.9	0	0	35 998.75	4 903.75	0	173
当年支出经费(千元)		6	57 169.95	128.46	183	849.84	0	80	185.59	1 154.85	7 829.32	7 864.06	2	0	33 720.81	4 935.17	0	236.85
当年新开课题数(项)		7	3 978	2	1	13	0	0	5	110	963	1101	0	0	843	924	0	16
当年新开课题批准经费(千元)		8	67 464.68	400	200	1030	0	0	290	1690	10 038.6	8 952.8	0	0	38 523.78	6 163.5	0	176
当年完成课题数(项)		9	3 460	0	0	7	0	0	5	83	717	991	0	0	828	804	0	25

续表

出版著作(部)	合计		10	144	0	0	4	0	0	2	11	31	37	0	0	17	42	0	0
	专著	合计	11	55	0	0	4	0	0	0	5	15	17	0	0	3	10	0	0
		被译成外文	12	0	0	0	0	0	0	0	0	0	0	0	0	0	0	0	0
	编著教材		13	82	0	0	0	0	0	2	6	15	16	0	0	12	31	0	0
	工具书/参考书		14	2	0	0	0	0	0	0	0	0	1	0	0	0	1	0	0
	皮书/发展报告		15	2	0	0	0	0	0	0	0	0	0	0	0	2	0	0	0
	科普读物		16	3	0	0	0	0	0	0	0	0	3	0	0	0	0	0	0
古籍整理(部)			17	0	0	0	0	0	0	0	0	0	0	0	0	0	0	0	0
译著(部)			18	4	0	0	0	0	0	0	0	2	1	0	0	0	1	0	0
发表译文(篇)			19	1	0	0	0	0	0	0	0	0	0	0	0	1	0	0	0
电子出版物(件)			20	2	0	0	0	0	0	0	0	1	1	0	0	0	0	0	0
发表论文(篇)	合计		21	5433	9	3	59	0	1	14	241	1807	1379	1	0	336	1525	0	58
	国内学术刊物		22	5 395	9	3	54	0	1	14	241	1790	1367	1	0	336	1521	0	58
	国外学术刊物		23	37	0	0	5	0	0	0	0	17	12	0	0	0	3	0	0
	港澳台刊物		24	1	0	0	0	0	0	0	0	0	0	0	0	0	1	0	0
研究与咨询报告(篇)	合计		25	878	0	0	1	0	0	1	3	21	294	0	0	518	32	0	5
	被采纳数		26	437	0	0	1	0	0	1	1	4	80	0	0	344	3	0	3

3.1 盐城幼儿师范高等专科学校人文、社会科学研究与课题成果来源情况表

			课题来源															
			合计	国家社科基金项目	国家社科基金单列学科项目	教育部人文社科研究项目	高校古籍整理研究项目	国家自然科学基金项目	中央其他部门社科专门项目	省、市、自治区社科基金项目	省教育厅社科项目	地、市、厅、局等政府部门项目	国际合作研究项目	与港、澳、台地区合作研究项目	企事业单位委托项目	学校社科项目	外资项目	其他
		编号	L01	L02	L03	L04	L05	L06	L07	L08	L09	L10	L11	L12	L13	L14	L15	L16
课题数(项)		1	97	0	0	1	0	0	0	2	34	31	0	0	1	12	0	16
当年投入人数	合计(人年)	2	17	0	0	0.2	0	0	0	0.5	6.6	5.3	0	0	0.1	1.2	0	3.1
	研究生(人年)	3	0	0	0	0	0	0	0	0	0	0	0	0	0	0	0	0
当年拨入经费	合计(千元)	4	262.9	0	0	35	0	0	0	50	47	105	0	0	0.4	0	0	25.5
	当年立项项目拨入经费(千元)	5	122	0	0	0	0	0	0	50	0	72	0	0	0	0	0	0
当年支出经费(千元)		6	164.9	0	0	5	0	0	0	0	47	87	0	0	0.4	0	0	25.5
当年新开课题数(项)		7	38	0	0	0	0	0	0	1	1	24	0	0	0	12	0	0
当年新开课题批准经费(千元)		8	254	0	0	0	0	0	0	50	10	170	0	0	0	24	0	0
当年完成课题数(项)		9	4	0	0	0	0	0	0	0	1	2	0	0	1	0	0	0

八、社科研究、课题与成果(来源情况)

续表

出版著作(部)	合计		10	0	0	0	0	0	0	0	0	0	0	0	0	0	0	0	0
	专著	合计	11	0	0	0	0	0	0	0	0	0	0	0	0	0	0	0	0
		被译成外文	12	0	0	0	0	0	0	0	0	0	0	0	0	0	0	0	0
	编著教材		13	0	0	0	0	0	0	0	0	0	0	0	0	0	0	0	0
	工具书/参考书		14	0	0	0	0	0	0	0	0	0	0	0	0	0	0	0	0
	皮书/发展报告		15	0	0	0	0	0	0	0	0	0	0	0	0	0	0	0	0
	科普读物		16	0	0	0	0	0	0	0	0	0	0	0	0	0	0	0	0
古籍整理(部)			17	0	0	0	0	0	0	0	0	0	0	0	0	0	0	0	0
译著(部)			18	0	0	0	0	0	0	0	0	0	0	0	0	0	0	0	0
发表译文(篇)			19	0	0	0	0	0	0	0	0	0	0	0	0	0	0	0	0
电子出版物(件)			20	0	0	0	0	0	0	0	0	0	0	0	0	0	0	0	0
发表论文(篇)	合计		21	16	0	0	0	0	0	0	13	0	2	0	0	1	0	0	0
	国内学术刊物		22	16	0	0	0	0	0	0	13	0	2	0	0	1	0	0	0
	国外学术刊物		23	0	0	0	0	0	0	0	0	0	0	0	0	0	0	0	0
	港澳台刊物		24	0	0	0	0	0	0	0	0	0	0	0	0	0	0	0	0
研究与咨询报告(篇)	合计		25	0	0	0	0	0	0	0	0	0	0	0	0	0	0	0	0
	被采纳数		26	0	0	0	0	0	0	0	0	0	0	0	0	0	0	0	0

3.2 苏州幼儿师范高等专科学校人文、社会科学研究与课题成果来源情况表

			课题来源															
			合计	国家社科基金项目	国家社科基金单列学科项目	教育部人文社科研究项目	高校古籍整理研究项目	国家自然科学基金项目	中央其他部门社科专门项目	省、市、自治区社科基金项目	省教育厅社科项目	地、市、厅、局等政府部门项目	国际合作研究项目	与港、澳、台地区合作研究项目	企事业单位委托项目	学校社科项目	外资项目	其他
		编号	L01	L02	L03	L04	L05	L06	L07	L08	L09	L10	L11	L12	L13	L14	L15	L16
课题数(项)		1	113	0	0	0	0	0	0	0	49	48	0	0	10	0	0	6
当年投入人数	合计(人年)	2	12.1	0	0	0	0	0	0	0	4.9	5.6	0	0	1	0	0	0.6
	研究生(人年)	3	0	0	0	0	0	0	0	0	0	0	0	0	0	0	0	0
当年拨入经费	合计(千元)	4	116.2	0	0	0	0	0	0	0	40	9	0	0	67.2	0	0	0
	当年立项项目拨入经费(千元)	5	116.2	0	0	0	0	0	0	0	40	9	0	0	67.2	0	0	0
当年支出经费(千元)		6	153.1	0	0	0	0	0	0	0	89.3	29.8	0	0	33.5	0	0	0.5
当年新开课题数(项)		7	33	0	0	0	0	0	0	0	12	15	0	0	6	0	0	0
当年新开课题批准经费(千元)		8	456.2	0	0	0	0	0	0	0	240	134	0	0	82.2	0	0	0
当年完成课题数(项)		9	17	0	0	0	0	0	0	0	4	11	0	0	0	0	0	2

8 八、社科研究、课题与成果(来源情况)

续表

出版著作(部)	合计		10	0	0	0	0	0	0	0	0	0	0	0	0	0	0	0	0
	专著	合计	11	0	0	0	0	0	0	0	0	0	0	0	0	0	0	0	0
		被译成外文	12	0	0	0	0	0	0	0	0	0	0	0	0	0	0	0	0
	编著教材		13	0	0	0	0	0	0	0	0	0	0	0	0	0	0	0	0
	工具书/参考书		14	0	0	0	0	0	0	0	0	0	0	0	0	0	0	0	0
	皮书/发展报告		15	0	0	0	0	0	0	0	0	0	0	0	0	0	0	0	0
	科普读物		16	0	0	0	0	0	0	0	0	0	0	0	0	0	0	0	0
古籍整理(部)			17	0	0	0	0	0	0	0	0	0	0	0	0	0	0	0	0
译著(部)			18	0	0	0	0	0	0	0	0	0	0	0	0	0	0	0	0
发表译文(篇)			19	0	0	0	0	0	0	0	0	0	0	0	0	0	0	0	0
电子出版物(件)			20	0	0	0	0	0	0	0	0	0	0	0	0	0	0	0	0
发表论文(篇)	合计		21	31	0	0	0	0	0	0	0	22	3	0	0	0	0	0	6
	国内学术刊物		22	30	0	0	0	0	0	0	0	21	3	0	0	0	0	0	6
	国外学术刊物		23	1	0	0	0	0	0	0	0	1	0	0	0	0	0	0	0
	港澳台刊物		24	0	0	0	0	0	0	0	0	0	0	0	0	0	0	0	0
研究与咨询报告(篇)	合计		25	17	0	0	0	0	0	0	0	4	9	0	0	3	0	0	1
	被采纳数		26	0	0	0	0	0	0	0	0	0	0	0	0	0	0	0	0

3.3 无锡职业技术学院人文、社会科学研究与课题成果来源情况表

			课题来源															
			合计	国家社科基金项目	国家社科基金单列学科项目	教育部人文社科研究项目	高校古籍整理研究项目	国家自然科学基金项目	中央其他部门社科专门项目	省、市、自治区社科基金项目	省教育厅社科项目	地、市、厅、局等政府部门项目	国际合作研究项目	与港、澳、台地区合作研究项目	企事业单位委托项目	学校社科项目	外资项目	其他
		编号	L01	L02	L03	L04	L05	L06	L07	L08	L09	L10	L11	L12	L13	L14	L15	L16
课题数(项)		1	219	2	0	11	0	0	4	6	80	57	0	0	4	53	0	2
当年投入人数	合计(人年)	2	36.2	0.5	0	3.3	0	0	1.1	1.3	14.8	6.7	0	0	0.9	7.2	0	0.4
	研究生(人年)	3	0	0	0	0	0	0	0	0	0	0	0	0	0	0	0	0
当年拨入经费	合计(千元)	4	1 322.5	0	0	120	0	0	7	45	362	41	0	0	180	562.5	0	5
	当年立项项目拨入经费(千元)	5	920.5	0	0	55	0	0	0	45	330	40	0	0	180	265.5	0	5
当年支出经费(千元)		6	1 123.59	16	0	135.8	0	0	20.75	19.7	222.9	258.85	0	0	231.4	217.94	0	0.25
当年新开课题数(项)		7	73	0	0	3	0	0	0	3	21	20	0	0	2	22	0	2
当年新开课题批准经费(千元)		8	1 086.5	0	0	120	0	0	0	70	390	53	0	0	180	265.5	0	8
当年完成课题数(项)		9	53	0	0	2	0	0	0	0	14	18	0	0	2	17	0	0

续表

八、社科研究、课题与成果（来源情况）

		序号	列1	列2	列3	列4	列5	列6	列7	列8	列9	列10	列11	列12	列13	列14	合计
出版著作(部)	合计	10	0	0	0	0	0	0	2	0	0	0	0	0	0	0	2
	专著 合计	11	0	0	0	0	0	0	2	0	0	0	0	0	0	0	2
	被译成外文	12	0	0	0	0	0	0	0	0	0	0	0	0	0	0	0
	编著教材	13	0	0	0	0	0	0	0	0	0	0	0	0	0	0	0
	工具书/参考书	14	0	0	0	0	0	0	0	0	0	0	0	0	0	0	0
	皮书/发展报告	15	0	0	0	0	0	0	0	0	0	0	0	0	0	0	0
	科普读物	16	0	0	0	0	0	0	0	0	0	0	0	0	0	0	0
	古籍整理(部)	17	0	0	0	0	0	0	0	0	0	0	0	0	0	0	0
	译著(部)	18	0	0	0	0	0	0	0	0	0	0	0	0	0	0	0
	发表译文(篇)	19	0	0	0	0	0	0	0	0	0	0	0	0	0	0	0
	电子出版物(件)	20	0	0	0	0	0	0	0	0	0	0	0	0	0	0	0
发表论文(篇)	合计	21	0	0	94	1	0	0	43	61	6	0	0	8	0	3	216
	国内学术刊物	22	0	0	94	1	0	0	43	61	6	0	0	8	0	3	216
	国外学术刊物	23	0	0	0	0	0	0	0	0	0	0	0	0	0	0	0
	港澳台刊物	24	0	0	0	0	0	0	0	0	0	0	0	0	0	0	0
研究与咨询报告(篇)	合计	25	0	0	0	1	0	0	2	0	1	1	0	1	0	0	6
	被采纳数	26	0	0	0	1	0	0	0	0	1	1	0	1	0	0	4

3.4 江苏建筑职业技术学院人文、社会科学研究与课题成果来源情况表

			课题来源															
			合计	国家社科基金项目	国家社科基金单列学科项目	教育部人文社科研究项目	高校古籍整理研究项目	国家自然科学基金项目	中央其他部门社科专门项目	省、市、自治区社科基金项目	省教育厅社科项目	地、市、厅、局等政府部门项目	国际合作研究项目	与港、澳、台地区合作研究项目	企事业单位委托项目	学校社科项目	外资项目	其他
		编号	L01	L02	L03	L04	L05	L06	L07	L08	L09	L10	L11	L12	L13	L14	L15	L16
课题数(项)		1	221	0	0	1	0	0	0	8	51	95	0	0	9	57	0	0
当年投入人数	合计(人年)	2	54.1	0	0	0.2	0	0	0	2.5	17.7	23.3	0	0	1.9	8.5	0	0
	研究生(人年)	3	0	0	0	0	0	0	0	0	0	0	0	0	0	0	0	0
当年拨入经费	合计(千元)	4	580	0	0	0	0	0	0	0	180	22	0	0	186	192	0	0
	当年立项项目拨入经费(千元)	5	580	0	0	0	0	0	0	0	180	22	0	0	186	192	0	0
当年支出经费(千元)		6	566.2	0	0	10	0	0	0	2	149	25	0	0	186	194.2	0	0
当年新开课题数(项)		7	118	0	0	0	0	0	0	0	18	51	0	0	9	40	0	0
当年新开课题批准经费(千元)		8	580	0	0	0	0	0	0	0	180	22	0	0	186	192	0	0
当年完成课题数(项)		9	121	0	0	0	0	0	0	3	30	58	0	0	7	23	0	0

续表

出版著作(部)	合计		10	18	0	0	0	0	0	0	0	4	3	0	0	0	11	0	0
	专著	合计	11	7	0	0	0	0	0	0	0	3	2	0	0	0	2	0	0
		被译成外文	12	0	0	0	0	0	0	0	0	0	0	0	0	0	0	0	0
	编著教材		13	11	0	0	0	0	0	0	0	1	1	0	0	0	9	0	0
	工具书/参考书		14	0	0	0	0	0	0	0	0	0	0	0	0	0	0	0	0
	皮书/发展报告		15	0	0	0	0	0	0	0	0	0	0	0	0	0	0	0	0
	科普读物		16	0	0	0	0	0	0	0	0	0	0	0	0	0	0	0	0
古籍整理(部)			17	0	0	0	0	0	0	0	0	0	0	0	0	0	0	0	0
译著(部)			18	0	0	0	0	0	0	0	0	0	0	0	0	0	0	0	0
发表译文(篇)			19	0	0	0	0	0	0	0	0	0	0	0	0	0	0	0	0
电子出版物(件)			20	0	0	0	0	0	0	0	0	0	0	0	0	0	0	0	0
发表论文(篇)	合计		21	223	0	0	0	0	0	0	4	24	113	0	0	3	79	0	0
	国内学术刊物		22	222	0	0	0	0	0	0	4	23	113	0	0	3	79	0	0
	国外学术刊物		23	1	0	0	0	0	0	0	0	1	0	0	0	0	0	0	0
	港澳台刊物		24	0	0	0	0	0	0	0	0	0	0	0	0	0	0	0	0
研究与咨询报告(篇)	合计		25	9	0	0	0	0	0	0	0	0	0	0	0	9	0	0	0
	被采纳数		26	6	0	0	0	0	0	0	0	0	0	0	0	6	0	0	0

八、社科研究、课题与成果(来源情况)

3.5 南京工业职业技术学院人文、社会科学研究与课题成果来源情况表

			课题来源															
			合计	国家社科基金项目	国家社科基金单列学科项目	教育部人文社科研究项目	高校古籍整理研究项目	国家自然科学基金项目	中央其他部门社科专门项目	省、市、自治区社科基金项目	省教育厅社科项目	地、市、厅、局等政府部门项目	国际合作研究项目	与港、澳、台地区合作研究项目	企事业单位委托项目	学校社科项目	外资项目	其他
		编号	L01	L02	L03	L04	L05	L06	L07	L08	L09	L10	L11	L12	L13	L14	L15	L16
课题数(项)		1	338	1	0	2	0	0	0	7	40	54	0	0	175	59	0	0
当年投入人数	合计(人年)	2	164.4	0.4	0	1.4	0	0	0	3.8	16.1	24.7	0	0	92.3	25.7	0	0
	研究生(人年)	3	0	0	0	0	0	0	0	0	0	0	0	0	0	0	0	0
当年拨入经费	合计(千元)	4	4 738.45	0	0	40	0	0	0	82	362	179	0	0	3481.7	593.75	0	0
	当年立项项目拨入经费(千元)	5	4 269.7	0	0	0	0	0	0	52	244	107	0	0	3 346.7	520	0	0
当年支出经费(千元)		6	4 433.78	19	0	27.5	0	0	0	66.4	246.48	258.57	0	0	3316.4	499.43	0	0
当年新开课题数(项)		7	108	0	0	0	0	0	0	3	20	12	0	0	57	16	0	0
当年新开课题批准经费(千元)		8	4 699.7	0	0	0	0	0	0	60	300	175	0	0	3414.7	750	0	0
当年完成课题数(项)		9	63	0	0	0	0	0	0	1	8	9	0	0	27	18	0	0

续表

出版著作（部）	合计		10	0	0	0	0	0	0	0	0	0	0	0	0	0	0	0	0
	专著	合计	11	0	0	0	0	0	0	0	0	0	0	0	0	0	0	0	0
		被译成外文	12	0	0	0	0	0	0	0	0	0	0	0	0	0	0	0	0
	编著教材		13	0	0	0	0	0	0	0	0	0	0	0	0	0	0	0	0
	工具书/参考书		14	0	0	0	0	0	0	0	0	0	0	0	0	0	0	0	0
	皮书/发展报告		15	0	0	0	0	0	0	0	0	0	0	0	0	0	0	0	0
	科普读物		16	0	0	0	0	0	0	0	0	0	0	0	0	0	0	0	0
古籍整理（部）			17	0	0	0	0	0	0	0	0	0	0	0	0	0	0	0	0
译著（部）			18	0	0	0	0	0	0	0	0	0	0	0	0	0	0	0	0
发表译文（篇）			19	0	0	0	0	0	0	0	0	0	0	0	0	0	0	0	0
电子出版物（件）			20	0	0	0	0	0	0	0	0	0	0	0	0	0	0	0	0
发表论文（篇）	合计		21	145	0	0	0	0	0	0	11	32	19	0	0	29	54	0	0
	国内学术刊物		22	145	0	0	0	0	0	0	11	32	19	0	0	29	54	0	0
	国外学术刊物		23	0	0	0	0	0	0	0	0	0	0	0	0	0	0	0	0
	港澳台刊物		24	0	0	0	0	0	0	0	0	0	0	0	0	0	0	0	0
研究与咨询报告（篇）	合计		25	0	0	0	0	0	0	0	0	0	0	0	0	0	0	0	0
	被采纳数		26	0	0	0	0	0	0	0	0	0	0	0	0	0	0	0	0

八、社科研究、课题与成果（来源情况）

3.6 江苏工程职业技术学院人文、社会科学研究与课题成果来源情况表

			课题来源															
			合计	国家社科基金项目	国家社科基金单列学科项目	教育部人文社科研究项目	高校古籍整理研究项目	国家自然科学基金项目	中央其他部门社科专门项目	省、市、自治区社科基金项目	省教育厅社科项目	地、市、厅、局等政府部门项目	国际合作研究项目	与港、澳、台地区合作研究项目	企事业单位委托项目	学校社科项目	外资项目	其他
		编号	L01	L02	L03	L04	L05	L06	L07	L08	L09	L10	L11	L12	L13	L14	L15	L16
课题数(项)		1	141	0	0	0	0	0	0	4	53	64	0	0	0	20	0	0
当年投入人数	合计(人年)	2	20.7	0	0	0	0	0	0	1.4	8.1	9.2	0	0	0	2	0	0
	研究生(人年)	3	0	0	0	0	0	0	0	0	0	0	0	0	0	0	0	0
当年拨入经费	合计(千元)	4	161	0	0	0	0	0	0	11	49	93	0	0	0	8	0	0
	当年立项项目拨入经费(千元)	5	126	0	0	0	0	0	0	7	37	77	0	0	0	5	0	0
当年支出经费(千元)		6	172.8	0	0	0	0	0	0	1	22	144.5	0	0	0	5.3	0	0
当年新开课题数(项)		7	52	0	0	0	0	0	0	2	18	27	0	0	0	5	0	0
当年新开课题批准经费(千元)		8	208	0	0	0	0	0	0	20	90	88	0	0	0	10	0	0
当年完成课题数(项)		9	40	0	0	0	0	0	0	0	13	26	0	0	0	1	0	0

续表

出版著作（部）	合计		10	4	0	0	0	0	0	0	0	2	2	0	0	0	0	0	0
	专著	合计	11	4	0	0	0	0	0	0	0	2	2	0	0	0	0	0	0
		被译成外文	12	0	0	0	0	0	0	0	0	0	0	0	0	0	0	0	0
	编著教材		13	0	0	0	0	0	0	0	0	0	0	0	0	0	0	0	0
	工具书/参考书		14	0	0	0	0	0	0	0	0	0	0	0	0	0	0	0	0
	皮书/发展报告		15	0	0	0	0	0	0	0	0	0	0	0	0	0	0	0	0
	科普读物		16	0	0	0	0	0	0	0	0	0	0	0	0	0	0	0	0
古籍整理（部）			17	0	0	0	0	0	0	0	0	0	0	0	0	0	0	0	0
译著（部）			18	0	0	0	0	0	0	0	0	0	0	0	0	0	0	0	0
发表译文（篇）			19	0	0	0	0	0	0	0	0	0	0	0	0	0	0	0	0
电子出版物（件）			20	0	0	0	0	0	0	0	0	0	0	0	0	0	0	0	0
发表论文（篇）	合计		21	156	0	0	0	0	0	0	1	47	57	0	0	0	51	0	0
	国内学术刊物		22	156	0	0	0	0	0	0	1	47	57	0	0	0	51	0	0
	国外学术刊物		23	0	0	0	0	0	0	0	0	0	0	0	0	0	0	0	0
	港澳台刊物		24	0	0	0	0	0	0	0	0	0	0	0	0	0	0	0	0
研究与咨询报告（篇）	合计		25	0	0	0	0	0	0	0	0	0	0	0	0	0	0	0	0
	被采纳数		26	0	0	0	0	0	0	0	0	0	0	0	0	0	0	0	0

3.7 苏州工艺美术职业技术学院人文、社会科学研究与课题成果来源情况表

			课题来源															
			合计	国家社科基金项目	国家社科基金单列学科项目	教育部人文社科研究项目	高校古籍整理研究项目	国家自然科学基金项目	中央其他部门社科专门项目	省、市、自治区社科基金项目	省教育厅社科项目	地、市、厅、局等政府部门项目	国际合作研究项目	与港、澳、台地区合作研究项目	企事业单位委托项目	学校社科项目	外资项目	其他
		编号	L01	L02	L03	L04	L05	L06	L07	L08	L09	L10	L11	L12	L13	L14	L15	L16
课题数(项)		1	100	0	1	1	0	0	0	0	39	52	0	0	3	4	0	0
当年投入人数	合计(人年)	2	19.8	0	0.6	0.2	0	0	0	0	8.5	8.8	0	0	1.2	0.5	0	0
	研究生(人年)	3	0	0	0	0	0	0	0	0	0	0	0	0	0	0	0	0
当年拨入经费	合计(千元)	4	698	0	53	0	0	0	0	0	89	293	0	0	263	0	0	0
	当年立项项目拨入经费(千元)	5	232	0	0	0	0	0	0	0	40	29	0	0	163	0	0	0
当年支出经费(千元)		6	794.9	0	53	10	0	0	0	0	162.5	317	0	0	252	0.4	0	0
当年新开课题数(项)		7	29	0	0	0	0	0	0	0	11	14	0	0	2	2	0	0
当年新开课题批准经费(千元)		8	695	0	0	0	0	0	0	0	208	96	0	0	386	5	0	0
当年完成课题数(项)		9	49	0	0	0	0	0	0	0	16	30	0	0	2	1	0	0

续表

出版著作(部)	合计		10	4	0	0	0	0	0	0	0	2	0	0	0	1	1	0	0
	专著	合计	11	1	0	0	0	0	0	0	0	1	0	0	0	0	0	0	0
		被译成外文	12	0	0	0	0	0	0	0	0	0	0	0	0	0	0	0	0
	编著教材		13	2	0	0	0	0	0	0	0	1	0	0	0	0	1	0	0
	工具书/参考书		14	0	0	0	0	0	0	0	0	0	0	0	0	0	0	0	0
	皮书/发展报告		15	1	0	0	0	0	0	0	0	0	0	0	0	1	0	0	0
	科普读物		16	0	0	0	0	0	0	0	0	0	0	0	0	0	0	0	0
古籍整理(部)			17	0	0	0	0	0	0	0	0	0	0	0	0	0	0	0	0
译著(部)			18	0	0	0	0	0	0	0	0	0	0	0	0	0	0	0	0
发表译文(篇)			19	0	0	0	0	0	0	0	0	0	0	0	0	0	0	0	0
电子出版物(件)			20	0	0	0	0	0	0	0	0	0	0	0	0	0	0	0	0
发表论文(篇)	合计		21	60	0	1	1	0	0	0	0	27	24	0	0	1	6	0	0
	国内学术刊物		22	59	0	1	1	0	0	0	0	27	23	0	0	1	6	0	0
	国外学术刊物		23	1	0	0	0	0	0	0	0	0	1	0	0	0	0	0	0
	港澳台刊物		24	0	0	0	0	0	0	0	0	0	0	0	0	0	0	0	0
研究与咨询报告(篇)	合计		25	5	0	0	0	0	0	0	0	0	1	0	0	3	1	0	0
	被采纳数		26	5	0	0	0	0	0	0	0	0	1	0	0	3	1	0	0

八、社科研究、课题与成果(来源情况)

3.8 连云港职业技术学院人文、社会科学研究与课题成果来源情况表

			课题来源															
			合计	国家社科基金项目	国家社科基金单列学科项目	教育部人文社科研究项目	高校古籍整理研究项目	国家自然科学基金项目	中央其他部门社科专门项目	省、市、自治区社科基金项目	省教育厅社科项目	地、市、厅、局等政府部门项目	国际合作研究项目	与港、澳、台地区合作研究项目	企事业单位委托项目	学校社科项目	外资项目	其他
		编号	L01	L02	L03	L04	L05	L06	L07	L08	L09	L10	L11	L12	L13	L14	L15	L16
课题数(项)		1	128	0	0	0	0	0	0	16	30	36	0	0	6	40	0	0
当年投入人数	合计(人年)	2	35.4	0	0	0	0	0	0	4.7	10.9	9	0	0	1.6	9.2	0	0
	研究生(人年)	3	0	0	0	0	0	0	0	0	0	0	0	0	0	0	0	0
当年拨入经费	合计(千元)	4	260	0	0	0	0	0	0	51	58	25	0	0	78	48	0	0
	当年立项项目拨入经费(千元)	5	84	0	0	0	0	0	0	18	40	0	0	0	26	0	0	0
当年支出经费(千元)		6	228.5	0	0	0	0	0	0	48	18	25	0	0	88	49.5	0	0
当年新开课题数(项)		7	52	0	0	0	0	0	0	4	12	26	0	0	4	6	0	0
当年新开课题批准经费(千元)		8	270	0	0	0	0	0	0	20	210	2	0	0	26	12	0	0
当年完成课题数(项)		9	69	0	0	0	0	0	0	7	4	24	0	0	4	30	0	0

续表

出版著作(部)	合计		10	0	0	0	0	0	0	0	0	0	0	0	0	0	0	0	0
	专著	合计	11	0	0	0	0	0	0	0	0	0	0	0	0	0	0	0	0
		被译成外文	12	0	0	0	0	0	0	0	0	0	0	0	0	0	0	0	0
	编著教材		13	0	0	0	0	0	0	0	0	0	0	0	0	0	0	0	0
	工具书/参考书		14	0	0	0	0	0	0	0	0	0	0	0	0	0	0	0	0
	皮书/发展报告		15	0	0	0	0	0	0	0	0	0	0	0	0	0	0	0	0
	科普读物		16	0	0	0	0	0	0	0	0	0	0	0	0	0	0	0	0
古籍整理(部)			17	0	0	0	0	0	0	0	0	0	0	0	0	0	0	0	0
译著(部)			18	0	0	0	0	0	0	0	0	0	0	0	0	0	0	0	0
发表译文(篇)			19	0	0	0	0	0	0	0	0	0	0	0	0	0	0	0	0
电子出版物(件)			20	1	0	0	0	0	0	0	0	0	1	0	0	0	0	0	0
发表论文(篇)	合计		21	61	0	0	0	0	0	0	18	12	9	0	0	0	22	0	0
	国内学术刊物		22	61	0	0	0	0	0	0	18	12	9	0	0	0	22	0	0
	国外学术刊物		23	0	0	0	0	0	0	0	0	0	0	0	0	0	0	0	0
	港澳台刊物		24	0	0	0	0	0	0	0	0	0	0	0	0	0	0	0	0
研究与咨询报告(篇)	合计		25	4	0	0	0	0	0	0	0	0	0	0	0	4	0	0	0
	被采纳数		26	0	0	0	0	0	0	0	0	0	0	0	0	0	0	0	0

八、社科研究、课题与成果(来源情况)

3.9 镇江市高等专科学校人文、社会科学研究与课题成果来源情况表

			课题来源															
			合计	国家社科基金项目	国家社科基金单列学科项目	教育部人文社科研究项目	高校古籍整理研究项目	国家自然科学基金项目	中央其他部门社科专门项目	省、市、自治区社科基金项目	省教育厅社科项目	地、市、厅、局等政府部门项目	国际合作研究项目	与港、澳、台地区合作研究项目	企事业单位委托项目	学校社科项目	外资项目	其他
		编号	L01	L02	L03	L04	L05	L06	L07	L08	L09	L10	L11	L12	L13	L14	L15	L16
课题数(项)		1	84	0	0	2	0	0	1	10	18	21	0	0	8	24	0	0
当年投入人数	合计(人年)	2	34	0	0	2.5	0	0	0.7	4.5	7.5	8.2	0	0	3.3	7.3	0	0
	研究生(人年)	3	0	0	0	0	0	0	0	0	0	0	0	0	0	0	0	0
当年拨入经费	合计(千元)	4	503.25	0	0	70	0	0	100	21	173	93	0	0	20	26.25	0	0
	当年立项项目拨入经费(千元)	5	385.25	0	0	0	0	0	100	21	125	93	0	0	20	26.25	0	0
当年支出经费(千元)		6	380.5	0	0	69	0	0	40	38.2	113.8	61.7	0	0	14.4	43.4	0	0
当年新开课题数(项)		7	44	0	0	0	0	0	1	5	8	14	0	0	4	12	0	0
当年新开课题批准经费(千元)		8	399	0	0	0	0	0	100	21	125	93	0	0	20	40	0	0
当年完成课题数(项)		9	50	0	0	0	0	0	0	4	8	15	0	0	6	17	0	0

续表

八、社科研究、课题与成果（来源情况）

项目		序号	C1	C2	C3	C4	C5	C6	C7	C8	C9	C10	C11	C12	C13	C14	C15
出版著作（部）	合计	10	0	0	0	0	0	0	3	2	3	0	0	0	0	8	0
	专著 合计	11	0	0	0	0	0	0	1	2	0	0	0	0	0	1	0
	被译成外文	12	0	0	0	0	0	0	0	0	0	0	0	0	0	0	0
	编著教材	13	0	0	0	0	0	0	2	2	3	0	0	0	0	7	0
	工具书/参考书	14	0	0	0	0	0	0	0	0	0	0	0	0	0	0	0
	皮书/发展报告	15	0	0	0	0	0	0	0	0	0	0	0	0	0	0	0
	科普读物	16	0	0	0	0	0	0	0	0	0	0	0	0	0	0	0
古籍整理（部）		17	0	0	0	0	0	0	0	0	0	0	0	0	0	0	0
译著（部）		18	0	0	0	0	0	0	0	0	0	0	0	0	0	0	0
发表译文（篇）		19	0	0	0	0	0	0	0	0	0	0	0	0	0	0	0
电子出版物（件）		20	0	0	0	0	0	0	0	0	0	0	0	0	0	0	0
发表论文（篇）	合计	21	32	8	0	0	20	20	8	3	0	0	4	0	0	95	0
	国内学术刊物	22	31	8	0	0	13	19	8	3	0	0	1	0	0	83	0
	国外学术刊物	23	1	0	0	0	7	1	0	0	0	0	3	0	0	12	0
	港澳台刊物	24	0	0	0	0	0	0	0	0	0	0	0	0	0	0	0
研究与咨询报告（篇）	合计	25	0	2	0	0	0	0	0	0	0	0	0	0	0	2	0
	被采纳数	26	0	1	0	0	0	0	0	0	0	0	0	0	0	1	0

3.10 南通职业大学人文、社会科学研究与课题成果来源情况表

		编号	合计	国家社科基金项目	国家社科基金单列学科项目	教育部人文社科研究项目	高校古籍整理研究项目	国家自然科学基金项目	中央其他部门社科专门项目	省、市、自治区社科基金项目	省教育厅社科项目	地、市、厅、局等政府部门项目	国际合作研究项目	与港、澳、台地区合作研究项目	企事业单位委托项目	学校社科项目	外资项目	其他
			课题来源															
		编号	L01	L02	L03	L04	L05	L06	L07	L08	L09	L10	L11	L12	L13	L14	L15	L16
课题数(项)		1	104	0	0	0	0	0	0	1	46	33	0	0	10	14	0	0
当年投入人数	合计(人年)	2	20.6	0	0	0	0	0	0	0.2	9.3	6.4	0	0	2.4	2.3	0	0
	研究生(人年)	3	0	0	0	0	0	0	0	0	0	0	0	0	0	0	0	0
当年拨入经费	合计(千元)	4	535	0	0	0	0	0	0	10	315	112	0	0	80	18	0	0
	当年立项项目拨入经费(千元)	5	535	0	0	0	0	0	0	10	315	112	0	0	80	18	0	0
当年支出经费(千元)		6	467	0	0	0	0	0	0	10	205	112	0	0	125	15	0	0
当年新开课题数(项)		7	44	0	0	0	0	0	0	1	21	13	0	0	4	5	0	0
当年新开课题批准经费(千元)		8	535	0	0	0	0	0	0	10	315	112	0	0	80	18	0	0
当年完成课题数(项)		9	60	0	0	0	0	0	0	0	25	20	0	0	6	9	0	0

续表

出版著作(部)	合计		10	0	0	0	0	0	0	0	0	0	0	0	0	0	0	0	0
	专著	合计	11	0	0	0	0	0	0	0	0	0	0	0	0	0	0	0	0
		被译成外文	12	0	0	0	0	0	0	0	0	0	0	0	0	0	0	0	0
	编著教材		13	0	0	0	0	0	0	0	0	0	0	0	0	0	0	0	0
	工具书/参考书		14	0	0	0	0	0	0	0	0	0	0	0	0	0	0	0	0
	皮书/发展报告		15	0	0	0	0	0	0	0	0	0	0	0	0	0	0	0	0
	科普读物		16	0	0	0	0	0	0	0	0	0	0	0	0	0	0	0	0
古籍整理(部)			17	0	0	0	0	0	0	0	0	0	0	0	0	0	0	0	0
译著(部)			18	0	0	0	0	0	0	0	0	0	0	0	0	0	0	0	0
发表译文(篇)			19	0	0	0	0	0	0	0	0	0	0	0	0	0	0	0	0
电子出版物(件)			20	0	0	0	0	0	0	0	0	0	0	0	0	0	0	0	0
发表论文(篇)	合计		21	35	0	0	0	0	0	0	0	20	9	0	0	1	5	0	0
	国内学术刊物		22	35	0	0	0	0	0	0	0	20	9	0	0	1	5	0	0
	国外学术刊物		23	0	0	0	0	0	0	0	0	0	0	0	0	0	0	0	0
	港澳台刊物		24	0	0	0	0	0	0	0	0	0	0	0	0	0	0	0	0
研究与咨询报告(篇)	合计		25	7	0	0	0	0	0	0	0	0	4	0	0	3	0	0	0
	被采纳数		26	7	0	0	0	0	0	0	0	0	4	0	0	3	0	0	0

3.11 苏州职业大学人文、社会科学研究与课题成果来源情况表

			课题来源															
			合计	国家社科基金项目	国家社科基金单列学科项目	教育部人文社科研究项目	高校古籍整理研究项目	国家自然科学基金项目	中央其他部门社科专门项目	省、市、自治区社科基金项目	省教育厅社科项目	地、市、厅、局等政府部门项目	国际合作研究项目	与港、澳、台地区合作研究项目	企事业单位委托项目	学校社科项目	外资项目	其他
		编号	L01	L02	L03	L04	L05	L06	L07	L08	L09	L10	L11	L12	L13	L14	L15	L16
课题数(项)		1	232	1	0	2	0	0	0	5	56	74	0	0	55	34	0	5
当年投入人数	合计(人年)	2	82.8	0.3	0	1	0	0	0	2.1	25.3	24.2	0	0	12.6	16.3	0	1
	研究生(人年)	3	0	0	0	0	0	0	0	0	0	0	0	0	0	0	0	0
当年拨入经费	合计(千元)	4	2 050.96	190	0	20	0	0	0	60	250	350	0	0	1 128.96	52	0	0
	当年立项项目拨入经费(千元)	5	2 050.96	190	0	20	0	0	0	60	250	350	0	0	1 128.96	52	0	0
当年支出经费(千元)		6	1 739.58	57	0	27	0	0	0	83	197.8	288.8	0	0	978.08	107.9	0	0
当年新开课题数(项)		7	113	1	0	1	0	0	0	2	22	43	0	0	36	6	0	2
当年新开课题批准经费(千元)		8	2 223.96	200	0	80	0	0	0	60	310	385	0	0	1 136.96	52	0	0
当年完成课题数(项)		9	102	0	0	1	0	0	0	1	10	44	0	0	36	5	0	5

续表

出版著作(部)	合计		10	12	0	0	1	0	0	0	0	0	6	0	0	2	3	0	0
	专著	合计	11	2	0	0	1	0	0	0	0	0	1	0	0	0	0	0	0
		被译成外文	12	0	0	0	0	0	0	0	0	0	0	0	0	0	0	0	0
	编著教材		13	8	0	0	0	0	0	0	0	0	3	0	0	2	3	0	0
	工具书/参考书		14	0	0	0	0	0	0	0	0	0	0	0	0	0	0	0	0
	皮书/发展报告		15	0	0	0	0	0	0	0	0	0	0	0	0	0	0	0	0
	科普读物		16	2	0	0	0	0	0	0	0	0	2	0	0	0	0	0	0
古籍整理(部)			17	0	0	0	0	0	0	0	0	0	0	0	0	0	0	0	0
译著(部)			18	0	0	0	0	0	0	0	0	0	0	0	0	0	0	0	0
发表译文(篇)			19	0	0	0	0	0	0	0	0	0	0	0	0	0	0	0	0
电子出版物(件)			20	0	0	0	0	0	0	0	0	0	0	0	0	0	0	0	0
发表论文(篇)	合计		21	161	4	0	6	0	0	0	5	25	71	0	0	8	39	0	3
	国内学术刊物		22	158	4	0	6	0	0	0	5	25	69	0	0	8	38	0	3
	国外学术刊物		23	3	0	0	0	0	0	0	0	0	2	0	0	0	1	0	0
	港澳台刊物		24	0	0	0	0	0	0	0	0	0	0	0	0	0	0	0	0
研究与咨询报告(篇)	合计		25	35	0	0	0	0	0	0	0	0	22	0	0	13	0	0	0
	被采纳数		26	25	0	0	0	0	0	0	0	0	17	0	0	8	0	0	0

3.12 沙洲职业工学院人文、社会科学研究与课题成果来源情况表

		编号	合计	国家社科基金项目	国家社科基金单列学科项目	教育部人文社科研究项目	高校古籍整理研究项目	国家自然科学基金项目	中央其他部门社科专门项目	省、市、自治区社科基金项目	省教育厅社科项目	地、市、厅、局等政府部门项目	国际合作研究项目	与港、澳、台地区合作研究项目	企事业单位委托项目	学校社科项目	外资项目	其他
			课题来源															
			L01	L02	L03	L04	L05	L06	L07	L08	L09	L10	L11	L12	L13	L14	L15	L16
课题数(项)		1	66	0	0	0	0	0	0	3	34	20	0	0	7	2	0	0
当年投入人数	合计(人年)	2	7	0	0	0	0	0	0	0.5	3.4	2	0	0	0.9	0.2	0	0
	研究生(人年)	3	0	0	0	0	0	0	0	0	0	0	0	0	0	0	0	0
当年拨入经费	合计(千元)	4	351	0	0	0	0	0	0	0	170	87	0	0	90	4	0	0
	当年立项项目拨入经费(千元)	5	351	0	0	0	0	0	0	0	170	87	0	0	90	4	0	0
当年支出经费(千元)		6	306.9	0	0	0	0	0	0	11.6	147.5	67.3	0	0	79.5	1	0	0
当年新开课题数(项)		7	44	0	0	0	0	0	0	0	17	20	0	0	5	2	0	0
当年新开课题批准经费(千元)		8	351	0	0	0	0	0	0	0	170	87	0	0	90	4	0	0
当年完成课题数(项)		9	31	0	0	0	0	0	0	2	9	12	0	0	7	1	0	0

续表

			行																
出版著作(部)	合计		10	0	0	0	0	0	0	0	0	0	0	0	0	0	0	0	0
	专著	合计	11	0	0	0	0	0	0	0	0	0	0	0	0	0	0	0	0
		被译成外文	12	0	0	0	0	0	0	0	0	0	0	0	0	0	0	0	0
	编著教材		13	0	0	0	0	0	0	0	0	0	0	0	0	0	0	0	0
	工具书/参考书		14	0	0	0	0	0	0	0	0	0	0	0	0	0	0	0	0
	皮书/发展报告		15	0	0	0	0	0	0	0	0	0	0	0	0	0	0	0	0
	科普读物		16	0	0	0	0	0	0	0	0	0	0	0	0	0	0	0	0
古籍整理(部)			17	0	0	0	0	0	0	0	0	0	0	0	0	0	0	0	0
译著(部)			18	0	0	0	0	0	0	0	0	0	0	0	0	0	0	0	0
发表译文(篇)			19	0	0	0	0	0	0	0	0	0	0	0	0	0	0	0	0
电子出版物(件)			20	0	0	0	0	0	0	0	0	0	0	0	0	0	0	0	0
发表论文(篇)	合计		21	31	0	0	0	0	0	0	0	17	8	0	0	5	1	0	0
	国内学术刊物		22	31	0	0	0	0	0	0	0	17	3	0	0	5	1	0	0
	国外学术刊物		23	0	0	0	0	0	0	0	0	0	0	0	0	0	0	0	0
	港澳台刊物		24	0	0	0	0	0	0	0	0	0	0	0	0	0	0	0	0
研究与咨询报告(篇)	合计		25	2	0	0	0	0	0	0	1	0	0	0	0	1	0	0	0
	被采纳数		26	0	0	0	0	0	0	0	0	0	0	0	0	0	0	0	0

3.13 扬州市职业大学人文、社会科学研究与课题成果来源情况表

			课题来源															
			合计	国家社科基金项目	国家社科基金单列学科项目	教育部人文社科研究项目	高校古籍整理研究项目	国家自然科学基金项目	中央其他部门社科专门项目	省、市、自治区社科基金项目	省教育厅社科项目	地、市、厅、局等政府部门项目	国际合作研究项目	与港、澳、台地区合作研究项目	企事业单位委托项目	学校社科项目	外资项目	其他
		编号	L01	L02	L03	L04	L05	L06	L07	L08	L09	L10	L11	L12	L13	L14	L15	L16
课题数(项)		1	280	0	0	3	0	0	0	27	38	100	0	0	63	49	0	0
当年投入人数	合计(人年)	2	69.8	0	0	1	0	0	0	8.1	11.3	27.3	0	0	13.5	8.6	0	0
	研究生(人年)	3	0	0	0	0	0	0	0	0	0	0	0	0	0	0	0	0
当年拨入经费	合计(千元)	4	1 850.75	0	0	0	0	0	0	58	0	301	0	0	1 131.75	360	0	0
	当年立项项目拨入经费(千元)	5	1 770.75	0	0	0	0	0	0	58	0	221	0	0	1 131.75	360	0	0
当年支出经费(千元)		6	1 604.69	0	0	9.17	0	0	0	22.56	0	213.98	0	0	1 062.35	296.63	0	0
当年新开课题数(项)		7	198	0	0	0	0	0	0	5	17	84	0	0	63	29	0	0
当年新开课题批准经费(千元)		8	1 770.75	0	0	0	0	0	0	58	0	221	0	0	1 131.75	360	0	0
当年完成课题数(项)		9	157	0	0	0	0	0	0	4	4	87	0	0	61	1	0	0

八、社科研究、课题与成果（来源情况）

续表

出版著作（部）	合计		10	5	0	0	1	0	0	0	1	1	2	0	0	0	0	0	0
	专著	合计	11	5	0	0	1	0	0	0	1	1	2	0	0	0	0	0	0
		被译成外文	12	0	0	0	0	0	0	0	0	0	0	0	0	0	0	0	0
	编著教材		13	0	0	0	0	0	0	0	0	0	0	0	0	0	0	0	0
	工具书/参考书		14	0	0	0	0	0	0	0	0	0	0	0	0	0	0	0	0
	皮书/发展报告		15	0	0	0	0	0	0	0	0	0	0	0	0	0	0	0	0
	科普读物		16	0	0	0	0	0	0	0	0	0	0	0	0	0	0	0	0
古籍整理(部)			17	0	0	0	0	0	0	0	0	0	0	0	0	0	0	0	0
译著(部)			18	0	0	0	0	0	0	0	0	0	0	0	0	0	0	0	0
发表译文(篇)			19	0	0	0	0	0	0	0	0	0	0	0	0	0	0	0	0
电子出版物(件)			20	0	0	0	0	0	0	0	0	0	0	0	0	0	0	0	0
发表论文（篇）	合计		21	245	0	0	3	0	0	0	8	25	204	0	0	0	5	0	0
	国内学术刊物		22	245	0	0	3	0	0	0	8	25	204	0	0	0	5	0	0
	国外学术刊物		23	0	0	0	0	0	0	0	0	0	0	0	0	0	0	0	0
	港澳台刊物		24	0	0	0	0	0	0	0	0	0	0	0	0	0	0	0	0
研究与咨询报告（篇）	合计		25	148	0	0	0	0	0	0	0	0	86	0	0	62	0	0	0
	被采纳数		26	63	0	0	0	0	0	0	0	0	1	0	0	62	0	0	0

3.14 连云港师范高等专科学校人文、社会科学研究与课题成果来源情况表

			课题来源															
			合计	国家社科基金项目	国家社科基金单列学科项目	教育部人文社科研究项目	高校古籍整理研究项目	国家自然科学基金项目	中央其他部门社科专门项目	省、市、自治区社科基金项目	省教育厅社科项目	地、市、厅、局等政府部门项目	国际合作研究项目	与港、澳、台地区合作研究项目	企事业单位委托项目	学校社科项目	外资项目	其他
		编号	L01	L02	L03	L04	L05	L06	L07	L08	L09	L10	L11	L12	L13	L14	L15	L16
课题数(项)		1	210	0	0	2	0	0	0	65	49	17	0	0	0	77	0	0
当年投入人数	合计(人年)	2	22	0	0	0.3	0	0	0	7.7	4.9	1.7	0	0	0	7.4	0	0
	研究生(人年)	3	0	0	0	0	0	0	0	0	0	0	0	0	0	0	0	0
当年拨入经费	合计(千元)	4	187	0	0	30	0	0	0	100	52	5	0	0	0	0	0	0
	当年立项项目拨入经费(千元)	5	187	0	0	30	0	0	0	100	52	5	0	0	0	0	0	0
当年支出经费(千元)		6	68	0	0	25	0	0	0	16	17	0	0	0	0	10	0	0
当年新开课题数(项)		7	64	0	0	1	0	0	0	44	18	1	0	0	0	0	0	0
当年新开课题批准经费(千元)		8	352	0	0	100	0	0	0	113	134	5	0	0	0	0	0	0
当年完成课题数(项)		9	85	0	0	0	0	0	0	19	3	5	0	0	0	58	0	0

续表

出版著作(部)	合计		10	3	0	0	0	0	0	0	0	0	0	0	0	0	3	0	0
	专著	合计	11	0	0	0	0	0	0	0	0	0	0	0	0	0	0	0	0
		被译成外文	12	0	0	0	0	0	0	0	0	0	0	0	0	0	0	0	0
	编著教材		13	3	0	0	0	0	0	0	0	0	0	0	0	0	3	0	0
	工具书/参考书		14	0	0	0	0	0	0	0	0	0	0	0	0	0	0	0	0
	皮书/发展报告		15	0	0	0	0	0	0	0	0	0	0	0	0	0	0	0	0
	科普读物		16	0	0	0	0	0	0	0	0	0	0	0	0	0	0	0	0
古籍整理(部)			17	0	0	0	0	0	0	0	0	0	0	0	0	0	0	0	0
译著(部)			18	0	0	0	0	0	0	0	0	0	0	0	0	0	0	0	0
发表译文(篇)			19	0	0	0	0	0	0	0	0	0	0	0	0	0	0	0	0
电子出版物(件)			20	0	0	0	0	0	0	0	0	0	0	0	0	0	0	0	0
发表论文(篇)	合计		21	75	0	0	1	0	0	0	24	4	5	0	0	0	41	0	0
	国内学术刊物		22	75	0	0	1	0	0	0	24	4	5	0	0	0	41	0	0
	国外学术刊物		23	0	0	0	0	0	0	0	0	0	0	0	0	0	0	0	0
	港澳台刊物		24	0	0	0	0	0	0	0	0	0	0	0	0	0	0	0	0
研究与咨询报告(篇)	合计		25	0	0	0	0	0	0	0	0	0	0	0	0	0	0	0	0
	被采纳数		26	0	0	0	0	0	0	0	0	0	0	0	0	0	0	0	0

3.15 江苏经贸职业技术学院人文、社会科学研究与课题成果来源情况表

			课题来源															
			合计	国家社科基金项目	国家社科基金单列学科项目	教育部人文社科研究项目	高校古籍整理研究项目	国家自然科学基金项目	中央其他部门社科专门项目	省、市、自治区社科基金项目	省教育厅社科项目	地、市、厅、局等政府部门项目	国际合作研究项目	与港、澳、台地区合作研究项目	企事业单位委托项目	学校社科项目	外资项目	其他
		编号	L01	L02	L03	L04	L05	L06	L07	L08	L09	L10	L11	L12	L13	L14	L15	L16
课题数(项)		1	288	0	0	2	0	0	0	16	61	14	0	0	51	143	0	1
当年投入人数	合计(人年)	2	53.2	0	0	0.8	0	0	0	2.7	12	3.3	0	0	6.1	28.2	0	0.1
	研究生(人年)	3	0	0	0	0	0	0	0	0	0	0	0	0	0	0	0	0
当年拨入经费	合计(千元)	4	5 103	0	0	30	0	0	0	0	100	55	0	0	4 578	340	0	0
	当年立项项目拨入经费(千元)	5	5 103	0	0	30	0	0	0	0	100	55	0	0	4 578	340	0	0
当年支出经费(千元)		6	3 597	0	0	38	0	0	0	19	22	55	0	0	3 123	340	0	0
当年新开课题数(项)		7	128	0	0	1	0	0	0	2	19	6	0	0	39	61	0	0
当年新开课题批准经费(千元)		8	5123	0	0	50	0	0	0	0	100	55	0	0	4 578	340	0	0
当年完成课题数(项)		9	68	0	0	0	0	0	0	5	17	5	0	0	28	13	0	0

续表

出版著作(部)	合计		10	3	0	0	0	0	0	0	0	0	1	0	0	0	2	0	0
	专著	合计	11	0	0	0	0	0	0	0	0	0	0	0	0	0	0	0	0
		被译成外文	12	0	0	0	0	0	0	0	0	0	0	0	0	0	0	0	0
	编著教材		13	3	0	0	0	0	0	0	0	0	1	0	0	0	2	0	0
	工具书/参考书		14	0	0	0	0	0	0	0	0	0	0	0	0	0	0	0	0
	皮书/发展报告		15	0	0	0	0	0	0	0	0	0	0	0	0	0	0	0	0
	科普读物		16	0	0	0	0	0	0	0	0	0	0	0	0	0	0	0	0
古籍整理(部)			17	0	0	0	0	0	0	0	0	0	0	0	0	0	0	0	0
译著(部)			18	0	0	0	0	0	0	0	0	0	0	0	0	0	0	0	0
发表译文(篇)			19	0	0	0	0	0	0	0	0	0	0	0	0	0	0	0	0
电子出版物(件)			20	0	0	0	0	0	0	0	0	0	0	0	0	0	0	0	0
发表论文(篇)	合计		21	43	0	0	2	0	0	0	3	20	5	0	0	0	13	0	0
	国内学术刊物		22	43	0	0	2	0	0	0	3	20	5	0	0	0	13	0	0
	国外学术刊物		23	0	0	0	0	0	0	0	0	0	0	0	0	0	0	0	0
	港澳台刊物		24	0	0	0	0	0	0	0	0	0	0	0	0	0	0	0	0
研究与咨询报告(篇)	合计		25	20	0	0	0	0	0	0	0	0	0	0	0	20	0	0	0
	被采纳数		26	0	0	0	0	0	0	0	0	0	0	0	0	0	0	0	0

3.16 泰州职业技术学院人文、社会科学研究与课题成果来源情况表

			课题来源															
			合计	国家社科基金项目	国家社科基金单列学科项目	教育部人文社科研究项目	高校古籍整理研究项目	国家自然科学基金项目	中央其他部门社科专门项目	省、市、自治区社科基金项目	省教育厅社科项目	地、市、厅、局等政府部门项目	国际合作研究项目	与港、澳、台地区合作研究项目	企事业单位委托项目	学校社科项目	外资项目	其他
		编号	L01	L02	L03	L04	L05	L06	L07	L08	L09	L10	L11	L12	L13	L14	L15	L16
课题数(项)		1	69	0	0	0	0	0	0	0	25	6	0	0	5	33	0	0
当年投入人数	合计(人年)	2	15.7	0	0	0	0	0	0	0	5.4	1.4	0	0	0.9	8	0	0
	研究生(人年)	3	0	0	0	0	0	0	0	0	0	0	0	0	0	0	0	0
当年拨入经费	合计(千元)	4	396	0	0	0	0	0	0	0	90	32	0	0	220	54	0	0
	当年立项项目拨入经费(千元)	5	396	0	0	0	0	0	0	0	90	32	0	0	220	54	0	0
当年支出经费(千元)		6	270.74	0	0	0	0	0	0	0	91.45	48.75	0	0	72.41	58.13	0	0
当年新开课题数(项)		7	23	0	0	0	0	0	0	0	8	4	0	0	3	8	0	0
当年新开课题批准经费(千元)		8	554.5	0	0	0	0	0	0	0	90	32	0	0	378.5	54	0	0
当年完成课题数(项)		9	15	0	0	0	0	0	0	0	5	3	0	0	0	7	0	0

续表

出版著作(部)	合计		10	0	0	0	0	0	0	0	0	0	0	0	0	0	0	0	0
	专著	合计	11	0	0	0	0	0	0	0	0	0	0	0	0	0	0	0	0
		被译成外文	12	0	0	0	0	0	0	0	0	0	0	0	0	0	0	0	0
	编著教材		13	0	0	0	0	0	0	0	0	0	0	0	0	0	0	0	0
	工具书/参考书		14	0	0	0	0	0	0	0	0	0	0	0	0	0	0	0	0
	皮书/发展报告		15	0	0	0	0	0	0	0	0	0	0	0	0	0	0	0	0
	科普读物		16	0	0	0	0	0	0	0	0	0	0	0	0	0	0	0	0
古籍整理(部)			17	0	0	0	0	0	0	0	0	0	0	0	0	0	0	0	0
译著(部)			18	0	0	0	0	0	0	0	0	0	0	0	0	0	0	0	0
发表译文(篇)			19	0	0	0	0	0	0	0	0	0	0	0	0	0	0	0	0
电子出版物(件)			20	0	0	0	0	0	0	0	0	0	0	0	0	0	0	0	0
发表论文(篇)	合计		21	57	0	0	0	0	0	0	0	24	0	0	0	0	33	0	0
	国内学术刊物		22	55	0	0	0	0	0	0	0	23	0	0	0	0	32	0	0
	国外学术刊物		23	2	0	0	0	0	0	0	0	1	0	0	0	0	1	0	0
	港澳台刊物		24	0	0	0	0	0	0	0	0	0	0	0	0	0	0	0	0
研究与咨询报告(篇)	合计		25	4	0	0	0	0	0	0	0	0	3	0	0	1	0	0	0
	被采纳数		26	4	0	0	0	0	0	0	0	0	3	0	0	1	0	0	0

3.17 常州信息职业技术学院人文、社会科学研究与课题成果来源情况表

			课题来源															
			合计	国家社科基金项目	国家社科基金单列学科项目	教育部人文社科研究项目	高校古籍整理研究项目	国家自然科学基金项目	中央其他部门社科专门项目	省、市、自治区社科基金项目	省教育厅社科项目	地、市、厅、局等政府部门项目	国际合作研究项目	与港、澳、台地区合作研究项目	企事业单位委托项目	学校社科项目	外资项目	其他
		编号	L01	L02	L03	L04	L05	L06	L07	L08	L09	L10	L11	L12	L13	L14	L15	L16
课题数(项)		1	99	0	0	2	0	0	0	0	40	13	0	0	34	10	0	0
当年投入人数	合计(人年)	2	38.4	0	0	1.5	0	0	0	0	18.8	4.2	0	0	9.9	4	0	0
	研究生(人年)	3	0	0	0	0	0	0	0	0	0	0	0	0	0	0	0	0
当年拨入经费	合计(千元)	4	2 430.8	0	0	70	0	0	0	0	190	158.5	0	0	1 752.3	260	0	0
	当年立项项目拨入经费(千元)	5	2 390.8	0	0	50	0	0	0	0	170	158.5	0	0	1752.3	260	0	0
当年支出经费(千元)		6	2 427.8	0	0	57	0	0	0	0	200	158.5	0	0	1 752.3	260	0	0
当年新开课题数(项)		7	77	0	0	1	0	0	0	0	19	13	0	0	34	10	0	0
当年新开课题批准经费(千元)		8	2 846.8	0	0	160	0	0	0	0	290	232.5	0	0	1 902.3	262	0	0
当年完成课题数(项)		9	67	0	0	0	0	0	0	0	20	5	0	0	32	10	0	0

续表

出版著作(部)	合计		10	1	0	0	0	0	0	0	0	0	0	0	0	0	1	0	0
	专著	合计	11	1	0	0	0	0	0	0	0	0	0	0	0	0	1	0	0
		被译成外文	12	0	0	0	0	0	0	0	0	0	0	0	0	0	0	0	0
	编著教材		13	0	0	0	0	0	0	0	0	0	0	0	0	0	0	0	0
	工具书/参考书		14	0	0	0	0	0	0	0	0	0	0	0	0	0	0	0	0
	皮书/发展报告		15	0	0	0	0	0	0	0	0	0	0	0	0	0	0	0	0
	科普读物		16	0	0	0	0	0	0	0	0	0	0	0	0	0	0	0	0
古籍整理(部)			17	0	0	0	0	0	0	0	0	0	0	0	0	0	0	0	0
译著(部)			18	0	0	0	0	0	0	0	0	0	0	0	0	0	0	0	0
发表译文(篇)			19	0	0	0	0	0	0	0	0	0	0	0	0	0	0	0	0
电子出版物(件)			20	0	0	0	0	0	0	0	0	0	0	0	0	0	0	0	0
发表论文(篇)	合计		21	48	0	0	1	0	0	0	0	25	8	0	0	8	6	0	0
	国内学术刊物		22	48	0	0	1	0	0	0	0	25	8	0	0	8	6	0	0
	国外学术刊物		23	0	0	0	0	0	0	0	0	0	0	0	0	0	0	0	0
	港澳台刊物		24	0	0	0	0	0	0	0	0	0	0	0	0	0	0	0	0
研究与咨询报告(篇)	合计		25	17	0	0	0	0	0	0	0	0	3	0	0	14	0	0	0
	被采纳数		26	7	0	0	0	0	0	0	0	0	0	0	0	7	0	0	0

3.18 江苏海事职业技术学院人文、社会科学研究与课题成果来源情况表

			课题来源															
			合计	国家社科基金项目	国家社科基金单列学科项目	教育部人文社科研究项目	高校古籍整理研究项目	国家自然科学基金项目	中央其他部门社科专门项目	省、市、自治区社科基金项目	省教育厅社科项目	地、市、厅、局等政府部门项目	国际合作研究项目	与港、澳、台地区合作研究项目	企事业单位委托项目	学校社科项目	外资项目	其他
		编号	L01	L02	L03	L04	L05	L06	L07	L08	L09	L10	L11	L12	L13	L14	L15	L16
课题数(项)		1	116	0	0	0	0	0	0	18	53	18	0	0	27	0	0	0
当年投入人数	合计(人年)	2	36.5	0	0	0	0	0	0	4.4	13.5	7	0	0	11.6	0	0	0
	研究生(人年)	3	0	0	0	0	0	0	0	0	0	0	0	0	0	0	0	0
当年拨入经费	合计(千元)	4	3 875.6	0	0	0	0	0	0	100.4	262	952	0	0	2561.2	0	0	0
	当年立项项目拨入经费(千元)	5	2 863.6	0	0	0	0	0	0	27	120	794.6	0	0	1 922	0	0	0
当年支出经费(千元)		6	3 841.05	0	0	0	0	0	0	91.2	219.56	954.67	0	0	2 575.62	0	0	0
当年新开课题数(项)		7	51	0	0	0	0	0	0	4	18	8	0	0	21	0	0	0
当年新开课题批准经费(千元)		8	3 012	0	0	0	0	0	0	45	200	845	0	0	1 922	0	0	0
当年完成课题数(项)		9	54	0	0	0	0	0	0	9	7	11	0	0	27	0	0	0

续表

出版著作（部）	合计		10	0	0	0	0	0	0	0	0	0	0	0	0	0	0	0	0
	专著	合计	11	0	0	0	0	0	0	0	0	0	0	0	0	0	0	0	0
		被译成外文	12	0	0	0	0	0	0	0	0	0	0	0	0	0	0	0	0
	编著教材		13	0	0	0	0	0	0	0	0	0	0	0	0	0	0	0	0
	工具书/参考书		14	0	0	0	0	0	0	0	0	0	0	0	0	0	0	0	0
	皮书/发展报告		15	0	0	0	0	0	0	0	0	0	0	0	0	0	0	0	0
	科普读物		16	0	0	0	0	0	0	0	0	0	0	0	0	0	0	0	0
古籍整理（部）			17	0	0	0	0	0	0	0	0	0	0	0	0	0	0	0	0
译著（部）			18	2	0	0	0	0	0	0	0	2	0	0	0	0	0	0	0
发表译文（篇）			19	1	0	0	0	0	0	0	0	0	0	0	0	1	0	0	0
电子出版物（件）			20	0	0	0	0	0	0	0	0	0	0	0	0	0	0	0	0
发表论文（篇）	合计		21	56	0	0	0	0	0	0	13	40	3	0	0	0	0	0	0
	国内学术刊物		22	52	0	0	0	0	0	0	13	36	3	0	0	0	0	0	0
	国外学术刊物		23	4	0	0	0	0	0	0	0	4	0	0	0	0	0	0	0
	港澳台刊物		24	0	0	0	0	0	0	0	0	0	0	0	0	0	0	0	0
研究与咨询报告（篇）	合计		25	14	0	0	0	0	0	0	0	0	2	0	0	12	0	0	0
	被采纳数		26	14	0	0	0	0	0	0	0	0	2	0	0	12	0	0	0

八、社科研究、课题与成果（来源情况）

3.19 无锡科技职业学院人文、社会科学研究与课题成果来源情况表

			课题来源															
			合计	国家社科基金项目	国家社科基金单列学科项目	教育部人文社科研究项目	高校古籍整理研究项目	国家自然科学基金项目	中央其他部门社科专门项目	省、市、自治区社科基金项目	省教育厅社科项目	地、市、厅、局等政府部门项目	国际合作研究项目	与港、澳、台地区合作研究项目	企事业单位委托项目	学校社科项目	外资项目	其他
		编号	L01	L02	L03	L04	L05	L06	L07	L08	L09	L10	L11	L12	L13	L14	L15	L16
课题数(项)		1	64	0	0	1	0	0	0	0	48	5	0	0	10	0	0	0
当年投入人数	合计(人年)	2	27.2	0	0	0.7	0	0	0	0	22.2	1.3	0	0	3	0	0	0
	研究生(人年)	3	0	0	0	0	0	0	0	0	0	0	0	0	0	0	0	0
当年拨入经费	合计(千元)	4	238	0	0	0	0	0	0	0	120	20	0	0	98	0	0	0
	当年立项项目拨入经费(千元)	5	230	0	0	0	0	0	0	0	120	20	0	0	90	0	0	0
当年支出经费(千元)		6	315	0	0	14	0	0	0	0	172	15	0	0	114	0	0	0
当年新开课题数(项)		7	26	0	0	0	0	0	0	0	17	4	0	0	5	0	0	0
当年新开课题批准经费(千元)		8	1 360	0	0	0	0	0	0	0	260	20	0	0	1 080	0	0	0
当年完成课题数(项)		9	16	0	0	0	0	0	0	0	10	1	0	0	5	0	0	0

续表

出版著作（部）	合计		10	0	0	0	0	0	0	0	0	0	0	0	0	0	0	0	0
	专著	合计	11	0	0	0	0	0	0	0	0	0	0	0	0	0	0	0	0
		被译成外文	12	0	0	0	0	0	0	0	0	0	0	0	0	0	0	0	0
	编著教材		13	0	0	0	0	0	0	0	0	0	0	0	0	0	0	0	0
	工具书/参考书		14	0	0	0	0	0	0	0	0	0	0	0	0	0	0	0	0
	皮书/发展报告		15	0	0	0	0	0	0	0	0	0	0	0	0	0	0	0	0
	科普读物		16	0	0	0	0	0	0	0	0	0	0	0	0	0	0	0	0
古籍整理（部）			17	0	0	0	0	0	0	0	0	0	0	0	0	0	0	0	0
译著（部）			18	0	0	0	0	0	0	0	0	0	0	0	0	0	0	0	0
发表译文（篇）			19	0	0	0	0	0	0	0	0	0	0	0	0	0	0	0	0
电子出版物（件）			20	0	0	0	0	0	0	0	0	0	0	0	0	0	0	0	0
发表论文（篇）	合计		21	31	0	0	2	0	0	0	0	25	3	0	0	1	0	0	0
	国内学术刊物		22	29	0	0	0	0	0	0	0	25	3	0	0	1	0	0	0
	国外学术刊物		23	2	0	0	2	0	0	0	0	0	0	0	0	0	0	0	0
	港澳台刊物		24	0	0	0	0	0	0	0	0	0	0	0	0	0	0	0	0
研究与咨询报告（篇）	合计		25	4	0	0	0	0	0	0	0	0	0	0	0	4	0	0	0
	被采纳数		26	0	0	0	0	0	0	0	0	0	0	0	0	0	0	0	0

八、社科研究、课题与成果（来源情况）

3.20 江苏医药职业学院人文、社会科学研究与课题成果来源情况表

			课题来源															
			合计	国家社科基金项目	国家社科基金单列学科项目	教育部人文社科研究项目	高校古籍整理研究项目	国家自然科学基金项目	中央其他部门社科专门项目	省、市、自治区社科基金项目	省教育厅社科项目	地、市、厅、局等政府部门项目	国际合作研究项目	与港、澳、台地区合作研究项目	企事业单位委托项目	学校社科项目	外资项目	其他
		编号	L01	L02	L03	L04	L05	L06	L07	L08	L09	L10	L11	L12	L13	L14	L15	L16
课题数(项)		1	260	0	0	0	0	0	0	6	48	57	0	0	3	145	0	1
当年投入人数	合计(人年)	2	56.7	0	0	0	0	0	0	1.5	11.8	11.6	0	0	0.7	30.9	0	0.2
	研究生(人年)	3	0	0	0	0	0	0	0	0	0	0	0	0	0	0	0	0
当年拨入经费	合计(千元)	4	421	0	0	0	0	0	0	3	0	8	0	0	64	342	0	4
	当年立项项目拨入经费(千元)	5	421	0	0	0	0	0	0	3	0	8	0	0	64	342	0	4
当年支出经费(千元)		6	83.14	0	0	0	0	0	0	0	17.01	0	0	0	25.07	41.06	0	0
当年新开课题数(项)		7	89	0	0	0	0	0	0	3	18	25	0	0	1	41	0	1
当年新开课题批准经费(千元)		8	541	0	0	0	0	0	0	3	0	8	0	0	64	462	0	4
当年完成课题数(项)		9	24	0	0	0	0	0	0	0	0	18	0	0	0	6	0	0

续表

出版著作(部)	合计		10	0	0	0	0	0	0	0	0	0	0	0	0	0	0	0	0
	专著	合计	11	0	0	0	0	0	0	0	0	0	0	0	0	0	0	0	0
		被译成外文	12	0	0	0	0	0	0	0	0	0	0	0	0	0	0	0	0
	编著教材		13	0	0	0	0	0	0	0	0	0	0	0	0	0	0	0	0
	工具书/参考书		14	0	0	0	0	0	0	0	0	0	0	0	0	0	0	0	0
	皮书/发展报告		15	0	0	0	0	0	0	0	0	0	0	0	0	0	0	0	0
	科普读物		16	0	0	0	0	0	0	0	0	0	0	0	0	0	0	0	0
古籍整理(部)			17	0	0	0	0	0	0	0	0	0	0	0	0	0	0	0	0
译著(部)			18	0	0	0	0	0	0	0	0	0	0	0	0	0	0	0	0
发表译文(篇)			19	0	0	0	0	0	0	0	0	0	0	0	0	0	0	0	0
电子出版物(件)			20	0	0	0	0	0	0	0	0	0	0	0	0	0	0	0	0
发表论文(篇)	合计		21	76	0	0	0	0	0	0	14	25	9	0	0	0	26	0	2
	国内学术刊物		22	76	0	0	0	0	0	0	14	25	9	0	0	0	26	0	2
	国外学术刊物		23	0	0	0	0	0	0	0	0	0	0	0	0	0	0	0	0
	港澳台刊物		24	0	0	0	0	0	0	0	0	0	0	0	0	0	0	0	0
研究与咨询报告(篇)	合计		25	0	0	0	0	0	0	0	0	0	0	0	0	0	0	0	0
	被采纳数		26	0	0	0	0	0	0	0	0	0	0	0	0	0	0	0	0

八、社科研究、课题与成果(来源情况)

3.21 南通科技职业学院人文、社会科学研究与课题成果来源情况表

		编号	合计	国家社科基金项目	国家社科基金单列学科项目	教育部人文社科研究项目	高校古籍整理研究项目	国家自然科学基金项目	中央其他部门社科专门项目	省、市、自治区社科基金项目	省教育厅社科项目	地、市、厅、局等政府部门项目	国际合作研究项目	与港、澳、台地区合作研究项目	企事业单位委托项目	学校社科项目	外资项目	其他
			L01	L02	L03	L04	L05	L06	L07	L08	L09	L10	L11	L12	L13	L14	L15	L16
课题数(项)		1	106	0	0	0	0	0	0	0	55	17	0	0	16	18	0	0
当年投入人数	合计(人年)	2	23.1	0	0	0	0	0	0	0	14.3	3	0	0	3.1	2.7	0	0
	研究生(人年)	3	0	0	0	0	0	0	0	0	0	0	0	0	0	0	0	0
当年拨入经费	合计(千元)	4	1 073	0	0	0	0	0	0	0	180	157	0	0	650	86	0	0
	当年立项项目拨入经费(千元)	5	1 073	0	0	0	0	0	0	0	180	157	0	0	650	85	0	0
当年支出经费(千元)		6	924.3	0	0	0	0	0	0	0	136.8	126.5	0	0	586.5	74.5	0	0
当年新开课题数(项)		7	52	0	0	0	0	0	0	0	18	11	0	0	13	10	0	0
当年新开课题批准经费(千元)		8	1 073	0	0	0	0	0	0	0	180	157	0	0	650	86	0	0
当年完成课题数(项)		9	45	0	0	0	0	0	0	0	17	12	0	0	8	8	0	0

续表

出版著作(部)	合计		10	0	0	0	0	0	0	0	0	0	0	0	0	0	0	0	0
	专著	合计	11	0	0	0	0	0	0	0	0	0	0	0	0	0	0	0	0
		被译成外文	12	0	0	0	0	0	0	0	0	0	0	0	0	0	0	0	0
	编著教材		13	0	0	0	0	0	0	0	0	0	0	0	0	0	0	0	0
	工具书/参考书		14	0	0	0	0	0	0	0	0	0	0	0	0	0	0	0	0
	皮书/发展报告		15	0	0	0	0	0	0	0	0	0	0	0	0	0	0	0	0
	科普读物		16	0	0	0	0	0	0	0	0	0	0	0	0	0	0	0	0
古籍整理(部)			17	0	0	0	0	0	0	0	0	0	0	0	0	0	0	0	0
译著(部)			18	0	0	0	0	0	0	0	0	0	0	0	0	0	0	0	0
发表译文(篇)			19	0	0	0	0	0	0	0	0	0	0	0	0	0	0	0	0
电子出版物(件)			20	0	0	0	0	0	0	0	0	0	0	0	0	0	0	0	0
发表论文(篇)	合计		21	52	0	0	0	0	0	0	0	24	11	0	0	7	10	0	0
	国内学术刊物		22	52	0	0	0	0	0	0	0	24	11	0	0	7	10	0	0
	国外学术刊物		23	0	0	0	0	0	0	0	0	0	0	0	0	0	0	0	0
	港澳台刊物		24	0	0	0	0	0	0	0	0	0	0	0	0	0	0	0	0
研究与咨询报告(篇)	合计		25	5	0	0	0	0	0	0	0	0	0	0	0	5	0	0	0
	被采纳数		26	3	0	0	0	0	0	0	0	0	0	0	0	3	0	0	0

八、社科研究、课题与成果(来源情况)

3.22 苏州经贸职业技术学院人文、社会科学研究与课题成果来源情况表

			课题来源															
			合计	国家社科基金项目	国家社科基金单列学科项目	教育部人文社科研究项目	高校古籍整理研究项目	国家自然科学基金项目	中央其他部门社科专门项目	省、市、自治区社科基金项目	省教育厅社科项目	地、市、厅、局等政府部门项目	国际合作研究项目	与港、澳、台地区合作研究项目	企事业单位委托项目	学校社科项目	外资项目	其他
		编号	L01	L02	L03	L04	L05	L06	L07	L08	L09	L10	L11	L12	L13	L14	L15	L16
课题数(项)		1	216	0	0	6	0	0	0	1	59	80	0	0	28	42	0	0
当年投入人数	合计(人年)	2	40.4	0	0	0.8	0	0	0	0.1	9.3	19.8	0	0	3.7	6.7	0	0
	研究生(人年)	3	0	0	0	0	0	0	0	0	0	0	0	0	0	0	0	0
当年拨入经费	合计(千元)	4	1 584.32	0	0	0	0	0	0	0	180	738	0	0	314.32	352	0	0
	当年立项项目拨入经费(千元)	5	1 584.32	0	0	0	0	0	0	0	180	738	0	0	314.32	352	0	0
当年支出经费(千元)		6	1305.47	0	0	0	0	0	0	1	157.9	596.33	0	0	264.6	285.64	0	0
当年新开课题数(项)		7	112	0	0	0	0	0	0	0	18	60	0	0	6	28	0	0
当年新开课题批准经费(千元)		8	1 584.32	0	0	0	0	0	0	0	180	738	0	0	314.32	352	0	0
当年完成课题数(项)		9	151	0	0	3	0	0	0	1	25	73	0	0	27	22	0	0

续表

八、社科研究、课题与成果(来源情况)

		序号	C1	C2	C3	C4	C5	C6	C7	C8	C9	合计	C11	C12	C13	C14	C15	C16	C17
	合计	10	0	0	1	1	0	0	0	0	0	3	0	0	0	0	1	0	0
出版著作(部)	专著 合计	11	0	0	0	0	0	0	0	0	0	1	0	0	0	0	0	0	0
	专著 被译成外文	12	0	0	0	0	0	0	0	0	0	0	0	0	0	0	0	0	0
	编著教材	13	0	0	1	1	0	0	0	0	0	2	0	0	0	0	1	0	0
	工具书/参考书	14	0	0	0	0	0	0	0	0	0	0	0	0	0	0	0	0	0
	皮书/发展报告	15	0	0	0	0	0	0	0	0	0	0	0	0	0	0	0	0	0
	科普读物	16	0	0	0	0	0	0	0	0	0	0	0	0	0	0	0	0	0
古籍整理(部)		17	0	0	0	0	0	0	0	0	0	0	0	0	0	0	0	0	0
译著(部)		18	0	0	0	0	0	0	0	0	0	0	0	0	0	0	0	0	0
发表译文(篇)		19	0	0	0	0	0	0	0	0	0	0	0	0	0	0	0	0	0
电子出版物(件)		20	0	0	0	0	0	0	0	0	0	0	0	0	0	0	0	0	0
发表论文(篇)	合计	21	0	0	8	0	0	0	13	52	21	145	0	0	0	8	43	0	0
	国内学术刊物	22	0	0	8	0	0	0	13	52	21	145	0	0	0	8	43	0	0
	国外学术刊物	23	0	0	0	0	0	0	0	0	0	0	0	0	0	0	0	0	0
	港澳台刊物	24	0	0	0	0	0	0	0	0	0	0	0	0	0	0	0	0	0
研究与咨询报告(篇)	合计	25	0	0	0	0	0	0	0	0	40	66	0	0	0	26	0	0	0
	被采纳数	26	0	0	0	0	0	0	0	0	22	39	0	0	0	19	0	0	0

3.23 苏州工业职业技术学院人文、社会科学研究与课题成果来源情况表

		编号	课题来源															
			合计	国家社科基金项目	国家社科基金单列学科项目	教育部人文社科研究项目	高校古籍整理研究项目	国家自然科学基金项目	中央其他部门社科专门项目	省、市、自治区社科基金项目	省教育厅社科项目	地、市、厅、局等政府部门项目	国际合作研究项目	与港、澳、台地区合作研究项目	企事业单位委托项目	学校社科项目	外资项目	其他
			L01	L02	L03	L04	L05	L06	L07	L08	L09	L10	L11	L12	L13	L14	L15	L16
课题数(项)		1	69	0	0	1	0	0	0	2	18	40	0	0	4	4	0	0
当年投入人数	合计(人年)	2	8.3	0	0	0.2	0	0	0	0.3	1.8	5	0	0	0.6	0.4	0	0
	研究生(人年)	3	0	0	0	0	0	0	0	0	0	0	0	0	0	0	0	0
当年拨入经费	合计(千元)	4	1 573	0	0	20	0	0	0	0	0	980	0	0	573	0	0	0
	当年立项项目拨入经费(千元)	5	1 553	0	0	0	0	0	0	0	0	980	0	0	573	0	0	0
当年支出经费(千元)		6	1 606.11	0	0	15.2	0	0	0	48	50.69	914.32	0	0	573	4.9	0	0
当年新开课题数(项)		7	34	0	0	0	0	0	0	0	0	31	0	0	3	0	0	0
当年新开课题批准经费(千元)		8	1 553	0	0	0	0	0	0	0	0	980	0	0	573	0	0	0
当年完成课题数(项)		9	39	0	0	0	0	0	0	0	6	26	0	0	4	3	0	0

续表

八、社科研究·课题与成果(来源情况)

序号	项目	C1	C2	C3	C4	C5	C6	C7	C8	C9	C10	C11	C12	C13	C14	C15	合计
10	合计	0	0	0	0	0	0	0	0	0	0	0	0	0	0	0	0
11	专著 合计	0	0	0	0	0	0	0	0	0	0	0	0	0	0	0	0
12	被译成外文	0	0	0	0	0	0	0	0	0	0	0	0	0	0	0	0
13	编著教材	0	0	0	0	0	0	0	0	0	0	0	0	0	0	0	0
14	工具书/参考书	0	0	0	0	0	0	0	0	0	0	0	0	0	0	0	0
15	皮书/发展报告	0	0	0	0	0	0	0	0	0	0	0	0	0	0	0	0
16	科普读物	0	0	0	0	0	0	0	0	0	0	0	0	0	0	0	0
17	古籍整理(部)	0	0	0	0	0	0	0	0	0	0	0	0	0	0	0	0
18	译著(部)	0	0	0	0	0	0	0	0	0	0	0	0	0	0	0	0
19	发表译文(篇)	0	0	0	0	0	0	0	0	0	0	0	0	0	0	0	0
20	电子出版物(件)	0	0	0	0	0	0	0	0	0	0	0	0	0	0	0	0
21	发表论文(篇) 合计	0	0	0	0	0	0	1	3	0	4	16	18	0	3	0	42
22	国内学术刊物	0	0	0	0	0	0	1	3	0	4	14	18	0	3	0	40
23	国外学术刊物	0	0	0	0	0	0	0	0	0	0	2	0	0	0	0	2
24	港澳台刊物	0	0	0	0	0	0	0	0	0	0	0	0	0	0	0	0
25	研究与咨询报告(篇) 合计	0	0	0	0	0	0	0	0	0	0	0	22	13	0	0	35
26	被采纳数	0	0	0	0	0	0	0	0	0	0	0	22	13	0	0	35

3.24 苏州卫生职业技术学院人文、社会科学研究与课题成果来源情况表

			课题来源															
			合计	国家社科基金项目	国家社科基金单列学科项目	教育部人文社科研究项目	高校古籍整理研究项目	国家自然科学基金项目	中央其他部门社科专门项目	省、市、自治区社科基金项目	省教育厅社科项目	地、市、厅、局等政府部门项目	国际合作研究项目	与港、澳、台地区合作研究项目	企事业单位委托项目	学校社科项目	外资项目	其他
		编号	L01	L02	L03	L04	L05	L06	L07	L08	L09	L10	L11	L12	L13	L14	L15	L16
课题数(项)		1	116	0	0	0	0	0	1	7	58	28	0	0	0	22	0	0
当年投入人数	合计(人年)	2	14.8	0	0	0	0	0	0.1	0.9	7.3	3.8	0	0	0	2.7	0	0
	研究生(人年)	3	0	0	0	0	0	0	0	0	0	0	0	0	0	0	0	0
当年拨入经费	合计(千元)	4	757.5	0	0	0	0	0	0	79	362	211	0	0	0	105.5	0	0
	当年立项项目拨入经费(千元)	5	749.5	0	0	0	0	0	0	79	362	203	0	0	0	105.5	0	0
当年支出经费(千元)		6	570.7	0	0	0	0	0	2.5	75.4	278	155.2	0	0	0	59.6	0	0
当年新开课题数(项)		7	53	0	0	0	0	0	0	6	19	14	0	0	0	14	0	0
当年新开课题批准经费(千元)		8	749.5	0	0	0	0	0	0	79	362	203	0	0	0	105.5	0	0
当年完成课题数(项)		9	33	0	0	0	0	0	1	4	13	11	0	0	0	4	0	0

出版著作（部）	合计		10	0	0	0	0	0	0	0	0	0	0	0	0	0	0	0	0
	专著	合计	11	0	0	0	0	0	0	0	0	0	0	0	0	0	0	0	0
		被译成外文	12	0	0	0	0	0	0	0	0	0	0	0	0	0	0	0	0
	编著教材		13	0	0	0	0	0	0	0	0	0	0	0	0	0	0	0	0
	工具书/参考书		14	0	0	0	0	0	0	0	0	0	0	0	0	0	0	0	0
	皮书/发展报告		15	0	0	0	0	0	0	0	0	0	0	0	0	0	0	0	0
	科普读物		16	0	0	0	0	0	0	0	0	0	0	0	0	0	0	0	0
古籍整理(部)			17	0	0	0	0	0	0	0	0	0	0	0	0	0	0	0	0
译著(部)			18	0	0	0	0	0	0	0	0	0	0	0	0	0	0	0	0
发表译文(篇)			19	0	0	0	0	0	0	0	0	0	0	0	0	0	0	0	0
电子出版物(件)			20	0	0	0	0	0	0	0	0	0	0	0	0	0	0	0	0
发表论文（篇）	合计		21	44	0	0	0	0	0	1	12	23	4	0	0	0	4	0	0
	国内学术刊物		22	44	0	0	0	0	0	1	12	23	4	0	0	0	4	0	0
	国外学术刊物		23	0	0	0	0	0	0	0	0	0	0	0	0	0	0	0	0
	港澳台刊物		24	0	0	0	0	0	0	0	0	0	0	0	0	0	0	0	0
研究与咨询报告（篇）	合计		25	0	0	0	0	0	0	0	0	0	0	0	0	0	0	0	0
	被采纳数		26	0	0	0	0	0	0	0	0	0	0	0	0	0	0	0	0

3.25 无锡商业职业技术学院人文、社会科学研究与课题成果来源情况表

			课题来源															
			合计	国家社科基金项目	国家社科基金单列学科项目	教育部人文社科研究项目	高校古籍整理研究项目	国家自然科学基金项目	中央其他部门社科专门项目	省、市、自治区社科基金项目	省教育厅社科项目	地、市、厅、局等政府部门项目	国际合作研究项目	与港、澳、台地区合作研究项目	企事业单位委托项目	学校社科项目	外资项目	其他
		编号	L01	L02	L03	L04	L05	L06	L07	L08	L09	L10	L11	L12	L13	L14	L15	L16
课题数(项)		1	289	0	1	2	0	0	0	4	75	22	0	0	85	81	0	19
当年投入人数	合计(人年)	2	39.3	0	0.5	0.4	0	0	0	1.2	14.2	3.9	0	0	8.7	8.5	0	1.9
	研究生(人年)	3	0	0	0	0	0	0	0	0	0	0	0	0	0	0	0	0
当年拨入经费	合计(千元)	4	1 516.63	0	0	10	0	0	0	8	212	12	0	0	1 047.63	203	0	24
	当年立项项目拨入经费(千元)	5	1 488.63	0	0	0	0	0	0	0	212	2	0	0	1 047.63	203	0	24
当年支出经费(千元)		6	1 234.27	0	0	6	0	0	0	0	155.5	50	0	0	817.27	182	0	23.5
当年新开课题数(项)		7	133	0	0	0	0	0	0	0	22	1	0	0	37	70	0	3
当年新开课题批准经费(千元)		8	2 116.27	0	0	0	0	0	0	0	212	2	0	0	1 672.27	206	0	24
当年完成课题数(项)		9	61	0	0	0	0	0	0	1	11	0	0	0	41	8	0	0

八、社科研究、课题与成果(来源情况)

续表

出版著作(部)	合计		10	0	0	0	0	0	0	0	0	0	0	0	0	0	0	0	0
	专著	合计	11	0	0	0	0	0	0	0	0	0	0	0	0	0	0	0	0
		被译成外文	12	0	0	0	0	0	0	0	0	0	0	0	0	0	0	0	0
	编著教材		13	0	0	0	0	0	0	0	0	0	0	0	0	0	0	0	0
	工具书/参考书		14	0	0	0	0	0	0	0	0	0	0	0	0	0	0	0	0
	皮书/发展报告		15	0	0	0	0	0	0	0	0	0	0	0	0	0	0	0	0
	科普读物		16	0	0	0	0	0	0	0	0	0	0	0	0	0	0	0	0
古籍整理(部)			17	0	0	0	0	0	0	0	0	0	0	0	0	0	0	0	0
译著(部)			18	0	0	0	0	0	0	0	0	0	0	0	0	0	0	0	0
发表译文(篇)			19	0	0	0	0	0	0	0	0	0	0	0	0	0	0	0	0
电子出版物(件)			20	0	0	0	0	0	0	0	0	0	0	0	0	0	0	0	0
发表论文(篇)	合计		21	95	1	0	3	0	0	2	0	43	15	0	0	0	28	0	3
	国内学术刊物		22	95	1	0	3	0	0	2	0	43	15	0	0	0	28	0	3
	国外学术刊物		23	0	0	0	0	0	0	0	0	0	0	0	0	0	0	0	0
	港澳台刊物		24	0	0	0	0	0	0	0	0	0	0	0	0	0	0	0	0
研究与咨询报告(篇)	合计		25	7	0	0	0	0	0	0	0	0	0	0	0	4	0	0	3
	被采纳数		26	7	0	0	0	0	0	0	0	0	0	0	0	4	0	0	3

3.26 南通航运职业技术学院人文、社会科学研究与课题成果来源情况表

		编号	合计	国家社科基金项目	国家社科基金单列学科项目	教育部人文社科研究项目	高校古籍整理研究项目	国家自然科学基金项目	中央其他部门社科专门项目	省、市、自治区社科基金项目	省教育厅社科项目	地、市、厅、局等政府部门项目	国际合作研究项目	与港、澳、台地区合作研究项目	企事业单位委托项目	学校社科项目	外资项目	其他
			课题来源															
		编号	L01	L02	L03	L04	L05	L06	L07	L08	L09	L10	L11	L12	L13	L14	L15	L16
课题数(项)		1	201	0	0	0	0	0	1	0	40	91	0	0	0	69	0	0
当年投入人数	合计(人年)	2	25.1	0	0	0	0	0	0.1	0	4.8	11.3	0	0	0	8.9	0	0
	研究生(人年)	3	0	0	0	0	0	0	0	0	0	0	0	0	0	0	0	0
当年拨入经费	合计(千元)	4	325	0	0	0	0	0	0	0	3	234	0	0	0	88	0	0
	当年立项项目拨入经费(千元)	5	325	0	0	0	0	0	0	0	3	234	0	0	0	88	0	0
当年支出经费(千元)		6	520.1	0	0	0	0	0	8	0	141	217.6	0	0	0	153.5	0	0
当年新开课题数(项)		7	42	0	0	0	0	0	0	0	1	35	0	0	0	6	0	0
当年新开课题批准经费(千元)		8	325	0	0	0	0	0	0	0	3	234	0	0	0	88	0	0
当年完成课题数(项)		9	66	0	0	0	0	0	0	0	16	25	0	0	0	25	0	0

八、社科研究、课题与成果(来源情况)

续表

出版著作(部)	合计		10	0	0	0	0	0	0	0	0	0	0	0	0	0	0	0	0
	专著	合计	11	0	0	0	0	0	0	0	0	0	0	0	0	0	0	0	0
		被译成外文	12	0	0	0	0	0	0	0	0	0	0	0	0	0	0	0	0
	编著教材		13	0	0	0	0	0	0	0	0	0	0	0	0	0	0	0	0
	工具书/参考书		14	0	0	0	0	0	0	0	0	0	0	0	0	0	0	0	0
	皮书/发展报告		15	0	0	0	0	0	0	0	0	0	0	0	0	0	0	0	0
	科普读物		16	0	0	0	0	0	0	0	0	0	0	0	0	0	0	0	0
古籍整理(部)			17	0	0	0	0	0	0	0	0	0	0	0	0	0	0	0	0
译著(部)			18	0	0	0	0	0	0	0	0	0	0	0	0	0	0	0	0
发表译文(篇)			19	0	0	0	0	0	0	0	0	0	0	0	0	0	0	0	0
电子出版物(件)			20	0	0	0	0	0	0	0	0	0	0	0	0	0	0	0	0
发表论文(篇)	合计		21	129	0	0	0	0	0	0	0	20	95	0	0	0	14	0	0
	国内学术刊物		22	128	0	0	0	0	0	0	0	19	95	0	0	0	14	0	0
	国外学术刊物		23	1	0	0	0	0	0	0	0	1	0	0	0	0	0	0	0
	港澳台刊物		24	0	0	0	0	0	0	0	0	0	0	0	0	0	0	0	0
研究与咨询报告(篇)	合计		25	0	0	0	0	0	0	0	0	0	0	0	0	0	0	0	0
	被采纳数		26	0	0	0	0	0	0	0	0	0	0	0	0	0	0	0	0

3.27 南京交通职业技术学院人文、社会科学研究与课题成果来源情况表

			课题来源															
			合计	国家社科基金项目	国家社科基金单列学科项目	教育部人文社科研究项目	高校古籍整理研究项目	国家自然科学基金项目	中央其他部门社科专门项目	省、市、自治区社科基金项目	省教育厅社科项目	地、市、厅、局等政府部门项目	国际合作研究项目	与港、澳、台地区合作研究项目	企事业单位委托项目	学校社科项目	外资项目	其他
		编号	L01	L02	L03	L04	L05	L06	L07	L08	L09	L10	L11	L12	L13	L14	L15	L16
课题数(项)		1	176	0	0	1	0	0	0	2	68	25	0	0	6	74	0	0
当年投入人数	合计(人年)	2	18.1	0	0	0.1	0	0	0	0.2	6.8	3	0	0	0.6	7.4	0	0
	研究生(人年)	3	0	0	0	0	0	0	0	0	0	0	0	0	0	0	0	0
当年拨入经费	合计(千元)	4	381	0	0	30	0	0	0	130	72	29	0	0	15	105	0	0
	当年立项项目拨入经费(千元)	5	24	0	0	0	0	0	0	0	0	9	0	0	15	0	0	0
当年支出经费(千元)		6	782.19	0	0	41.5	0	0	0	73.5	73.33	31.6	0	0	407.9	154.36	0	0
当年新开课题数(项)		7	45	0	0	0	0	0	0	0	17	6	0	0	2	20	0	0
当年新开课题批准经费(千元)		8	144	0	0	0	0	0	0	0	0	9	0	0	15	120	0	0
当年完成课题数(项)		9	54	0	0	0	0	0	0	0	18	7	0	0	3	26	0	0

续表

八、社科研究、课题与成果(来源情况)

			C1	C2	C3	C4	C5	C6	C7	C8	C9	C10	C11	C12	C13	C14	C15	C16
出版著作(部)	合计		10	0	0	0	0	0	0	0	0	0	0	0	0	0	0	0
	专著	合计	11	0	0	0	0	0	0	0	0	0	0	0	0	0	0	0
		被译成外文	12	0	0	0	0	0	0	0	0	0	0	0	0	0	0	0
	编著教材		13	0	0	0	0	0	0	0	0	0	0	0	0	0	0	0
	工具书/参考书		14	0	0	0	0	0	0	0	0	0	0	0	0	0	0	0
	皮书/发展报告		15	0	0	0	0	0	0	0	0	0	0	0	0	0	0	0
	科普读物		16	0	0	0	0	0	0	0	0	0	0	0	0	0	0	0
古籍整理(部)			17	1	0	0	0	0	0	0	0	0	0	0	0	1	0	0
译著(部)			18	0	0	0	0	0	0	0	0	0	0	0	0	0	0	0
发表译文(篇)			19	0	0	0	0	0	0	0	0	0	0	0	0	0	0	0
电子出版物(件)			20	0	0	0	0	0	0	0	0	0	0	0	0	0	0	0
发表论文(篇)	合计		21	82	0	1	0	0	32	12	0	0	0	0	0	35	0	2
	国内学术刊物		22	82	0	1	0	0	32	12	0	0	0	0	0	35	0	2
	国外学术刊物		23	0	0	0	0	0	0	0	0	0	0	0	0	0	0	0
	港澳台刊物		24	0	0	0	0	0	0	0	0	0	0	0	0	0	0	0
研究与咨询报告(篇)	合计		25	3	0	0	0	0	0	3	0	0	0	0	3	0	0	0
	被采纳数		26	0	0	0	0	0	0	0	0	0	0	0	0	0	0	0

3.28 淮安信息职业技术学院人文、社会科学研究与课题成果来源情况表

			课题来源															
			合计	国家社科基金项目	国家社科基金单列学科项目	教育部人文社科研究项目	高校古籍整理研究项目	国家自然科学基金项目	中央其他部门社科专门项目	省、市、自治区社科基金项目	省教育厅社科项目	地、市、厅、局等政府部门项目	国际合作研究项目	与港、澳、台地区合作研究项目	企事业单位委托项目	学校社科项目	外资项目	其他
		编号	L01	L02	L03	L04	L05	L06	L07	L08	L09	L10	L11	L12	L13	L14	L15	L16
课题数(项)		1	181	0	0	1	0	0	0	0	56	63	0	0	3	58	0	0
当年投入人数	合计(人年)	2	32.9	0	0	0.3	0	0	0	0	15	11.5	0	0	0.3	5.8	0	0
	研究生(人年)	3	0	0	0	0	0	0	0	0	0	0	0	0	0	0	0	0
当年拨入经费	合计(千元)	4	314	0	0	0	0	0	0	0	170	83	0	0	10	51	0	0
	当年立项项目拨入经费(千元)	5	304	0	0	0	0	0	0	0	170	83	0	0	0	51	0	0
当年支出经费(千元)		6	391.6	0	0	4	0	0	0	0	152.3	174.9	0	0	15	45.4	0	0
当年新开课题数(项)		7	57	0	0	0	0	0	0	0	17	23	0	0	0	17	0	0
当年新开课题批准经费(千元)		8	308	0	0	0	0	0	0	0	170	87	0	0	0	51	0	0
当年完成课题数(项)		9	56	0	0	0	0	0	0	0	17	20	0	0	1	18	0	0

八、社科研究、课题与成果(来源情况)

续表

出版著作(部)	合计		10	0	0	0	0	0	0	0	0	0	0	0	0	0	0	0	0
	专著	合计	11	0	0	0	0	0	0	0	0	0	0	0	0	0	0	0	0
		被译成外文	12	0	0	0	0	0	0	0	0	0	0	0	0	0	0	0	0
	编著教材		13	0	0	0	0	0	0	0	0	0	0	0	0	0	0	0	0
	工具书/参考书		14	0	0	0	0	0	0	0	0	0	0	0	0	0	0	0	0
	皮书/发展报告		15	0	0	0	0	0	0	0	0	0	0	0	0	0	0	0	0
	科普读物		16	0	0	0	0	0	0	0	0	0	0	0	0	0	0	0	0
古籍整理(部)			17	0	0	0	0	0	0	0	0	0	0	0	0	0	0	0	0
译著(部)			18	0	0	0	0	0	0	0	0	0	0	0	0	0	0	0	0
发表译文(篇)			19	0	0	0	0	0	0	0	0	0	0	0	0	0	0	0	0
电子出版物(件)			20	0	0	0	0	0	0	0	0	0	0	0	0	0	0	0	0
发表论文(篇)	合计		21	104	0	0	0	0	0	0	0	45	32	0	0	2	25	0	0
	国内学术刊物		22	104	0	0	0	0	0	0	0	45	32	0	0	2	25	0	0
	国外学术刊物		23	0	0	0	0	0	0	0	0	0	0	0	0	0	0	0	0
	港澳台刊物		24	0	0	0	0	0	0	0	0	0	0	0	0	0	0	0	0
研究与咨询报告(篇)	合计		25	16	0	0	0	0	0	0	0	13	2	0	0	1	0	0	0
	被采纳数		26	0	0	0	0	0	0	0	0	0	0	0	0	0	0	0	0

3.29 江苏农牧科技职业学院人文、社会科学研究与课题成果来源情况表

			课题来源															
			合计	国家社科基金项目	国家社科基金单列学科项目	教育部人文社科研究项目	高校古籍整理研究项目	国家自然科学基金项目	中央其他部门社科专门项目	省、市、自治区社科基金项目	省教育厅社科项目	地、市、厅、局等政府部门项目	国际合作研究项目	与港、澳、台地区合作研究项目	企事业单位委托项目	学校社科项目	外资项目	其他
		编号	L01	L02	L03	L04	L05	L06	L07	L08	L09	L10	L11	L12	L13	L14	L15	L16
课题数(项)		1	52	0	0	0	0	0	0	0	44	6	0	0	0	0	0	2
当年投入人数	合计(人年)	2	5.2	0	0	0	0	0	0	0	4.4	0.6	0	0	0	0	0	0.2
	研究生(人年)	3	0	0	0	0	0	0	0	0	0	0	0	0	0	0	0	0
当年拨入经费	合计(千元)	4	225	0	0	0	0	0	0	0	180	35	0	0	0	0	0	10
	当年立项项目拨入经费(千元)	5	225	0	0	0	0	0	0	0	180	35	0	0	0	0	0	10
当年支出经费(千元)		6	152.55	0	0	0	0	0	0	0	123.95	17.1	0	0	0	0	0	11.5
当年新开课题数(项)		7	22	0	0	0	0	0	0	0	18	3	0	0	0	0	0	1
当年新开课题批准经费(千元)		8	225	0	0	0	0	0	0	0	180	35	0	0	0	0	0	10
当年完成课题数(项)		9	20	0	0	0	0	0	0	0	17	3	0	0	0	0	0	0

续表

出版著作（部）	合计		10	0	0	0	0	0	0	0	0	0	0	0	0	0	0	0	0
	专著	合计	11	0	0	0	0	0	0	0	0	0	0	0	0	0	0	0	0
		被译成外文	12	0	0	0	0	0	0	0	0	0	0	0	0	0	0	0	0
	编著教材		13	0	0	0	0	0	0	0	0	0	0	0	0	0	0	0	0
	工具书/参考书		14	0	0	0	0	0	0	0	0	0	0	0	0	0	0	0	0
	皮书/发展报告		15	0	0	0	0	0	0	0	0	0	0	0	0	0	0	0	0
	科普读物		16	0	0	0	0	0	0	0	0	0	0	0	0	0	0	0	0
古籍整理(部)			17	0	0	0	0	0	0	0	0	0	0	0	0	0	0	0	0
译著(部)			18	0	0	0	0	0	0	0	0	0	0	0	0	0	0	0	0
发表译文(篇)			19	0	0	0	0	0	0	0	0	0	0	0	0	0	0	0	0
电子出版物(件)			20	0	0	0	0	0	0	0	0	0	0	0	0	0	0	0	0
发表论文（篇）	合计		21	34	0	0	0	0	0	0	0	33	1	0	0	0	0	0	0
	国内学术刊物		22	34	0	0	0	0	0	0	0	33	1	0	0	0	0	0	0
	国外学术刊物		23	0	0	0	0	0	0	0	0	0	0	0	0	0	0	0	0
	港澳台刊物		24	0	0	0	0	0	0	0	0	0	0	0	0	0	0	0	0
研究与咨询报告（篇）	合计		25	2	0	0	0	0	0	0	0	0	2	0	0	0	0	0	0
	被采纳数		26	0	0	0	0	0	0	0	0	0	0	0	0	0	0	0	0

八、社科研究、课题与成果(来源情况)

3.30 常州纺织服装职业技术学院人文、社会科学研究与课题成果来源情况表

			课题来源															
			合计	国家社科基金项目	国家社科基金单列学科项目	教育部人文社科研究项目	高校古籍整理研究项目	国家自然科学基金项目	中央其他部门社科专门项目	省、市、自治区社科基金项目	省教育厅社科项目	地、市、厅、局等政府部门项目	国际合作研究项目	与港、澳、台地区合作研究项目	企事业单位委托项目	学校社科项目	外资项目	其他
		编号	L01	L02	L03	L04	L05	L06	L07	L08	L09	L10	L11	L12	L13	L14	L15	L16
课题数(项)		1	201	0	1	0	0	0	0	0	45	57	2	0	16	80	0	0
当年投入人数	合计(人年)	2	31.4	0	0.3	0	0	0	0	0	8.8	9.1	0.2	0	2.3	10.7	0	0
	研究生(人年)	3	0	0	0	0	0	0	0	0	0	0	0	0	0	0	0	0
当年拨入经费	合计(千元)	4	330.5	0	0	0	0	0	0	0	220	50	0	0	8	52.5	0	0
	当年立项项目拨入经费(千元)	5	310.5	0	0	0	0	0	0	0	220	35	0	0	8	47.5	0	0
当年支出经费(千元)		6	286.92	0	0	0	0	0	0	0	5.2	123.66	2	0	24	132.06	0	0
当年新开课题数(项)		7	64	0	0	0	0	0	0	0	19	25	0	0	11	9	0	0
当年新开课题批准经费(千元)		8	418	0	0	0	0	0	0	0	280	35	0	0	8	95	0	0
当年完成课题数(项)		9	70	0	0	0	0	0	0	0	8	33	0	0	4	25	0	0

续表

出版著作(部)	合计		10	6	0	0	0	0	0	0	0	0	2	0	0	3	1	0	0
	专著	合计	11	2	0	0	0	0	0	0	0	0	1	0	0	1	0	0	0
		被译成外文	12	0	0	0	0	0	0	0	0	0	0	0	0	0	0	0	0
	编著教材		13	3	0	0	0	0	0	0	0	0	1	0	0	2	0	0	0
	工具书/参考书		14	1	0	0	0	0	0	0	0	0	0	0	0	0	1	0	0
	皮书/发展报告		15	0	0	0	0	0	0	0	0	0	0	0	0	0	0	0	0
	科普读物		16	0	0	0	0	0	0	0	0	0	0	0	0	0	0	0	0
古籍整理(部)			17	0	0	0	0	0	0	0	0	0	0	0	0	0	0	0	0
译著(部)			18	1	0	0	0	0	0	0	0	0	1	0	0	0	0	0	0
发表译文(篇)			19	0	0	0	0	0	0	0	0	0	0	0	0	0	0	0	0
电子出版物(件)			20	0	0	0	0	0	0	0	0	0	0	0	0	0	0	0	0
发表论文(篇)	合计		21	188	0	0	0	0	0	0	0	27	61	1	0	8	91	0	0
	国内学术刊物		22	188	0	0	0	0	0	0	0	27	61	1	0	8	91	0	0
	国外学术刊物		23	0	0	0	0	0	0	0	0	0	0	0	0	0	0	0	0
	港澳台刊物		24	0	0	0	0	0	0	0	0	0	0	0	0	0	0	0	0
研究与咨询报告(篇)	合计		25	2	0	0	0	0	0	0	0	0	0	0	0	2	0	0	0
	被采纳数		26	0	0	0	0	0	0	0	0	0	0	0	0	0	0	0	0

八、社科研究、课题与成果(来源情况)

3.31 苏州农业职业技术学院人文、社会科学研究与课题成果来源情况表

		编号	合计	课题来源													
				国家社科基金项目	国家社科基金单列学科项目	教育部人文社科研究项目	高校古籍整理研究项目	国家自然科学基金项目	中央其他部门社科专门项目	省、市、自治区社科基金项目	省教育厅社科项目	地、市、厅、局等政府部门项目	国际合作研究项目	与港、澳、台地区合作研究项目	企事业单位委托项目	学校社科项目	外资项目	其他
			L01	L02	L03	L04	L05	L06	L07	L08	L09	L10	L11	L12	L13	L14	L15	L16
课题数(项)		1	33	0	0	1	0	0	0	2	19	5	0	0	0	6	0	0
当年投入人数	合计(人年)	2	9.7	0	0	0.8	0	0	0	0.6	5.3	1.4	0	0	0	1.6	0	0
	研究生(人年)	3	0	0	0	0	0	0	0	0	0	0	0	0	0	0	0	0
当年投入经费	合计(千元)	4	84.3	0	0	0	0	0	0	0	15	26	0	0	0	43.3	0	0
	当年立项项目投入经费(千元)	5	84.3	0	0	0	0	0	0	0	15	26	0	0	0	43.3	0	0
当年支出经费(千元)		6	141	0	0	8.2	0	0	0	4	59.5	26	0	0	0	43.3	0	0
当年新开课题数(项)		7	16	0	0	0	0	0	0	0	5	5	0	0	0	6	0	0
当年新开课题批准经费(千元)		8	245	0	0	0	0	0	0	0	50	57	0	0	0	138	0	0
当年完成课题数(项)		9	3	0	0	0	0	0	0	1	2	0	0	0	0	0	0	0

八、社科研究、课题与成果（来源情况）

续表

序号	项目														
10	出版著作（部）合计	0	0	0	0	0	0	0	0	0	0	0	0	0	0
11	专著 合计	0	0	0	0	0	0	0	0	0	0	0	0	0	0
12	被译成外文	0	0	0	0	0	0	0	0	0	0	0	0	0	0
13	编著教材	0	0	0	0	0	0	0	0	0	0	0	0	0	0
14	工具书/参考书	0	0	0	0	0	0	0	0	0	0	0	0	0	0
15	皮书/发展报告	0	0	0	0	0	0	0	0	0	0	0	0	0	0
16	科普读物	0	0	0	0	0	0	0	0	0	0	0	0	0	0
17	古籍整理（部）	0	0	0	0	0	0	0	0	0	0	0	0	0	0
18	译著（部）	0	0	0	0	0	0	0	0	0	0	0	0	0	0
19	发表译文（篇）	0	0	0	0	0	0	0	0	0	0	0	0	0	0
20	电子出版物（件）	0	0	0	0	0	0	0	0	0	0	0	0	0	0
21	发表论文（篇）合计	2	0	0	0	0	0	0	2	0	0	0	0	0	0
22	国内学术刊物	2	0	0	0	0	0	0	2	0	0	0	0	0	0
23	国外学术刊物	0	0	0	0	0	0	0	0	0	0	0	0	0	0
24	港澳台刊物	0	0	0	0	0	0	0	0	0	0	0	0	0	0
25	研究与咨询报告（篇）合计	0	0	0	0	0	0	0	0	0	0	0	0	0	0
26	被采纳数	0	0	0	0	0	0	0	0	0	0	0	0	0	0

3.32 南京科技职业学院人文、社会科学研究与课题成果来源情况表

			课题来源															
			合计	国家社科基金项目	国家社科基金单列学科项目	教育部人文社科研究项目	高校古籍整理研究项目	国家自然科学基金项目	中央其他部门社科专门项目	省、市、自治区社科基金项目	省教育厅社科项目	地、市、厅、局等政府部门项目	国际合作研究项目	与港、澳、台地区合作研究项目	企事业单位委托项目	学校社科项目	外资项目	其他
		编号	L01	L02	L03	L04	L05	L06	L07	L08	L09	L10	L11	L12	L13	L14	L15	L16
课题数(项)		1	163	0	0	1	0	0	0	2	68	29	0	0	11	52	0	0
当年投入人数	合计(人年)	2	20.6	0	0	0.2	0	0	0	0.3	8.8	3.5	0	0	1.1	6.7	0	0
	研究生(人年)	3	0	0	0	0	0	0	0	0	0	0	0	0	0	0	0	0
当年拨入经费	合计(千元)	4	285.5	0	0	40	0	0	0	0	190	18	0	0	0	37.5	0	0
	当年立项项目拨入经费(千元)	5	245.5	0	0	0	0	0	0	0	190	18	0	0	0	37.5	0	0
当年支出经费(千元)		6	330.5	0	0	20	0	0	0	10	202	29	0	0	12	57.5	0	0
当年新开课题数(项)		7	50	0	0	0	0	0	0	1	19	7	0	0	0	23	0	0
当年新开课题批准经费(千元)		8	295.5	0	0	0	0	0	0	50	190	18	0	0	0	37.5	0	0
当年完成课题数(项)		9	39	0	0	0	0	0	0	0	18	8	0	0	8	5	0	0

续表

出版著作(部)	合计		10	0	0	0	0	0	0	0	0	0	0	0	0	0	0	0	0
	专著	合计	11	0	0	0	0	0	0	0	0	0	0	0	0	0	0	0	0
		被译成外文	12	0	0	0	0	0	0	0	0	0	0	0	0	0	0	0	0
	编著教材		13	0	0	0	0	0	0	0	0	0	0	0	0	0	0	0	0
	工具书/参考书		14	0	0	0	0	0	0	0	0	0	0	0	0	0	0	0	0
	皮书/发展报告		15	0	0	0	0	0	0	0	0	0	0	0	0	0	0	0	0
	科普读物		16	0	0	0	0	0	0	0	0	0	0	0	0	0	0	0	0
古籍整理(部)			17	0	0	0	0	0	0	0	0	0	0	0	0	0	0	0	0
译著(部)			18	0	0	0	0	0	0	0	0	0	0	0	0	0	0	0	0
发表译文(篇)			19	0	0	0	0	0	0	0	0	0	0	0	0	0	0	0	0
电子出版物(件)			20	0	0	0	0	0	0	0	0	0	0	0	0	0	0	0	0
发表论文(篇)	合计		21	65	0	0	1	0	0	0	0	33	4	0	0	0	27	0	0
	国内学术刊物		22	65	0	0	1	0	0	0	0	33	4	0	0	0	27	0	0
	国外学术刊物		23	0	0	0	0	0	0	0	0	0	0	0	0	0	0	0	0
	港澳台刊物		24	0	0	0	0	0	0	0	0	0	0	0	0	0	0	0	0
研究与咨询报告(篇)	合计		25	8	0	0	0	0	0	0	0	0	0	0	0	8	0	0	0
	被采纳数		26	8	0	0	0	0	0	0	0	0	0	0	0	8	0	0	0

3.33 常州工业职业技术学院人文、社会科学研究与课题成果来源情况表

			课题来源															
			合计	国家社科基金项目	国家社科基金单列学科项目	教育部人文社科研究项目	高校古籍整理研究项目	国家自然科学基金项目	中央其他部门社科专门项目	省、市、自治区社科基金项目	省教育厅社科项目	地、市、厅、局等政府部门项目	国际合作研究项目	与港、澳、台地区合作研究项目	企事业单位委托项目	学校社科项目	外资项目	其他
		编号	L01	L02	L03	L04	L05	L06	L07	L08	L09	L10	L11	L12	L13	L14	L15	L16
课题数(项)		1	258	0	0	2	0	0	0	0	64	62	0	0	88	42	0	0
当年投入人数	合计(人年)	2	61.7	0	0	0.6	0	0	0	0	17.5	15.5	0	0	18.7	9.4	0	0
	研究生(人年)	3	0	0	0	0	0	0	0	0	0	0	0	0	0	0	0	0
当年拨入经费	合计(千元)	4	3 786	0	0	73	0	0	0	0	10	51	0	0	3 574.5	77.5	0	0
	当年立项项目拨入经费(千元)	5	3 649	0	0	0	0	0	0	0	10	37	0	0	3524.5	77.5	0	0
当年支出经费(千元)		6	2 794	0	0	23	0	0	0	0	28	61	0	0	2 623	59	0	0
当年新开课题数(项)		7	127	0	0	0	0	0	0	0	20	38	0	0	52	17	0	0
当年新开课题批准经费(千元)		8	3 727.5	0	0	0	0	0	0	0	10	53	0	0	3 544.5	120	0	0
当年完成课题数(项)		9	152	0	0	0	0	0	0	0	20	39	0	0	74	19	0	0

续表

出版著作（部）	合计		10	12	0	0	0	0	0	0	0	4	1	0	0	4	3	0	0
	专著	合计	11	0	0	0	0	0	0	0	0	0	0	0	0	0	0	0	0
		被译成外文	12	0	0	0	0	0	0	0	0	0	0	0	0	0	0	0	0
	编著教材		13	12	0	0	0	0	0	0	0	4	1	0	0	4	3	0	0
	工具书/参考书		14	0	0	0	0	0	0	0	0	0	0	0	0	0	0	0	0
	皮书/发展报告		15	0	0	0	0	0	0	0	0	0	0	0	0	0	0	0	0
	科普读物		16	0	0	0	0	0	0	0	0	0	0	0	0	0	0	0	0
古籍整理（部）			17	0	0	0	0	0	0	0	0	0	0	0	0	0	0	0	0
译著（部）			18	0	0	0	0	0	0	0	0	0	0	0	0	0	0	0	0
发表译文（篇）			19	0	0	0	0	0	0	0	0	0	0	0	0	0	0	0	0
电子出版物（件）			20	0	0	0	0	0	0	0	0	0	0	0	0	0	0	0	0
发表论文（篇）	合计		21	77	0	0	2	0	0	0	0	32	20	0	0	10	13	0	0
	国内学术刊物		22	77	0	0	2	0	0	0	0	32	20	0	0	10	13	0	0
	国外学术刊物		23	0	0	0	0	0	0	0	0	0	0	0	0	0	0	0	0
	港澳台刊物		24	0	0	0	0	0	0	0	0	0	0	0	0	0	0	0	0
研究与咨询报告（篇）	合计		25	78	0	0	0	0	0	0	0	0	4	0	0	74	0	0	0
	被采纳数		26	73	0	0	0	0	0	0	0	0	2	0	0	71	0	0	0

3.34 常州工程职业技术学院人文、社会科学研究与课题成果来源情况表

			课题来源															
			合计	国家社科基金项目	国家社科基金单列学科项目	教育部人文社科研究项目	高校古籍整理研究项目	国家自然科学基金项目	中央其他部门社科专门项目	省、市、自治区社科基金项目	省教育厅社科项目	地、市、厅、局等政府部门项目	国际合作研究项目	与港、澳、台地区合作研究项目	企事业单位委托项目	学校社科项目	外资项目	其他
		编号	L01	L02	L03	L04	L05	L06	L07	L08	L09	L10	L11	L12	L13	L14	L15	L16
课题数(项)		1	158	0	0	0	0	0	0	14	54	35	0	0	35	20	0	0
当年投入人数	合计(人年)	2	17.2	0	0	0	0	0	0	1.5	5.9	3.7	0	0	4.1	2	0	0
	研究生(人年)	3	0	0	0	0	0	0	0	0	0	0	0	0	0	0	0	0
当年拨入经费	合计(千元)	4	1 219.84	0	0	0	0	0	0	31	80	75	0	0	933.84	100	0	0
	当年立项项目拨入经费(千元)	5	1 139.84	0	0	0	0	0	0	31	0	75	0	0	933.84	100	0	0
当年支出经费(千元)		6	1 520.34	0	0	0	0	0	0	28	80	105	0	0	1 244.84	62.5	0	0
当年新开课题数(项)		7	89	0	0	0	0	0	0	7	18	26	0	0	20	18	0	0
当年新开课题批准经费(千元)		8	1 139.84	0	0	0	0	0	0	31	0	75	0	0	933.84	100	0	0
当年完成课题数(项)		9	60	0	0	0	0	0	0	5	15	19	0	0	19	2	0	0

续表

出版著作（部）	合计		10	12	0	0	0	0	0	0	3	5	3	0	0	0	1	0	0
	专著	合计	11	11	0	0	0	0	0	0	3	5	3	0	0	0	0	0	0
		被译成外文	12	0	0	0	0	0	0	0	0	0	0	0	0	0	0	0	0
	编著教材		13	1	0	0	0	0	0	0	0	0	0	0	0	0	1	0	0
	工具书/参考书		14	0	0	0	0	0	0	0	0	0	0	0	0	0	0	0	0
	皮书/发展报告		15	0	0	0	0	0	0	0	0	0	0	0	0	0	0	0	0
	科普读物		16	0	0	0	0	0	0	0	0	0	0	0	0	0	0	0	0
古籍整理(部)			17	0	0	0	0	0	0	0	0	0	0	0	0	0	0	0	0
译著(部)			18	0	0	0	0	0	0	0	0	0	0	0	0	0	0	0	0
发表译文(篇)			19	0	0	0	0	0	0	0	0	0	0	0	0	0	0	0	0
电子出版物(件)			20	0	0	0	0	0	0	0	0	0	0	0	0	0	0	0	0
发表论文（篇）	合计		21	186	0	0	0	0	0	0	28	80	52	0	0	0	26	0	0
	国内学术刊物		22	186	0	0	0	0	0	0	28	80	52	0	0	0	26	0	0
	国外学术刊物		23	0	0	0	0	0	0	0	0	0	0	0	0	0	0	0	0
	港澳台刊物		24	0	0	0	0	0	0	0	0	0	0	0	0	0	0	0	0
研究与咨询报告（篇）	合计		25	24	0	0	0	0	0	0	0	0	0	0	0	24	0	0	0
	被采纳数		26	0	0	0	0	0	0	0	0	0	0	0	0	0	0	0	0

3.35 江苏农林职业技术学院人文、社会科学研究与课题成果来源情况表

			课题来源															
			合计	国家社科基金项目	国家社科基金单列学科项目	教育部人文社科研究项目	高校古籍整理研究项目	国家自然科学基金项目	中央其他部门社科专门项目	省、市、自治区社科基金项目	省教育厅社科项目	地、市、厅、局等政府部门项目	国际合作研究项目	与港、澳、台地区合作研究项目	企事业单位委托项目	学校社科项目	外资项目	其他
		编号	L01	L02	L03	L04	L05	L06	L07	L08	L09	L10	L11	L12	L13	L14	L15	L16
课题数(项)		1	48	0	0	1	0	0	0	0	46	1	0	0	0	0	0	0
当年投入人数	合计(人年)	2	6.7	0	0	0.1	0	0	0	0	6.4	0.2	0	0	0	0	0	0
	研究生(人年)	3	0	0	0	0	0	0	0	0	0	0	0	0	0	0	0	0
当年拨入经费	合计(千元)	4	200	0	0	0	0	0	0	0	180	20	0	0	0	0	0	0
	当年立项项目拨入经费(千元)	5	200	0	0	0	0	0	0	0	180	20	0	0	0	0	0	0
当年支出经费(千元)		6	199	0	0	3	0	0	0	0	178	18	0	0	0	0	0	0
当年新开课题数(项)		7	19	0	0	0	0	0	0	0	18	1	0	0	0	0	0	0
当年新开课题批准经费(千元)		8	200	0	0	0	0	0	0	0	180	20	0	0	0	0	0	0
当年完成课题数(项)		9	11	0	0	0	0	0	0	0	11	0	0	0	0	0	0	0

续表

出版著作（部）	合计		10	0	0	0	0	0	0	0	0	0	0	0	0	0	0	0	0
	专著	合计	11	0	0	0	0	0	0	0	0	0	0	0	0	0	0	0	0
		被译成外文	12	0	0	0	0	0	0	0	0	0	0	0	0	0	0	0	0
	编著教材		13	0	0	0	0	0	0	0	0	0	0	0	0	0	0	0	0
	工具书/参考书		14	0	0	0	0	0	0	0	0	0	0	0	0	0	0	0	0
	皮书/发展报告		15	0	0	0	0	0	0	0	0	0	0	0	0	0	0	0	0
	科普读物		16	0	0	0	0	0	0	0	0	0	0	0	0	0	0	0	0
古籍整理(部)			17	0	0	0	0	0	0	0	0	0	0	0	0	0	0	0	0
译著(部)			18	0	0	0	0	0	0	0	0	0	0	0	0	0	0	0	0
发表译文(篇)			19	0	0	0	0	0	0	0	0	0	0	0	0	0	0	0	0
电子出版物(件)			20	0	0	0	0	0	0	0	0	0	0	0	0	0	0	0	0
发表论文（篇）	合计		21	39	0	0	0	0	0	0	0	39	0	0	0	0	0	0	0
	国内学术刊物		22	39	0	0	0	0	0	0	0	39	0	0	0	0	0	0	0
	国外学术刊物		23	0	0	0	0	0	0	0	0	0	0	0	0	0	0	0	0
	港澳台刊物		24	0	0	0	0	0	0	0	0	0	0	0	0	0	0	0	0
研究与咨询报告（篇）	合计		25	0	0	0	0	0	0	0	0	0	0	0	0	0	0	0	0
	被采纳数		26	0	0	0	0	0	0	0	0	0	0	0	0	0	0	0	0

3.36 江苏食品药品职业技术学院人文、社会科学研究与课题成果来源情况表

课题来源

		编号	合计	国家社科基金项目	国家社科基金单列学科项目	教育部人文社科研究项目	高校古籍整理研究项目	国家自然科学基金项目	中央其他部门社科专门项目	省、市、自治区社科基金项目	省教育厅社科项目	地、市、厅、局等政府部门项目	国际合作研究项目	与港澳台地区合作研究项目	企事业单位委托项目	学校社科项目	外资项目	其他
			L01	L02	L03	L04	L05	L06	L07	L08	L09	L10	L11	L12	L13	L14	L15	L16
课题数(项)		1	120	0	0	0	0	0	0	0	62	26	0	0	15	17	0	0
当年投入人数	合计(人年)	2	24.9	0	0	0	0	0	0	0	11.8	5.9	0	0	4.3	2.9	0	0
	研究生(人年)	3	0	0	0	0	0	0	0	0	0	0	0	0	0	0	0	0
当年拨入经费	合计(千元)	4	2 049	0	0	0	0	0	0	0	51	62	0	0	1872	64	0	0
	当年立项项目拨入经费(千元)	5	2 049	0	0	0	0	0	0	0	51	62	0	0	1872	64	0	0
当年支出经费(千元)		6	2 221.2	0	0	0	0	0	0	0	149.3	115.9	0	0	1923	33	0	0
当年新开课题数(项)		7	57	0	0	0	0	0	0	0	17	14	0	0	14	12	0	0
当年新开课题批准经费(千元)		8	2 049	0	0	0	0	0	0	0	51	62	0	0	1872	64	0	0
当年完成课题数(项)		9	69	0	0	0	0	0	0	0	27	22	0	0	15	5	0	0

续表

出版著作（部）	合计		10	1	0	0	0	0	0	0	0	1	0	0	0	0	0	0	0
	专著	合计	11	1	0	0	0	0	0	0	0	1	0	0	0	0	0	0	0
		被译成外文	12	0	0	0	0	0	0	0	0	0	0	0	0	0	0	0	0
	编著教材		13	0	0	0	0	0	0	0	0	0	0	0	0	0	0	0	0
	工具书/参考书		14	0	0	0	0	0	0	0	0	0	0	0	0	0	0	0	0
	皮书/发展报告		15	0	0	0	0	0	0	0	0	0	0	0	0	0	0	0	0
	科普读物		16	0	0	0	0	0	0	0	0	0	0	0	0	0	0	0	0
古籍整理（部）			17	0	0	0	0	0	0	0	0	0	0	0	0	0	0	0	0
译著（部）			18	0	0	0	0	0	0	0	0	0	0	0	0	0	0	0	0
发表译文（篇）			19	0	0	0	0	0	0	0	0	0	0	0	0	0	0	0	0
电子出版物（件）			20	0	0	0	0	0	0	0	0	0	0	0	0	0	0	0	0
发表论文（篇）	合计		21	76	0	0	0	0	0	0	0	19	21	0	0	29	7	0	0
	国内学术刊物		22	76	0	0	0	0	0	0	0	19	21	0	0	29	7	0	0
	国外学术刊物		23	0	0	0	0	0	0	0	0	0	0	0	0	0	0	0	0
	港澳台刊物		24	0	0	0	0	0	0	0	0	0	0	0	0	0	0	0	0
研究与咨询报告（篇）	合计		25	17	0	0	0	0	0	0	0	3	10	0	0	1	3	0	0
	被采纳数		26	10	0	0	0	0	0	0	0	1	7	0	0	0	2	0	0

3.37 南京铁道职业技术学院人文、社会科学研究与课题成果来源情况表

			课题来源															
			合计	国家社科基金项目	国家社科基金单列学科项目	教育部人文社科研究项目	高校古籍整理研究项目	国家自然科学基金项目	中央其他部门社科专门项目	省、市、自治区社科基金项目	省教育厅社科项目	地、市、厅、局等政府部门项目	国际合作研究项目	与港、澳、台地区合作研究项目	企事业单位委托项目	学校社科项目	外资项目	其他
		编号	L01	L02	L03	L04	L05	L06	L07	L08	L09	L10	L11	L12	L13	L14	L15	L16
课题数(项)		1	195	0	0	0	0	0	0	1	65	0	0	0	8	121	0	0
当年投入人数	合计(人年)	2	20.1	0	0	0	0	0	0	0.1	7.1	0	0	0	0.8	12.1	0	0
	研究生(人年)	3	0	0	0	0	0	0	0	0	0	0	0	0	0	0	0	0
当年拨入经费	合计(千元)	4	322.5	0	0	0	0	0	0	0	190	0	0	0	0	132.5	0	0
	当年立项项目拨入经费(千元)	5	322.5	0	0	0	0	0	0	0	190	0	0	0	0	132.5	0	0
当年支出经费(千元)		6	657.5	0	0	0	0	0	0	10	222	0	0	0	287	138.5	0	0
当年新开课题数(项)		7	59	0	0	0	0	0	0	0	19	0	0	0	0	40	0	0
当年新开课题批准经费(千元)		8	322.5	0	0	0	0	0	0	0	190	0	0	0	0	132.5	0	0
当年完成课题数(项)		9	88	0	0	0	0	0	0	0	1	0	0	0	8	79	0	0

续表

出版著作（部）	合计		10	3	0	0	0	0	0	0	0	0	0	0	0	0	3	0	0
	专著	合计	11	3	0	0	0	0	0	0	0	0	0	0	0	0	3	0	0
		被译成外文	12	0	0	0	0	0	0	0	0	0	0	0	0	0	0	0	0
	编著教材		13	0	0	0	0	0	0	0	0	0	0	0	0	0	0	0	0
	工具书/参考书		14	0	0	0	0	0	0	0	0	0	0	0	0	0	0	0	0
	皮书/发展报告		15	0	0	0	0	0	0	0	0	0	0	0	0	0	0	0	0
	科普读物		16	0	0	0	0	0	0	0	0	0	0	0	0	0	0	0	0
古籍整理（部）			17	0	0	0	0	0	0	0	0	0	0	0	0	0	0	0	0
译著（部）			18	0	0	0	0	0	0	0	0	0	0	0	0	0	0	0	0
发表译文（篇）			19	0	0	0	0	0	0	0	0	0	0	0	0	0	0	0	0
电子出版物（件）			20	0	0	0	0	0	0	0	0	0	0	0	0	0	0	0	0
发表论文（篇）	合计		21	142	0	0	0	0	0	0	0	42	0	0	0	0	100	0	0
	国内学术刊物		22	141	0	0	0	0	0	0	0	41	0	0	0	0	100	0	0
	国外学术刊物		23	1	0	0	0	0	0	0	0	1	0	0	0	0	0	0	0
	港澳台刊物		24	0	0	0	0	0	0	0	0	0	0	0	0	0	0	0	0
研究与咨询报告（篇）	合计		25	10	0	0	0	0	0	0	0	1	0	0	0	9	0	0	0
	被采纳数		26	9	0	0	0	0	0	0	0	0	0	0	0	9	0	0	0

3.38 徐州工业职业技术学院人文、社会科学研究与课题成果来源情况表

课题来源

		编号	合计 L01	国家社科基金项目 L02	国家社科基金单列学科项目 L03	教育部人文社科研究项目 L04	高校古籍整理研究项目 L05	国家自然科学基金项目 L06	中央其他部门社科专门项目 L07	省、市、自治区社科基金项目 L08	省教育厅社科项目 L09	地、市、厅、局等政府部门项目 L10	国际合作研究项目 L11	与港、澳、台地区合作研究项目 L12	企事业单位委托项目 L13	学校社科项目 L14	外资项目 L15	其他 L16
课题数(项)		1	157	0	0	0	0	0	0	2	61	19	0	0	24	40	0	11
当年投入人数	合计(人年)	2	15.8	0	0	0	0	0	0	0.3	6.1	1.9	0	0	2.4	4	0	1.1
	研究生(人年)	3	0	0	0	0	0	0	0	0	0	0	0	0	0	0	0	0
当年拨入经费	合计(千元)	4	409	0	0	0	0	0	0	20	220	70	0	0	15	84	0	0
	当年立项项目拨入经费(千元)	5	409	0	0	0	0	0	0	20	220	70	0	0	15	84	0	0
当年支出经费(千元)		6	417.45	0	0	0	0	0	0	10.1	179.55	105.7	0	0	23.7	90.3	0	8.1
当年新开课题数(项)		7	47	0	0	0	0	0	0	1	19	9	0	0	4	14	0	0
当年新开课题批准经费(千元)		8	429	0	0	0	0	0	0	20	220	90	0	0	15	84	0	0
当年完成课题数(项)		9	58	0	0	0	0	0	0	0	15	9	0	0	12	17	0	5

续表

出版著作(部)	合计		10	1	0	0	0	0	0	0	0	1	0	0	0	0	0	0	0
	专著	合计	11	0	0	0	0	0	0	0	0	0	0	0	0	0	0	0	0
		被译成外文	12	0	0	0	0	0	0	0	0	0	0	0	0	0	0	0	0
	编著教材		13	1	0	0	0	0	0	0	0	1	0	0	0	0	0	0	0
	工具书/参考书		14	0	0	0	0	0	0	0	0	0	0	0	0	0	0	0	0
	皮书/发展报告		15	0	0	0	0	0	0	0	0	0	0	0	0	0	0	0	0
	科普读物		16	0	0	0	0	0	0	0	0	0	0	0	0	0	0	0	0
古籍整理(部)			17	0	0	0	0	0	0	0	0	0	0	0	0	0	0	0	0
译著(部)			18	0	0	0	0	0	0	0	0	0	0	0	0	0	0	0	0
发表译文(篇)			19	0	0	0	0	0	0	0	0	0	0	0	0	0	0	0	0
电子出版物(件)			20	0	0	0	0	0	0	0	0	0	0	0	0	0	0	0	0
发表论文(篇)	合计		21	70	0	0	0	0	0	0	1	32	11	0	0	4	16	0	6
	国内学术刊物		22	70	0	0	0	0	0	0	1	32	11	0	0	4	16	0	6
	国外学术刊物		23	0	0	0	0	0	0	0	0	0	0	0	0	0	0	0	0
	港澳台刊物		24	0	0	0	0	0	0	0	0	0	0	0	0	0	0	0	0
研究与咨询报告(篇)	合计		25	3	0	0	0	0	0	0	0	0	0	0	0	3	0	0	0
	被采纳数		26	0	0	0	0	0	0	0	0	0	0	0	0	0	0	0	0

3.39 江苏信息职业技术学院人文、社会科学研究与课题成果来源情况表

课题来源

		编号	合计	国家社科基金项目	国家社科基金单列学科项目	教育部人文社科研究项目	高校古籍整理研究项目	国家自然科学基金项目	中央其他部门社科专门项目	省、市、自治区社科基金项目	省教育厅社科项目	地、市厅、局等政府部门项目	国际合作研究项目	与港、澳、台地区合作研究项目	企事业单位委托项目	学校社科项目	外资项目	其他
			L01	L02	L03	L04	L05	L06	L07	L08	L09	L10	L11	L12	L13	L14	L15	L16
课题数(项)		1	180	0	0	0	0	0	0	1	64	16	0	0	43	56	0	0
当年投入人数	合计(人年)	2	28.6	0	0	0	0	0	0	0.5	12.4	3.1	0	0	5.9	6.7	0	0
	研究生(人年)	3	0	0	0	0	0	0	0	0	0	0	0	0	0	0	0	0
当年投入经费	合计(千元)	4	758.56	0	0	0	0	0	0	0	281.6	55	0	0	372.96	49	0	0
	当年立项项目拨入经费(千元)	5	578.56	0	0	0	0	0	0	0	101.6	55	0	0	372.96	49	0	0
当年支出经费(千元)		6	769.89	0	0	0	0	0	0	0	347.78	7.81	0	0	325.94	88.36	0	0
当年新开课题数(项)		7	87	0	0	0	0	0	0	1	20	13	0	0	38	15	0	0
当年新开课题批准经费(千元)		8	958.25	0	0	0	0	0	0	50	197.6	55	0	0	606.65	49	0	0
当年完成课题数(项)		9	51	0	0	0	0	0	0	0	19	3	0	0	13	16	0	0

续表

出版著作(部)	合计		10	2	0	0	0	0	0	0	0	1	0	0	0	0	1	0	0
	专著	合计	11	1	0	0	0	0	0	0	0	1	0	0	0	0	0	0	0
		被译成外文	12	0	0	0	0	0	0	0	0	0	0	0	0	0	0	0	0
	编著教材		13	1	0	0	0	0	0	0	0	0	0	0	0	0	1	0	0
	工具书/参考书		14	0	0	0	0	0	0	0	0	0	0	0	0	0	0	0	0
	皮书/发展报告		15	0	0	0	0	0	0	0	0	0	0	0	0	0	0	0	0
	科普读物		16	0	0	0	0	0	0	0	0	0	0	0	0	0	0	0	0
古籍整理(部)			17	0	0	0	0	0	0	0	0	0	0	0	0	0	0	0	0
译著(部)			18	0	0	0	0	0	0	0	0	0	0	0	0	0	0	0	0
发表译文(篇)			19	0	0	0	0	0	0	0	0	0	0	0	0	0	0	0	0
电子出版物(件)			20	0	0	0	0	0	0	0	0	0	0	0	0	0	0	0	0
发表论文(篇)	合计		21	56	0	0	0	0	0	0	0	24	3	0	0	13	16	0	0
	国内学术刊物		22	56	0	0	0	0	0	0	0	24	3	0	0	13	16	0	0
	国外学术刊物		23	0	0	0	0	0	0	0	0	0	0	0	0	0	0	0	0
	港澳台刊物		24	0	0	0	0	0	0	0	0	0	0	0	0	0	0	0	0
研究与咨询报告(篇)	合计		25	0	0	0	0	0	0	0	0	0	0	0	0	0	0	0	0
	被采纳数		26	0	0	0	0	0	0	0	0	0	0	0	0	0	0	0	0

3.40 南京信息职业技术学院人文、社会科学研究与课题成果来源情况表

		编号	合计	国家社科基金项目	国家社科基金单列学科项目	教育部人文社科研究项目	高校古籍整理研究项目	国家自然科学基金项目	中央其他部门社科专门项目	省、市、自治区社科基金项目	省教育厅社科项目	地、市、厅、局等政府部门项目	国际合作研究项目	与港、澳、台地区合作研究项目	企事业单位委托项目	学校社科项目	外资项目	其他
			课题来源															
			L01	L02	L03	L04	L05	L06	L07	L08	L09	L10	L11	L12	L13	L14	L15	L16
课题数(项)		1	193	0	1	1	0	0	0	15	58	31	0	0	3	82	0	2
当年投入人数	合计(人年)	2	23	0	0.3	0.2	0	0	0	2.7	6.4	4.4	0	0	0.6	8.2	0	0.2
	研究生(人年)	3	0	0	0	0	0	0	0	0	0	0	0	0	0	0	0	0
当年拨入经费	合计(千元)	4	619	0	0	30	0	0	0	125	264	85	0	0	4	111	0	0
	当年立项项目拨入经费(千元)	5	490	0	0	30	0	0	0	110	240	85	0	0	4	21	0	0
当年支出经费(千元)		6	467.9	0	40	29	0	0	0	120	152.7	38.5	0	0	3.1	84.6	0	0
当年新开课题数(项)		7	55	0	0	1	0	0	0	3	19	5	0	0	3	24	0	0
当年新开课题批准经费(千元)		8	640	0	0	80	0	0	0	150	300	85	0	0	4	21	0	0
当年完成课题数(项)		9	74	0	0	0	0	0	0	2	12	18	0	0	1	39	0	2

续表

出版著作(部)	合计		10	12	0	0	0	0	0	0	3	1	6	0	0	0	2	0	0
	专著	合计	11	2	0	0	0	0	0	0	1	1	0	0	0	0	0	0	0
		被译成外文	12	0	0	0	0	0	0	0	0	0	0	0	0	0	0	0	0
	编著教材		13	10	0	0	0	0	0	0	2	0	6	0	0	0	2	0	0
	工具书/参考书		14	0	0	0	0	0	0	0	0	0	0	0	0	0	0	0	0
	皮书/发展报告		15	0	0	0	0	0	0	0	0	0	0	0	0	0	0	0	0
	科普读物		16	0	0	0	0	0	0	0	0	0	0	0	0	0	0	0	0
古籍整理(部)			17	0	0	0	0	0	0	0	0	0	0	0	0	0	0	0	0
译著(部)			18	0	0	0	0	0	0	0	0	0	0	0	0	0	0	0	0
发表译文(篇)			19	0	0	0	0	0	0	0	0	0	0	0	0	0	0	0	0
电子出版物(件)			20	0	0	0	0	0	0	0	0	0	0	0	0	0	0	0	0
发表论文(篇)	合计		21	162	0	2	1	0	0	0	14	50	24	0	0	2	67	0	2
	国内学术刊物		22	162	0	2	1	0	0	0	14	50	24	0	0	2	67	0	2
	国外学术刊物		23	0	0	0	0	0	0	0	0	0	0	0	0	0	0	0	0
	港澳台刊物		24	0	0	0	0	0	0	0	0	0	0	0	0	0	0	0	0
研究与咨询报告(篇)	合计		25	1	0	0	0	0	0	0	0	0	0	0	0	1	0	0	0
	被采纳数		26	0	0	0	0	0	0	0	0	0	0	0	0	0	0	0	0

3.41 常州机电职业技术学院人文、社会科学研究与课题成果来源情况表

			课题来源															
			合计	国家社科基金项目	国家社科基金单列学科项目	教育部人文社科研究项目	高校古籍整理研究项目	国家自然科学基金项目	中央其他部门社科专门项目	省、市、自治区社科基金项目	省教育厅社科项目	地、市、厅、局等政府部门项目	国际合作研究项目	与港、澳、台地区合作研究项目	企事业单位委托项目	学校社科项目	外资项目	其他
		编号	L01	L02	L03	L04	L05	L06	L07	L08	L09	L10	L11	L12	L13	L14	L15	L16
课题数(项)		1	186	0	0	2	0	0	1	0	69	51	0	0	16	47	0	0
当年投入人数	合计(人年)	2	29.9	0	0	0.6	0	0	0.3	0	16.2	5.3	0	0	2.3	5.2	0	0
	研究生(人年)	3	0	0	0	0	0	0	0	0	0	0	0	0	0	0	0	0
当年拨入经费	合计(千元)	4	518	0	0	65	0	0	30	0	180	156	0	0	43	44	0	0
	当年立项项目拨入经费(千元)	5	518	0	0	65	0	0	30	0	180	156	0	0	43	44	0	0
当年支出经费(千元)		6	470.55	0	0	21.9	0	0	1.8	0	191.05	88.1	0	0	94.7	73	0	0
当年新开课题数(项)		7	66	0	0	2	0	0	1	0	18	27	0	0	3	15	0	0
当年新开课题批准经费(千元)		8	653	0	0	200	0	0	30	0	180	156	0	0	43	44	0	0
当年完成课题数(项)		9	80	0	0	0	0	0	0	0	16	37	0	0	8	19	0	0

续表

出版著作（部）	合计		10	0	0	0	0	0	0	0	0	0	0	0	0	0	0	0	0
	专著	合计	11	0	0	0	0	0	0	0	0	0	0	0	0	0	0	0	0
		被译成外文	12	0	0	0	0	0	0	0	0	0	0	0	0	0	0	0	0
	编著教材		13	0	0	0	0	0	0	0	0	0	0	0	0	0	0	0	0
	工具书/参考书		14	0	0	0	0	0	0	0	0	0	0	0	0	0	0	0	0
	皮书/发展报告		15	0	0	0	0	0	0	0	0	0	0	0	0	0	0	0	0
	科普读物		16	0	0	0	0	0	0	0	0	0	0	0	0	0	0	0	0
古籍整理(部)			17	0	0	0	0	0	0	0	0	0	0	0	0	0	0	0	0
译著(部)			18	0	0	0	0	0	0	0	0	0	0	0	0	0	0	0	0
发表译文(篇)			19	0	0	0	0	0	0	0	0	0	0	0	0	0	0	0	0
电子出版物(件)			20	0	0	0	0	0	0	0	0	0	0	0	0	0	0	0	0
发表论文（篇）	合计		21	119	0	0	1	0	0	0	0	62	17	0	0	10	29	0	0
	国内学术刊物		22	119	0	0	1	0	0	0	0	62	17	0	0	10	29	0	0
	国外学术刊物		23	0	0	0	0	0	0	0	0	0	0	0	0	0	0	0	0
	港澳台刊物		24	0	0	0	0	0	0	0	0	0	0	0	0	0	0	0	0
研究与咨询报告（篇）	合计		25	23	0	0	0	0	0	0	0	0	20	0	0	3	0	0	0
	被采纳数		26	0	0	0	0	0	0	0	0	0	0	0	0	0	0	0	0

八、社科研究、课题与成果（来源情况）

3.42 江阴职业技术学院人文、社会科学研究与课题成果来源情况表

		编号	合计	国家社科基金项目	国家社科基金单列学科项目	教育部人文社科研究项目	高校古籍整理研究项目	国家自然科学基金项目	中央其他部门社科专门项目	省、市、自治区社科基金项目	省教育厅社科项目	地、市、厅、局等政府部门项目	国际合作研究项目	与港、澳、台地区合作研究项目	企事业单位委托项目	学校社科项目	外资项目	其他
			课题来源															
			L01	L02	L03	L04	L05	L06	L07	L08	L09	L10	L11	L12	L13	L14	L15	L16
课题数(项)		1	65	0	0	0	0	0	0	0	27	6	0	0	3	25	0	4
当年投入人数	合计(人年)	2	8.3	0	0	0	0	0	0	0	3.6	0.6	0	0	0.6	2.6	0	0.9
	研究生(人年)	3	0	0	0	0	0	0	0	0	0	0	0	0	0	0	0	0
当年拨入经费	合计(千元)	4	256	0	0	0	0	0	0	0	90	20	0	0	60	26	0	60
	当年立项项目拨入经费(千元)	5	256	0	0	0	0	0	0	0	90	20	0	0	60	26	0	60
当年支出经费(千元)		6	254.5	0	0	0	0	0	0	0	90	11	0	0	60	33.5	0	60
当年新开课题数(项)		7	28	0	0	0	0	0	0	0	9	4	0	0	3	8	0	4
当年新开课题批准经费(千元)		8	256	0	0	0	0	0	0	0	90	20	0	0	60	26	0	60
当年完成课题数(项)		9	30	0	0	0	0	0	0	0	10	0	0	0	3	13	0	4

续表

出版著作(部)	合计		10	0	0	0	0	0	0	0	0	0	0	0	0	0	0	0	0
	专著	合计	11	0	0	0	0	0	0	0	0	0	0	0	0	0	0	0	0
		被译成外文	12	0	0	0	0	0	0	0	0	0	0	0	0	0	0	0	0
	编著教材		13	0	0	0	0	0	0	0	0	0	0	0	0	0	0	0	0
	工具书/参考书		14	0	0	0	0	0	0	0	0	0	0	0	0	0	0	0	0
	皮书/发展报告		15	0	0	0	0	0	0	0	0	0	0	0	0	0	0	0	0
	科普读物		16	0	0	0	0	0	0	0	0	0	0	0	0	0	0	0	0
古籍整理(部)			17	0	0	0	0	0	0	0	0	0	0	0	0	0	0	0	0
译著(部)			18	0	0	0	0	0	0	0	0	0	0	0	0	0	0	0	0
发表译文(篇)			19	0	0	0	0	0	0	0	0	0	0	0	0	0	0	0	0
电子出版物(件)			20	0	0	0	0	0	0	0	0	0	0	0	0	0	0	0	0
发表论文(篇)	合计		21	100	0	0	0	0	0	0	0	45	2	0	0	6	43	0	4
	国内学术刊物		22	100	0	0	0	0	0	0	0	45	2	0	0	6	43	0	4
	国外学术刊物		23	0	0	0	0	0	0	0	0	0	0	0	0	0	0	0	0
	港澳台刊物		24	0	0	0	0	0	0	0	0	0	0	0	0	0	0	0	0
研究与咨询报告(篇)	合计		25	0	0	0	0	0	0	0	0	0	0	0	0	0	0	0	0
	被采纳数		26	0	0	0	0	0	0	0	0	0	0	0	0	0	0	0	0

3.43 无锡城市职业技术学院人文、社会科学研究与课题成果来源情况表

			课题来源															
			合计	国家社科基金项目	国家社科基金单列学科项目	教育部人文社科研究项目	高校古籍整理研究项目	国家自然科学基金项目	中央其他部门社科专门项目	省、市、自治区社科基金项目	省教育厅社科项目	地、市、厅、局等政府部门项目	国际合作研究项目	与港、澳、台地区合作研究项目	企事业单位委托项目	学校社科项目	外资项目	其他
		编号	L01	L02	L03	L04	L05	L06	L07	L08	L09	L10	L11	L12	L13	L14	L15	L16
课题数(项)		1	93	0	0	1	0	0	0	1	56	17	0	0	0	18	0	0
当年投入人数	合计(人年)	2	26.2	0	0	0.3	0	0	0	0.4	16.5	5	0	0	0	4	0	0
	研究生(人年)	3	0	0	0	0	0	0	0	0	0	0	0	0	0	0	0	0
当年拨入经费	合计(千元)	4	163.4	0	0	0	0	0	0	0	90	47.4	0	0	0	26	0	0
	当年立项项目拨入经费(千元)	5	163.4	0	0	0	0	0	0	0	90	47.4	0	0	0	26	0	0
当年支出经费(千元)		6	94.45	0	0	1	0	0	0	7	40.35	39.4	0	0	0	6.7	0	0
当年新开课题数(项)		7	39	0	0	0	0	0	0	0	18	9	0	0	0	12	0	0
当年新开课题批准经费(千元)		8	163.4	0	0	0	0	0	0	0	90	47.4	0	0	0	26	0	0
当年完成课题数(项)		9	26	0	0	0	0	0	0	0	11	9	0	0	0	6	0	0

续表

八、社科研究、课题与成果（来源情况）

类别	项目	#	C1	C2	C3	C4	C5	C6	C7	C8	C9	C10	C11	C12	C13	C14
出版著作（部）	合计	10	6	0	0	0	0	0	2	0	2	0	0	2	0	0
	专著 合计	11	3	0	0	0	0	0	2	0	2	0	0	1	0	0
	被译成外文	12	0	0	0	0	0	0	0	0	0	0	0	0	0	0
	编著教材	13	3	0	0	0	0	0	0	0	2	0	0	1	0	0
	工具书/参考书	14	0	0	0	0	0	0	0	0	0	0	0	0	0	0
	皮书/发展报告	15	0	0	0	0	0	0	0	0	0	0	0	0	0	0
	科普读物	16	0	0	0	0	0	0	0	0	0	0	0	0	0	0
	古籍整理（部）	17	0	0	0	0	0	0	0	0	0	0	0	0	0	0
	译著（部）	18	0	0	0	0	0	0	0	0	0	0	0	0	0	0
	发表译文（篇）	19	0	0	0	0	0	0	0	0	0	0	0	0	0	0
	电子出版物（件）	20	0	0	0	0	0	0	0	0	0	0	0	0	0	0
发表论文（篇）	合计	21	114	0	0	0	65	0	21	0	28	0	0	0	0	0
	国内学术刊物	22	112	0	0	0	65	0	19	0	28	0	0	0	0	0
	国外学术刊物	23	2	0	0	0	0	0	2	0	0	0	0	0	0	0
	港澳台刊物	24	0	0	0	0	0	0	0	0	0	0	0	0	0	0
研究与咨询报告（篇）	合计	25	0	0	0	0	0	0	0	0	0	0	0	0	0	0
	被采纳数	26	0	0	0	0	0	0	0	0	0	0	0	0	0	0

3.44 无锡工艺职业技术学院人文、社会科学研究与课题成果来源情况表

		编号	课题来源：合计	国家社科基金项目	国家社科基金单列学科项目	教育部人文社科研究项目	高校古籍整理研究项目	国家自然科学基金项目	中央其他部门社科专门项目	省、市、自治区社科基金项目	省教育厅社科项目	地、市、厅、局等政府部门项目	国际合作研究项目	与港、澳、台地区合作研究项目	企事业单位委托项目	学校社科项目	外资项目	其他
			L01	L02	L03	L04	L05	L06	L07	L08	L09	L10	L11	L12	L13	L14	L15	L16
课题数(项)		1	231	0	0	1	0	0	3	2	53	16	0	0	70	83	0	3
当年投入人数	合计(人年)	2	29.9	0	0	0.2	0	0	0.4	0.2	5.4	1.6	0	0	13.5	8.3	0	0.3
	研究生(人年)	3	0	0	0	0	0	0	0	0	0	0	0	0	0	0	0	0
当年拨入经费	合计(千元)	4	2 716.5	0	0	40	0	0	0	0	236	45	0	0	2 306	85.5	0	4
	当年立项项目拨入经费(千元)	5	2 669	0	0	0	0	0	0	0	236	41.5	0	0	2 306	85.5	0	0
当年支出经费(千元)		6	2 745.75	0	0	66	0	0	34.4	10.5	238.5	37.25	0	0	2 306	44.6	0	8.5
当年新开课题数(项)		7	138	0	0	0	0	0	0	0	19	9	0	0	70	40	0	0
当年新开课题批准经费(千元)		8	2 669	0	0	0	0	0	0	0	236	41.5	0	0	2 306	85.5	0	0
当年完成课题数(项)		9	119	0	0	0	0	0	0	0	16	3	0	0	70	28	0	2

续表

出版著作（部）	合计		10	0	0	0	0	0	0	0	0	0	0	0	0	0	0	0	0
	专著	合计	11	0	0	0	0	0	0	0	0	0	0	0	0	0	0	0	0
		被译成外文	12	0	0	0	0	0	0	0	0	0	0	0	0	0	0	0	0
	编著教材		13	0	0	0	0	0	0	0	0	0	0	0	0	0	0	0	0
	工具书/参考书		14	0	0	0	0	0	0	0	0	0	0	0	0	0	0	0	0
	皮书/发展报告		15	0	0	0	0	0	0	0	0	0	0	0	0	0	0	0	0
	科普读物		16	0	0	0	0	0	0	0	0	0	0	0	0	0	0	0	0
古籍整理（部）			17	0	0	0	0	0	0	0	0	0	0	0	0	0	0	0	0
译著（部）			18	0	0	0	0	0	0	0	0	0	0	0	0	0	0	0	0
发表译文（篇）			19	0	0	0	0	0	0	0	0	0	0	0	0	0	0	0	0
电子出版物（件）			20	0	0	0	0	0	0	0	0	0	0	0	0	0	0	0	0
发表论文（篇）	合计		21	167	0	0	2	0	0	3	2	67	7	0	0	0	70	0	16
	国内学术刊物		22	167	0	0	2	0	0	3	2	67	7	0	0	0	70	0	16
	国外学术刊物		23	0	0	0	0	0	0	0	0	0	0	0	0	0	0	0	0
	港澳台刊物		24	0	0	0	0	0	0	0	0	0	0	0	0	0	0	0	0
研究与咨询报告（篇）	合计		25	88	0	0	0	0	0	0	0	0	3	0	0	61	23	0	1
	被采纳数		26	32	0	0	0	0	0	0	0	0	0	0	0	32	0	0	0

八、社科研究、课题与成果（来源情况）

3.45 苏州健雄职业技术学院人文、社会科学研究与课题成果来源情况表

			课题来源															
			合计	国家社科基金项目	国家社科基金单列学科项目	教育部人文社科研究项目	高校古籍整理研究项目	国家自然科学基金项目	中央其他部门社科专门项目	省、市、自治区社科基金项目	省教育厅社科项目	地、市、厅、局等政府部门项目	国际合作研究项目	与港、澳、台地区合作研究项目	企事业单位委托项目	学校社科项目	外资项目	其他
		编号	L01	L02	L03	L04	L05	L06	L07	L08	L09	L10	L11	L12	L13	L14	L15	L16
课题数(项)		1	92	0	0	0	0	0	0	0	42	28	0	0	11	11	0	0
当年投入人数	合计(人年)	2	20.1	0	0	0	0	0	0	0	8.5	6.1	0	0	3.3	2.2	0	0
	研究生(人年)	3	0	0	0	0	0	0	0	0	0	0	0	0	0	0	0	0
当年拨入经费	合计(千元)	4	494	0	0	0	0	0	0	0	160	74	0	0	227	33	0	0
	当年立项项目拨入经费(千元)	5	494	0	0	0	0	0	0	0	160	74	0	0	227	33	0	0
当年支出经费(千元)		6	485	0	0	0	0	0	0	0	139	107	0	0	228	11	0	0
当年新开课题数(项)		7	49	0	0	0	0	0	0	0	16	13	0	0	9	11	0	0
当年新开课题批准经费(千元)		8	499	0	0	0	0	0	0	0	160	79	0	0	227	33	0	0
当年完成课题数(项)		9	36	0	0	0	0	0	0	0	13	14	0	0	9	0	0	0

续表

出版著作(部)	合计		10	1	0	0	0	0	0	0	0	0	1	0	0	0	0	0	0
	专著	合计	11	1	0	0	0	0	0	0	0	0	1	0	0	0	0	0	0
		被译成外文	12	0	0	0	0	0	0	0	0	0	0	0	0	0	0	0	0
	编著教材		13	0	0	0	0	0	0	0	0	0	0	0	0	0	0	0	0
	工具书/参考书		14	0	0	0	0	0	0	0	0	0	0	0	0	0	0	0	0
	皮书/发展报告		15	0	0	0	0	0	0	0	0	0	0	0	0	0	0	0	0
	科普读物		16	0	0	0	0	0	0	0	0	0	0	0	0	0	0	0	0
古籍整理(部)			17	0	0	0	0	0	0	0	0	0	0	0	0	0	0	0	0
译著(部)			18	0	0	0	0	0	0	0	0	0	0	0	0	0	0	0	0
发表译文(篇)			19	0	0	0	0	0	0	0	0	0	0	0	0	0	0	0	0
电子出版物(件)			20	0	0	0	0	0	0	0	0	0	0	0	0	0	0	0	0
发表论文(篇)	合计		21	123	0	0	0	0	0	0	0	36	61	0	0	5	21	0	0
	国内学术刊物		22	123	0	0	0	0	0	0	0	36	61	0	0	5	21	0	0
	国外学术刊物		23	0	0	0	0	0	0	0	0	0	0	0	0	0	0	0	0
	港澳台刊物		24	0	0	0	0	0	0	0	0	0	0	0	0	0	0	0	0
研究与咨询报告(篇)	合计		25	15	0	0	0	0	0	0	0	0	0	0	0	15	0	0	0
	被采纳数		26	7	0	0	0	0	0	0	0	0	0	0	0	7	0	0	0

八、社科研究、课题与成果(来源情况)

3.46 盐城工业职业技术学院人文、社会科学研究与课题成果来源情况表

			课题来源															
			合计	国家社科基金项目	国家社科基金单列学科项目	教育部人文社科研究项目	高校古籍整理研究项目	国家自然科学基金项目	中央其他部门社科专门项目	省、市、自治区社科基金项目	省教育厅社科项目	地、市、厅、局等政府部门项目	国际合作研究项目	与港、澳、台地区合作研究项目	企事业单位委托项目	学校社科项目	外资项目	其他
		编号	L01	L02	L03	L04	L05	L06	L07	L08	L09	L10	L11	L12	L13	L14	L15	L16
课题数(项)		1	215	0	0	0	0	0	2	2	47	32	0	0	109	23	0	0
当年投入人数	合计(人年)	2	26.5	0	0	0	0	0	0.2	0.5	6.3	3.8	0	0	12.7	3	0	0
	研究生(人年)	3	0	0	0	0	0	0	0	0	0	0	0	0	0	0	0	0
当年拨入经费	合计(千元)	4	2192	0	0	0	0	0	0	0	190	100	0	0	1 832	70	0	0
	当年立项项目拨入经费(千元)	5	2192	0	0	0	0	0	0	0	190	100	0	0	1832	70	0	0
当年支出经费(千元)		6	1 419.3	0	0	0	0	0	10	4	117	57.5	0	0	1 204.8	26	0	0
当年新开课题数(项)		7	83	0	0	0	0	0	0	0	16	20	0	0	39	8	0	0
当年新开课题批准经费(千元)		8	2 252	0	0	0	0	0	0	0	250	100	0	0	1 832	70	0	0
当年完成课题数(项)		9	79	0	0	0	0	0	2	1	11	11	0	0	47	7	0	0

续表

八、社科研究、课题与成果(来源情况)

序号	项目		数据列(多列,大部分为0)
10	出版著作(部)	合计	全部为 0
11		专著 合计	全部为 0
12		被译成外文	全部为 0
13		编著教材	全部为 0
14		工具书/参考书	全部为 0
15		皮书/发展报告	全部为 0
16		科普读物	全部为 0
17		古籍整理(部)	全部为 0
18		译著(部)	全部为 0
19		发表译文(篇)	全部为 0
20		电子出版物(件)	全部为 0
21	发表论文(篇)	合计	80、2、3、25、11、26、13
22		国内学术刊物	80、2、3、25、11、26、13
23		国外学术刊物	全部为 0
24		港澳台刊物	全部为 0
25	研究与咨询报告(篇)	合计	27、27
26		被采纳数	14、14

3.47 江苏财经职业技术学院人文、社会科学研究与课题成果来源情况表

			课题来源															
			合计	国家社科基金项目	国家社科基金单列学科项目	教育部人文社科研究项目	高校古籍整理研究项目	国家自然科学基金项目	中央其他部门社科专门项目	省、市、自治区社科基金项目	省教育厅社科项目	地、市、厅、局等政府部门项目	国际合作研究项目	与港、澳、台地区合作研究项目	企事业单位委托项目	学校社科项目	外资项目	其他
		编号	L01	L02	L03	L04	L05	L06	L07	L08	L09	L10	L11	L12	L13	L14	L15	L16
课题数(项)		1	236	0	0	1	0	0	1	1	55	37	0	0	101	40	0	0
当年投入人数	合计(人年)	2	28.4	0	0	0.2	0	0	0.2	0.1	5.5	4.1	0	0	14.3	4	0	0
	研究生(人年)	3	0	0	0	0	0	0	0	0	0	0	0	0	0	0	0	0
当年拨入经费	合计(千元)	4	3 786.8	0	0	50	0	0	0	0	108	158.8	0	0	3 410	60	0	0
	当年立项项目拨入经费(千元)	5	3 736.8	0	0	0	0	0	0	0	108	158.8	0	0	3410	60	0	0
当年支出经费(千元)		6	3 060.87	0	0	48	0	0	11	6	149	132.72	0	0	2 664.1	50.05	0	0
当年新开课题数(项)		7	126	0	0	0	0	0	0	0	18	23	0	0	65	20	0	0
当年新开课题批准经费(千元)		8	3 736.8	0	0	0	0	0	0	0	108	158.8	0	0	3 410	60	0	0
当年完成课题数(项)		9	112	0	0	0	0	0	0	1	19	25	0	0	55	12	0	0

续表

出版著作(部)	合计		10	4	0	0	0	0	0	0	0	0	0	0	0	4	0	0	0
	专著	合计	11	2	0	0	0	0	0	0	0	0	0	0	0	2	0	0	0
		被译成外文	12	0	0	0	0	0	0	0	0	0	0	0	0	0	0	0	0
	编著教材		13	2	0	0	0	0	0	0	0	0	0	0	0	2	0	0	0
	工具书/参考书		14	0	0	0	0	0	0	0	0	0	0	0	0	0	0	0	0
	皮书/发展报告		15	0	0	0	0	0	0	0	0	0	0	0	0	0	0	0	0
	科普读物		16	0	0	0	0	0	0	0	0	0	0	0	0	0	0	0	0
古籍整理(部)			17	0	0	0	0	0	0	0	0	0	0	0	0	0	0	0	0
译著(部)			18	0	0	0	0	0	0	0	0	0	0	0	0	0	0	0	0
发表译文(篇)			19	0	0	0	0	0	0	0	0	0	0	0	0	0	0	0	0
电子出版物(件)			20	0	0	0	0	0	0	0	0	0	0	0	0	0	0	0	0
发表论文(篇)	合计		21	249	0	0	2	0	0	1	1	48	56	0	0	59	82	0	0
	国内学术刊物		22	249	0	0	2	0	0	1	1	48	56	0	0	59	82	0	0
	国外学术刊物		23	0	0	0	0	0	0	0	0	0	0	0	0	0	0	0	0
	港澳台刊物		24	0	0	0	0	0	0	0	0	0	0	0	0	0	0	0	0
研究与咨询报告(篇)	合计		25	7	0	0	0	0	0	0	0	0	3	0	0	4	0	0	0
	被采纳数		26	3	0	0	0	0	0	0	0	0	1	0	0	2	0	0	0

3.48 扬州工业职业技术学院人文、社会科学研究与课题成果来源情况表

			课题来源															
			合计	国家社科基金项目	国家社科基金单列学科项目	教育部人文社科研究项目	高校古籍整理研究项目	国家自然科学基金项目	中央其他部门社科专门项目	省、市、自治区社科基金项目	省教育厅社科项目	地、市、厅、局等政府部门项目	国际合作研究项目	与港、澳、台地区合作研究项目	企事业单位委托项目	学校社科项目	外资项目	其他
		编号	L01	L02	L03	L04	L05	L06	L07	L08	L09	L10	L11	L12	L13	L14	L15	L16
课题数(项)		1	186	0	0	0	0	0	0	3	78	24	0	0	60	21	0	0
当年投入人数	合计(人年)	2	19.6	0	0	0	0	0	0	0.4	8.7	2.4	0	0	6	2.1	0	0
	研究生(人年)	3	0	0	0	0	0	0	0	0	0	0	0	0	0	0	0	0
当年拨入经费	合计(千元)	4	493.8	0	0	0	0	0	0	0	200	93	0	0	80.8	120	0	0
	当年立项项目拨入经费(千元)	5	493.8	0	0	0	0	0	0	0	200	93	0	0	80.8	120	0	0
当年支出经费(千元)		6	520	0	0	0	0	0	0	34	201.2	96	0	0	71.8	117	0	0
当年新开课题数(项)		7	122	0	0	0	0	0	0	0	25	16	0	0	60	21	0	0
当年新开课题批准经费(千元)		8	663	0	0	0	0	0	0	0	245	123	0	0	95	200	0	0
当年完成课题数(项)		9	72	0	0	0	0	0	0	0	23	13	0	0	36	0	0	0

续表

出版著作(部)	合计		10	0	0	0	0	0	0	0	0	0	0	0	0	0	0	0	0
	专著	合计	11	0	0	0	0	0	0	0	0	0	0	0	0	0	0	0	0
		被译成外文	12	0	0	0	0	0	0	0	0	0	0	0	0	0	0	0	0
	编著教材		13	0	0	0	0	0	0	0	0	0	0	0	0	0	0	0	0
	工具书/参考书		14	0	0	0	0	0	0	0	0	0	0	0	0	0	0	0	0
	皮书/发展报告		15	0	0	0	0	0	0	0	0	0	0	0	0	0	0	0	0
	科普读物		16	0	0	0	0	0	0	0	0	0	0	0	0	0	0	0	0
古籍整理(部)			17	0	0	0	0	0	0	0	0	0	0	0	0	0	0	0	0
译著(部)			18	0	0	0	0	0	0	0	0	0	0	0	0	0	0	0	0
发表译文(篇)			19	0	0	0	0	0	0	0	0	0	0	0	0	0	0	0	0
电子出版物(件)			20	0	0	0	0	0	0	0	0	0	0	0	0	0	0	0	0
发表论文(篇)	合计		21	133	0	0	0	0	0	0	2	46	21	0	0	46	18	0	0
	国内学术刊物		22	133	0	0	0	0	0	0	2	46	21	0	0	46	18	0	0
	国外学术刊物		23	0	0	0	0	0	0	0	0	0	0	0	0	0	0	0	0
	港澳台刊物		24	0	0	0	0	0	0	0	0	0	0	0	0	0	0	0	0
研究与咨询报告(篇)	合计		25	25	0	0	0	0	0	0	0	0	0	0	0	25	0	0	0
	被采纳数		26	18	0	0	0	0	0	0	0	0	0	0	0	18	0	0	0

八、社科研究、课题与成果(来源情况)

3.49 江苏城市职业学院人文、社会科学研究与课题成果来源情况表

			课题来源															
			合计	国家社科基金项目	国家社科基金单列学科项目	教育部人文社科研究项目	高校古籍整理研究项目	国家自然科学基金项目	中央其他部门社科专门项目	省、市、自治区社科基金项目	省教育厅社科项目	地、市、厅、局等政府部门项目	国际合作研究项目	与港、澳、台地区合作研究项目	企事业单位委托项目	学校社科项目	外资项目	其他
		编号	L01	L02	L03	L04	L05	L06	L07	L08	L09	L10	L11	L12	L13	L14	L15	L16
课题数(项)		1	283	1	0	4	0	0	1	17	115	13	0	0	25	107	0	0
当年投入人数	合计(人年)	2	96.6	0.5	0	1.5	0	0	0.3	7	40.2	4.1	0	0	6.5	36.5	0	0
	研究生(人年)	3	0	0	0	0	0	0	0	0	0	0	0	0	0	0	0	0
当年拨入经费	合计(千元)	4	1 446.6	190	0	130	0	0	15	135	487	43	0	0	321.6	125	0	0
	当年立项项目拨入经费(千元)	5	1031.6	190	0	40	0	0	15	85	235	40	0	0	321.6	105	0	0
当年支出经费(千元)		6	1 527.42	36.46	0	94.23	0	0	7.24	132.01	552.03	47.21	0	0	418.93	239.31	0	0
当年新开课题数(项)		7	59	1	0	1	0	0	1	4	24	3	0	0	5	20	0	0
当年新开课题批准经费(千元)		8	1 761.6	200	0	80	0	0	30	170	470	80	0	0	321.6	410	0	0
当年完成课题数(项)		9	60	0	0	0	0	0	0	5	19	5	0	0	4	27	0	0

续表

出版著作(部)	合计		10	1	0	0	0	0	0	0	0	1	0	0	0	0	0	0	0
	专著	合计	11	1	0	0	0	0	0	0	0	1	0	0	0	0	0	0	0
		被译成外文	12	0	0	0	0	0	0	0	0	0	0	0	0	0	0	0	0
	编著教材		13	0	0	0	0	0	0	0	0	0	0	0	0	0	0	0	0
	工具书/参考书		14	0	0	0	0	0	0	0	0	0	0	0	0	0	0	0	0
	皮书/发展报告		15	0	0	0	0	0	0	0	0	0	0	0	0	0	0	0	0
	科普读物		16	0	0	0	0	0	0	0	0	0	0	0	0	0	0	0	0
古籍整理(部)			17	0	0	0	0	0	0	0	0	0	0	0	0	0	0	0	0
译著(部)			18	0	0	0	0	0	0	0	0	0	0	0	0	0	0	0	0
发表译文(篇)			19	0	0	0	0	0	0	0	0	0	0	0	0	0	0	0	0
电子出版物(件)			20	0	0	0	0	0	0	0	0	0	0	0	0	0	0	0	0
发表论文(篇)	合计		21	95	0	0	4	0	0	0	8	45	11	0	0	4	23	0	0
	国内学术刊物		22	95	0	0	4	0	0	0	8	45	11	0	0	4	23	0	0
	国外学术刊物		23	0	0	0	0	0	0	0	0	0	0	0	0	0	0	0	0
	港澳台刊物		24	0	0	0	0	0	0	0	0	0	0	0	0	0	0	0	0
研究与咨询报告(篇)	合计		25	0	0	0	0	0	0	0	0	0	0	0	0	0	0	0	0
	被采纳数		26	0	0	0	0	0	0	0	0	0	0	0	0	0	0	0	0

八、社科研究、课题与成果(来源情况)

3.50 南京城市职业学院人文、社会科学研究与课题成果来源情况表

			课题来源															
			合计	国家社科基金项目	国家社科基金单列学科项目	教育部人文社科研究项目	高校古籍整理研究项目	国家自然科学基金项目	中央其他部门社科专门项目	省、市、自治区社科基金项目	省教育厅社科项目	地、市、厅、局等政府部门项目	国际合作研究项目	与港、澳、台地区合作研究项目	企事业单位委托项目	学校社科项目	外资项目	其他
		编号	L01	L02	L03	L04	L05	L06	L07	L08	L09	L10	L11	L12	L13	L14	L15	L16
课题数(项)		1	153	0	0	0	0	0	0	3	47	0	0	0	0	103	0	0
当年投入人数	合计(人年)	2	13.3	0	0	0	0	0	0	0.3	5.4	0	0	0	0	7.6	0	0
	研究生(人年)	3	0	0	0	0	0	0	0	0	0	0	0	0	0	0	0	0
当年拨入经费	合计(千元)	4	101.55	0	0	0	0	0	0	4	60.7	0	0	0	0	36.85	0	0
	当年立项项目拨入经费(千元)	5	11.5	0	0	0	0	0	0	0	6	0	0	0	0	5.5	0	0
当年支出经费(千元)		6	149.15	0	0	0	0	0	0	4	83.8	0	0	0	0	61.35	0	0
当年新开课题数(项)		7	42	0	0	0	0	0	0	0	13	0	0	0	0	29	0	0
当年新开课题批准经费(千元)		8	225	0	0	0	0	0	0	0	130	0	0	0	0	95	0	0
当年完成课题数(项)		9	44	0	0	0	0	0	0	0	8	0	0	0	0	36	0	0

续表

出版著作（部）	合计		10	0	0	0	0	0	0	0	0	0	0	0	0	0	0	0	0
	专著	合计	11	0	0	0	0	0	0	0	0	0	0	0	0	0	0	0	0
		被译成外文	12	0	0	0	0	0	0	0	0	0	0	0	0	0	0	0	0
	编著教材		13	0	0	0	0	0	0	0	0	0	0	0	0	0	0	0	0
	工具书/参考书		14	0	0	0	0	0	0	0	0	0	0	0	0	0	0	0	0
	皮书/发展报告		15	0	0	0	0	0	0	0	0	0	0	0	0	0	0	0	0
	科普读物		16	0	0	0	0	0	0	0	0	0	0	0	0	0	0	0	0
古籍整理（部）			17	0	0	0	0	0	0	0	0	0	0	0	0	0	0	0	0
译著（部）			18	0	0	0	0	0	0	0	0	0	0	0	0	0	0	0	0
发表译文（篇）			19	0	0	0	0	0	0	0	0	0	0	0	0	0	0	0	0
电子出版物（件）			20	0	0	0	0	0	0	0	0	0	0	0	0	0	0	0	0
发表论文（篇）	合计		21	13	0	0	0	0	0	0	0	6	0	0	0	0	7	0	0
	国内学术刊物		22	13	0	0	0	0	0	0	0	6	0	0	0	0	7	0	0
	国外学术刊物		23	0	0	0	0	0	0	0	0	0	0	0	0	0	0	0	0
	港澳台刊物		24	0	0	0	0	0	0	0	0	0	0	0	0	0	0	0	0
研究与咨询报告（篇）	合计		25	0	0	0	0	0	0	0	0	0	0	0	0	0	0	0	0
	被采纳数		26	0	0	0	0	0	0	0	0	0	0	0	0	0	0	0	0

八、社科研究、课题与成果（来源情况） 8 551

3.51 南京机电职业技术学院人文、社会科学研究与课题成果来源情况表

			课题来源															
			合计	国家社科基金项目	国家社科基金单列学科项目	教育部人文社科研究项目	高校古籍整理研究项目	国家自然科学基金项目	中央其他部门社科专门项目	省、市、自治区社科基金项目	省教育厅社科项目	地、市、厅、局等政府部门项目	国际合作研究项目	与港、澳、台地区合作研究项目	企事业单位委托项目	学校社科项目	外资项目	其他
		编号	L01	L02	L03	L04	L05	L06	L07	L08	L09	L10	L11	L12	L13	L14	L15	L16
课题数(项)		1	121	0	0	0	0	0	0	2	37	12	0	0	16	54	0	0
当年投入人数	合计(人年)	2	17.1	0	0	0	0	0	0	0.5	7.2	2.4	0	0	1.6	5.4	0	0
	研究生(人年)	3	0	0	0	0	0	0	0	0	0	0	0	0	0	0	0	0
当年拨入经费	合计(千元)	4	349.7	0	0	0	0	0	0	0	111	10	0	0	168.7	60	0	0
	当年立项项目拨入经费(千元)	5	347.7	0	0	0	0	0	0	0	111	10	0	0	168.7	58	0	0
当年支出经费(千元)		6	256.3	0	0	0	0	0	0	2.5	41.3	49.3	0	0	133.7	29.5	0	0
当年新开课题数(项)		7	63	0	0	0	0	0	0	0	15	4	0	0	16	28	0	0
当年新开课题批准经费(千元)		8	433.2	0	0	0	0	0	0	0	150	16	0	0	176.2	91	0	0
当年完成课题数(项)		9	41	0	0	0	0	0	0	0	7	4	0	0	12	18	0	0

八、社科研究、课题与成果(来源情况)

续表

出版著作(部)	合计		10	2	0	0	0	0	0	0	0	0	2	0	0	0	0	0	0
	专著	合计	11	0	0	0	0	0	0	0	0	0	0	0	0	0	0	0	0
		被译成外文	12	0	0	0	0	0	0	0	0	0	0	0	0	0	0	0	0
	编著教材		13	0	0	0	0	0	0	0	0	0	0	0	0	0	0	0	0
	工具书/参考书		14	1	0	0	0	0	0	0	0	0	1	0	0	0	0	0	0
	皮书/发展报告		15	0	0	0	0	0	0	0	0	0	0	0	0	0	0	0	0
	科普读物		16	1	0	0	0	0	0	0	0	0	1	0	0	0	0	0	0
古籍整理(部)			17	0	0	0	0	0	0	0	0	0	0	0	0	0	0	0	0
译著(部)			18	0	0	0	0	0	0	0	0	0	0	0	0	0	0	0	0
发表译文(篇)			19	0	0	0	0	0	0	0	0	0	0	0	0	0	0	0	0
电子出版物(件)			20	1	0	0	0	0	0	0	0	1	0	0	0	0	0	0	0
发表论文(篇)	合计		21	66	0	0	0	0	0	0	2	18	16	0	0	15	14	0	0
	国内学术刊物		22	66	0	0	0	0	0	0	2	18	16	0	0	16	14	0	0
	国外学术刊物		23	0	0	0	0	0	0	0	0	0	0	0	0	0	0	0	0
	港澳台刊物		24	0	0	0	0	0	0	0	0	0	0	0	0	0	0	0	0
研究与咨询报告(篇)	合计		25	3	0	0	0	0	0	0	1	0	0	0	0	2	0	0	0
	被采纳数		26	0	0	0	0	0	0	0	0	0	0	0	0	0	0	0	0

3.52 南京旅游职业学院人文、社会科学研究与课题成果来源情况表

			课题来源															
			合计	国家社科基金项目	国家社科基金单列学科项目	教育部人文社科研究项目	高校古籍整理研究项目	国家自然科学基金项目	中央其他部门社科专门项目	省、市、自治区社科基金项目	省教育厅社科项目	地、市、厅、局等政府部门项目	国际合作研究项目	与港、澳、台地区合作研究项目	企事业单位委托项目	学校社科项目	外资项目	其他
		编号	L01	L02	L03	L04	L05	L06	L07	L08	L09	L10	L11	L12	L13	L14	L15	L16
课题数(项)		1	142	0	0	1	0	1	2	8	47	24	0	0	6	49	0	4
当年投入人数	合计(人年)	2	24.4	0	0	0.1	0	0.2	0.3	1.7	8.1	3.4	0	0	1.1	8.8	0	0.7
	研究生(人年)	3	0	0	0	0	0	0	0	0	0	0	0	0	0	0	0	0
当年拨入经费	合计(千元)	4	618.85	0	0	80	0	0	10	114	30	183	0	0	100	99.85	0	2
	当年立项项目拨入经费(千元)	5	510	0	0	80	0	0	0	110	30	135	0	0	75	80	0	0
当年支出经费(千元)		6	595.49	0	0	0	0	80	10	27	106	165.94	0	0	92	104.55	0	10
当年新开课题数(项)		7	41	0	0	1	0	0	0	2	7	11	0	0	4	16	0	0
当年新开课题批准经费(千元)		8	621.5	0	0	80	0	0	0	110	70	186.5	0	0	75	100	0	0
当年完成课题数(项)		9	51	0	0	0	0	0	2	0	16	6	0	0	5	19	0	3

续表

出版著作（部）	合计		10	2	0	0	0	0	0	1	0	0	0	0	0	0	1	0	0
	专著	合计	11	0	0	0	0	0	0	0	0	0	0	0	0	0	0	0	0
		被译成外文	12	0	0	0	0	0	0	0	0	0	0	0	0	0	0	0	0
	编著教材		13	2	0	0	0	0	0	1	0	0	0	0	0	0	1	0	0
	工具书/参考书		14	0	0	0	0	0	0	0	0	0	0	0	0	0	0	0	0
	皮书/发展报告		15	0	0	0	0	0	0	0	0	0	0	0	0	0	0	0	0
	科普读物		16	0	0	0	0	0	0	0	0	0	0	0	0	0	0	0	0
古籍整理（部）			17	0	0	0	0	0	0	0	0	0	0	0	0	0	0	0	0
译著（部）			18	0	0	0	0	0	0	0	0	0	0	0	0	0	0	0	0
发表译文（篇）			19	0	0	0	0	0	0	0	0	0	0	0	0	0	0	0	0
电子出版物（件）			20	0	0	0	0	0	0	0	0	0	0	0	0	0	0	0	0
发表论文（篇）	合计		21	73	0	0	0	0	1	1	16	16	6	0	0	2	29	0	2
	国内学术刊物		22	72	0	0	0	0	1	1	16	16	6	0	0	2	28	0	2
	国外学术刊物		23	0	0	0	0	0	0	0	0	0	0	0	0	0	0	0	0
	港澳台刊物		24	1	0	0	0	0	0	0	0	0	0	0	0	0	1	0	0
研究与咨询报告（篇）	合计		25	0	0	0	0	0	0	0	0	0	0	0	0	0	0	0	0
	被采纳数		26	0	0	0	0	0	0	0	0	0	0	0	0	0	0	0	0

3.53 江苏卫生健康职业学院人文、社会科学研究与课题成果来源情况表

			课题来源															
			合计	国家社科基金项目	国家社科基金单列学科项目	教育部人文社科研究项目	高校古籍整理研究项目	国家自然科学基金项目	中央其他部门社科专门项目	省、市、自治区社科基金项目	省教育厅社科项目	地、市、厅、局等政府部门项目	国际合作研究项目	与港、澳、台地区合作研究项目	企事业单位委托项目	学校社科项目	外资项目	其他
		编号	L01	L02	L03	L04	L05	L06	L07	L08	L09	L10	L11	L12	L13	L14	L15	L16
课题数(项)		1	105	0	0	0	0	0	0	2	42	6	0	0	4	48	0	3
当年投入人数	合计(人年)	2	23.3	0	0	0	0	0	0	0.4	7.5	1.5	0	0	1.2	11.3	0	1.4
	研究生(人年)	3	0.5	0	0	0	0	0	0	0	0	0	0	0	0	0	0	0.5
当年拨入经费	合计(千元)	4	269.5	0	0	0	0	0	0	10	130	6.5	0	0	53	0	0	70
	当年立项项目拨入经费(千元)	5	269.5	0	0	0	0	0	0	10	130	6.5	0	0	53	0	0	70
当年支出经费(千元)		6	134.96	0	0	0	0	0	0	9.68	58.78	4.8	0	0	24	16.7	0	21
当年新开课题数(项)		7	19	0	0	0	0	0	0	1	13	1	0	0	1	0	0	3
当年新开课题批准经费(千元)		8	269.5	0	0	0	0	0	0	10	130	6.5	0	0	53	0	0	70
当年完成课题数(项)		9	16	0	0	0	0	0	0	0	0	0	0	0	0	16	0	0

续表

出版著作(部)	合计		10	1	0	0	0	0	0	1	0	0	0	0	0	0	0	0	0
	专著	合计	11	0	0	0	0	0	0	0	0	0	0	0	0	0	0	0	0
		被译成外文	12	0	0	0	0	0	0	0	0	0	0	0	0	0	0	0	0
	编著教材		13	1	0	0	0	0	0	1	0	0	0	0	0	0	0	0	0
	工具书/参考书		14	0	0	0	0	0	0	0	0	0	0	0	0	0	0	0	0
	皮书/发展报告		15	0	0	0	0	0	0	0	0	0	0	0	0	0	0	0	0
	科普读物		16	0	0	0	0	0	0	0	0	0	0	0	0	0	0	0	0
古籍整理(部)			17	0	0	0	0	0	0	0	0	0	0	0	0	0	0	0	0
译著(部)			18	0	0	0	0	0	0	0	0	0	0	0	0	0	0	0	0
发表译文(篇)			19	0	0	0	0	0	0	0	0	0	0	0	0	0	0	0	0
电子出版物(件)			20	0	0	0	0	0	0	0	0	0	0	0	0	0	0	0	0
发表论文(篇)	合计		21	31	0	0	0	0	0	0	2	11	4	0	0	1	1	0	12
	国内学术刊物		22	29	0	0	0	0	0	0	2	9	4	0	0	1	1	0	12
	国外学术刊物		23	2	0	0	0	0	0	0	0	2	0	0	0	0	0	0	0
	港澳台刊物		24	0	0	0	0	0	0	0	0	0	0	0	0	0	0	0	0
研究与咨询报告(篇)	合计		25	0	0	0	0	0	0	0	0	0	0	0	0	0	0	0	0
	被采纳数		26	0	0	0	0	0	0	0	0	0	0	0	0	0	0	0	0

八、社科研究、课题与成果(来源情况)

3.54 苏州信息职业技术学院人文、社会科学研究与课题成果来源情况表

课题来源

		编号	合计 L01	国家社科基金项目 L02	国家社科基金单列学科项目 L03	教育部人文社科研究项目 L04	高校古籍整理研究项目 L05	国家自然科学基金项目 L06	中央其他部门社科专门项目 L07	省、市、自治区社科基金项目 L08	省教育厅社科项目 L09	地、市、厅、局等政府部门项目 L10	国际合作研究项目 L11	与港、澳、台地区合作研究项目 L12	企事业单位委托项目 L13	学校社科项目 L14	外资项目 L15	其他 L16
课题数(项)		1	22	0	0	0	0	0	0	1	19	1	0	0	1	0	0	0
当年投入人数	合计(人年)	2	5.4	0	0	0	0	0	0	0.2	4.8	0.3	0	0	0.1	0	0	0
	研究生(人年)	3	0	0	0	0	0	0	0	0	0	0	0	0	0	0	0	0
当年拨入经费	合计(千元)	4	47	0	0	0	0	0	0	0	36	6	0	0	5	0	0	0
	当年立项项目拨入经费(千元)	5	47	0	0	0	0	0	0	0	36	6	0	0	5	0	0	0
当年支出经费(千元)		6	57.2	0	0	0	0	0	0	3.5	46.9	1.8	0	0	5	0	0	0
当年新开课题数(项)		7	5	0	0	0	0	0	0	0	3	1	0	0	1	0	0	0
当年新开课题批准经费(千元)		8	47	0	0	0	0	0	0	0	36	6	0	0	5	0	0	0
当年完成课题数(项)		9	3	0	0	0	0	0	0	0	3	0	0	0	0	0	0	0

续表

出版著作(部)	合计		10	0	0	0	0	0	0	0	0	0	0	0	0	0	0	0	0
	专著	合计	11	0	0	0	0	0	0	0	0	0	0	0	0	0	0	0	0
		被译成外文	12	0	0	0	0	0	0	0	0	0	0	0	0	0	0	0	0
	编著教材		13	0	0	0	0	0	0	0	0	0	0	0	0	0	0	0	0
	工具书/参考书		14	0	0	0	0	0	0	0	0	0	0	0	0	0	0	0	0
	皮书/发展报告		15	0	0	0	0	0	0	0	0	0	0	0	0	0	0	0	0
	科普读物		16	0	0	0	0	0	0	0	0	0	0	0	0	0	0	0	0
古籍整理(部)			17	0	0	0	0	0	0	0	0	0	0	0	0	0	0	0	0
译著(部)			18	0	0	0	0	0	0	0	0	0	0	0	0	0	0	0	0
发表译文(篇)			19	0	0	0	0	0	0	0	0	0	0	0	0	0	0	0	0
电子出版物(件)			20	0	0	0	0	0	0	0	0	0	0	0	0	0	0	0	0
发表论文(篇)	合计		21	5	0	0	0	0	0	0	0	4	1	0	0	0	0	0	0
	国内学术刊物		22	5	0	0	0	0	0	0	0	4	1	0	0	0	0	0	0
	国外学术刊物		23	0	0	0	0	0	0	0	0	0	0	0	0	0	0	0	0
	港澳台刊物		24	0	0	0	0	0	0	0	0	0	0	0	0	0	0	0	0
研究与咨询报告(篇)	合计		25	0	0	0	0	0	0	0	0	0	0	0	0	0	0	0	0
	被采纳数		26	0	0	0	0	0	0	0	0	0	0	0	0	0	0	0	0

八、社科研究、课题与成果(来源情况)

3.55 苏州工业园区服务外包职业学院人文、社会科学研究与课题成果来源情况表

			课题来源															
			合计	国家社科基金项目	国家社科基金单列学科项目	教育部人文社科研究项目	高校古籍整理研究项目	国家自然科学基金项目	中央其他部门社科专门项目	省、市、自治区社科基金项目	省教育厅社科项目	地、市、厅、局等政府部门项目	国际合作研究项目	与港、澳、台地区合作研究项目	企事业单位委托项目	学校社科项目	外资项目	其他
		编号	L01	L02	L03	L04	L05	L06	L07	L08	L09	L10	L11	L12	L13	L14	L15	L16
课题数(项)		1	169	0	0	0	0	0	0	0	35	58	0	0	54	20	0	2
当年投入人数	合计(人年)	2	28.7	0	0	0	0	0	0	0	6.1	9.7	0	0	10	2.5	0	0.4
	研究生(人年)	3	0	0	0	0	0	0	0	0	0	0	0	0	0	0	0	0
当年拨入经费	合计(千元)	4	2 990.49	0	0	0	0	0	0	0	110	121.6	0	0	2 690.89	0	0	68
	当年立项项目拨入经费(千元)	5	2 862.49	0	0	0	0	0	0	0	110	121.6	0	0	2 630.89	0	0	0
当年支出经费(千元)		6	3 127.14	0	0	0	0	0	0	0	93.25	201.25	0	0	2 755.64	9	0	68
当年新开课题数(项)		7	74	0	0	0	0	0	0	0	11	21	0	0	36	6	0	0
当年新开课题批准经费(千元)		8	2 862.49	0	0	0	0	0	0	0	110	121.6	0	0	2 630.89	0	0	0
当年完成课题数(项)		9	84	0	0	0	0	0	0	0	8	26	0	0	44	5	0	1

续表

出版著作（部）	合计		10	1	0	0	0	0	0	0	0	0	0	0	0	0	1	0	0
	专著	合计	11	1	0	0	0	0	0	0	0	0	0	0	0	0	1	0	0
		被译成外文	12	0	0	0	0	0	0	0	0	0	0	0	0	0	0	0	0
	编著教材		13	0	0	0	0	0	0	0	0	0	0	0	0	0	0	0	0
	工具书/参考书		14	0	0	0	0	0	0	0	0	0	0	0	0	0	0	0	0
	皮书/发展报告		15	0	0	0	0	0	0	0	0	0	0	0	0	0	0	0	0
	科普读物		16	0	0	0	0	0	0	0	0	0	0	0	0	0	0	0	0
古籍整理（部）			17	0	0	0	0	0	0	0	0	0	0	0	0	0	0	0	0
译著（部）			18	0	0	0	0	0	0	0	0	0	0	0	0	0	0	0	0
发表译文（篇）			19	0	0	0	0	0	0	0	0	0	0	0	0	0	0	0	0
电子出版物（件）			20	0	0	0	0	0	0	0	0	0	0	0	0	0	0	0	0
发表论文（篇）	合计		21	44	0	0	0	0	0	0	0	30	11	0	0	0	3	0	0
	国内学术刊物		22	41	0	0	0	0	0	0	0	27	11	0	0	0	3	0	0
	国外学术刊物		23	3	0	0	0	0	0	0	0	3	0	0	0	0	0	0	0
	港澳台刊物		24	0	0	0	0	0	0	0	0	0	0	0	0	0	0	0	0
研究与咨询报告（篇）	合计		25	35	0	0	0	0	0	0	0	0	0	0	0	35	0	0	0
	被采纳数		26	35	0	0	0	0	0	0	0	0	0	0	0	35	0	0	0

八、社科研究、课题与成果（来源情况）

3.56 徐州幼儿师范高等专科学校人文、社会科学研究与课题成果来源情况表

			课题来源															
			合计	国家社科基金项目	国家社科基金单列学科项目	教育部人文社科研究项目	高校古籍整理研究项目	国家自然科学基金项目	中央其他部门社科专门项目	省、市、自治区社科基金项目	省教育厅社科项目	地、市、厅、局等政府部门项目	国际合作研究项目	与港、澳、台地区合作研究项目	企事业单位委托项目	学校社科项目	外资项目	其他
		编号	L01	L02	L03	L04	L05	L06	L07	L08	L09	L10	L11	L12	L13	L14	L15	L16
课题数(项)		1	158	0	0	2	0	0	1	1	52	77	0	0	0	25	0	0
当年投入人数	合计(人年)	2	27.1	0	0	0.4	0	0	0.3	0.2	9.1	14	0	0	0	3.1	0	0
	研究生(人年)	3	0	0	0	0	0	0	0	0	0	0	0	0	0	0	0	0
当年拨入经费	合计(千元)	4	398	0	0	10	0	0	30	100	3	192	0	0	0	63	0	0
	当年立项项目拨入经费(千元)	5	378	0	0	0	0	0	30	100	3	182	0	0	0	63	0	0
当年支出经费(千元)		6	326	0	0	16	0	0	30	50	3	179	0	0	0	48	0	0
当年新开课题数(项)		7	85	0	0	0	0	0	1	1	17	44	0	0	0	22	0	0
当年新开课题批准经费(千元)		8	2 008	0	0	0	0	0	100	450	138	1254	0	0	0	56	0	0
当年完成课题数(项)		9	29	0	0	0	0	0	0	1	0	12	0	0	0	16	0	0

续表

	10	11	12	13	14	15	16	17	18	19	20	21	22	23	24	25	26
	0	0	0	0	0	0	0	0	0	0	0	0	0	0	0	0	0
	0	0	0	0	0	0	0	0	0	0	0	0	0	0	0	0	0
	0	0	0	0	0	0	0	0	0	0	0	11	11	0	0	0	0
	0	0	0	0	0	0	0	0	0	0	0	0	0	0	0	0	0
	0	0	0	0	0	0	0	0	0	0	0	0	0	0	0	0	0
	1	0	0	1	0	0	0	0	0	0	0	33	33	0	0	0	0
	4	0	0	4	0	0	0	0	0	0	0	31	31	0	0	3	3
	1	0	0	1	0	0	0	0	0	0	0	2	2	0	0	0	0
	0	0	0	0	0	0	0	0	0	0	0	0	0	0	0	0	0
	0	0	0	0	0	0	0	0	0	0	0	0	0	0	0	0	0
	0	0	0	0	0	0	0	0	0	0	0	0	0	0	0	0	0
	0	0	0	0	0	0	0	0	0	0	0	0	0	0	0	0	0
	0	0	0	0	0	0	0	0	0	0	0	0	0	0	0	0	0
	6	0	0	6	0	0	0	0	0	0	0	77	77	0	0	3	3
	10	11	12	13	14	15	16	17	18	19	20	21	22	23	24	25	26
出版著作(部)	合计																
	专著	合计															
		被译成外文															
	编著教材																
	工具书/参考书																
	皮书/发展报告																
	科普读物																
古籍整理(部)																	
译著(部)																	
发表译文(篇)																	
电子出版物(件)																	
发表论文(篇)	合计																
	国内学术刊物																
	国外学术刊物																
	港澳台刊物																
研究与咨询报告(篇)	合计																
	被采纳数																

八、社科研究、课题与成果(来源情况)

3.57 徐州生物工程职业技术学院人文、社会科学研究与课题成果来源情况表

			课题来源															
			合计	国家社科基金项目	国家社科基金单列学科项目	教育部人文社科研究项目	高校古籍整理研究项目	国家自然科学基金项目	中央其他部门社科专门项目	省、市、自治区社科基金项目	省教育厅社科项目	地、市、厅、局等政府部门项目	国际合作研究项目	与港、澳、台地区合作研究项目	企事业单位委托项目	学校社科项目	外资项目	其他
		编号	L01	L02	L03	L04	L05	L06	L07	L08	L09	L10	L11	L12	L13	L14	L15	L16
课题数(项)		1	63	0	0	0	0	0	0	0	15	22	0	0	0	26	0	0
当年投入人数	合计(人年)	2	6.3	0	0	0	0	0	0	0	1.5	2.2	0	0	0	2.6	0	0
	研究生(人年)	3	0	0	0	0	0	0	0	0	0	0	0	0	0	0	0	0
当年拨入经费	合计(千元)	4	27	0	0	0	0	0	0	0	5	2	0	0	0	20	0	0
	当年立项项目拨入经费(千元)	5	27	0	0	0	0	0	0	0	5	2	0	0	0	20	0	0
当年支出经费(千元)		6	33.1	0	0	0	0	0	0	0	4.8	2.3	0	0	0	26	0	0
当年新开课题数(项)		7	23	0	0	0	0	0	0	0	5	13	0	0	0	5	0	0
当年新开课题批准经费(千元)		8	32	0	0	0	0	0	0	0	10	2	0	0	0	20	0	0
当年完成课题数(项)		9	31	0	0	0	0	0	0	0	5	15	0	0	0	11	0	0

续表

出版著作（部）	合计		10	0	0	0	0	0	0	0	0	0	0	0	0	0	0	0	0
	专著	合计	11	0	0	0	0	0	0	0	0	0	0	0	0	0	0	0	0
		被译成外文	12	0	0	0	0	0	0	0	0	0	0	0	0	0	0	0	0
	编著教材		13	0	0	0	0	0	0	0	0	0	0	0	0	0	0	0	0
	工具书/参考书		14	0	0	0	0	0	0	0	0	0	0	0	0	0	0	0	0
	皮书/发展报告		15	0	0	0	0	0	0	0	0	0	0	0	0	0	0	0	0
	科普读物		16	0	0	0	0	0	0	0	0	0	0	0	0	0	0	0	0
古籍整理（部）			17	0	0	0	0	0	0	0	0	0	0	0	0	0	0	0	0
译著（部）			18	0	0	0	0	0	0	0	0	0	0	0	0	0	0	0	0
发表译文（篇）			19	0	0	0	0	0	0	0	0	0	0	0	0	0	0	0	0
电子出版物（件）			20	0	0	0	0	0	0	0	0	0	0	0	0	0	0	0	0
发表论文（篇）	合计		21	29	0	0	0	0	0	0	0	6	11	0	0	0	12	0	0
	国内学术刊物		22	29	0	0	0	0	0	0	0	6	11	0	0	0	12	0	0
	国外学术刊物		23	0	0	0	0	0	0	0	0	0	0	0	0	0	0	0	0
	港澳台刊物		24	0	0	0	0	0	0	0	0	0	0	0	0	0	0	0	0
研究与咨询报告（篇）	合计		25	6	0	0	0	0	0	0	0	0	5	0	0	0	1	0	0
	被采纳数		26	0	0	0	0	0	0	0	0	0	0	0	0	0	0	0	0

八、社科研究、课题与成果（来源情况）

3.58 江苏商贸职业学院人文、社会科学研究与课题成果来源情况表

		编号	合计	国家社科基金项目	国家社科基金单列学科项目	教育部人文社科研究项目	高校古籍整理研究项目	国家自然科学基金项目	中央其他部门社科专门项目	省、市、自治区社科基金项目	省教育厅社科项目	地、市、厅、局等政府部门项目	国际合作研究项目	与港、澳、台地区合作研究项目	企事业单位委托项目	学校社科项目	外资项目	其他
			课题来源															
			L01	L02	L03	L04	L05	L06	L07	L08	L09	L10	L11	L12	L13	L14	L15	L16
课题数(项)		1	105	0	0	0	0	0	0	0	24	10	0	0	19	52	0	0
当年投入人数	合计(人年)	2	34.5	0	0	0	0	0	0	0	10.7	3.9	0	0	5.5	14.4	0	0
	研究生(人年)	3	0	0	0	0	0	0	0	0	0	0	0	0	0	0	0	0
当年拨入经费	合计(千元)	4	267.3	0	0	0	0	0	0	0	80	5	0	0	139.1	43.2	0	0
	当年立项项目拨入经费(千元)	5	258.3	0	0	0	0	0	0	0	80	5	0	0	139.1	34.2	0	0
当年支出经费(千元)		6	238.1	0	0	0	0	0	0	0	25	3.5	0	0	162.65	46.95	0	0
当年新开课题数(项)		7	37	0	0	0	0	0	0	0	8	3	0	0	10	16	0	0
当年新开课题批准经费(千元)		8	308.1	0	0	0	0	0	0	0	80	35	0	0	149.1	44	0	0
当年完成课题数(项)		9	42	0	0	0	0	0	0	0	8	3	0	0	14	17	0	0

续表

出版著作(部)	合计		10	3	0	0	0	0	0	0	0	0	0	0	0	1	2	0	0
	专著	合计	11	0	0	0	0	0	0	0	0	0	0	0	0	0	0	0	0
		被译成外文	12	0	0	0	0	0	0	0	0	0	0	0	0	0	0	0	0
	编著教材		13	3	0	0	0	0	0	0	0	0	0	0	0	1	2	0	0
	工具书/参考书		14	0	0	0	0	0	0	0	0	0	0	0	0	0	0	0	0
	皮书/发展报告		15	0	0	0	0	0	0	0	0	0	0	0	0	0	0	0	0
	科普读物		16	0	0	0	0	0	0	0	0	0	0	0	0	0	0	0	0
古籍整理(部)			17	0	0	0	0	0	0	0	0	0	0	0	0	0	0	0	0
译著(部)			18	0	0	0	0	0	0	0	0	0	0	0	0	0	0	0	0
发表译文(篇)			19	0	0	0	0	0	0	0	0	0	0	0	0	0	0	0	0
电子出版物(件)			20	0	0	0	0	0	0	0	0	0	0	0	0	0	0	0	0
发表论文(篇)	合计		21	60	0	0	0	0	0	0	0	19	8	0	0	2	31	0	0
	国内学术刊物		22	60	0	0	0	0	0	0	0	19	8	0	0	2	31	0	0
	国外学术刊物		23	0	0	0	0	0	0	0	0	0	0	0	0	0	0	0	0
	港澳台刊物		24	0	0	0	0	0	0	0	0	0	0	0	0	0	0	0	0
研究与咨询报告(篇)	合计		25	18	0	0	0	0	0	0	0	0	6	0	0	12	0	0	0
	被采纳数		26	0	0	0	0	0	0	0	0	0	0	0	0	0	0	0	0

3.59 南通师范高等专科学校人文、社会科学研究与课题成果来源情况表

			课题来源															
			合计	国家社科基金项目	国家社科基金单列学科项目	教育部人文社科研究项目	高校古籍整理研究项目	国家自然科学基金项目	中央其他部门社科专门项目	省、市、自治区社科基金项目	省教育厅社科项目	地、市、厅、局等政府部门项目	国际合作研究项目	与港、澳、台地区合作研究项目	企事业单位委托项目	学校社科项目	外资项目	其他
		编号	L01	L02	L03	L04	L05	L06	L07	L08	L09	L10	L11	L12	L13	L14	L15	L16
课题数(项)		1	43	0	0	3	0	0	0	0	2	32	0	0	0	6	0	0
当年投入人数	合计(人年)	2	11.2	0	0	1.2	0	0	0	0	0.4	9	0	0	0	0.6	0	0
	研究生(人年)	3	0	0	0	0	0	0	0	0	0	0	0	0	0	0	0	0
当年拨入经费	合计(千元)	4	53	0	0	48	0	0	0	0	0	5	0	0	0	0	0	0
	当年立项项目拨入经费(千元)	5	20	0	0	15	0	0	0	0	0	5	0	0	0	0	0	0
当年支出经费(千元)		6	36.74	0	0	13.84	0	0	0	0	0.9	22	0	0	0	0	0	0
当年新开课题数(项)		7	23	0	0	1	0	0	0	0	0	22	0	0	0	0	0	0
当年新开课题批准经费(千元)		8	127	0	0	80	0	0	0	0	0	47	0	0	0	0	0	0
当年完成课题数(项)		9	8	0	0	1	0	0	0	0	1	5	0	0	0	1	0	0

续表

出版著作(部)	合计		10	0	0	0	0	0	0	0	0	0	0	0	0	0	0	0	0
	专著	合计	11	0	0	0	0	0	0	0	0	0	0	0	0	0	0	0	0
		被译成外文	12	0	0	0	0	0	0	0	0	0	0	0	0	0	0	0	0
	编著教材		13	0	0	0	0	0	0	0	0	0	0	0	0	0	0	0	0
	工具书/参考书		14	0	0	0	0	0	0	0	0	0	0	0	0	0	0	0	0
	皮书/发展报告		15	0	0	0	0	0	0	0	0	0	0	0	0	0	0	0	0
	科普读物		16	0	0	0	0	0	0	0	0	0	0	0	0	0	0	0	0
古籍整理(部)			17	0	0	0	0	0	0	0	0	0	0	0	0	0	0	0	0
译著(部)			18	0	0	0	0	0	0	0	0	0	0	0	0	0	0	0	0
发表译文(篇)			19	0	0	0	0	0	0	0	0	0	0	0	0	0	0	0	0
电子出版物(件)			20	0	0	0	0	0	0	0	0	0	0	0	0	0	0	0	0
发表论文(篇)	合计		21	23	0	0	2	0	0	0	0	5	15	0	0	0	1	0	0
	国内学术刊物		22	23	0	0	2	0	0	0	0	5	15	0	0	0	1	0	0
	国外学术刊物		23	0	0	0	0	0	0	0	0	0	0	0	0	0	0	0	0
	港澳台刊物		24	0	0	0	0	0	0	0	0	0	0	0	0	0	0	0	0
研究与咨询报告(篇)	合计		25	0	0	0	0	0	0	0	0	0	0	0	0	0	0	0	0
	被采纳数		26	0	0	0	0	0	0	0	0	0	0	0	0	0	0	0	0

3.60 江苏护理职业学院人文、社会科学研究与课题成果来源情况表

			课题来源															
			合计	国家社科基金项目	国家社科基金单列学科项目	教育部人文社科研究项目	高校古籍整理研究项目	国家自然科学基金项目	中央其他部门社科专门项目	省、市、自治区社科基金项目	省教育厅社科项目	地、市、厅、局等政府部门项目	国际合作研究项目	与港、澳、台地区合作研究项目	企事业单位委托项目	学校社科项目	外资项目	其他
		编号	L01	L02	L03	L04	L05	L06	L07	L08	L09	L10	L11	L12	L13	L14	L15	L16
课题数(项)		1	52	0	0	0	0	0	0	0	36	9	0	0	0	7	0	0
当年投入人数	合计(人年)	2	10.2	0	0	0	0	0	0	0	6.8	1.9	0	0	0	1.5	0	0
	研究生(人年)	3	0	0	0	0	0	0	0	0	0	0	0	0	0	0	0	0
当年拨入经费	合计(千元)	4	174.2	0	0	0	0	0	0	0	110.2	35	0	0	0	29	0	0
	当年立项项目拨入经费(千元)	5	92.5	0	0	0	0	0	0	0	57.5	35	0	0	0	0	0	0
当年支出经费(千元)		6	174.2	0	0	0	0	0	0	0	110.2	35	0	0	0	29	0	0
当年新开课题数(项)		7	27	0	0	0	0	0	0	0	18	9	0	0	0	0	0	0
当年新开课题批准经费(千元)		8	219	0	0	0	0	0	0	0	180	39	0	0	0	0	0	0
当年完成课题数(项)		9	9	0	0	0	0	0	0	0	2	7	0	0	0	0	0	0

续表

八、社科研究、课题与成果（来源情况）

项目	编号	C1	C2	C3	C4	C5	C6	C7	C8	C9	C10	C11	C12	C13	C14	C15
出版著作(部) 合计	10	0	0	0	0	0	0	0	0	0	0	0	0	3	0	3
专著 合计	11	0	0	0	0	0	0	0	0	0	0	0	0	2	0	2
被译成外文	12	0	0	0	0	0	0	0	0	0	0	0	0	0	0	0
编著教材	13	0	0	0	0	0	0	0	0	0	0	0	0	1	0	1
工具书/参考书	14	0	0	0	0	0	0	0	0	0	0	0	0	0	0	0
皮书/发展报告	15	0	0	0	0	0	0	0	0	0	0	0	0	0	0	0
科普读物	16	0	0	0	0	0	0	0	0	0	0	0	0	0	0	0
古籍整理(部)	17	0	0	0	0	0	0	0	0	0	0	0	0	0	0	0
译著(部)	18	0	0	0	0	0	0	0	0	0	0	0	0	0	0	0
发表译文(篇)	19	0	0	0	0	0	0	0	0	0	0	0	0	0	0	0
电子出版物(件)	20	0	0	0	0	0	0	0	0	0	0	0	0	0	0	0
发表论文(篇) 合计	21	0	0	0	0	0	0	0	12	0	0	0	0	12	0	12
国内学术刊物	22	0	0	0	0	0	0	0	12	0	0	0	0	12	0	12
国外学术刊物	23	0	0	0	0	0	0	0	0	0	0	0	0	0	0	0
港澳台刊物	24	0	0	0	0	0	0	0	0	0	0	0	0	0	0	0
研究与咨询报告(篇) 合计	25	0	0	0	0	0	0	7	0	0	0	0	0	7	0	7
被采纳数	26	0	0	0	0	0	0	0	0	0	0	0	0	0	0	0

3.61 江苏财会职业学院人文、社会科学研究与课题成果来源情况表

			课题来源															
			合计	国家社科基金项目	国家社科基金单列学科项目	教育部人文社科研究项目	高校古籍整理研究项目	国家自然科学基金项目	中央其他部门社科专门项目	省、市、自治区社科基金项目	省教育厅社科项目	地、市、厅、局等政府部门项目	国际合作研究项目	与港、澳、台地区合作研究项目	企事业单位委托项目	学校社科项目	外资项目	其他
		编号	L01	L02	L03	L04	L05	L06	L07	L08	L09	L10	L11	L12	L13	L14	L15	L16
课题数(项)		1	91	0	0	0	0	0	0	6	29	22	0	0	25	9	0	0
当年投入人数	合计(人年)	2	28.7	0	0	0	0	0	0	1	6.3	9	0	0	9.8	2.6	0	0
	研究生(人年)	3	0	0	0	0	0	0	0	0	0	0	0	0	0	0	0	0
当年拨入经费	合计(千元)	4	158	0	0	0	0	0	0	12	43	51	0	0	37	15	0	0
	当年立项项目拨入经费(千元)	5	86.5	0	0	0	0	0	0	0	9	51	0	0	20.5	6	0	0
当年支出经费(千元)		6	158	0	0	0	0	0	0	12	43	51	0	0	37	15	0	0
当年新开课题数(项)		7	54	0	0	0	0	0	0	0	12	17	0	0	19	6	0	0
当年新开课题批准经费(千元)		8	226	0	0	0	0	0	0	0	96	101	0	0	23	6	0	0
当年完成课题数(项)		9	57	0	0	0	0	0	0	1	8	17	0	0	22	9	0	0

续表

出版著作(部)	合计		10	0	0	0	0	0	0	0	0	0	0	0	0	0	0	0	0
	专著	合计	11	0	0	0	0	0	0	0	0	0	0	0	0	0	0	0	0
		被译成外文	12	0	0	0	0	0	0	0	0	0	0	0	0	0	0	0	0
	编著教材		13	0	0	0	0	0	0	0	0	0	0	0	0	0	0	0	0
	工具书/参考书		14	0	0	0	0	0	0	0	0	0	0	0	0	0	0	0	0
	皮书/发展报告		15	0	0	0	0	0	0	0	0	0	0	0	0	0	0	0	0
	科普读物		16	0	0	0	0	0	0	0	0	0	0	0	0	0	0	0	0
古籍整理(部)			17	0	0	0	0	0	0	0	0	0	0	0	0	0	0	0	0
译著(部)			18	0	0	0	0	0	0	0	0	0	0	0	0	0	0	0	0
发表译文(篇)			19	0	0	0	0	0	0	0	0	0	0	0	0	0	0	0	0
电子出版物(件)			20	0	0	0	0	0	0	0	0	0	0	0	0	0	0	0	0
发表论文(篇)	合计		21	32	0	0	0	0	0	0	1	11	11	0	0	9	0	0	0
	国内学术刊物		22	32	0	0	0	0	0	0	1	11	11	0	0	9	0	0	0
	国外学术刊物		23	0	0	0	0	0	0	0	0	0	0	0	0	0	0	0	0
	港澳台刊物		24	0	0	0	0	0	0	0	0	0	0	0	0	0	0	0	0
研究与咨询报告(篇)	合计		25	12	0	0	0	0	0	0	0	0	7	0	0	1	4	0	0
	被采纳数		26	0	0	0	0	0	0	0	0	0	0	0	0	0	0	0	0

3.62 江苏城乡建设职业学院人文、社会科学研究与课题成果来源情况表

			课题来源															
			合计	国家社科基金项目	国家社科基金单列学科项目	教育部人文社科研究项目	高校古籍整理研究项目	国家自然科学基金项目	中央其他部门社科专门项目	省、市、自治区社科基金项目	省教育厅社科项目	地、市、厅、局等政府部门项目	国际合作研究项目	与港、澳、台地区合作研究项目	企事业单位委托项目	学校社科项目	外资项目	其他
		编号	L01	L02	L03	L04	L05	L06	L07	L08	L09	L10	L11	L12	L13	L14	L15	L16
课题数(项)		1	144	0	0	1	0	0	1	0	51	35	0	0	17	39	0	0
当年投入人数	合计(人年)	2	47.5	0	0	0.3	0	0	0.4	0	17.7	10.5	0	0	4.8	13.8	0	0
	研究生(人年)	3	0	0	0	0	0	0	0	0	0	0	0	0	0	0	0	0
当年拨入经费	合计(千元)	4	561	0	0	12	0	0	27	0	204	36	0	0	250	32	0	0
	当年立项项目拨入经费(千元)	5	541	0	0	0	0	0	27	0	200	32	0	0	250	32	0	0
当年支出经费(千元)		6	468.27	0	0	11.5	0	0	9.9	0	81.46	26.45	0	0	302.21	36.75	0	0
当年新开课题数(项)		7	57	0	0	0	0	0	1	0	17	27	0	0	4	8	0	0
当年新开课题批准经费(千元)		8	604	0	0	0	0	0	30	0	260	32	0	0	250	32	0	0
当年完成课题数(项)		9	57	0	0	0	0	0	0	0	13	29	0	0	10	5	0	0

续表

出版著作(部)	合计		10	2	0	0	1	0	0	0	0	0	0	0	0	1	0	0	0
	专著	合计	11	1	0	0	1	0	0	0	0	0	0	0	0	0	0	0	0
		被译成外文	12	0	0	0	0	0	0	0	0	0	0	0	0	0	0	0	0
	编著教材		13	0	0	0	0	0	0	0	0	0	0	0	0	0	0	0	0
	工具书/参考书		14	0	0	0	0	0	0	0	0	0	0	0	0	0	0	0	0
	皮书/发展报告		15	1	0	0	0	0	0	0	0	0	0	0	0	1	0	0	0
	科普读物		16	0	0	0	0	0	0	0	0	0	0	0	0	0	0	0	0
古籍整理(部)			17	0	0	0	0	0	0	0	0	0	0	0	0	0	0	0	0
译著(部)			18	0	0	0	0	0	0	0	0	0	0	0	0	0	0	0	0
发表译文(篇)			19	0	0	0	0	0	0	0	0	0	0	0	0	0	0	0	0
电子出版物(件)			20	0	0	0	0	0	0	0	0	0	0	0	0	0	0	0	0
发表论文(篇)	合计		21	95	0	0	3	0	0	1	0	33	29	0	0	1	28	0	0
	国内学术刊物		22	95	0	0	3	0	0	1	0	33	29	0	0	1	28	0	0
	国外学术刊物		23	0	0	0	0	0	0	0	0	0	0	0	0	0	0	0	0
	港澳台刊物		24	0	0	0	0	0	0	0	0	0	0	0	0	0	0	0	0
研究与咨询报告(篇)	合计		25	33	0	0	0	0	0	0	0	0	26	0	0	7	0	0	0
	被采纳数		26	5	0	0	0	0	0	0	0	0	0	0	0	5	0	0	0

八、社科研究、课题与成果(来源情况)

3.63 江苏航空职业技术学院人文、社会科学研究与课题成果来源情况表

			课题来源															
			合计	国家社科基金项目	国家社科基金单列学科项目	教育部人文社科研究项目	高校古籍整理研究项目	国家自然科学基金项目	中央其他部门社科专门项目	省、市、自治区社科基金项目	省教育厅社科项目	地、市、厅、局等政府部门项目	国际合作研究项目	与港、澳、台地区合作研究项目	企事业单位委托项目	学校社科项目	外资项目	其他
		编号	L01	L02	L03	L04	L05	L06	L07	L08	L09	L10	L11	L12	L13	L14	L15	L16
课题数(项)		1	21	0	0	0	0	0	0	0	4	4	0	0	0	13	0	0
当年投入人数	合计(人年)	2	8.1	0	0	0	0	0	0	0	1.6	0.8	0	0	0	5.7	0	0
	研究生(人年)	3	0	0	0	0	0	0	0	0	0	0	0	0	0	0	0	0
当年拨入经费	合计(千元)	4	82	0	0	0	0	0	0	0	27	0	0	0	0	55	0	0
	当年立项项目拨入经费(千元)	5	77	0	0	0	0	0	0	0	22	0	0	0	0	55	0	0
当年支出经费(千元)		6	22.3	0	0	0	0	0	0	0	0	0	0	0	0	22.3	0	0
当年新开课题数(项)		7	20	0	0	0	0	0	0	0	3	4	0	0	0	13	0	0
当年新开课题批准经费(千元)		8	77	0	0	0	0	0	0	0	22	0	0	0	0	55	0	0
当年完成课题数(项)		9	5	0	0	0	0	0	0	0	1	4	0	0	0	0	0	0

八、社科研究、课题与成果(来源情况)

续表

出版著作(部)	合计		10	0	0	0	0	0	0	0	0	0	0	0	0	0	0	0	0
	专著	合计	11	0	0	0	0	0	0	0	0	0	0	0	0	0	0	0	0
		被译成外文	12	0	0	0	0	0	0	0	0	0	0	0	0	0	0	0	0
	编著教材		13	0	0	0	0	0	0	0	0	0	0	0	0	0	0	0	0
	工具书/参考书		14	0	0	0	0	0	0	0	0	0	0	0	0	0	0	0	0
	皮书/发展报告		15	0	0	0	0	0	0	0	0	0	0	0	0	0	0	0	0
	科普读物		16	0	0	0	0	0	0	0	0	0	0	0	0	0	0	0	0
古籍整理(部)			17	0	0	0	0	0	0	0	0	0	0	0	0	0	0	0	0
译著(部)			18	0	0	0	0	0	0	0	0	0	0	0	0	0	0	0	0
发表译文(篇)			19	0	0	0	0	0	0	0	0	0	0	0	0	0	0	0	0
电子出版物(件)			20	0	0	0	0	0	0	0	0	0	0	0	0	0	0	0	0
发表论文(篇)	合计		21	35	0	0	0	0	0	0	0	3	3	0	0	0	29	0	0
	国内学术刊物		22	35	0	0	0	0	0	0	0	3	3	0	0	0	29	0	0
	国外学术刊物		23	0	0	0	0	0	0	0	0	0	0	0	0	0	0	0	0
	港澳台刊物		24	0	0	0	0	0	0	0	0	0	0	0	0	0	0	0	0
研究与咨询报告(篇)	合计		25	0	0	0	0	0	0	0	0	0	0	0	0	0	0	0	0
	被采纳数		26	0	0	0	0	0	0	0	0	0	0	0	0	0	0	0	0

3.64 江苏安全技术职业学院人文、社会科学研究与课题成果来源情况表

			课题来源															
			合计	国家社科基金项目	国家社科基金单列学科项目	教育部人文社科研究项目	高校古籍整理研究项目	国家自然科学基金项目	中央其他部门社科专门项目	省、市、自治区社科基金项目	省教育厅社科项目	地、市、厅、局等政府部门项目	国际合作研究项目	与港、澳、台地区合作研究项目	企事业单位委托项目	学校社科项目	外资项目	其他
		编号	L01	L02	L03	L04	L05	L06	L07	L08	L09	L10	L11	L12	L13	L14	L15	L16
课题数(项)		1	11	0	0	0	0	0	0	0	5	6	0	0	0	0	0	0
当年投入人数	合计(人年)	2	3.8	0	0	0	0	0	0	0	1.4	2.4	0	0	0	0	0	0
	研究生(人年)	3	0	0	0	0	0	0	0	0	0	0	0	0	0	0	0	0
当年拨入经费	合计(千元)	4	47	0	0	0	0	0	0	0	12	35	0	0	0	0	0	0
	当年立项项目拨入经费(千元)	5	33	0	0	0	0	0	0	0	3	30	0	0	0	0	0	0
当年支出经费(千元)		6	47	0	0	0	0	0	0	0	12	35	0	0	0	0	0	0
当年新开课题数(项)		7	8	0	0	0	0	0	0	0	3	5	0	0	0	0	0	0
当年新开课题批准经费(千元)		8	60	0	0	0	0	0	0	0	30	30	0	0	0	0	0	0
当年完成课题数(项)		9	5	0	0	0	0	0	0	0	0	5	0	0	0	0	0	0

续表

出版著作(部)	合计		10	0	0	0	0	0	0	0	0	0	0	0	0	0	0	0	0
	专著	合计	11	0	0	0	0	0	0	0	0	0	0	0	0	0	0	0	0
		被译成外文	12	0	0	0	0	0	0	0	0	0	0	0	0	0	0	0	0
	编著教材		13	0	0	0	0	0	0	0	0	0	0	0	0	0	0	0	0
	工具书/参考书		14	0	0	0	0	0	0	0	0	0	0	0	0	0	0	0	0
	皮书/发展报告		15	0	0	0	0	0	0	0	0	0	0	0	0	0	0	0	0
	科普读物		16	0	0	0	0	0	0	0	0	0	0	0	0	0	0	0	0
古籍整理(部)			17	0	0	0	0	0	0	0	0	0	0	0	0	0	0	0	0
译著(部)			18	0	0	0	0	0	0	0	0	0	0	0	0	0	0	0	0
发表译文(篇)			19	0	0	0	0	0	0	0	0	0	0	0	0	0	0	0	0
电子出版物(件)			20	0	0	0	0	0	0	0	0	0	0	0	0	0	0	0	0
发表论文(篇)	合计		21	5	0	0	0	0	0	0	0	2	3	0	0	0	0	0	0
	国内学术刊物		22	5	0	0	0	0	0	0	0	2	3	0	0	0	0	0	0
	国外学术刊物		23	0	0	0	0	0	0	0	0	0	0	0	0	0	0	0	0
	港澳台刊物		24	0	0	0	0	0	0	0	0	0	0	0	0	0	0	0	0
研究与咨询报告(篇)	合计		25	5	0	0	0	0	0	0	0	0	5	0	0	0	0	0	0
	被采纳数		26	0	0	0	0	0	0	0	0	0	0	0	0	0	0	0	0

八、社科研究、课题与成果(来源情况)

3.65 江苏旅游职业学院人文、社会科学研究与课题成果来源情况表

			课题来源															
			合计	国家社科基金项目	国家社科基金单列学科项目	教育部人文社科研究项目	高校古籍整理研究项目	国家自然科学基金项目	中央其他部门社科专门项目	省、市、自治区社科基金项目	省教育厅社科项目	地、市、厅、局等政府部门项目	国际合作研究项目	与港、澳、台地区合作研究项目	企事业单位委托项目	学校社科项目	外资项目	其他
		编号	L01	L02	L03	L04	L05	L06	L07	L08	L09	L10	L11	L12	L13	L14	L15	L16
课题数(项)		1	89	0	1	0	0	0	1	9	23	53	0	0	0	1	0	1
当年投入人数	合计(人年)	2	10.5	0	0.2	0	0	0	0.3	1.1	2.6	5.9	0	0	0	0.2	0	0.2
	研究生(人年)	3	0	0	0	0	0	0	0	0	0	0	0	0	0	0	0	0
当年拨入经费	合计(千元)	4	820	0	190	0	0	0	0	40	160	430	0	0	0	0	0	0
	当年立项项目拨入经费(千元)	5	820	0	190	0	0	0	0	40	160	430	0	0	0	0	0	0
当年支出经费(千元)		6	736	0	90	0	0	0	0	44	167	435	0	0	0	0	0	0
当年新开课题数(项)		7	66	0	1	0	0	0	0	4	17	44	0	0	0	0	0	0
当年新开课题批准经费(千元)		8	870	0	200	0	0	0	0	40	190	440	0	0	0	0	0	0
当年完成课题数(项)		9	19	0	0	0	0	0	0	5	3	9	0	0	0	1	0	1

续表

出版著作(部)	合计		10	0	0	0	0	0	0	0	0	0	0	0	0	0	0	0	0
	专著	合计	11	0	0	0	0	0	0	0	0	0	0	0	0	0	0	0	0
		被译成外文	12	0	0	0	0	0	0	0	0	0	0	0	0	0	0	0	0
	编著教材		13	0	0	0	0	0	0	0	0	0	0	0	0	0	0	0	0
	工具书/参考书		14	0	0	0	0	0	0	0	0	0	0	0	0	0	0	0	0
	皮书/发展报告		15	0	0	0	0	0	0	0	0	0	0	0	0	0	0	0	0
	科普读物		16	0	0	0	0	0	0	0	0	0	0	0	0	0	0	0	0
古籍整理(部)			17	0	0	0	0	0	0	0	0	0	0	0	0	0	0	0	0
译著(部)			18	0	0	0	0	0	0	0	0	0	0	0	0	0	0	0	0
发表译文(篇)			19	0	0	0	0	0	0	0	0	0	0	0	0	0	0	0	0
电子出版物(件)			20	0	0	0	0	0	0	0	0	0	0	0	0	0	0	0	0
发表论文(篇)	合计		21	2	1	0	0	0	0	0	0	0	1	0	0	0	0	0	0
	国内学术刊物		22	2	1	0	0	0	0	0	0	0	1	0	0	0	0	0	0
	国外学术刊物		23	0	0	0	0	0	0	0	0	0	0	0	0	0	0	0	0
	港澳台刊物		24	0	0	0	0	0	0	0	0	0	0	0	0	0	0	0	0
研究与咨询报告(篇)	合计		25	0	0	0	0	0	0	0	0	0	0	0	0	0	0	0	0
	被采纳数		26	0	0	0	0	0	0	0	0	0	0	0	0	0	0	0	0

八、社科研究、课题与成果(来源情况)

4. 民办高等学校人文、社会科学研究与课题成果来源情况表

		编号	课题来源															
			合计	国家社科基金项目	国家社科基金单列学科项目	教育部人文社科研究项目	高校古籍整理研究项目	国家自然科学基金项目	中央其他部门社科专门项目	省、市、自治区社科基金项目	省教育厅社科项目	地、市、厅、局等政府部门项目	国际合作研究项目	与港、澳、台地区合作研究项目	企事业单位委托项目	学校社科项目	外资项目	其他
			L01	L02	L03	L04	L05	L06	L07	L08	L09	L10	L11	L12	L13	L14	L15	L16
课题数(项)		1	2 944	7	1	18	1	7	8	119	1 614	454	1	1	176	506	2	29
当年投入人数	合计(人年)	2	607.7	2	0.4	6.7	0.2	2.3	3.1	27.4	353	89.1	1.2	0.1	35.5	80.5	0.4	5.8
	研究生(人年)	3	0	0	0	0	0	0	0	0	0	0	0	0	0	0	0	0
当年拨入经费	合计(千元)	4	15 927.46	200	0	448	0	546.92	1 060	505.1	4 495.26	1 693.7	28.64	0	5 263.1	1 014.8	539.94	132
	当年立项项目拨入经费(千元)	5	12 665.38	190	0	200	0	200	260	353.5	3 751.1	1 643.7	28.64	0	5 033.1	891.34	0	114
当年支出经费(千元)		6	12 385.88	244.1	0	316.96	0	441.97	534.6	463.87	3603.39	1 654.63	28.64	184	3 611.43	560.54	639.7	102.05
当年新开课题数(项)		7	1176	1	0	6	0	1	3	36	546	263	1	0	107	200	0	12
当年新开课题批准经费(千元)		8	15 878.96	200	0	440	0	400	260	441.5	4 627.5	1 875.7	30.36	0	6 441.9	1 048	0	114
当年完成课题数(项)		9	752	1	0	1	0	0	3	18	359	152	0	1	64	146	0	7

八、社科研究、课题与成果（来源情况）

续表

出版著作(部)	合计		10	30	1	0	0	0	0	0	4	11	10	0	0	3	1	0	0
	专著	合计	11	16	0	0	0	0	0	0	1	9	4	0	0	1	1	0	0
		被译成外文	12	0	0	0	0	0	0	0	0	0	0	0	0	0	0	0	0
	编著教材		13	8	0	0	0	0	0	0	2	2	2	0	0	2	0	0	0
	工具书/参考书		14	0	0	0	0	0	0	0	0	0	0	0	0	0	0	0	0
	皮书/发展报告		15	6	1	0	0	0	0	0	1	0	4	0	0	0	0	0	0
	科普读物		16	0	0	0	0	0	0	0	0	0	0	0	0	0	0	0	0
古籍整理(部)			17	0	0	0	0	0	0	0	0	0	0	0	0	0	0	0	0
译著(部)			18	1	0	0	0	0	0	0	0	1	0	0	0	0	0	0	0
发表译文(篇)			19	0	0	0	0	0	0	0	0	0	0	0	0	0	0	0	0
电子出版物(件)			20	0	0	0	0	0	0	0	0	0	0	0	0	0	0	0	0
发表论文(篇)	合计		21	1 594	10	0	10	0	3	5	79	930	245	1	0	62	234	0	15
	国内学术刊物		22	1 580	10	0	8	0	3	5	77	921	245	1	0	61	234	0	15
	国外学术刊物		23	14	0	0	2	0	0	0	2	9	0	0	0	1	0	0	0
	港澳台刊物		24	0	0	0	0	0	0	0	0	0	0	0	0	0	0	0	0
研究与咨询报告(篇)	合计		25	52	1	0	0	0	0	0	3	2	24	0	2	18	2	0	0
	被采纳数		26	12	0	0	0	0	0	0	1	0	7	0	0	2	2	0	0

九、社科研究成果获奖

成果名称		合　计	成果形式	主要作者	课题来源	奖励名称	奖励等级	备注
	编号	L01	L02	L03	L04	L05	L06	L07
	1	4	/	/	/	/	/	/
长江三角洲居民乡村旅游空间机会差异及影响机制	2	/	论文	黄泰	教育部人文社科研究项目	文化和旅游部优秀研究成果(旅游类)	二等	/
高铁网络时代区域旅游空间格局	3	/	专著	汪德根	教育部人文社科研究项目	文化和旅游部优秀研究成果(旅游类)	二等	/
基于多样本潜在类别的旅游者生态文明行为分析——以苏州市为例	4	/	论文	朱梅	无依托项目研究成果	文化和旅游部优秀研究成果(旅游类)	三等	/
生活方式型旅游目的地品牌个性建构——基于苏州古城案例的混合方法研究	5	/	论文	周永博	学校社科项目	文化和旅游部优秀研究成果(旅游类)	其他	/

十、社科学术交流

1. 全省高等学校人文、社会科学学术交流情况表

学术交流类别	编号	校办学术会议		参加学术会议			受聘讲学		社科考察		进修学习		合作研究		
		本校独办数	与外单位合办数	参加人次		提交论文（篇）	派出人次	来校人次	派出人次	来校人次	派出人次	来校人次	派出人次	来校人次	课题数（项）
				合计	其中：赴境外人次										
		L01	L02	L03	L04	L05	L06	L07	L08	L09	L10	L11	L12	L13	L14
合计	/	1 372	543	16 881	1 279	12 358	2 774	5 355	4 600	4 347	6 008	3 761	1 597	1 673	769
国际学术交流	001	112	70	3 338	1 093	2 408	421	1 024	895	783	1 292	831	208	320	61
国内学术交流	002	1 245	458	13 073	0	9 644	2 180	4 149	3 466	3 436	4 467	2 849	1 361	1 324	692
与港、澳、台地区学校交流	003	15	15	470	186	306	173	182	239	128	249	81	28	29	16

2. 公办本科高等学校人文、社会科学学术交流情况表

学术交流类别	编号	校办学术会议		参加学术会议			受聘讲学		社科考察		进修学习		合作研究		
		本校独办数	与外单位合办数	参加人次		提交论文（篇）	派出人次	来校人次	派出人次	来校人次	派出人次	来校人次	派出人次	来校人次	课题数（项）
				合计	其中：赴境外人次										
		L01	L02	L03	L04	L05	L06	L07	L08	L09	L10	L11	L12	L13	L14
合计	/	1 161	479	15 325	1 110	11 275	2 320	4 558	3 392	3 181	3 084	2 000	1 324	1 377	619
1. 南京大学		46	43	1 634	145	840	320	363	213	134	67	22	131	125	47
国际学术交流	1	13	15	260	125	160	39	100	50	20	32	3	40	35	10
国内学术交流	2	30	25	1 350	0	650	253	230	163	101	33	15	76	80	34

续表

学术交流类别	编号	校办学术会议		参加学术会议			受聘讲学		社科考察		进修学习		合作研究		
		本校独办数	与外单位合办数	参加人次		提交论文（篇）	派出人次	来校人次	派出人次	来校人次	派出人次	来校人次	派出人次	来校人次	课题数（项）
				合计	其中：赴境外人次										
		L01	L02	L03	L04	L05	L06	L07	L08	L09	L10	L11	L12	L13	L14
与港、澳、台地区学校交流	3	3	3	24	20	30	28	33	6	13	2	4	15	10	3
2. 东南大学		53	18	565	82	414	262	250	128	61	7	11	20	35	21
国际学术交流	1	10	3	275	62	196	15	76	6	6	5	0	7	15	5
国内学术交流	2	42	15	266	0	200	241	151	122	47	2	11	8	12	11
与港、澳、台地区学校交流	3	1	0	24	20	18	6	23	0	8	0	0	5	8	5
3. 江南大学		24	9	368	15	150	135	248	291	282	54	66	47	78	22
国际学术交流	1	2	0	28	15	20	68	21	150	0	25	28	0	0	0
国内学术交流	2	22	9	340	0	130	0	225	30	282	29	38	47	78	22
与港、澳、台地区学校交流	3	0	0	0	0	0	67	2	111	0	0	0	0	0	0
4. 南京农业大学		22	83	469	40	403	60	108	230	63	30	2	47	66	24
国际学术交流	1	3	8	105	36	52	14	35	8	11	21	1	13	42	7
国内学术交流	2	19	73	356	0	342	45	73	217	52	9	1	34	24	17
与港、澳、台地区学校交流	3	0	2	8	4	9	1	0	5	0	0	0	0	0	0
5. 中国矿业大学		16	4	275	11	235	40	83	82	35	18	4	0	0	0
国际学术交流	1	1	0	15	11	15	0	0	22	5	5	0	0	0	0
国内学术交流	2	15	4	260	0	220	40	83	60	30	13	4	0	0	0
与港、澳、台地区学校交流	3	0	0	0	0	0	0	0	0	0	0	0	0	0	0
6. 河海大学		17	14	508	69	362	109	143	195	166	73	143	123	153	128
国际学术交流	1	4	3	88	67	75	11	35	22	35	10	25	20	45	15
国内学术交流	2	12	11	415	0	285	95	105	168	125	60	115	100	105	110

续表

与港、澳、台地区学校交流	3	1	0	5	2	2	3	3	5	6	3	3	3	3	3
7. 南京理工大学		16	5	91	7	70	60	124	89	52	64	0	43	59	23
国际学术交流	1	1	0	9	7	9	7	6	6	7	13	0	0	0	0
国内学术交流	2	15	5	82	0	61	53	118	83	45	51	0	43	59	23
与港、澳、台地区学校交流	3	0	0	0	0	0	0	0	0	0	0	0	0	0	0
8. 南京航空航天大学		6	7	452	47	135	49	61	130	63	23	11	5	22	6
国际学术交流	1	3	3	298	47	61	10	19	60	32	10	5	4	7	3
国内学术交流	2	3	4	149	0	71	39	42	70	31	13	6	1	15	3
与港、澳、台地区学校交流	3	0	0	5	0	3	0	0	0	0	0	0	0	0	0
9. 中国药科大学		5	1	45	4	41	27	17	25	17	20	5	13	8	3
国际学术交流	1	0	0	5	4	1	0	5	3	9	3	0	0	0	0
国内学术交流	2	5	1	40	0	40	27	12	22	8	17	5	13	8	3
与港、澳、台地区学校交流	3	0	0	0	0	0	0	0	0	0	0	0	0	0	0
10. 南京森林警察学院		1	1	391	0	385	0	0	0	0	0	0	0	0	0
国际学术交流	1	0	1	132	0	129	0	0	0	0	0	0	0	0	0
国内学术交流	2	1	0	259	0	256	0	0	0	0	0	0	0	0	0
与港、澳、台地区学校交流	3	0	0	0	0	0	0	0	0	0	0	0	0	0	0
11. 苏州大学		41	8	658	57	700	132	337	40	345	94	97	41	26	7
国际学术交流	1	1	1	67	18	75	11	20	5	21	6	9	0	0	0
国内学术交流	2	38	6	511	0	536	89	266	32	288	76	79	41	26	7
与港、澳、台地区学校交流	3	2	1	80	39	89	32	51	3	36	12	9	0	0	0
12. 江苏科技大学		3	0	42	6	44	5	43	23	19	15	3	36	31	5
国际学术交流	1	0	0	23	5	25	0	4	0	0	0	0	11	9	2
国内学术交流	2	3	0	18	0	18	5	39	23	19	15	3	25	22	3
与港、澳、台地区学校交流	3	0	0	1	1	1	0	0	0	0	0	0	0	0	0

续表

学术交流类别	编号	校办学术会议		参加学术会议			受聘讲学		社科考察		进修学习		合作研究	
		本校独办数	与外单位合办数	参加人次 合计	其中:赴境外人次	提交论文(篇)	派出人次	来校人次	派出人次	来校人次	派出人次	来校人次	派出人次	来校人次	课题数(项)
		L01	L02	L03	L04	L05	L06	L07	L08	L09	L10	L11	L12	L13	L14
13. 南京工业大学		0	2	91	12	67	0	0	8	17	2	0	9	8	3
国际学术交流	1	0	0	12	12	8	0	0	0	0	0	0	0	0	0
国内学术交流	2	0	2	79	0	59	0	0	8	17	2	0	9	8	3
与港、澳、台地区学校交流	3	0	0	0	0	0	0	0	0	0	0	0	0	0	0
14. 常州大学		9	16	194	19	163	49	92	167	185	92	16	3	5	2
国际学术交流	1	0	2	40	19	35	0	0	65	38	67	4	0	0	0
国内学术交流	2	9	14	154	0	128	49	92	102	147	25	12	3	5	2
与港、澳、台地区学校交流	3	0	0	0	0	0	0	0	0	0	0	0	0	0	0
15. 南京邮电大学		2	3	76	5	79	23	59	23	17	49	32	3	2	4
国际学术交流	1	0	0	15	5	17	0	7	3	5	7	11	0	0	0
国内学术交流	2	2	3	61	0	62	23	52	20	12	42	21	3	2	4
与港、澳、台地区学校交流	3	0	0	0	0	0	0	0	0	0	0	0	0	0	0
16. 南京林业大学		0	3	168	1	52	38	75	23	16	7	0	0	0	0
国际学术交流	1	0	1	7	1	0	11	17	3	3	4	0	0	0	0
国内学术交流	2	0	1	161	0	52	27	58	20	13	1	0	0	0	0
与港、澳、台地区学校交流	3	0	1	0	0	0	0	0	0	0	2	0	0	0	0
17. 江苏大学		6	6	16	0	16	30	50	0	0	8	3	0	0	0
国际学术交流	1	2	2	6	0	6	10	20	0	0	6	2	0	0	0
国内学术交流	2	4	4	10	0	10	20	30	0	0	2	1	0	0	0
与港、澳、台地区学校交流	3	0	0	0	0	0	0	0	0	0	0	0	0	0	0

续表

18. 南京信息工程大学		13	1	415	35	347	60	114	121	95	120	98	21	18	7
国际学术交流	1	2	1	79	35	75	10	39	25	10	28	0	0	0	0
国内学术交流	2	11	0	336	0	272	50	75	96	85	92	98	21	18	7
与港、澳、台地区学校交流	3	0	0	0	0	0	0	0	0	0	0	0	0	0	0
19. 南通大学		3	2	137	45	102	83	182	220	185	135	327	35	14	6
国际学术交流	1	1	0	65	31	43	44	145	18	74	29	225	0	0	0
国内学术交流	2	2	1	44	0	44	23	26	190	85	90	78	35	14	6
与港、澳、台地区学校交流	3	0	1	28	14	15	16	11	12	26	16	24	0	0	0
20. 盐城工学院		0	20	21	0	18	2	7	10	3	11	3	0	0	0
国际学术交流	1	0	0	0	0	0	0	0	0	0	0	0	0	0	0
国内学术交流	2	0	20	21	0	18	2	7	10	3	11	3	0	0	0
与港、澳、台地区学校交流	3	0	0	0	0	0	0	0	0	0	0	0	0	0	0
21. 南京医科大学		23	0	70	0	50	3	4	3	4	3	0	0	0	0
国际学术交流	1	0	0	0	0	0	0	0	0	0	0	0	0	0	0
国内学术交流	2	23	0	70	0	50	3	4	3	4	3	0	0	0	0
与港、澳、台地区学校交流	3	0	0	0	0	0	0	0	0	0	0	0	0	0	0
22. 徐州医科大学		0	0	23	0	23	0	17	22	15	90	0	0	0	0
国际学术交流	1	0	0	0	0	0	0	0	0	0	4	0	0	0	0
国内学术交流	2	0	0	23	0	23	0	17	22	15	86	0	0	0	0
与港、澳、台地区学校交流	3	0	0	0	0	0	0	0	0	0	0	0	0	0	0
23. 南京中医药大学		3	1	105	0	105	0	0	29	0	20	0	0	0	0
国际学术交流	1	0	0	15	0	15	0	0	0	0	0	0	0	0	0
国内学术交流	2	3	1	90	0	90	0	0	29	0	20	0	0	0	0
与港、澳、台地区学校交流	3	0	0	0	0	0	0	0	0	0	0	0	0	0	0
24. 南京师范大学		123	53	2014	113	1420	45	176	26	41	117	357	62	149	78

续表

学术交流类别	编号	校办学术会议		参加学术会议			受聘讲学		社科考察		进修学习		合作研究		
		本校独办数	与外单位合办数	参加人次 合计	其中:赴境外人次	提交论文(篇)	派出人次	来校人次	派出人次	来校人次	派出人次	来校人次	派出人次	来校人次	课题数(项)
		L01	L02	L03	L04	L05	L06	L07	L08	L09	L10	L11	L12	L13	L14
国际学术交流	1	27	7	660	102	525	6	35	2	6	33	87	22	110	6
国内学术交流	2	94	42	1315	0	886	39	133	24	35	80	265	40	37	70
与港、澳、台地区学校交流	3	2	4	39	11	9	0	8	0	0	4	5	0	2	2
25.江苏师范大学		46	17	1072	73	874	158	470	166	156	552	259	372	298	84
国际学术交流	1	11	13	186	67	186	24	19	18	28	237	76	71	46	6
国内学术交流	2	32	4	880	0	682	132	440	143	122	286	165	296	246	75
与港、澳、台地区学校交流	3	3	0	6	6	6	2	11	5	6	29	18	5	6	3
26.淮阴师范学院		11	0	614	55	583	88	172	111	71	160	28	0	0	0
国际学术交流	1	0	0	60	55	48	3	51	46	20	50	12	0	0	0
国内学术交流	2	11	0	554	0	535	85	121	65	51	110	16	0	0	0
与港、澳、台地区学校交流	3	0	0	0	0	0	0	0	0	0	0	0	0	0	0
27.盐城师范学院		3	2	240	30	234	72	132	101	53	103	45	41	34	30
国际学术交流	1	0	0	36	24	36	0	0	0	0	0	0	0	0	0
国内学术交流	2	3	2	198	0	198	72	132	86	53	90	45	41	34	30
与港、澳、台地区学校交流	3	0	0	6	6	0	0	0	15	0	13	0	0	0	0
28.南京财经大学		526	115	590	50	590	110	78	120	15	590	52	116	110	30
国际学术交流	1	3	2	160	30	160	20	10	0	0	270	0	0	0	0
国内学术交流	2	523	113	410	0	410	90	68	120	15	320	52	116	110	30
与港、澳、台地区学校交流	3	0	0	20	20	20	0	0	0	0	0	0	0	0	0
29.江苏警官学院		16	0	288	12	198	8	57	12	30	18	0	0	7	4

续表

国际学术交流	1	2	0	27	12	12	0	0	1	10	5	0	0	0	0
国内学术交流	2	14	0	261	0	186	8	57	11	20	13	0	0	7	4
与港、澳、台地区学校交流	3	0	0	0	0	0	0	0	0	0	0	0	0	0	0
30. 南京体育学院		6	1	159	3	159	49	68	53	49	25	0	43	57	24
国际学术交流	1	0	0	3	3	0	0	0	0	0	4	0	0	0	0
国内学术交流	2	5	1	156	0	159	49	68	53	49	21	0	43	57	24
与港、澳、台地区学校交流	3	1	0	0	0	0	0	0	0	0	0	0	0	0	0
31. 南京艺术学院		10	4	434	32	434	62	123	32	68	14	21	0	0	0
国际学术交流	1	3	2	34	29	34	6	37	12	21	7	4	0	0	0
国内学术交流	2	7	2	397	0	397	52	82	16	44	6	14	0	0	0
与港、澳、台地区学校交流	3	0	0	3	3	3	4	4	4	3	1	3	0	0	0
32. 苏州科技大学		0	3	126	0	122	19	24	20	21	22	14	0	0	0
国际学术交流	1	0	0	21	0	21	8	12	5	4	6	4	0	0	0
国内学术交流	2	0	3	105	0	101	11	12	15	17	16	10	0	0	0
与港、澳、台地区学校交流	3	0	0	0	0	0	0	0	0	0	0	0	0	0	0
33. 常熟理工学院		2	0	29	14	29	14	55	42	18	23	7	10	5	2
国际学术交流	1	0	0	15	14	15	1	41	22	4	8	0	10	5	2
国内学术交流	2	2	0	14	0	14	13	14	20	14	14	7	0	0	0
与港、澳、台地区学校交流	3	0	0	0	0	0	0	0	0	0	1	0	0	0	0
34. 淮阴工学院		3	2	151	13	125	0	40	33	132	85	0	0	0	0
国际学术交流	1	1	0	12	12	12	0	1	27	29	21	0	0	0	0
国内学术交流	2	2	2	138	0	112	0	39	0	103	42	0	0	0	0
与港、澳、台地区学校交流	3	0	0	1	1	1	0	0	6	0	22	0	0	0	0
35. 常州工学院		1	1	47	5	40	15	54	56	51	36	9	4	3	3
国际学术交流	1	0	0	0	0	0	2	56	12	16	14	2	0	0	0

续表

学术交流类别	编号	校办学术会议		参加学术会议			受聘讲学		社科考察		进修学习		合作研究		
		本校独办数	与外单位合办数	参加人次		提交论文（篇）	派出人次	来校人次	派出人次	来校人次	派出人次	来校人次	派出人次	来校人次	课题数（项）
				合计	其中：赴境外人次										
		L01	L02	L03	L04	L05	L06	L07	L08	L09	L10	L11	L12	L13	L14
国内学术交流	2	1	0	42	0	37	10	28	37	35	18	7	4	3	3
与港、澳、台地区学校交流	3	0	1	5	5	3	3	0	7	0	4	0	0	0	0
36. 扬州大学		26	12	313	9	308	43	83	61	43	38	54	10	11	5
国际学术交流	1	5	3	42	9	23	4	10	4	5	20	4	0	0	0
国内学术交流	2	21	9	271	0	285	39	73	57	38	18	50	10	11	5
与港、澳、台地区学校交流	3	0	0	0	0	0	0	0	0	0	0	0	0	0	0
37. 南京工程学院		4	1	49	0	30	14	24	21	15	30	25	34	1	5
国际学术交流	1	1	0	12	0	1	0	0	0	0	0	0	0	0	0
国内学术交流	2	3	1	36	0	29	14	24	21	15	30	25	34	1	5
与港、澳、台地区学校交流	3	0	0	1	0	0	0	0	0	0	0	0	0	0	0
38. 南京审计大学		18	5	146	15	84	10	232	103	313	25	181	0	0	0
国际学术交流	1	2	0	41	15	23	10	49	103	128	25	181	0	0	0
国内学术交流	2	16	4	105	0	61	0	183	0	185	0	0	0	0	0
与港、澳、台地区学校交流	3	0	1	0	0	0	0	0	0	0	0	0	0	0	0
39. 南京晓庄学院		7	1	935	0	300	0	0	0	0	0	0	0	0	0
国际学术交流	1	1	0	120	0	40	0	0	0	0	0	0	0	0	0
国内学术交流	2	6	1	815	0	260	0	0	0	0	0	0	0	0	0
与港、澳、台地区学校交流	3	0	0	0	0	0	0	0	0	0	0	0	0	0	0
40. 江苏理工学院		3	0	145	0	160	31	80	32	56	30	33	27	32	34
国际学术交流	1	0	0	0	0	0	0	0	0	0	0	0	0	0	0

续表

国内学术交流	2	3	0	145	0	160	31	80	32	56	30	33	27	32	34
与港、澳、台地区学校交流	3	0	0	0	0	0	0	0	0	0	0	0	0	0	0
41. 江苏海洋大学		6	0	196	0	172	9	21	14	18	25	27	0	0	0
国际学术交流	1	0	0	0	0	0	0	0	0	0	0	0	0	0	0
国内学术交流	2	6	0	196	0	172	9	21	14	18	25	27	0	0	0
与港、澳、台地区学校交流	3	0	0	0	0	0	0	0	0	0	0	0	0	0	0
42. 徐州工程学院		3	3	82	0	80	6	26	50	35	82	0	12	10	6
国际学术交流	1	0	0	0	0	0	0	0	0	0	0	0	0	0	0
国内学术交流	2	3	3	82	0	80	6	26	50	35	82	0	12	10	6
与港、澳、台地区学校交流	3	0	0	0	0	0	0	0	0	0	0	0	0	0	0
43. 南京特殊教育师范学院		4	7	759	80	433	36	115	77	25	24	13	0	0	0
国际学术交流	1	0	1	120	80	95	0	30	30	12	6	2	0	0	0
国内学术交流	2	4	5	549	0	270	36	69	35	6	12	2	0	0	0
与港、澳、台地区学校交流	3	0	1	90	0	68	0	16	12	7	6	9	0	0	0
44. 泰州学院		1	2	38	5	25	35	62	172	191	48	32	8	6	0
国际学术交流	1	0	0	5	5	0	0	2	20	32	5	0	0	0	0
国内学术交流	2	1	2	32	0	25	35	60	152	159	43	32	8	6	0
与港、澳、台地区学校交流	3	0	0	1	0	0	0	0	0	0	0	0	0	0	0
45. 金陵科技学院		30	1	52	1	42	2	27	2	2	21	0	6	2	1
国际学术交流	1	0	0	11	1	9	0	0	0	0	0	0	0	0	0
国内学术交流	2	30	1	41	0	33	2	27	2	2	21	0	6	2	1
与港、澳、台地区学校交流	3	0	0	0	0	0	0	0	0	0	0	0	0	0	0
46. 江苏第二师范学院		3	2	32	0	32	7	32	13	4	14	0	2	2	5
国际学术交流	1	0	0	0	0	0	0	3	7	2	2	0	0	2	0
国内学术交流	2	3	2	31	0	31	6	29	5	1	8	0	2	0	5
与港、澳、台地区学校交流	3	0	0	1	0	1	1	0	1	1	4	0	0	0	0

3. 公办专科高等学校人文、社会科学学术交流情况表

学术交流类别	编号	校办学术会议		参加学术会议			受聘讲学		社科考察		进修学习		合作研究		
		本校独办数	与外单位合办数	参加人次 合计	其中:赴境外人次	提交论文(篇)	派出人次	来校人次	派出人次	来校人次	派出人次	来校人次	派出人次	来校人次	课题数(项)
		L01	L02	L03	L04	L05	L06	L07	L08	L09	L10	L11	L12	L13	L14
合计	/	145	45	1 120	77	761	295	546	956	964	2 467	1 513	192	255	125
1. 苏州幼儿师范高等专科学校		0	0	6	0	6	0	0	0	0	2	0	5	0	0
国际学术交流	1	0	0	0	0	0	0	0	0	0	0	0	5	0	0
国内学术交流	2	0	0	6	0	6	0	0	0	0	2	0	0	0	0
与港、澳、台地区学校交流	3	0	0	0	0	0	0	0	0	0	0	0	0	0	0
2. 无锡职业技术学院		1	0	4	1	2	3	5	24	30	29	64	0	0	0
国际学术交流	1	0	0	1	1	1	0	1	8	12	9	0	0	0	0
国内学术交流	2	1	0	3	0	1	3	4	16	18	20	64	0	0	0
与港、澳、台地区学校交流	3	0	0	0	0	0	0	0	0	0	0	0	0	0	0
3. 江苏建筑职业技术学院		1	3	14	0	14	14	12	17	19	21	20	24	18	13
国际学术交流	1	0	0	0	0	0	0	0	0	0	0	0	0	0	0
国内学术交流	2	1	3	14	0	14	14	12	17	19	21	20	24	18	13
与港、澳、台地区学校交流	3	0	0	0	0	0	0	0	0	0	0	0	0	0	0
4. 南京工业职业技术学院		10	19	167	0	23	55	64	42	0	76	186	28	78	16
国际学术交流	1	1	0	65	0	4	0	0	0	0	4	0	0	0	0
国内学术交流	2	8	19	23	0	19	55	64	42	0	72	186	28	78	16

续表

与港、澳、台地区学校交流	3	1	0	79	0	0	0	0	0	0	0	0	0	0	0
5. 江苏工程职业技术学院		2	0	12	0	12	5	21	6	2	36	29	10	4	5
国际学术交流	1	0	0	0	0	0	0	0	0	0	0	0	0	0	0
国内学术交流	2	2	0	12	0	12	5	21	6	2	36	29	10	4	5
与港、澳、台地区学校交流	3	0	0	0	0	0	0	0	0	0	0	0	0	0	0
6. 苏州工艺美术职业技术学院		2	1	22	2	22	6	3	20	18	51	58	43	68	6
国际学术交流	1	0	0	2	2	2	1	1	4	3	6	3	1	3	1
国内学术交流	2	2	1	20	0	20	5	2	16	15	45	55	42	65	5
与港、澳、台地区学校交流	3	0	0	0	0	0	0	0	0	0	0	0	0	0	0
7. 镇江市高等专科学校		0	0	0	0	0	0	0	50	0	5	0	0	0	0
国际学术交流	1	0	0	0	0	0	0	0	0	0	0	0	0	0	0
国内学术交流	2	0	0	0	0	0	0	0	50	0	5	0	0	0	0
与港、澳、台地区学校交流	3	0	0	0	0	0	0	0	0	0	0	0	0	0	0
8. 南通职业大学		0	0	7	0	7	0	3	8	2	6	0	0	0	0
国际学术交流	1	0	0	0	0	0	0	0	0	0	0	0	0	0	0
国内学术交流	2	0	0	7	0	7	0	3	8	2	6	0	0	0	0
与港、澳、台地区学校交流	3	0	0	0	0	0	0	0	0	0	0	0	0	0	0
9. 苏州职业大学		0	0	2	2	2	0	0	0	0	73	0	0	0	0
国际学术交流	1	0	0	2	2	2	0	0	0	0	8	0	0	0	0
国内学术交流	2	0	0	0	0	0	0	0	0	0	65	0	0	0	0
与港、澳、台地区学校交流	3	0	0	0	0	0	0	0	0	0	0	0	0	0	0

续表

学术交流类别	编号	校办学术会议		参加学术会议			受聘讲学		社科考察		进修学习		合作研究	
		本校独办数	与校外单位合办数	参加人次		提交论文(篇)	派出人次	来校人次	派出人次	来校人次	派出人次	来校人次	派出人次	来校人次	课题数(项)
				合计	其中:赴境外人次										
		L01	L02	L03	L04	L05	L06	L07	L08	L09	L10	L11	L12	L13	L14
10.沙洲职业工学院		0	0	8	0	8	0	4	13	10	2	0	0	0	0
国际学术交流	1	0	0	0	0	0	0	0	0	0	0	0	0	0	0
国内学术交流	2	0	0	8	0	8	0	4	13	10	2	0	0	0	0
与港、澳、台地区学校交流	3	0	0	0	0	0	0	0	0	0	0	0	0	0	0
11.扬州市职业大学		3	5	28	0	17	11	21	36	47	191	23	7	12	25
国际学术交流	1	0	0	0	0	0	0	0	0	0	0	0	0	0	0
国内学术交流	2	3	5	28	0	17	11	21	36	47	191	23	7	12	25
与港、澳、台地区学校交流	3	0	0	0	0	0	0	0	0	0	0	0	0	0	0
12.连云港师范高等专科学校		1	1	2	0	1	5	6	2	0	3	0	0	0	0
国际学术交流	1	0	0	0	0	0	0	0	0	0	0	0	0	0	0
国内学术交流	2	1	1	2	0	1	5	6	2	0	3	0	0	0	0
与港、澳、台地区学校交流	3	0	0	0	0	0	0	0	0	0	0	0	0	0	0
13.江苏经贸职业技术学院		17	0	60	0	55	9	18	20	28	160	0	22	16	10
国际学术交流	1	0	0	0	0	0	0	0	0	0	0	0	0	0	0
国内学术交流	2	17	0	60	0	55	9	18	20	28	160	0	22	16	10
与港、澳、台地区学校交流	3	0	0	0	0	0	0	0	0	0	0	0	0	0	0
14.泰州职业技术学院		0	0	2	0	2	2	2	28	21	28	9	0	0	0
国际学术交流	1	0	0	0	0	0	0	0	14	4	0	0	0	0	0

续表

国内学术交流	2	0	0	2	0	2	2	2	8	13	22	9	0	0	0
与港、澳、台地区学校交流	3	0	0	0	0	0	0	0	6	4	6	0	0	0	0
15. 常州信息职业技术学院		0	0	0	0	0	0	0	0	0	3	0	0	0	0
国际学术交流	1	0	0	0	0	0	0	0	0	0	3	0	0	0	0
国内学术交流	2	0	0	0	0	0	0	0	0	0	0	0	0	0	0
与港、澳、台地区学校交流	3	0	0	0	0	0	0	0	0	0	0	0	0	0	0
16. 江苏海事职业技术学院		2	0	40	10	37	12	16	10	18	35	7	2	2	2
国际学术交流	1	1	0	10	10	21	3	6	3	6	15	2	0	0	0
国内学术交流	2	1	0	30	0	16	9	10	7	12	20	5	2	2	2
与港、澳、台地区学校交流	3	0	0	0	0	0	0	0	0	0	0	0	0	0	0
17. 江苏医药职业学院		2	0	20	0	13	0	0	36	19	49	0	0	0	0
国际学术交流	1	0	0	4	0	1	0	0	0	0	17	0	0	0	0
国内学术交流	2	2	0	13	0	10	0	0	36	19	0	0	0	0	0
与港、澳、台地区学校交流	3	0	0	3	0	2	0	0	0	0	32	0	0	0	0
18. 南通科技职业学院		0	0	2	0	2	3	12	1	0	6	0	0	0	0
国际学术交流	1	0	0	1	0	1	0	0	1	0	6	0	0	0	0
国内学术交流	2	0	0	0	0	0	3	10	0	0	0	0	0	0	0
与港、澳、台地区学校交流	3	0	0	1	0	1	0	2	0	0	0	0	0	0	0
19. 苏州经贸职业技术学院		0	0	3	1	3	0	0	0	0	117	0	0	0	0
国际学术交流	1	0	0	1	1	1	0	0	0	0	18	0	0	0	0
国内学术交流	2	0	0	2	0	2	0	0	0	0	99	0	0	0	0
与港、澳、台地区学校交流	3	0	0	0	0	0	0	0	0	0	0	0	0	0	0

续表

学术交流类别	编号	校办学术会议		参加学术会议			受聘讲学		社科考察		进修学习		合作研究		
		本校独办数	与外单位合办数	参加人次		提交论文（篇）	派出人次	来校人次	派出人次	来校人次	派出人次	来校人次	派出人次	来校人次	课题数（项）
				合计	其中：赴境外人次										
		L01	L02	L03	L04	L05	L06	L07	L08	L09	L10	L11	L12	L13	L14
20. 苏州卫生职业技术学院		0	0	0	0	0	4	1	0	0	27	3	0	0	0
国际学术交流	1	0	0	0	0	0	0	0	0	0	1	0	0	0	0
国内学术交流	2	0	0	0	0	0	4	1	0	0	25	3	0	0	0
与港、澳、台地区学校交流	3	0	0	0	0	0	0	0	0	0	1	0	0	0	0
21. 无锡商业职业技术学院		0	7	0	0	0	15	16	43	207	81	101	2	9	2
国际学术交流	1	0	0	0	0	0	5	0	19	29	9	0	0	0	0
国内学术交流	2	0	7	0	0	0	10	14	24	178	44	101	2	9	2
与港、澳、台地区学校交流	3	0	0	0	0	0	0	2	0	0	28	0	0	0	0
22. 南通航运职业技术学院		30	0	109	0	100	20	25	120	65	209	0	0	0	0
国际学术交流	1	0	0	0	0	0	0	0	0	0	0	0	0	0	0
国内学术交流	2	30	0	109	0	100	20	25	120	65	209	0	0	0	0
与港、澳、台地区学校交流	3	0	0	0	0	0	0	0	0	0	0	0	0	0	0
23. 南京交通职业技术学院		15	0	31	0	12	10	11	0	0	0	0	0	0	0
国际学术交流	1	0	0	0	0	0	0	0	0	0	0	0	0	0	0
国内学术交流	2	15	0	31	0	12	10	11	0	0	0	0	0	0	0
与港、澳、台地区学校交流	3	0	0	0	0	0	0	0	0	0	0	0	0	0	0
24. 淮安信息职业技术学院		1	0	22	0	8	1	11	27	51	305	0	15	10	7
国际学术交流	1	0	0	0	0	0	0	0	0	0	0	0	0	0	0

续表

国内学术交流	2	1	0	22	0	8	1	11	27	51	305	0	15	10	7
与港、澳、台地区学校交流	3	0	0	0	0	0	0	0	0	0	0	0	0	0	0
25. 江苏农牧科技职业学院		0	1	5	0	5	0	0	11	3	5	1	0	0	0
国际学术交流	1	0	0	0	0	0	0	0	0	0	0	0	0	0	0
国内学术交流	2	0	1	5	0	5	0	0	11	3	5	1	0	0	0
与港、澳、台地区学校交流	3	0	0	0	0	0	0	0	0	0	0	0	0	0	0
26. 常州纺织服装职业技术学院		4	0	67	0	39	1	3	34	21	95	0	9	7	2
国际学术交流	1	0	0	0	0	0	0	0	3	0	5	0	1	0	1
国内学术交流	2	4	0	67	0	39	1	3	25	19	85	0	8	7	1
与港、澳、台地区学校交流	3	0	0	0	0	0	0	0	6	2	5	0	0	0	0
27. 常州工业职业技术学院		0	1	6	0	5	2	3	3	3	5	0	0	0	0
国际学术交流	1	0	0	0	0	0	0	0	0	0	0	0	0	0	0
国内学术交流	2	0	1	6	0	5	2	3	3	3	5	0	0	0	0
与港、澳、台地区学校交流	3	0	0	0	0	0	0	0	0	0	0	0	0	0	0
28. 常州工程职业技术学院		3	2	13	0	7	2	11	6	12	10	280	6	7	20
国际学术交流	1	0	0	2	0	1	0	0	0	0	0	0	0	0	0
国内学术交流	2	3	2	11	0	6	2	11	6	12	10	280	6	7	20
与港、澳、台地区学校交流	3	0	0	0	0	0	0	0	0	0	0	0	0	0	0
29. 江苏农林职业技术学院		0	0	7	0	5	0	0	0	0	42	0	0	0	0
国际学术交流	1	0	0	0	0	0	0	0	0	0	10	0	0	0	0
国内学术交流	2	0	0	7	0	5	0	0	0	0	32	0	0	0	0
与港、澳、台地区学校交流	3	0	0	0	0	0	0	0	0	0	0	0	0	0	0
30. 江苏食品药品职业技术学院		0	0	15	2	11	21	9	16	20	14	16	0	0	0

续表

学术交流类别	编号	校办学术会议		参加学术会议			受聘讲学		社科考察		进修学习		合作研究		
		本校独办数	与外单位合办数	参加人次		提交论文（篇）	派出人次	来校人次	派出人次	来校人次	派出人次	来校人次	派出人次	来校人次	课题数（项）
				合计	其中：赴境外人次										
		L01	L02	L03	L04	L05	L06	L07	L08	L09	L10	L11	L12	L13	L14
国际学术交流	1	0	0	3	2	0	4	1	2	4	1	0	0	0	0
国内学术交流	2	0	0	12	0	11	16	7	14	16	13	16	0	0	0
与港、澳、台地区学校交流	3	0	0	0	0	0	1	1	0	0	0	0	0	0	0
31. 南京铁道职业技术学院		8	1	32	11	11	5	21	45	85	45	410	0	0	0
国际学术交流	1	2	1	5	5	2	0	1	5	35	30	50	0	0	0
国内学术交流	2	6	0	21	0	7	5	20	40	50	15	360	0	0	0
与港、澳、台地区学校交流	3	0	0	6	6	2	0	0	0	0	0	0	0	0	0
32. 徐州工业职业技术学院		4	0	6	0	7	5	11	21	28	20	11	5	4	2
国际学术交流	1	0	0	0	0	0	0	0	0	0	0	0	0	0	0
国内学术交流	2	4	0	6	0	7	5	11	21	28	20	11	5	4	2
与港、澳、台地区学校交流	3	0	0	0	0	0	0	0	0	0	0	0	0	0	0
33. 江苏信息职业技术学院		12	0	0	0	0	0	0	0	0	0	0	0	0	0
国际学术交流	1	0	0	0	0	0	0	0	0	0	0	0	0	0	0
国内学术交流	2	12	0	0	0	0	0	0	0	0	0	0	0	0	0
与港、澳、台地区学校交流	3	0	0	0	0	0	0	0	0	0	0	0	0	0	0
34. 南京信息职业技术学院		1	1	40	15	32	24	27	99	133	109	103	0	0	0
国际学术交流	1	0	0	15	12	12	2	1	21	38	32	29	0	0	0
国内学术交流	2	1	1	18	0	16	16	18	63	79	69	68	0	0	0
与港、澳、台地区学校交流	3	0	0	7	3	4	6	8	15	16	8	6	0	0	0
35. 常州机电职业技术学院		0	0	9	0	6	0	0	0	0	0	0	0	0	0

续表

国际学术交流	1	0	0	0	0	0	0	0	0	0	0	0	0	0	0
国内学术交流	2	0	0	9	0	6	0	0	0	0	0	0	0	0	0
与港、澳、台地区学校交流	3	0	0	0	0	0	0	0	0	0	0	0	0	0	0
36. 江阴职业技术学院		5	0	14	0	10	6	8	5	0	12	0	0	0	0
国际学术交流	1	0	0	0	0	0	0	0	0	0	0	0	0	0	0
国内学术交流	2	5	0	14	0	10	6	8	5	0	12	0	0	0	0
与港、澳、台地区学校交流	3	0	0	0	0	0	0	0	0	0	0	0	0	0	0
37. 无锡城市职业技术学院		0	0	2	0	2	0	5	27	25	96	0	0	0	0
国际学术交流	1	0	0	0	0	0	0	0	0	0	2	0	0	0	0
国内学术交流	2	0	0	2	0	2	0	5	27	25	79	0	0	0	0
与港、澳、台地区学校交流	3	0	0	0	0	0	0	0	0	0	15	0	0	0	0
38. 无锡工艺职业技术学院		2	2	10	2	8	2	13	35	23	83	65	2	18	2
国际学术交流	1	1	1	2	2	1	0	3	10	8	38	50	0	0	0
国内学术交流	2	1	1	8	0	7	2	10	25	15	45	15	2	18	2
与港、澳、台地区学校交流	3	0	0	0	0	0	0	0	0	0	0	0	0	0	0
39. 苏州健雄职业技术学院		0	0	9	0	9	0	0	0	0	20	0	0	0	0
国际学术交流	1	0	0	0	0	0	0	0	0	0	0	0	0	0	0
国内学术交流	2	0	0	9	0	9	0	0	0	0	20	0	0	0	0
与港、澳、台地区学校交流	3	0	0	0	0	0	0	0	0	0	0	0	0	0	0
40. 盐城工业职业技术学院		0	0	16	0	16	0	0	11	0	0	0	0	0	0
国际学术交流	1	0	0	0	0	0	0	0	0	0	0	0	0	0	0
国内学术交流	2	0	0	16	0	16	0	0	11	0	0	0	0	0	0
与港、澳、台地区学校交流	3	0	0	0	0	0	0	0	0	0	0	0	0	0	0
41. 江苏财经职业技术学院		8	0	16	0	16	22	23	36	10	96	82	10	2	12
国际学术交流	1	0	0	0	0	0	0	0	0	0	0	0	0	0	0

续表

学术交流类别	编号	校办学术会议		参加学术会议			受聘讲学		社科考察		进修学习		合作研究		
		本校独办数	与外单位合办数	参加人次		提交论文（篇）	派出人次	来校人次	派出人次	来校人次	派出人次	来校人次	派出人次	来校人次	课题数（项）
				合计	其中：赴境外人次										
		L01	L02	L03	L04	L05	L06	L07	L08	L09	L10	L11	L12	L13	L14
国内学术交流	2	8	0	16	0	16	22	28	36	10	96	82	10	2	12
与港、澳、台地区学校交流	3	0	0	0	0	0	0	0	0	0	0	0	0	0	0
42. 扬州工业职业技术学院		0	0	7	0	4	8	4	5	6	4	0	0	0	0
国际学术交流	1	0	0	0	0	0	0	0	0	0	0	0	0	0	0
国内学术交流	2	0	0	7	0	4	8	4	5	6	4	0	0	0	0
与港、澳、台地区学校交流	3	0	0	0	0	0	0	0	0	0	0	0	0	0	0
43. 江苏城市职业学院		3	0	30	12	16	0	46	5	18	38	0	0	0	0
国际学术交流	1	0	0	11	10	6	0	8	5	6	21	0	0	0	0
国内学术交流	2	3	0	17	0	10	0	38	0	12	1	0	0	0	0
与港、澳、台地区学校交流	3	0	0	2	2	0	0	0	0	0	16	0	0	0	0
44. 南京机电职业技术学院		2	0	120	0	118	0	0	0	0	0	0	0	0	0
国际学术交流	1	0	0	0	0	0	0	0	0	0	0	0	0	0	0
国内学术交流	2	2	0	120	0	118	0	0	0	0	0	0	0	0	0
与港、澳、台地区学校交流	3	0	0	0	0	0	0	0	0	0	0	0	0	0	0
45. 江苏卫生健康职业学院		1	1	7	0	7	0	2	4	6	5	0	0	0	0
国际学术交流	1	0	0	0	0	0	0	2	0	6	3	0	0	0	0
国内学术交流	2	1	1	7	0	7	0	0	4	0	2	0	0	0	0
与港、澳、台地区学校交流	3	0	0	0	0	0	0	0	0	0	0	0	0	0	0
46. 苏州工业园区服务外包职业学院		0	0	7	0	7	0	18	5	0	31	0	0	0	0
国际学术交流	1	0	0	0	0	0	0	0	0	0	3	0	0	0	0

续表

国内学术交流	2	0	0	7	0	7	0	18	5	0	28	0	0	0	0
与港、澳、台地区学校交流	3	0	0	0	0	0	0	0	0	0	0	0	0	0	0
47. 徐州幼儿师范高等专科学校		4	0	105	18	59	7	40	59	17	58	27	0	0	0
国际学术交流	1	0	0	12	5	8	0	0	6	0	5	0	0	0	0
国内学术交流	2	3	0	80	0	43	7	40	35	17	35	27	0	0	0
与港、澳、台地区学校交流	3	1	0	13	13	8	0	0	18	0	18	0	0	0	0
48. 徐州生物工程职业技术学院		0	0	0	0	0	12	14	20	17	24	18	0	0	0
国际学术交流	1	0	0	0	0	0	0	0	0	4	0	0	0	0	0
国内学术交流	2	0	0	0	0	0	12	14	20	13	24	18	0	0	0
与港、澳、台地区学校交流	3	0	0	0	0	0	0	0	0	0	0	0	0	0	0
49. 江苏商贸职业学院		0	0	5	0	5	0	15	6	0	84	0	1	0	1
国际学术交流	1	0	0	0	0	0	0	0	0	0	34	0	0	0	0
国内学术交流	2	0	0	5	0	5	0	15	6	0	50	0	1	0	1
与港、澳、台地区学校交流	3	0	0	0	0	0	0	0	0	0	0	0	0	0	0
50. 南通师范高等专科学校		0	0	1	0	1	0	0	0	0	2	0	0	0	0
国际学术交流	1	0	0	0	0	0	0	0	0	0	2	0	0	0	0
国内学术交流	2	0	0	1	0	1	0	0	0	0	0	0	0	0	0
与港、澳、台地区学校交流	3	0	0	0	0	0	0	0	0	0	0	0	0	0	0
51. 江苏护理职业学院		1	0	5	1	4	3	10	0	0	1	0	1	0	0
国际学术交流	1	0	0	1	1	0	1	10	0	0	0	0	0	0	0
国内学术交流	2	1	0	4	0	4	2	0	0	0	1	0	1	0	0
与港、澳、台地区学校交流	3	0	0	0	0	0	0	0	0	0	0	0	0	0	0
52. 江苏旅游职业学院		0	0	5	0	5	0	7	0	0	53	0	0	0	0
国际学术交流	1	0	0	0	0	0	0	0	0	0	0	0	0	0	0
国内学术交流	2	0	0	5	0	5	0	7	0	0	53	0	0	0	0
与港、澳、台地区学校交流	3	0	0	0	0	0	0	0	0	0	0	0	0	0	0

注：此表删除了各项交流均为 0 的学校

4. 民办及中外合作办学高等学校人文、社会科学学术交流情况表

学术交流类别	编号	校办学术会议		参加学术会议			受聘讲学		社科考察		进修学习		合作研究		
		本校独办数	与外单位合办数	参加人次		提交论文（篇）	派出人次	来校人次	派出人次	来校人次	派出人次	来校人次	派出人次	来校人次	课题数（项）
				合计	其中：赴境外人次										
		L01	L02	L03	L04	L05	L06	L07	L08	L09	L10	L11	L12	L13	L14
合计	/	66	19	436	92	322	159	251	252	202	457	248	81	41	25
1. 三江学院		4	0	36	0	36	3	5	20	30	3	0	3	4	1
国际学术交流	1	0	0	0	0	0	0	0	0	0	0	0	0	0	0
国内学术交流	2	4	0	36	0	36	3	5	20	30	3	0	3	4	1
与港、澳、台地区学校交流	3	0	0	0	0	0	0	0	0	0	0	0	0	0	0
2. 九州职业技术学院		0	0	6	0	4	16	20	75	48	82	162	13	6	3
国际学术交流	1	0	0	0	0	0	0	0	0	0	0	0	0	0	0
国内学术交流	2	0	0	6	0	4	16	20	75	48	82	162	13	6	3
与港、澳、台地区学校交流	3	0	0	0	0	0	0	0	0	0	0	0	0	0	0
3. 南通理工学院		0	0	11	0	11	0	28	5	0	2	0	0	0	0
国际学术交流	1	0	0	0	0	0	0	0	5	0	2	0	0	0	0
国内学术交流	2	0	0	11	0	11	0	28	0	0	0	0	0	0	0
与港、澳、台地区学校交流	3	0	0	0	0	0	0	0	0	0	0	0	0	0	0
4. 硅湖职业技术学院		0	1	7	0	7	3	3	8	5	8	0	6	8	3
国际学术交流	1	0	0	1	0	1	0	0	0	0	0	0	0	0	0
国内学术交流	2	0	1	5	0	5	3	3	8	5	8	0	6	8	3
与港、澳、台地区学校交流	3	0	0	1	0	1	0	0	0	0	0	0	0	0	0

续表

5. 应天职业技术学院		0	0	6	0	3	0	3	4	0	4	0	10	0	1
国际学术交流	1	0	0	0	0	0	0	0	0	0	0	0	0	0	0
国内学术交流	2	0	0	6	0	3	0	3	4	0	4	0	10	0	1
与港、澳、台地区学校交流	3	0	0	0	0	0	0	0	0	0	0	0	0	0	0
6. 苏州托普信息职业技术学院		2	0	1	0	1	0	0	0	0	1	0	0	0	0
国际学术交流	1	0	0	0	0	0	0	0	0	0	0	0	0	0	0
国内学术交流	2	2	0	1	0	1	0	0	0	0	1	0	0	0	0
与港、澳、台地区学校交流	3	0	0	0	0	0	0	0	0	0	0	0	0	0	0
7. 东南大学成贤学院		8	4	12	0	9	3	6	5	9	12	10	0	0	0
国际学术交流	1	0	0	0	0	0	0	0	0	0	0	0	0	0	0
国内学术交流	2	8	4	12	0	9	3	6	5	9	12	10	0	0	0
与港、澳、台地区学校交流	3	0	0	0	0	0	0	0	0	0	0	0	0	0	0
8. 太湖创意职业技术学院		0	0	0	0	0	0	0	0	0	8	0	0	0	0
国际学术交流	1	0	0	0	0	0	0	0	0	0	0	0	0	0	0
国内学术交流	2	0	0	0	0	0	0	0	0	0	8	0	0	0	0
与港、澳、台地区学校交流	3	0	0	0	0	0	0	0	0	0	0	0	0	0	0
9. 正德职业技术学院		0	0	0	0	0	0	0	0	0	1	0	0	0	0
国际学术交流	1	0	0	0	0	0	0	0	0	0	0	0	0	0	0
国内学术交流	2	0	0	0	0	0	0	0	0	0	1	0	0	0	0
与港、澳、台地区学校交流	3	0	0	0	0	0	0	0	0	0	0	0	0	0	0
10. 江南影视艺术职业学院		0	1	12	0	0	0	0	0	0	2	0	0	0	0
国际学术交流	1	0	0	0	0	0	0	0	0	0	0	0	0	0	0

续表

学术交流类别	编号	校办学术会议		参加学术会议			受聘讲学		社科考察		进修学习		合作研究		
		本校独办数	与外单位合办数	参加人次		提交论文（篇）	派出人次	来校人次	派出人次	来校人次	派出人次	来校人次	派出人次	来校人次	课题数（项）
				合计	其中：赴境外人次										
		L01	L02	L03	L04	L05	L06	L07	L08	L09	L10	L11	L12	L13	L14
国内学术交流	2	0	1	12	0	0	0	0	0	0	2	0	0	0	0
与港、澳、台地区学校交流	3	0	0	0	0	0	0	0	0	0	0	0	0	0	0
11. 金肯职业技术学院		3	1	0	0	0	0	0	0	0	0	0	0	0	0
国际学术交流	1	0	0	0	0	0	0	0	0	0	0	0	0	0	0
国内学术交流	2	3	1	0	0	0	0	0	0	0	0	0	0	0	0
与港、澳、台地区学校交流	3	0	0	0	0	0	0	0	0	0	0	0	0	0	0
12. 建东职业技术学院		0	0	0	0	0	0	0	0	0	26	0	0	0	0
国际学术交流	1	0	0	0	0	0	0	0	0	0	0	0	0	0	0
国内学术交流	2	0	0	0	0	0	0	0	0	0	26	0	0	0	0
与港、澳、台地区学校交流	3	0	0	0	0	0	0	0	0	0	0	0	0	0	0
13. 宿迁职业技术学院		0	0	0	0	0	0	2	0	0	2	0	0	0	0
国际学术交流	1	0	0	0	0	0	0	0	0	0	0	0	0	0	0
国内学术交流	2	0	0	0	0	0	0	2	0	0	2	0	0	0	0
与港、澳、台地区学校交流	3	0	0	0	0	0	0	0	0	0	0	0	0	0	0
14. 江海职业技术学院		2	0	4	0	4	0	0	0	0	2	0	0	0	0
国际学术交流	1	0	0	0	0	0	0	0	0	0	0	0	0	0	0
国内学术交流	2	2	0	4	0	4	0	0	0	0	2	0	0	0	0
与港、澳、台地区学校交流	3	0	0	0	0	0	0	0	0	0	0	0	0	0	0

续表

15. 无锡太湖学院		2	0	7	0	7	5	0	0	0	5	0	0	0	0
国际学术交流	1	0	0	0	0	0	0	0	0	0	0	0	0	0	0
国内学术交流	2	2	0	7	0	7	5	0	0	0	5	0	0	0	0
与港、澳、台地区学校交流	3	0	0	0	0	0	0	0	0	0	0	0	0	0	0
16. 南京大学金陵学院		0	0	12	3	7	1	8	0	0	13	0	0	0	0
国际学术交流	1	0	0	5	2	0	1	1	0	0	1	0	0	0	0
国内学术交流	2	0	0	6	0	6	0	7	0	0	12	0	0	0	0
与港、澳、台地区学校交流	3	0	0	1	1	1	0	0	0	0	0	0	0	0	0
17. 南京理工大学紫金学院		0	2	10	0	3	0	0	6	8	10	0	5	2	3
国际学术交流	1	0	0	0	0	0	0	0	0	0	0	0	0	0	0
国内学术交流	2	0	2	10	0	3	0	0	6	8	10	0	5	2	3
与港、澳、台地区学校交流	3	0	0	0	0	0	0	0	0	0	0	0	0	0	0
18. 南京航空航天大学金城学院		0	0	2	2	3	0	0	5	0	10	0	0	0	0
国际学术交流	1	0	0	2	2	3	0	0	5	0	10	0	0	0	0
国内学术交流	2	0	0	0	0	0	0	0	0	0	0	0	0	0	0
与港、澳、台地区学校交流	3	0	0	0	0	0	0	0	0	0	0	0	0	0	0
19. 中国传媒大学南广学院		16	8	34	1	31	6	11	9	0	22	36	3	0	2
国际学术交流	1	8	0	7	1	7	4	10	7	0	2	9	1	0	1
国内学术交流	2	8	8	27	0	24	2	1	0	0	20	27	2	0	1
与港、澳、台地区学校交流	3	0	0	0	0	0	0	0	2	0	0	0	0	0	0
20. 南京理工大学泰州科技学院		0	0	20	0	16	2	13	3	6	22	20	4	3	3
国际学术交流	1	0	0	0	0	0	0	0	0	0	0	0	0	0	0

续表

学术交流类别	编号	校办学术会议		参加学术会议			受聘讲学		社科考察		进修学习		合作研究		
		本校独办数	与外单位合办数	参加人次		提交论文(篇)	派出人次	来校人次	派出人次	来校人次	派出人次	来校人次	派出人次	来校人次	课题数(项)
				合计	其中:赴境外人次										
		L01	L02	L03	L04	L05	L06	L07	L08	L09	L10	L11	L12	L13	L14
国内学术交流	2	0	0	20	0	16	2	18	3	6	22	20	4	3	3
与港、澳、台地区学校交流	3	0	0	0	0	0	0	0	0	0	0	0	0	0	0
21. 南京师范大学泰州学院		0	0	1	1	1	0	0	0	0	0	0	0	0	0
国际学术交流	1	0	0	1	1	1	0	0	0	0	0	0	0	0	0
国内学术交流	2	0	0	0	0	0	0	0	0	0	0	0	0	0	0
与港、澳、台地区学校交流	3	0	0	0	0	0	0	0	0	0	0	0	0	0	0
22. 南京工业大学浦江学院		0	0	2	0	1	7	0	0	0	8	0	0	0	0
国际学术交流	1	0	0	0	0	0	0	0	0	0	1	0	0	0	0
国内学术交流	2	0	0	2	0	1	7	0	0	0	7	0	0	0	0
与港、澳、台地区学校交流	3	0	0	0	0	0	0	0	0	0	0	0	0	0	0
23. 昆山登云科技职业学院		0	0	0	0	0	0	2	11	13	0	0	0	0	0
国际学术交流	1	0	0	0	0	0	0	0	0	0	0	0	0	0	0
国内学术交流	2	0	0	0	0	0	0	2	11	13	0	0	0	0	0
与港、澳、台地区学校交流	3	0	0	0	0	0	0	0	0	0	0	0	0	0	0
24. 南京中医药大学翰林学院		0	0	2	0	2	0	4	0	0	3	0	0	0	0
国际学术交流	1	0	0	0	0	0	0	0	0	0	0	0	0	0	0
国内学术交流	2	0	0	2	0	2	0	4	0	0	3	0	0	0	0
与港、澳、台地区学校交流	3	0	0	0	0	0	0	0	0	0	0	0	0	0	0

续表

25. 南京信息工程大学滨江学院		3	0	15	0	8	3	5	0	0	6	0	0	0	0
国际学术交流	1	0	0	0	0	0	0	0	0	0	0	0	0	0	0
国内学术交流	2	3	0	15	0	8	3	5	0	0	6	0	0	0	0
与港、澳、台地区学校交流	3	0	0	0	0	0	0	0	0	0	0	0	0	0	0
26. 苏州大学应用技术学院		0	0	4	0	2	0	0	2	3	0	0	0	0	0
国际学术交流	1	0	0	0	0	0	0	0	0	0	0	0	0	0	0
国内学术交流	2	0	0	4	0	2	0	0	2	3	0	0	0	0	0
与港、澳、台地区学校交流	3	0	0	0	0	0	0	0	0	0	0	0	0	0	0
27. 苏州科技大学天平学院		0	0	3	0	2	0	4	0	0	5	0	0	0	0
国际学术交流	1	0	0	0	0	0	0	0	0	0	0	0	0	0	0
国内学术交流	2	0	0	3	0	2	0	4	0	0	5	0	0	0	0
与港、澳、台地区学校交流	3	0	0	0	0	0	0	0	0	0	0	0	0	0	0
28. 江苏师范大学科文学院		0	0	7	0	2	0	0	0	0	22	0	0	0	0
国际学术交流	1	0	0	0	0	0	0	0	0	0	0	0	0	0	0
国内学术交流	2	0	0	7	0	2	0	0	0	0	22	0	0	0	0
与港、澳、台地区学校交流	3	0	0	0	0	0	0	0	0	0	0	0	0	0	0
29. 南京财经大学红山学院		0	0	13	0	12	2	9	0	0	18	0	0	0	0
国际学术交流	1	0	0	0	0	0	0	3	0	0	0	0	0	0	0
国内学术交流	2	0	0	13	0	12	2	6	0	0	18	0	0	0	0
与港、澳、台地区学校交流	3	0	0	0	0	0	0	0	0	0	0	0	0	0	0
30. 南通大学杏林学院		0	0	64	0	10	0	0	15	0	54	0	0	0	0
国际学术交流	1	0	0	0	0	0	0	0	0	0	2	0	0	0	0
国内学术交流	2	0	0	64	0	10	0	0	15	0	52	0	0	0	0

续表

学术交流类别	编号	校办学术会议		参加学术会议			受聘讲学		社科考察		进修学习		合作研究		
		本校独办数	与外单位合办数	参加人次		提交论文（篇）	派出人次	来校人次	派出人次	来校人次	派出人次	来校人次	派出人次	来校人次	课题数（项）
				合计	其中：赴境外人次										
		L01	L02	L03	L04	L05	L06	L07	L08	L09	L10	L11	L12	L13	L14
与港、澳、台地区学校交流	3	0	0	0	0	0	0	0	0	0	0	0	0	0	0
31. 南京审计大学金审学院		0	0	16	0	12	0	16	5	0	56	0	30	16	2
国际学术交流	1	0	0	0	0	0	0	0	0	0	0	0	0	0	0
国内学术交流	2	0	0	16	0	12	0	16	5	0	56	0	30	16	2
与港、澳、台地区学校交流	3	0	0	0	0	0	0	0	0	0	0	0	0	0	0
32. 宿迁学院		0	0	15	0	15	0	5	10	0	20	0	0	0	0
国际学术交流	1	0	0	0	0	0	0	0	0	0	0	0	0	0	0
国内学术交流	2	0	0	15	0	15	0	5	10	0	20	0	0	0	0
与港、澳、台地区学校交流	3	0	0	0	0	0	0	0	0	0	0	0	0	0	0
33. 苏州高博软件技术职业学院		2	0	2	0	1	1	8	46	72	23	16	2	0	2
国际学术交流	1	0	0	0	0	0	0	0	1	27	1	0	0	0	0
国内学术交流	2	2	0	2	0	1	1	7	45	45	21	16	2	0	2
与港、澳、台地区学校交流	3	0	0	0	0	0	0	1	0	0	1	0	0	0	0
34. 西交利物浦大学		24	2	95	77	95	91	88	23	8	7	4	3	2	3
国际学术交流	1	0	0	68	68	68	65	65	21	8	3	3	1	1	1
国内学术交流	2	24	2	18	0	18	23	17	2	0	4	1	2	1	2
与港、澳、台地区学校交流	3	0	0	9	9	9	3	6	0	0	0	0	0	0	0
35. 昆山杜克大学		0	0	17	8	17	16	6	0	0	0	0	2	0	2
国际学术交流	1	0	0	8	8	8	1	6	0	0	0	0	1	0	1
国内学术交流	2	0	0	9	0	9	15	0	0	0	0	0	1	0	1
与港、澳、台地区学校交流	3	0	0	0	0	0	0	0	0	0	0	0	0	0	0

十一、社科专利

1. 全省高等学校人文、社会科学专利情况表

指标名称	专利申请数（件）	其中:发明专利数(件)	有效发明专利数(件)	专利所有权转让及许可数(件)	专利所有权转让与许可收入(百元)	专利授权数（件）	其中:发明专利数(件)	集成电路布图设计登记数(件)	植物新品种权授予数（项）	形成国家或行业标准数（项）
合计	1020	145	90	62	309	569	29	0	0	1

2. 公办本科高等学校人文、社会科学专利情况表

指标名称	编号	专利申请数（件）	其中:发明专利数(件)	有效发明专利数(件)	专利所有权转让及许可数(件)	专利所有权转让与许可收入(百元)	专利授权数（件）	其中:发明专利数(件)	集成电路布图设计登记数(件)	植物新品种权授予数（项）	形成国家或行业标准数（项）
合计	/	387	71	34	5	78	232	23	0	0	1
南京大学	1	5	3	0	0	0	0	0	0	0	0
东南大学	2	12	12	0	0	0	2	2	0	0	0
河海大学	3	55	25	25	1	50	35	12	0	0	0
南京理工大学	4	4	4	0	0	0	4	1	0	0	0
苏州大学	5	26	3	0	0	0	21	1	0	0	0
南京工业大学	6	2	0	0	0	0	8	1	0	0	0
江苏师范大学	7	21	14	4	0	0	8	1	0	0	0
淮阴师范学院	8	124	0	0	0	0	70	0	0	0	0
南京财经大学	9	4	0	0	0	0	2	0	0	0	0
南京体育学院	10	5	0	0	0	0	5	0	0	0	0
南京艺术学院	11	19	1	0	0	0	19	1	0	0	0
常熟理工学院	12	3	0	0	0	0	2	0	0	0	0
淮阴工学院	13	35	1	0	0	0	33	1	0	0	0
南京特殊教育师范学院	14	0	0	0	0	0	0	0	0	0	1
金陵科技学院	15	67	8	5	4	28	23	3	0	0	0
江苏第二师范学院	16	5	0	0	0	0	0	0	0	0	0

注:此表删除了各类专利数均为 0 的高校。

3. 公办专科高等学校人文、社会科学专利情况表

指标名称	编号	专利申请数（件）	其中:发明专利数（件）	有效发明专利数（件）	专利所有权转让及许可数（件）	专利所有权转让与许可收入（百元）	专利授权数（件）	其中:发明专利数（件）	集成电路布图设计登记数（件）	植物新品种权授予数（项）	形成国家或行业标准数（项）
合计	/	586	69	44	57	231	310	2	0	0	0
无锡职业技术学院	1	29	5	5	0	0	18	2	0	0	0
南京工业职业技术学院	2	48	2	1	1	21	18	0	0	0	0
南通职业大学	3	42	2	0	0	0	18	0	0	0	0
苏州职业大学	4	7	0	0	0	0	5	0	0	0	0
泰州职业技术学院	5	10	0	0	0	0	4	0	0	0	0
江苏海事职业技术学院	7	28	21	0	0	0	7	0	0	0	0
南通科技职业学院	8	2	0	0	0	0	4	0	0	0	0
南通航运职业技术学院	9	45	36	36	0	0	0	0	0	0	0
南京交通职业技术学院	10	15	1	0	0	0	8	0	0	0	0
常州纺织服装职业技术学院	11	4	0	0	0	0	4	0	0	0	0
常州工程职业技术学院	12	18	0	0	1	100	8	0	0	0	0
江苏信息职业技术学院	13	0	0	0	0	0	5	0	0	0	0
江阴职业技术学院	14	2	0	2	0	0	4	0	0	0	0
无锡城市职业技术学院	15	12	0	0	0	0	5	0	0	0	0
无锡工艺职业技术学院	16	82	0	0	55	110	75	0	0	0	0
江苏财经职业技术学院	17	9	0	0	0	0	9	0	0	0	0
南京机电职业技术学院	18	164	2	0	0	0	53	0	0	0	0
南京旅游职业学院	19	60	0	0	0	0	60	0	0	0	0
江苏财会职业学院	21	2	0	0	0	0	5	0	0	0	0
江苏旅游职业学院	22	7	0	0	0	0	0	0	0	0	0